스베덴보리 신학총서
개 요

(하)

E. 스베덴보리 지음
사무엘 M. 와렌 엮음
이 영 근 옮김

예 수 인

스베덴보리 신학총서
개 요

(하)

예 수 인

차 례

제23강 세례(洗禮) ···693
　일반적인 가르침/693
　준수하여야 할 계명으로서의 세례/694
　세례의 첫 번째 효용(效用)/695
　영계에서 세례의 증표에 속한 효능에 관한 예증(例證)으로서의 세례 요한의 세례와 그것에서 비롯된 지상의 수세자(受洗者)에 대한 효능/697
　세례의 두 번째 효용/398
　세례의 세 번째 효용/699
　세례 자제가 구원하는 효능을 지닌 것은 아니다/701
　성령에 의한 세례/701

제24강 성만찬(聖晩餐) ···702
　일반적인 가르침/702
　대응에 의한 성례전 안에 있는 신령능력/705

제25강 사제직분(司祭職分) ·····································707
　천계에 있는 사제직과 종교적 정부형태/707
　지상의 것과 유사한 사제직과 종교적 통치/715
　새로운 교회에 성직자가 존재한다는 것을 상징적 성전 안에서 보여주었다/719
　사제직무 표징/720
　표징적 예전(禮典)에 의한 성직자의 임명(任命)/721
　사제직 전승에 관한 교리의 미망(迷妄)/722
　사제직의 은총과 임무/722
　성직자 안에 있는 인애/725
　성직자를 향한 인애/726
　성직자들이 목자(牧者)라고 호칭되는 이유/726

성직자들의 직무를 경멸한 사람들의 저 세상에서의 처지/727

제26강 혼인(婚姻) ···728
  혼인의 본질(本質)과 근원(根源)/729
  혼인의 거룩함/731
  영 안에 있는 성(性)의 특징/732
  사후 성애(性愛)는 남으며, 천계에 오른 사람들이 가지고 있는 혼인애도 사후에 남는다/734
  천계에 있는 혼인/736
  천계에 있는 혼인에 관한 주님의 말씀들/738
  천계에서 자식낳이는 없다/741
  천계에 있는 혼인예식(婚姻禮式)/742
  천계에 있는 혼인한 한 쌍/744
  혼인한 배우자의 사후 상태/748
  참된 혼인은 영원한 혼인을 동경(憧憬)한다/750
  혼인애는 영원히 완성된다/751
  참된 혼인애 안에 있는 사람들은 자기 자신들을 합일한 한 사람으로 보고 느낀다/753
  혼인은 혼인한 배우자들의 영혼과 마음에 다른 형체를 유발한다/754
  여자는, 창세기에 기술된 것이 동일하게, 실제적으로 아내의 형체로 완전해진다/754
  혼인애는 모든 사랑의 기초(基礎)이고, 모든 즐거움과 기쁨(喜悅)의 보고(寶庫)이다/757
  지혜나 총명은 혼인애에 비례한다/760
  혼인애를 영접할 수 있는 자질(資質)/761
  혼인애의 장애물(障碍物)들/763
  혼인애가 공존할 수 없는 종교에 속한 차이/765
  혼인한 참된 배필(配匹)은 서로를 위해 태어났다/767
  오늘날 참된 혼인애는 거의 알려져 있지 않다/768
  혼인애의 겉모양/769
  재혼(再婚)에 관하여/771

아내의 총명의 특성과 남편의 총명의 특성/773
아내는 필히 남편의 교시(敎示) 하에 있어야 한다/776
천사들의 아름다움(美)은 혼인애에서 비롯되었다/776
모든 피조물들 안에 있는 혼인의 공통점/778
자녀 사랑의 근원/779
영적인 혼인을 한 부부의 자녀사랑과 자연적인 혼인을 한 부부의 자녀 사랑의 성질은 다르다/781
유아의 이노센스의 퇴거(退去)와 이로 인한 부모의 자녀사랑의 축소(縮小)/784

제27강 신령섭리(神靈攝理) ············ 785

일반적인 가르침/785
주님의 신령섭리의 목적은 인류에게서 천계를 이루는 것/785
신령존재는 신령섭리로 예견한다/786
신령섭리는 보편적이고, 특수적이다/787
신령섭리는 모든 것 안에 있는 무한성(無限性)과 영원성(永遠性)을 그 자체에서 살피고, 특히 인류 구원 안에 있는 무한성과 영원성을 기대한다/788
사람의 자유의지와 이성(理性)에 관한 신령섭리의 법칙/794
속사람이나 겉사람 안에 있는 죄악의 옮김(除去)에 관한 신령섭리의 법칙들/805
믿음이나 종교적 사안에 대한 강요(强要)에 관한 신령섭리의 법칙/809
신령섭리는 보고, 느낄 수 없지만, 그러나 알고, 시인된다/821
신령섭리는 뒤(後面)에서는 보이지만, 앞(前面)에서는 보이지 않는다/825
신령섭리와 인간의 영특함(human prudence)/826
일시적인 것들에 관한 신령섭리/830
진리나 선의 영접(迎接)에 관한 신령섭리/834
신령섭리에 속한 허용의 법칙들/840
세상적인 소유(所有)나 명예에 관한 신령섭리의 허용/842
전쟁에 관한 신령섭리의 허용/844
다양한 민족에 속한 종교에 관한 신령섭리의 허용/848

마호메트 종파에 대한 신령섭리의 허용/851
기독교의 한정된 교세확장에 대한 신령섭리의 허용/853
기독교의 분열(分裂)과 타락(墮落)에 대한 신령섭리의 허용/854
온갖 악의 허용/856
신령섭리는 선인에게나 악인에게나 동일하다/858
신령섭리에 의한 선한 사람과 악한 사람의 개별적인 인도/860
신령섭리가 사상이 아니고 정동을 통해서 사람을 인도하는 이유/864
악으로부터 사람을 물러서게 하는 신령섭리/865
모든 사람은 중생할 수 있으며, 결코 예정(豫定) 따위는 없다/871
인간구원을 목적한 신령섭리의 운영은 계속적이고, 점진적이다/872
신령섭리가 눈에 보이지 않게(非可視的), 그리고 부지(不知) 중에 운영하는 이유/874
숙명(宿命)/876
운수(運數)와 우연(偶然)/876
불의의 사고나 재난/877
사람의 임종(臨終)에 관한 신령섭리/878
미래에 대한 보살핌/879

제28강 사람의 영혼(靈魂) ···883
영혼에 관한 만연된 무지(無知)/883
영혼은 무엇인가?/884
영혼의 근원/887
불연속적 계도와 연속적 계도/887
불연속 계도에 속한 단계적 질서와 동시적 질서/892
마음에 속한 세 불연속 계도들/893
각각의 계도 안에는 의지와 이해가 존재한다/895
사람의 지심(至深)한 것 안에는 보다 내면적인 이해의 영역이 있고, 그보다 더 높은 천적인 영역이 있다/895
합리적인 마음과 자연적인 마음/897
악이나 거짓들은 마음에 속한 자연적 계도 안에 존재한다/899
자연적인 마음과 영적인 마음의 작용과 반작용/899

마음에 속한 영적 계도의 닫음(閉鎖)/900
사람은, 이 세상에 있을 때 열려 있었던 계도에 따라서, 저 세상에서 완전하게 된다/901
의지와 이해는 유기적인 실체이다/902
이해는 의지 이상으로 고양(高揚)될 수 있다/903
이해 보다는 의지가 사람을 완성한다/904
사상과 정동은 마음의 유기적 실체에 속한 다양다종의 상태와 형체이다/906
사상에 속한 개념들/909
금수(禽獸)에게 있는 이해의 외현(外現)과 사람의 이해와의 차이/910
영(靈)은 육체 안에서 어떻게 존재하나?/912

제29강 입류(入流), 그리고 영혼과 육체의 교류(交流) ············914
영혼과 육체의 교류에 관한 종전의 가설(假說)/914
생명은 오직 하나만 존재하고, 그것이 모든 실체에 입류하고, 생명을 준다/916
주님으로부터의 입류는 천계를 통한 직접적인 입류와 간접적인 입류가 있다/917
일반적인 입류와 특수적인 입류/922
천계에서, 그리고 천계를 통한 입류는 자연에 속한 처음 것에서부터 궁극적인 것에 이르는 계속적인 질서 안에 존재한다/923
사람에의 입류는 연속적인 질서 안에 존재하며, 마음의 불연속계도(不連續 階度)에 일치한다/924
의지와 이해의 입류가 있고, 그것들을 통한 육체에의 입류가 있다/926
눈에 속한 시각으로 입증된 입류/928
영적인 입류는 참된 질서 안에서 사람을 총명과 지혜에 인도한다/929
자연계에의 입류/931
유해한 동물·식물·광물의 근원/933
영혼은 육체에, 그리고 육체에 의하여 어떻게 작용하나?/938

제30강 영원한 세계 ························939

모든 천사들과 영들은 이전에는 사람이었다/939
영계(靈界)의 광대무변성(廣大無邊性)/940
영계의 외적인 광경/941
생명책(生命錄·the Book of Life)/942
천계와 지옥의 영원성(永遠性)/945
사악한 사람이 사후 구원받을 수 없는 이유/947
"나무가 쓰러진 그 곳에 그대로 있다"는 말씀의 뜻/948
마지막 상태에 관한 성경에 의한 설명/949
지옥과 천계의 보편성(普遍性)/951

제31강 중간상태 또는 영들의 세계(the world of spirits) ·················952
일반적인 가르침/952
모든 사람의 부활과 최후심판은 사후 즉시 일어난다/954
죽음에 대한 공포는 사람의 삶에 관한 징후(徵候)/956
죽음의 진전단계와 부활에 관하여/957
영들의 세계에 있는 사람의 연속적인 세 상태들/961
사후 사람의 첫째 상태/962
사후 사람의 둘째 상태/965
사후 사람의 셋째 상태/970
벗겨짐(剝脫·vastation)의 상태에 관하여/973
지상에서 무분별한 우정관계는 사후 유해하다/974
저 세상에서 모두의 성품은 그를 에워싼 영기(靈氣)로 말미암아 지각된다/976
영들과의 대화와 언어/978
오직 유전된 자연적인 선(善)만을 가진 사람들의 경우/980
이 세상에서 바보 멍청이었던 사람들의 경우/981
모든 사람의 기쁨(喜悅)은 사후 대응하는 기쁨으로 바뀐다/981
깨닫지 못하지만 사람에게는 천사나 영의 동반(同伴)이 있다/984
모든 사람에게는 왜 두 영들과 두 천사들이 같이 하는가?/988
천계의 사회나 지옥의 사회에 속한 영들에게 예속(隸屬)된 천사들이나 영들/990

사람과 한편인 천사들 또는 수호 천사들/991
오직 선한 영들이나 천사들만이 젖먹이와 같이 한다/994
수면상태에 있을 때 악령으로부터 사람들을 지키시는 주님의 보호/994
영들과의 의식적인 교류의 위험성/997
천사들이나 영들이 사람과 대화할 때, 그들은 그 사람의 기억에서 비롯된 그 사람 본연의 언어로 말한다/1001
사람은 성경말씀에 의하지 않고, 영들과의 교류로 계발(啓發·照耀)되는 일은 없다/1004
환상(幻想)과 꿈/1006
영 가운데 존재한다는 말의 뜻/1009
육신을 벗으면 영들에 의하여 다른 곳으로 옮겨지는 것은 무엇인가?/1009
환상과 주님에게서 비롯된 직접적 계시와의 차이/1011
영계에까지 확장되는 사람의 사상/1012
영들은 어떻게 이 세상의 것들을 볼 수 있나?/1013
사람은 얼마 동안 영들의 세계에 머무는가?/1014
연옥(煉獄)은 지어낸 이야기/1014

제32강 천계(天界·Heaven) ·················· 1016
천계는 두 왕국으로 나뉘어져 있다/1016
삼층의 천계가 있다/1018
주님의 강림 전까지는 천계는 셋이 아니었다/1020
천계는 무수한 사회들로 구성되었다/1021
보편적 천계는 한 사람의 형체로 존재한다/1023
천계의 모든 것들과 사람의 모든 것들 사이에는 대응이 있다/1025
천계의 만유(萬有)와 지상의 만유(萬有) 사이에는 대응이 있다/1028
천계에 있는 해(太陽)와 달(月)/1030
천계의 볕(熱)과 빛(光)/1034
천계의 네 방위(方位)/1036
천계에서의 상태의 변화/1040
천계의 시간(時間)/1042

천계의 공간(空間)과 거리(距離)/1043
천계의 표징(表徵)과 외현(外現)/1045
천사들의 의상(衣裳)/1047
천사들의 주거지와 주택/1050
천계의 통치조직/1052
천계에 있는 신령예배/1055
천사들의 능력/1057
천사들의 언어(言語)/1060
천계에 있는 저작물(著作物)/1063
천사들의 지식(知識)/1066
천사들의 지혜(智慧)/1067
천사들의 순진무구(純眞無垢 · innocence)/1072
천계의 평화/1075
천계에 있는 교회 밖의 민족이나 백성들의 상태/1077
천계에 있는 젖먹이들/1081
천계에 있는 부자(富者)와 빈자(貧者)/1087
영원한 안식(安息)/1090
천사들의 직무(職務)/1091
천사들의 빼어남(卓越)과 넉넉함(富裕)/1093
천계적인 기쁨과 행복/1095
천계에서 노인들은 회춘(回春)한다/1097
천계의 광대무변(廣大無邊)/1098
사람의 증대로 천계는 채워지지 않고, 오히려 보다 완벽해진다/1099

제33강 지옥(地獄 · Hell)··1101
  악과 지옥의 근원/1101
  주님께서 지옥도 다스린다/1105
  주님께서는 누구도 지옥으로 쫓아버리지 않고, 다만 그 사람 스스로 그렇게 한다/1107
  지옥에 있는 모두는 온갖 악과 거짓 안에 있다/1108
  악령들은 그들 자신의 악의 화신(化身)이다/1109

자아애(自我愛)의 특성(特性)/1111
지옥의 불과 이를 가는 소리/1113
지옥의 영들의 난삽한 사악(邪惡)과 가증한 간계(奸計)/1116
지옥의 고통과 영벌(永罰)/1118
지옥에서의 영벌의 효용과 효과/1120
지옥의 외모(外貌)와 위치 그리고 종류/1121
천계와 지옥의 평형(平衡)/1123
지옥적인 자유/1124
악령들은 그들이 그 세계에 당도할 수 있는 곳 보다 매우 깊은 곳에 처넣는 것으로 감금된다/1125
지옥의 치명적인 영기(靈氣)/1126

제34강 최후심판(最後審判) ················· 1128
최후심판이란 무엇인가?/1128
최후심판은 이 세상의 파멸을 초래하지 않는다/1129
지구와 인류는 영원히 존속된다/1134
최후심판은 어디에서 일어나는가?/1136
최후심판은 필히 영계(靈界)에서 있어야 한다/1137
첫 번째 기독교회의 최후심판은 이미 단행되었다/1139
처음 하늘과 그 하늘의 종식/1141
양들과 잠자는 성인들과 제단 아래에 있는 영들이 뜻하는 사람들에 관하여/1144
최후심판 이후, 그 결과로 인한 이 세상과 교회의 상태/1147

제35강 우주 안의 지구들 ················· 1151
수많은 지구들이 존재한다/1151
다른 지구 사람들과의 대화의 허용/1153
그같은 영적 교제의 가능성과 그것이 어떻게 이루어지나?/1153
수성(水星)에 관하여/1154
금성(金星)에 관하여/1158
우리 지구의 달에 관하여/1159

화성(火星)에 관하여/1160
목성(木星)에 관하여/1163
토성(土星)에 관하여/1172
다른 태양계의 지구들에 관하여/1174
우리 태양계 밖의 제이의 지구에 관하여/1177

제36강 그 밖의 주제(主題)들 ··1181
계속적인 명상과 계속적인 주님의 임재(臨在)/1181
양심(良心)/1182
사람의 다양화된 양심에 대한 주님의 호의(好意)/1183
삶에 속한 기쁨/1184
자연주의(自然主義)/1186
인간 언어의 근원(根源)/1188
태양계의 연속적인 네 대기층/1189
악으로부터의 구출을 위한 기도/1190
교회는 완전히 황폐화되기 전에는 어느 민족에게서도 새로 설시될 수 없다/1191
사람 안에 있는 모든 것과 천계의 모든 것의 대응에 기초한 그것들의 유기적 기능/1192
교회는 개개인과 꼭 같이 생명의 단계를 경과한다/1194
사람의 마음이 바로 그 사람 자신이다/1194

≪부록≫ 임마누엘 스베덴보리 약전(略傳) ················이재구 옮김/1197
<스베덴보리 신학총서 개요> 색인 ··· 1255
<스베덴보리 신학총서>에서 발췌한 인용문 색인 ························1287
출판에 드리는 말씀···이 영근/1307
본서에 인용된 스베덴보리의 대표적인 책명들 ···························1310

제23강

세 례(洗 禮)

일반적인 가르침

세례(洗禮·baptism)는, 사람이 교회 속하여 있다는 것을 나타내는 증표로서, 또 사람이 중생(重生)하지 않으면 안 된다는 기념으로서, 제정되었습니다. 왜냐하면 세례에서 씻는 것(洗滌)은 중생을 가리키는 영적인 씻음(spiritual washing)이라는 것 이외의 아무것도 아니기 때문입니다.

중생은 모두 믿음에 속한 진리와 그것에 순종하는 삶을 통하여 주님에 의하여 이루어집니다. 그러므로 세례는 사람이 교회에 속하여 있다는 것과, 중생될 수 있다는 것을 증명합니다. 왜냐하면 교회에서는, 주님만이 시인된다는 것과, 주님만이 중생시킨다는 것과, 또 거기에는 믿음의 모든 진리를 포함한 말씀(聖言)이 있다는 것과, 그것에 의하여 중생이 이루어진다는 것이 있기 때문입니다. 주님께서 이것을 요한복음서에서 이렇게 가르치셨습니다. 즉―.

누구든지 물과 성령(=영)으로 나지 않으면, 하나님 나라에 들어갈 수 없다.
(요한 3 : 5)

영적인 뜻으로 "물"은 성경말씀에서 비롯되고 있는 믿음에 속한 진리를 가리키고, "영"은 그 진리에 일치하는 삶을 가리키고, "태어나는 것"은 그것에 일치하여 중생하는 것을 가리킵니다.

중생하는 사람은 모든 악과 거짓에 대항하여 싸우는 영적 투쟁을 가리키는 시험을 받기 때문에, 그러므로 세례의 물은 역시 이러한 일련의 내용을 뜻합니다.

세례는 이러한 증표(證票)와 기념이기 때문에, 사람은 젖먹이 때에도 세례를 받을 수 있고, 그 때 받지 않았다면 성인이 된 후에도 세례를 받을 수 있습니다.
그러므로 세례를 받은 사람이 필히 알아야 할 것은, 세례 그 자체는 믿음도 구원도 주지 않는다는 것과, 그러나 그들이 중생한 사람들이라면 믿음을 받을 수 있고, 또 구원을 받을 수 있다는 것을 증명해 준다는 것 등입니다.
이상의 설명에서 주님께서 마가복음서에서 말씀하신 말씀의 뜻을 이해할 수 있겠습니다. 마가복음서의 말씀입니다.

> 믿고 세례를 받는 사람은 구원을 얻을 것이요, 믿지 않는 사람은 정죄함을 받을 것이다.
> (마가 16 : 16)

"믿는 사람"은 주님을 시인하고, 주님으로부터 성경말씀을 통하여 신령진리를 받는 사람이고, "세례를 받는 사람"은 주님에 의하여 그 진리에 의해 중생된 사람을 가리킵니다. (새 예루살렘과 그 천적 교리 202-208)

준수하여야 할 계명으로서의 세례

세례가 지켜지도록 명령되었다는 것은 세례 요한이 요단 강에서 세례를 주고, 온 유대와 예루살렘이 그에게로 나와 세례를 받은 것(마태 3 : 5, 6 ; 마가 1 : 4, 5)에서 명백합니다. 그리고 또한 구주이신 우리 주님께서 친히 세례 요한에게 세례를 받으신 사실(마태 3 : 13-17)에서도 명백합니다. 더욱이 주님께서 당신의 제자들에게 만민에게 세례를 베풀라고 명령하신 것(마태 28 : 19)에 의해서 명백합니다. (순정기독교 668항)
주님 자신이 세례 요한에 의하여 세례를 받으신 이유는, 주님께서 장차 세례를 제정하기 위해서 뿐만 아니라, 주님께서 사람을 중생시키시고, 또 그를 영적인 사람으로 만드신 것과 같이, 주님께서는 당신 자신의 인간성정(人間性情·His Humanity)을 영화하셨기 때문이고, 또한 이것을 신령하게 만드셨기 때문입니다. (순정기독교 684항)

세례의 첫 번째 효용(效用)

 세례의 첫 번째 효용(效用)은 기독교회에의 입문(入門)이며, 동시에 영계의 기독교도들과의 사귐이다.
 세례는 할례(割禮·circumcision) 대신에 제정되었습니다. 할례가 할례받은 자들이 유대교회에 속했다는 증표였던 것과 같이, 세례는 세례받은 사람들이 기독교회에 속한다는 증표입니다. 그럼에도 불구하고 그 증표는, 두 어머니가 낳은 신생아를 서로 구분하고, 또 아기가 바뀌지 않게 하기 위하여, 그 신생아에게 입히는 두 색깔의 배내옷(襁褓)처럼, 식별을 위한 것 이외의 다른 것이 아닙니다.
 유아는 물론, 기독교로 개종(改宗)한 사람들은, 젊은 사람이든 나이 많은 사람이든, 모두 세례를 받아야 합니다. 그리고 그들이 교육을 받기 이전이라도, 그들이 기독교를 영접하기를 갈망하는 고백을 하면 그 고백 위에 세례를 줄 수 있습니다. 이러한 일은, 역시 주님께서 사도들에게 "너희는 가서, 모든 민족을 제자로 삼아서, 아버지와 아들과 성령의 이름으로 세례를 주어라"(마태 28 : 19)는 주님의 명령에 따라서 행하였습니다.
 그럼에도 불구하고 교회에로의 입문은 지상에서 행하여 집니다. 다른 한편 천계에서 그들에게 행하여지는 것은, 유아들까지도 세례에 의하여 기독교의 천계에 입문합니다. 거기에서 주님께서는 그들에게 천사들을 임명하고, 그들로 하여금 그들을 돌보게 하십니다. 그러므로 젖먹이들이 세례를 받으면 즉시 그들에게 천사들이 임명되고, 젖먹이들은, 그 천사들에 의하여, 주님을 믿는 믿음을 영접하기 위한 상태 안에 있도록 보호됩니다. 그러나 그들이 어른이 되어서, 자기 자신의 권리나 이성에 의하여 행동할 수 있는 상태에 이르게 되면, 보호천사(保護天使·the guardian angel)들은 그들 곁을 떠나가고, 그들은 자신들의 삶과 믿음을 하나로 만들어 주는 영들을 자기 자신들의 교우로 맞게 됩니다. 이상에서 명확한 것은, 세례가 영계 안에 있는 기독교도들에의 착생(着生·insertion)이라는 것입니다. (순정기독교 677항)
 세례에 의하여 젖먹이 뿐만 아니라, 사실은 모두가 세례에 의하여 영계에 있는 기독교도들에게 착생(着生)되는 이유는, 그 세계에 있는 백성이나 민족들은 그들이 있는 영역에 따라서 서로 분별(分別)되기 때문입니다. 기독교도들은 중앙에 있고, 마호메트 교도들은 그들 주위에 있고, 그들 뒤에는 여러 종류의 우상숭배자들이 있고, 그리고 가장 변방(邊方)에는 유대교도들이 있습니다. 더욱이 천계에서 동일한 영역에 있는 모두도 하나님사랑과 이웃사랑의 정동에 따라서 여러 사회로 정열됩니다. 그리고 지옥에 있는 동일한 영역에 있는 모두도 하나님사랑과 이웃사랑에 정반대되는 정동에 따라서 즉 악에 속한 정욕(情欲·lust)에 따라서 여러 무리(會衆·congregation)로 정열됩니다. 천계나 지옥이 뜻하는 영계에 있는 만유(萬有)는, 전체적으로나 개별적으로, 또는 일반적으로나 특수적으로, 아주 명확하게 조직, 편성됩니다. 그 세계의 전체의 보존은 이같은 분명한 조직에 의존되어 있습니다. 만약에 그가 종교적인 몸으로 어디에 속해 있다는 것을 보여주는 어떤 증표를 통해서 모두가 그가 뒤에 태어난 자신을 알지 못한다면, 거기에서 이와 같은 분별성은 있을 수 없습니다. 왜냐하면 세례가 가리키는 기독교도의 증표가 없다면, 어떤 마호메트 교도들이나 우상숭배자 중의 어떤 사람은 새롭게 태어난 기독교도의 유아들을 그 자신에게 달라 붙혀서, 또는 어린 아이들에게 자신들이 달라 붙어서 그들에게 자신의 종교의 경향을 주입시킬 것이고, 따라서 기독교에서부터 그들의 마음을 흩어지게 하고, 또 그들은 기독교와 이간(離間)시킬 것이기 때문입니다. 이러한 짓거리는 결국은 영적인 질서를 왜곡시키고 나아가서 파멸시키는 것이기 때문입니다. (순정기독교 678항)

한 분 하나님을 시인하고, 종교적 동기로 말미암아 공의(公義)를 사랑하고 선을 행하는 마호메트 교도들은, 이방인들과 마찬가지로, 자신들의 천계를 갖습니다. 그러나 그들의 천계는 기독교도의 천계 변방에 있습니다. (순정기독교 832항)

기독교 교회 밖에서 태어났고, 그리고 유아나 어린이 시절에 이 세상을 떠난 유아나 어린이들은, 주님을 믿는 믿음을 영접한 뒤에 세례 이외의 다른 방법에 의하여 그들의 종교의 천계에 배치됩니다. 그럼에도 불구하고 그들은 기독교도의 천계 안에 있는 사람과 뒤섞이지는 않습니다. (순정기독교 729항)

영으로서의 모든 사람은, 비록 그가 영이 무엇인지 알지 못한다고 해도, 그가 육신을 입고 사는 동안 영들과 같이 했던 사회 안에 존재합니다. 그와 같이 했던 영들을 통해서 선한 사람은 천사적 사회 안에 거하고, 악한

사람은 지옥적인 사회에 거합니다. (천계와 지옥 438항)
 세례의 첫째 효용(效用 · the first use of baptism)은 세례받은 사람은 기독교인이다는 영계에 있는 하나의 증표(證票)입니다. 영계에서는 세례받은 사람은 모두 그의 심중에 또는 심중 밖에 자리잡고 있는 기독교 신앙의 성품에 따라서 거기에 있는 사회들이나 회중(會衆)에 착생(着生)됩니다. (순정기독교 680항)

영계에서 세례의 증표에 속한 효능에 관한 예증(例證)으로서의 세례 요한의 세례와 그것에서 비롯된 지상의 수세자(受洗者)에 대한 효능

세례는 거룩하고, 신성합니다. 그 이유는 세례가, 사람이 성언에서 비롯된 진리를 방편으로 하여 주님에 의하여 중생할 수 있다는 하나의 증표요, 기념적인 각서(覺書 · memorial)이기 때문입니다. 즉 천계를 위해서는 증표이고, 사람을 위해서는 각서이기 때문입니다. 그리고 또한 이스라엘 자손이 요단 강을 건너는 것(渡江)으로 가나안 땅에 들어갔듯이, 그리고 예루살렘의 주민들이 세례 요한의 세례를 통해서 주님 영접을 준비하였듯이, 세례에 의하여 사람은 교회에 입문하는 것이 세례이기 때문입니다. 왜냐하면 천계에서 천사들 앞에 이 증표를 보여줄 수 없다면 유대민족은, 육신을 입고 오신 주님 즉 여호와의 강림 때에 잔존(殘存)할 수도, 살 수도 없었을 것입니다. (묵시록계현 776항)
 요한의 세례는, 하나님 자신이 유대민족에게 나타나실 때 그들이 살아남을 수 있게 하기 위한 천계의 준비를 뜻합니다. (바이어 박사에게 보낸 서한)
 세례 요한은 이 세상에 오셔서 속량의 대업(贖良 · the work of redemption)을 성취하시기 위하여 오시는 여호와 하나님의 길을 준비하기 위하여 파견된 예언자(預言者)입니다. 요한은 세례에 의하여 그것을 준비하였고, 그리고 그 때 주님의 강림(降臨)의 선포에 의하여 그것을 준비하였습니다. 그리고 또한 그 준비가 없었다면 거기에 있는 모두는 저주로 괴로움을 당하고, 종국에 멸망하였을 것입니다. (순정기독교 688항)
 세례 요한의 세례에 의하여 준비된 그 길이 이러한 이유는, 그 세례를 통하여 그들도 장차의 주님의 교회에 입문(入門)하고, 그리고 천계에서는 메시아를 기다리고 갈망하는 사람들에게 착생(着生)하기 때문입니다. 그러므로 악마가 지옥에서 나와서 그들을 파멸시키지 못하도록, 그들은 천사들에 의하여 보호됩니다.

만약에, 영계에서 지옥문이 완전히 닫히고, 또 유대민족이 완전 멸망으로부터 보호되는 세례의 효능(效能)을 가리키는 세례에 의하여 여호와의 강림을 위한 길(大道)이 준비되지 않는다면, 그들은 모두 멸망될 것입니다.
(순정기독교 689항)

성경말씀에서 발췌한 귀절들에 의한 예증(例證)이나 확증에 관한 인용과 설명이 있은 다음에 저자는 아래의 내용을 부연하였습니다. 즉—, 이런 몇몇의 예들은, 만약에 유대인들 중에서 인간형체(人間形體 · the human form)로 계신 여호와 하나님이신 메시아를 영접하기 위하여 세례 요한의 세례를 통하여 그들이 준비되지 않았다면, 그리고 여호와께서 육신을 입지 않으시고, 그분 자신을 그렇게 계시하시지 않았다면, 유대인들이 파멸하게 될 저주와 파멸이 어떠한 것인지를 예증하고 있습니다. 그들은 세례에 의하여 준비되었고, 또 천계에서 마음 속에서 메시아를 기다리고 갈망하는 사람들 가운데 녹명(錄名)되고, 계수(計數)되었습니다. 결론적으로 그들은 천사들의 무리에 보내져서, 천사들은 그들의 수호자가 될 것입니다.
(순정기독교 691항)

세례의 두 번째 효용

세례의 두 번째 효용은, 그리스도인이 속량주(贖良主) · 구주(救主)되신 주님 예수 그리스도를 알고, 시인하고, 그분을 따르는(追從) 것이다.

세례의 두 번째 효용은, 누구나 주님께서 구속주요, 구주 예수 그리스도 이심을 알게 하는 것이고, 그리고 그리스도 교회의 입문(入門)과 영계에 있는 기독교도들에의 착생을 가리키는 세례의 첫째 효용을 분리하지 않고 따르게 하는 것입니다. 둘째 효용이 없다면 첫째 효용은 명목 뿐인 효용이 아니겠습니까?

그리스도에 속한 한 사람을 가리키는 그리스도인이라고 호칭되면서, 주님을 시인하지 않고, 그분을 추종하지 않으면, 다시 말하면 그분의 계명에 따라서 살지 않으면, 그것은 마치 신기루(蜃氣樓) 같은 속빈 강정이요, 한 낱 바람에 나는 연기요, 먹물을 쏟아부은 그림 같이 쓸모없는 무용지물(無用之物)일 뿐입니다. 왜냐하면 주님께서 이렇게 말씀하셨기 때문입니다.

> 너희는 어찌하여 나더러 "주님, 주님!" 하면서도, 내가 말하는 것은 실행하지 않느냐?
> (누가 6 : 46)

> 그 날에 많은 사람이 나에게 말하기를 "주님, 주님, 우리가 주님의 이름으로 예언을 하고, 주님의 이름으로 귀신을 내쫓고, 또 주님의 이름으로 많은 기적을 행하지 않았습니까?" 할 것이다. 그 때에 내가 그들에게 밝히 말할 것이다. "나는 너희를 도무지 알지 못한다. 불법을 행하는 자들아, 나에게서 물러가라."
> (마태 7 : 22, 23)

(순정기독교 681항)

세례의 세 번째 효용

세례의 마지막 효용인, 세 번째 효용은 사람이 중생하게 하는 것이다.
이것이 세례가 제정된 목적 자체이고, 또한 최종의 쓰임입니다. 그 이유는 참된 기독교인은 속량주인 예수 그리스도를 알고, 시인하는 것이고, 그리고 그분께서 속량주이시고, 또한 중생주(重生主)이심을 알고, 시인하기 때문입니다. 그리고 또한 기독교인은 중생의 방편이 상세히 기술된 성언(聖言)을 가지고 있기 때문입니다. 거기에 기술된 중생의 방편은 주님사랑과 이웃사랑인 인애를 가리킵니다. 이것은 주님에 관해서 언급하신 바와도 꼭 같습니다. 즉—.

> 그는 너희에게 성령과 불로 세례를 주실 것이다.
> (마태 3 : 11 ; 마가 1 : 8 ; 누가 3 : 16)

이 말씀에서 "성령"(聖靈·the Holy Spirit)은 믿음에 속한 신령진리를 뜻하고, "불"은 사랑 즉 인애에 속한 신령선을 뜻하는데, 이들 양자는 모두 주님께서 발출됩니다. 이들 둘에 의하여 모든 중생은 주님에 의하여 이루

어집니다. (순정기독교 684항)
앞에서, 그리고 지금 여기서 설명한 것에서 볼 때 명백히 알 수 있는 것은 세례에 속한 세 효용은 한 몸처럼 일관성 있게 일치한다는 것입니다. 그것은 마치 목적인 첫째 원인, 직접효과를 뜻하는 중간원인, 그리고 결과를 가리키는 최종원인의 관계와 같습니다. 그리고 목적 자체는 원인이 존재하게 하는 것이 목적입니다. 왜냐하면 첫 번째 효용은 누구나 기독교인이라 호칭되게 하기 위한 것이고, 이것에서 뒤이어지는 두 번째 효용은 그 사람이 주님을 속량주·중생주·구원주로 알고, 시인하게 하기 위한 것이고, 그 세 번째 효용은 사람이 주님에 의하여 중생하게 하기 위한 것입니다. 이 일련의 일이 모두 이루어졌을 때, 그 사람은 속량되고, 구원받습니다. 이 세 가지 효용들이 순서에 따라서 이어지기 때문에, 이들 세 효용은 최종 효용에서 하나로 결합하고, 그러므로 천사들의 개념 안에서 이들 세 효용은, 한 몸처럼, 결합되어 있고, 따라서 세례가 집전(執典)되었을 때, 성경말씀에서 세례에 관하여 읽을 때, 즉 세례에 관해서 설명된 내용을 읽을 때 현존하는 천사들은 세례를 중생 이외의 다른 것으로 이해하지 않습니다. 그러므로 주님께서 말씀하신 말씀입니다.

믿고 세례를 받는 사람은 구원을 얻을 것이요, 믿지 않는 사람은 정죄함을 받을 것이다.
(마가 16 : 16)

이 말씀을 천계의 천사들은 주님을 시인하는 사람은 중생되고 구원받는다라고 이해합니다. (순정기독교 685항)
세례 요한의 세례에 관해서 살펴보면, 그것은 겉사람의 세척(洗滌·the cleaning)을 표징합니다. 그러나 오늘날 기독교인 가운데 있는 세례는 속사람의 세척 즉 중생을 표징합니다. 그러므로 우리들은, 요한은 물로 세례를 베풀었지만 그러나 주님께서는 성령과 불로 세례를 베푸신다는 것을, 읽습니다. 이런 이유 때문에 세례 요한의 세례를 회개의 세례(悔改洗禮·the baptism of repentance)라고 부릅니다.
세례를 받은 유대인들은 단순한 겉사람들이었고, 겉사람은, 그리스도를 믿는 믿음이 없이는, 속사람이 될 수 없습니다. 세례 요한으로부터 세례를 받은 사람들은, 그들이 그리스도를 믿는 믿음을 영접할 때, 그리고 그 때 예수의 이름으로 세례를 받을 때, 속사람이 된다는 것을 사도행전 (19 : 3-6)에서 잘 볼 수 있습니다. (순정기독교 690항)

세례 자체가 구원하는 효능을 지닌 것은 아니다

세례 그 자체가, 만약에 그 사람이 교회에 속한 진리 안에 있고, 동시에 그 진리에 일치는 삶 안에 있지 않으면서도, 사람의 구원에 무엇인가 공헌한다고 믿는 사람은 아주 큰 과오를 저지르고 있습니다. 왜냐하면 세례는 외적인 예전(禮典)에 불과하고, 그 예전 자체는 그 예전의 내적인 것 없이는 구원을 위해서 무용지물(無用之物)이기 때문입니다. 그럼에도 불구하고 외적인 것이 내적인 것과 결합되어지면 그것은 능히 그 일을 할 수 있습니다. 세례의 내적인 것은, 성경말씀에서 비롯된 진리에 의하여, 그리고 그것들에 일치는 삶을 통하여 모든 악과 거짓은 주님에 의하여 옮기워진다는 것이고, 또한 사람은 이렇게 하여야 중생한다는 것입니다. 사실 주님께서는 이것을 마태복음서 23장 26, 27절에서 가르치셨습니다. (묵시록해설 475항)

성령에 의한 세례

요한복음서에서는 주님께서 "성령으로 세례를 주신다"(요한 1 : 33)고 하였고, 누가복음서에서는 주님께서 "성령과 불로 세례를 주신다"(누가 3 : 16)고 언급되었습니다. 속뜻으로 세례를 준다는 것은 중생을 뜻합니다. 성령이나 불로 세례를 준다는 것은, 불이 사랑에 속한 선을 가리키기 때문에, 사랑에 속한 선에 의하여 중생된다는 것을 뜻합니다.
"성령"은 주님에게서 발출된 신령진리를 뜻하고, "불"은 주님에게서 발출된 신령선을 뜻하며, 세례는 주님에 의하여, 또는 성언에서 비롯된 신령진리에 의한 중생을 뜻합니다. (천계비의 9229항 ; 묵시록해설 475항)

제24강

성만찬(聖晩餐)

일반적인 가르침

회개한 사람은 누구나 오직 주님만을 의존, 기대하게 하기 위하여 성찬(聖餐)은 주님에 의하여 제정되었습니다. 회개한 사람들에게 그것은 죄의 용서를 확증해 줍니다. 이 예식이 그것을 확증해 주는 이유는, 그 성찬 즉 영적 교제(靈的交際·communion) 안에서 모두가 오직 주님만을 의존하는 것이 지켜지기 때문입니다. (신령섭리 122항)

세례가 교회에의 입문(入門)을 가리킵니다. 이에 반하여 성찬은 천계의 입문을 가리킵니다. 이 두 성례전(聖禮典) 즉 세례와 성찬은 영생(永生)에 들어가는 두 대문과 같습니다. 그 첫 번째 대문을 뜻하는 세례에 의하여 모든 기독교회의 교인은, 교회가 성경말씀으로부터 영생(永生)에 관하여 가르치는 것들에 들어가게 하고 입문하게 합니다. 그 모든 것들은 그것에 의하여 사람은 천계를 준비하게 하고 또 인도하게 한다는 것을 뜻합니다. 두 번째 대문은 성찬인데, 이 성찬을 통하여 주님에 의하여 자기 자신으로 하여금 천계를 준비하게 하고, 또 천계로 인도하게 하는 사람은 누구나 천계에 들어가고, 입문합니다. (순정기독교 721항)

성찬이 주님에 의하여 제정되었고, 그것에 의하여 천계와 교회의 결합이 가능하게 되었고, 따라서 주님과 교회와의 결합이 있을 수 있게 되었습니다. 그러므로 성찬은 예배에 속한 가장 거룩한 것입니다.

그럼에도 불구하고 성찬에 의하여 그 결합이 어떻게 이루어지는지는 성경말씀의 속뜻 즉 영적인 뜻에 관해서 무지(無知)한 사람들은 알지 못합니다. 왜냐하면, 그들은, 성경말씀의 문자적인 뜻인 말씀의 겉뜻 이외는 다른 뜻을 생각하지 않기 때문입니다. 성경말씀의 속뜻 즉 영적인 뜻으로 말미암아 몸과 피가 무엇을 뜻하는지, 그리고 떡과 포도즙이 무엇을 뜻하는지, 그리고 그것을 먹고 마신다는 것이 무엇을 뜻하는지 알 수 있습니다. 영적인 뜻으로 주님의 "몸"(身體 · body) 즉 "살"(肉 · flesh)은 사랑에 속한 선을 가리키는데, 그것은 "떡"도 마찬가지 입니다. "주님의 피"는 믿음에 속한 선을 가리키는데, 그것은 또한 포도주도 마찬가지입니다. 그리고 "먹는다는 것"(eating)은 자기의 것으로 만드는 것(專有)이나 결합하는 것을 뜻합니다. 성찬의 예전에 참여하는 사람과 같이 하는 천사들은 사람이 그 성찬의 성체(聖體 · the Sacrament of the Supper)를 받을 때 그는 지금 언급한 것들 이외의 다른 것으로 이해하지 않습니다. 왜냐하면 그들은 모든 것들을 영적으로 지각하기 때문입니다. 그러므로 우리가 알아야 할 것은, 사랑의 거룩함이나 믿음의 성스러움은 그 때 주님에게서 입류한다는 것입니다. 이것으로 말미암아 결합은 존재합니다.

이상의 고찰에서 명백한 사실은, 사람이 주님의 몸을 가리키는 떡을 받아먹을 때, 그 사람은 주님에게서 비롯된 주님사랑에 속한 선에 의하여 주님과 결합한다는 것과, 또 그가 피를 가리키는 포도즙을 마실 때, 그 사람은 주님에게서 비롯된 주님을 믿는 믿음에 속한 선에 의하여 주님과 결합한다는 것입니다. 그러나 주지하여야 할 일은, 성찬 예전에 의한 주님과의 결합은 주님에게서 비롯된 사랑에 속한 선과 믿음에 속한 선 안에 있는 사람들에게만 이루어진다는 것입니다. 이들에게만 성찬에 의한 결합은 존재합니다. 그렇지 않은 다른 사람들에게는 주님의 임재는 있지만, 그러나 주님과의 결합은 있지 않습니다.

뿐만 아니라, 성찬은 이스라엘 교회에 제정된 신령예배의 전부를 포함하고, 또 그렇게 이해됩니다. 왜냐하면 주로 그 교회의 예배를 이루고 있는 번제(燔祭)나 희생제(犧牲祭) 등은 한마디로 "떡"이라 부르는 것이며, 그러므로 또한 주님의 성찬은 그 예배의 완성을 가리킵니다. (새 예루살렘과 그 천적 교리 210-214항)

주님을 믿는 믿음과 이웃을 향한 인애 안에 있는 사람, 따라서 중생 도상에 있는 사람들은, 합당하게 성찬에 참여하여야 합니다. (순정기독교 722항)

모든 사람은 죄에 속한 악으로부터 피하는 것에 의하여 중생됩니다. (순

정기독교 510항)
중생의 상태는, 사람이 악을 멀리하는 것을 결정하고, 선을 행할 때부터 시작됩니다. (순정기독교 587항)
성찬은, 그것에 합당하게 참여하는 사람들에게는, 그들이 하나님 자녀들이라는 증명의 수결(手決)이고 인(印) 치심입니다. 그 이유는, 그 때 주님께서 현존하시고, 주님의 자녀로 태어난 사람들 즉 중생한 사람들을 천계로 인도하기 때문입니다. 주님께서, 주님의 인성의 측면에서 보면, 그 때 임재하시기 때문에, 성찬이 이런 일을 이룰 수 있는 것입니다. 왜냐하면, 앞에서 설명한 것과 같이, 성찬 안에 주님은 온전히 현존(現存)하시기 때문이고, 주님의 속량 또한 거기에 임재하시기 때문입니다. 그리고 주님께서는 떡에 관하여 "이것은 내 몸이다"고 말씀하셨고, 또 포도즙에 관해서는 "이것은 내 피다" 라고 말씀하셨기 때문입니다. 결론적으로 그 때 주님께서 그 자녀들을, 천계와 교회를 형성하는, 당신의 몸 안으로 허입(許入)하신 것입니다.
사람이 중생 중에 있는 동안 주님께서는 사실 현존하셔서, 천계를 위한 주님의 신령 역사(神靈役事·His Divine operation)에 의하여 그 사람을 준비시키십니다. 그럼에도 불구하고 그 사람이 그리로 들어가기 위해서 그 사람은 자기 자신을 주님에게 실제로 나타나 보이지 않으면 안 됩니다. 그리고 주님께서 당신 자신을 사람에게 현존하시기 때문에 사람은 실제적으로 그분을 영접하여야만 합니다. 다시 말하면 주님께서 십자가 위에 달리신 분으로가 아니라, 영화된 인성 안에 계시는 주님으로 영접하여야만 합니다. 이 영화된 몸이 신령선이고, 그 몸의 피가 신령진리입니다. 그것들이 사람에게 주어집니다. 그리고 그것들에 의하여 사람은 중생되고, 주님 안에 있으며 또한 주님께서 그 사람 안에 계십니다. 왜냐하면, 앞에서 설명한 것과 같이, 성찬에서의 먹는 일(eating)은 영적인 먹음이기 때문입니다. 이상의 고찰에서 바르게 깨달을 수 있느 것은, 성찬은 그것에 합당하게 나오는 자들을 하나님의 아들 딸이라는 증명의 수결이고, 인치심이다는 것입니다. (순정기독교 728항)
성찬에 의한 주님과의 결합은, 한 조상에서 이어져 내려오는 한 가문의 결합에 의하여 예증될 수 있겠습니다. 이 한 조상에서부터 형제들이 계승, 이어졌고, 또 혼인에 의하여, 혈연에 의하여, 계속적으로 친척들이 계승, 이어져 왔습니다. 그리고 그들 모두는 첫 번째 그루터기(the first stock)로부터 무엇인가를 받았습니다. 더욱이 그들은 그 그루터기에서 살과 피를 이어받지는 않았지만, 그러나 그들은, 그 살과 피로부터 영혼은 이어받았고, 그리고 그것에서부터 유사한 기질(氣質)이나 성향(性向)을 이어받았으며, 그리고 그런 것들에 의하여 그들은 결합합니다. 사실 그 결합은 공통적으로 그들의 얼굴에서 나타나고, 또한 관습에서 나타납니다. 그러므로 그들을 한 몸(一體·one flesh)이라고 불렀습니다. 이것으로 인하여 주님께서 말씀하셨습니다. 즉─.

내 살을 먹고 내 피를 마시는 사람은 내 안에 있고, 나도 그 사람 안에 있다. (요한 6 : 56)

떡과 포도즙이 이러한 일을 할 수 없고, 다만 오직 주님에게서 비롯되고 주님으로 말미암아 교류하는 주님의 것들인 "떡"이 뜻하는 사랑에 속한 선과 "포도즙"이 뜻하는 믿음에 속한 진리 이외의 그 어떤 것이 이러한 일을 할 수 없다는 것을 그 누구가 모르겠습니까! 참말로 모든 결합은 사랑에 의하여 이루어지고, 신뢰가 없는 사랑은 참된 사랑이 아닙니다. 떡이 살을 가리키고, 포도즙이 피를 가리킨다는 것을 믿기는 하지만, 그러나 그들의 생각을 더 높이 제고(提高)하지 않는 사람들은 이 사상에 머물러 있도록 내버려 두십시오. 그리고 또한 성례전 안에는 가장 거룩한 것이 존재한다는 것 이외의 다른 내용을 생각할 수 없는 사람들도, 그리고 이것이 계속 주님의 것으로 남아 있지만 사람에게 자기 자신의 것인 양 전달되고, 전유된다고 믿는 자들도 역시, 그렇게 믿도록 내버려 두십시오. (순정기독교 727항)

대응에 의한 성례전 안에 있는 신령능력

대응 안에는 가장 큰 능력이 존재한다는 것은 천계와 이 세상, 또는 영계와 자연계가 모두 대응들 안에 있다는 사실에 의하여 입증됩니다. 그리고 이런 이유 때문에, 그것이 존재한다는 것은, 성경말씀은 순수한 대응에 의하여 기술되었다는 사실에 의하여서도 입증됩니다. 그러므로 천계와 사람의 결합이 존재하고, 따라서 주님과 사람의 결합 역시 존재합니다. 따라서 주님께서는 처음의 것 안에, 그리고 동시에 마지막의 것 안에 존재하십니다. 꼭같은 이유 때문에 성례전은 대응에 의하여 제정되었습니다.
(새로운 교회에의 초대 59항)

제25강

사제직분(司祭職分)

천계에 있는 사제직과 종교적 정부형태

땅 위의 교회는 주님으로부터 천사적 천계를 거쳐 내려왔습니다. 왜냐하면 천계의 천사나 지상의 사람은, 교회에 관계되는 모든 것들 안에서 한 몸(一體)을 이루기 때문입니다. (묵시록계현 876·486항)

주지하여야 할 것은 천계에도 지상에서와 꼭 같이 교회가 있다는 것입니다. 왜냐하면 거기에 성언(聖言)이 있기 때문입니다. 그리고 성전이 있고, 거기서 설교가 있기 때문입니다. 그리고 거기에는 목사나 성직자의 임무가 있습니다. 왜냐하면 거기의 천사들은 모두가 사람들이었고, 이 세상 밖의 저쪽에서의 그들의 일상적인 업무는 그들의 삶의 연속일 뿐입니다. 그러므로 그들은 역시 사랑이나 지혜 가운데서 아주 완벽하고, 각자는, 이 세상에서부터 떠날 때의 진리나 선을 위한 정동의 계도에 따라서 아주 완벽해집니다. (묵시록계현 533항)

새로운 교회의 가르침(敎理)은 천계에서 비롯됩니다. 그 이유는 그 교리가 성경말씀의 영적인 뜻에서 비롯되기 때문이고, 또한 성경말씀의 영적인 뜻은 천계에 있는 교리와 동일하기 때문입니다. 왜냐하면 천계에도 지상에서와 꼭같이 교회가 있기 때문입니다. 그리고 거기에도 성언이 있기 때문입니다. 그리고 성언에서 비롯된 교리가 있고, 성전이 있으며, 또 그 성전에서는 말씀의 선포(說敎)가 있고, 또한 종교적인 다스림(統治)과 시민법적인 통치가 있기 때문입니다. 한마디로, 천계에 있는 만유(萬有)는 매우 완벽한 상태 안에 있다는 것을 제외하면, 천계에 있는 만유와 지상에 있는 만유의 차이는 아무것도 없다는 것입니다. 그 이유는 거기에 있는 만유는 영적이고, 그리고 영적인 것들은, 완전성에서 보면, 자연적인 것

들에 비하여 모두 뛰어난 상태에 있기 때문입니다. (새 예루살렘과 그 천적 교리 7항)
천계의 사회들 안에는 상급(上級)의 통치자(統治者·ruler)와 저급의 통치자가 있는데, 그들 모두는 그들의 지혜나 총명에 따라서 주님에 의하여 다스려지고, 또 주님에게 예속되어 있습니다. 그들 중 지혜의 면에서 다른 통치자에 비하여 월등히 뛰어난 최고의 통치자는 중앙에 있는, 이 세상의 그 어떤 것과도 비교될 수 없는, 매우 장엄한 궁전에 살고 있습니다. 그 궁전의 건축상의 특색은 정말로 놀랍기 때문에, 내가 말할 수 있는 그 특색은 자연적인 언어로는 백분의 일도 표현할 수 없다는 것입니다. 왜냐하면 그 솜씨가 예술 자체이기 때문입니다.
예하의 통치자들도 그와 비슷한 궁전에서 살고 있는데, 그 궁전의 화려함이나 장엄함은 그들의 지혜의 계도와 일치합니다. 그리고 그들은 선용에 속한 그들의 사랑에 따라서 지혜를 갖습니다. 이러한 것들은 그들에 의하여 소유될 뿐만 아니라 선용을 애지중지(愛之重之)하고 또 여러 종류의 직무에 의하여 선용을 성취하는 모든 주민들에 의하여 소유됩니다. (묵시록 해설 1191항)
천계에서도 지상에서와 같이 수많은 업무형태(業務形態·administration)가 있습니다. 왜냐하면 거기에는 종교적인 일이 있고, 시민적인 일이 있고, 가정적인 일이 있기 때문입니다.
천계에 있는 모든 것들은 신령질서에 따라서 설시되었는데, 그 질서는, 천사들에 의한 업무관리에 의하여, 어디서나 보존됩니다. 일반적인 선이나 선용에 속한 일들은 높은 지혜의 천사가 관장하고, 개별적인 선이나 선용에 속한 일들은 낮은 지혜의 천사가 관장합니다. 그밖의 것들도 마찬가지 입니다. 그들은, 선용이 신령질서 안에서 서열(序列)이 있듯이, 서열이 정해져 있습니다. 따라서 위계(位階·dignity) 역시 선용에 속한 위계에 따라서 모든 직무에 귀속되어 있습니다. 그럼에도 불구하고 그 위계를 자기 자신의 것으로 여기는 천사들은 아무도 없고, 오히려 천사는 그 위계를 모두 선용의 공으로 돌립니다. 그 이유는 선용은 자기가 성취한 선을 가리키고, 그리고 모든 선은 주님에게서 비롯되고, 또 그는 그것을 주님의 공으로 돌리기 때문입니다.
천계에서 종교적인 직무를 맡아서 일하는 사람은, 그가 이 세상에서 성경말씀을 애지중지하고, 성경말씀 안에 있는 진리를 열심히 탐구하고, 자기 명예나 이득을 위하지 않고, 선용 자체나 타인의 선용의 삶에 힘쓴 사람입니다. 그들은 선용을 사랑하고, 바라는 열의의 대소(大小)에 따라서 천계의 빛을 받는 조요(照耀)의 상태에 있고, 또 지혜에 속한 빛 안에 있습니다. 그들이 천계에서 받는 지혜의 빛은 주님말씀에서 비롯되는데, 그것은 이 세상에서처럼 자연적인 말씀에서가 아니고 영적인 말씀에서 입니다. 이들이 설교하는 직무를 수행하는데, 그들은 거기에 있는 신령질서에 따라서 그 조요에서 비롯되는 지혜의 면에서 다른 사람들에 비하여 보다 높은 상태에 있습니다. (천계와 지옥 388・389・393항)

천계에서 집전(執典)되는 신령예배는, 외견상 지상에서 행해지는 신령예배와 아무런 차이가 없습니다. 그러나 내면에서 보면 크게 차이가 있습니다. 천계에는, 지상에서와 같이, 교리들이 있고, 설교들 그리고 예배당(禮拜堂・edifice)이 있습니다. 교리는 본질적으로 어디에서나 동일하지만, 보다 높은 천계에서의 교리는 낮은 천계에서 보다 더 많은 지혜를 내포하고 있습니다. 설교는 교리들과 조화를 이루고 있습니다. 거기에는 집들이나 궁전들이 있는 것처럼, 설교가 행해지는 성전 즉 예배당이 있습니다.

예배당에서 행하여지는 설교는 생활상의 사안(事案)에 대한 교육의 한 방편입니다. 설교내용은 이 세상의 설교와 비교될 수 없을 만큼 출중합니다. 그 이유는 천계에 있는 사람들은 빛 가운데 있기 때문입니다. 영적 왕국(the spiritual kingdom)의 예배당은 석조(石造) 건물인듯 하였지만, 천적 왕국(the celestial kingdom)의 예배당은 목조건물입니다. 그 이유는 돌(石・stone)은 진리에 대응되고, 영적 왕국에 있는 사람들은 진리 안에 있기 때문입니다. 그러나, 목재(木材)는 선에 대응되고, 천적 왕국에 있는 사람들은 선 안에 있기 때문입니다. 이 천적 왕국에서는 거룩한 예배당을 성전(聖殿)이라고 부르지 않고 "하나님의 집"(the house of God)이라고 부릅니다. 그 이유는 성전은 영적인 것을 뜻하고, "하나님의 집"은 천적인 것을 뜻하기 때문입니다. [천계비의 3720항 참조] (천계와 지옥 221-223항)

모든 설교자들은 주님의 영적 왕국에서 오고, 천적 왕국에서는 아무도 오지 않습니다. 그 이유로 영적 왕국에 속한 사람들은 선에서 비롯된 진리 안에 있고, 그리고 모든 설교는 진리에서 비롯되기 때문입니다. (천계와 지옥 225항)

천적 천사들은 순종(順從)에 의하여 진리 안에서 매우 완벽하기 때문에, 따라서 거기에는 나무로 지은 "하나님의 집"이라고 부르는 그들의 예배당에서 진리를 설교하고 가르치는 천적 영적 천사(celestial spiritual angel)이라고 부르는 중간천사(中間天使·intermediate angel)들이 있습니다. (묵시록해설 831항)

중간천사들은 영적 천계와 천적 천계 중간에 있는데, 이들을 영적 천적 천사들이라고 부릅니다. 이들의 대부분은 가장 높은 천계(三層天)에 있는 설교자들입니다. (영계일기 제7편 권 2. 2)

천계에 있는 설교자들은 주님께서 임명하시는데, 따라서 주님으로부터 설교의 은사(恩賜)를 받습니다. 그들 외에는 어느 누구도 성전에서 가르치는 것이 허락되지 않습니다. 그들은 사제(司祭)들이라고 부르지 않고 설교자라고 부르는데, 그 이유는 천계의 사제직(司祭職)이 바로 천적 왕국이기 때문입니다. 왜냐하면 사제직은 주님사랑에 속한 선을 뜻하고, 천적 왕국에서의 사제들은 그 선 안에 있기 때문입니다. (천계와 지옥 226항)

아래의 일은 영들의 세계(the world of spirits)라고 부르는 중간 상태의 천계에서 일어난 내용입니다.

나는 이같은 슬프고도 무서운 일들을 본 뒤에, 주위를 둘러보았는데, 내게서 멀리 떨어져 있지 않은 곳에 천사 둘이 서로 대화하는 것을 보았습니다. 그 중의 하나는 타는 것 같은 자색빛의 털로 된 겉옷에, 빛나는 세마포로 된 셔츠를 받쳐 입었고, 다른 한 천사는 진홍색의 같은 겉옷을 입었고, 우측에 여러 개의 루비가 박힌 삼중관(三重冠)을 쓰고 있었습니다. 나는 그들에게 가까이 가서 인사를 하고, 공손히 "귀하들께서 왜 아래 세상인 여기에 계십니까?" 하고 물었습니다.

그들은, "우리들은 주님의 명령에 의해, 선용에 속한 사랑에서 비롯된 다스림(統治)을 간절히 원하는 사람들의 축복된 운명에 관해서 귀하와 이야기 하라고 여기에 보내졌습니다. 우리는 주님을 예배하는 자들이고, 나는 한 사회의 군주(君主·prince)이고, 이 분은 그 곳의 대사제(大司祭·the high priest)이십니다"고 대답하였습니다.

군주는, 그는 선용을 성취하는 것으로 사회에 봉사하였기 때문에, 그의 사회에서는 종이었다는 것을 말하였고, 대사제는, 그들의 영혼의 선용을 위해 거룩한 것들을 관리하는 그들의 임무 때문에, 거기서는 교회의 봉사자(奉仕者·minister)이었다는 것을 말하였습니다. 그리고 그들 둘은, 주님에게서 비롯된 그들 안에 있는 영원한 행복에서 비롯된 끊임 없는 기쁨 가운데 있다고 말하였습니다.

그리고 그들은, 그 사회에 있는 것들은 모두 휘양찬란하고 장엄한데, 금이나 진귀한 보석으로 된 것은 휘양찬란하고, 궁전이나 낙원으로부터는 장엄하다고 말하였습니다. "그 이유는, 우리의 주도적인 사랑이 자아애에서 비롯된 것이 아니고 선용에 속한 사랑에서 비롯되었기 때문입니다. 그리고 선용에 속한 사랑은 주님에게서 비롯되기 때문에 천계에 있는 모든 선용은, 그러므로, 휘양찬란하고 빛납니다. 그리고 우리들 사회에서는 우리들 모두가 이 사랑 안에 있기 때문에 거기의 대기(大氣·atmosphere)는 태양의 진정한 광채에서 비롯된 빛으로 말미암아 정금(精金)으로 보입니다. 그 태양의 진정한 광채는 그 사랑에 대응합니다"라고 말하였습니다. 이런 내용이 언급되었기 때문에, 거기에는 그것들에 관한 영기(靈氣) 같은 것이 나에게 보였는데, 그것으로 말미암아 향기(香氣)가 지각되었습니다. 그리고 나는 또 그들에게 그들이 선용에 속한 사랑에 관해서 말한 내용에 보다 더 자세한 것을 부연하기를 간청하였습니다.

그들은 계속해서, "우리가 처해 있는 지위는, 사실 우리가 얻기를 구한 것이지만, 그러나 우리가 보다 충만하게 선용을 이루는 것이고 또 보다 넓게 그것들을 확대하는 이외의 다른 목적은 없었습니다. 그리고 우리들은 영예로 둘러싸였고, 또 그것을 우리들은 받아들였지만, 그럼에도 불구하고 우리 자신의 몫으로 돌리지 않고, 사회의 선으로 돌렸습니다. 왜냐하면 거기의 대중들인 우리의 형제들이나 협조자들은, 우리의 지위에 관계되는 영예들도, 우리들 안에 있다는 것이나, 그러므로 우리가 이루어 놓은 선용들도 우리 자신에게서 비롯되었다는 것을 거의 알지 못하기 때문입니다. 그러나 우리들은 이와는 달리 느낍니다. 우리들은, 지위의 영예들이 우리들 밖에 있다는 것과 그리고 그것들은 사실은 우리가 입는 옷과 같은 것이라는 것, 그러나 우리가 성취한 선용은 주님에게서 비롯된 우리 안에 있는 선용들이 그 사랑에서 비롯된다는 것과, 이 사랑은 선용들을 통해서 다른 사람들과의 나눔으로 말미암아 그 지복을 만끽(滿喫·receive)한다는 것 등을 느낍니다. 경험에 의해서, 우리들은 우리가 선용의 사랑으로 말미암아 선용을 이루는 것에 비례하여, 그 사랑도 점증하고,

그리고 그 사랑과 더불어 그것에 의해 교제를 이루는 지혜도 점증한다는 것, 그리고 우리가 우리들 안에 있는 선용을 억류하고 있는 한, 또 그것들을 나누지 않는 한, 지복(至福)은 소멸되고, 그 때 선용은, 온 몸이나 기관들에게 영양을 공급하지 못하고, 소화되지 않은 채 남아서 욕지기(嘔吐)를 일으키는 위(胃)에 숨어 있는 음식물과 같다는 것 등을 알았습니다. 한 마디로 전 천계는 처음 것부터 마지막 것까지, 선용을 담는 수용그릇 이외에 아무 것도 아닙니다. 그리고 구체적 행동으로서의 이웃사랑 이외의 선용이란 무엇이겠습니까? 이 사랑이야 말로 천계를 유지하는 것이 아니고 무엇이겠습니까?"라고 말하였습니다.

이 말을 듣고서 나는 "어느 누구가, 그 사람이 자아애에서부터, 또는 선용의 사랑에서부터 선용을 이루는 것인지 아닌지를 어떻게 압니까? 악한 사람도, 모든 선한 사람도 꼭같이 선용을 이루고, 또 어떤 사랑으로 말미암아 선용을 행합니다. 세상에 단순히 악마들로 이루어진 사회와 오직 천사들로 이루어진 사회가 있다고 가정해 봅시다. 나는, 악마들은 그 사회에서 자아애의 불꽃과, 자신의 광영의 불빛으로, 천사들이 그들의 사회에서 수많은 선용을 이루는 것과 꼭같이, 선용을 이룬다고 생각합니다. 그런 때 누구가 어느 사랑에서, 그리고 어떤 선용의 근원에서 비롯된 것인지를 알 수 있습니까?"라고 질문하였습니다.

이 물음에 대해서 두 천사는, "악마는 영예와 재물을 더 많이 듣고, 얻기 위해서, 자신들의 목적이나, 명성을 얻을 목적으로 선용을 수행합니다. 그러나 천사들은, 이런 것들을 위해서 선용을 수행하지 않고, 오히려 선용 자체의 목적 때문에, 그리고 선용에 속한 사랑 때문에 선용을 수행합니다. 사람은 그것들을 식별할 수 없지만, 주님께서는 그것들을 식별할 수 있습니다. 주님을 믿고, 또 죄이기 때문에 악을 멀리하는 사람은 주님으로 말미암아 선용을 성취합니다. 그러나 주님을 믿지 않고, 죄이기 때문에 악을 멀리하지 않는 사람은, 그 자신으로 말미암아, 그리고 자신의 목적 때문에 선용을 행합니다. 이것이 악마가 성취한 선용과 천사들이 성취한 선용과의 엄연한 차이입니다"라고 대답하였습니다.

이런 말을 한 뒤 천사들은 그들의 천계로 떠나버렸습니다. 그리고 그들은 아주 멀리, 불수레 안에 있는 엘리야처럼 천계로 올리워지는 것이 보였습니다. (혼인애 266항 ; 순정기독교 661항)

저자는 천계의 혼인예식에 관해서 기술하고 있습니다. 그 혼인예식에는 영들의 세계로부터 하객 열(10)명이 참석하였고, 그들은 거기에 있는 지혜로운 천사와 대화를 가졌는데, 그 대화의 뒷부분은 아래와 같습니다. 그러자 그들은 "이 같은 예식에서는 제사장이 참석하시어 그 예전을 집전하는 것이 온당한 것이 아니겠습니까?"라고 물었습니다. 그 현자는 "저 세상에서는 그것이 온당합니다. 그러나 천계에서는 주님 자신과 교회의 표징 때문에 그것은 온당치가 않습니다. 이러한 사실은 지상에서는 알 수 없는 것이지요. 비록 우리들에게서도 제사장은 약혼 예식에서는 집전을 하여, 상호 동의와 승인(承認)을 듣고, 받아들이고, 확인하고, 봉헌(奉獻)합니다. 이 상호 동의와 승인은 혼인의 근본으로, 그것들에 수반되는 여타의 것들은 모두가 혼인의 예전 절차에 불과한 것입니다"고 대답했습니다. 이같은 사회적 축제가 있은 뒤 혼인 하객들은 모두 떠나갔고, 이들 열(10)명도 그들의 안내 천사와 같이 떠나갔습니다. 때는 저녁이었고, 그들은 잠자리에 들어 푹 쉬었습니다.

새벽 여명에 그들은 "오늘은 안식일이다"는 고지를 들었습니다. 그들은 잠자리에서 일어나 무슨 일이냐고 그 천사에게 물었습니다. 그는, "그것은 제사장들에 의해서 선포된 것으로 하나님 예배를 위해 정해진 때를 일깨워주는 것입니다. 예배는 우리의 성전에서 집전되며, 두 시간 정도 계속됩니다. 그러니 나와 같이 가십시다. 만약 여러분들이 원하신다면 나는 여러분을 안내해 드리지요"라고 말했습니다. 그들은 모두 준비를 마치었고, 천사와 같이 가서, 성전에 들어갔습니다. 보십시오. 이 얼마나 장대한 성전입니까! 3천명 정도를 수용할 수 있는 성전으로, 반원형이었고 긴 의자와 보통 의자들이 성전 모양에 따라서 곡선을 그리며 배열되었고, 뒤쪽의 좌석들은 앞쪽에 비하여 약간 높게 되어 있었습니다. 그들의 정면에는 설교단이 중앙에서 약간 뒤쪽으로 놓여져 있었습니다. 설교단 왼쪽 뒤에 문이 있었습니다. 열 명의 신참자들이 그들의 안내 천사와 같이 성전에 들어갔으며, 그 천사는 그들이 앉아야 할 자리를 그들에게 배정하여 주고서 그들에게 "성전에 들어온 사람은 누구나 자기 자리를 알아야 합니다. 또 각자는 그 안에서는 어떤 것으로부터 그것을 아는데, 아무데나 앉을 수는 없습니다. 만약 다른 사람의 자리에 앉게 되면 그는 아무 것도 들을 수 없고, 또 어떤 것도 지각할 수 없습니다. 그는 또한 질서를 어긴 것이므로, 그런 어김의 이유로 해서 그 제사장은 영감을 받지 못합니다"고 일러 주었습니다.
회중들이 모였을 때 그 제사장은 설교대에 올라가서서 지혜의 성령이 충만한 설교말씀을 하셨습니다. 그 설교는 성경말씀의 거룩함과 성경말씀에 의해서 영계와 더불어 자연계가 모두 주님과 결합하는 것에 관한 것이었습니다. 그가 증거하는 가운데 그는 이 거룩한 책(Holy Book)은 여호와 즉 주님에 의하여 구술(口述・dictate)하였다는 것과 그러므로 주님은 그 안에 계시며, 그러므로 또한 주님은 그 안에 임재한 지혜이시며, 그러나 그 안에 임재한 주님 자신인 지혜는 문자적인 뜻 안에서는 봉인되어 있다는 것과 교리적인 진리들 안에 있으면서 동시에 삶의 선 안에 있는 사람들에게는 개봉되어 있다는 것, 그래서 그들은 주님 안에, 주님께서는 그들 안에 계신다는 것들을 충분하게 증거하셨습니다. 그 설교말씀 뒤에 그는 봉헌의 기도를 드리고 설교대를 내려왔습니다.
예배 참석자들이 떠나가자 그 천사는 그의 10명의 수종자들에게 덕담 몇 말씀을 해주실 것을 그 제사장에게 간청하였습니다. 그가 그들에게 와서 한 시간 반 가량 그들과 대화를 하였습니다. 그는 성삼일성(聖三一性・the Divine Trinity)에 관해서 말씀하셨는데, 사도 바울이 선언한 대로 예수 그리스도 안에는 하나님 신성(God-head)의 충만함이 몸으로 거하신다는 내용이었습니다. 그 뒤에 그는 인애와 믿음의 결합함에 관해서 말씀하셨고, 그것은 바로 인애와 진리의 결합이라고 말하였습니다. 왜냐하면 믿음은 진리이기 때문입니다. 감사의 뜻을 전한 뒤에, 그들은 모두 집으로 떠나 갔습니다. (혼인애 21・23・24항 ; 순정기독교 748・750・751항)
앞서의 마지막 인용문이 게재된 책의 서문 서두에서 저자는 아래와 같이 천명하고 있습니다.
"이 책에 수록된 내용이나 또 이 책의 가장 말미에 부연된 <영계체험>들을 읽는 수많은 독자들이 그러한 내용들은 모두가 소설적인 꾸며낸 이야기들이라고 생각할 것을 나는 예견하고 있습니다. 그러나 내가 천명하거니와 그 내용들은 소설적인 꾸며낸 이야기가 아니고, 내가 직접 눈으로 보고, 제 정신을 가지고 체험한 것들임을 밝히는 바입니다. 수록된 글이나 내용들은 정신 나간 상태에서 본 것들이 아니고, 맑은 정신 상태에서 체험한 것입니다. 왜냐하면 그것은 주님께서 기뻐하시는 것으로, 주님께

서 친히 주님 자신을 나에게 나타내시기 위함이시고, 또 주님께서 묵시록
에 예언된 새 예루살렘이 뜻하는 바 새로운 교회에 속한 것들을 가르치
기 위하여 나를 쓰신 것이기 때문입니다. 이런 목적으로 주님께서는 내
마음과 영의 내면을 여시고 25년 동안이나 나로 하여금 천사들과 영계에,
동시에 사람들과는 이 세상에 있도록 하셨습니다." (혼인애 1항)
그리고 이런 설명의 말미에서 저자는 이렇게 부연하였습니다. "나는 그들
에게 말하여진 바와 같이, 행하여졌고, 일어난 것들이 모두가 사실임을
다시 진실로 증언합니다. 전자는 천계와 지옥 중간에 있는 영들의 세계
(the world of spirits)에서 있었던 것이고, 후자는 나팔을 가지고 안내한
천사가 온 천계에 속한 사회에서 있었습니다." (혼인애 26항)

지상의 것과 유사한 사제직과 종교적 통치

사람이 질서를 지켜야 하는데는 두 경우가 있습니다. 즉 천계에 속한 것
과 세상에 속한 것입니다. 천계에 속한 것은 종교적인 것이라 부르고, 세
상에 속한 것은 국가적(또는 시민법적)인 것이라 부릅니다.
다스리는 자(統治者)가 없으면 세상의 질서는 유지될 수 없습니다. 그들은
질서에 따라서 행해지는 모든 것과, 질서에 반대되어 행해지는 모든 것을
감찰하며, 질서에 따라서 사는 사람에게는 상을 주고, 질서에 거슬러서 사
는 사람에게는 벌을 주지 않으면 안 됩니다. 만일 그것을 행하지 않으면
인류는 멸망할 것입니다. 왜냐하면 다른 사람을 지배하고, 다른 사람의 재
산을 갈취하고자 하는 욕망(欲望·will)은 유전적으로 각 사람에게 내재하
고 있어서, 그것에서 적의·질투·증오·복수·사기·잔학·기타 많은 악
이 나오기 때문에, 그러므로 그것들이 법률에 의해, 또 선을 행하는 자에
게는 명예와 이득인 그 사랑에 일치하는 보상에 의해, 또 악을 행하는 자
에게는 명예·재산·생명을 잃는다는 그 사랑에 반대되는 형벌에 의해 억
제되지 않는 한, 인류는 멸망할 것이기 때문입니다.
그러므로 사람의 집단을 질서 가운데 유지하기 위하여 통치자가 있어야
하는데, 그 사람은 법률에 능통하고, 현명하며, 또 하나님을 경외(敬畏)하는
사람이어야 합니다. 또 다스리는 자들 가운데에도, 누군가가 기분대로, 또
무지(無知)로부터 질서에 맞지 않는 악을 허용하고, 그것에 의해 질서가 파

괴되지 않게 하기 위하여, 필히 질서가 있어야 합니다. 그 질서는 지위에 상하가 있고, 그 사이에 종속 관계가 있을 때 지켜집니다.

사람에게서 천계에 관계되는 것들이나, 또는 교회의 업무를 관장하는 사람을 사제(司祭)라고 부르고, 그들의 직무를 사제직(司祭職)이라 부릅니다. 그러나 사람에게서 세상에 관계된 것이나, 또는 시민법적인 것을 다스리는 사람을 통수(統帥)라 부르고, 그러한 형태의 통치가 행해지는 곳의 우두머리를 왕이라고 부릅니다.

사제(司祭)에 관해서 살펴보면, 그들은 사람에게 천계에 가는 길을 가르치고, 또 그들을 천계로 인도하지 않으면 안 됩니다. 그들은 성경말씀에서 비롯된 그들의 교회의 교리에 따라서 그들을 가르치고, 그리고 그 가르침에 따라서 살도록 그들을 인도하여야만 합니다. 진리를 가르치고, 그것에 의하여 삶의 선으로 인도하고, 그래서 주님에게 인도하는 사제는 선한 목자이지만, 그러나 가르치기는 하지만, 선으로 인도하지 않고, 따라서 주님에게 인도하지 않는 사제는 악한 목자입니다.

사제는 사람의 내면적인 것이 어떠한 상태에 있는지를 모르기 때문에, 사람의 영혼을 지배하는 어떠한 권한도 자기에게 요구해서는 안 됩니다. 더욱이 천계를 열고 닫는 권한을 요구해서는 안 됩니다. 왜냐하면 그 권한은 주님에게만 속해 있기 때문입니다.

고귀(高貴)와 명예는, 그 사제가 수행하는 거룩한 일 때문에 사제가 받지 않으면 안 됩니다. 그러나 현명한 사제는 거룩한 것의 원천이신 주님에게 그 명예를 돌리고, 자기 자신에게 돌리지 않습니다. 그러나 현명하지 않는 사제는 명예를 자기 자신에게 돌리고, 그것을 주님으로부터 빼앗습니다. 자기가 맡은 거룩한 일 때문에 명예를 자기 자신에게 돌리는 사제는 맡은 바 자신의 책임인 사람의 영혼의 구원 보다 더 자기 자신의 명예와 이득을 사랑하지만, 주님에게 광영과 명예를 돌리고, 자기 자신에게 돌리지 않는 사제는 사람의 영혼의 구원을 자기의 명예와 이득 보다 더 사랑합니다. 직무(職務)에 속한 명예는 사람 안에는 없고, 그 맡고 있는 직무의 고귀함에 따라 그 사람에게 생겨지는 것이며, 그리고 그에게 생겨진 명예는 그 사람에게 귀속(歸屬)되는 것이 아니고 직무와 더불어 그 사람과 분리됩니다. 모든 개인적인 명예는 지혜와 주님을 경외(敬畏)하는 것에 속한 것입니다.

사제는 사람들을 가르치고, 그들을 진리에 의해 삶의 선으로 인도하지 않으면 안 되는 것이지만, 그럼에도 불구하고 그는 누구에게도 강요해서는 안 됩니다. 왜냐하면 누구 하나 그의 마음으로부터 참이라고 생각하는 것에 반대되는 것을 믿도록 강요해서도 안 되기 때문입니다. 사제가 믿는 것과 다른 것을 믿고 있지만, 아무런 훼방을 일으키지 않는 사람은 가만히 방임(放任)해 두지 않으면 안 됩니다. 그러나 훼방을 일으키는 자는 격리하지 않으면 안 됩니다. 왜냐하면 그것은 질서에 속한 것이고, 또 사제직의 목적에 속한 것이기 때문입니다.

사제는, 하나님의 벌률과 예배에 관련된 임무를 맡도록 정해진 것과 같이, 왕이나 통치자는 국가의 법률과 공평(公評)에 관련된 것들을 맡도록 정해져 있습니다. (새 예루살렘과 그 천적 교리 311-319항 ; 천계비의 10789-10798 ; 묵시록계현 854항)

공공복지(公共福祉 · the common good)는 몇 가지 요소들로 이루어집니다. 사회나 국가에서 고려되어야 할 요소들은 이러합니다. 즉—.

1. 백성들 가운데 신령한 것이 있어야 한다는 것.
2. 백성들 가운데 공의(公義 · justice)가 있어야 한다는 것.
3. 백성들 가운데 도덕성(道德性)이 있어야 한다는 것.
4. 백성들 가운데 근면(勤勉 · industry) · 기술(技術 · skill) · 정직(正直 · uprightness)이 있어야 한다는 것.
5. 백성들 가운데 생활필수품이 있어야 한다는 것.
6. 필수적인 국가적인 부(富)가 있어야 한다는 것.
7. 필수적인 안보(安保 · protection)가 있어야 한다는 것.
8. 직업보장(職業保障 · a sufficiency of employment)이 있어야 한다는 것.

등등이 되겠습니다. 왜냐하면 이런 것들은 세 가지 선행(先行)되어야 할 필수적인 근원이기 때문입니다. 이런 것들로 말미암아 공공복지(公共福祉)는 만족스러운 결과를 얻습니다. 그 공공복지는 그 사회 자체에서는 들어나지 않고, 오히려 그 사회의 개인들에게서나, 또는 개인들이 성취한 선용에 속한 선들을 통해서 좋은 결과를 드러냅니다. 따라서 신령한 것까지도 성직자들을 통하여 거기에 존재합니다. 그리고 공의(公義)는 행정수반(行政首班 · magistrate)나 판 · 검사를 통해서, 그리고 신령존재나 올바른 도덕성을 통해서 실현합니다. 그리고 삶의 필수적인 것들은 고용이나 사업을 통해서 실현됩니다. 그밖의 것들도 모두 그러합니다.

개인이 성취한 선용의 선(the goods of use)이나, 그리고 그것으로 말미암아 공공복지(公共福祉)가 존재한다는 것은 성직자(聖職者) · ministry) · 공직자(公職者 · functions) · 근로자(勤勞者 · offices) 그밖의 수종의 피고용자들을 통해서 입니다.

여기서 성직자(聖職者)는 사제적인 직무나 그들에게 속한 모든 업무들을 뜻합니다. 그리고 공직자(公職者)는 공공의 성격을 띠운 수종의 업무종사자들을 뜻하고, 피고용자는 기술자와 이런 부류의 노동자들을 뜻하는데, 이들은 숫자적으로도 많고, 업종도 매우 다양합니다. 그리고 근로자는 일상 업무종사자 · 사업가나 서비스업에 종사하는 사람들을 뜻합니다. 크게 이들 네 종류의 사람들로 국가나 사회는 구성됩니다.

성직자 그룹에 속하는 사람들은 신령한 것이 존재하기를 목적해서 대비합니다. 그리고 여러종류의 시민적인 공직자 그룹은 공의(公義) · 도덕성 · 근면 · 기술 · 정직 등이 존재하기를 목적해서 대비합니다. 그리고 여러 종류의 근로자(勤勞者 · workerman)는 생활에 필요한 것을 대비하고, 사업가들은 고용을 위해 필요한 것들을 대비하고, 장병(將兵)은 국가안보를 대비합니다. 특히 마지막의 서비스 종사자 그룹이나 농업에 종사하는 그룹은 풍부한 자원을 대비합니다.

천계의 형체도 이와 같아서, 거기에 있는 사람은 누구나 성직자 그룹이나 공직자 · 사무근로자 · 생산근로자 등의 그룹이 존재합니다. 천계의 모든 사회는 이런 형체인데, 그것은 어느 누구도 다 쓸모 있는 사람이 되기 위해서 입니다.

특히 천계적 사회로부터 내가 알 수 있었던 것은, 개개인은 다종다기의 정동이 공공복지를 형성하는 것에 따라서 배치, 정열될 뿐만 아니라, 모든 각자 각자는 이 공공복지에서 이끌어낸 자기 자신의 선에 따라서 배치, 정열된다는 것입니다. 이와 같은 사실은 지상에서도 마찬가지 입니다. 왜냐하면 그와 같은 지상적 사회는 천계적 사회에 대응하기 때문입니다.

천계에는 신령한 것이 존재하고, 공의 · 정직 · 지혜 · 기술 등이 존재합니다. 그리고 공동체는, 천사인 각각의 분야에 있는 사람들이 인애 가운데 있을 때 이런 것들을 각자에게 고취시킵니다. (인애에 관한 교리 65 · 66 · 69-72항)

성경말씀에서 열매나 행위(行爲・業績)는 의무(義務)나 각자의 직무에 속한 업무를 바르게, 믿음직스럽게, 신실하게, 정직하게 수행하는 사람을 뜻합니다. 사람이 이렇게 행할 때, 그 사람은 공공복지나 또는 공공의 선을 고려하는 것입니다. 따라서 국가나 크고 작은 사회, 이웃인 시민이나 친구나 형제들에 속한 공공의 복지나 선을 고려한 것입니다. 사실 국가나 사회, 시민・친구・형제 등은, 협의(狹義)든 광의(廣義)든, 모두 이웃을 가리킵니다. 왜냐하면 그 때 성직자든, 고위의 공직자(高位公職者・ruler)든 하위 공직자이든, 또는 상인이나 근로자이든 관계 없이, 누구나 모두 매일 매일 선용을 성취하기 때문입니다. 성직자는 말씀을 가르치는 일(說敎)을 통해서, 고위 공직자나 하위 공무원은 국가행정업무를 통해서, 상인은 교역을 통해서, 근로자는 그의 근로를 통해서, 선용을 성취하기 때문입니다. 예를 들어보겠습니다. 바르게, 믿음직스럽게, 신실하게, 정의롭게 재판하는 판사는, 그가 재판할 때마다, 그는 그의 이웃들에게 선용을 행하는 것입니다. 성직자도 마찬가지로 그렇게 하면, 그가 설교하고 가르칠 때마다 그는 이웃에게 선용을 행하는 것입니다. 그밖의 사람들도 꼭 같습니다. 인애에 속한 선이나 행위나 일이 이런 내용의 선용을 뜻한다는 것은 천계에 있는 주님의 정부형태에서 아주 명백합니다. 왜냐하면 이 세상에서와 꼭같이 천계에 있는 모두는 어떤 의미의 성직자・공직자・사무근로자・생산근로자 그룹에 있기 때문입니다. (묵시록해설 부록 신령지혜 XI장 4절)

새로운 교회에 성직자가 존재한다는 것을 상징적 성전 안에서 특별히 보여주었다

어느 날 나에게 장엄한 정방형의 성전이 보여졌는데, 그 성전의 지붕은 왕관의 형체였고, 위에는 아취 형체이고, 주위는 높은 지대였습니다. 그리고 성전의 벽들은 수정으로 된 끊임없는 창들로 이루어졌고, 그 문들은 진주로 되어 있었습니다. 성전 안에는 남쪽에서 서쪽을 향해 설교단(說敎壇)이 있었고, 그위 오른쪽에는 휘황찬란한 빛으로 감싸여져 있는 펼쳐진 성언(the Open Word)이 놓여 있었는데, 거기에서 나오는 광채는 그 설교대 전체를 에워쌌고, 그리고 비추었습니다. 성전 중앙에는, 그 앞에는 휘장이 쳐져 있는 지성소(至聖所・sanctuary)가 있었는데, 지금은 휘장이 위로 올리워져서 그 안을 볼 수 있었습니다. 거기에는 황금 그룹(cherub)이 서 있었는데, 그것들은 손에 단검(短劍)을 들고 이리저리로 빠르게 흔들고 있었습니다. 내가 이런 광경을 보고 있는 동안, 그것들 각각이 뜻하는 것이 무엇인지에 관한 지각이 나의 명상 속에 입류되었습니다. 다시 말하면, 그 성전은 새로운 교회(the New Church)를 뜻하고, 진주로 만든 문(門)은 그 성전의 출입구를 뜻하고, 수정으로 된 벽은 성전이 비추는 진리를 뜻하고, 그 설교대는 그 성직자와 그의 설교를 뜻합니다. 설교대 위에 놓여 있으면서, 그 설교대 위 부분을 비추고 있는 펼쳐져 있는 성언(the Open Word)은 영적인 뜻을 가리키는 계시된 성언의 속뜻(its internal sense)을 뜻하고, 성전 중앙에 있는 지성소는 교회와 천사적 천계의 결합을 뜻하고, 그 안에 있는 황금 그룹은 문자적인 뜻으로서의 성언을 뜻하고, 손에 들고 빠르게 흔드는 단검은, 만약 어떤 진리에 적용할 수 있게 한다면 이 문자적인 뜻이 여러 갈래로 바뀌어질 수 있다는 것을 뜻합니다. 그리고 그룹 앞에 있는 휘장이 위로 올리워졌다는 것은 지금 성언이 열린 채로 놓여져 있다는 것을 뜻합니다. 이런 일이 있은 뒤 나는 가까이 다가갔는데, 문 위에 새겨진 "지금 허용되었다"(Now It is Permitted)는 글을 볼 수 있었는데, 이 말의 뜻은 믿음에 속한 신비들(the mysteries of faith)에 총명스럽게 들어가는 것이 허락되었다는 것입니다. (순정기독교 508항)

사제직무의 표징

사제직(司祭職)은 구원의 대업(救援 大業 · the work of salvation)의 측면에서 보면 주님의 표징(表徵 · representative of the Lord)입니다. (천계비의 9989 · 9809항)
사제직은 오늘날까지도 존재하는 표징들 중의 하나입니다. 그들이 누구이든, 또 어떠한 성품이든, 모든 사제는 그의 사제적인 직무 자체에 의하여 주님을 표징합니다. 그 사제직 직무 자체는 사목(司牧)하는 그의 성품이 어떠하든 거룩합니다. 그러므로 악한 사람이 읽는 성경말씀도 꼭같이 거룩합니다. 그리고 또한 세례나 성찬의 성례전 역시 꼭같이 거룩합니다. 이상에서 볼 때 확실한 것은 사제직에 속한 거룩함의 그 어떤 것도 사사로이 남용(濫用) 할 수 있는 성직자는 아무도 없다는 것입니다. 성직자가 그 거룩함의 편린(片鱗)이라도 사사로이 남용한다면, 또는 자기 자신의 공으로 돌린다면, 그 정도에 비례하여 그 사람은 영적인 도둑의 성품의 소유자로 판명될 것입니다. 아니면, 그 사람에게 영적 도둑의 낙인(烙印)이 찍힐 것입니다. 그리고 그가 악을 행하는 정도에 비례하여, 다시 말하면 정의와 공평에, 또는 선과 진리에 정반대되는 행동을 하는 것에 비례하여, 그 성직자는 거룩한 성직 직무에 속한 표징을 버리는 것이고, 그 반대의 것을 표징하는 것입니다. (천계비의 3670항)

표징적 예전(禮典)에 의한 성직자의 임명(任命)

성직자(聖職者·敎役者·clergyman)는 성경말씀에서 비롯된 주님에 관한 교리, 그리고 주님에 의한 구속과 구원에 관한 교리를 가르치는 일을 하는 사람이기 때문에, 그 사람은 성령(聖靈)의 신성한 약속에 의하여 임명되거나 또는 성령의 계승에 속한 표징에 의한 임명이 되어야 합니다. 그럼에도 불구하고 그 사람은 그의 삶에 속한 믿음에 따라서 그 임명을 받는 것입니다. (새로운 교회에 속한 종규(宗規) 29쪽)

안수례(按手禮·the laying on of hands)는 교통(交通·communication)·승계(承繼·translation)·수용(受容·reception)을 뜻합니다. (천계비의 10023항)

안수례가 교통·승계·수용을 뜻하는 이유는 "손"(手·hand)이 능력을 뜻하기 때문입니다. (천계비의 10023)

성경말씀에서 팔이나 손은 능력을 뜻하고, 오른손은 보다 우월한 능력을 뜻하는데, 그 이유는 몸은 자신의 힘을 주로 팔이나 손에서 종결하기 때문입니다. (신령사랑과 신령지혜 220항 ; 묵시록계현 55항)

사람의 이해나 의지에 속한 그것 자체의 기능은 머리에 존재하고, 몸에는 그것들에 일치하는 행동과 복종이 있습니다. 그러므로 머리에 손을 얹는다는 안수(按手)는 고대에서는 이해나 의지와 교류된, 따라서 진정한 사람과 교류된 축복의 표징이었습니다. 오늘날에는 꼭같은 예전이 남아 있고, 그리고 안수(按手)나 축복기도에 쓰여지고 있습니다. (천계비의 6292항)

손으로 만지는 일(觸手·touching)이나 손을 얹는 일(按手)이 교통이나, 한 사람의 것이 다른 사람에게 전가(轉嫁)되는 것을 뜻하기 때문에, 따라서 임명을 받는 사람이나 축복받는 사람의 머리 위에 안수(按手)한다는 것은 고대로부터 여러 교회 안에 수용되었습니다. 그것은 모세가 여호수아에게 그렇게 행해질 것이 모세에게 명령되었습니다. (민수기 17 : 18-23 ; 신명기 34 : 9). (묵시록해설 79항)
촉수(觸手)에 의하여 마음의 교통이 이루어지는 이유는, 손이 사람의 가장 외적인 것이기 때문이고, 또한 사람에 속한 제일 처음 것은 동시에 가장 외적인 것 또는 마지막의 것 안에 존재하기 때문이며, 육체나 마음에 속한 중간적인 모든 것들은 그들의 밀접한 유대관계(紐帶關係 · unbroken connection) 안에서 보존되기 때문입니다. 그러므로 예수님께서도 어린 아이들을 어루만지셨고(마태 18 : 2-6 ; 마가 10 : 13-16), 그리고 촉수를 통하여 병이 낳았습니다. 따라서 오늘날에도 사제직의 임명이 안수례에 의하여 이루어지는 것입니다. (혼인애 396항 ; 천계비의 878항)

사제직 전승에 관한 교리의 미망(迷妄)

사제직 전승 즉 사도직 승계권(承繼權)은 자아애에서 비롯된 지배욕의 날조(捏造)입니다. 사람에게서 사람으로 이어진다는 성령의 승계 또한 마찬가지 입니다. (묵시록계현 802항)
성령이 뜻하는 거룩한 영향력은 사람에게서 사람으로 전승되지 않고, 오히려 주님으로부터 사람을 통하여 사람에게 전승됩니다. (새로운 교회에 속한 종규(宗規) 29쪽)

사제직의 은총과 임무

성직자들은 신령율법이나 예배에 속한 것들의 업무 관리를 위하여 임명됩니다. (새 예루살렘과 그 천적 교리 319항 ; 천계비의 10799항)
성령은 유일존재 · 무한존재 · 전능존재 · 전지존재 · 무소부재 하나님에게서 발출한 신령영향력(神靈影響力 · the Divine effluence)입니다.
본질적으로 성령은 바로 그 하나님이십니다. 그러나 거기에 수용된 주체로서는 신령발출(神靈發出 · the Proceeding Divine)이십니다.
그분의 인성(人性 · His Humanity)을 통하여 하나님으로부터 발출되는 성령이라고 부르는 신령 영향력은 천사적 천계를 거쳐서, 그리고 천사적 천계를 통하여 이 세상에 옮겨옵니다. 따라서 천사들을 통하여 사람에게 들어옵니다.
그것에서부터 성령은 사람을 통하여 사람에게, 그리고 특히 성직자를 통하여 일반신도에게 옵니다. 거룩한 것은 계속해서 주어지는데, 만약에 주님에게 가까이 나아가지 않는다면 거룩한 것은 계속해서 멀어지고, 희미해집니다.
성령이라고 부르는 신령발출(神靈發出)은, 그 본연의 뜻으로는, 거룩한 말씀(聖言 · the Holy Word), 또는 성언 안에 존재하는 신령진리(神靈眞理)입니다. 그리고 그것의 활동은 교육 · 바로잡음(改革) · 거듭남(重生)이고, 또한 여기에서 비롯된 힘 북돋우기(蘇生 · vivification)와 구원입니다.
성령이 뜻하는 신령 영향력은 설교에 의하여 주님으로부터 성직자를 통하여, 거기에서 비롯된 진리에 속한 교리의 수용(受容)에 따라서 일반신도들에게 옮겨집니다. 그리고 또한 그것에 앞선 회개에 따라서 성찬에 의하여 전가됩니다. (순정기독교 증보 26 · 29쪽)
"성령을 보내신다"는 말씀이 뜻하는 신령효력(神靈效力 · the Divine virtue)과 신령활동은 특수하게는 교역자의 예증(例證 · illustration)과 교훈(敎訓 · instruction)에 있습니다.
주님의 역사(役事 · operation of the Lord)는 앞절에서 살펴보았듯이, 그것은 바로 바로잡음 · 거듭남 · 회복 · 소생 · 성화(聖化 · sanctification) · 칭의(稱義 · justification) · 정화(淨化 · purification) · 죄의 용서 그리고 최종적으로는 구원입니다. 이러한 주님의 역사는 주님으로부터, 일반신도와 꼭같이 교역자에게 입류하고, 그것들은 또한 주님 안에 그들이, 또는 주님께서 그들 안에 있는 사람들(요한 6 : 56 ; 14 : 20 ; 15 : 4, 5)에 의하여 수용됩니다. 그럼에도 불구하고 특별하게 교역자의 예증이나 교훈에 그것들이 있는 이유는 이런 것들이 그들의 임무에 관계되고, 그리고 사제직의 임명은 그 안수례와 더불어 그런 일들이 성취되기 때문입니다. (순정기독교 146항)
성직자에 속한 선은, 영혼의 구원을 위하여 돌보는 일이고, 천계에 가는 길을 가르치는 일이며, 가르침을 받는 사람들을 인도하는 일입니다. 성직자는, 그가 가르치려고 하고, 또 그것에 의하여 인도하려고 하는 진리들을 얻으려는 정도에 따라서 사랑과 그 바람에서 비롯된 이런 선 안에 있

습니다. (생활에 관한 교리 39항)
예수님께서는 세 번이나 베드로에게 "너는 나를 사랑하느냐?"고 물으셨고, 베드로는 세 번이나 그는 주님을 사랑한다고 대답하였습니다. 예수님께서는 세 번 "나의 어린 또는 내 양을 먹이라"라고 말씀하셨습니다(요한 21 : 15-17). 여기서 "어린 양이나 양을 먹인다"는 것은 복음을 가르치고, 주님을 사랑하는 사람들에게 있는 선용이나 또는 인애에 속한 선을 뜻합니다. (묵시록해설 부록 신령지혜 11장 3)
성직자는 사람들을 가르치고, 그들을 진리에 의하여, 삶에 속한 선으로 인도하지 않으면 안 되지만, 그럼에도 불구하고 성직자는 누구에게도 그것을 강요해서는 안 됩니다. 왜냐하면 누구 하나라도 그의 마음으로부터 참이라고 생각하는 것에 반대되는 것을 믿도록 강요해서는 안 되기 때문입니다. 성직자가 믿고 있는 것과 다른 것을 믿고 있지만, 그러면서도 아무런 훼방을 일으키지 않는 사람은 가만히 방임(放任)해 두지 않으면 안 됩니다. 그러나 훼방을 일으키는 사람은 격리하지 않으면 안 됩니다. 왜냐하면 그것은 질서에 속한 것이고, 또 성직자 직무의 목적에 속한 것이기 때문입니다. (새 예루살렘과 그 천적 교리 318항)
선은 세상에 있는 어떤 사람에 의하여 다른 사람의 마음에 심어집니다. 그러나 가르치는 사람인 교역자에 의한 것을 제외한 진리가 아니고서는 선은 다른 사람의 마음에 심어질 수 없습니다. 만약에 교역자 이외의 다른 존재가 진리를 심는다면, 이단사설(異端邪說)이 일어날 것이고, 그리고 교회는 방해를 받고, 깨지고, 산산히 부수어질 것입니다. (천계비의 6822항) 예배의 외적인 것 가운데서도 성직자는 설교를 하고, 또한 개인적으로 은밀하게(privately) 가르칠 것입니다. 그리고 어느 누구나 어린 아이에게 교훈을 주고, 또한 종교적인 것에 몸을 받친 사람은 그런 일을 행할 것입니다. (인애에 관한 교리 101항)
혼인예식은 반드시 성직자가 집전(執典)하여야 합니다.
이 이유는, 본질에서 보면, 혼인이 영적이고, 따라서 천적이기 때문입니다. 왜냐하면 혼인은 천계적인 선과 진리의 혼인에서 비롯되기 때문입니다. 그리고 혼인적인 것들은 주님과 교회의 신령한 혼인에 대응되기 때문이고, 따라서 혼인은 주님 자신에게서 비롯된 것이기 때문이고, 혼인은 계약을 맺는 사람들이 가지고 있는 교회의 상태와 일치하기 때문입니다.

그러므로 교회의 성직자 계층은 지상에서 주님으로서의 사제직분에 속한 것들을 관장하기 때문에, 다시 말하면 주님의 사랑에 속한 것들에 따라서 축복에 관계되는 것들을 담당하기 때문에, 혼인이 주님의 성직자에 의하여 집전되어야 한다는 것은 매우 바람직한 일입니다. 그 이유는 동시에 성직자들은 역시 증인 중에 으뜸이고, 또 서약에 대한 동의나 승낙을 증인들과 더불어 듣고, 수용하고, 확인하고, 따라서 성사시키는데 역시 가장 적합하기 때문입니다. (혼인애 308·21항)

성직자 안에 있는 인애

만약 성직자가 주님만을 공경하고, 죄이기 때문에 악을 멀리하고, 또한 그에게 부과된 성직의 과업(課業)을 신실하게, 정의롭게, 믿음직스럽게 수행한다면, 그는 계속해서 선용에 속한 선을 수행하는 것이고, 형체적으로도 인애를 이루는 것입니다. 그리고 그가 선용에 속한 선 즉 성직자의 과업을 신실하게, 정의롭게, 믿음직스럽게 수행한다면, 그 때 그 사람은 영혼의 구원을 위하여 감화 감동됩니다. 그리고 그에게서 감화 감동을 받는 것에 비례하여 진리는 그 사람 자신을 감화 감동시킵니다. 그 이유는 진리들에 의하여 그는 뭇 영혼들을 하늘나라로 인도하기 때문이고, 그리고 그가 뭇 영혼들을 하늘나라로 가는 진리에 의하여 인도하면 그 때 그는 뭇 영혼을 주님에게 인도하는 것이기 때문입니다. 성직자의 사랑은, 성경말씀에서 비롯된 진리를 공들여서 가르치는 것인데, 그 이유는, 그가 성경말씀에서 비롯된 진리들을 가르치면, 그것은 그가 곧 주님에게서 비롯된 진리들을 가르치는 것이기 때문입니다. 왜냐하면 주님께서 요한복음서에서 말씀하신 것과 같이(1 : 1, 2, 14), 주님께서 주님말씀(聖言)일 뿐만 아니라, 주님께서 친히 "길이요, 진리요, 생명"(요한 14 : 6)이시기 때문이고, 또한 문(門) 이시기(요한 10 : 9) 때문입니다. 그러므로 문이신 주님에 의하여 우리 안에 들어온 사람은 선한 목자(a good sheperd)이지만, 문이신 주님에 의하여 우리 안에 들어오지 아니 한 사람은 나쁜 목자인데, 그를 가리켜 "도둑이요, 강도"라고 불렀습니다(요한 10 : 1-9). (인애에 관한 교리 86항) 성언으로부터 진리를 가르치고, 그것들에 의하여 삶에 속한 선으로 인도하고, 따라서 하늘나라로 인도하는 성직자들은, 그가 자신의 교회에 속한 뭇 사람의 영혼의 돌봄을 실천하는 것이기 때문에, 아주 높은 계도에서 인애를 직접 실천하는 것입니다. (순정기독교 422항)

성직자를 향한 인애

사람은 영생을 위하여 태어났고, 또 교회에 의하여 그것에 인도되어야 하기 때문에, 사람은 높은 계도에 있는 그의 이웃을 필히 사랑하여야 합니다. 교회는 보다 높은 계도에서 사랑받아야만 하는 성직자들을 뜻하지 않고, 그리고 사랑받는다는 것 때문에 교회를 사랑하는 성직자를 뜻하지 않습니다. 오히려 사랑받아야만 하는 교회에 속한 선과 진리를 뜻하고, 그것들 때문에 성직자를 뜻합니다. 그리고 성직자의 직분은 오직 섬기는 것뿐이고, 그리고 그는 그 섬김에 일치하여 그 직분은 영예스러워야만 합니다. (순정기독교 415항)

인애에 속한 일반적인 선용 중에 하나는 교회의 사역을 위하여 적절하고, 필수적인 것들을 공여하는 것입니다. 그것은, 높은 계도에 있는 이웃으로 교회가 사랑을 받을 때, 인애에 속한 선이 됩니다. (묵시록해설, 신령지혜 11장 5항)

성직자들이 목자(牧者)라고 호칭되는 이유

목양(牧羊·to feed)은 가르치는 일을 뜻합니다. 가르치는 사람의 관습적인 호칭이 목자 또는 목회자이고, 가르침을 받는 사람의 관습적인 호칭이 양떼 또는 양무리였다는 것은 성경말씀에서 연유된 것입니다. 성경말씀에서 그들이 그렇게 호칭된 이유가 지금까지 알려지지 않았기 때문에 아래에서 설명하고자 합니다. 우리의 목전에서 보이는 것처럼, 보이는 천계의 모든 것들(萬有)은, 사실 그것들은 자연적인 모양 하에서, 천사들이 생각하고, 또 그것에 의하여 감화되는 영적인 것들을 드러냅니다. 따라서 그것들은, 이 세상에서와 꼭같은 또는 자연적인 것들의 모양으로 천사들의 안전에서는 그들의 사상이나 정동을 드러내 보여줍니다. 그 이유는 영적인 것들과 자연적인 것들 사이에 있는 주님께서 세우신 대응 때문입니다. 이 대응에서 볼 때 천계에서는 양의 무리·어린 양 또는 염소들은 푸른 초장(草場)이나 동산에서 풀을 뜯는 모습으로 나타나는데, 그같은 모습은 교회에 속한 선이나 진리 안에 있는 사람들의 사상에서 비롯되는 것이고, 또 그런 것들로 말미암아 총명스럽고 지혜스럽게 생각하는 사람들의 사상에서 비롯된 것입니다. 그러므로 양 떼·초장·목양(牧羊)·목자라는 낱말이 성경말씀에서 자주 기술됩니다. 왜냐하면 문자적으로 성경말씀은 천계에서 눈 앞에 나타나 보이는 이런 부류의 낱말들로 이루어졌기 때문이고, 그리고 그 낱말들은 그것들에 대응되는 영적인 것들을 뜻하기 때문입니다. (묵시록해설 482항)

성직자들의 직무를 경멸한 사람들의 저 세상에서의 처지

성직자의 직무를 경멸하고 업신여긴 어떤 사람들이 있었는데, 그들은, 성직자의 직무란 모두가 보편적이어서 즉 누구나 다 가지고 있는 것이라고 주장하였습니다. 그들 중의 몇몇은 공을 드려서 성경말씀을 아주 충분하게 읽었지만, 그러나 그들이 사악하게 살았기 때문에, 그들은 수많은 지독한 독단적인 주장(主張·dogma)에 말려들게 되었습니다. 천계에서 쫓겨난 그들은, 그렇지만 천계의 뒷쪽에 있었습니다. 그런 이유 때문에 그들은 남모르게 설교를 하였고, 따라서 교회에 속한 교리를 파멸시키려는 짓을 거의 저지르지 않았기 때문입니다. (영계일기 4904항)

제26강

혼인(婚姻 · marriage)

남자와 여자에게는 창조에서부터 하나가 되는 결합의 성향(性向)과 기능이 주어졌다는 것과 또 그것이 남자 안에, 역시 여자 안에 있다는 것은, 창세기에서, 그리고 동시에 주님의 말씀에서 잘 알 수 있습니다. 창세기라고 부르는 창조에 관한 책에서 우리는 아래의 글을 읽을 수 있습니다. 즉─.

주 하나님이 남자에게서 뽑아 낸 갈빗대로 여자를 만드시고, 여자를 남자에게 데리고 오셨다. 그 때에 그 남자가 말하였다.
"이제야 나타났구나, 이 사람!
뼈도 나의 뼈, 살도 나의 살,
남자에게서 나왔으니
여자라고 부를 것이다."
그러므로 남자는 아버지와 어머니를 떠나, 아내와 결합하여 한 몸을 이루는 것이다.
(창세기 2 : 22-24)

마찬가지로 주님께서는 마태복음서에서 말씀하셨습니다.

"너희는, 창조주께서 처음부터 사람을 남자와 여자로 만드시고, 말씀하시기를 '그러므로 남자는 부모를 떠나, 자기 아내와 합하여 둘이 한 몸이 되어야 한다' 하신 것을 아직 읽어 보지 못하였느냐?"
(마태 19 : 4-5)

이들 귀절에서 명확하게 알 수 있는 것은 여자는 남자에게서부터 지어졌다는 것과 또 그들 스스로 하나로 재결합하려는 성향과 기능이 있다는 것입니다. 한 사람(homo)으로서의 재결합이 있다는 것은 양자를 모두 사람이라고 지칭한 창세기에서 역시 명백합니다. 왜냐하면 우리들은 "하나님이 사람을 창조하실 때에…… 하나님이 그들을 남자와 여자로 창조하셨다.……그들의 이름을 '사람'(man·homo)이라고 불렀다"(창세기 5:1, 2)는 것을 읽기 때문입니다. 여기서, "주님은 그들의 이름을 아담(Adam)"이라고 불렀는데, 히브리 말로 아담(Adam)과 사람(Man)은 같은 뜻의 낱말입니다. 그들이 모두 같은 책의 1장 27절과 3장 22-24절에서 사람이라고 불리웠습니다. 그리고 하나의 사람(one man)은 모든 사람을 뜻하는 모든 육신(肉身·flesh)에 관해서 언급한 성경말씀의 다른 귀절에서 명백한 것과 같이, 한 몸(肉身·one flesh)이 뜻하는 바입니다. (혼인애 156항)

혼인의 본질(本質)과 근원(根源)

참된 혼인애의 근원은 교회를 향한 주님에 속한 사랑입니다. 그러므로 성경말씀에서 주님은 신랑 그리고 남편이라고 불리웠고, 교회는 신부 또는 아내라고 불리웠습니다. 이 혼인(婚姻)으로 말미암아, 일반적이든 특수적이든, 교회는 교회인 것입니다. 특수적으로 교회는 그 안에 교회가 존재하는 사람입니다. 그러므로 확실한 것은 주님과 교회에 속한 사람의 결합은 참된 혼인애의 근원 자체라는 것입니다. 그러나 어떻게 해서 그 결합이 그 근원이 될 수 있는지를 설명하겠습니다. 선은 주님에게서 비롯되고, 진리는 사람과 함께 합니다. 이것으로 말미암아 천계적 혼인(天界的 婚姻·the heavenly marriage)이라고 부르는 결합(結合·conjunction)이 비롯됩니다. 이 혼인에서부터 참된 혼인애는, 주님과의 결합 안에 있는 혼인한 한 쌍 사이에서, 생성됩니다. 이상에서 볼 때, 명확한 것은, 첫째, 참된 혼인애는 오직 주님에게서 비롯된다는 것과 그리고 그것은 주님에게서 비롯된 선과 진리의 결합 안에 있는 사람들에게 존재한다는 것입니다. 왜냐하면 이 결합은 상호적이기 때문에, 주님께서는 "너희가 내 안에 있고, 또 내가 너희 안에 있음을 알게 될 것이다"(요한 14:20)는 말씀을 말씀하셨습니다. 이 결합 즉 이 혼인은 이와 같이 창조에서부터 제정, 실시되었습니다. 남자는 진리에 속한 이해(an understanding of truth)가 되기 위하여 그렇게 창조되었고, 여자는 선에 속한 정동이 되기 위하여 그렇게 창조되었습니다. 결과적으로 남자는 진리가 되기 위하여, 여자는 선이 되기 위하여 그렇게 창조되었습니다. 남자와 같이 하는 진리에 속한 이해는 여자와 같이 하는 선에 속한 정동으로 하나(一體)를 이룰 때, 거기에는 두 마음이 하나가 되는 결합이 있습니다. 이 결합은 혼인애가 비롯된 영적 혼인(靈的 婚姻 · the spiritual marriage)입니다. 왜냐하면 두 마음이 한 마음처럼 결합되었을 때, 그들 사이에는 사랑이 존재하기 때문입니다. 영적 혼인에 속한 이 사랑이, 그것이 육신으로 내려왔을 때, 자연적인 혼인애(自然的 婚姻愛 · the love of natural marriage)가 됩니다. 마음으로 서로 서로 교호적으로 그리고 상호적으로 사랑하는 혼인한 한 쌍은 또한 그들의 육체로서도 교호적으로, 그리고 상호적으로 서로 서로 사랑합니다. 여기서 주지하여야 할 것은, 모든 사랑은 마음에 속한 정동에서부터 육신 안에 내려온다는 것과 그리고 이 근원이 없다면 사랑은 결코 존재할 수 없다는 것 등입니다. (묵시록해설 983항)

진리에 결합된 선이 주님으로부터 낮은 국면에 내려오면, 그것은 마음들의 합일(合一)을 이룹니다. 그리고 그것이 아주 낮은 국면에까지 내려오면, 그것은 하나의 혼인을 이룹니다. 그러므로 실제적인 혼인애는 주님에게서 비롯된 진리에 결합된 선에서 온 마음들의 합일(a union of minds)입니다. (천계비의 2728항)

지혜롭게 되려는 사랑이 없으면 사람 안에 지혜는 존재할 수 없습니다. 만약에 이 사랑이 멀리 옮기워진다면, 결코 지혜로운 사람이 될 수 없습니다. 이 사랑에서 지혜가 비롯된다는 것은 선에 속한 진리 또는 선에서 비롯된 진리가 뜻하는 것입니다. 그러나 사람이 지혜를 터득하고 자신 안에서 그것을 사랑하면, 또는 그것 때문에 자신을 사랑하면 그 사람은 지혜에 속한 사랑인 하나의 사랑 즉 진리에 속한 선 또는 그 진리에서 비롯된 선이 뜻하는 하나의 사랑을 형성합니다. 그러므로 사람에게는 두 종류의 사랑이 있는데, 그 하나인 선재적(先在的 · prior) 사랑은 지혜롭게 되기를 좋아하는 사랑이고, 다른 하나 즉 후래적(後來的 · after)인 사랑은 지혜에 속한 사랑입니다. 그러나 만약에 이 사랑이 그 남자에게 남아 있다면 이 사랑은 악한 사랑이고, 또 자만이라고 부르는 즉 그 사람 자신의 총명에 속한 사랑입니다. 그러므로 이 사랑은 창조에서부터 마련된 것으로, 남자에게서부터 제거되어야 할 사랑이라는 것과, 또 그 사랑이 그 사람을 멸망시키지 못하도록 여자에게 전가되어, 그러므로 그 사랑이 혼인애가 되어, 그 사랑이 그 남자를 고결하게 회복시켜 준다는 것입니다. (혼인애 88항)

혼인의 거룩함

혼인은 창조에서 비롯되었기 때문에 본질적으로 혼인이 얼마나 거룩한 것인지는, 혼인이 인류(人類)의 묘판(苗板)이라는 사실에서, 그리고 천사적 천계도 인류로 말미암아 존재하기 때문에 혼인이 천계의 묘판이라는 사실에서 잘 알 수 있습니다. 결과적으로 혼인에 의하여 사람이 사는 이 땅뿐만 아니라 천계도 거기에 사는 주민들로 가득 채워진다는 사실에서 잘 알 수 있습니다. 전 창조의 목적이 인류이고, 따라서 신령존재 그분께서 그분 자신의 것 안에, 말하자면 그 자체 안에 사시는 천계이기 때문에, 그리고 신령질서에 일치하는 인류의 자식낳이(出産 · procreation)가 혼인(婚姻)을 통하여 성취되기 때문에, 창조로 말미암아, 혼인 자체가 얼마나 거룩한 것이며, 또 따라서 혼인이 얼마나 거룩하게 존중되고, 잘 지켜져야 하는지 아주 자명합니다. 사실 우리가 사는 이 땅은 혼인에 의한 것과 꼭 같이, 간통(姦通 · fornication)이나 간음(姦淫 · adultery)에 의한 주민들로 채워질 수 있지만, 천계는 그렇지가 않습니다. 그 이유는, 지옥은 간음에서 비롯되고, 천계는 혼인에서 비롯되기, 때문입니다.
인류의 자식낳이(出産)가 주님에게서 비롯된 선이나 진리에 속한 거룩한 사랑이 거기에서 통치하는 혼인을 통하여 이루어질 때, 실상은 천계에 있는 주님나라에 대응하는 이 땅에 있는 천계나 주님나라인 이 땅에서 이루어집니다. 왜냐하면 천계들은, 천적이고 영적인 다종다양한 모든 정동에 따라서 정돈된 사회들로 이루어지기 때문입니다. 이 정돈에서부터, 우주 안에 있는 모든 형태보다 월등하게 뛰어난 천계의 형태가 생성됩니다. 만약, 참된 혼인애가 통치하는 혼인에 의하여 자식낳이가 이 땅에서 이루어진다면 지상에서는 천계와 같은 형태가 존재할 것입니다. 왜냐하면, 그렇게 되었을 때, 얼마나 많은 가족들이 한 조상으로부터 계속해서 승계될 것이며, 그들은, 천계와 같은 다종다양한 천계에 속한 수많은 형상을 이룰 것이기 때문입니다. 그렇게 되면 가족은, 다종(多種)의 과수(果樹)와 같을 것인데, 그 각각의 과수 자체로 그 과수들은, 수많은 정원을 생성할 것이고, 그 정원이 모여서는 천계적 낙원의 모습을 실현(實現)할 것입니다. 그러나 이러한 표현은 비유해서 언급한 것입니다. 그 이유는, 나무들은 교회에 속한 사람들을 뜻하고, 정원은 총명을, 열매는 삶에 속한 선을, 낙원은 천계를 각각 뜻하기 때문입니다. 이러한 사실은, 이 땅에서 최초의 교회를 형성했던 고대 저술가들이 황금시대라고 일컬었던, 태고시대 사람들로 이루어진 천계에서부터 내가 들은 내용입니다. 그 천계에는, 천계에 속한 사회와 지상에 있는 가족과 대응하는 대응이 있습니다. 그 이유는, 주님사랑·상호적인 사랑·천진성(天眞性·innocence)·평화·지혜·혼인 안에 있는 순결성(純潔性) 등이 그 사회를 통치하기 때문입니다. 그리고 재차 그 천계로부터 나에게 일러진 것은, 그런 사회에서 그들은 지옥에 속한 역겨운 것을 대할 때와 꼭같이 간음 역시 마음 속에서부터 소름이 끼친다고 하였습니다. (묵시록해설 988항)

혼인에 속한 사랑이 매우 거룩하고, 따라서 천계적 사랑이라는 이유는, 그 사랑은 사람의 지심(至深)한 곳에 계시는 주님 자신에게서 시작되었고, 질서에 따라서 육체의 궁극적인 데까지 내려왔으며, 그렇게 하여 사람의 온 전신(全身)을 천계적 사랑으로 채우기 때문입니다. 그리고 그 사랑은 천계의 형체이고, 또 주님의 형상인 신령사랑의 형체를 그 사람에게 가져오기 때문입니다. (묵시록해설 985항)

영 안에 있는 성(性)의 특징

사람은 사후에도 한 사람으로 살기 때문에, 남자는 남성이고, 여자는 여성이고, 또 남성적인 것은 남성적이고, 여성적인 것은 여성적입니다. 그리고 이들은 서로 다르기 때문에 전자가 후자로 바뀌어질 수 없고, 계속해서 사후에도 남성은 남성으로, 여성은 여성으로 살지만, 그러나 각각은 모두가 영적인 사람(*homo*)입니다. 남성적인 것이 여성적인 것으로 바뀔 수 없고, 또한 여성적인 것이 남성적인 것으로 바뀔 수 없고, 그러므로 사후에도 남성은 남성이고, 여성은 여성이라고 말할 수 있겠습니다. 그럼에도 불구하고, 본질적으로 남성이 무엇으로 존재하고, 또 여성이 무엇으로 존재하는지 알려져 있지 않기 때문에, 이것에 관해서 여기서 간략하게 설명하겠습니다. 그 특이성(特異性)은 근본적으로 이같은 사실에 존재합니다. 즉, 그 사실은 남성의 지심한 곳에는 사랑이 자리잡고 있고, 그것의 외형(外形·vestment)은 지혜(智慧)입니다. 꼭같은 뜻이지만, 남성은 지혜로 가리워진 사랑입니다. 여성의 가장 깊은 곳에는 남성에 속한 그 지혜가 자리잡고 있으며, 그것의 외형(外形)은 그것에서 비롯된 사랑입니다. 그러나 이 사랑은 여성적인 사랑으로, 이 사랑은 주님께서 남편의 지혜를 통해서 아내에게 주워집니다. 그리고 전자의 사랑은 남성적인 사랑이고, 지혜롭게 되는 사랑이며, 이 사랑은 주님께서 그의 지혜의 수용(受容)에 따라서 남편에게 줍니다. 이렇게 볼 때 남성은 사랑에 속한 지혜이고, 여성은 그 지혜에 속한 사랑이다는 것입니다. 그러므로 창조에서부터 각자들 안에는 하나로 결합되는 결합애(結合愛·the love of conjunction)가 심어져 있습니다. 여성적인 것이 남성적인 것에서 비롯되었다는 것, 또는 여자가 남자에게서 취하여졌다는 것은, 창세기의 이런 말씀으로 확실합니다.

주 하나님이 그 남자를 깊이 잠들게 하셨다. 그가 잠든 사이에, 주 하나님이 그 남자의 갈빗대 하나를 뽑고, 그 자리는 살로 메우셨다. 주 하나님이 남자에게서 뽑아낸 갈빗대로 여자를 만드시고, 여자를 남자에게로 데리고 오셨다. 그 때에 그 남자가 말하였다.
"이제야 나타났구나, 이 사람!
뼈도 나의 뼈, 살도 나의 살,
남자에게 나왔으니
여자로 부를 것이다."
(창세기 2 : 21-23)

이 말씀의 갈빗대와 또 살이 뜻하는 것은 다른 곳에서 설명하겠습니다. 이 원초적인 형성(原初的 形成)에서 비롯되는 것은, 남성은 총명(聰明·intellectual)적으로, 여성은 의지(意志·volitional)적으로 태어났다는 것입니다. 다른 말로하면 남성은 앎(knowing)에 속한, 이해에 속한, 또는 현명하게 되는 것에 속한 정동으로 태어났고, 여성은 남성 안에 있는 그 정동과 그 여성 자신이 결합하려는 사랑으로 태어났다는 것입니다. 그들의 닮음에 대해서 내면적인 것은 외면적인 것을 형성하기 때문에, 남성적인 형체는 총명의 형체이고, 여성적인 형체는 그 총명에 속한 사랑의 형체입니다. 그러므로 남성은 여성과 다른 얼굴·음성·육체를 지녔다고 하겠습니다. 다른 말로 하면 남성스러운 용모, 거친 음성, 강인한 육체, 더욱이 수염이 난 턱을 가졌습니다. 일반적으로 남성은 여성 보다는 조악(粗惡)한 형체를 가지고 있습니다. 그들은 또한 몸매와 거동에서도 매우 상이합니다. 한마디로, 그들 안에 같은 것은 전무(全無)하고, 그럼에도 불구하고 가장 작은 편린(片鱗)에 이르기까지 결합적인 것만 있다는 것입니다. 아니, 남성 안에는 남성적인 것이, 그의 몸의 아주 작은 모든 부분 안에 남성적으로 존재합니다. 그리고 또한 남성적인 것은 그 사상에 속한 모든 개념 안에, 그리고 그의 지극히 작은 정동에 속한 충동에까지 내재해 있다는 것입니다. 마찬가지로 여성적인 것은 여성 안에 내재해 있습니다. 그러므로 전자는 후자로 바꾸어질 수 없기 때문에, 이에 따르는 결론은, 사후 남성은 남성으로, 여성은 여성으로, 존재한다는 것입니다. (혼인애 32·33항)

사후 성애(性愛·the love of sex)는 남으며, 천계에 오른 사람들이 가지고 있는 혼인애도 사후에 남는다

성애가 사후 사람들에게 남아 있는 이유는, 그 때에도 남성은 남성이고, 여성도 여성이기 때문이고, 또 남성이 지닌 모든 남성적인 것 역시, 그의 전체이든 부분이든, 그대로 남으며, 마찬가지로 여성이 지닌 모든 여성적인 것 역시, 그의 전체이든 부분이든, 그대로 남으며, 개별적인 것 뿐만 아니라, 그들에게 속한 지극히 작은 것 안에도 결합하려는 하나의 성향이 남아 있습니다. 그러므로 사후 사람에게 성애(性愛)는 그대로 남아 있습니다. 따라서 창조에서부터 그들 안에는 이와 같은 결합적 성향이 심어졌기 때문에, 그러므로 이것은 변함없이 영속해서 그대로 남습니다. 이런 사실에서 알 수 있는 것은, 한 사람은 다른 사람과의 결합을 열망하고, 속삭이고 있다는 것입니다. 이런 관점에서 보면, 사랑은 결합을 향한 열망이나 노력, 즉 하나로 결합하려는 혼인애(婚姻愛) 이외의 그 어떤 것이 아니라는 사실입니다. 왜냐하면 남성적인 사람과 여성적인 사람은, 이들 둘에서부터 그들이 한 사람(one man) 또는 한 몸(一體·one flesh)이 되기 위하여 그렇게 창조되었으며, 그들이 한 몸을 이루었을 때, 즉 그들은 서로 혼인하여 취한 것인데, 그 때에 비로소 그들은 그의 온전성(穩全性·his fulness)에서 완전한 한 사람이며, 그러나 그 결합이 없다면 그들은 남남이며, 말하자면 각자는 나뉘어진 한 사람(a divided man) 또는 반쪽 사람(a half man)이기 때문입니다. 따라서 결합적 성향(結合的 性向)은 남성에 속한 가장 작은 것 안에, 또는 여성에 속한 가장 작은 것 안에, 또는 그들 양자에 속한 가장 작은 것 안에 있는 가장 지심(至深)하게 숨겨진 것이고, 거기에는 한 몸으로 결합하려는 기능(機能)과 열망(熱望)이 천부적으로 내재해 있기 때문에, 따라서 여기에서 얻을 수 있는 결론은, 성(性·sex)에 속한 상호적(相互的) 또는 호혜적(互惠的) 사랑은 사후 사람들과 함께 그대로 존속한다는 것입니다.

성애(性愛)와 혼인애(婚姻愛)는 상호 큰 차이가 있기 때문에 성애와 혼인애에 관해서 설명드리고자 합니다.

성애는 자연적인 사람(the natural man)에게 존재하지만, 혼인애는 영적인 사람(the spiritual man)에게 존재합니다. 자연적인 사람은 오직 외적인 결합들을, 그리고 또 그것들에서부터 육체적인 쾌락을 좋아하고 갈망합니다. 그러나 영적인 사람은 내적인 결합을, 그리고 그것에서 비롯된 영적인 행복의 상태를 좋아하고 열망합니다. 그리고 그 사람이 깨달은 것들은, 그 자신이 변함없이 더욱 더 한 몸으로 결합하려는 한 아내에게만 주어진다는 것입니다. 그가 이같은 것을 이루면 이룰수록, 그는 상승계도를 따라서 상승하는 자신의 행복의 상태를 지각하는데, 이러한 것은 끝없이 계속됩니다. 그러나 자연적인 사람은 이같은 사상을 전혀 생각하지 않습니다. 그러므로, 앞에서 설명한 것과 같이, 혼인애는, 이 세상에서 영적 사람이었던 천계에 들어가는 사람들에게 그대로 존속한다고 하겠습니다. (혼인애 37·38항)

성애는 다수를 향한, 또는 다수와 같이 하는 사랑이지만, 혼인애는 오직 하나를 향한, 또는 하나와 같이 하는 사랑입니다. 다수를 향한 또는 다수와 같이 하는 사랑은 하나의 자연적 사랑입니다. 왜냐하면 그것은 자연적인 것들인 짐승이나 새들에게도 있는 공통적인 사랑이지만, 혼인애는 사람만이 갖는 특유하고, 고유한 영적 사랑이기 때문입니다. 왜냐하면 사람은 영적 존재가 되도록 창조되었고, 그러므로 그렇게 출생되었기 때문입니다. 이런 이유 때문에, 한 사람이 영적 존재가 되는 정도에 비례하여,

그는 성애를 벗어버리고, 혼인애를 소유하게 됩니다. 혼인 초기에 성애는 마치 혼인애와 결합된 것 같이 나타나지만, 그러나 혼인의 기간이 경과함에 따라서 그 사랑들은 서로 갈라지는데, 그 때 영적인 사람에게는 성애는 전멸되지만, 혼인애는 점차 성숙될 것입니다. 그러나 자연적인 사람에게는 이와 정반대의 일이 생겨납니다. 지금까지 설명한 것에서 확실한 것은, 성애는 다수와 같이 하고, 또 자연적인 것 자체 안에 있는 사랑이기 때문에, 아니 짐승스럽기 때문에, 성애는 순수하지 못하고 또 불결하다는 것이고, 또 성애는 변덕스럽고 제한적이 아니기 때문에, 그것은 음란스럽고, 호색적(好色的)이지만, 그러나 혼인애는 이와는 정반대라는 것입니다. (혼인애 48항)

천계에 있는 혼인

천계는 인류로 말미암아 이루어지기 때문에 거기에 있는 천사들은 결과적으로 자웅(雌雄) 양성(兩性)입니다. 여자는 남자를 위하여 있고, 남자는 여자를 위하여 있고, 따라서 전자는 후자의 것으로 존재한다는 것은 창조에 속한 것이기 때문에, 그리고 이들 양자에 있는 사랑도 모두 생득(生得)적이기 때문에, 여기서 얻는 결론은, 지상에서와 꼭같이, 천계에도 혼인이 존재한다는 것입니다. 그럼에도 불구하고, 천계에 존재하는 혼인과 지상의 혼인과는 아주 많이 다릅니다.

천계에 있는 혼인은 두 사람의 마음이 하나의 마음으로 결합하는 두 마음의 결합입니다. 이 결합의 본성에 관해서 설명하겠습니다. 사람의 마음은 두 부분으로 되어 있는데, 그 하나는 이해(理解·understanding)요, 다른 하나는 의지(意志·will)라고 일컫는 것입니다. 이 두 부분이 일체(一體)처럼 행동할 때, 이 둘을 한 마음이라고 일컫습니다. 천계에서 남편은 이해라고 일컫는 부분의 역할을 하고, 아내는 의지라고 일컫는 부분의 역할을 합니다. 내면적인 것들에 속한 이 결합이 그들의 육체에 속한 낮은 부분에까지 내려오게 되면, 그것은 사랑으로 지각되고, 또 느껴집니다. 이 사랑이 바로 결합적인 사랑(結合愛)입니다. 이상에서 명확히 알 수 있는 것은, 결합애 또는 혼인애의 근원은 두 사람의 마음이 하나로 결합하는 둘의 결합에서 비롯된다는 것입니다. 천계에서는 이것을 함께 사는 것 즉 동거(同居·cohabitation)라고 부르는데, 그리고 이제 그들은 둘이 아니라 하나다 라고 말할 수 있겠습니다. 이런 이유 때문에 천계에서 혼인한 한 쌍은 둘이 아니라, 하나의 천사(one angel) 라고 부릅니다.

남편과 아내 두 사람의 마음의 지심(至深)한 곳에서 이루어지는 이 결합은 창조 그 자체에서부터 되어진 것입니다. 왜냐하면 남자는 총명적이 되기 위하여, 따라서 이해로부터 생각하도록 태어났고, 여자는 임의(任意·自發)적이 되기 위하여, 따라서 의지로부터 생각하도록 태어났기 때문입니다. 이러한 사실은, 두 사람의 성향 즉 생득적인 천성이나 두 사람의 생김새에서부터 명백하게 알 수 있습니다. 먼저 천성(天性)에서 보면, 남자는 이성(理性)으로 말미암아 행동하고, 여자는 정동(情動·affection)으로 말미암아 행동합니다. 그리고 생김새(形體)에서 보면 남자는 얼굴이 거칠고 별로 아름답지 않으며, 목소리는 굵고, 몸매는 보다 경직(硬直)된 모습입니다. 이에 비하여 여자는 미끈하게 생겼으며, 얼굴은 아름답고, 목소리는 부드러우며, 몸매는 유연합니다. 이와 비슷한 차이가, 이해와 의지 사이에 있고, 사상과 정동 사이에도 있습니다. 물론 진리와 선 사이에도 그렇고, 믿음과 사랑 사이에도 꼭같은 차이가 있습니다. 왜냐하면 진리나 믿음은 이해에 속해 있고, 선이나 사랑은 의지에 속해 있기 때문입니다. 남자나 여자 모두는 이해와 의지를 가지고 있습니다. 그럼에도 불구하고, 남자 안에서는 이해가 주권을 장악하고 있고, 여자 안에서는 의지가 주권을 장악하고 있습니다. 따라서 사람의 성품(性稟)은 주권을 장악한 그것에 일치합니다. 그러나 천계의 혼인애는 주권의 장악 같은 것은 전혀 없습니다. 왜냐하면 아내의 의지는 남편에 속한 의지이고, 남편의 이해는 아내에 속한 이해이기 때문입니다. 그 이유는 전자는 후자처럼 뜻하고 생각하기를 좋아하기 때문입니다. 즉 서로 상호적으로, 또는 교호적으로 도모하고, 생각하기를 좋아하기 때문입니다. 그러므로 그들의 결합은 하나 안에 존재합니다. 이 결합은 실체적인 결합입니다. 왜냐하면 아내의 의지는 남편의 이해 속에 들어가고, 남편의 이해는 아내의 의지 속에 들어가기 때문입니다. 특히 이러한 일은 그들이 얼굴을 서로 마주 보고 있을 때 일어납니다. 왜냐하면, 앞에서 언급하였듯이, 천계에서 행해지는 사상과 정동의 교류는, 특히 배우자와 배우자 끼리의 교류이기 때문입니다. 그 이유는 그들은 상호적으로 서로서로 사랑하기 때문입니다. 이렇게 볼 때 천계에서 혼인을 이루고, 혼인애를 생성하는 마음의 결합의 본성이 무엇인지 알 수 있겠습니다. 다시 말하면 전자는 자기의 모든 것이 후자의 것이 되기를 열망한다는 것입니다. 그러므로 그들은 상호적으로 그렇게 되기를 열망한다는 것입니다.

천사가 나에게 일러준 것은, 혼인한 한 쌍이 이런 결합 안에 있는 한 그들은 혼인애 안에 있다는 것이고, 또 그들이 혼인애 안에 있는 한, 동시에 그들은 총명·지혜·행복 안에 있다는 것입니다. 왜냐하면 모든 총명·지혜·행복이 비롯되는 신령선이나 신령진리가 전적으로 혼인애에 입류하기 때문입니다. 결과적으로 혼인애는 신령입류(神靈入流)를 받는 심층(深層·the very plane of Divine Influx) 그 자체라는 것입니다. 그 이유는 그것은 동시에 선과 진리의 혼인이기 때문입니다. (천계와 지옥 366-370항) 천계에서 혼인으로 그들이 어떤 식으로 결합되는지를 나는 목격할 수 있었습니다. 천계에서는 어느 곳에서나 동류(同類)끼리는 동거하고, 동류가 아니면 헤어집니다. 그러므로 천계의 각 사회는 마음이 맞는 동류의 사람들로 구성되어 있습니다. 동류가 모이는 것은 자기 스스로 되는 것이 아니고, 주님께서 그렇게 하십니다. 마음이 서로 하나로 결합되면 될수록 두 사람은 동시에 상대방을 배우자로 여기고, 가까이 갑니다. 그러므로 그들은 한눈에 상대방을 마음에서부터 사랑하고 배우자 끼리라는 것을 알게 되어 혼인합니다. 그렇기 때문에 천계의 혼인은 모두 주께서 홀로 주관하십니다. 많은 사람들이 모여서 혼인 잔치가 벌어지는데, 그 잔치는 사회마다 각기 다른 모양입니다. (천계와 지옥 383항)

천계에 있는 혼인에 관한 주님의 말씀들

복음서에서 우리는 이런 말씀들을 읽습니다.

부활이 없다고 주장하는 사두개파 사람 가운데 몇 사람이 다가와서, 예수께 물었다. "선생님, 모세가 우리에게 써 주기를 '어떤 남자의 형이 자식이 없이 아내를 남겨 두고 죽으면, 그 남자가 그 여자를 맞아들여서 그의 뒤를 이을 자식을 낳아 주어야 한다' 하였습니다. 그런데 형제가 일곱 있었습니다. 맏이가 아내를 얻어서 살다가 자식이 없이 죽었습니다. 그래서 둘째가 그 여자를 맞아들였고,

그 다음에 셋째가 그 여자를 맞아들였습니다. 일곱 형제가 다 그렇게 하였는데, 모두 자식을 남기지 못하고 죽었습니다. 나중에 그 여자도 죽었습니다. 그러니 부활 때에 그 여자는 그들 가운데서 누구의 아내가 되겠습니까? 일곱이 다 그 여자를 아내로 맞이하였으니 말입니다." 그래서 예수께서는 그들에게 말씀하셨다. "이 세상 사람들은 장가도 가고, 시집도 가지만, 저 세상과 죽은 사람들 가운데서 부활에 참여할 자격이 있는 사람은, 장가도 가지 않고 시집도 가지 않는다. 그들은 천사와 같아서, 이제는 죽지도 않는다. 그들은 부활의 자녀이므로, 하나님의 자녀들이다. 죽은 사람이 살아나는 것은, 모세도 떨기나무 이야기가 나오는 대목에서 보여 주었는데, 거기에서 그는 주님을 '아브라함의 하나님, 이삭의 하나님, 야곱의 하나님'이라고 부르고 있다. 하나님은 죽은 사람의 하나님이 아니라, 살아 있는 사람의 하나님이시다. 모든 사람은 하나님과의 관계 속에서 살고 있다."(누가 20 : 27-38 ; 마태 22 : 23-33 ; 마가 12 : 18-27)

여기에서 이 말씀으로 주님께서 두 가지 사실을 가르치고 있습니다. 즉 그 첫째는 사람은 사후(死後)에 다시 살아난다는 것이고, 그 둘째는 천계에서 그들에게 혼인이 주어지지 않는다는 것입니다. 사후 사람이 다시 부활한다는 것을 주님께서는 "하나님은 죽은 사람의 하나님이 아니라, 살아 있는 사람의 하나님이시다" 그리고 아브라함·이삭·야곱이 살아 있는 것 등을 말씀하시는 것으로 가르치고 있습니다. 주님께서는 또 지옥에 간 부자(富者)와 천계에 오른 나사로의 비유말씀에서 똑같은 내용을 가르치셨습니다(누가 16 : 22-31). 두 번째로 천계에서 혼인이 없다는 것을 주님은 이런 말씀으로 가르치셨습니다. "저 세상과 죽은 사람들 가운데서 부활에 참여할 자격이 있는 사람은 장가도 가지 않고, 시집도 가지 않는다." 이 말씀에 뒤이어 즉시 따르는 말씀 즉, "그들은 천사와 같아서, 이제는 죽지도 않는다. 그들은 부활의 자녀이므로 하나님의 자녀들이다"는 말씀에서 확실한 것은 거기에서는 영적 혼인 이외의 또다른 혼인은 없다는 것입니다. 영적 혼인은 주님과의 결합을 뜻하는데, 이것은 땅에서 이루어집니다. 즉 땅에서 이루어졌을 때 또한 천계에서 성취됩니다. 그러므로 그들은 천계에서 장가가고, 시집가는 일이 없습니다. 이러한 내용은 "이 세상 사람들은 장가도 가고, 시집도 가지만 저 세상과 죽은 사람들 가운데서 부활에 참여할 자격이 있는 사람은, 장가도 가지 않고 시집도 가지 않는다"는 말씀이 뜻하는 바입니다. 또한 그들을 주님께서는 혼인의 자녀들

(=혼인 잔치의 손님들)이라고 불렸고(마태 9:15 ; 마가 2:19), 여기서는 천사・하나님의 자녀들・부활의 자녀들이라고 불렸습니다. "혼인한다"는 것은 주님과의 결합을 뜻하고, 혼인에 들어간다는 것은 천계에서 주님께서 그 사람을 영접한다는 것을 뜻한다는 것은 아래의 말씀에서 잘 알 수 있습니다. 즉—.

하늘나라는 자기 아들의 혼인 잔치를 베푼 어떤 임금에 비길 수 있다. 임금이 자기 종들을 보내서, 초대받은 사람들을 잔치에 불러오게 하였다.
(마태 22:1-14)
하늘나라는 이런 일에 비길 수 있을 것이다. 처녀 열 사람이 등불을 마련하여, 신랑을 맞으러 나갔다. 그 가운데 다섯은 어리석고, 다섯은 슬기로웠다.……준비하고 있던 처녀들은 신랑과 함께 혼인 잔치에 들어갔다.
(마태 25:1-13)

여기의 13절에 "깨어 있어라. 너희는 인자가 오실 그 날과 그 시각을 알지 못한다"는 말씀에서 확실한 것은 여기의 신랑은 곧 주님 자신을 뜻한다는 것입니다. 또 묵시록에는—.

어린 양의 혼인날이 이르렀다.
그의 신부는 단장을 끝냈다.
어린 양의 혼인 잔치에 초대를 받은 사람에게는 복이 있다.
(묵시록 19:7, 9)

(혼인애 41항)

천계에는, 지상에서와 꼭같이, 혼인이 있습니다. 그러나 선과 진리의 혼인 안에 있는 사람을 제외하고는—그렇지 않은 사람은 천사가 아닌데—그 누구에게도 혼인은 없습니다. 그러므로 영적 혼인은 오직 선과 진리의 혼인입니다. 이런 혼인들은 사후가 아닌, 따라서 천계가 아닌 지상에도 있습니다. 그래서 혼인 잔치에 초대된 어리석은 다섯 처녀에 관한 말씀을 하셨는데, 그들은 잔치에 참여할 수 없었습니다. 그 이유는 그들 안에는 선과 진리의 혼인이 없었기 때문입니다. 왜냐하면 그들은 등만 있을 뿐,

기름을 가지지 못했기 때문입니다. "기름"은 선을 뜻하고, "등"은 진리를 뜻하며, "혼인한다"는 것은 그 혼인이 있는 천계에 올리워지는 것을 뜻합니다. (혼인애 44항)

천계에서 자식낳이는 없다

천계의 혼인이 지상에 있는 혼인과 다른 점은 지상의 혼인이 목적하는 것 중 하나가 후손을 생산하는 자식낳이(procreation of offspring)인데 반하여, 천계의 혼인은, 그것이 목적이 아니고, 자식낳이 대신에 선과 진리에 속한 자식낳이(出産·procreation)가 있습니다. 그 출산 대신에 이러한 자식낳이가 있게 된 이유는, 그들 사이의 혼인이, 전술한 것과 같이, 선과 진리 사이의 혼인이며, 이러한 혼인에는 만사를 제쳐 놓고, 선과 진리, 그리고 이 둘의 결합이 사랑받고 있기 때문입니다. 그러므로 천계의 혼인에서 생산되는 것은 선과 진리, 그리고 이 둘의 결합입니다. 그러므로 성경 말씀에서 탄생이라든가, 출산(出産·generation)이라고 하는 것은 선과 진리와 같은 영적인 자식낳이를 의미하므로, 어머니 아버지라면, 생산하는 주체가 되는 선에 결합된 진리를 뜻하고, 아들이다 딸이다 하면, 생산된 진리와 선을 의미하고, 사위다 며느리다 하면 그것들의 결합을 가리킵니다. 이상에서, 천계의 혼인이 지상에 있는 혼인과 다르다는 것을 알 수 있겠습니다. 천계에서는 영적으로 시집간다는 것이 있는데, 시집간다고 하기 보다는 선과 진리의 결합에서 생기는 마음의 결합이라고 하는 것이 옳겠습니다. 그럼에도 불구하고 지상에는 혼인은 있습니다. 그 이유는 혼인은 영들의 결합 뿐만 아니라, 육체의 결합도 있기 때문입니다. 천계에서는 시집가는 일이 없다고 한 말씀에서 결합된 둘은 부부(夫婦·husband and wife)라고 부르지 않고, 두 마음이 하나로 결합된 것이라는 천사들의 생각에 따라서, 배우자 쌍방이 서로 내 상대(=임자·one's own)라는 의미의 말로 부르게 됩니다. 이상의 고찰에서, 시집가는 일에 관한 주님의 말씀(누가 20 : 35)을 어떻게 이해해야 할 것인지를 잘 알게 되었습니다. (천계와 지옥 382항)

천계에 있는 혼인은 자식낳이는 없지만, 그러나 그 대신에 사랑과 지혜에 속한 영적 자식낳이가 있는 이유는, 영계에 있는 사람들에게는 결여(缺如)

된, 자연적인 제3 계도를 가리키는 영적인 것을 받는 수용그릇이고, 또 영적인 것을 받는 그릇이 없다면, 자연계에서 생겨나는 것과 같은 일관성을 갖지 못하기 때문입니다. 그리고 영적인 것을 살펴보면 그것은 사랑과 지혜에 관계되어 있고, 그러므로 이것들은 그들의 혼인에서 태어난 것들입니다. 혼인애가 하나의 천사로 마무리되기 때문에 이런 것들이 거기에서 태어났다고 말할 수 있겠습니다. 왜냐하면 그것은 그와 그 배우자가 결합하고, 그것에 의해서 그는 보다 더 완전한 사람이 되기 때문입니다. 왜냐하면, 앞에서 설명한 바와 같이, 천계에서 혼인한 두 배우자는 둘이 아니고, 하나의 천사이기 때문입니다. 혼인적인 합일(合一・一體・conjugial union)에 의하여, 그들은, 그러므로 그들 자신이 충만해집니다. 그것은 바로 지혜스럽게 되기를 갈망하는 것이고, 또 지혜에 관계되는 것을 사랑하려는 갈망을 뜻합니다. (혼인애 52항)

인애와 믿음의 결합은 마치 한 남편과 한 아내의 혼인과 같습니다. 모든 자연적인 소산(所産・offspring)은 아버지인 남편과 어머니인 아내에게서 태어납니다. 그러므로 선이나 진리에 관한 앎(知識)인 모든 영적인 소산들은 아버지인 인애와 어머니인 믿음으로 말미암아 태어납니다. (순정기독교 377항)

천계에 있는 혼인예식(婚姻禮式)

그러나 저녁이 되자, 세마포 옷을 입은 발이 잰 전령(傳令)이 그 천사가 안내하는 10명의 신참자(新參者・new-comer)들을 찾아와서, 다음 날에 있을 혼인 예식에 그들을 초청하였습니다. 그 신참자들은 그들이 천계에서 혼인예식을 직접 볼 수 있게 되었다는 것을 매우 기뻐하였습니다. 이런 일이 있은 뒤, 그들은 수석고문관(the chief counsellor)들 중의 한 사람에게 인도되어, 그분과 같이 저녁을 먹었습니다. 저녁을 마친 뒤 그들은 각기 헤어져서 자기 숙소로 돌아왔고, 아침까지 잠을 잤습니다. 그들이 기침을 하였을 때, 그들은 위에서 설명한 같이, 공공장소 주위에 있는 집들로부터 처녀들과 어린 소녀들이 부르는 찬미 노래를 들었습니다. 이 때의 찬미의 주제는 혼인애(婚姻愛・conjugial love)에 관한 정동이었습니다. 이 찬미의 감미로움에 그들은 깊은 감동과 감화를 받았고, 또 그들은 그

제26강 혼인(婚姻)·marriage) ◆ 743

들이 고무되고, 생기를 회복시켜주는 그들의 기쁨 속에 축복된 유쾌함이 스며드는 것을 지각하였습니다.
그 시각이 이르자, 천사는 "모두 준비하십시오. 우리 왕자님께서 여러분을 위하여 보내주신 천계의 의상을 입으십시오"라고 말하였습니다. 그들은 모두 그 의상을 착용하였습니다. 보십시오. 웬 일입니까! 그 옷은 타오르는 불꽃처럼 빛이 났습니다. 그러자 그들은 천사에게, "이것이 어찌된 일입니까?"하고 물었습니다. 그 천사는 "여러분들이 혼인 예식에 참석하려고 하기 때문입니다. 그같은 때에는 우리들의 옷이 찬란히 빛을 내는 혼인 예복이 됩니다"라고 대답하였습니다.
이런 일이 있은 뒤, 그 천사는 그들을 혼인 예식이 있는 집으로 안내하였고, 문지기는 문을 열어주었습니다. 집안으로 들어서자마자 곧 그들은 신랑이 보낸 천사의 영접을 받았고, 안으로 안내되어, 그들에게 지정된 좌석으로 인도되었습니다. 잠깐 시간이 지난 뒤 그들은 신부 대기실 옆에 있는 부속 방으로 초대되었는데, 그들은 거기서 금으로 된 7개의 가지와 초꽂이가 달린 장대하고 멋진 촛대가 놓인 방 한가운데 있는 책상을 보았습니다. 벽면들에는 은 등잔이 걸려 있었는데, 빛이 비추었을 때 그 등잔은 그 방 분위기를 마치 금으로 된 것 같이 바꾸어 주었습니다. 그들은 촛대 양쪽에 있는 상을 보았는데, 그 상 위에는 세 겹으로 쌓아 올린 빵이 있었고, 그 방의 네 모퉁이에는 크리스탈 컵이 놓여진 상도 있었습니다. 그들이 이런 것들을 보고 있는 동안에, 갑자기 옆에 있는 신부 대기실로부터 문이 열리었습니다. 그들은, 6명의 처녀들이 나오는 것을 보았고, 그들 뒤에는 신랑과 신부가 서로 손을 잡고 나오는 것이었습니다. 그들은 모두가 촛대가 놓인 반대쪽에 있는 높은 좌석으로 인도되었습니다. 그들은 그 자리에 착석하였고, 왼쪽에는 신랑이, 오른쪽에는 신부가 자리하였고, 6명의 처녀들은 신부 옆에 있는 좌석 옆에 도열하였습니다. 신랑은 찬란한 자주색 예복과 고운 세마포 상의를 입었습니다. 예복에는 다이아몬드로 가장 자리를 두룬 황금판이 붙어 있었는데, 그 판에는 천계 사회의 혼인의 증표인 어린 독수리가 조각되어 있었고, 신랑은 또 머리에 관을 쓰고 있었습니다.
그러나 신부는 주홍색 망또를 입었고, 그 속에는 목에서부터 발까지 닿는 수놓은 옷을 입었습니다. 가슴 아래에는 황금띠를 둘렀고, 머리에는 루비로 장식한 황금관을 썼습니다.
그들이 모두 자기 자리에 좌정한 뒤에, 신랑이 신부를 향하여 섰고, 신부의 손가락에 금지환을 끼워주었습니다. 그리고 알이 굵은 진주로 만든 팔지와 목거리를 꺼내어, 그녀의 손목에는 팔지를, 그녀의 목에는 목거리를 끼워주고, 걸어주면서, "이 맹세의 예물을 받아 주십시요"라고 말하였습니다. 그녀가 그것들을 받아들이자, 신랑은 그녀에게 입을 맞추고, "지금부터 당신은 나의 것입니다"라고 말하고, 그녀를 그의 아내라고 불렀습니다. 이런 예식이 끝나자 손님들은 "신랑 신부에게 축복이 있을 지어다"라고, 각자 나름대로 또는 모두 합해서 환호하였습니다. 그 때 예식장은 천계로부터의 축복의 증표인 감미로운 향기로 가득찼습니다. 그러자 하인들이 촛대 양쪽에 놓인 두 상에서 빵과, 그 방의 네 모퉁이에 놓여 있는 상에서는 좋은 포도주를 가득 채운 잔을 가져다가 하객들 매 사람에게 빵과 잔을 드렸고, 하객들은 빵과 포도주를 먹고, 마셨습니다. 이런 뒤에 그 남편과 아내가 자리에서 일어났고, 손으로 은(銀)으로 된 등을 든 6명의 처녀들이 길을 밝히며, 입구를 향해 뒤따랐고, 혼인한 한 쌍은 신혼 침실로 들어가자, 문은 닫히었습니다. (혼인애 19·20)

천계에 있는 혼인한 한 쌍

어느날 아침이었습니다. 내가 하늘을 쳐다 보고 있을 때 내 위에는 넓디 넓은 창공(蒼空·expanse) 위의 창공을 보았습니다. 나는 가까이에 있는 첫째 창공을 보았는데, 그 창공이 열리자 바로 위에 둘째 창공이 좀 높게, 그리고 마지막으로 셋째 창공이 아주 높게 있었습니다. 이같은 사실적인 체험에서부터, 나는 첫째 창공에는 첫째(first) 혹은 가장 낮은 천계(the lower heaven)를 형성하는 천사들이 있다는 것과, 또 둘째 창공에는 둘째 혹은 중간천계(中間天界·the middle heaven)를 형성하는 천사들이, 그리고 셋째 창공에는 셋째 혹은 가장 높은 천계(至高天界·the highest heaven)을 형성하는 천사들이 있다는 것을 지각하였습니다. 처음에는 나는 그것이 무엇을 뜻하고, 또 무슨 이유인지를 몰랐습니다. 그러나 곧 이어서, 천계로부터 나팔소리 같은 한 음성을 들었는데, 말씀하시기를—.
"우리들은 지금 귀하께서 혼인애(婚姻愛·conjugial love)에 관해서 명상하고 있음을 지각하고, 또 그런 사실을 목도하고 있습니다. 그리고 또 우리는 지금까지 세상에서는 그 누구도 진실된 그 혼인애가 어디에 원천(源泉·origin)을 두고 있고, 또 그 본질(本質·essence)이 무엇인지 알지 못한다는 것을 잘 알고 있습니다. 그렇지만 그것을 알리는 것은 매우 중요한 일입니다. 그러므로 주님께서는 귀하에게 천계를 열어 보이는 것을 기뻐하십니다. 이제 예증(例證)의 빛 즉 지각(知覺·perception)이 귀하의 마음의 내면에 입류될 것입니다. 천계, 특히 삼층천의 천계에 있는 우리들에게 있는 즉 우리들의 천계적 기쁨은 전적으로 혼인애에서 비롯됩니다. 그러므로 우리에게 부여된 허용에 의해서 우리들은 이제 귀하께서 그것들을 이해할 수 있도록 혼인한 한 쌍을 귀하에게 보내겠습니다."

보십시오. 그 때 아주 멋진 수레 하나가 가장 높은 즉 삼층천의 천계에서부터 내려오는 것이 보였습니다. 그 안에는 한 천사가 보였는데, 가까이 이르자, 그 안에는 두 천사가 보였습니다. 적당한 거리에 이르자, 그 수레는 내 눈에는 금강석과 같이 휘황찬란하게 번쩍번쩍 영롱한 빛이 반짝이었습니다. 끌개를 멘 젊은 말들은 눈 같이 희게 빛났습니다. 그 수레에 앉아 있는 그들은 그들의 손에 두 마리의 비둘기를 안고 있었습니다. 그들은 나를 불러서 말씀하시기를—.

"우리가 귀하에게 가까이 가도 되겠습니까? 그러나 귀하는 매우 조심하십시오. 우리에게는 천계에서 하강(下降)할 때, 그 천계에서 비롯된 매우 찬란한 광채(光彩)나는 불꽃이 있는데, 그것이 내면적으로 파고들지 않도록 조심하십시오. 이것의 입류(入流·influx)에 의하여 귀하의 이해에 속한 가장 높은 관념들이 정말로 분명해질 것입니다. 그것들 안에 있는 내용은 모두가 천적인 것입니다. 그러나 귀하께서 있는 저 세상에서는 그것들은 모두가 필설로 표현할 수 없는 것들입니다. 그러므로 합리적으로 듣고, 이해에 대하여 설명해야 할 것을 귀하께서는 받으십시오"라고 말하였습니다.

나는, "나는 조심하겠습니다. 가까이 오십시오"라고 대답하였습니다.

그러자 그들이 가까이 왔는데, 보십시오. 그들은 한 남편과 그의 아내였습니다. 그들은, "우리는 혼인한 배필입니다. 귀하께서는 황금시대(黃金時代·the golden age)라고 부르는 첫 세상(the first age)에서부터 우리들은 천계에서 축복 가운데 살고 있습니다. 우리들은, 귀하께서 오늘 우리들을 보는 것처럼 언제나 만개(滿開)한 한 쌍의 꽃처럼 젊음을 지니고 있습니다"라고 말하였습니다.
나는 그들이, 혼인애의 본질에서나 외모에서, 그들의 자태(姿態)나 그들의 의상에서, 혼인애를 표징한다는 것이 지각되었기 때문에, 나는 매우 정중하게 그들을 관찰하였습니다. 왜냐하면 모든 천사들은 사람의 형태에서는 사랑의 정동이고, 그들의 주도적(主導的) 정동 자체는 그들의 얼굴에 나타나기 때문입니다. 그들의 정동에서 그리고 그것과의 조화에 맞게 그들의 의상은 선정됩니다. 그러므로 천계에서는 그 자신의 정동이 그 사람을 꾸민다(clothe)는 말이 있습니다. 그 남편은 청년과 중년 초반의 중간 정도로 보였습니다. 그의 눈에서는 사랑에 속한 지혜에서 발출하는 빛이 반짝이고 있었습니다. 그의 용모는 마치 이 빛이 비롯된 가장 치밀한 광점(光點·radiant) 같았고, 그것에서 비롯된 방사(放射)에 의하여, 밖으로 드러난 그의 피부도 찬란히 빛났습니다. 따라서 그의 안면은 하나의 눈부신 아름다움 자체였습니다. 그는 발목까지 닿는 긴 외투(a long robe)에 푸른색의 제복(祭服·vestment)을 입었는데, 겉에는 세 개의 보석과 양면에는 두 개의 청옥과, 가운데는 하나의 홍옥 등이 박힌 금띠를 띠었습니다. 그의 양말은 은사(銀絲)로 짠 흰색이었고, 그의 신발은 명주로 만든 것입니다. 이같은 의상은 남편으로서 혼인애를 뜻하는 표징적 형태입니다.
그리고 그 부인의 경우는 이러하였습니다. 즉—, 나는 그녀의 얼굴을 보았지만 쳐다볼 수는 없었습니다. 나는 그저 아름다움(美) 자체로서 그녀의 얼굴을 보았을 뿐, 사실 이 아름다움은 형언할 수 없는 것이기 때문에, 그녀를 쳐다 볼 수 없었습니다. 왜냐하면 그녀의 용모에는 감미로운 열정의 밝음(light)이 있었는데, 이같은 밝음은 삼층천 천사들에게 있는 것이므로, 그것은 나를 눈부시게 하여 내 시각을 어둡게 하였기 때문입니다. 그래서 나는 경악을 금할 길이 없었습니다. 이같은 광경을 지켜보고 있는데, 그녀가 나에게 말을 하였습니다.
"귀하는 무엇을 보고 있습니까?"
"나는 다만 혼인애와 그리고 그 혼인애의 형체(形體)를 봅니다. 그렇지만 보기는 해도 그것이 무엇인지 이해할 수는 없습니다"라고 나는 대답하였습니다.
이 때 그녀는 그의 부군에게서 약간 몸을 멀리하였기 때문에 나는 그녀를 매우 세심하게 볼 수 있었습니다. 그녀의 눈은, 앞서 말한 것과 같이, 감미로운 천계의 빛으로 빛났는데, 그것은 지혜에 속한 사랑에서 발출한 것입니다. 왜냐하면 그 천계에서 부인은 자신의 남편을 지혜에서 비롯된, 또는 자신의 지혜로 사랑하고, 또 남편은 자신의 부인을 사랑에서 비롯된, 또는 자기 자신에 대한 그 사랑으로부터 사랑하기 때문입니다. 따라서 그들은 하나로 결합하는데, 그녀의 아름다움은 그 어느 화가가 흉내낼 수 없고, 그 지혜를 묘사할 수 없었습니다. 왜냐하면 그녀의 용모를 표현할 색채가 없고, 또 이같은 아름다움을 표현할 화가가 없기 때문입니다. 그녀의 머리카락은 그녀의 아름다움에 잘 어울리게 곱게 빗겨졌으며, 꽃들이 장식된 왕관을 쓰고 있었습니다. 그녀는 홍옥으로 된 목걸이의 귀감람석(貴敢覽石)의 묵주(默珠 · rosary)를 착용하였습니다. 그리고 또 그녀는 아주 큰 진주로 된 팔찌를 끼고 있었습니다. 그녀는 흐르는 듯한 주홍색의 긴 원피스(robe)에, 안에는 전면에 루비로 된 장식이 달린 띠를 매는 주홍색 스토마커(stomacher) * 를 받쳐 입었습니다. 그러나 무엇이든 나에게는 놀라운 것이었는데, 그 색채는 부군에 대한 그녀의 상(相 · aspect)에 따라서 바뀌었으며, 또한 이것에 따라서 색깔들은 매우 찬란하기도 하고, 또 덜 찬란하기도 하였고, 또 그들이 상호간에 방향을 같이 할 때는 찬란하게 빛나고, 또 그들 상호간에 딴 데로 방향을 약간만 돌리면 색깔은 덜 찬란하였습니다.

내가 이런 광경을 예의 주시하고 있을 때, 그들은 나에게 다시 말을 하였습니다. 그 남편이 말을 하고 있을 때는, 마치 동시에 부인이 말하는 것 같았고, 또 부인이 말을 하고 있을 때는, 마치 동시에 남편이 말하는 것 같았습니다. 왜냐하면 이것은, 마음이 결합되었으므로, 말(speech)이 그렇게 나오기 때문입니다. 그 때 나는 혼인애에 속한 음성의 기품(氣品)을 들었는데, 그것은 내적으로, 또 동시적으로 유래하는 평온(平穩 · peace)과 순진무구(純眞無垢 · innocence)의 상태에 속한 기쁨이었습니다.

드디어 그들은 "우리를 다시 돌아오라고 부릅니다. 우리는 떠나야만 하겠습니다"고 말하였습니다.

그리고 앞서와 같이, 다시 그들은 수레에 타는 것이 보였고, 그리고 그들

---

* 15-17세기에 유행한 모시에 자수로 장식한 부인용 가정 옷. (역자 주)

은 열매가 주렁 주렁 달린 올리브 나무와 오렌지 나무가 무성한 화원 가운데 있는 포장된 길을 따라서 옮기워졌습니다. 그들이 그들의 천계에 가까이 이르자, 처녀들이 그들을 맞기 위하여 나와서, 그들을 영접하고, 안내하였습니다. (혼인애 42항)

혼인한 배우자의 사후 상태

사람이 사후 변하는데는 두 가지 상태를 통해서 이루어집니다. 그 하나는 외적인 것이고, 다른 하나는 내적인 것입니다. 사람은 처음에는 외적인 상태에 들어가고, 그 후에 내적인 상태에 들어갑니다. 외적 상태의 경우, 둘이 모두 사망한 경우라면, 상대방을 혼인한 배우자로 알아보고, 또 서로 상면(相面)하고, 그들이 이 세상에서 함께 살았다면 그들은 제휴하여 당분간 같이 삽니다. 그렇지만 이 상태에서는 서로서로에 대한 각자의 마음의 기질(氣質)을 알지 못합니다. 왜냐하면 그들의 내적인 것에서는 서로 자신들을 숨기기 때문입니다. 그러나 시간이 좀 지난 뒤에는, 그들은 그들의 내적 상태에 들어가기 때문에, 그 기질은 그 자체를 드러냅니다. 만약 그 때 그것이 서로 조화스럽고, 서로 마음에 맞는 경우라면, 그들은 혼인적 삶(their conjugial life)을 계속할 것이지만, 만약에 그것이 조화스럽지 않고, 또 서로 마음에 맞지 않는 경우라면, 그들은 헤어집니다. 만약 한 사람이 여러 아내를 가졌던 경우라면, 외적 상태에 있는 그는 차례로 그들과 상봉합니다. 그러나 그가 내적 상태에 들어가면, 그 상태에서 그는 그들 자신인 사랑의 기질을 깨닫고, 그 때 그는 한 사람을 택하거나 또는 그들 모두와 헤어집니다. 왜냐하면 영계에서는 이 세상에서와 같이 하나 이상 여러 배우자를 가질 수 있게 허락된 기독교인은 아무도 없기 때문입니다. 그 이유는 그것은 종교를 해치는 것이고, 모독하는 것이기 때문입니다.

여러 남편을 가졌던 여인의 경우도 마찬가지 입니다. 뿐만 아니라 그 여인은 그녀의 남편에게 가까이 가지 못하지만, 다만 그 자신을 남편들에게 보일 뿐이고, 또 그 남편은 그녀에게 가까이 합니다. 여기서 알아야 할 사실은 남편들은 거의 그들의 부인들을 식별하지 못하지만, 부인들은 아주 쉽게 그들의 남편을 식별한다는 것입니다. 이것이 바로 여자들은 사랑

의 내적 지각을 가졌지만, 남자들은 다만 사랑의 외적 지각을 가졌다는 이유입니다. (혼인애 47항)

만약 그들이 같이 살 수 있다면, 그들은 혼인한 부부로 남지만, 만약 그들이 같이 살 수 없다면, 그들은 헤어지는데, 어떤 경우에는 남편이 부인에게서, 어떤 경우에는 부인이 남편에게서, 또 어떤 경우에는 쌍방이 헤어집니다. 사후 이같은 헤어짐이 생기는 것은 이 세상에서 이룬 결합이 거의가 사랑의 내적 지각에서 형성된 것이 아니고, 내적인 것이 감추어진 외적 지각에서 형성되었기 때문입니다. 사랑에 속한 외적 지각은 세간애와 육신적 욕정에 속한 것들에서 그 원인과 근원을 갖습니다. 특히 재물이나 과다한 세간애와 육신적 욕정에 속한 것들에서 그 원인과 근원을 갖습니다. 특히 재물이나 과다한 소유는 세간애에 속한 것이고, 높은 벼슬이나 명예는 육신적 욕정에 속한 것입니다. 이뿐만 아니라 그 외에도 다양다종의 타락적인 유혹들이 있습니다. 미모(美貌·beauty)·가장(假裝)된 예의 범절·때로는 부정이나 음란 따위 등 입니다. 더욱이 혼인은 출생지나 주거지의 지역이나 도시 또는 마을에서 성사되는데, 거기에서는 서로 알고 있는 친지들로 한정되거나 제한되는 성사 이외의 다른 선택의 여지는 없는데, 이같은 제한에는 유사한 신분에 속한 것도 한정됩니다. 그 이유는 이 세상에서 성사된 혼인은 가장 외적인 것을 목적으로 할 뿐, 내적인 것이 되지 못하기 때문입니다. 더욱이 영혼에 속한 내적 결합은 혼인 자체를 이루지만, 그러나 이 결합은 사후에 일어나는 즉 사람이 외적인 것을 벗고, 내적인 것으로 자체를 이루지만 그러나 이 결합은 사후에 일어나는, 즉 사람이 외적인 것을 벗고, 내적인 것을 입을 때까지는 지각되지 않습니다.

그러므로 그 때에 헤어짐이 생기고, 그 뒤에는 어려서부터 사랑하고 또 적법하고 멋진 교제를 갈망하고, 또 주님께 간구하고, 그들의 콧구멍을 성나게 하는 종잡을 수 없는 정욕을 미워하고, 쫓아내었을 경우의 사람들로서, 이 지상에서 마련되지 않았다면 비슷한 동질의 사람과 같이 하는 새로운 결합이 일어납니다. (혼인애 49항)

참된 혼인은 영원한 혼인을 동경(憧憬)한다

참된 혼인애 안에 있는 사람들은 영원한 혼인을 동경(憧憬)하는데, 그 이유는 그 사랑 안에 영원성(永遠性)이 존재하기 때문입니다. 그 혼인의 영원성은 아내와 같이 하는 사랑이나, 남편과 같이 하는 지혜는 영원히 계속해서 증대한다는 사실에서 비롯됩니다. 이 증대와 진전 가운데 있는 혼인한 배우자들은, 그들의 지혜와 사랑이 동시에 그들 안에 내장(內藏)된 천계의 지복(至福·beatitude) 속으로 깊이깊이 몰입(沒入)합니다. 그러므로 영원성의 개념들이 만약 송두리 채 뽑혀진다면, 즉 어떤 경우 그것이 그들의 마음에서부터 없어진다면 그들은 마치 천계로부터 쫓겨나 내동댕이쳐지는 그런 존재가 되고 말 것입니다.

영원성에 관한 개념이 혼인한 배우자의 마음에서 소진(消盡)된다면, 그리고 임시적인 개념이 그 자리를 차지한다면, 천계에서 그들의 상태가 어떻게 되는가 하는 것이, 나에게 있어서는, 경험에 의하여 밝히 보여졌습니다. 한번은 혼인한 배우자가 나와 같이 있는 것이 천계로부터 허락되었습니다. 그 때 쓸모없는 한 친구가 교활한 말로 혼인에 관계되는 영원의 개념을 빼앗아 갔는데, 그것이 빼앗겨졌을 때, 그들은 통곡하기 시작하였습니다. 그들은 더 이상 살 수 없으며, 또 그들이 전에는 결코 느낄 수 없었던 아주 비참함을 느낀다고 울부짖었습니다. 천계에 있는 그들의 동료천사들이 이런 사실을 지각하였을 때, 그 고약한 친구는 즉시 쫓겨나 밑으로 떨어졌습니다. 이런 일이 일어난 뒤에, 영원의 개념이 그들에게 즉시 되돌아왔습니다. 그렇게 되자 그들은 마음의 기쁨을 만끽하였고, 가장 감미롭고 사랑스럽게 서로를 포옹하였습니다.

이밖에도 나는 혼인한 배우자들이 그들의 혼인에 관하여 이따끔 영원의 개념을 잃고, 임시적 개념이 생겼을 때의 경우를 들었습니다. 그 이유는 그들 안에 내적인 상충점(相衝點)이 있기 때문입니다. 그들이 영원의 개념 안에 있을 때 그들은 상호적인 기쁨 안에 있지만, 그러나 임시적인 개념 안에 있을 때 그들은 "그것은 더 이상의 혼인이 아니다"라고 말하였고, 그 아내는 "나는 하나의 첩에 불과한 아내에 지나지 않는다"고 말하였고, 또 그 남편은 "나는 간부(姦夫)에 불과한 남편이다"고 말하였습니다. 그러므로 그들의 내적인 상충점이 그들에게 밝혀졌을 때 남편은 아내를, 아내는 남편을 각각 떠났습니다. 그러나 그뒤 그들이 그들의 혼인에 관한 영원한 개념 안에 둘이 다 있게 되었을 때, 그들은 종전과 차이가 없는 꼭 같은 배우자로 재회하였습니다.

이같은 경험에서 우리들이 밝히 알 수 있는 것은, 참된 혼인애 안에 있는 사람들은 영원성을 동경(憧憬)한다는 것과, 만약 이 개념이 가장 내적인 것 안에서 비롯된 생각에서부터 소멸되면 그들은 혼인애의 측면이나, 또 동시는 아니라고 해도, 우정의 측면에서도 모두 이탈(離脫) 된다는 것입니다. 왜냐하면 이것은 외적인 것 안에서는 살 수 있지만, 내적인 것 안에서는 살 수 없기 때문입니다. 그것은 지상(地上)의 혼인에서도 꼭같습니다. 거기에서 혼인한 배우자들이 서로서로 극진히 사랑할 때, 그들은 그 언약에 관한 그들의 사상 속에 영원성을 가지고 있고, 또 죽음에 의해서 전혀 끝이 아니라는 사상도 갖습니다. 만약 그들이 이것에 관해서 그들이 몹시 슬프게 생각한다면, 그럼에도 불구하고 그 생각 안에서 그들은 사후 그것의 연속에 관한 희망으로 만족할 것입니다. (혼인애 216항)

혼인애는 영원히 완성된다

참된 혼인애는 영원히 지속되기 때문에, 뒤따르는 것은, 아내는 더욱 더 아내다운 아내가 되고, 남편은 더욱 더 남편다운 남편이 된다는 것입니다. 그 이유는 바로, 혼인 안에 있는 참된 혼인애는 더욱 더 완숙한 내면적인 사람(a more interior man)이 되게 한다는 것입니다. 왜냐하면 그 사람은 그들의 마음의 내면적인 것을 개방하고, 또 그 내면적인 것들이 열려 있기 때문에, 사람은 더욱 더 완숙한 사람이 되기 때문입니다. 그리고 아내 쪽에서는, 완숙한 남편이 되면 될수록, 그것은 더욱 더 완숙한 아내가 되게 한다는 것입니다. 그리고 남편 쪽에서는 그것이 보다 더욱 완숙한 남편이 되게 하기 때문입니다. 나는 천사들에게서부터 한 부인의 남편이 보다 더욱 완숙한 남편이 되는 것과 같이, 아내도 더욱 더 완숙한 아내가 되지만, 그 역(逆)은 이루어지지 않는다는 것을 들었습니다. 왜냐하면 만약 정숙한 아내가 그녀의 남편을 사랑하지 않는다는 것은, 그런 것이 있다고 해도 드물지만, 그러나 그것 때문에 남편은 아내를 사랑할 수 없습니다. 왜냐하면, 거기에는 그 아내의 사랑을 영접하는 지혜에 속한 고양(高揚)이 결코 존재하지 않기 때문입니다. (혼인애 200항)
참된 혼인애 안에 있었던 사람들은 사후 천사가 되었을 때 그들은 그들의 청춘기(靑春期)나 초기의 장년기로 회춘(回春)합니다. 나이 많아서 죽었다고 해도, 남편은 건장한 청년처럼 되고, 아내 역시, 나이 많아서 죽었다고 해도, 젊은 처녀처럼 됩니다. 그 배우자들은, 혼인애가 새로운 기쁨으로 삶을 의기양양(意氣揚揚)하게 하고, 또 다산(多産)을 목적한 즐거움이나 명랑 따위를 갖기 시작하는 회춘(回春)이나 기쁨이 충만한 시기의 나이로 바뀝니다. 이 세상에서 사는 동안 죄로 여겨 간음을 멀리하고, 주님에 의하여 혼인애에 인도된 사람들은, 처음에는 외면적인 영원한 상태에, 그리고 뒤에 가서는 보다 더 내면적인 영원한 상태에 들어갑니다. 그들은 보다 내면적인 젊은이의 상태로 계속해서 성장하기 때문에, 이에 뒤이어지는 결론은, 참된 혼인애는 계속적으로 증대하고, 또 그 혼인애만이 갖는 희열과 만족 가운데 들어갑니다. 그 혼인애가 갖는 희열이나 만족은, 창조 때부터 천계와 교회를 위한 주님에 속한 사랑에서 비롯되는, 따라서 천계에 있는 모든 기쁨과 희열의 근원인 진리를 목적한 선에 속한 사랑이나 선을 목적한 진리에 속한 사랑에서 야기되는 가장 내적인 천계에 속한 희열과 만족입니다. 이와 같이 사람은 천계에서 젊은이로 성장하는데, 그 이유는, 그 때 그 사람은, 계속해서 진리를 사랑하는 성향이 있는 선과 그리고 계속해서 선을 사랑하는 성향이 있는 진리와의 혼인 상태에 들어가기 때문입니다. 그리고 그 때 아내는 형태로는 선을 가리키고, 남편은 형태로는 진리를 가리킵니다. 이 성향으로 말미암아 사람은 노령(老齡)의 모든 금욕생활(禁慾生活)과 슬픔과 무미건조(無味乾燥)함 따위를 벗어버리고, 젊은 이의 특성인 생기발랄함·가슴 설레이는 기쁨·신선함으로 갈아 입는데, 이런 것에서부터 그의 성향은 기쁘게 살고, 또 즐거움으로 충만합니다.
천계에서 내게 일러준 것은, 그 때 그들은, 기쁨 그 자체라는 것 이외에는 무엇이라고 표현할 수 없는 사랑에 속한 삶을 향유(享有)한다는 것입니다. (묵시록해설 1000항)

참된 혼인애 안에 있는 사람들은 자기 자신들을 합일한
한 사람으로 보고 느낀다

나는 천사들과 참된 혼인애 즉 서로 사랑하는 두 배우자 사이에 있는 사랑에 관해서 대화를 가진 적이 있습니다. 천사들은, 그 사랑은 모든 사랑 중에서 가장 지심(至深)한 사랑이고, 또 배우자가, 남편이나 아내의 내적 또는 외적인 마음 안에 있는, 배우자를 볼 수 있는 사랑이며, 그러므로 한 쪽의 배우자는 남편 또는 아내 안에 있는 상대의 배우자가 갖는 그런 사랑이라고 말하였습니다. 그 이유는, 남편의 형상, 또는 남편의 닮음은 아내의 마음 안에 내재하고, 아내의 형상이나 닮음은 남편의 마음 안에 내재해 있기 때문입니다. 그러므로 전자는 그 남편이나 그 아내에게서, 그리고 그들이 함께 사는 그들의 가장 지심한 것 안에서 후자를 봅니다. 이러한 내용이 사람의 말로는 표현할 수 없는 천사적인 개념들이 뜻하는 표징들입니다. (영계일기 4408항)

내가 들은 바로는, 그것(=우리의 명제가 사실이다는 것)이 혼인한 배우자들과 같이 여러 해 동안 천계에서 산 사람들에 의하여 입증되었고, 또 그들이, 남편이 그의 아내와, 또 아내가 그의 남편과 결합되었다는 것을, 스스로 느끼었다는 것과 그리고 또 하나는 비록 엄연히 다르지만 한 몸처럼 상호적으로, 그리고 교호적으로 느낀다는 것입니다. 이같은 현상에 속한 이유는, 지상에서는 매우 드문 일이지만, 그들의 몸 안에서 그들의 마음과 영혼의 합일(合一)이 느껴지기 때문인데, 그들이 말하는 내용은 대략 이렀습니다. 즉 "영혼은 머리에 속한 것 뿐만 아니라, 육신에 속한 가장 내적인 것(the inmosts)으로 이루어지며, 마찬가지로 영혼과 육체 중간에 있는 마음도 비록 머리 안에 있는 것 같이 보이지만, 그럼에도 불구하고, 사실은 전 몸(全肉體) 안에 있습니다. 그러므로" 그들은 "영혼이나 마음이 의도하려는 행동은 순식간에 육체에서부터 흘러나온다"고 말하였습니다. "그러므로 전 세상(the former world)에서 육신이 거절한 것도, 그들은 그럼에도 불구하고 완전한 사람입니다. 자, 영혼과 마음이 스스로 육신에 속한 몸(肉體)에 가까이 인접하여 있기 때문에, 그들이 그들의 결과를 잘 운영하고, 또 생산하기 위해서 혼인한 배우자의 영혼과 마음의 합일은 역시 한 몸처럼 그 육신 안에서 느껴진다는 것이 결론적으로 뒤따릅니다." (혼인애 178항)

혼인은 혼인한 배우자들의 영혼과 마음에 다른 형체를 유발한다

혼인이 영혼과 마음에 또다른 형체를 유발한다는 것은, 우리의 자연계에서는 쉽게 관찰되지 않습니다. 왜냐하면 영혼과 마음이 자연계에서는 육체적인 몸으로 옷입혀졌고, 마음은 좀처럼 그것을 통해서 빛을 발하지 못하기 때문입니다. 오늘날의 사람들도, 고대사람들 이상으로 어려서부터 마음의 정동을 깊숙하게 숨기는 얼굴 표정을 짓는 것을 배워왔는데, 그것이 바로 혼인 전이나 혼인 후에도 그러하기 때문에, 마음의 형체를 분별할 수 없는 이유입니다. 그러나 영계에서는 영혼이나 마음의 형체가, 혼인 전이나 혼인 후가 엄연히 다르게, 명확히 드러나 보여집니다. 왜냐하면 그 때 그들은 인간 형체 안에 있는 마음이나 영혼 이외의 다른 존재가 아닌 영혼이나 천사들이고, 또 그들은 물이나 이 세상적인 요소들이 대기 가운데 발산된 것들로부터 비롯된 발산물로 이루어진 껍데기를 벗어버린 그런 존재이고, 또 그런 껍데기가 벗겨졌기 때문에, 그들의 마음의 형체들은 가시적이어서, 마치 그들은 그들의 육체들 안에 내적으로 존재하고, 따라서 그 때에는 혼인해서 살아온 상태와 혼인하지 않고 살아온 생태가 명확하게 보여집니다. 일반적으로 혼인한 사람들은 얼굴에 내면적인 아름다움(美)을 갖습니다. 왜냐하면, 남편은 그의 아내로부터 그녀의 사랑에 속한 매혹적인 빛깔을 취하고, 아내는 남편에게서 그의 지혜에 속한 번쩍이는 멋진 사상(思想·brightness)을 취하기 때문입니다. 이런 이유로 해서, 혼인한 두 배우자는, 그들의 영혼의 측면으로는 하나로 합일되었고, 더욱이 각자 안에는 명확한 인간적 충만함이 내재해 있습니다. 이같은 것은 천계에 존재합니다. 왜냐하면 다른 곳에는 혼인이 존재하지 않기 때문입니다. 천계 아래에는 다만 완성되고, 갈라놓은 혼인적 유대나 결연만 있을 뿐입니다. (혼인애 192항)

여자는, 창세기에 기술된 것과 동일하게, 실제적으로 아내의 형체로 완전해진다

창세기에서 여자는 남자에게서 뽑아낸 갈빗대로 지어졌다고 언급하고 있으며, 그 때 그 여자를 남자에게 데려왔을 때, 그 남자는—.

"이제야 나타났구나, 이 사람!
뼈도 나의 뼈, 살도 나의 살,
남자에게서 나왔으니
여자라고 부를 것이다."
(창세기 2 : 23)

성경말씀에서 "가슴의 뼈"(=갈빗대)는 영적인 뜻으로 자연적인 진리 이외의 다른 것을 뜻하지 않습니다. 다니엘서 7장 5절에 기록된 곰이 물고 있는 갈빗대도 역시 이것을 뜻합니다. 왜냐하면 "곰"은, 성경말씀을 그것의 자연적인 뜻으로 읽으면서, 진리의 이해는 없이, 그것을 읽는 사람을 뜻하기 때문이고, 또 남자의 가슴은 어떤 점에서 여자의 가슴과 분별되는 본질적이고 독특한 것을 뜻하기 때문입니다. 이것이 지혜를 가리킨다는 것은, 앞에서(187항) 쉽게 이해할 수 있겠습니다. 왜냐하면 진리는, 마치 갈빗대가 가슴을 부축하듯이, 지혜를 보좌하기 때문입니다. 사람에게 관계되는 모든 것들은, 그들의 중심에 있는 것과 같이, 가슴에 내재해 있기 때문에, 이런 것들을 뜻합니다. 이와 같은 뜻에서 볼 때, 이 말씀은 자연적인 진리에서 비롯되는 지혜인 남자로부터의 전사(轉寫)에 의하여, 여자가 남자에게서부터 창조되어 나왔다는 것과, 남자가 그 지혜를 사랑하는 사랑은, 그것이 남자에 의하여 혼인애가 되기 위해서 여자에게 전가(轉嫁)되었다는 것과 또한 그 자신의 사랑이 아니라 그의 아내의 사랑이 그 사람 안에 있을 수 있게 하기 위하여, 즉 그의 아내는 그녀가 가지고 있는 천성으로 말미암아 그 남자에게 있는 그 자신의 사랑을 그녀에 대한 그의 사랑으로 바꿀 수밖에 없다는 것을 보여줍니다. 나는 이러한 사실이 아내에 속한 그 사랑 자체에 의하여, 남자나 여자가 모두 알아차리지 못하고 무의식 중에 이루어진다는 것을 들었습니다. 남자는 누구나 참된 혼인애로 그의 배우자를 항상 사랑할 수 없고, 자기 자신의 총명에 속한 자만(自慢) 안에 있는 자기 자신의 사랑으로부터 배우자를 사랑한다는 사실에서부터 그 같은 결론을 얻을 수 있겠습니다. 남자에게서 나왔다는 여자 창조에 관한 비밀이 이해될 때, 혼인에서도 마찬가지로, 말하자면 남자로 말미암아 창조되었고, 또 완성된다는 것과, 또 이같은 것이 아내에 의해서, 아니 좀더 정확히 말한다면, 그같은 것이 일어나게 할 성향을 여자들 속에 불어넣어 준 주님에 의하여 여인들을 통해서 이루어진다는 것을 깨달을 수 있겠습니다. 왜냐하면 남편의 정동을 그녀 자신에게 귀속시키는 것에 의하여(183항 참조), 남편의 내적인 의지와 그녀 자신의 결합에 의하여, 그것에 관해서는 뒤에 설명하겠지만, 남편의 영혼에 속한 파생물들을 그녀 자신의 것으로 전유하는 것에 의해서, 남편의 형상을 그녀 자신 안에 받아 수용하기 때문입니다. 이상에서 볼 때, 명확한 것은, 여자는 그녀가 그녀의 남편에게서 또는 그의 품에서 나왔고, 때문에 그녀 자신에게 각인(刻印)된 것들에 의하여, 한 아내로—창세기에 기술된 것에 따라서 내면적으로 이해한다면—완성됩니다. (혼인애 193항)

한번은 내가 천사들 가운데 있으면서 그들의 대화를 들은 적이 있습니다. 그 대화는 총명과 지혜에 관한 내용이었습니다. 즉 "사람은, 이 총명과 지혜가 그 자신 안에 있다는 것이 아니라는 것을 알지 못하고, 따라서 그가 의지(意志)로 말미암아 생각하고, 또 의지로부터 의도하는 것은 무엇이든 자기 자신에게서 비롯된 것이 아니라는 것을 알지 못합니다. 그럼에도 불구하고 아무리 작은 것이라고 해도 의지나 이해에 속한 것들은 하나님에게서 비롯된 수용의 기능(受容機能·the faculty of receiving)을 제외한다면, 사람에게서 비롯되는 것은 아무것도 없습니다. 출생에서부터 모든 사람은 자기 자신을 사랑하는 성향이 있고, 자기 자신의 사랑과 자기 자신의 총명에 대한 자부심(自負心)으로 말미암아 사람이 멸망하지 않도록 창조 때부터 사람에 속한 이같은 사랑은 아내에게 전가될 것이라는 것과, 그리고 출생에서부터 그녀 안에는 그녀의 남편의 총명이나 지혜를 사랑하는, 따라서 남편을 사랑하는 이 사랑이 활착(活着)되어 있는데, 이것에 의해 그 아내는 남편 자신의 총명 안에 있는 남편의 자만(自慢·man's pride)을 자기 자신에게 끌어들여, 남편에게는 그것을 소멸시키고, 아내 그 자신에게서는 그것을 생기 발랄하게 하여, 그러므로 그것을 혼인애로 바꾸고, 헤아릴 수 없을 정도의 기쁨으로 그것을 채우도록 이미 마련되어 있다는 것입니다. 이것은 주님께서 마련한 섭리(攝理·providence)인데, 그 내용은, 마치 자기 자신의 총명에 속한 사랑을 가리키는 뱀에 의해 유혹되고 설득된 것과 같이, 주님에게서가 아니고 자기 자신에 속한 총명과 지혜가 바로 자기 자신이라고 믿으며, 따라서 선과 악의 지식의 나무 열매를 먹고, 그것으로부터, 그는 자신이 하나님과 같다고, 심지어 자기가 하나님이라고 믿을 정도로 그 자신의 총명의 자만 때문에 그 사람의 판단력을 잃지 않게 하기 위해서 주님께서 마련한 섭리입니다. 그것 때문에, 사람이 그것을 먹은 뒤, 그 사람은 낙원에서 쫓겨났고, 생명나무(the tree of life)에 이르는 길은 그룹(=케루빔)에 의해 지켜졌습니다"는 것입니다.

영적으로 "낙원(樂園 · paradise)은 총명을 가리키고, "생명나무를 먹는다"는 것은 영적으로 주님에게서 비롯된 이해나 지혜를 갖는다는 것을 가리키고, "선과 악의 지식의 나무를 먹는다"는 것은, 영적으로, 자기 자신에게서 비롯된 이해나 지혜를 갖는다는 것을 가리킵니다. (혼인애 353항)

혼인애는 모든 사랑의 기초(基礎)이고, 모든 즐거움과 기쁨(喜悅)의 보고(寶庫)이다

아래에 이어지는 지면에 기술된 것과 같이 이런 유의 혼인애가 존재한다는 것은 사실은 그 사랑의 처음 상태에서도 인지할 수 있습니다. 즉 그때는 사랑이 젊은 청춘 남녀의 마음에 스며들고, 알게 되는 때이고, 또 그 때는 그들로서는 그것이 이성으로서 누구를 사랑하는 시초이고, 그녀를 신부로 갈망하는 시초이며, 더욱이 그 때는 그러면서도 혼례식까지 진전되어가는 약혼 기간이며, 종국에 혼례식에서부터 그 뒤에 이어지는 혼인 초기의 날들의 기간입니다. 그 때 이 사랑이 모든 사랑의 기초가 된다는 것을 누가 시인하고, 동의하지 않겠습니까? 이 사랑 안에 모든 기쁨과 즐거움이 처음부터 끝까지 모여졌다는 것을 그 누구가 시인하지 않고, 동의하지 않겠습니까? 이같은 즐거운 시간이 지난 뒤, 이같은 기쁨의 상태는 점차 쇠퇴해지고, 끝나버리며, 종국에 가서는 그런 것들의 모두가 감관적인 것들이 되어버린다는 것을 그 누구가 알지 못하겠습니까? 만약 그 때 그들에게, 앞에서와 같이, 이 사랑이 모든 사랑의 기초이고, 이 사랑 안에 모든 기쁨과 즐거움이 모두 모여진다고 말한다면, 그들은 이런 사실에 대해서 동의하지도, 또 시인하지도 않을 것이고, 아마도 그들은 그같은 것들은 근거 없는 무익(無益)한 낱말들이라고, 아니면 그같은 것들은 경험 밖의 신비라고 말할 것입니다. 이상에서 확실한 것은, 가장 최초의 혼인애는 참된 혼인애를 흉내내는 것이고, 그 사랑은 어떤 하나의 형상에서 관찰할 수 있는 것을 나타낸다는 것입니다. 그러므로 그 때 이것은 성숙하지 못하고, 음란스러운 성애(性愛·the love of the sex)이기 때문에, 버려지게 되고, 참되고 순결한 혼인애를 가리키는 성애에 속한 하나의 사랑은 그것의 자리에 활착되어 거주합니다. 그 때, 그 누구가 사랑없이 다른 여인을 생각하겠으며, 사랑을 가지고 자기 자신의 여인을 생각하지 않겠습니까? (혼인애 58항)

그 본질의 측면에서 혼인애가 천계와 교회에 속한 모든 사랑의 근본이라고 여겨지는 이유는, 그 사랑의 근원이 선과 진리의 혼인에서 비롯되었고, 또 혼인에서부터 사람에게 있어서 천계와 교회를 이루는 모든 사랑이 유래되었기 때문입니다. 그 혼인의 선은 그 사랑을 이루고, 그 혼인의 진리는 그 지혜를 형성합니다. 사랑이 지혜에 가까이 갈 때, 즉 사랑이 지혜와 결합할 때, 사랑은 진정한 사랑이 됩니다. 또 역으로 지혜가 사랑에 접근했을 때, 즉 지혜가 사랑과 결합할 때, 지혜는 그 때 참된 지혜가 됩니다. 참된 혼인애는 사랑과 지혜의 결합 이외의 아무것도 아닙니다. 혼인한 이들 사이에, 그리고 이들 안에, 이 사랑이 존재하는 혼인한 한 쌍은 혼인애의 초상(肖像·effigy)이고, 또 그 사랑의 틀(形態)입니다. 모든 천계들에 있는 모습이 그들의 사랑에 속한 모든 정동의 진짜 형태이고, 또 그것들은 모두가 그것과 꼭 닮은 닮은꼴입니다. 왜냐하면, 앞에서 언급한 것과 같이, 일반적으로나 개별적으로나, 그것들 안에 그것은 내재해 있기 때문입니다. 그러므로 혼인한 한 쌍은 모습과 형태 안에 내재한 이 사랑이고, 그것은 곧 사랑 자체의 형태에서 비롯된 모든 사랑은 그 사랑을 닮은 것입니다. 그러므로 만약 혼인애가 천적, 영적 사랑이라면, 그것에서 비롯된 사랑들 역시 천적, 영적 사랑이 됩니다. 그 때 혼인애는 조상으로 존재하며, 다른 사랑들은 자녀 손들로 존재합니다. 여기에서, 천계들 안에 있는 천사들의 혼인에서 비롯된 영적 소생들은 중생되었다는 것과, 그들은 사랑과 지혜에 속한 즉 선과 진리에 속한 한 가족(一族)이라는 것을 알 수 있는데, 이들 세대에 관해서 앞에서(51항) 설명하였습니다. (혼인애 65항)

사람이 느끼는 모든 기쁨은 그 사람의 사랑에 속한 것입니다. 그 기쁨을 통해서 그 사랑은 자기 자체를 드러냅니다. 아니, 그 뿐만 아니라, 존재하고, 존속하며, 살아 갑니다. 그 사랑이 고조되는 정도만큼 그 기쁨이 고조된다는 것도 잘 알 수 있습니다. 마치 흔히 있는 정동이 가장 가까이서 주도애(主導愛·the ruling love)를 어루만지는 것과 같습니다. 자, 그러면 혼인애가 모든 선한 사랑의 근본이기 때문에, 또 사람에 속한 것들 중에서 가장 작은 것까지도 그 사랑이 내부에 새겨져 있기 때문에, 앞에서 설명한 것과 같이, 그 사랑의 기쁨은 모든 사랑의 기쁨을 능가한다는 것과, 또 그것은 그것의 나타남(外現·presence)에 따라서 그것들에게 기쁨을 나누어 주고, 동시에 그것들과 결합시켜 준다는 것이 뒤이어 집니다. 왜냐하면 그것은 마음의 가장 깊은 것들에까지 확장되고, 동시에 육체의 가장 깊은 것들에까지 확장되기 때문인데, 그것은 마치 그 원천의 아주 멋진 흐름이 그것들을 통해서 흐르고, 또 그것들을 열어주는 것과 같습니다. 그것은, 이 사랑 안에 처음부터 끝까지 모여진 모든 기쁨이 모든 다른 선용(善用·use)에 비하여 보다 월등한 그것의 선용의 우수성 때문입니다. 그것의 선용은 인류의 자식낳이(繁殖·propagation)요, 또 인류에서 비롯되는 천사적 천계의 번식입니다. 이 선용은 창조의 목적들 중의 목적(the end of ends of the creation)이기 때문에, 창조주 주님께서 사람에게 항상 주시는 이 사랑에 모여진다는 것은 당연한 결론이 되겠습니다. 그리고 지복(至福)·기쁨·만족감·즐거움의 모든 상태들이 이 사랑에 모두 모여진다는 것도 잘 알 수 있겠습니다. 기쁨들이 선용에 뒤따르고, 또 기쁨들이 선용에 속한 사랑에 따라서 사람에 의하여 경험된다는 것은 오관(五官) 즉 시각·청각·후각·미각·촉각에 속한 기쁨에서 명확합니다. 이들 오관에 속한 각각의 감관은 그것들의 특정한 선용에 따라서 다양한 그것의 기쁨을 향유합니다. 그 때 혼인애의 감관에 속한 기쁨이 다른 모든 선용의 복합체가 아니겠습니까?

모든 즐거움과 기쁨이 처음부터 끝까지 혼인애에 모인다는 것을 거의 모든 사람이 시인하지 않는다는 것을 나는 알고 있습니다. 이런 이유로 해서, 모든 즐거움과 기쁨이 참된 혼인애에 모인다는 것을 아는 사람이 오늘날에는 매우 드물기 때문에, 그것의 본성을 알지 못하며, 또한 앞에서 설명하고 확인한 것과 같이(혼인애 58·59항 참조), 그것이 존재한다는 것까지도 거의 알지 못합니다. 왜냐하면 이들 즐거움과 기쁨은 순수한 혼인애 이외는 그 어떤 것에도 존재하지 않기 때문입니다. 이것이 이 지상에는 드물기 때문에, 천사들의 입을 빌리지 않고, 그것의 탁월하고 적절한 표현의 명문(名文)을 다른 것으로 기술한다는 것은 불가능합니다. 왜냐하면 그것들은 그것 안에 내재해 있기 때문입니다. 천사들은 단언하기를 영혼에 속한 혼인애의 극내적 기쁨들은—영혼 안에 사랑과 지혜의 혼인 즉 선과 진리의 혼인이 제일 먼저 주님에게서부터 흘러드는데—지각할 수 없는 것들이고, 그러므로 말로 표현할 수 없다는 것입니다. 왜냐하면 그것은, 동시에 평화와 이노센스(innocence)에 속한 기쁨들이기 때문입니다. 그러나 그들의 후손 안에 있는 것들이 지각적이 되고, 마음의 보다 높은 영역에서는 지복(至福)의 상태로, 마음의 낮은 영역에서는 행복의 상태로, 가슴에서는 그것에서 비롯된 기쁨으로 지각되면 될수록, 그들은 가슴에서부터 그들 스스로 육신의 각 부분에 퍼뜨리며, 종국에는 기쁨들 중의 기쁨 안에 있는 궁극적인 것들 안에서 하나로 결합합니다. 더욱이 천사들은 이같은 기쁨들에 관해서 경이로운 것들을 말하였는데, 배후자의 영혼 안에 있는, 그리고 그것에서 비롯된 그들의 마음 안에 있는, 따라서 그들의 가슴 안에 있는 그 기쁨의 다양함들은 무한하고, 영원하다는 것과, 또 남편 안에 있는 지혜와 일치하여 그것들은 상승된다고 말하였습니다. 그리고 이것은, 영원까지 그들은 그들의 개화기(開花期)의 나이에 살기 때문이고, 또 그들에게는 보다 더 현명하게 되는 것 이상의 큰 축복이 없기 때문이다고 말하였습니다. (혼인애 68·69항)

지혜나 총명은 혼인애에 비례한다

사람이 갖는 총명이나 지혜의 양(量)과 질(質)은 그 사람에게 있는 혼인애의 양과 질과 꼭 같습니다. 그 이유는, 원인에서 비롯된 결과와 같이, 또는 영적인 것에서 비롯된 자연적인 것과 같이, 혼인애는 선이나 진리에 속한 사랑에서 비롯되기 때문입니다. 그리고 모든 총명이나 지혜들도, 심지어 삼층천(三層天)의 천사들이 가지고 있는 총명이나 지혜까지도, 선과 진리의 혼인에서 비롯되기 때문입니다. 왜냐하면 총명이나 지혜는 태양이신 주님에게서 오는 빛(light)과 볕(heat)의 수용그릇(the reception) 이외의 아무것도 아니기 때문입니다. 다시 말하면 총명이나 지혜는 선령선에 결합된 신령진리의 수용그릇이고, 신령진리에 결합된 신령선의 수용그릇이기 때문입니다. 따라서 그것은 주님에게서 비롯된 선과 진리의 혼인이기 때문입니다. 이것이 분명한 사실이다는 것은, 천계들에 있는 천사들에게서부터 그러하다는 것이기 때문입니다. 배우자와 별거하는 사람들이 총명 안에는 있지만, 지혜 안에 있지 않다는 것은 진실입니다. 그렇지만 그들이 그들의 배우자와 함께 있으면, 역시 그들은 지혜 안에 있습니다. 내가 놀란 것은, 그들이 그들의 배우자를 향해서 그들의 얼굴을 어떻게 돌리느냐에 꼭 맞추어 그들이 지혜의 상태에 있다는 사실입니다. 왜냐하면 영계에서 진리와 선의 결합은, 거기서 아내는 선이고, 남편은 진리인, 그들의 상면(相面·look)에 의하여 이루어지기 때문입니다. 그러므로 그것은 마치 진리가 그 자신을 선에게 의존하는 것과 같고, 그렇게 함으로써 진리는 생동감을 얻습니다. 총명이나 지혜는 진리나 선에 관해서 추론하는 영리함(怜悧·ingenuity)을 뜻하지 않고, 오히려 진리나 선을 깨닫고 이해하는 능력(能力·faculty)이나 기능(機能)을 뜻합니다. 사람은 이 기능이나 능력을 주님으로부터 받습니다. (묵시록해설 998항)
지혜로운 사람의 능력이 참된 혼인애 안에 있는 사람들에게서 증대하는 이유는 혼인한 배우자들에게 있는 이 사랑은 지혜에서 비롯되고, 그 지혜에 일치하기 때문입니다. 그리고, 그 이유는, 이 사랑에 속한 감관이 촉각이기 때문에, 이것은 모든 감관들에게 공통적이고, 또한 기쁨으로 가득하기 때문입니다. 그러므로 그것이 감관들의 내면적인 것들을 열어주듯이, 그것은 마음의 내면적인 것들을 열어주고, 그리고 그들이 가지고 있는 전 육체에 속한 조직적 형체들도 그것이 열어 주기 때문입니다. 따라서 뒤이어지는 결론은, 이 사랑 안에 있는 그들은 지혜롭게 되는 것 이외에는 아무것도 좋아하지 않는다는 것입니다. 왜냐하면 사람은 그의 마음의 내면적인 것들이 열려진 것에 비례하여 지혜롭게 되기 때문입니다. (혼인애 211항)

혼인애를 영접할 수 있는 자질(資質)

주님에게서부터 혼인애를 영접하고, 주님에게 곧바로 나오며, 주님에게서 비롯된 교회에 속한 삶을 사는 사람들을 제외하면, 그 누구도 혼인애 안에 있을 수 없는 이유는, 그 사랑의 근원과 그 사랑의 대응에서 검시(檢

視)된 이 사랑은, 앞에서 살핀 바와 같이(64항 참조), 천계의 천사들과 같이 존재하는, 또는 교회에 속한 사람들과 같이 존재하는, 모든 사랑 보다 월등히 천적이고, 영적이며, 거룩하고, 순수하고, 순결한 사랑이기 때문입니다. 이같은 그것의 특성들은, 주님과 더불어 결합된 사람들, 또는 주님에 의하여 천계의 천사들과 연합된 사람들을 제외하고는 부여될 수 없습니다. 왜냐하면 이들은 혼인 밖의 사랑 즉 자기의 한 배우자 이외의 다른 사람과 결합된 혼인에서부터 멀리 도피한 사람들이기 때문입니다. 그들은 마치 영혼의 파멸이나 지옥의 늪에서 도피한 사람들과 같기 때문입니다. 혼인한 배우자로서 마음 속 깊은 정욕과 그것에서 비롯된 자의적 취지에 관한 이같은 결합들에서부터 멀리 도피하는 정도 만큼 그런 것들 안에 있는 사랑은 처음에는 이 세상에 사는 동안에, 그리고 뒤에는 천계 안에서 순수하게 정화되고, 계속해서 영적인 사랑이 됩니다. 그러므로 비록 이같은 사랑이 아니라면, 사람들과 또는 천사들과 같이 하는 어떤 사랑이라도 결코 순결하게 정화된 사랑이 될 수 없습니다. 그러나 주님께서는 의지에 속한 의향(意向 · intention)을 중요시하기 때문에, 사람이 이 의향 안에 있는 만큼, 또는 그것 안에 있기를 고수하고 노력하는 만큼, 그 사람은 그 사랑의 순수함과 거룩함에 인도되고, 또 계속적으로 진전합니다. (혼인애 71항)

교회에 속한 진리들을 사랑하고, 그 교회의 선을 행하는 사람들이 이 혼인애에 들어올 수 있고, 그 사랑 안에 거할 수 있는 이유는, 그들이 오직 주님에 의하여 영접되었기 때문입니다. 왜냐하면 그들은 주님과의 결합 안에 있고, 따라서 그들은 주님에 의하여 이 사랑 안에서 보호받기 때문입니다. 교회를 이루는 두 가지 중요한 것이 있는데, 그것은 곧 믿음에 속한 진리 (truth of faith)와 삶에 속한 선(good of life)입니다. 믿음에 속한 진리는 주님의 현현(顯現 · the Lord's presence)을 이루고, 믿음에 속한 진리에 일치하는 삶에 속한 선은 주님과의 결합을 이룹니다. 그리고 이들이 교회와 천계를 이룹니다. 믿음에 속한 진리는 빛에 속한 것이기 때문에, 주님의 현현을 이룹니다. 영적인 빛은 그것 외에 아무것도 아닙니다. 삶에 속한 선은 별(熱 · heat)에 속한 것이기 때문에, 주님과의 결합을 이룹니다. 영적인 별은 그것 외에는 아무것도 아닙니다. 왜냐하면 영적인 별은 사랑이고, 삶에 속한 선은 사랑에 속한 것이기 때문입니다. 명확히 알 수 있는 것은, 모든 빛은, 심지어 겨울의 빛까지도, 현존(現存·presence)을 가져오고, 그 빛과 연합된 볕(熱·heat)은 결합을 이룬다는 사실입니다. 정원에서 가꾸는 과일이나 꽃은 모든 빛 가운데 나타나지만, 그러나 볕과 빛의 합일(合一)이 없다면, 꽃도 필 수 없고, 열매도 맺을 수 없기 때문입니다. 이런 사실들에서 볼 때 명확한 결론은, 교회에 속한 진리만을 단순히 알기만 하는 사람들에게는 주님에 의하여 참된 혼인애가 주어지지 않고, 그 진리를 알고, 또 그 진리에 일치하는 선을 행하는 사람들에게는 참된 혼인애가 주님에 의하여 주어진다는 것입니다. (혼인애 72항)

첫째되는 본질에서 보면 참된 혼인애는 주님사랑입니다. 여기에서, 비롯되는 결론은, 오직 주님만을 시인하고, 즉 주님 안에 신령삼일성(神靈三一性)이 존재한다는 것을 시인하는 사람을 제외하고서는 그 누구도 참된 혼인애 안에, 그리고 그것의 즐거움·기쁨·지복(至福)의 상태에 있을 수 없다는 것입니다. 주님 안에 계시는 한 인격체로서의 성부·성자·성령에게 가까이 나아가지 않고, 한 인격체로서의 성부에 의해서(by Himself) 아버지에게 가까이 나아가고, 또는 한 인격체로서 성령에 의하여(by Himself) 그분에게 가까이 나아가는 사람들은 결코 혼인애를 가질 수 없습니다. 본연의 순수한 혼인의 근원(根源·the genuine conjugal principle)은 특별하게 삼층천(三層天)에 존재하는데, 그 이유는 거기에 있는 천사들은 주님사랑 안에 있고, 오직 한 분 하나님으로 주님을 시인하고, 그리고 그분의 계명을 실천하기 때문입니다. 그분의 계명을 실천한다는 것은, 그들에게 있어서는, 주님을 사랑하는 것을 가리킵니다. 그들에게 주님의 계명은 그분께서 계시는 그들이 영접하는 진리를 가리킵니다. 거기에는 주님과 그들의 결합 또는 그들과 주님과의 결합이 존재합니다. 왜냐하면 그들은, 그들이 선 안에 있기 때문에, 주님 안에 있고, 그리고 주님께서는, 주님께서 진리 안에 계시기 때문에, 그들 안에 계시기 때문입니다. 이런 상태가 바로 참된 혼인애의 근원은 천계적 혼인(天界的 婚姻·the heavenly marriage)이다는 것입니다. (묵시록해설 995항)

혼인애의 장애물(障碍物)들

혼인애의 근원을 말한 내용에서부터, 어떤 사람이 혼인애 안에 있고, 어떤 사람이 혼인애 안에 있지 않는지 쉽게 결론을 지을 수 있겠습니다. 즉, 혼인애 안에 있는 사람들은 신령진리에서 비롯된 신령선 안에 있는 것이고, 또 그 혼인애는 선과 결합된 진리가 순수한 것만큼 순수한 혼인 애라고 하겠습니다. 그리고 그 진리에 결합되어 있는 모든 선은 주님에게 서 오기 때문에, 누구도, 주님과 주님의 신성(神性·His Divinity)을 시인하 지 않으면, 참된 혼인애에 있을 수 없다는 결론을 얻을 수 있습니다. 왜 냐하면 그와 같이 주님을 시인하는 시인이 없으면, 주님께서는, 임하실 수 없고, 또 사람에게 있는 진리에 결합할 수 없기 때문입니다.

이상의 설명에서 얻을 수 있는 명확한 결론은, 거짓 안에 있는 사람들은 혼인애 안에 있을 수 없다는 것과 또 악에서 비롯된 거짓 안에 있는 사 람들도 결코 혼인애 안에 있을 수 없다는 것 등입니다. 뿐만 아니라, 악 안에, 또는 그 악에서 비롯된 거짓 안에 있는 사람의 마음에 속한 내면적 인 것들은 모두 닫혀 버린다는 것입니다. 그러므로 거기에는 그 어떤 혼 인애의 근원이 존재할 수 없다는 것입니다. (천계와 지옥 376·377항)

한 남편과 수 삼의 안내 사이에는 참된 혼인애가 존재할 수 없습니다. 왜 냐하면 그것은 두 사람이 한 마음을 형성해 가는 혼인애의 영적 근원을 파괴하는 것이기 때문입니다. 그러므로 그것은 혼인애의 본질에서 비롯되 는 선과 진리의 내면적 결합을 파멸시키는 것이기 때문입니다. 한 남편과 한 아내가 아니고, 복수의 배우자와의 혼인은, 마치 하나의 이해가 많은 의지에게로 쪼개지는 것과 같기 때문입니다. 그리고 마치 한 사람이 일정 한 교회에 적을 두지 않고, 여러 교회에 적을 두는 것과 같아서, 이런 행 동으로는 사랑에 속한 믿음은 산산이 흩어져, 소멸될 것이기 때문입니다. 천사들이 선언한 것은, 많은 아내를 취한다는 것은 신령질서에 정면으로 반대된다는 것입니다. 그리고 그들은 이같은 사실을 여러가지 원인들에서 잘 알 수 있다고 공언하였습니다. 그리고 또 부연하기를, 한 사람이 몇 명의 상대와 혼인하겠다고 생각하는 순간 내적인 축복이나 천계의 행복 은 씻은 듯이 사라지고, 술에 취한 사람처럼 되어 버린다고, 천사들은 호 언하였습니다. 왜냐하면 이런 사람의 경우 그들 자신 안에 있는 진리와 선이 분리, 갈기갈기 찢어지기 때문입니다. 또 그들의 마음의 내면적인 것이, 어떤 의도에서이건, 그러한 혼인 상태에 들어가려고 생각해 보는 것만으로도 명확하게 알 수 있으리라 여겨지지만, 한 배우자 이상의 상대와 혼인한다는 것은 사람의 내면적인 마음을 닫아 버리고, 혼인애 대신에 천계를 등진 정욕적인 애욕(愛欲·love)에 몸을 맡기게 된다고 하였습니다. 그들은, 한 걸음 더 나아가서, 다음과 같이 말하였습니다. 이상에서 말한 것에 관하여 거의 모든 사람이 아무것도 모르고 있는데, 그 이유는 참된 혼인애 안에 있는 사람이 극소수이기 때문인데, 사람이 참된 혼인애 안에 있지 않고서는 혼인애 안에 내재해 있는 내적인 기쁨을 전혀 알 수 없고, 다만 알고 있는 것이라면, 정욕적인 쾌락이므로, 그런 것은 잠시 함께 머무른 뒤에는, 곧 불쾌한 것으로 바뀌어 버리기 때문입니다. 반면에 참된 혼인애의 기쁨은 이 세상에서 만년(晩年)을 맞을 때까지 계속 될 뿐만 아니라, 사후에는 천계의 기쁨으로 충만하며, 그 기쁨은 영원히 완성을 향해 더욱 더 진전해 간다고 말하였습니다.

남 위에 군림(君臨), 지배하려는 지배욕(支配欲·the love of domination)은 혼인애는 물론이고, 그 천계적 기쁨까지 빼앗아 갑니다. 왜냐하면, 앞에서 언급한 것과 같이, 혼인애나 그 사랑의 기쁨은 모두 교호적으로, 즉 한편의 의지가 상대방의 의지가 되는 경우에 존재하기 때문입니다. 이러한 지배욕은 혼인 안에 있는 혼인애를 깡그리 파괴시키기 때문입니다. 왜냐하면 지배욕은 자기 자신의 뜻(will)만을 상대에게 관철시키려는 것이지, 상대방의 뜻을 자기 자신 안에 수용하려는 의도는 전혀 없기 때문입니다. 따라서 상호 보완적이지 않으며, 따라서 일방적인 애욕이나 쾌락만 있을 뿐, 상대방과 상호 교환하는 그런 것은 전혀 없습니다. 그럼에도 불구하고 이들의 교류, 다시 말하면 결과적으로 이들의 결합은 혼인의 축복이라고 일컫는 내면적인 기쁨입니다. 지배욕은, 이런 축복과 사랑이 가지는 천계적이고, 영적인 모든 것들을 뒤섞어서, 무엇이 무엇인지를 알 수 없도록 완전히 소멸시키고 맙니다. (천계와 지옥 379·380항)

혼인애가 공존할 수 없는 종교에 속한 차이

혼인애는, 서로가 다른 종교를 가지고 있는 배우자 사이에는, 존재하지 않습니다. 그 이유는 한쪽의 진리가 다른쪽의 선과 잘 화합되지 않고, 상위점(相違點)과 부조화(不調和) 때문에, 두 사람의 마음이 하나가 되지 않기 때문입니다. 따라서 그들의 사랑의 근원은 영적인 것이 아닙니다. 그들이 만약 함께 생활하고, 조화를 이룬다면, 그것은 오직 자연적인 동기 때문입니다. 그런 이유 때문에 천계에서는 같은 사회에 속한 사람들끼리 혼인하는데, 그 이유는 그들은 같은 선과 진리 안에 있는 사람들끼리는 혼인하지만, 자기 사회 밖에 있는 사람과는 혼인할 수 없기 때문입니다. (천계와 지옥 378항) *

교회 안에서 출생하고, 어려서부터 교회의 진리에 속한 신조(信條)를 받아 드려 동화된 사람들은, 교회 밖에 있는 사람들과 혼인을 통해서 결합하려고 하지 않습니다. 그러므로 그들은 교회에 속하지 않는 이런 유의 신조들을 받아드리지 않습니다. 그 이유는, 영계에서 그들 사이의 결합은 존재하지 않기 때문입니다. 왜냐하면 영계에서는 누구나 선과 그 선에서 비롯된 진리에 일치하여 제휴하기 때문입니다. 영계에서 이런 부류의 사람들 사이에 결합이 없기 때문에 지상에도 역시 그런 유의 결합은 없어야만 합니다. 왜냐하면 혼인에 관해서 살펴보면 그들 자신 안에는 혼인은 그들의 내적, 외적인 마음(animorum et mentium)의 결합만 있고, 다시 말하면 믿음과 인애에 속한 선이나 진리에서 비롯된 영적 생명의 결합만 있기 때문입니다. 이런 이유 때문에, 서로 상이한 종교를 가진 사람들 사이에 있는 이 지상의 혼인은 천계에서는 하나의 가증스럽고 흉칙한 것으로 여겨질 뿐입니다. 그러므로 교회에 속한 사람과 교회 밖에 있는 사람 사이의 혼인은 더욱 더 심합니다. 이것이, 역시 유대 민족이나 이스라엘 민족이 이방인들과 혼인을 맺는 것을 절대로 금지한 이유입니다(신명기 7 : 3, 4). 그리고 또한 그들과의 간통을 범하는 것 역시 가증스러운 것이라고 공언하였습니다(민수기 25 : 1-9). 이러한 사실은, 선과 진리의 혼인에서 비롯된 혼인애의 근원에서 보면 더욱 더 명확합니다. 혼인애가 이 근원에서 비롯될 때 사람에게는 천계가 존재합니다. 이 천계는, 혼인한 한 쌍의 배필이 서로 상이한 신앙으로 말미암아 마음 속에서부터 서로 맞지 않으면, 깨어집니다. 이런 이유 때문에 교회에 속해 있는 이스라엘 민족의 딸의 여종이 교회 밖에 있는 이방 남자에게 팔려가는 것을 금지하였습니다. 왜냐하면 그들은 그 뒤에 그녀와 약혼을 하고, 그녀와 결합하며,

---

* 인용한 출처가 교본에는 ≪혼인애≫로 되어 있으나, ≪천계와 지옥≫으로 바로 잡는다. (역자 주)

따라서 그들은 그 교회에 속한 모든 것들을 모독하기 때문입니다. 그러므로 이러한 짓거리는 배반하는 행동이라고 언급하였습니다(출애굽기 21 : 8). (천계비의 8998항)

혼인한 참된 배필(配匹)은 서로를 위해 태어났다

주님께서는, 참된 혼인애를 갈망하는 사람들을 위하여 서로 닮은 사람을 준비하십니다. 만약 지상에서 주어지지 않는다면, 주님께서는 천계에서 그 사람을 준비하십니다. 그것들이 어떻게 천계에서 마련되는지에 관해서 내가 천사를 통해서 들은 내용을 기술하고자 합니다. 즉 혼인에 관한 또는 혼인에서의 주님의 신령섭리(神靈攝理 · the Divine Providence of the Lord)는 가장 독특한 것이며, 또한 가장 보편적인 것입니다. 왜냐하면 천계에 속한 모든 기쁨은, 마치 샘물이 샘에서 솟듯이, 혼인애에 속한 기쁨에서부터 발원(發源)하기 때문입니다. 그러므로 혼인한 부부들이 탄생한다는 것이나, 소년 소녀가 혼인에 관해서 알지 못하기 때문에, 그들은, 주님의 보호 아래, 그들의 혼인을 위해서 계속적으로 교육을 받는다는 것 등이 주님께서 마련한 섭리입니다. 시간이 경과하여 혼인할 적령기에 이르면, 처녀 총각들은 생면부지(生面不知)였지만, 어디에선가 마치 운명에 의한 것처럼, 서로서로를 알게 되고, 그 때 그들은 본능적인 것처럼 즉시 그들이 한 쌍의 배필인 것을 알게 됩니다. 그것은 마치 어떤 지시에 의한 것처럼 그들은, 총각은 "그녀는 내 것이다" 또 처녀는 "그 남자는 내 것이다"고 자신들의 속마음에서부터 생각합니다. 이와 같은 생각이 각자의 마음 속에 얼마 동안 자리를 잡은 뒤, 그들은 신중하게 상호 청혼(請婚)을 하고, 그리고 약혼(約婚)을 합니다. 두 사람의 혼인이 마치, 운명이다, 본능이다, 지시다 라고 언급한 것은 혼인의 뜻이 신령섭리에 의한 것이기 때문입니다. 그 이유는 이와 같은 것은 잘 알려지지 않는 한, 그것은 그렇게 보이기 때문입니다. 왜냐하면 주님께서는 그들이 자기 자신들을 보게 하기 위하여 내적인 유사한 것들을 여시기 때문입니다. (혼인애 229항)

혼인한 배필이 탄생되고, 또 혼인에 관해서 쌍방이 알지 못하는 사이이지만, 혼인을 위하여 교육을 받는다는 것, 또는 두 사람의 얼굴에 보이는 혼인의 유사성에 의하여, 그리고 꼭 마찬가지로 그들의 안이나 바깥의 마음에 속한 영원한 합일에 의하여, 천사들이 확인한다는 것은, 만약 주님께서 예견하시고 장만하시지 않는다면 천계에도 존재할 수 없을 것입니다. (혼인애 316)
내적으로 결합된 혼인은 지상에서 어려움과 더불어 성사될 수밖에 없습니다. 왜냐하면 내적으로 닮은 사람의 선택은, 천계에서와 같이, 여기서는 주님에 의하여 마련될 수 없기 때문입니다. 그 이유는 그들은 여러 면에서, 즉 신분이나 여건의 평등 또는 그들이 살고 있는 나라, 사회, 동네 등 여러 면에서 매우 제한적이기 때문입니다. 그리고 지상에서 내적인 것들이 아니고, 대부분 외적인 것들이 그들을 서로 결합하는데 이바지하기 때문입니다. 이 내적인 것은 혼인 뒤 어느 정도 시간이 경과되지 않으면 밖으로 나타나지 않는 것이고, 또 내적인 것들은 외적인 것들에 스스로 힘을 발휘할 때만 알 수 있게 됩니다. (혼인애 320항)

오늘날 참된 혼인애는 거의 알려져 있지 않다

참된 혼인애가 진귀(珍貴)하기 때문에, 그 사랑의 성질(性質·quality)이 알려지지 않았고, 또 그 사랑이 존재한다는 것도 거의 알 수 없는 이유는, 혼인 전의 즐거운 상태가, 혼인 뒤 그 사랑에 대한 무감각으로 인하여, 냉담한 상태로 바뀌기 때문입니다. 이같은 상태 변화의 원인들은 여기서 제기할 수 있는 것 보다 훨씬 많은데, 그러나 아래에서는, 그들의 성품에서 문제시 되는 부부의 냉각기·별거·이혼의 원인들을 차례로 제시하고자 합니다. 여기서 보여 주려는 것은, 오늘날 대부분의 사람들에게는 혼인의 공통성(共通性·likeness)이나 혼인애에 관한 지식이 모두 완전히 소멸되었고, 매우 희미하기 때문에 그 사랑의 성질을 알 수 없다는 것과 또 이같은 사랑이 존재한다는 것도 알지 못한다는 사실 등입니다
알 수 있는 것은, 태어날 때의 모든 사람은 지극히 단순한 관능적(官能的)인 존재이지만, 사람은 관능적 존재에서부터 자연적 존재로, 그리고 보다 내면적 존재로, 즉 합리적 존재로, 종국에 영적 존재가 된다는 것입니다. 이와 같은 일이 점진적으로 일어나는 이유는 관능적 존재가 그들의 성품 안에, 심지어 자연적·합리적·영적인 것들의 터전이기 때문입니다. 따라서 한 인간은 점점 더 참된 한 사람이 되는 것입니다. 이와 거의 꼭같은

일이 그가 혼인할 때 일어납니다. 그 때 사람은 보다 충실한 한 사람(a fuller man)이 되는데, 왜냐하면 하나의 배우자로서 연합된 그 사람으로서는 마치 한 사람으로서 행동하기 때문입니다. 그러나 처음의 상태에서는, 이와 같은 일은 앞에서 언급한 하나의 어떤 형상으로 일어날 뿐입니다. 그 때 그 사람은, 마찬가지로, 관능적 존재에서 시작하여 자연적 존재로 진전하지만, 그러나 혼인적 삶이나, 그것에서 비롯된 하나의 존재로서의 결합에 관해서는 그러하지 못합니다. 그 때 관능적, 자연적인 것들을 사랑한 사람은, 이같은 외적인 것들을 제외하면, 그들은 일심동체(一心同體)인 배우자로서의 결합은 불가능합니다. 외적인 것들의 결합이 실패할 때, 혼인의 냉기는 혼인의 내적인 것들을 엄습(掩襲)하고, 그것은 그 사랑에 속한 기쁨들을, 마음에서와 같이, 육체에서까지 쫓아버립니다. 그리고 그 뒤에는, 육체에서 쫓아내듯이, 마음에서 쫓아내는데, 이같은 일은 그들의 혼인 초기의 상태에 있었던 모든 기억에 속한 것들이 깡그리 사라질 때까지 지속됩니다. 결과적으로 그것에 관한 인식은 아무것도 남아 있지 않습니다.

오늘날 대부분의 사람들에게서 이같은 일이 발생하고 있다는 사실에서부터 명확한 사실은, 참된 혼인애가 무엇인지 모른다는 것과, 또 이같은 사랑이 존재한다는 것을 거의 모르고 있다는 것 등입니다. 영적인 사람들에게는 이와는 아주 다릅니다. 그들에게 있어서 그 처음 상태는 영원한 지복(至福·bliss)의 상태의 입문(入門)인데, 그것은 어느 정도까지는 마음에 속한 천적 합리적인 것으로 증대하며, 이것에서부터 전자에 속한 즉 육체에 속한 감관적 자연적인 것들은 후자에 속한 것들과 결합하고, 연합합니다. 그러나 이같은 예들은 매우 드뭅니다. (혼인애 59항)

혼인애의 겉모양

어떤 이들에게는 혼인애에 속한 초상(肖像·resemblance)이 확실하게 있습니다. 그럼에도 불구하고 만약에 그들이 선에 속한 사랑이나, 진리에 속한 사랑 안에 있지 않다면, 거기에 혼인애는 존재하지 않습니다. 그것은 혼인애와 비슷하게 드러내 보여 주는 사랑이기는 하지만, 그러나 이같은 사랑은 세간애(世間愛)나 자아애(自我愛)에 관계되는 원인들에서 비롯된 사랑입니다. 이런 유의 사랑으로는, 그들이 안락한 가정을 꾸리기 위하여, 위험이 없이 평온하게 살기 위하여, 걱정이 없이 안심하고 살기 위하여, 와병(臥病)이나 노년에 도움을 받기 위한 것들이 되겠습니다. 왜냐하면 이런 것들은 모두가 자기가 애지중지(愛之重之)하는 자녀들을 돌보기 위한 것이기 때문입니다. 어떤 이들에게는 그것은, 배우자나, 명예 또는 불행 따위에 대한 두려움 때문에 위축되고, 강요받기도 합니다. 또 어떤 이들에게는 색욕(色慾)을 야기시키는 음란의 애욕(愛慾 · the love of lasciviousness)이기도 합니다. 이것은 초기에는 혼인애와 같은 모습을 드러냅니다. 왜냐하면 그 때에 그들은 이노센스(innocence)에 속한 어떤 것들을 본뜨기도 하고, 어린 아이들처럼 재롱을 부리기도 하고, 또는 천계적 근원에서 비롯된 것과 같은 즐거움을 지각하기도 하기 때문입니다. 그러나 시간이 경과하면서 그들은, 혼인애 안에 있는 사람들 같이 보다 더 친밀하게 결합하지 못하고, 오히려 점점 더 멀리 멀리 격리(隔離)됩니다. 혼인애는 혼인한 배우자 안에서 이와는 전혀 다릅니다. 한쪽이 더 하거나 덜하면 다른 한쪽에는 거의 없거나 전무합니다. 왜냐하면 그것이 서로 반대이어서, 한쪽이 천국이면 다른 쪽은 지옥이기 때문입니다. 정동이나 영접(迎接 · reception)은 이것을 종결합니다. (천계비의 2742항)

혼인애가 밖으로 나타나지 않지만, 그럼에도 불구하고 혼인애가 그 안에 내재한 혼인이 있고, 혼인애가 밖으로 나타나지만, 그럼에도 불구하고 혼인애가 그 안에 내재하지 않는 혼인이 있습니다. 그런데에는 많은 이유가 있는데, 그 이유들은, 부분적으로는 참된 혼인애에 관해서(혼인애 57-73항), 냉각기와 별거의 원인에 관해서(같은책 234-260항), 혼인에서 겉모양의 사랑과 우정의 원인에 관해서(같은책 271-292항) 기술한 내용에서 잘 알 수 있겠습니다.

그러나 외적인 것들 안에 있는 외현(外現)은 전가(轉嫁 · ascription)에 관해서는 아무것도 결정하는 것이 없습니다. 결정하는 유일한 것은 혼인적인 신조(信條 · the conjugal principle)인데, 그것은 모든 사람의 의지 안에 자리 잡고 있으며, 그 사람이 처한 혼인상태에 관계 없이 보호되고 있습니다. 이 혼인적인 신조는 사람을 재는 저울과 같아서, 그 사랑 안에 있습니다. 왜냐하면 한 지아비와 한 지어미의 혼인은 인간의 삶의 귀중한 보배이고, 기독교의 보물 창고와 같기 때문입니다. 그리고 이것이 그러한 내용이다는 것은, 사랑은 혼인한 한 배우자에게는 존재할 수 있지만, 그러나 그렇지 않은 다른 사람에게는 존재할 수 없기 때문이고, 그리고 그 사랑은 깊이 숨겨져 있기 때문에 지아비 그 자신은 그것에 관하여 아는 바가 전혀 없기 때문입니다. 그리고 또한 그 사랑은 삶의 인생 행로에 역시 각인(刻印)되어 있기 때문입니다. 그같은 이유는, 이 사랑은 행보적으로는 종교와 더불어 손과 손에서 진전하기 때문입니다. 종교가 주님과 교회의 혼인이기 때문에, 종교는 이 혼인애에 속한 시작(始作)이요, 접목(接木)입니다. 그러므로 혼인애는 사후 모든 사람에게 그의 영적, 합리적 삶에 따라서 전가(轉嫁)됩니다. 사후 이 사랑이 전가되는 사람을 위해서 천계에서 혼인은, 그의 혼인이 지상에서 설사 어떠한 종류의 것이었다 할지라도, 준비되고 있습니다.

이상의 고찰에서 볼 때, 이제 최종 결론을 지을 수 있겠습니다. 즉 어떤 사람이 혼인애에 있느냐, 있지 않느냐 하는 것은 혼인의 외현이나 또는 간통의 외현에서 결정되지 않는다는 것입니다. 그러므로 "너희가 심판을 받지 않으려거든, 남을 심판하지 말아라"(마태 7 : 1)는 것입니다. (혼인애 531항)

재혼(再婚)에 관하여

참된 혼인애는 다시 혼인하려는 경향들을 저울질 하는 하나의 천평칭(天平秤)과 같습니다. 앞서의 혼인애가 그 사랑에 가까워지는 정도에 따라서 재혼하려는 경향은 축소합니다. 그리고 앞서의 그 사랑이 참된 혼인애에서부터 떨어지려는 정도 만큼 재혼의 경향은 더욱 증대합니다. 그 이유는 아주 명백합니다. 왜냐하면 혼인애는 동일한 계도 안에서 보면 두 마음의 결합을 가리키기 때문에, 그 결합은 한 쪽의 사망 뒤에도 다른 한쪽의 육신적인 삶 안에서 계속되기 때문입니다. 이것은 저울의 바늘과 같이, 그 경향을 계속 유지하고, 그리고 참사랑의 전유(專有)에 따라서 우세를 지니고 있기 때문입니다. 그러나 오늘날에는 몇 발자국을 제외하면 이 사랑에는 거의가 근접하지 않기 때문에, 그 경향의 우세의 수치는 일반적으로는 균형점에 이르지만, 이 균형점에서부터 다른 쪽 즉 재혼하려는 것에 기우는 경향이 많습니다.

먼저의 혼인에서 참된 혼인애와 거리가 먼 사랑을 가진 사람의 경우는 이와는 정반대입니다. 그 이유는, 그 혼인애와의 멀어짐(隔離)은 동일 계도에서 보면 마음의 분리와 같아서, 그것은 역시 한 쪽이 사망한 뒤에도 다른 한 쪽의 육체적 삶 안에 계속되기 때문이고, 또 마음의 분리는 다른 쪽의 의지에서 분리된 그 의지에 들어가서, 새로운 결합에 대한 경향을 일으키기 때문이고, 또 그 의지의 경향에 의해 안내된 호의적인 생각은, 보다 더 합일하려는, 따라서 보다 더 즐거운 동거의 희망을 끌어들이기 때문입니다. (혼인애 318항)

혼인애를 가지지 않았던 사람의 경우, 영적인 유대(紐帶)나 내적인 유대는 없고, 대신 자연적 또는 외적인 유대만 있습니다. 만약에 내적인 유대가 질서 자체에서 또는 생활방침에서 외적인 유대와 서로 결속되지 않았다면, 꼭잡아 맸던 끈이 풀려 바람에 의해 내동댕이쳐지고, 흩뜨리어져서 널리 퍼지듯이, 그것은 더 이상 오래 지속되지 않습니다. 그 이유는, 자연적인 것은 영적인 것에서부터 그 근원을 가지고 있고, 그리고 그것의 존재 안에는 영적인 것에 의해 수집된 것 이외에는 아무 것도 없기 때문입니다. 만약 그 때 자연적인 것이, 생성되게 한 것, 말하자면 태어나게 한 것인 영적인 것에서부터 분리된다면 그것은 내·외적으로는 더 이상 결속되지 않고 오직 외적으로만 결속되어 있을 뿐이고, 일반적으로는 영적인 것에 의해 그것은 그것을 에워싸고 또 감싸고 있지만 개별적으로는 영적인 것에 의해 그것은 수집도 하지 않고, 또 수집된 것들도 계속 유지되지 않습니다. 그러므로 명확한 것은, 혼인한 두 배우자에게 있어서 영적인 것에서부터 분리된 자연적인 것에서 마음의 결합은 결코 초래하지 않는다는 것, 그러므로 그들의 의지의 결합은 존재하지 않고, 그 대신 육체의 감관과 어울리는 몇몇의 외적인 정동의 결합만 존재한다는 것입니다.

이같은 경우 그들의 재혼에 대해서 그 어떤 장애물 즉 방해꾼이 없다는 것은, 그들이 혼인의 본질적인 것들을 가지고 있지 않기 때문에, 그러므로 그들에게는 사후 분리된 뒤에는 재혼을 가로막는 것은 아무것도 존재하지 않기 때문입니다. 그러므로 그 때 그들은 만약 홀아비라면 어떤 여자와도, 그리고 과부라면 어느 남자와도 서로 기분이 맞고, 또 합법적이라면, 그들의 감관적인 정동을 결속(結束)하는 전적인 자유 안에 놓이게 됩니다. 그들 자신들은 혼인을 자연적으로밖에 생각하지 않고, 또 그들은 전자 대신에 다른 사람에 의해 사후 다시 회복될 수 있다는 다양한 외적인 필요나 유익한 것에 대한 이익 외에는 생각하지 않습니다.
그것이 앞에서 설명한 이유로 또다시 반복해서 혼인하려는 사람들을 위한 허용입니다. 왜냐하면 오직 자연적인 것들의 결합들은 사후 분해되고 뿔뿔이 흩어지기 때문입니다. 그 이유는 외적인 정동은 죽을 때 육신을 뒤쫓고, 또 육체와 같이 매장되지만, 내적인 것들과 더불어 밀착되어 있는 것들은 계속해서 존속하기 때문입니다. (혼인애 320항)
참된 혼인애 가운데 산 사람들은, 배우자의 사망 뒤, 혼인애에서 떨어지려는 이유가 아니면, 재혼하기를 원하지 않습니다. 그것은 배우자 한쪽이 사망한 뒤에도, 그럼에도 불구하고, 그 둘은 나뉘어 갈라서지 않습니다. 왜냐하면 먼저 사망한 사람의 영은 아직 죽지 않은 영과 더불어 계속 살기 때문입니다. 그리고 이 계속적인 삶은 상대가 죽을 때까지 계속될 것이고, 그가 죽으면 그들은 다시 만나서, 다시 결합하여, 그들은 그 전보다 더 애틋하게 서로서로 사랑할 것이기 때문입니다. 그 이유는 그들이 영계에 있기 때문입니다.
이상에서 볼 때 부정할 수 없는 결론을 얻을 수 있겠는데, 그것은 참된 혼인애 가운데 산 사람들은 재혼하기를 원치 않는다는 것입니다. 만약 그들이 그 뒤 혼인 같은 것을 한다고 해도, 그것은 혼인애와는 떨어진 이유들 때문에 행해졌을 것입니다. 이들 이유들이란 모든 외적인 것, 예컨대, 만약 가정에 어린 아이들이 있어서 필히 그들을 돌보아야만 한다든지, 가정의 규모가 크고, 남녀 하인들이 있다든지, 또는 외부적인 업무가 가정 내의 가족의 일들로부터 마음을 빼앗든지, 상호적인 도움과 봉사가 절대적으로 필요하다든지 등 그외의 이유들이 되겠습니다. (혼인애 321항)

아내의 총명의 특성과 남편의 총명의 특성

아내의 총명은, 본질적으로 주제넘지 않고, 세련되고, 평온하고, 고분고분하고, 얌전하고, 순결하지만, 남편의 총명은 본질적으로 근엄하고, 거세고, 딱딱하고, 대담하고, 제멋대로 방종을 좋아합니다. 아내들의 성품이 이러하고, 남편들의 됨됨이 또한 이러하다는 것은 각각의 몸매 · 용모 · 음성이나 말투 · 행동이나 버릇 등에서 아주 명백합니다. 그들의 몸매에서는 이렇습니다. 남편들의 경우 살갗이나 체질이 단단하지만, 아내의 경우는 부드럽습니다. 그들의 용모의 경우는 이렀습니다. 남편의 경우는 보다 더 단호하고, 거칠고, 피부 색깔도 짙고, 수염이 있고, 따라서 덜 아름답지만, 아내의 경우는 부드럽고, 고분고분하고, 유연하고, 살결이 희고, 따라서 매우 아름답습니다. 음성의 경우에서도, 남편은 장중하지만, 아내는 부드럽고 상냥합니다. 말투의 경우도 남편은 조심이 없고, 삼가지 않고, 선이 굵지만, 아내의 경우는 정숙하고 온화합니다. 몸 동작에 있어서도, 남편은 강하고 거칠지만, 아내의 경우는 유연하고 섬세합니다. 또 버릇에서도, 남편들은 자유분망 하지만, 아내는 우아하고 고상합니다.

남자의 기질이 출생에서부터 여자의 기질과 얼마나 다른가 하는 것은 소년과 소녀들의 모임에서의 그들의 모습들에 의하여 나는 명확히 알 수 있었습니다. 나는 매일 20명 이상 모이는 대도시의 공개된 장소에 있는 그들을 수차에 걸쳐 가까이에서 관찰할 수 있었습니다. 소년들은 그들의 선천적 기질에 따라서, 모두가 크게 떠들고, 소리지르고, 싸우고, 때리고, 서로 돌을 던지는 놀이와 장난을 즐겼습니다. 반면 소녀들은 집의 문에 얌전히 앉아 있으면서, 몇몇은 젖먹이들과 놀았고, 몇몇은 그들의 인형에 옷을 입혔고, 몇몇은 천 조각을 모아서 바느질을 하고 있었고, 몇몇은 서로 뽀뽀를 하였습니다. 그리고 내가 놀란 것은, 그들은 매우 시끄럽게 떠드는 소년들을 매우 즐거운 눈빛으로 쳐다 보고 있다는 것입니다. 이같은 명료한 사실들에서 내가 명확하게 이해할 수 있는 것은, 남자는 이해(理解·understanding)를, 여자는 사랑을 각각 출산하고, 또 이해가 무엇인지, 사랑이 무엇인지를 그들의 초기에서 잘 알 수 있었고, 그리고 따라서 남자의 이해가 여성적인 것과 결합하고, 그 뒤에 혼인애와의 결합이 없다면, 그것의 진전과정이 어떠한 것일까 하는 것을 볼 수 있었다는 것입니다. (혼인애 218항)

아내가 남편의 고유의무에 들어갈 수 없고, 반대로 아내의 고유의무에 남편이 들어갈 수 없다는 것은, 그들이 지혜와 지혜의 사랑을 행하는 것과 같이, 또는 사상과 사상의 정동을 행하는 것과 같이, 또는 이해와 그것의 의지를 행하는 것과 같이, 다르기 때문입니다. 남자의 고유의무에는 이해·사상·지혜가 선도적 역할을 주도하지만, 그러나 아내의 고유의무 안에는 의지·정동·사랑이 선도적 역할을 주도합니다. 그리고 이것들로 말

제26강 혼인(婚姻 · marriage) ◆ 775

미암아 아내는 자기의 의무를 수행하고, 또 그것들로 말미암아 남편 역시 자신의 의무를 수행합니다. 그러므로 그들의 의무들은 그들 자신의 상이한 본성에 속한 것이고, 그럼에도 불구하고 하나의 계속된 시리즈 안에서 그것들은 연계적입니다. 수많은 사람들은 여자도 만약 그들이 그들의 가장 어린 시절부터 그 뒤 사내 아이들 습성을 그들 속에 그런 것들을 전수(傳受)하려고 한다면, 또 그들이 전수한 것들을 실제에 활용하려고 한다면, 능히 남자들의 의무들을 수행할 수 있다고 믿고 있습니다. 그러나 그 의무에 관한 정당한 평가는 겉판단에 있지 않고 오직 내적인 판단에 의존합니다. 그러므로 남자의 의무를 전수한 여자는 판단의 문제에 관한 한, 남자의 의견에 억압되거나 제한됩니다. 그 때 만약에 행동하는 것이 자유로우면, 그들은 그들 자신의 사랑에 유리한 것을 그들의 견해로 선택할 것입니다. 몇몇에 의해 상상할 수 있는 것은, 여자들도 남자들이 존재하는 빛의 영역 안으로 그들의 이해의 시각을 능히 제고(提高)할 수 있고, 또한 동일한 높이에서 관조할 수 있다는 것인데, 이러한 견해는 몇몇 유식한 여류작가의 문헌들 위에 기술된 것입니다. 그러나 영계에서 그들의 안전에서 입증된 이같은 문헌들은 공평이나 지혜에서 비롯된 것은 아니고, 오히려 능변이나 타고난 재주에 불과하였습니다. 그리고 낱말의 구성에서의 고상하고 아름다운 맵시에서 비롯된 이들 둘의 산물(産物)들은 마치 장엄하고 박식한 것처럼 나타나 보였지만, 그러나 그러한 것은 오직 모두 만들어낸 지혜(ingenuity wisdom)를 말하는 사람들에게만 그렇게 보일 뿐입니다. 또 다른 한편, 남자가 여자 고유의 의무에 들어갈 수 없고, 또 그것들을 올바르게 수행할 수도 없다는 것은, 그들이 그들의 정동에 들어갈 수 없기 때문인데, 그들의 정동은 남자의 정동과 전적으로 다르기 때문입니다. 그 이유는 남성에 속한 지각과 정동은 창조에서부터, 그리고 그 본성에 의해서 이와 같이 엄연히 다르기 때문입니다. 그러므로 이스라엘 자손들 계율 가운데는 역시 이런 말씀이 있습니다. 즉—.

여자는 남자의 옷을 입지 말고, 남자는 여자의 옷을 입지 말아라. 주 너희의 하나님은 이렇게 하는 사람을 싫어하신다.
(신명기 22 : 5)

이같은 이유는 영계 안에 있는 존재는 모두가 그들의 정동을 즉 여자와 또는 남자 각각의 두 정동에 따라서 옷이 입혀지기 때문입니다. 여자의, 그리고 남자의 두 정동은, 둘 사이가 아니면 결합될 수 없고, 절대로 한 사람 안에서는 결합할 수 없다는 것입니다. (혼인애 175항)

아내는 필히 남편의 교시(敎示) 하에 있어야 한다

모든 법률들이나 계율이, 그 시작에서부터, 천적인 것이나 영적인 것에서 생성되기 때문에, 혼인에 관한 계율도 천적인 것이나 영적인 것에서 비롯되었다는 결론이 되겠습니다. 즉 아내는 남편의 경우처럼 이성에서 행동하지 않고 아내의 고유속성(固有屬性 · proprium)인 바람(desire)에서 그녀는 행동하기 때문에 아내는 남편의 고유속성인 영특함이나 분별력(分別力 · prudence)에 종속되어 있어야 한다는 것입니다. (천계비의 266항)

천사들의 아름다움(美)은 혼인애에서 비롯되었다

눈의 시각에서 아름다운 것은 참된 것이고 선한 것입니다. (신령섭리 312항) 모든 아름다움(美)은 이노센스(innocence)가 내재해 있는 선에서 비롯됩니다. 선이 속사람에게서 겉사람에게 입류할 때 선 자체는 아름다움(美)을 생성합니다. 모든 인간적인 아름다움도 이 근원에서 비롯됩니다. 이러한 사실은, 어느 누구도 다른 사람의 안면(顔面)에 의해서는 전혀 감동받지 않지만, 그 얼굴에서 풍겨나오는 정동에 의하여 감동받는다는 사실에서, 그리고 또한 선 안에 있는 사람들은, 선을 가지고 있는 사람들의 선에 속한 정동에 의하여 감동받는다는 사실에서 잘 알 수 있습니다. 정도에 따라서 그 선 안에는 이노센스가 내재해 있습니다. 따라서 자연적인 것 안에, 아름다움으로서 영적인 것이 내재해 있으면 그 자연적인 것은 감화 감동을 주지만, 영적인 것이 결여된 자연적인 것은 감화 감동을 줄 수 없습니다. 선 안에 있는 사람들은, 인애에 속한 이노센스가 그들의 얼굴 · 몸짓 · 언어에 내재한 것에 비례하여 그들에게 아름답게 보이는 어린 아이들에 의하여, 마찬가지로 감화 감동됩니다. (천계비의 3880항)

영적인 아름다움은, 진리가 선을 싸고 있는 형체이기 때문에, 내면적 진리의 정동과 같습니다. 선 자체는 천사들이 생명을 가지게 된 근원인 천계에 있는 신령존재에게서 비롯됩니다. 그러나 천사들의 생명의 형체(形體·틀·form)는 그 선이 비롯된 진리에 의해서 존재합니다. 그럼에도 불구하고 믿음에 속한 진리는 아름다움을 창출(創出)하지 못하지만, 믿음에 속한 진리 안에 있는 정동은, 그 정동이 선에서 비롯된 것이므로, 아름다움을 창출합니다. 믿음에 속한 진리에서 비롯된 아름다움은 채색한 아름다움이나 꾸민(彫刻) 얼굴과 같지만, 그러나 선에서 비롯된 진리에 속한 정동에서 비롯된 아름다움은 천계적 사랑으로 충만한 살아 있는 얼굴의 아름다움과 같습니다. 왜냐하면 이런 것들이 바로 사랑의 성질이고, 또한 이런 것들이 그 얼굴에서 풍겨나오는 정동의 성질이고, 이것이 바로 아름다움이기 때문입니다. 그러므로 천사들은 형언할 수 없는 아름다움으로 나타난다는 결론이 되겠습니다. 사랑에 속한 선은, 시각 뿐만 아니라 그들의 얼굴에서 나오는 영기(靈氣·sphere)에 의하여 지각되는, 믿음에 속한 진리에 의하여 그들의 얼굴에서 풍겨납니다. (천계비의 5199항)

선과 진리의 혼인은 혼인애의 근원입니다. (혼인애 60항)

천사들은 그들 자신의 아름다움을 혼인애에서 빌어옵니다. 그러므로 각각의 천사들은 그 자신 안에 있는 사랑에 일치하여 아름답습니다. 이런 이유로 해서, 천계에서는 그 누구도 자신의 정동에 속한 것이 아닌 용모의 것들로 겉꾸민다는 것이 절대로 허락되지 않습니다. 그러므로 그들의 얼굴은 그들의 마음의 생김새(type)와 꼭 같습니다. 결과적으로 천사들이 혼인애입니다. 그럼에도 불구하고 천사들이, 주님사랑·상호애·선에 속한 사랑이나 진리에 속한 사랑·지혜에 속한 사랑을 소유하면, 그들이 가지고 있는 이런 사랑들은 그들의 얼굴에 그것들의 형체를 형성하고, 또 그들의 눈으로는 생명의 불꽃처럼 그것들을 나타냅니다. 더욱이 여기에다 이노센스나 평화 자체를 더한다면 그것은 그들의 아름다움 그 자체를 완성합니다. 이런 부류의 형체들은 가장 지심한 천사적 천계에 속한 형체이고, 가장 참된 인간의 형체인 것입니다. (묵시록해설 1001항)

본연의 순수한 혼인애는 천계의 형상입니다. 그리고 그 때 그 사랑은 저 세상에서 드러나게 되는데, 이러한 일은, 눈은 볼 수 없지만, 마음이 지각할 수 있는 가장 아름다운 것에 의하여 이루어집니다. 그것은 또한 흰 구름으로 감싸인, 형언할 수 없는 아름다운 처녀에 의하여 표징되었습니다.

공언된 것은 저 세상에 있는 모든 아름다움은 모두가 혼인애에서 비롯된 것이다는 사실입니다. 혼인애에 속한 정동이나 사상들은 마치 루비나 홍옥(紅玉)의 조각들에서 발산하는 찬란한 영기(靈氣·aura)에 의하여 드러내집니다. 그것이 바로 마음의 가장 지심한 곳을 감동시키는 기쁨인 것입니다. 그러나 어떤 부정한 것이 끼어들면 순간에 그것들은 사라져 버립니다. (천계비의 2735항)

나에게 보여진 아름다움의 형체는, 보기에는 아주 보잘 것 없는 것처럼 보였는데, 그것은 말하자면 내가 그것을 보면 안 되니까, 일종의 구름 같은 것으로 가리워져 있었습니다. 또 동시에, 이것이 혼인애의 아름다움이다는 것을 나는 지각하였습니다. 나에게 주어진 것이나, 정동에서 또는 지각에서 볼 때 그것이 아름다움 자체가 아니다라고 단언할 수 있는 사람은 아무도 없다고 하겠습니다. 왜냐하면 혼인애는 이렇게 형성되었고, 그러므로 가장 내적인 것을 감화 강동시키는 아름다움 자체를 완성하는 것이 혼인애 자체이기 때문입니다. 모든 아름다움은 이 근원에서 옵니다. (영계일기 4175항)

모든 피조물들 안에 있는 혼인의 공통점

혼인의 영기(靈氣·sphere)가 우주에 충만하고, 또 처음 것에서부터 마지막 것에까지 충만하다는 것은, 천계 안에는 혼인이 있다는 것에서, 또 그것은 삼층천 즉 가장 높은 천계에서 가장 완전하다는 것에서 명백합니다. 또 그것은 사람들에게, 또 그밖의 지상의 동물계, 심지어 벌레에 이르기까지 모든 실체 안에 있으며, 더욱이 식물계의 모든 생물들 즉 올리브에서 종려나무, 심지어 매우 작은 이름 없는 잡초에 이르기까지, 모든 실체 안에 있다는 것입니다. 이 영기는 우리의 태양에서 비롯된 별(熱)과 빛(光)의 영기 보다 더 보편적입니다. 그 이유는 겨울의 경우에는 별이 결여된 것에서 그것은 작용하고, 또 밤의 경우에는 빛이 결여된 것에서 그것은 작용하며, 특히 사람들에게서 작용하기 때문입니다. 이와 같이 작용한다는 것은 그것이 천사적 천계의 태양에서 비롯되었기 때문인데, 이것에서부터 별과 빛의 변함없는 동등의 분배(分配·distribution), 즉 선과 진리의 결합이 있기 때문입니다. 왜냐하면 그것은 영속적인 봄철에 존재하기 때문입니다. 선과 진리의 변화 즉 별과 빛의 변화는 그것 자체의 변화가 아니고, 그것은 태양의 별과 빛의 변화에서 기인된 지상의 다양한 변화들이지만, 그러나 그것은 그것들을 수용하는 주체에서 일어나는 것이기 때문입니다. (혼인애 222항)

자녀 사랑의 근원

유아 사랑(the love of infant)은 원천적으로 혼인애에서 비롯됩니다. 어머니들이 매우 상냥한 이 사랑을 가지고 있고, 아버지는 덜 상냥한 이 사랑을 가지고 있다는 것은 잘 알려져 있습니다. 유아 사랑이 여자들이 타고난 혼인애에 새겨져 있다(刻印)는 것은 어린 계집애들이 옷입히고, 입맞추고, 가슴에 품고 다니는 그들의 형상인 인형이나 어린 것들을 위한 그들의 사랑스럽고 애교 넘치는 애정에서 아주 명백합니다. 사내 아이들에게는 이런 애정은 전혀 없습니다. 그것은 마치 어머니들이 그 자신의 피에서부터 태내의 태아를 양육하는 것으로 유아 사랑을 갖는 것처럼, 그리고 그것으로 인하여 자신의 생명을 그들에게 전유(專有)하게 하고, 따라서 공감적인 합일로부터 유아 사랑을 갖는 것처럼 보입니다. 그러나 그럼에도 불구하고 이것이 그 사랑의 근원은 아닙니다. 왜냐하면 만약에 어머니 모르게 출산 후 자기 아이를 다른 아이와 바꾼다고 해도, 마치 그 아이가 자신의 애기인 양 꼭같은 상냥함으로 사랑하기 때문입니다. 뿐만 아니라, 유아들도 그들의 생모 이상으로 보모(保姆)에 의해 때로는 사랑을 받기도 합니다. 이와 같은 고찰에서 보면, 이 사랑은 아내가 영접하기를 준비하는 그 사랑의 기쁨에서 비롯된 임신의 사랑을 결합하려는 모든 여자들 안에 있는 선천적인 혼인애 이외의 다른 근원에서 비롯되지 않는다는 것을 잘 알 수 있겠습니다. 이것이 그 사랑의 첫째인데, 그 사랑은 출산 후 그 기쁨과 더불어 그 자녀에게 완전히 옮겨집니다. (혼인애 393항)

이노센스의 영기는 유아들에게 입류하고, 그들을 통해서 부모에게 입류, 그들을 감화 감동시킵니다. 유아가 천진무구하다는 것은 주지의 사실입니다. 그러나 그들의 이노센스가 주님에게서 비롯된다는 것은 알지 못하고 있습니다. 바로 앞에서 설명한 것과 같이, 주님께서 이노센스 자체이시기 때문에 이노센스는 주님에게서 흘러나옵니다. 그리고 그 자체인 것의 시작에서 비롯된 것을 제외하면, 그것은 존재할 수 없기 때문에 그 어떤 것도 입류되는 것은 없습니다.

주님의 이노센스는 모든 천사가 이노센스 가운데 있는 셋째 천계(三層天·the third heaven)에 입류하고, 이 이노센스는 거기에 있는 천사들의 이노센스를 단순히 통과하며, 그렇게 하여 직·간접으로 유아들에게 입류합니다. 만약에 그렇게 하지 않으면 그들은 조각한 돌아이에 거의 지나지 않지만, 그럼에도 불구하고 그들은 천계를 통해 주님에게서 비롯되는 생명을 받는 수용그릇입니다. 그러나 양친들이 그들의 영혼이나 그들의 마음의 지심한 것에 그 입류를 받지 않는다면, 그들은 유아의 이노센스에 감동하지 않을 것입니다.

효과적인 교감을 이루기 위해서는 상대방에게도 반드시 적절하고도 동질(同質)적인 어떤 것이 있어야만 하는데, 그것은 수용(受用)과 정동을 생성하고 그리고 그것으로 인하여 결합을 이루는 원인입니다. 만약 그렇지 않다면 그것은 돌짝 위에 떨어진 나약한 씨앗과 같고, 이리에게 던져진 어린 양과 같을 것입니다. 그러므로 부모의 영혼에 입류한 이노센스는 그 자체를 유아의 이노센스와 결합한다는 것은 명백합니다.

이와 같은 결합은 육체적인 감관, 특히 부모에게 있는 촉감(觸感·touch)에 의해 이루어진다는 것은 경험이 말해주고 있습니다. 예를 들어 보겠습니다. 시각은 그들의 돌봄에 의해, 청각은 그들의 말에 의해, 후각은 그들의 향기에 의해, 그들은 내적으로 황홀하게 됩니다. 교감(交感)과 그것에서 비롯된 이노센스의 결합이 특별히 촉각을 통해서 생긴다는 것은 그들을 두 팔로 안고 다니는 기쁨에서, 그들의 볼에 자신의 볼을 비비고, 입맞추는 기쁨에서 명확하게 인지됩니다. 이 외에도 모든 어머니에게 있는 기쁨에서 잘 깨달을 수 있습니다. 즉 어머니들이 그들의 품에다 젖먹이의 입이나 얼굴을 껴안는 기쁨에서, 그리고 그 때 동시에 어머니 가슴에 닿는 젖먹이의 앙증맞은 손바닥의 접촉에 의한 기쁨에서, 그리고 일반적으로는 젖을 먹게 하는 것이나 수유(授乳)에서의 기쁨에서, 그들의 토실토실한 맨살을 어루만지는 기쁨에서, 무릎 위에 앉히고, 목욕을 시키고, 옷을 입히는 따위의 지칠 줄 모르는 애씀에서 명백히 알 수 있습니다.

혼인한 배우자들 사이에 있는 사랑과 그 기쁨의 교감이 촉감을 통해서 이루어진다는 것은 위에서 수차 설명하였습니다. 마음의 교감이나 교류 역시 그것에 의해 이루어지는데, 그 이유는 손(手·hand)이 사람의 가장 궁극적인 것이고, 그 사람의 첫째 것은 모두가 궁극적인 것 안에 존재하기 때문입니다. 더욱이 감관에 의해 중간적인 것들인 육체에 속한 모든 것들이나 마음에 속한 모든 것들은 완전한 관계(完全關係·unbroken connection) 안에서 빈틈없이 결속되어 있습니다. 그러므로 예수님께서는 어린 것들을 손으로 어루만지시고(마태 19 : 13-15 ; 마가 10 : 13-16), 주님께서는 그 만짐(觸手)으로 병을 치유하셨고, 또 주님을 손으로 만진 사람들은 병 고침을 받았다는 것을 잘 알 수 있습니다. 뿐만 아니라 오늘날에는 사제의 서품(敍品)이나 안수례(按手禮)에도 손을 얹는 것으로 성사됩니다. 이상에서 볼 때 명백한 것은, 부모의 이노센스와 유아의 이노센스가 촉감을 통해서, 특히 선에 의해서 서로 만나고, 입을 맞추는 것에 의한 것처럼, 그렇게 하는 것으로 그들 자신들이 서로 결합한다는 사실입니다. (혼인애 395·396항)

주님께서 참된 혼인애를 가장 지심한 천계 즉 삼층천(三層天)을 통해서 입류하십니다. 그 시작 즉 근원은 가장 지심한 천계 즉 삼층천에서 출발하여, 그리고 보다 낮은 천계들에 속한 중간 매체를 통해서 이루어집니다. 이 근원에서부터 부모사랑(父母愛·parental love)도 옵니다. 왜냐하면 삼층천에 속한 천적인 것들은, 부모에 비하여, 심지어 어머니에 비하여, 어린 것들을 매우 더 사랑하기 때문입니다. 사실은, 그들은 어린 것들과 같이 있을 때 값이 있고, 또 그것들의 돌봄을 가지고 있습니다(마태 18 : 10). 내게 일러진 것은, 부모는 그들을 살피는 것으로 존재하고, 그것으로 값을 지닌다는 것과 또 모태에서부터 유아들은 양육된다는 것입니다. 그러므로 그들은 임신기간 동안 모태를 전적으로 지배합니다. (영계일기 1201항)

영적인 혼인을 한 부부의 자녀사랑의 성질과 자연적인 혼인을 한 부부의 자녀사랑의 성질은 다르다

외견상 영적인 혼인을 한 부부의 자녀사랑은 자연적인 혼인을 한 부부의 자녀사랑과 비슷하지만, 그러나 전자의 사랑은 보다 내적이고, 따라서 매우 상냥합니다. 왜냐하면 그 사랑은 이노센스로 말미암아 존재하였고, 또 보다 밀접한 관계에서의 수용과 따라서 보다 현실적인 자신 안에 있는 그 사랑의 인식으로부터 존재하기 때문입니다. 그 이유는 영적인 혼인을 한 배우자들은 그들이 이노센스를 취하는 정도 만큼 영적이기 때문입니다.

더욱이 그 부모들이 그들의 자녀에게 있는 이노센스의 진미(眞味·the sweetness of innocence)를 맛본 뒤에는, 그들은 자연적인 혼인을 한 부모들에 비하여 아주 전적으로 다르게 그들이 어린 것들을 사랑합니다. 영적인 혼인을 한 부모들은 그들의 영적인 총명이나 도덕적인 삶에 따라서 그들의 자녀들을 사랑합니다. 따라서 그들은 그들의 하나님 경외(敬畏·fear of God)와 실제적인 하나님 섬김(敬神·actual piety) 또는 종교적인 경건한 삶에 따라서, 그리고 동시에 사회에 도움이 되는 선용의 정동이나 그것의 구체적 실천에 따라서, 다시 말하면, 그들의 미덕과 선한 도덕적인 삶에 따라서, 자신들의 자녀들을 사랑합니다. 왜냐하면 이런 유의 그들의 사랑들은 주로 그들이 그것들이 필요로 하는 것들에 대한 준비요, 제공이기 때문입니다. 그러므로 그들이 그들 안에 있는 이같은 미덕(美德)들을 알지 못한다면, 그들은 그들로부터 마음을 멀리한 것이고, 또 의무를 제외하면 그들을 위해서는 아무 것도 실천하지 않은 것입니다. 자연적인 혼인을 한 부모에게 있는 자녀사랑은 사실은 이노센스에서 비롯되었지만, 그러나 그들에 의해 수용된 이 사랑은 그들 자신의 사랑으로 완전히 덮혀지고 가리워집니다. 그러므로 그들은 그들의 어린 것들을 본연의 자녀사랑으로 사랑하기도 하고, 동시에 그들은, 자녀들을 자신의 마음과 영혼에 속한 존재라고 여기면서, 입맞추고, 포옹하고, 업고 다니고, 가슴에 품고 다니고, 무어라고 헤아릴 수 없을 만큼 극진히 사랑합니다. 그러다가 유아기의 상태가 지나고 청소년기나 그 이후의 기간에 이르면, 즉 이노센스가 이미 활동하지 않는 시기에 이르면, 그들은 하나님 경외나 실제적인 하나님 섬김, 또는 종교적인 경건한 삶 때문에 자녀들을 사랑하는 것이 아니고, 또 자녀들 안에 있는 합리적인 보다 도덕적인 총명 때문에 사랑하는 것도 아니고, 사실은 그들의 내적인 정동이나 여기서 비롯된 미덕이나 도덕적인 선행은 거의 전혀 생각하지 않고, 오직 그들이 기대하고 있는 외적인 것들만을 생각하고, 그들은 자기 자녀들을 사랑합니다. 이 외적인 것들에다 그들은 그들의 사랑을 결합하고, 밀착시키고, 외적인 것들을 그들의 사랑에 귀속시켜, 결과적으로 용서와 호의를 가지고 그들의 결점에 대해서는 눈을 감아 버립니다. 그같은 이유는 그들에게 있어서 자녀사랑은 그들의 자아사랑이고, 이 자녀사랑은 겉으로는 주체에 밀착된 것 같지만 자신들 안에 들어올 수 없기 때문에 그 자녀사랑은 그것 안에 들어오지 못한다는 것입니다.

영적인 혼인을 한 배우자의 유아 사랑과 자녀사랑의 본성이 어떠한지, 그리고 자연적인 혼인을 한 부모의 유아 사랑과 자녀사랑의 됨됨이가 어떠한지는 사후 그들에게서 명백히 드러납니다. 왜냐하면 대부분의 아버지들이 영들의 세계(the world of spirits)에 들어오면 그들은 자기들 보다 먼저 죽은 자녀들의 생각에 사로잡히고, 역시 자녀들도 그들 앞에 나타나며, 그들은 서로 서로 알아보기 때문입니다. 영적인 아버지는, 단지 자녀들이 처해 있는 상태가 어떤 것인지를 살피고 물어보는데, 그들의 상태가 좋으면 기뻐하고, 상태가 나쁘면 몹시 괴로워 합니다. 그 아버지는 천계적인 도덕적 삶에 관해서 대화하고, 가르침을 주고, 권고를 한 뒤, 그들은 서로 헤어집니다. 그러나 헤어짐에 앞서 아버지는, 주님말씀(마태 23 : 9)에 따라서 천계에서 주님은 모두에게 유일하신 한 분 아버지이시기 때문에, 그들이 아버지로서 더 이상 기억되지 않을 것이다는 것과, 아버지 또한 자녀로서 그들을 결코 기억하지 않을 것이다는 것을 가르칩니다.

그러나 자연적인 혼인을 한 아버지들은, 그들이 사후 죽지 않고 저 세상에서 살아 있다는 것을 인지하면 즉시 자신들 보다 먼저 죽은 자녀들을 기억에 되살리고, 그리고 아주 강렬한 소망에 의해 그 자녀들이 거기에 나타나고, 즉 그들과 서로 연합하고, 한데 묶여 있는 집단들처럼 그들은 서로 서로 결집합니다. 그렇게 되면 그 아버지들은 그들과의 만남에서, 그리고 그들과의 정담(情談)으로 마냥 즐겁습니다. 만약 그들의 자녀 중 누군가가 사탄이라는 것과 그들이 선한 사람에게 해꼬지를 한다는 것이 그 아버지에게 일러진다고 해도 그 아버지는 자기 주위의 영기 안에, 또는 자기 앞에 계속해서 그들을 잡아두려고 합니다. 만약 그 아버지 자신이, 그들이 해를 입히거나 해꼬지를 하려고 한다는 것을 알게 되면, 그럼에도 불구하고 그 아버지는 그런 것에는 전혀 유념하지 않고, 그에게서 그들 중 누군가가 헤어지지 않는 것에만 관심이 있습니다.

그러므로 이와 같은 악질적인 동료가 계속해서 같이 있게 하지 않기 위해서 그들은 필연적으로 모두 지옥으로 보내집니다. 그리고 거기서 그의 자녀들의 안전에서 아버지는 감시 하에 놓이게 되고, 자녀들과 헤어지고, 각자의 삶의 상태에 맞게 각자들은 보내집니다. (혼인애 405 · 406항)

유아의 이노센스의 퇴거(退去)와 이로 인한 부모의 자녀사랑의 축소(縮小)

유아들에게 있는 이노센스의 감퇴의 정도에 따라서, 정동이나 결합 역시 느슨해집니다. 이것은 계속해서 이어져서 종국에는 완전히 헤어지게 됩니다. 주지하여야 할 사실은, 자녀사랑 또는 부모의 자녀사랑은, 자녀들에게서부터 이노센스가 감퇴하는 것에 따라서, 부모들에게서도 감퇴한다는 것이고, 사람에게 있어서 그것은 가정으로부터 자녀들과의 격리에까지 감퇴되어 간다는 것입니다. 그리고 짐승이나 새들에게 있어서는 그들의 면전에서부터 거절하는 데까지, 그리고 그들이 그것들의 종족이라는 것을 잊는 상태에까지 멀어진다는 것도 잘 알려져 있습니다.

이상에서 볼 때, 입증된 사실에서와 같이, 이노센스가 동물계나 식물계 모두에 입류, 어버이의 사랑(parental love)이라고 부르는 사랑을 생산한다는 것을 잘 알 수 있겠습니다. (혼인애 398항)

제27강

신령섭리(神靈攝理)

일반적인 가르침

신령섭리(神靈攝理 · Divine Providence)는 주님의 신령사랑과 신령지혜에 속한 통치형태(統治形態 · government)입니다. (신령섭리 1항)
주님께서 하시는 모든 것들이 바로 섭리(攝理 · providence)입니다. 섭리는, 사실 신령존재에게서 비롯되기 때문에, 영원하고 또 무한한 것을 그 안에 가지고 있습니다. 여기서 영원하다는 것은 신령존재로부터 비롯되는 것이 끝이 없고(no limit), 또 그것이 확장하는데 끝이 없다는 성향 때문입니다. 그리고 여기서 무한하다는 것은, 보편적인 것에 이르기까지 지극히 작은 개별적인 모든 것 안에, 그리고 지극히 작은 것에 이르기까지, 보편적인 모든 것 안에서 일시에 살피기 때문입니다. 이것을 바로 섭리(攝理 · providence)라고 부릅니다. 주님께서 행하신, 개별적이든 전체적이든, 모든 것 안에는 이런 성향 즉 영원성과 무한성이 내재해 있습니다. 그분의 행하심(His doing)은 섭리 이외의 그 어떤 낱말로는 표현할 수 없습니다. (천계비의 5264항)

주님의 신령섭리의 목적은 인류에게서 천계를 이루는 것

천계는, 인류(人類 · human race)로 말미암아 존재하고, 또 영원히 주님과 같이 사는 존재이기 때문에, 뒤이어지는 결론은, 창조에 이미 주님의 목적이 존재했다는 것이고, 그리고 그것이 창조의 목적이기 때문에, 그것은 바로 주님의 섭리의 목적이다는 것입니다. 주님께서는 자기 자신을 위해서 우주를 창조하신 것이 아니고, 주님께서는 천계에서 인류와 같이 사시기 위하여 우주를 창조한 것입니다. 왜냐하면 영적인 사랑은 자기 자신을 다른 이에게 주려는 성품이기 때문에, 영적 사랑이 이 성품을 실천하는 한, 영적인 사랑은 그 존재 안에, 그 평화 안에, 그리고 그 축복 안에 있는 것입니다. 이같은 영적 사랑의 성품은, 무한히 이런 성질인 주님의 신령사랑에서 비롯됩니다. 그러므로 뒤이어지는 결론은, 신령사랑, 따라서 신령섭리는 천계를 그 목적으로 하고 있다는 것입니다. 그런데 그 천계란 천사들이거나 천사가 되려는 사람들로 이루어지는데, 주님께서는 그들에게 사랑이나 지혜에 속한 다종다기한 모든 축복이나 행복을 하사(下賜)하시고 또 주님에게서부터 그것들 안에 있는 것들을 그들에게 부여하십니다. (신령섭리 27항)

신령존재는 신령섭리로 예견한다

일반적으로 예견(豫見·豫知·foresight)이나 섭리(攝理·providence)에 관해서 살펴보면 이랬습니다. 즉, 사람에게 관계되는 것을 예견이라고 하고, 주님에게 관계되는 것을 섭리라고 합니다. 주님께서 영원 전부터 인류가 어떤 존재가 될 것이고, 또 인류의 각자가 어떤 존재가 될 것인지를 미리 보시고 계셨으며, 그리고 악은 계속하여 증대하여, 종국에는 그 사람 자신을 지옥으로 내밀어 내동댕이칠 것을 아셨습니다. 이런 이유 때문에 주님께서는 신령섭리에 의하여 사람을 지옥에서부터 천계로 변화시키기 위해서 뿐만 아니라, 그것에 의하여 주님께서는 사람을 계속해서 천국을 향하게 하고, 인도하기 위하여, 여러 가지 방법들을 마련하셨습니다. 주님께서, 역시 선은, 사람의 자유의지를 제외하면, 사람 안에 뿌리를 내릴 수 없다는 것을 미리 아셨습니다. 왜냐하면 자유의지 안에서 뿌리를 활착(活着)하지 못하는 것은, 제일 먼저는 악의 수작 부림으로, 그리고 시험으로, 모두 소멸되기 때문입니다. 이렇기 때문에 사람 그 자신이나 또는 그의 자유의지에 관해서 볼 때, 만약 사람이 덜 극악한 지옥(a milder hell)에 가게 하기 위하여, 그리고 자기 자신을 천계로 인도하는 자유 안에 두지 않으면 아주 극악한 지옥(the deepest hell)에 갈 성향을 지녔다는 것을 주님께서 예지하시고, 그러므로 다른 한편 만약 사람이 천계에 인도되게 하기 위하여 자기 자신을 선에 인도하는 자유 안에 두어야 한다는 것을 예지하시고, 미리 섭리하십니다. 이렇게 볼 때 예지(豫知 · foresight)가 무엇이고, 또 섭리(攝理 · providence)가 무엇인가를, 또한 미리 예견한다는 것이, 따라서 미리 장만하신다는 것임을 잘 알 수 있겠습니다. 그러므로 사람들이 주님께서 예지하시지도 않으시고, 사람에 관계되는 지극히 개별적인 것도 보시지 못한다고 믿는 일이나, 또는 주님께서는 지극히 작은 것 안에 있는 것들을 미리 알지도 못하고, 따라서 인도하시지도 못한다고 믿는 일이 그 얼마나 큰 오류(誤謬)인지를 밝히 알 수 있겠습니다. 그럴 때에도, 틀림없는 진리는, 주님의 예지나 섭리는 사람에게 관계되는 지극히 작은 모든 개별적인 것 안에 있다는 것입니다. 심지어 그 누구도 이해할 수 없을 만큼의 매우 작은 것 안에도 주님의 예지와 섭리는 존재한다는 것입니다. 왜냐하면 사람의 일생의 지극히 짧은 한 순간도 영원으로 맞물려 이어지는 하나의 중요한 연속성(連續性 · series)을 지니고 있기 때문입니다. 왜냐하면 매 순간이 연속성의 시작이듯이, 일생의 한 순간이나 모든 순간도, 사람의 이해나 의지에 관해서 보면, 연속성을 지녔기 때문입니다. 주님께서는 영원 전부터 그 사람이 어떤 성품인지를 아시고 계시고, 또 영원히 그가 어떤 성품의 사람일 것인지를 아시고 계시기 때문에, 우리가 명확히 알 수 있는 것은, 주님께서 다스리시고, 좋은 쪽으로 인도하시는 주님의 섭리는, 위에서 설명한 것과 같이, 사람의 자유의지의 계속적인 중용(中庸 · moderation)을 통해서 그 사람으로 하여금 본연의 사람이 되게 하기 위하여, 지극히 작은 개별적인 것들 안에 현존(現存)한다는 것입니다. (천계비의 3854항)

신령섭리는 보편적이고, 특수적이다

신령섭리는 보편적입니다. 그러나 그것은 지극히 작은 것 안에도 존재한다는 사실에서, 심지어 당연하지는 않지만 즉 아무것도 없을 만큼 아주 작은 것 안에도 존재한다는 사실에서 보편적입니다. 그럼에도 불구하고 지극히 작은 것도 예지되고 따라서 마련된 것입니다. (천계비의 2694항)
질서의 근원은 여호와이시다는 것인데, 그러므로 단언할 수 있는 것은 여호와께서는 질서 자체이시다는 것입니다. 왜냐하면 주님께서는 자신에게서 비롯된 질서를 다스리시기 때문입니다. 따라서 보편적인 것들 뿐만 아니라 지극히 작은 개별적인 것들도 주님께서는 다스리신다는 것을 믿어야 하기 때문입니다. 그 이유는 보편적인 것들은 지극히 작은 개별적인 것에서 비롯되기 때문입니다. 보편적인 것에 관해서 말하고, 그것에서부터 개별적인 것을 분리한다는 것은, 부분들이 존재하지 않는 전체에 관해서 말하는 것과 같고, 따라서 그것은 아무것도 존재하지 않는 어떤 것에 관해서 말하는 것과 같습니다. 그러므로 주님의 섭리가 보편적이고, 지극히 개별적인 것에 속한 하나의 섭리를 가리키는 것이 아니라고 말하는 것은 전적으로 거짓을 말하는 것이고, 추론에 속한 허구(虛構·a fliction of the reason) 즉 상상의 꾸며낸 이야기일 뿐입니다. 왜냐하면 보편적인 것 안에서 마련하고 다스리면서, 개별적인 것 안에서 그러하지 않는 것은, 전적으로 어느 것도 마련하는 것도 아니고, 다스리는 것도 아니기 때문입니다. 이것은 철학적으로도 사실입니다. 그럼에도 불구하고 놀라운 것은 철학자들 자신이, 심지어 가장 이름을 날리는 사람들까지도 그 문제를 다르게 이해하고, 또 다르게 생각한다는 것입니다. (천계비의 1919항)

만약에 보편적인 것 안에 있는 섭리에 의하여 어느 누구가 우주 창초 시초에 그것에 각인(刻印)된 보편적 질서의 본성에 따라서 그 전체의 유지·본존(維持·保存·conservation)을 이해한다면, 그 사람은 그것이 부단히 존재에 생성되지 않는다면 아무것도 존속할 수 없을 것이다고 생각하지 않을 것입니다. 왜냐하면, 학계(學界)에서 잘 알려진 바와 같이, 생존(生存·subsistence)은 존재에의 부단한 도래(到來·a perpetual coming into existence)이고, 따라서 유지·보존은 부단한 창조(創造·a perpetual creation)이기 때문입니다. 결과적으로 섭리는 지극히 작은 개별적인 것 안에도 부단히 존재한다는 것입니다. (천계비의 6482항)

신령섭리는 모든 것 안에 있는 무한성(無限性)과 영원성(永遠性)을 그 자체에서 살피고, 특히 인류 구원 안에 있는 무한성과 영원성을 기대한다

신령섭리가 모든 것 안에서 그 자체로부터 무한한 것과 영원한 것을 살핀다는 것은, 우주 창조에 관해서 언급한 《신령사랑과 신령지혜》(the Divine Love and the Divine Wisdom)의 논거에 설명한 것과 같이, 만유(萬有)가 무한존재이고, 영원존재이신 제일존재(第一存在・the First)로부터 창조되었고, 그 존재가 궁극적인 것에까지 발출(發出) 되었으며, 또 궁극적인 것에서부터 만유가 생성된 근원인 제일존재에게 되돌아간다는 사실에서 확실합니다.

만유의 근원이신 제일존재가 모든 진전(進展・發展・progress) 안에 가장 깊이 존재하시기 때문에, 뒤이어지는 결론은 신령발출(神靈發出・the Divine Proceeding) 또는 신령섭리는, 신령섭리가 행한 모든 것 안에 있는 무한이나 영원에 속한 어떤 이미지(形象・image)를 예의 주시한다는 것입니다. 신령섭리는 만유 안에서 이것을 예의 주시하지만, 어떤 것들 안에서는 지각에 대하여 명확하지만, 어떤 것들 안에서는 그렇지 못합니다. 신령섭리는 만유의 다양성 안에서, 그리고 만유의 다산(多産・fructification)과 증식(增殖・multiplication) 안에서 명료한 지각에 대한 그 형상을 드러내 보여줍니다. 무한성이나 영원성에 속한 형상은 만유의 다양성에 나타나고, 또 이것과 저것이 꼭같은 것은 전무(全無)하다는 사실이나, 영원히 존재할 수도 없다는 사실에, 잘 드러나고 있습니다. 이러한 사실은 창조 이래 사람의 눈에도 아주 명확합니다. 마찬가지로 사람의 얼굴 모습에 속한 사람들의 외적인 마음에서, 그리고 그들의 외적 마음을 형성하는 그들의 정동・지각・사상 등에서 아주 명확히 알 수 있습니다. 그러므로 보편적 천계 안에는 꼭같은 두 천사나 영들은 전혀 존재하지 않는다고 하겠습니다. 뿐만 아니라 그런 존재는 영원히 존재할 수 없다고 하겠습니다. 영계와 마찬가지로 자연계에서의 시각의 모든 대상물 또한 꼭같은 둘은 존재하지 않습니다. 이러한 예들에서 볼 때, 명확한 것은 다양성(多樣性・variety)은 무한하고, 영원하다는 것입니다. 만유가 가지고 있는 다산(多産)이나 증식(增殖) 안에 있는 무한성과 영원성의 이미지는 식물계(植物界)의 모든 씨(種子)나 동물계(動物界)의 새끼치기(prolification)에 심어진 능력(能力・power)에서 명확히 알 수 있습니다. 특히 어류의 증식에서 잘 알 수 있는데, 동물들이 그들의 능력에 따라서 새끼를 치고, 증식되면 한 세기 안에 이 세상의 모든 공간을 채울 것이고, 아니, 우주의 공간도 채우고 남을 것입니다. 그러므로 명확한 사실은, 그 능력 안에는 무한히 자체를 번식시키기 위한 애씀(追求·endeavour)이 숨겨져 있다는 것입니다. 창조 이래 다산이나 증식이 그치지 않았고, 또 영원히 실패하지 않을 것이기 때문에 얻는 결론은, 그 능력 안에는 자기 자체를 번식시키기 위한 애씀이나 추구가 존재한다는 것입니다.

사랑에 속한 그들의 정동이나, 지혜에 속한 그들의 지각에 관하여 보면 사람들에게 있어서도 마찬가지입니다. 이들 양자에 속한 다양성은 무한하고, 또 영원합니다. 그리고 그러므로 그들의 다산(多産)이나 증식(增殖) 역시 영적입니다. 다른 사람의 것과 꼭같은 정동이나 지각 안에 있는 기쁨을 가진 사람은 아무도 없고, 또 이러한 일은 영원히 존재할 수 없습니다. 그리고 정동은 끝간데 없이 많은 열매를 맺고, 지각 또한 끝간데 없이 증식합니다. 지식도 일일이 모두 망라할 수 없다는 것도 잘 알려져 있습니다. 끝없는 다산이나 증식의 능력 또는 무한하고 영원한 다산이나 증식의 능력이 사람에게는 자연적인 것 안에 있고, 영적 천사들에게는 영적인 것 안에, 천적 천사들에게는 천적인 것들 안에 있습니다. 이런 부류의 것들로는 일반적으로는 정동·지각·지식들이 있을 뿐만 아니라, 개별적으로는 그것들에 속한 지극히 작은 것들이 되겠습니다. 그것들이 이런 부류라는 것은, 그것들이 본질적으로 무한존재(無限存在·the Infinite)이고 영원존재(永遠存在·the Eternal)에게서부터, 그 자체에서 비롯된 무한이나 영원에 의하여, 생성되었기 때문입니다. 그러나 유한존재(有限存在·the finite)는 본질적으로 신령한 것은 아무것도 가지지 못하였기 때문에, 그러므로 그의 고유속성(固有屬性·his own)으로서의 사람이나 천사에게는 이런 부류의 것은 결코 아무것도 존재하지 않으며, 심지어 지극히 작은 것(片鱗)마저도 존재하지 않습니다. 왜냐하면 사람이나 천사들은 유한한 존재이고, 다만 수용그릇일 뿐이고, 본질적으로는 생명없는 죽은 것이기 때문입니다. 그들의 모든 살아 있는 활력(活力·living principle)은, 그들에게는 자기 것처럼 보이는 연속적인 퍼짐성(contiguity)에 의하여, 그들에게 결합된 신령발출(神靈發出·the Divine Proceeding)에게서 비롯됩니다. 이것이 그러하다는 것은 아래에서 알 수 있게 될 것입니다.

신령섭리가 인류구원 안에 있는 자체에서 비롯된 무한한 것이나 영원한 것을 예의 주시하는데, 특별한 그같은 이유는, 신령섭리의 목적이 인류로부터 천계를 이루는 것이기 때문입니다. 이런 목적 때문에, 얻는 결론은, 신령섭리가 특별히 관심을 두는 것은 사람의 바로잡음(改革· reformation)과 거듭남(重生· regeneration)이라는 것, 따라서 사람의 구원 (救援· salvation)이다는 것입니다. 왜냐하면 천계는 구원받은 사람이나 중생된 사람들로 이루어지기 때문입니다. 그 이유는, 중생한다는 것은 사람이 자신 안에 있는 선이나 진리 또는 사랑이나 지혜를 결합하는 것이기 때문에, 그리고 주님에게서 비롯된 신령존재 안에서 그것들이 결합하기 때문에, 그러므로 신령섭리는 특히 인류의 구원 안에 있는 이것을 매우 귀중한 것으로 여기기 때문입니다. 사람 안에 있는 무한존재나 영원존재의 이미지는 선과 진리의 혼인 이외에는 다른 어떤 것으로는 존재할 수 없습니다.

사람에게 있는 모든 진전에서, 신령섭리가 그의 영원한 상태를 예의 주시한다는 것은 아직까지 알려지지 않았습니다. 사실 신령섭리가 그 어떤 다른 상태를 예의 주시한다는 것도 아직까지 알려지지 않았습니다. 사실 신령섭리는 그 어떤 다른 것에 관심을 두고 주시할 수 없습니다. 왜냐하면 신령존재는 무한존재요, 영원존재이기 때문이요, 그리고 무한성이나 영원성 또는 신령성(神靈性)은 시간 안에 존재하지 않기 때문이요, 그러므로 그분에게는 모든 미래적인 것들이 모두 현재이기 때문입니다. 이런 일련의 내용들이 신령존재의 성품이기 때문에 뒤이어지는 결론은 신령존재가 행한 모든 것 안에는, 개별적인 것이든 전체적인 것이든, 영원성이 내재해 있다는 것입니다. (신령섭리 56-59항)

주님의 시각으로는 보편적 천계가 하나의 사람으로 보이기 때문에, 그러므로 천계는, 마치 사람 안에 여러 기관, 내장 및 사지(四肢)가 있는 것처럼 수많은 일반적인 사람들로 구분되어 있습니다. 그리고 천계의 모든 일반적인 사회는, 인체가 각각의 내장이나 기관에 속한 크고 작은 많은 부위가 있듯이, 수많은 덜 일반적인 또는 특수한 사회들로 나뉘어져 있습니다. (신령섭리 65항)

창조에 의하여 사람은 가장 작은 형체로 하나의 천계이고, 따라서 주님의 형상(形象· an image of the Lord)이기 때문에, 그리고 천계가 거기에 있는 천사들처럼 수많은 정동으로 이루어지고, 그 형체에서 보면 각각의 정동 역시 하나의 사람을 가리키기 때문에, 여기서 얻는 결론은, 신령섭리에 속한 변함없는 목적은, 사람이 형체적으로는 천계가 되게 하는 것이고,

또한 그것에 의하여 사람이 주님의 형상이 되게 하는 것이다는 사실입니다. 그리고 또한 그같은 일은 선이나 진리를 위한 정동을 통하여 이루어지기 때문에, 신령섭리의 목적은 사람이 그같은 정동이 되게 하는 것입니다. 따라서 이런 일련의 내용이 바로 신령섭리의 변함없는 목적입니다. 그럼에도 불구하고 그것의 가장 심오한 목적은, 사람이 천계의 여기나 저기에 존재하기 위한 것이고, 또한 사람으로 하여금 천계적 신령인간(天界的 神靈人間 · the Divine Heavenly Man) 안에 여기나 저기에 존재하기 위해서 입니다. 왜냐하면 이와 같이 그 사람은 주님 안에 존재하기 때문입니다. 이와 같은 일은 주님께서 천계로 인도할 수 있는 사람들에게서 일어납니다. 그리고 주님께서는 이런 것을 예지하시기 때문에, 사람은 역시, 그런 사람이 되기 위하여, 계속해서 미리 미리 준비하여야 합니다. 왜냐하면 자기 자신을 천계에로 인도하려고 하는 사람은 누구나 천계에 있을 자기 거처(居處 · his place)를 준비하여야 하기 때문입니다.

위에서, 천계는, 마치 사람 안에 여러 기관, 내장, 사지(四肢)가 있는 것처럼, 수많은 사회들로 나뉘어져 있다고 언급하였습니다. 이들 중에는 자기 자신의 거처 이외에는 다른 어떤 곳에 있는 존재는 아무도 없습니다. 따라서 천사들 역시 천계적 신령인간(天界的 神靈人間) 안에 있는 이런 부분적 존재이기 때문에, 이 세상에 존재하지 않았던 사람으로 지음받은 천사는 아무도 없기 때문에, 여기서 얻는 결론은, 자기 자신을 천계에로 인도하는 사람은, 주님에 의하여, 그의 거처를 위해 계속해서 준비해야 한다는 것입니다. 이러한 일은 선과 진리가 서로 대응하기 때문에, 선과 진리를 목적한 이런 정동에 의하여 이루어집니다. 이 세상의 삶을 마친 뒤 모든 천사적인 사람은 이 거처에 배정됩니다. 이러한 내용이 바로 천계에 관한 신령섭리의 가장 심오한 것입니다.

그러나 자기 자신을 천계에 인도하지 않고, 또 천계에 배정받지 않도록 하는 사람은 지옥에다 그 자신의 거처를 장만합니다. 왜냐하면 그 사람 자신의 성향은 지옥의 보다 깊은 곳으로 가려고 하고, 그렇지만 주님께서는 그를 거기에서 끌어내려고 하시기 때문입니다. 주님에 의한 끌어냄을 받지 못하는 사람은 거기에 있는 어떤 거처를 준비하는데, 그 사람이 이 세상에서 생을 마치면 그 즉시 천계에 있는 거처와는 정반대인 그 거처에 보내집니다. 왜냐하면 지옥은 전적으로 천계에 정반대이기 때문입니다. 천사와 같은 사람은 선과 진리를 목적한 그의 정동에 따라서 천계에 있는 그의 거처에 배정되듯이, 악마와 같은 사람은, 악과 거짓을 목적한 그의 정동에 따라서 지옥에 있는 그의 거처에 배치됩니다. 왜냐하면 서로 반대되는 둘을 서로 상대를 지배하려는 꼭같은 자리에 두는 것과 같기 때문입니다. 이것이 바로 지옥에 관한 신령섭리의 심오한 내용입니다. (신령섭리 67-69항)

신령섭리는 인류의 바로잡음(改革 · reformation)과 그 구원 이외의 또다른 무슨 목적이 있겠습니까! 자기 자신의 잔꾀(獰慮 · his own prudence)에 의하여 자기 자신을 바로잡는(改革) 사람은 아무도 없고, 오직 주님에 속한 신령섭리에 의하여서만 개혁될 수 있습니다. 여기에서 얻을 수 있는 결론은, 주님께서 사람을 지극히 작은 것까지도 인도하시지 않으면, 다시 말하면 일순이라도 주님께서 인도하시지 않는다면, 사람은 바로잡음(改革)의 길에서 이탈(離脫)할 것이고, 또 멸망할 것이다는 사실입니다. 사람 마음의 상태에 속한 모든 변화나 다양함은 현재의 것이나 또는 그것으로 이어지는 장차의 일련의 것들을 변화시키고 다양하게 만들어 버립니다. 그렇다면, 영원히 발전하는 것에는 왜 적용되지 않겠습니까? 그것은 마치 활을 떠난 화살과 같습니다. 혹 그것이 조준(照準)하는 사이에 그 과녁에서 약간이라도 빗나간다면, 그 화살이 날아간 거리가 멀다면, 그것은 과녁에서 아주 멀리 빗나갈 것입니다. 이와 같이 주님께서 일순간이라도 사람의 마음의 상태를 다스리시지 않는다면, 이런 결과를 초래할 것입니다. 주님께서는 이와 같은 일을 신령섭리의 법칙에 따라서 행하시지만, 그것에 따라서 행하는 것이 사람에게는 마치 자신 스스로 하는 것 같이 보일 뿐입니다. 그럼에도 불구하고 주님께서는 사람이 그 자신을 어떻게 인도하는지를 예지하시고, 또 주님께서는 계속해서 주님의 섭리에 알맞게 조절하십니다. (신령섭리 202항)

주님의 섭리가, 무한하고, 그리고 영원한 것을 예의 주시한다는 것은 태내에서의 태아의 형성에서 아주 명백합니다. 거기에서 일어나는 모든 것들의 윤곽이나 특징은 계속해서 돌출(突出)되고, 그러므로 어떤 오류가 생겨나지 않는다면, 이것은 태아가 형성될 때까지 계속해서 한쪽은 다른쪽을 위한 변함없는 국면으로 존재할 것입니다. 그런 뒤에 태아가 태어나면 한쪽은 다른 쪽이나 다른 것을 위해서, 완전한 사람이 생겨지기 위해서,

그리고 종국에는 천계를 영접할 수 있는 그런 사람이 될 수 있도록 계속해서 준비할 것입니다. 만약 지극히 작은 개별적인 것들까지도 사람의 수태·출생·성장하는 동안에 이와 같이 준비된다면, 그의 영적인 생명에 관해서는 왜 준비되지 않겠습니까? (천계비의 6491항)

사람의 자유의지와 이성(理性)에 관한 신령섭리의 법칙

사람은 이성에 따라서 자유의지로 말미암아 행동하여야 한다는 것이 신령섭리의 법칙이다.

잘 알고 있는 사실은, 사람은 자기가 좋아하는 것을 생각하고, 도모하는 자유를 가지고 있지만, 그럼에도 불구하고 자유는 자기가 생각하는 것을 아무것이나 말하는 것이 자유가 아니고, 또 자기가 원하는 것을 무엇이나 행하지 않는 것이 자유입니다. 그러므로 여기서는 그 둘이 하나를 이룰 때를 제외하면 영적 자유를 뜻하지만, 자연적 자유는 아닙니다. 왜냐하면 생각하고 뜻한다는 것은 영적인 것이고, 말하고 행동한다는 것은 자연적인 것이기 때문입니다. 사람에게서 그것들은 아주 극명(克明)하게 구분됩니다. 왜냐하면 사람은 그가 말하지 않은 것도 생각할 수 있고, 실제로 행하지 않은 것도 원할 수 있기 때문입니다. 이렇게 볼 때 확실한 것은 사람 안에 있는 영적인 것과 자연적인 것은 분명히 구분된다는 것입니다. 그러므로 사람은 어떤 종결(終結·determination)이 없이 전자에서 후자로 통과할 수는 없습니다. 이 종결을 하나의 문(門)에 비교한다면, 그것은 먼저 빗장이 풀린 뒤에 열려지는 것과 같습니다. 그러나 이 문은, 말하자면 나라의 시민법이나 사회의 도덕률(道德律)에 일치하여 이성으로 생각하고 뜻하는 사람에게는 항상 개방된 것과 같습니다. 왜냐하면 그런 사람들은 생각한 것을 말하고, 뜻하는 것을 행하기 때문입니다. 이에 반하여 이러한 법이나 계율에 정반대되게 생각하고 뜻하는 사람에게서 그 문은, 말하자면 잠겨 있는 대로, 남아 있는 것과 같습니다. 사람의 의지적 결단이나, 또 이것에서 비롯된 행동을 예의 주의하는 사람은, 이러한 종결이 어떤 경우에는 어떤 것들 사이에 끼어들기도 하고, 어떤 경우에는 단 한 마디 말이나 행동에도 쉽게 드러나기도 한다는 것을 관찰하게 될 것입니다. 이러한 내용을 서두에 미리 말하는 것은, 이성에 일치하여 자유로 말미암아 행동한다는 것이 자유스럽게 생각하고 뜻한다는 것과, 그렇게 되면 이성에 일치하는 것을 자유스럽게 행동한다는 것을 뜻한다는 것을 깨닫고 알게 하기 위해서 입니다.

그러나, 특히 사람은 이와 같이 악이나 또는 거짓을 생각할 수 있는 자유를 가졌다고 하지만, 그럼에도 불구하고 신령섭리는 계속해서 선이나 진리를 생각하도록 사람을 인도한다는 사실 때문에, 이러한 내용이 바로 신령섭리에 속한 하나의 법칙이 될 수 있다는 것을 아는 사람이 거의 없기 때문에, 따라서 이러한 내용을 깨닫고, 알게 하기 위하여, 그 주제에 관한 전개를 명확하게 설명하기 위하여 아래의 순서로 그 내용을 전개하고자 합니다.

Ⅰ. 사람은 이성과 자유의지 즉 합리성과 자유성을 지니고 있고, 이 두 기능은 주님에게서 비롯된 것으로 사람 안에 내재해 있다는 것.

사람이 이 기능에 관해서 심사숙고하면, 이 두 기능에 관해서 많은 의문이 일어나기 때문에 나는, 이 주제를 다루기에 앞서, 이성에 따라 행동하는 사람 안에 있는 자유에 관해서 몇 가지를 제시하고자 합니다. 그렇지만 제일 먼저 알아야 할 것은, 모든 자유는, 사랑과 자유가 하나이기 때문에, 사랑에 속한 것이다는 사실입니다. 왜냐하면 사람이 가지고 있는 모든 기쁨은 그의 사랑에 속한 것이기 때문인데, 거기에는 다른 근원에서 비롯된 기쁨은 전무(全無)합니다. 그리고 그 자신의 사랑에 속한 기쁨으로 말미암아 행동한다는 것은 자유로 말미암아 행동하는 것과 같습니다. 왜냐하면 기쁨은 사람을 이끌고, 인도하는데, 그것은 마치 강물이 그 강의 흐름에 따라서 움직이는 것과 같기 때문입니다. 그리고 또한 수많은 사랑이 있고, 또 어떤 사랑은 서로 조화(調和)를 이루고, 어떤 사랑은 그렇지 못하기 때문에, 여기서 얻는 결론은, 마찬가지로 자유는 수많은 다양성이 있다는 것입니다. 그러나 일반적으로 그 다양성은 세 종류가 있는데, 바로 자연적・합리적・영적 자유입니다. 자연적 자유(自然的 自由・natural freedom)란 모든 사람이 유전적으로 이어받는 자유입니다. 이상에서 볼 때 사람은 누구나 자기 자신이나 세상을 제외하면 아무것도 사랑하지 않는다는 것입니다. 그리고 그의 으뜸되는 생명은 이와 같이 무가치(無價値・nothing)한 것일 뿐입니다. 모든 사랑이 이 두 사랑, 즉 자아애와 세간애에서 기인되기 때문에, 따라서 모든 악들은 그 사랑의 일부분이기 때문에, 여기서 얻는 결론은, 사람의 자연적 자유(自然的 自由)는 악을 생각하고 뜻하는 자유라는 것입니다. 사람이 자신 안에서 어떤 것들을 확증하면 그 사람은 그의 이성에 따라서 자유로 말미암아 그것들을 행합니다. 그러므로 행동한다는 것은 자유(自由·liberty)라고 부르는 자신의 기능에서 비롯됩니다. 그리고 그런 것들을 확증한다는 것은 합리성(合理性·rationality)이라고 부르는 그의 기능에서 비롯됩니다.

합리적 자유(合理的 自由·rational freedom)는 영예나 재물을 목적한 명예(名譽·reputation)에 속한 사랑에서 비롯됩니다. 이 사랑에 속한 기쁨들은 겉으로는 도덕적인 사람처럼 드러내 보이려는 사랑에 속한 기쁨입니다. 그 이유는 그 사람은 이 명예를 애지중지하기 때문에 그는 남을 속이지 않고, 간음을 저지르지 않고, 복수를 자행하지 않고, 신성모독 따위를 저지르지 않습니다. 그리고 그 사람은 자기 자신의 이성에 속한 것들로 말미암아, 이런 짓들을 절제하기 때문에, 그 사람은 자신의 이성에 일치하는 자유로 말미암아 성실하고, 정의롭고, 순결하고, 우호적이고 평화스럽게 역시 행동합니다. 아니, 그 사람은 이런 미덕(美德)을 위해서 이성에서부터 말을 잘 할 수 있습니다. 그러나 만약 그의 합리성(合理性)이 영적이 아니고, 오직 자연적인 것이라면, 그의 자유는 내적인 자유가 아니고, 오직 외적인 자유일 뿐입니다. 왜냐하면 그 사람은, 위에서 언급한 것과 같이, 오직 명예를 위해서 겉으로 드러내기 위하여 이런 것들을 사랑할 뿐, 속으로는 이런 것들을 전혀 사랑하지 않기 때문입니다. 그러므로 그가 행한 선은 본질적인 선이 아닙니다. 그러면서도 그는 공공의 선을 위하여 선을 행하여야만 한다고 떠벌입니다. 그러나 이런 말은 공공의 선을 사랑하기 때문에 말한 것이 아니고, 다만 자신의 명예나 재물을 사랑하기 때문에 그렇게 말한 것 뿐입니다. 그러므로 그의 자유는 공공의 선을 사랑하는 것에서 비롯된 것은 아무것도 없고, 또 그의 이성에서 비롯된 것도 없습니다. 왜냐하면 그의 자유는 오직 그의 사랑과 동의하고, 일치하기 때문입니다. 그러므로 이와 같은 합리적 자유는 내면적인 자연적 자유(interior natural freedom)일 뿐입니다. 이 자유 또한 주님의 신령섭리에 의하여 모두에게 머물러 남아 있습니다.

영적 자유(靈的自由·spiritual freedom)는 영원한 생명에 속한 사랑에서 비롯됩니다. 악을 죄로 생각하고, 그러므로 그것들을 목적하지 않는 사람을 제외하면, 또 동시에 주님만을 우러러 사모하는 사람을 제외하면, 사람은 어느 누구도 이 사랑이나 그 사랑의 기쁨을 향유(享有)할 수도, 만끽(滿喫)할 수도 없습니다.

사람이 이런 일을 하면 즉시 이 자유 안에 있게 됩니다. 왜냐하면 어느 누구에게도 악을 쇠이기 때문에 도모하지 않고, 또 악들을 행하지 않는 능력이 그 사람의 내면적 또는 보다 높은 사랑인 내면적 또는 보다 높은 자유에서 비롯되는 것을 제외하면, 어느 누구도 그 능력을 가지지 못하기 때문입니다. 이 자유는 처음에는 자유가 아닌 것처럼 보입니다. 아직은 그렇지만, 뒤에 가서는 그렇게 나타납니다. 그렇게 되면 그 사람은 선이나 진리를 생각하고, 도모하고, 말하고, 또 행동할 때, 바로 이성에 일치하는 그 자유로 말미암아 행동합니다. 자연적인 자유가 점차 쇠퇴하여 종속적인 존재가 되는 것 만큼 영적인 자유는 점차 증대합니다. 영적 자유는 합리적 자유와 결합하고, 그 자유를 정화(淨化)시킵니다. 만약에 생명이 영원하다는 것을 깊이 생각하는 사람이면 누구나 다 이 영적인 자유를 향유할 수 있습니다. 그리고 또한 유한한 시간이나 한 순간에 불과한 인생살이의 기쁨이나 행복은, 영원한 시간이나 영원한 인생살이의 기쁨이나 행복에 비하여 마치 그것을 아침에 사라지는 안개처럼 생각하는 사람이면 누구나 이 영적인 자유를 누릴 수 있습니다. 이런 일은 원하기만 한다면 사람은 능히 생각할 수 있는 일입니다. 그 이유는 그 사람은 합리성이나 자유를 가지고 있기 때문입니다. 그리고 또한 이들 두 기능의 근원이신 주님께서 계속하여 그 사람에게 그렇게 할 수 있는 능력을 주시기 때문입니다. (신령섭리 71-73항)

II. 사람이 자유로 말미암아 행한 것은 무엇이든지, 그 행동이 이성에 속한 것이든 속하지 않은 것이든, 만약 그것이 그의 이성에 일치하는 것이면, 그 사람에게는 그것이 마치 자기 자신의 것처럼 보인다는 것.

불영명(不英明)한 합리성을 가지고 있는 사람도, 자신의 것이라는 외현(外現·appearance)이 없으면 사람은 알려고 하는 정동이나 이해에 속한 정동 안에 있을 수 없다는 것을 깨닫고 또 이해할 수 있습니다. 왜냐하면 모든 기쁨이나 즐거움, 따라서 의지에 속한 모든 것은 사랑에 속한 정동에서 비롯되기 때문입니다. 만약에 사람이 의지 안에 있는 정동에 속한 즐거움을 가지고 있지 않다면, 어느 누구가 어떤 사실을 알려고 할 수 있고, 이해하려고 할 수 있겠습니까? 그리고 자기 것처럼 보이는 것에 감동되지 않는다면 어느 누구가 정동에 속한 즐거움을 가질 수 있습니까? 자기의 것은 아무것도 없고 모두가 다른 사람의 것이라면, 다시 말하면 자기 자신의 것으로 어떤 것을 알려고 하거나 깨달으려고 하는 정동이 전혀 없는 사람의 마음에 어떤 사람이 자신의 정동에서 비롯된 것을 주입시키려고 한다면, 그 사람은 그것을 수용하겠습니까? 그 사람이 그것을 받아드린다면, 짐승이나 금수(禽獸)라고 부르는 사람과 같지 않을까요? 그러므로 여기서 명확히 알 수 있는 것은, 비록 사람이 지각하고, 그것으로 인하여 생각하고, 알고, 그리고 그 지각에 따라서 뜻을 도모하고, 행하는 모든 것이 그 사람에 흘러들지만, 그럼에도 불구하고 그 사람 자신의 것처럼 보이게 하는 것이 주님의 신령섭리라는 것입니다. 왜냐하면 앞에서 언급하였듯이, 그렇게 하지 않으면 사람은 그 어떤 것도 받아드리지 않을 것이고, 따라서, 어떤 총명이나 지혜까지도 받을 수 없기 때문입니다. 여기서 알 수 있는 것은, 모든 선이나 진리는 모두 사람의 것이 아니고 주님의 것이지만, 그럼에도 불구하고 마치 그것들이 사람의 것인 양 사람에게 보인다는 것입니다. 그리고 모든 선이나 진리가 그렇게 나타나 보이기 때문에, 교회나 천계에 속한 모든 것들도, 따라서 사랑이나 지혜에 속한 모든 것들도, 그리고 인애나 믿음에 속한 것들도 꼭같이 사람 자신의 것처럼 그렇게 나타나 보인다는 것입니다. 주지하여야 할 일은, 그럼에도 불구하고, 그런 것들 중에는 사람에 속한 것은 아무것도 없다는 것입니다. 깨닫는 이런 것들이 마치 자기 자신의 것처럼 그 사람에게 나타나 보이지 않는다면 주님에게서 오는 이런 모든 것들을 영접, 수용할 수 있는 사람은 아무도 없습니다. 이상의 고찰에서 볼 때 이 명제가 참된 것이라는 것은 아주 명백합니다. 다시 말하면 사람이 자유로 말미암아 행한 것으로, 그것이 이성에 속했든 속하지 않았든, 만약 그것이 그의 이성에 일치하는 것이라면, 그 사람에게는 자기 자신의 것처럼 보인다는 명제가 참되다는 것입니다. (신령섭리 74·76항)

Ⅲ. 사람이 그의 사상에 따라서 자유로 말미암아 행한 것은 무엇이든 그 사람에게 전유(專有)되고, 남는다는 것.

사람이 그의 사상에 따라서 자유로 말미암아 행한 것은 무엇이든 계속 남는다고 언급하였는데, 그 이유는, 사람이 그 자신에게 전유(專有)한 것은 어떤 것이든 송두리채 뽑혀버릴 수 있는 것은 아무것도 없기 때문입니다. 왜냐하면 그것은 그의 사랑에, 동시에 그의 이성에 속한 일부분이 되었기 때문이고, 또한 그의 의지에, 동시에 그의 이해에 속한 일부분이 되었기 때문입니다. 따라서 그의 삶에 속한 일부분이 되었기 때문입니다. 사실 그것은 옆에 놓아 둘 수는 있지만 그렇다고 내쫓아 버릴 수는 없습니다. 옆에 놓아 둔다는 것은, 마치 원심(圓心)에서 원주(圓周)로 옮겨, 거기에 있게 하는 것과 같습니다. 이런 내용이 바로 그것이 계속 남아 있다는 말이 뜻하는 것입니다. 예를 들어 보겠습니다. 사람이 소년시절이나 청년시절에 악에 속한 애욕의 쾌락으로 말미암아 악을 행하는 것에 의해서, 다시 말하면 만약 그 사람이, 남을 속이는 일에, 남을 비난하고 모독하는 일에, 복수나, 음란 따위에 탐닉(耽溺)하는 일로 인하여 확실한 죄악을 자기 자신에게 전유시켰다면, 그 때 그 사람이 사상에 일치하여, 따라서 자유로 말미암아 이런 짓거리들을 자행하였기 때문에, 그것들은 그 사람의 자신의 것으로 만들어 버리는 것입니다. 그러나 만약에 그 뒤에 그 사람이 회개하고, 그런 짓거리를 끊어 버리고, 멀리하고, 또 그런 짓거리들을 미워하여야 할 죄로 여긴다면, 그리고 이성에 따라서 자유로 말미암아 그런 짓거리를 단념한다면, 그리고 그 때 악에 반대되는 선은 그에게 전유됩니다. 그렇게 되면 이런 선들은 중심을 형성하고, 악들은 변방으로 쫓겨나는데, 그것은 그 사람이 가장 싫어하는 혐오(嫌惡)나 반감(反感)에 따라서 하면 할수록 그것들은 더 변방으로 쫓겨납니다. 그럼에도 불구하고 아직까지 그것들이 송두리채 쫓겨날 수 없기 때문에 그것들은 뿌리채 뽑혀진 것이라고 말할 수 없겠습니다. 그럼에도 불구하고, 그 쫓겨남에 의하여 그것은 마치 뿌리까지 뽑힌 것처럼 보일 수 있습니다. 이러한 일은, 주님께서 사람을 악으로부터 옮겨놓으시고, 또 선 안에 사람을 두신다는 사실에 의해서만 일어납니다. 주님께서 사람을 악에서 옮겨 놓으시고, 선 안에 있게 하신다는 이 일은 모든 유전적인 악(遺傳的 惡·hereditary evil)을 고려할 때 일어나고, 마찬가지로 사람의 모든 실제적인 악을 고려할 때 일어납니다. 역시 이러한 일이 사실이다는 것은, 주님께서 선 안에 두시기 때문에 자신들은 악이 없다고 생각하는, 천계에 있는 사람들의 경험에 의하여 입증되는 것을 나는 직접 보았습니다. 그런데 그들이 처해 있는 선이 자신들의 선이 아니라는 것을 믿게 하기 위하여 그들은 천계에서부터 그들의 종전의 악의 상태로 내려 보내졌는데, 그 때 그들은 자신들은 전에 악 안에 있었다는 것과 그들이 선 안에 있다는 것은 오직 주님에게서 비롯된다는 것을 시인하였습니다. 그들이 이것을 시인한 뒤에, 그들은 다시 천계에로 회복되었습니다.

그러므로 우리가 밝히 이해하여야 할 것은, 주님께서 사람 안에 선을 언제나 가지도록 하시지 않으면 결코 선은 사람의 것이 될 수 없다는 것과 사람이 이것을 시인하는 정도에 비례하여, 또 주님께서는 그 선이 그 사람에게 자신의 것처럼 보이게 하신다는 것을 시인하는 정도에 비례하여 선은 그 사람의 것이 될 수 있다는 것입니다. 다시 말하면 그가 이웃을 사랑하며, 자기 자신이 인애를 가지고 있는 것 같이, 또는 자기 자신의 것처럼 믿고, 신앙을 가진 것처럼, 또는 선을 행하고 진리를 이해하는 것 같이, 그러므로 자신들이 현명한 것 같이 보이는 것들이 다 주님께서 그 사람에게 보이게 하신 것임을 밝히 알아야만 합니다. 이렇게 볼 때 조요(照耀)된 사람은, 주님께서 원하시는 사람이 있어야 할 외현의 성질이나 그 외현이 얼마나 강한 것인지도 깨닫고 볼 수 있을 것입니다. 이것은 주님께서 사람의 구원을 원하시기 때문입니다. 왜냐하면 이 외현(外現)이 없으면 사람은 아무도 구원받을 수 없기 때문입니다. (신령섭리 78·79항)

IV. 이들 두 기능을 수단으로 하여 사람은 주님에 의하여 바로잡고(改革), 거듭나지만(重生), 그 두 기능이 없으면 사람은 개혁될 수도, 중생될 수도 없다는 것.

사람이, 합리성과 자유라고 부르는 이 두 기능에 의하여 개혁되고 중생할 수 있는 이유는, 그리고 이 두 기능이 없이는 개혁될 수도, 중생될 수도 없는 이유는, 합리성에 의해서는 악이 무엇인지, 그리고 선이 무엇인지를, 따라서 거짓이 무엇인지 진리가 무엇인지를 이해할 수 있고 또 알 수 있기 때문이고, 자유에 의해서는 사람이, 그가 이해하고, 안 것을 도모할 수 있기 때문입니다. (신령섭리 82·85항)

V. 사람은, 그가 생각하고 행하는 모든 진리나 선이, 사람 자신에게서 비롯되는 것이 아니고, 주님에게서 비롯된다는 것을 시인하는 두 기능—합리성과 자유—에 의하여 인도받는 정도에 비례하여 이들 두 기능에 의하여 개혁될 수 있고, 중생될 수 있다는 것.

사람은 합리성으로는 이해하는 능력을 가지고, 자유에서는 무엇을 도모하는 능력을 가지는데, 그것도 이것들 둘이 자기 자신의 것처럼 갖습니다. 그럼에도 불구하고 그 사람이 중생되지 않으면, 그 사람은 자유스럽게 선을 도모하고, 그것으로 인하여 이성에 일치하는 선을 행할 수 없습니다. 악한 사람은 자유스럽게 악을 도모하고, 또 자신의 생각에 따라서 그것을 행할 수 있습니다. 그렇게 할 수 있는 것은 이성에 속한 것처럼 보이는 것으로 만든 확증에 의한 것입니다. 왜냐하면, 선과 꼭같이, 악도 확증할 수 있기 때문입니다. 그러나 악은 미망(迷妄·fallacy)이나 확증된 것이 거짓이 되어 버린 그런 외현(外現)에 의하여 확증됩니다. 그리고 악이 확증되면 그것은 마치 이성(理性)에 속한 것처럼 보입니다.

내면적인 이해로 말미암아 어떤 사상을 가진 사람은, 무엇을 도모하고, 이해하는 능력이 사람에게서 오는 것이 아니고, 오직 능력 자체이신, 다시 말하면, 본질적으로 그 능력이 속해 있는 주님에게서만 비롯된다는 것을 알 수 있습니다. 다시 한 번 그 능력이 어디에서 오는지를 심사숙고해 보십시오. 능력은 자체 안에 능력을 가지고 계신 그분에게서 오는 것 아닙니까? 다시 말하면 자신 안에 능력을 가지신 분, 그러므로 그분에게서 능력은 오는 것 아닙니까? 그러므로 능력은 본질적으로 신령한 것입니다. 모든 능력은 그것이 골고루 배분되는 무한한 공급원(供給源·an abundant supply)이 있어야만 하고, 따라서 그 자체 보다는 보다 내적이고, 높은 존재에게서 비롯되는 결정 또한 있어야만 합니다. 눈은 그 자체로부터는 볼 수 있는 능력을 가지지 못하고, 귀 또한 그 자체로부터는 들을 수 있는 능력을 가지지 못하고, 입은 그 자체로부터 말할 수 있는 능력을 가지지 못하며, 손 또한 그 자체로부터는 행할 수 있는 능력을 가지지 못합니다. 공급(供給)과 그것에서 비롯되는 종결(終結)은 마음에서부터 와야만 합니다. 마음도 역시, 그것에 대하여 마음이 결정하게 하는 보다 내적이고, 보다 높은 어떤 존재가 없다면, 이것이나 저것을 생각하고 도모할 수 있는 힘을 그 자체로부터는 가질 수 없습니다. 이해하는 능력이나 도모하는 능력에 있어서도 꼭 같습니다. 이런 능력들은, 자신 안에 이해하는 능력이나 도모하는 능력을 가지신 그분 이외의 다른 분에게서 올 수는 없습니다.

이렇게 볼 때 명확한 것은, 합리성과 자유라고 일컫는 이들 두 기능은, 사람에게서 오는 것이 아니고, 오직 주님에게서만 비롯된다는 것입니다. 그 기능들이 주님에게서 비롯되기 때문에, 뒤이어지는 결론은, 사람은 자기 스스로는 아무것도 도모할 수도, 뜻할 수도 없고, 또한 스스로는 아무 것도 이해할 수 없다는 것입니다. 그럼에도 불구하고, 다만 그런 일은 마치 자기 스스로 하는 것 같이 한다는 것입니다. 이런 일련의 내용이 사실이다는 것은 모든 선에 관한 의지나, 모든 진리에 관한 이해가, 사람에게서 비롯되는 것이 아니고, 주님에게서만 비롯된다는 것을 알고 믿는 사람은 누구나 그 자신 안에서 확신할 수 있습니다. 성경말씀은 요한복음서 3장 27절과 15장 5절에서 이렇게 가르칩니다. 즉—.

하늘이 주시지 않으면, 사람은 아무것도 받을 수 없다.
(요한 3 : 27)
너희는 나를 떠나서는 아무것도 할 수 없다.
(요한 15 : 5)

(신령섭리 87·88항)

앞에서, 사람은 그가 생각하고 행하는 모든 선이나 모든 진리가 사람 그 자신에게서 오는 것이 아니고 오직 주님에게서만 온다는 것을 시인하는 두 기능—합리성과 자유—에 의하여 인도되는 정도에 비례하여 개혁될 수 있고, 또 중생될 수 있다고 하였습니다. 주님에게서 비롯된 것이고, 또 사람 안에 있는 주님의 것인 이들 두 기능에 의해서만 이것을 시인할 수 있는 이유는 앞에서 언급한 내용에서 잘 알 수 있겠습니다. 그러므로 뒤 이어지는 결론은, 사람은 주님으로 말미암지 않고, 자기 스스로는 이것을 행할 수 없다는 것입니다. 그럼에도 불구하고 그 사람은 자신의 것처럼 행합니다. 그리고 이 힘은 주님께서 모두에게 주십니다. 설사 그것이 자기 자신에게서 비롯된 것이라고 믿는다고 할지라도, 그럼에도 불구하고 그 사람이 현명하게 되면, 그 사람은 그것이 자신에게서 비롯된 것이 아니라고, 시인할 것입니다. 그렇지 않다면, 그가 생각한 모든 진리나, 또 그가 행한 모든 선은 본질적으로 참된 것도, 선한 것도 아닙니다. 왜냐하면 그것들 안에 주님은 계시지 않고 그 사람만 있기 때문입니다. 그 사람이 차지하고 있는 선은, 만약 그것이 구원을 목적해서 행한 것이라고 해도, 자기 공로를 목적한 선일 뿐입니다. 그러나 주님께서 차지하고 있는

선은 자기공로를 목적한 선이 아닙니다. (신령섭리 87·89·90항)

Ⅵ. 주님과 사람의 결합 또는 사람과 주님과의 상호적 결합은 이 두 기능에 의하여 이루어진다는 것.

상호적인 것이 아니면 마음의 결합은 결코 존재하지 않는다는 것과 또 상호적인 것은 서로 결합한다는 것을 모든 사람은 누구나 그의 이성만으로도 잘 알 수 있습니다. 만약 어느 사람이 상대를 사랑만 하고, 되돌려 사랑을 받지 않는다면, 그 때 그것은 마치 전자는 나아가지만 후자는 후퇴하는 것과 같을 것입니다. 그러나 만약 사랑을 되돌려 받는다면, 그것은 마치 전자가 앞으로 나아가면 후자도 앞으로 나아가는 것과 같습니다. 그리고 거기에는 결합이 일어날 것입니다. 사랑은 역시 사랑받기를 갈망합니다. 이 성질이 사랑 안에 활착(活着)되어 있습니다. 그리고 사랑이 되돌려 사랑을 받는 정도에 비례하여, 그 사랑은 본질적으로 사랑이고, 또 그 자신에 속한 기쁨 자체 안에 사랑은 존재합니다. 이상의 연구 검토에서 볼 때 명확한 것은, 만약 주님께서 사람을 사랑하지만, 사람이 반대로 주님을 사랑하지 않는다면, 주님께서 사람에게 가까이 가면, 사람은 뒤로 물러날 것입니다. 따라서 주님께서 사람에게 가려고 하시고, 또 그에게 가서 그 사람 안에 있으려고 하지만, 사람은 주님에게 등을 돌리고 멀리 가버릴 것입니다. 이러한 현상은 지옥에 있는 사람의 경우에도 꼭 같습니다. 이에 반하여 상호 결합이 존재하는 천계에 있는 사람에게는 그렇지 않습니다. 주님께서는 사람의 구원을 위해서 그와 결합하려고 하기 때문에, 주님께서는 역시 사람에게 상호성을 가지도록 섭리하십니다. 사람에게 있는 상호성(相互性·reciprocation)이란, 바로 그가 목적하고 자유로 말미암아 행한 선과, 그가 목적한 것에서부터 이성에 따라서 그가 생각하고 말한 진리가 자기 자신에게서 비롯된 것처럼 보인다는 것이고, 그리고 그의 의지 안에 있는 선이나 그의 이해 안에 있는 진리가 마치 자기 자신의 것인 양 보인다는 것입니다. 그것들은 실제적으로 그 사람에게는 자신에게서 비롯된 것처럼 또는 자기의 것인 양 보인다는 것입니다. 그것은 아무런 차이가 없이 마치 자기 자신의 것처럼 보입니다. 어떤 사람이 그의 감관에 의하여 그와 달리 깨달을 수 있는지를 예의 관찰해 보십시오. 차이가 있다면, 사람은 필히 자기 자신에서 비롯된 선이나 진리를 행하지 않고, 생각하지 않고 오직, 주님에게서 비롯된 선이나 진리를 행하고 생각하는 것을 시인해야만 한다는 것입니다. 그러므로 그가 행한 선이나, 그가 생각한 진리는 그의 것이 아니다는 것입니다. 따라서 그것이 진리이기 때문에, 의지에 속한 어떤 사랑으로 말미암아 생각한다는 것은 결합을 이룹니다. 왜냐하면 사람이 주님을 우러르는 것과 같이 주님께서도 사람을 예의 살피시기 때문입니다. (신령섭리 92항)

Ⅶ. **주님께서는, 사람 안에 있는 이 두 기능이 잘 보존되도록 간수하시고, 또 주님의 신령섭리에 속한 모든 발출(發出) 안에서 그것을 신성한 것으로 지키신다는 것.**
이와 같은 주된 이유들은, 이들 두 기능이 없으면 사람은 주님과 결합할 수 없기 때문입니다. 그러므로 사람은, 개혁도, 중생도 할 수 없기 때문입니다. 그리고 또한 이 두 기능이 없으면 영혼불멸(靈魂不滅·immortality)나 영원한 생명을 향유할 수 없기 때문입니다. (신령섭리 96항)

Ⅷ. **그러므로 사람이 이성에 따라서 자유로 말미암아 행동한다는 것은 신령섭리에 속한 법칙이다는 것.**
이성에 따라서 자유로 말미암아 행동한다는 것이나, 자유와 합리성에서부터 행동한다는 것은, 모두 꼭 같습니다. 또한 의지나 이해로 말미암아 행동한다는 것도 마찬가지입니다. 그러나 이성에 따라서 자유로 말미암아, 즉 자유나 합리성으로 말미암아 행동한다는 것과, 참된 이성에 따라서 참된 자유로 말미암아 즉 참된 자유나 참된 합리성으로 말미암아 행동한다는 것은 서로 다릅니다. 왜냐하면, 악에 속한 욕정(欲情·love of evil)으로 말미암아 악을 행하고, 또 자기 자신 안에서 그것을 확증한 사람은 사실은 이성에 따라서 자유로 말미암아 행동합니다. 그럼에도 불구하고 본질적으로 그의 자유는 자유가 아니고, 즉 참된 자유가 아니고, 오히려 그것은 본질적으로 예속(隷屬)적인 지옥적인 자유입니다. 그리고 그의 이성 또한 본질적으로 이성이 아니고, 오히려 가짜나 거짓 이성, 즉 확증을 통하여 단순히 겉꾸며진 이성일 뿐입니다. 그럼에도 불구하고 이들 둘은 모두가 신령섭리에 속한 것들입니다. 왜냐하면 만약에 악을 도모하는, 그리고 확증에 의하여 이성에 속한 것처럼 겉꾸민 자유가 자연적인 사람에게서 제거된다면, 그의 자유나 합리성은 모두 소멸할 것입니다. 그리고 동시에 그의 의지나 이해 역시 소멸될 것입니다. 그리고 그 사람은 악에서부터 멀리 옮겨질 수도 없고, 개혁될 수도 없을 것입니다. 따라서 그 사람은 주님에게 결합될 수도 없고, 영원히 살 수도 없습니다. 그러므로 주님께서는, 마치 사람이 자기 눈동자를 지키듯이, 사람 안에 있는 자유를 지켜 주십니다. 그럼에도 불구하고 주님께서는, 그의 자유에 의하여, 그 사람을 악에서부터 떼어 놓으시려고, 인도하십니다. 주님께서 그의 자유에 의하여 그 사람을 인도하는 것에 비례하여, 그 자유를 통해서 주님께서 사람 안에 선을 심으십니다. 이와 같이 주님께서는 계속해서 지옥적인 자유 대신에 천계적 자유에로 안내하십니다. (신령섭리 97항)

속사람이나 겉사람 안에 있는 죄악의 옮김(除去)에 관한 신령섭리의 법칙들

하나의 신령섭리의 법칙은, 사람은 겉사람 안에 있는 악을 죄로 알고, 그것을 스스로 옮겨야만, 주님께서는 속사람 안에 있는 악을 겉사람 안에 있는 악과 동시에 옮기신다는 것입니다. (신령섭리 100항)
겉사람 안에 있는 악이 제거되지 않고 남아 있는 한, 내적인 사람은 악에 속한 정욕으로부터 정화(淨化)될 수 없는데, 그 이유는 그것들이 훼방을 놓기 때문입니다.
본질적으로 사람의 사상에 속한 외적인 것들의 성품은 그의 사상의 내적인 것과 꼭 같습니다. 그리고 그것들은, 마치 전자가 후자 안에 있는 것과 같을 뿐만 아니라, 전자가 후자에게서 비롯된 그것에 속한 것 같이, 긴밀하게 밀착되어 있습니다. 그러므로 전자는, 동시에 후자가 분리되지 않는다면, 한 사람에게서 절대로 분리될 수 없습니다. 이같은 경우는, 내적인 것에서 비롯된 모든 외적인 것들이나, 전래(前來)하는 것에서 비롯된 후래(後來)하는 모든 것들, 또는 원인에서 비롯된 모든 결과에도 꼭 마찬가지입니다. 악한 사람에게 있는 정욕은 교활(狡猾)과 더불어 사상에 속한 내적인 것을 형성하고, 정욕에 속한 쾌락은 그들의 간계(奸計)와 더불어 그들이 가지고 있는 사상에 속한 외적인 것들을 형성합니다. 후자는 전자와 더불어 하나로 결합하는데, 여기서 얻는 결론은, 겉사람 안에 있는 악이 제거되지 않고 남아 있는 한, 내적인 사람은 정욕으로부터 정화될 수 없다는 것입니다. 필히 알아야 할 사실은, 정욕 안에 뙤리를 틀고 있는 것은 사람의 내적인 의지이고, 교활 안에 뙈리를 틀고 있는 것은 그 사람의 내적인 이해라는 것입니다. 그리고 또한 정욕에 속한 쾌락 안에 뙈리를 틀고 있는 것은 그 사람의 외적인 의지이고, 교활에서 비롯된 간계 안에 뙈리를 틀고 있는 것은 그 사람의 외적인 이해라는 것도 잊지 말아야 합니다. 정욕과 그것들의 쾌락들이 한 몸을 형성한다는 것은 누구나 알 수 있고, 또 교활과 그것들의 간계가 한 몸을 이룬다는 것이나 또는 이들 사자(四者)들은 하나의 시리즈 안에 있고, 그것들은 서로 합쳐서, 말하자면 하나의 묶음(bundle)을 형성한다는 것도 알 수 있습니다. 이상에서 볼 때 재차 명백히 알 수 있는 것은 정욕을 형성하는 내적인 것들은, 악을 형성하는 외적인 것들의 제거 없이는, 쫓아내지지 않는다는 사실입니다. 정욕은 자신의 쾌락을 통해서 악을 생성합니다. 그러나 악이 정당한 것으로 여겨지면, 그같은 일은 의지나 이해의 일치(一致)에 의하여 일어나는데, 그렇게 되면 쾌락과 악들은 한 몸을 이룹니다. 그 일치가 바로 하나의 행위(行爲)라는 것을 잘 알아야 합니다. 이것이 바로 주님께서 말씀하신 것입니다. 즉—.

> 여자를 보고 음욕을 품는 사람은, 누구나 이미 마음으로 그 여자와 간음한 것이다.
> (마태 5 : 28)

다른 악들의 경우도 같습니다. (신령섭리 111항)
자기 자신의 악들을 스스로 제거하면, 그 때 주님께서는 악에 속한 정욕으로부터 그 사람을 정화시키십니다. 그 이유는, 주님께서는 그 전에는 그를 정화시키실 수 없기 때문입니다. 왜냐하면, 악은 겉사람 안에 자리잡고 있고, 악에 속한 정욕은 속사람 안에 뙈리를 틀고 있기 때문입니다. 그리고 또 그것들은 한 밑둥에 붙어 있는 뿌리처럼 서로 연결되어 있기 때문입니다. 그러므로 먼저 악들이 옮겨지지 않는다면, 거기에 시작이나 발단 같은 개방은 결코 있지 않습니다. 왜냐하면 그것들은 훼방을 놓고, 또 문을 꼭꼭 잠가 버리기 때문인데, 그것은 바로 앞에서 설명한 것과 같이, 사람이 먼저 해야만 하는 것 없이는 주님께서도 그것을 열 수 없기 때문입니다. 따라서 사람 그 자신이 스스로 문을 열 때, 동시에 주님께서도 그 정욕들을 뿌리채 뽑아 버리십니다. 그와 같이 되는 소중한 이유는, 주님께서는 사람의 지심한 것 안에서 활동하시며, 그 지심한 곳에서부터 차례로 궁극적인 것에 내려가면서 활동하시기 때문이고, 그리고 주님께서는 궁극적인 것 안에서 사람과 같이 계시기 때문입니다. 그러므로 궁극적인 것들이 그 사람 자신에 의하여 굳게 닫혀 있는 한, 거기에는 그 어떤 정화(淨化)가 있을 수 없으며, 거기에는 오직 내면적인 것들 안에서 수고하고 애쓰시는 주님의 애씀이나 활동만이 있을 뿐입니다. 이같은 애쓰심을 주님께서는 지옥을 위해서도 행하십니다. 지옥은 정욕과 동시에 악 안에 있는 사람의 한 형체이기 때문입니다. 그리고 주님께서 애쓰시는 역사(役事)는 지옥이 내적인 것을 멸망시키지 못하게 하기 위한 배려(配慮·arrangement)요, 또한 선과 진리가 해함을 받지 않기 위한 배려일 뿐입니다. 주님께 그 사람이 주님을 향해 문을 열도록 계속해서 촉구하시고 간청하신다는 것은 묵시록의 말씀에서 아주 명백합니다. 묵시록에—.

　보아라, 내가 문 밖에 서서, 문을 두드리고 있다. 누구든지 내 음성을 듣고, 문을 열면, 나는 그에게로 들어가서 그와 함께 먹고, 그는 나와 함께 먹을 것이다. (묵시록 3 : 20)

사람은 그의 마음에 속한 내면적인 상태 즉 그의 속사람의 상태를 전혀 알지 못합니다. 그럼에도 불구하고 무한한 것들이 거기에서 생성되는데, 그것의 어느 것 하나도 그의 지식에 이르지는 못합니다. 왜냐하면 사람의 사상에 속한 내적인 것, 즉 그의 속사람은 그 사람의 영(靈·his spirit) 자체이기 때문입니다. 그리고 그 안에는, 마치 사람의 육신 안에 무한히, 즉 헤아릴 수 없을 만큼 많은 것들이 있듯이, 수많은 것들이 존재하기 때문입니다. 아니, 헤아릴 수 없는 매우 수많은 것들이 있습니다. 왜냐하면 그 형태로서의 사람의 영(靈)은 한 사람이요, 그 영(靈)에 관계되는 모든 것들은 육신의 영체인 그 사람의 모든 것들과 대응(對應)하기 때문입니다. 사람은, 감관에 의해서는, 사람의 마음 즉 영혼이 육신에 속한 모든 것들 안에서, 어떤 때는 서로 결합해서, 어떤 때는 서로 분리되어서, 어떻게 작용하는지에 관해서 아무것도 모르는 것과 같이, 역시 사람은 주님께서 사람의 마음 즉 영혼에 속한 모든 것들 안에서 즉 그의 영에 속한 모든 것들 안에서 어떻게 작용하는지도 알지 못합니다. 이 작용은 지속적입니다. 사람은 그 작용 안에서 아무런 역할도 하지 못합니다. 그럼에도 불구하고 아직까지는 주님께서는, 사람이 폐쇄된 외적인 사람을 떨쳐버리지 못하고 고집하는 한, 그 사람의 영 즉 속사람 안에 뙈리를 튼 악에 속한 정욕에서 사람을 정화시킬 수 없습니다. 사람이 폐쇄된 자신의 겉사람을 고수, 고집한다는 것은 악에 의한 것입니다. 이들의 각각은, 비록 그 각각의 것 안에 수많은 것들이 있지만, 그 사람에게는 하나처럼 보입니다. 사람이 하나처럼 보이는 이것을 옮겨 놓으면, 그 때 주님께서는 그것 안에 있는 수많은 것들을 제거하십니다. 이 내용이 바로 주님께서 그 때 속사람 안에 있는 악에 속한 정욕에서부터, 또 겉사람 안에 있는 악 자체들에서부터 사람을 정화하신다는 말씀의 뜻입니다. (신령섭리 119·120항)

주님께서는 동시적으로 지심한 것에서부터 궁극적인 것에서 활동하십니다. 그 이유는 이와 같이 하시지 않으면, 또는 그외의 방법으로는, 개별적인 것이나 전체적인 것을 하나의 연결고리 안에 두실 수 없기 때문입니다. 왜냐하면 중간적인 것들은 지심한 것에서부터 궁극적인 것에 이르기까지 지속적인 의존 관계에 있기 때문이고, 또한 그것들은 모두 함께 궁극적인 것 안에 있기 때문입니다. 왜냐하면 궁극적인 것들 안에는 제일존재(第一存在·the First)에게서 비롯된 모든 것들의 동시적 질서가 존재하기 때문입니다.

주님께서는, 사람과 같이 하는 것을 제외하고서는, 지심한 것에서부터 그리고 동시적으로 궁극적인 것에서 활동할 수 없습니다. 왜냐하면 사람은 주님과 같이 궁극적인 것들 안에 있기 때문입니다. 그러므로 사람이 자신의 자유의지에 예속된 그의 관리 하에 있는 궁극적인 것들 안에서 활동하듯이, 주님께서는 사람의 지심한 것에서부터, 그리고 궁극적인 것에까지 이어지는 모든 것들 안에서 활동하십니다. 사람의 지심한 부분 안에 있는 것들이나, 지심한 것에서부터 궁극적인 것에 이르기까지 뒤이어지는 모든 것들 안에 있는 것들은 사람에게는 전적으로 알려져 있지 않습니다. 그러므로 사람은, 거기에서 주님께서 행하는 방법이나 내용에 관해서, 전혀 알지 못합니다. 그러나 그것들이 궁극적인 것들과 더불어 한 몸처럼 연결되어 있기 때문에, 이런 이유 때문에, 죄이기 때문에 악을 멀리하고 또 주님만을 우러러 섬겨야 한다는 것 이상의 것을 안다는 것이 사람에게는 불필요한 것입니다. 이와 같이 그리고 이와 달리하지 않고서는 출생에서 지옥적인 사람의 생명에 속한 사랑을 주님에 의하여 옮길 수 없으며, 그리고 주님께서 그 자리에, 천계적 생명을 활착시킬 수 없기 때문입니다. (신령섭리 124[4]·125항)

믿음이나 종교적 사안에 대한 강요(强要)에 관한 신령섭리의 법칙

신령섭리의 한 법칙은, 외적인 수단에 의하여 종교에 관계되는 것들을 생각하고 도모하도록, 그러므로 믿고 사랑하도록 강압되어서는 안 된다는 것, 그러나 사람은 자기 자신을 그것에 이끌어야 하고, 때로는 자기 자신을 그것에 강압당하여야 한다는 것.
신령섭리의 이 법칙은 두 전제에서 비롯됩니다.
그 하나는 사람은 누구나, 생각하지 않으려는 것을 생각하도록, 그리고 원하지 않는다고 생각하는 것을 원하도록 억지로 할 수 없다는 것을 알고 있으며, 그러므로 믿지 않는 것을 믿도록, 또는 믿지 않으려는 것을 결코 억지로 믿게 할 수 없다는 것을 알고 있으며, 특히 사랑하지 않는 것을 억지로 사랑하게 할 수 없다는 것, 그리고 사랑하기를 원하지 않는 것을 결코 억지로 사랑하게 할 수 없다는 것도 알고 있습니다. 왜냐하면 사람의 영(靈)이나 마음은 생각하고, 뜻하고, 믿고, 사랑할 수 있는 완전한 자유 상태에 있는 존재이기 때문입니다.
사람이, 종교에 속한 것들을 생각하고, 뜻하고, 믿고, 사랑한다고 강요에 의해서 말할 수 있게 할 수는 있습니다. 그러나 만약에 그것들이 정동에 속한 것들이나 또는 결과적으로 그의 이성에 속한 것들이 아니거나 또는 그렇게 될 수 없는 것이라면, 그 사람은 그것들을 생각하지도, 뜻하지도, 믿지도, 사랑하지도 않을 것입니다. 또한 사람이 강요에 의해서 종교에 호의적으로 말을 하게 할 수도 있고, 또 종교가 가르치는 내용을 강제로 행하게 할 수도 있지만, 그러나 종교를 믿는 신조에서부터 비롯된 그의 사상에서 강제에 의하여 그것을 호의적으로 편들게 할 수는 없고, 또 그것을 목적한 사랑에서 비롯된 그 사람의 의지에서 강제에 의하여 그것을 호의적으로 편들게 할 수는 없습니다. 더욱이 공의(公義)와 공평(公評)이 수호되는 나라에서도 종교에 반대해서 말하지 못하게, 또는 종교에 위배되는 것을 아무것도 하지 못하도록 억압되지만, 그럼에도 불구하고 사상이나 의지에서 그것을 호의적으로 편들도록 강요받는 사람은 아무도 없습니다. 왜냐하면 모든 사람 안에는 지옥과 조화스럽게 생각하고, 또 지옥을 위해서 도모할 수 있는 자유가 존재하며, 또한 사상이나 의지 가운데서 천계에 호의적으로 옹호할 수 있는 자유가 존재하기 때문입니다. 그러나 사람의 이성은 지옥이 무엇이고, 천계가 무엇인지, 그리고 전자에 또는 후자 안에는 변함없는 상황(常況 · abiding condition)이 어떤 것인지를 가르쳐 줍니다. 그리고 그 이성에서부터 의지는 자신의 선취권(先取權 · preference)이나 선택권(選擇權 · choice)을 갖습니다.

이상의 모든 내용에서 볼 때, 알 수 있는 것은 외적인 것은 내적인 것을 강요할 수 없다는 것입니다. 그럼에도 불구하고 이같은 일은 가끔 자행됩니다. 그러나 그것이 얼마나 치명적이고 유한한지를 아래의 순서에 따라서 설명하겠습니다.

I. 기적(奇蹟 · miracle)이나 표적(表蹟 · sign)에 의하여 개혁되는 사람은 아무도 없다. 왜냐하면 그것들은 강요하기 때문이다.

기적이 신앙심을 불러 일으키고 또 기적을 행하는 사람이 가르치고 설파(說破)한 내용이 참된 것이라고 강하게 설득한다는 것은 부정할 수 없는 일입니다. 그리고 기적이 처음에는 사람의 외적인 사상을 사로잡기 때문에, 말하자면 기적은 그 사람을 꼼짝 못하게 동여매고, 또 그 사람을 황홀경(悅惚境)에 빠지게 한다는 것도 부인할 수 없습니다. 그러나 사람은 그것에 의하여, 합리성과 자유라고 일컫는 두 기능을 완전히 박탈(剝奪)당하는데, 그러므로 사람은 이성에 일치하여 자유로 말미암아 행동할 수 없으며, 그 때, 기적에 의하여 그의 신앙에 속한 내용이 되어버린 것을 그의 합리성에 의하여 확증하는 일에서 그 사람을 떠나게 하는 것 없이는, 주님 역시 그의 내적 사상을 통하여 외적 사상 안에 입류할 수 없습니다.

사람의 사상의 상태는, 마치 거울 속에 있는 것을 보는 것처럼, 그 사람으로 하여금 그의 외적인 사상 안에 있는 어떤 사안(事案)을 그의 내적인 사상으로 보게 하는 것과 같습니다. 왜냐하면 위에서 설명한 것과 같이, 사람은, 보다 더 내적인 사상에 의하지 않고서는 전혀 불가능한 일이지만, 자기 자신의 사상을 볼 수 있습니다. 이와 같이, 사람이 거울 안에 있는 영상을 보는 것과 같이 어떤 사안을 볼 때, 그 사람은 그것으로 이런 저런 방법으로 그것에 관해서 심사숙고하여, 종국에는 그것이 자기 자신에게 가장 멋진 것으로 보일 때까지 그것을 변형시킬 수 있습니다. 만약 그 사안이 진리라면 그것은 생동감 있고, 아주 멋진 처녀나 총각에 비교할 수 있을 것입니다. 그러나 만약 사람이 이러 저러한 방법으로 심사숙고 할 수도 없고, 종국에 그것을 변형시킬 수 없다면, 그 사람은 기적으로 말미암아 생겨진 종지(宗旨·persuasion)로 인하여 믿을 수밖에 없을 것이지만, 만약 그 때 그것이 일종의 진리라면, 그것은 생명력이 전혀 없는 나무나 돌로 조각한 처녀나 총각에 비교할 수 있겠습니다. 그리고 그것은 즉 내적 사상으로 외적 사상 안에 있는 것을 본다는 것은 마치 거울에 비쳐진 것을 보는 것처럼, 안전(眼前)에서는 변함없이 존재하여, 보여지지만 거울 좌우측면이나 그 뒷면에 있는 모든 것들은 거울 속에서 숨어 버리는 대상물에 비교할 수 있겠습니다. 그것은 또한 귀에는 계속해서 들리지만 수많은 소리로 이루어지는 조화(調和)의 지각작용을 앗아가는 소리에 비교할 수 있겠습니다. 이와 같은 맹목(盲目·blindness)이나 귀먹음(deafness)은 기적으로 인하여 인간 마음에서 유발(誘發)됩니다. 이것은, 마치 확증하기 전에 합리성으로 예의 검증하지 않은 어떤 확증된 사안과 꼭 같습니다.

이상의 검토에서 보면, 기적에 의하여 유발된 믿음은 진정한 믿음이 아니고, 다만 종지(宗旨·persuasion)에 불과하다는 것을 잘 알 수 있겠습니다. 왜냐하면 그 믿음 안에는, 영적인 것은 말할 것도 없고, 합리적인 것도 전혀 존재하지 않기 때문입니다. 사실인즉슨 내적인 것이 없는 외적인 것은 바로 이와 같습니다. 또한 사람이 비록 한 분 하나님을 시인하고, 집에서나 성전에서 그분을 예배하고, 또 선을 행한다고 해도 어떤 설득에 의하여 생겨진 억지믿음(宗旨的 信仰·persuasive faith)으로 행한 모든 것도 꼭 이와 같습니다. 오직 기적이 사람으로 하여금 하나님을 시인하게 하고, 예배하게 하고, 경건한 삶을 살게 한다면, 그는 영적인 사람으로 그런 것을 행한 것이 아니고, 오직 자연적인 사람으로 행한 것입니다. 왜냐하면 기적은, 내적인 방법을 통해서 하는 것이 아니고, 외적인 방법에 의해서 믿음을 인도하기 때문입니다. 따라서 그것은 하늘나라에 의한 것이 아니고, 세상에 의한 것이기 때문입니다. 주님께서는, 성경말씀에 의한 것이나 또는 성경말씀에서 비롯된 교리나 설교를 통한 내적인 방법 이외의 그 어떤 것에 의해서 사람 속에 들어가지 않습니다. 그 이유는 기적은 이 같은 내적인 방법을 차단하기 때문인데, 그러므로 오늘날에는 결코 기적 같은 것은 일어나지(work) 않습니다. 기적의 본질이 이러하다는 것은 유대나 이스라엘 백성 앞에서 일어났던 기적들에서 아주 잘 알 수 있습니다.

비록 그들은 수많은 기적들을, 이집트 땅에서, 그리고 그 뒤에는 홍해에서, 광야 여러 곳에서, 특히 계명이 선포될 때의 시내 산상에서 보았지만, 그런데도 불구하고 시내 산에서 한달 가까이 체류하는 동안, 그들은 스스로 금송아지(a golden calf)를 만들어 놓고, 그것을 그들을 이집트 땅에서 인도하여 내신 여호와로 숭배하였습니다(출애굽기 32 : 4-6). 그리고 또한 그 뒤 가나안 땅에서 행하여진 수많은 기적들에서도 잘 알 수 있습니다. 그러면서도 그들은 아주 빈번하게 그들에게 엄수하도록 명령된 예배에서 이탈하고는 하였습니다. 특히 주님께서 그들 앞에서 행하신 기적들에서도 꼭 같이 잘 알 수 있습니다. 그럼에도 불구하고 그들은 주님을 십자가에 처형하였습니다.

그들에게 수많은 기적이 있었던 이유는, 그들은 전적으로 겉사람이었고, 또한 나쁜 사람이 선한 사람과 꼭같이 교회나 그것의 예배를 표징할 수 있기 때문에, 그들이 예배에 속한 외적인 것들에 의하여 교회나 그 교회의 예배를 오직 표징하기 위해서 그들은 가나안 땅에 인도되었던 것입니다. 왜냐하면 그 외적인 것들은 모두가 예전(禮典·ritual)적인 것들이고, 그들의 외적인 모든 것들은 영적인 것들이나 천적인 것들에 관한 표의(表意·significative)적인 것들이기 때문입니다. 비록 아론이 금송아지 상을 만들고 그것을 숭배하였지만(출애굽기 32 : 2-5, 35), 아론은 주님과 주님의 인류구원의 대업(大業)을 표징(表徵)할 수 있었습니다. 왜냐하면 그들은, 이런 것들을 표징하는 예배에 속한 내적인 것들에 의하여 나타내 보여질 수 없었기 때문에, 그들은 수많은 기적에 의하여 그런 상태에 들게 하였고 또 그런 상태에 들도록 강요되고, 강제로 이끌리었습니다.

그들이 예배에 속한 내적인 것에 의하여 그 상태에 들 수 없었던 이유는 비록 그들이 가지고 있는 전 성경말씀(全聖言)이 오직 주님에 관해서 언급하고 있지만, 그들은 주님을 시인하지 않았기 때문입니다. 그리고 주님을 시인하지 않는 사람은 예배에 속한 내적인 것 어느 것도 영접, 수용할 수 없기 때문입니다. 그러나 주님께서 당신 자신을 밝히 드러내셨을 때, 그리고 교회들 안에서 영원하신 하나님으로 주님을 영접하고, 시인하였을 때 모든 기적은 사라졌습니다. (신령섭리 129-132항)
II. 어느 누구도 환상(幻像)이나 망자(亡者)와의 대화 따위로 개혁(改革)될 수 없다. 왜냐하면 그것들은 그것을 강요하기 때문이다.
이 세상을 떠난 사람과의 대화에 의하여 사람은 어느 누구도 바로잡혀질 수 없다는 것 즉 개혁될 수 없다는 것은 지옥에 있는 부자(富者)와 아브라함의 품에 있는 나사로에 관한 주님의 말씀에서 아주 명백합니다. 왜냐하면 그 부자는 이렇게 말하였습니다. 즉—.

"조상님, 소원입니다. 그를 내 아버지 집으로 보내 주십시오. 나는 형제가 다섯이나 있습니다. 제발 나사로가 가서 그들에게 경고하여, 그들만은 고통받는 이곳에 오지 않게 해주십시오." 그러나 아브라함이 말하였다. "그들에게는 모세와 예언자들이 있으니, 그들의 말을 들어야 한다." 부자가 말하였다. "아닙니다. 아브라함 조상님, 죽은 사람들 가운데서 누가 살아나서 그들에게 가면, 그들이 회개할 것입니다." 아브라함이 그에게 말하였다. "그들이 모세와 예언자들의 말을 듣지 않으면, 죽은 사람들 가운데서 누가 살아날지라도, 그들은 그의 말에 귀를 기울이지 않을 것이다."
(누가 16 : 27-31)

망자(亡者)와의 대화는, 위에서 본 바와 같이, 기적과 꼭같은 효과를 낳을 것입니다. 다시 말하면 사람이 짧은 한 동안은 예배하는 일에 설득되고 또 이끌려가는 효과를 가져올 것입니다. 그러나 앞에서 언급한 것과 같이 이것이 사람의 합리성을 박탈(剝脫)하기 때문에, 또 그와 동시에 그 사람을 악 속에 쳐박아 두기 때문에, 이같은 황홀경(悅惚境)이나 또는 내적 결속력(結束力)은 느슨해지고, 억압되었던 제반 악들은 불손한 언동이나 신성모독과 더불어 용솟음 칠 것입니다. 그러나 이러한 일들은, 어떤 영들이 그 사람을 종교적 독선(獨善·dogma)에 인도할 때 일어나는데, 그같은 일은 선한 영들에 의하여서는 결코 일어나지 않습니다. 그런데 하물며 천계의 천사들에 의해서는 더 더욱 일어나지 않습니다.
그럼에도 불구하고, 거의 천계의 천사와의 대화는 아니었습니다만, 영들과의 대화는 일어났고, 또한 지난 수세기 동안 그런 일은 일어났습니다.

그러나 그런 일이 일어났을 때, 그들은 몇개에 불과한 그의 모국어(母國語)로 그 사람과 대화하였습니다. 주님의 허락에 의하여 대화하는 영들은 이성에 속한 자유를 저버린 어떤 사인들을 결코 말하지 않았으며, 또한 그런 것을 가르치지도 않습니다. 왜냐하면 주님만 홀로 사람을 가르치기 때문이요, 그러면서도 주님께서는 조요(照耀)된 상태에 있을 때 성경말씀에 의한 간접적인 방법으로 가르치시기 때문입니다. (신령섭리 134·135항)
III. 어느 누구도 협박(脅迫)이나 형벌(刑罰) 따위로 개혁될 수는 없다. 왜냐하면 그것들은 강요하기 때문이다.
사람을 협박이나 형벌에 의하여 신령예배에 강제로 내몬다는 것은 매우 유해합니다. 그리고 강요된 그런 예배는 악들 안에 사람을 쳐넣는데, 그것은 마치 재 속에 파묻혀 있는 불씨가 검불 속에 숨겨진 것과 같아서, 언젠가는 불꽃을 일으킬 때까지 선동하고, 꼬드길 것입니다. 그러나 강요되지 않은 자의(自意)적인 예배는 악들 속에 사람을 쑤셔박지 않습니다. 그러므로 그것들은 한번 불이 붙었다가 사그라진 불꽃과 같습니다.
내적인 사상은 어떤 공포에 의하여 억압되거나, 억제될 수 없습니다. 그러나 그것은 어떤 애욕이나 그것을 상실한 두려움에 의하여 억제될 수 있습니다. 순수한 뜻으로 하나님에 대한 공포(恐怖·the fear of God)는 아무것도 아닙니다. 애욕이나 그것의 상실에 대한 두려움에 의한 억압이나 억제는 사람의 자아(自我·固有屬性·one's-self)를 억압합니다. 사람의 자아를 억압하는 것이 자유나 합리성에 위배되지 않는다는 것을 아래에서 설명하겠습니다.
자의적이 아니고 강요된 예배는 관능적이고, 생명이 없는 죽은 예배이고, 또 우매(愚昧·unintelligible)한 예배이고, 매우 서글픈 예배입니다. 그것이 관능적 예배인 것은 예배가 마음에 속한 것이 아니고, 육신에 속한 것이기 때문이고, 생명이 없는 죽은 예배인 것은, 그 예배 안에 삶이 존재하지 않기 때문이고, 우매한 예배인 것은, 그 예배 안에 지성이 존재하지 않기 때문이고, 서글픈 예배인 것은 천계의 기쁨이 그 예배 안에 존재하지 않기 때문입니다. 그러나 본연의 예배인 강요나 억압에 의하지 않는 예배는 영적인 예배이고 생동감이 있는 예배이고, 빛이 영롱한 예배이고, 기쁨과 희열이 충만한 예배입니다. 영적인 예배라는 것은, 주님에게서 온 진수(眞髓·a spirit)가 그 안에 있기 때문이요, 생동감이 있는 예배라는 것은 그 안에 주님에게서 비롯된 생명이 존재하기 때문이요, 빛이 영롱한 예배라는 것은 그 예배 안에는 주님에게서 비롯된 지혜가 존재하기 때문이요, 기쁨과 희열이 충만한 예배라는 것은, 그 예배 안에 주님에게서 비롯된 하늘나라가 존재하기 때문입니다. (신령섭리 136·137항)

Ⅳ. 어느 누구도, 합리성이나 자유에 속한 상태 안에 있지 않으면, 개혁될 수 없다.

합리성이나 자유에서 비롯되지 않은 상태는 수도 없이 많이 있습니다. 그러나 일반적으로 그 상태들은 아래에 열거하는 것들로 간주될 수 있겠습니다. 그것들은, 두려움(恐怖·fear)·불운(不運·misfortune)·정신적 장애(精神的 障碍·mental disorder)·육체적 질병(肉體的 疾病·bodily disease)·무지(無知·ignorance)·까막눈의 이해(blindness of the understanding)의 상태라고 하겠습니다. 그러나 그 각각의 상태에 관해서 부연 설명하겠습니다. 두려움(恐怖·state of fear)의 상태에서는 어느 누구도 개혁(改革·바로잡음)될 수 없는 이유가 무엇입니까? 공포는 자유(freedom)와 이성 또는 자유(liberty)와 합리성을 죽여 버리기 때문입니다. 왜냐하면 사랑은 마음의 내면적인 것을 열지만, 두려움은 그것들을 닫아버리기 때문입니다. 그것들이 폐쇄되면, 사람은 생각을 거의 할 수 없고, 그렇게 되면 사람은 다만 그의 외적인 마음, 또는 그의 감관에 보여지는 그같은 주제에 관해서만 생각합니다. 이 결과로 빚게 되는 것들은 사람의 외적인 마음을 사로잡는 모든 공포들입니다. 앞에서 설명한 것과 같이, 사람은 내적인 사상과 외적인 사상을 가지고 있습니다. 두려움은 그의 내적 사상을 결코 사로잡을 수는 없습니다. 그 이유는 내적 사상은 언제나 자유 안에 있기 때문인데, 그 이유는 자유가 그 사람의 생명인 사랑 안에 있기 때문입니다. 이에 반하여, 두려움은 사람의 외적인 사상을 엄습, 사로잡을 수 있는데, 두려움이 이것을 사로잡게 되면, 내적 사상은 닫혀지게 됩니다. 내적 사상이 닫혀지게 되면 그 사람은 더 이상 이성에 일치하여 자유에서 비롯된 행동을 할 수 없게 되며, 따라서 그 사람은 개혁될 수 없게 됩니다. 외적 사상을 사로잡고, 내적 사상을 폐쇄시켜 버리는 두려움은 주로 명예나 재물의 실추(失墜)에 대한 두려움입니다. 그러나 시민법적 징벌이나 종교적인 외적인 형벌에 속한 두려움은 그같은 두려움을 막아버리지 못하는데, 그 이유는 이런 것들에 대한 법률들은 세상나라의 시민법적 [이해

관계](利害關係·interests)나 교회의 영적인 이해 관계에 대하여 비난하고, 거슬러 행동하는 사람들을 위한 형벌에 관해서만 규정하고 있지, 그런 것들에 대해서 반대하거나 거슬러 생각하는 사람들을 위한 형벌에 관해서는 규정하고 있지 않기 때문입니다.

지옥적인 형벌에 대한 두려움은, 사실인즉슨 일순간, 여러 시간 또는 여러 날 동안이기는 하지만, 외적 사상을 엄습하여, 사로잡습니다. 그러나 그것은 즉시, 영혼의 사상(the thought of heart)이라고 부르는 그 사람의 영이나 또는 그 사람의 생명에 속한 사랑 본연의 내적 사상에서 비롯된 자유에로 되돌려집니다.

그러나 한편, 명예의 실추나 재산의 손실에 대한 두려움은 사람의 외적 사상을 엄습, 사로잡는데, 그것이 사로잡게 되면, 그것은 천계에서 비롯되는 입류(入流)에 거슬러서, 위로부터 오는 내적인 사상을 단절(斷絶)시켜 버리고, 그것으로 하여금 사람이 개혁될 수 없도록 완전히 바꾸어 놓습니다. 그 이유는, 나면서부터 누구나 가지고 있는 모든 사람의 생명에 속한 사랑은 자아애(自我愛·the love of self)요, 세간애(世間愛·the love of the world)이기 때문입니다. 자아애는 명예에 속한 사랑과 하나가 되고, 이에 반하여 세간애는 재물에 속한 사랑과 하나가 됩니다. 그러므로 사람이 명예와 재물의 소유에 사로잡히면, 그것들의 실추나 손실에 대한 두려움으로 인하여 그 사람은 스스로, 시민법적인 것이든 종교적인 것이든, 이것들이 위력을 가질 것 같으면, 명예나 재물을 위해서 자기 자신을 섬길 온갖 수단과 방법을 다 갖추고, 아주 견고히 합니다. 아직까지는 명예나 재물욕에 탐닉하지 않았지만, 만약 그 사람이 그것들을 열망한다면, 그도 역시 그것들로 인한 명성(名聲)이나 평판(評判)의 실추의 두려움 때문에 꼭같은 일을 저지를 것입니다.

여기서 말할 수 있는 결론은, 이 두려움은 외적인 사상을 엄습, 사로잡으며, 그리고 천계에서 오는 입류에 거슬러 위로부터 비롯되는 내적 사상을 단절한다는 것입니다. 내적인 사상이 단절된다고 말하였는데, 그것은 그것이 전적으로 외적인 사상과 한 몸을 이루는 경우를 가리키는 것입니다. 왜냐하면 외적인 것 안에 있지 않으면, 그 사상 자체 안에 내적인 것이 있을 수 없기 때문입니다. 그러나 자아애와 세간애가 지옥적인 사랑(愛欲)이고, 또 모든 악의 원천(源泉)의 우두머리(魁首)들이기 때문에 여기서 알 수 있는 명백한 사실은, 이런 유의 사랑이 그 사람의 생명에 속한 사랑으로 가득찬, 또는 그런 사랑이 그 사람 안에서 왕노릇 하는, 다시 말하면 모든 종류의 악에 속한 정욕으로 가득찬 그의 내적인 사상의 성품이 본질적으로 어떠한 것인지를 알 수 있다는 것입니다. 사회적인 지위나 재물의 실추에 대한 두려움으로 인하여 그들이 처해 있는 종교적인 것들에 대해 강하게 자부심(自負心)을 가지고 있는 사람들은, 특히 만약에 그런 것들이 전지전능한 신들로, 동시에 지옥에 있는 왕인 플루토(Plutos)로서 숭배되는 종교 안에 있는 것들로 자부심을 가지고 있는 사람들은 이런 사실에 관해서 전혀 알지 못합니다. 이들은 마치 지옥의 불꽃에서 비롯된 심령구원이라는 열망이나 집착으로 불사를 것입니다. 이 두려움은 특히 천계에서 비롯된 합리성 자체나 자유 자체를 빼앗아 소멸시키기 때문에, 확고하게 그 방법을 고집한다면 사람은 개혁될 수 없다는 것은 아주 명백합니다.

불운(不運 · misfortune)의 상태에서 사람은 누구나 개혁될 수 없는 이유는, 만약에 사람이 그러한 때에만 하나님을 생각하고, 또 하나님의 도움을 간청한다면, 그러한 상태는 바로 강요나 강압의 상태이기 때문입니다. 그러므로 그가 자유의 상태에 있게 되면, 그 사람은 하나님에 관해서 거의 아무것도 생각하지 않았던, 종전의 처지로 되돌아 갑니다. 이러한 것은 앞서의 자유의 상태에서 하나님을 경외하는 사람의 경우와는 판이하게 다릅니다. 하나님을 경외(敬畏)한다는 것은 하나님에게 잘못을 저지를까 걱정한다는 것을 뜻하는데, 하나님에게 잘못을 저지른다는 것은 곧 죄를 짓는다는 것입니다. 그리고 이렇게 경외하는 것은 공포에 대한 두려움이 아니라, 사랑에 속한 것입니다. 누구를 사랑하는 사람이라면 어느 누구가 그에게 잘못을 저지르지 않을까 걱정하지 않겠습니까? 사랑하면 사랑할 수록 더욱 더 조심이 가고 경외하는 것 아닙니까? 이러한 경외의 마음이 없다면 사랑은, 김빠진 맥주처럼, 감칠 맛이 없고, 천박(淺薄)한 겉핥기식의 사랑일 뿐입니다. 그리고 그런 사랑은 머리 속에서만의 사랑이지, 마음에서 솟아나는 의지에 속한 사랑은 아닙니다. 불운의 상태는, 위험에서 비롯된 자포자기(自暴自棄)의 상태를 뜻하는데, 그런 위험들이란 전쟁 · 격투 · 조난사고(遭難事故) · 멸망이나 붕괴 · 화재 · 돌발적인 또는 예기치 않았던 재산의 손실 · 사업의 실패, 그것으로 인한 명예나 기타의 것들에 대한 실추(失墜) 등등이 되겠습니다. 오직 이런 상태에 처해 있을 때만 하나님을 생각한다는 것은 하나님 때문에 하는 것이 아니고, 자기 잇속 때문에 하는 짓거리입니다. 왜냐하면 사람의 마음은 그 때 말하자면 그의 육신 안에 갇혀 있는 것과 같기 때문인데, 따라서 그 때의 그의 마음은 자유 안에 존재하지 않으며, 또한 합리성 안에도 존재하지 않기 때문입니다. 그리고 그런 것들이 없다면 거기에는 역시 바로잡음(改革・reformation)은 결코 존재하지 않습니다.

사람의 낮은 마음의 무질서 상태(a disordered state of the lower mind) 즉 정신적 장애(精神的 障碍・mental disorder) 안에서는 어느 누구도 개혁될 수 없는 이유는, 그런 무질서 또는 정신적 장애 상태는 합리성을 앗아가고, 그러므로 이성에 일치하는 행동의 자유를 박탈하기 때문입니다. 왜냐하면 보다 높은 마음(the higher mind・mens)은 병들 수도 있고, 건전하지 않을 수도 있는데, 건전한 마음이면 합리적이지만, 병든 마음이면 그렇지 않기 때문입니다. 이와 같은 건전하지 못한 정신 상태는, 패기를 잃은 우울 상태나, 위조된 가짜의 상태이며, 또한 다종다기한 거짓 양심이나 백일몽(白日夢) 상태이고, 불운, 분노, 또는 손상된 육체적인 슬픔(悲痛)의 상태 등입니다. 때때로 이런 것들을 시험으로 생각들을 하지만, 그것은 절대로 아닙니다. 왜냐하면 본연의 순수한 시험(試驗・temptation)은 영적인 것을 그것의 목적으로 하고 있지만, 이 시험들 안에 있는 마음은 슬기롭지만, 이에 비하여 앞서의 어려운 상태들은 자연적인 것을 그 목적으로 삼고 있고, 또 이런 상태 안에 있는 마음은 건전하지 못하기 때문입니다. 육체적 질병의 상태에서 사람이 개혁될 수 없는 이유는, 그런 때에 이성은 자유의 상태에 있지 않습니다. 왜냐하면 마음의 상태는 육체의 상황에 의존하기 때문입니다. 육신이 병들었다면 마음 또한 병든다는 것은 물론이고, 만약에 다른 이유들 때문이 아니라면, 마음이 세상으로부터 물러나 있기 때문입니다. 세상을 떠난 마음은 사실은 하나님을 생각하기는 하지만, 그러나 하나님 때문에 생각하지는 않습니다. 그 이유는 그 마음은 이성에 속한 자유를 가지고 있지 않기 때문입니다. 사람은, 자신이 천계와 이 세상 사이에 있는 중간적 존재라고 여기는 사실에서, 그리고 자신이 천계로 생각하기도 하고, 세상으로 생각하기도 하는 그런 존재라고 여기는 사실에서, 그리고 또한 마찬가지로 세상에 관해서 천계로부터, 또는 천계에 관해서 세상으로부터 생각할 수 있는 그런 존재라고 여기는 사실에서 이성에 속한 자유를 향유(享有)합니다. 그러므로 사람이 와병(臥病) 중에 있으면서 죽음에 관해서, 또는 사후 자신의 영혼의 상태에 관해서 깊이 생각한다면, 그 때 그 사람은 이 세상에 있는 존재가 아니고, 오히려 영계에로 물러난 것입니다. 오직 이런 상태에 있는 것으로는 사람은 개혁될 수 없습니다. 그러나 만약에 그 사람이 병들기 전에 개혁되었다면, 그는 이것에 의하여 쉽게 확증할 수 있을 것입니다.

이같은 것은 이 세상이나 이 세상적인 사업을 포기하는 사람에게나 그리고 하나님·하늘나라·구원 같은 것을 자기 스스로 포기하는 사람에게서도 꼭 같습니다. 이 내용에 관해서는 뒤에 다루겠습니다. 그러므로 병 들기 이전에 개혁되지 않은 사람들은 병이 든 뒤에, 심지어 죽었다고 하여도 그들이 처해 있던 이전 상태로 돌아갑니다. 따라서 와병 중에 회개하고 믿음을 영접할 수 있는 것이라고 여기는 것은 모두가 부질없는 헛된 일입니다. 왜냐하면 그 회개에는 전혀 행함이 없기 때문이고, 또한 그 믿음 안에 또는 인애에 속한 것이 전무(全無)하기 때문입니다, 그러므로 이들 양자 즉 회개나 믿음 안에는 입으로 하는 짓만 있을 뿐이고, 마음 속 깊은 곳에 속한 것들은 전무할 뿐입니다.

무지(無知)의 상태에서는 어느 누구도 개혁될 수 없는 이유는, 모든 바로잡음(改革·reformation)이 진리와, 그 진리에 일치하는 삶에 의하여 이루어지기 때문입니다. 그러므로 그 진리를 알지 못하는 사람들은 개혁될 수 없습니다. 그러나 만약 그들이 진리를 목적한 정동에서 진리를 갈망한다면, 그들은 사후 영계(靈界)에서 개혁될 것입니다.

까막눈인 이해(state of blindness of the understanding)의 상태에서도 사람은 개혁될 수 없습니다. 진리를 알지 못하는 사람들은 따라서 진정한 삶도 알지 못합니다. 왜냐하면 이해는 필히 진리를 가르치고, 의지는 그것들을 행하기 때문입니다. 그리고 이해가 가르치는 것을 의지가 행할 때, 그 때의 삶은 진리에 일치하게 됩니다. 그러나 이해가 까막눈이면, 의지 역시 닫혀지고, 따라서 의지는 그의 이성에 일치하는 자유로부터는 아무 것도 할 수 없고, 오히려 까막눈인 이해에서 확증한 거짓인 악만 행할 뿐입니다. 이해가 까막눈이 되는 것은, 지식의 결여(知識缺如·無知)에서 오기도 하지만 그밖에도 맹목적인 신앙을 가르치는 종교나 이해를 까막눈으로 만드는 거짓 교리에 의해서도 이해는 까막눈이 됩니다. 왜냐하면 진리가 이해를 개방시키듯이, 거짓은 이해를 폐쇄시키기 때문입니다. 진리가 이해를 위로 향해서 닫게 하면, 대신 아래를 향해서는 열게 합니다. 이해가 아래를 향하여서 오직 열리면, 진리는 볼 수 없고, 대신 그 이해가 원하는 것들 특히 거짓만 확증할 수 있습니다. 이해는 또한 악에 속한 정욕에 의해서 까막눈이 됩니다. 의지가 그런 것들 안에 있는 한, 그 의지는 이해로 하여금 그것들을 확증하게 합니다. 악에 속한 정욕이 그런 것들로 확증되는 것에 비례하여 의지는 선에 속한 정동 안에 있을 수 없고, 그것들로 인하여 진리들을 볼 수 없으며, 그러므로 개혁될 수 없습니다. (신령섭리 138-144항)

V. 자신의 자아를 억제하는 것은 합리성이나 자유에 위배되는 것이 아니다. 마음에 속한 내적인 것과 외적인 것이, 위에서 설명한 것과 같이, 매우 다르기 때문에, 내적인 것은 외적인 것과 싸우기까지 할 수밖에 없으며, 그 다툼에 의하여 강제로 그것을 동의하게 합니다. 다툼이나 싸움은 사람이 악이 죄가 된다고 생각할 때, 그런 이유로 해서 사람이 악들을 절제하여 끊어버릴 것을 결정할 때에 일어납니다. 왜냐하면 사람이 그같은 단념을 결정하면 문이 열리게 되고, 그렇게 되면 내적인 사상들을 점유하고 있던 악에 속한 정욕들이 주님에 의하여 쫓겨나고, 그 자리에는 선에 속한 정동이 뿌리를 내리기 때문입니다. 이러한 일은 내적인 사상 안에서 행해집니다. 그러나 외적인 사상을 점유하고 있는 악의 정욕에 속한 쾌락은 동시에 추방될 수 없기 때문에, 따라서 내적인 사상과 외적인 사상 사이에는 갈등과 다툼이 일어날 수밖에 없습니다. 왜냐하면 정욕에 속한 쾌락들은 악에 속한 것이고, 또 그것들은 내적인 사상이 자리잡고 있는 선에 속한 정동과 조화되지 않기 때문에, 내적인 사상은 정욕에 속한 쾌락을 추방할 것을 결정하고, 그리고 악에 속한 쾌락이 차지했던 자리에 조화스럽고 선에 일치하는 선에 속한 기쁨을 받아드릴 것을 결정합니다. 선에 속한 기쁨은 이른바 인애에 속한 선(good of charity)입니다. 이 일련의 다툼을 시험(試驗·temptation)이라고 부릅니다.

사람은, 내적인 사상이 그 사람의 진정한 영(靈)이기 때문에, 그의 내적인 사상에 의하여, 진정한 사람이 됨으로 명확한 것은, 사람이 그의 외적인 사상을 억지로 복종하도록, 그리고 인애에 속한 선인 그 사람의 정동에 속한 기쁨을 억지로 영접, 수용하게 할 때, 그 사람은 자기 자신을 억제하고 다스린다고 하겠습니다. 이러한 것은 합리성이나 자유에 유배되는 것이 아니고 오히려 그것들과 일치한다는 것은 아주 명백한 사실입니다. 왜냐하면 합리성은 갈등이나 다툼을 야기하고, 자유는 그것을 관리하기 때문입니다. 더욱이 순수한 본연의 자유는 순수한 합리성과 더불어 속사람 안에 머무르고, 이로 인하여 또한 겉사람 안에도 머무릅니다.

그러므로 내적인 것이 외적인 것을 정복하면, 이러한 일은 내적인 것이 외적인 것을 동의하게 하고, 복종하게 하면 즉시 일어나는데, 그 때에 사람은 주님에 의하여 순수한 자유나 순수한 합리성을 받게 됩니다. 왜냐하면 그 때 사람은, 주님에 의하여 본질적으로 노예상태인 지옥적인 자유에서 구출되어, 본질적으로 순수한 자유의 상태인 천계적 자유의 상태에 옮겨져서, 그 사람은 천사들과 연합하기 때문입니다. 죄악 안에 있는 사람들은 노예이고, 종이다는 것과, 그리고 주님께서는 성경말씀을 통하여 주님에게서 비롯된 진리를 받는 사람들을 자유하게 한다는 것은 주님께서 요한복음서에서(요한 8 : 31-36) 가르치고 있습니다. (신령섭리 145항)

자의적으로 자유를 목적해서 주님을 섬기는 사람은 자기 자신을 억제하고 다스립니다. 그들이 자기 자신을 억제하고, 다스릴 때 그들은 이성에 일치하는 자유로 말미암아 행동하지만, 그러나 외면적 자유가 비롯된 내면적인 자유로 말미암아 자기 자신을 억제하고, 다스리는 사람은 자신을 종으로 간주합니다. (신령섭리 148항)

신령섭리는 보고, 느낄 수 없지만, 그러나 알고, 시인된다

신령섭리의 한 법칙은, 사람은 신령섭리의 역사(役事・operation)에 속한 것을 전혀 깨닫지도, 느끼지도 못하지만, 그럼에도 불구하고 사람은 그것을 알고, 시인한다는 것입니다.

신령섭리를 믿지 않는 자연적인 사람은, 악한 사람이 선한 사람에 비하여 명예도 떨치고, 재물도 많이 모으는 것을 볼 때 자문(自問)하기를, 신령섭리가 과연 어떻게 있을 수 있는가? 할 것입니다. 그리고 그 사람은 또 신령섭리의 존재를 믿는 사람에 비하여 그것을 믿지 않는 사람에게 이런 일이 더 많이 있는 것을 볼 때에도 꼭같은 물음을 자문할 것입니다. 어디그뿐입니까? 신앙심도 없고, 경건하지 못한 사람들이 신앙심이 돈독(敦篤)하고 경건한 사람들에게 아주 못된 교활과 술책을 가지고, 상처를 주고, 재산적 손실이나 불행을 가하는가 하면, 때로는 죽음까지도 자행하는 것을 보면, 꼭같은 물음을 자문합니다. 그래서 그 사람은, 만약 사람들이 교묘한 약삭빠른 짓으로 교활한 간계(奸計)나 술책들을 마치 신뢰할 수 있고, 공정한 대안(代案)처럼 보이게 할 수 있다면, 그 교활한 술책이나 간계가 충실이나 정의를 깔아뭉개는 것을 마치 대낮에 무엇을 보는 것과 꼭 같은 수많은 경험에서 볼 때 "나는 신령섭리가 있다는 것을 도저히 알 수 없다"고 생각합니다.

신령섭리에 속한 것들을 보여주는 것은 아무것도 없고, 저절로 이루어질 필연적인 것이나, 응당 그렇게 귀착되는 것이나, 아니면 운수에 속한 것들을 제외하면, 신령섭리에 속한 것은 무엇이 남아 있습니까? 필연적인 것들은 모두가 자연(自然)에 속한 것 아닙니까? 응당 귀착되는 것들도 자연적인 질서나 일상 생활의 순리(順理 · civil order)에서 나오는 원인들 아닙니까? 운수에 속한 것들은 알 수 없는 원인이나 특별한 원인 없이 내버려 두어도 그렇게 되는 것 아닙니까? 라고 하면서 도대체 신령섭리가 무엇이냐고 자문할 것입니다. 따라서 자연적인 사람은, 하나님에게 공(功)을 돌릴 것은 아무것도 없고, 모두가 자연(自然)의 공이라고 자문 자답할 것입니다. 왜냐하면 하나님에게 공을 돌리지 않는 사람은 역시 신령섭리에게도 그 공을 돌리지 않기 때문입니다. 그 이유는 하나님과 신령섭리는 하나(一體)를 이루기 때문입니다.

그러나 영적인 사람은 이와 달리 생각하고 대답할 것입니다. 비록 그 자신은 사상적으로 깨닫지 못하고, 시각으로 신령섭리의 진전과정을 분별하지 못하지만, 그럼에도 불구하고 그것을 알고, 시인합니다. 그러므로 위에 거명한 외현(外現)들이나, 여기에서 파생된 착각(錯覺 · delusion) 따위는 이해를 장님으로 만들기 때문에, 맹목(盲目)이나 짙은 암흑을 초래한 착각이나 미망(迷妄)이 제거되지 않는 한, 이해는 결코 올바른 생각이나 견해(見解 · sight)를 받아드릴 수는 없을 것입니다. 그런데 이같은 일은 거짓들이나 미망 따위를 소멸시킬 수 있는 능력이 내재해 있는 진리에 의해서만 오직 행해지므로, 따라서 이같은 진리들에 관해서 아래에서 설명하고자 합니다.

제27강 신령섭리(神靈攝理) ◆ 823

만약 사람이 신령섭리의 역사(役事)나 운영(運營) 등을 지각하고, 또 느낀 다면, 그 사람은 이성에 일치하는 자유에 따라서 행동하지 않을 것이며, 또한 그 어떤 것도 자신에게 속한 것처럼 그에게 보이지 않을 것입니다. 따라서 그가 어떤 사건을 미리 안다고 해도 마찬가지입니다.
만약 사람이 신령섭리의 역사나 운영을 지각하고, 느낀다면 그 사람은 그것에 의하여 인도될 것이고, 또 살아갈 것입니다. 왜냐하면, 위에서 설명한 것과 같이, 사람은 겉보기에 자기 자신을 이끌어 가는 것 같지만, 주님께서는 만유(萬有)를 주님의 신령섭리에 의하여 이끌어 가시기 때문입니다. 그러므로 만약 그 사람이, 그가 이끌려가는 살아 있는 지각(living perception)이나 감관을 가지고 있다면, 그는 삶에 관해서 의식하지 못하고, 조각물과 같은 존재로, 다만 입으로 소리나 내고 몸이나 움직일 것입니다. 만약 그가 삶에 관해서 약간이라도 의식한다면, 그는 마치 수갑(手匣)이나 족쇄에 묶인 사람처럼, 또는 짐수레의 멍에를 멘 짐승처럼, 아무런 분별이 없이 끌려갈 것입니다. 그런 경우 사람이 아무런 자유를 향유하지 못한다는 것을 그 누구가 모르겠습니까? 만약 자유를 가지지 못했다면 그 사람은 이성 또한 가지지 못할 것입니다. 왜냐하면 모든 사람은 자유로 말미암아, 또는 자유 안에서 생각하며, 그리고 그가 자유로 말미암아, 또는 자유 안에서 생각하지 않은 것은 모두가 그에게는 자기 자신에게서 비롯된 것으로 보이지 않고, 제삼자에게서 비롯된 것으로 보이기 때문입니다. 사실 독자들이 이 문제를 내면적으로 깊이 숙고한다면 여러분들은, 그같은 사람은 아무런 사상도 가지지 못할 것이고, 심지어 이성도 가지지 못할 것이며, 그러므로 그가 사람이 아니다는 것도, 깨달을 것입니다. (신령섭리 175 · 176항)
사람이 이성에 일치하는 자유로 말미암아 행동하기 위하여, 사람에게 장차의 일을 알 수 있는 능력이 주어지지 않았다는 것은 사실입니다. 왜냐하면 알고 있듯이, 사람이 사랑하는 것은 무엇이나 그 결과를 소유하려기 때문이고, 또한 그 사람은 자기 자신을 이성에 의하여 그것에 맞추어 나가기 때문이며, 그리고 그의 이성으로 궁리하고 생각한 것은 모두가 그의 생각에 의하여 그 결과에 이르게 하기 위한 그것을 목적한 사랑에서 비롯된 것이기 때문입니다. 그러므로 만약에 그 사람이 신령예보(神靈豫報 · the Divine prediction)에 의하여 결과나 사안(事案 · event)을 안다면, 그의 이성은 활동을 멈출 것이고, 그것 때문에 그의 사랑 마저 소멸될 것입니다. 왜냐하면 사랑은 이성과 함께 그 결과 안에서 종결되고, 그 때 그 결과에서부터 새로운 것이 시작되기 때문입니다. 이성에 속한 진정한 기쁨은, 이성이 사랑에서부터 그 결과가 있은 뒤가 아니고 그전에, 다시 말하면 현재가 아니라 미래에 사상 안에 있는 결과를 보는 것입니다. 이것이 희망(希望·hope)이라고 부르는 것의 근원인데, 이것은 그 사람이 그 사안에 대하여 보고, 예견하기 때문에 이성 안에서 증대하기도 하고 소멸되기도 합니다. 이 기쁨은 그 사안에서 완전히 이루어지지만, 그 뒤에는 그것에 속한 사상과 더불어 그것은 사라져버립니다.

그러므로 미리 아는 어떤 사건도 이와 꼭 같을 것입니다. 그 이유는 장차의 일을 미리 안다는 것은, 이성에 일치하여 자유에 따라서 행동하는 인간 자체를 송두리채 앗아가는 것이기 때문에, 그러므로 장차의 일을 아는 능력은 그 누구에게도 주어지지 않습니다. 그럼에도 불구하고, 모두에게는 이성에서부터 장차의 일에 관하여 결론을 짓는 것만 허락되었습니다. 이리하여 이성과 관계되는 모든 것과 더불어 이성은 그 본연의 삶 안에 존재합니다. 이것이 바로 사람이 사후 자신의 운명을 알도록 허락되지 않은 이유이고, 그가 그것 안에 있기 전까지는 어떤 사안에 관해서도 아는 것이 허락되지 않는 이유입니다. 왜냐하면 만약 그가 그러저러한 것을 안다면, 그 사람은 그것을 얻기 위하여 어떻게 행하고, 살 것인가를 그의 내면적인 것에서부터 더 이상 심사숙고 하지 않고, 오히려 그 사람은 그것을 얻기 위하여 그의 자아로 말미암아 살아가고 행동할 것이기 때문입니다. 이러한 삶의 상태는 자유와 합리성이라고 하는 그 사람의 생명의 두 기능이 주로 그의 마음의 내면적인 것들을 폐쇄합니다. 장차의 일을 미리 알고자 하는 열망은 대부분의 사람들이 가지고 있는 천성적인 것이지만, 그러나 이런 열망은 악에 속한 정욕에 그 근원을 두고 있습니다. 그러므로 신령섭리를 믿는 사람들에게서는 이런 욕망은 모두 제거되고, 대신 그들에게는 주님께서 그들의 처지나 운명을 직접 다스리시고 계시다는 신뢰가 주어집니다. 그러므로 그들은 장차의 일에 관해서 미리 알기를 원하지 않으며, 그리고 또한 어떤 방법으로든지 그들은 신령섭리를 저해(沮害)하거나 상충하지 않습니다. 이런 내용을 주님께서는 누가복음서에서(누가 12 : 14-48) 여러가지 방법으로 가르치셨습니다. (신령섭리 178·179항)

그러므로 만유를 섭리하고, 모든 것을 예지(豫知)하시는 주님께서는 주님의 신령섭리의 운영을 감추시고, 숨기십니다. 따라서 사람은 신령섭리가 있는지 없는지도 거의 알지 못합니다. 그리고 사람에게 허용된 것은 성취한 모든 것들은 그의 영특함의 공으로 돌리는 것이고, 또 우연히 일어난 일이나 운명으로 돌리는 것입니다. 사실은, 신령섭리나 신령편재(神靈遍在 · the Divine Presence)에 속한 가시적이거나 명백한 증명에 의한 것 보다는 모든 것들의 공을 자연의 탓으로 돌린다는 것은 그 사람이 너무 일찍이 자신을 그가 머물 수 없는 거룩함에다 내쫓는 일입니다. 주님께서는 이와 같은 일을 주님의 신령섭리에 속한 다른 법칙들에 의하여 확실하게 허락하셨습니다. 그것들은, 사람은 자유를 향유한다는 것, 그가 행한 것들은 모두가 전적으로 자기 자신에 속한 것처럼 이성에 일치하여 행하여만 한다는 것 등입니다. 왜냐하면 그것이 사람이 신령섭리의 운영을 영특함이나 운수의 공으로 돌리는 것은, 그가 그것들을 시인하면서도 악마처럼 사는 것 보다 더 좋기 때문입니다. (묵시록해설 1159항)

신령섭리는 뒤(後面)에서는 보이지만, 앞(前面)에서는 보이지 않는다

신령섭리는, 뒤에서는 보이지만, 앞에서는 보지 못하는, 또는 영적 상태에서는 보지만 그 사람의 자연적 상태에서는 보지 못하는, 사람에게 주어집니다. 신령섭리를 앞에서는 보지 못하고, 뒤에서는 본다는 것은 신령섭리가 발생하기 전에는 보지 못하고 그것이 발생된 뒤에 본다는 뜻이고, 자연적 상태에서는 보지 못하고 영적 상태에서는 본다는 것은 천계적으로는 보지만 이 세상적으로는 볼 수 없다는 것을 뜻하는 말입니다. 천계에서 비롯되는 입류(入流 · influx)를 받는 사람이나 신령섭리를 시인하는 사람은, 특히 개혁을 통해서 영적인 존재가 된 사람이 하나의 놀라운 시리즈 가운데 있는 일(事案)을 볼 때, 그들은 말하자면 내면적인 시인에서부터 그것을 이해하고, 고백합니다. 그들은 앞에서, 다시 말하면 그 일이 일어나기 전에, 그것을 이해하고, 보기를 원하지 않습니다. 왜냐하면 그들은 그들의 의지가 억지나 강요에 의해서 그 질서나 취지에 속한 어떤 것들에 침입하지나 않을까 하는 걱정 때문입니다.

오직 이 세상에서 비롯된 입류는 허용하면서, 천계에서 비롯된 입류를 허용하지 않는 사람의 경우에는 전적으로 다릅니다. 특히 본질적으로 외현에 속한 확증에 의하여 자연적인 존재가 되어버린 사람들의 경우에는 더욱 그러합니다. 그들은 뒤에서 즉 그 일이 있은 뒤에도 신령섭리에 속한 것을 아무것도 이해하지 못하지만, 그러나 앞에서 즉 그 일이 생기기 전에 그것을 깨닫기를 원합니다. 그리고 신령섭리는, 사람이나 세상을 통해서 생성된 수단들에 의하여 역사(役事)하고 운영하기 때문에, 그러므로 그들은, 신령섭리를 앞에서 보든, 뒤에서 보든, 사람 아니면 자연에게 그 공을 돌립니다. 따라서 그들은 그것을 부정하는 입장으로 확증합니다. 그들이 이와 같이 사람이나 자연에게 그 공을 돌리는 이유는, 그들의 이해는 위를 향해서는 닫혀 있고, 아래를 향해서만 오직 열려 있기 때문이고, 따라서 천계를 향해서는 닫혀 있지만, 세상을 향해서는 열려 있기 때문입니다. 그리고 신령섭리가 이 세상으로 말미암아서는 보이지 않고, 오직 천계로 말미암아서만 보이기 때문입니다. 나는 가끔, 만약 그들의 이해가 위를 향하여 개방적이라면 그들은, 마치 대낮에 어떤 사물을 보듯이, 본질적으로 자연은 생명이 없는 죽은 존재이고, 인간의 총명 역시 본질적으로 무가치(無價値)한 것이지만, 그러나 양자가 모두 그렇게 보인다는 입류에서, 그들이 신령섭리를 시인하지 않을까 속으로 생각한 적이 있습니다. 그리고 나는, 자연이나 인간의 잔꾀의 편에 서서 자신을 확증한 사람들은 신령섭리를 시인하지 않는다는 것을 깨달았습니다. 왜냐하면 아래에서 비롯되는 자연적인 빛은 즉시 위에서 오는 천적인 빛을 소멸시키기 때문입니다. (신령섭리 187항)

신령섭리와 인간의 영특함(human prudence)

사람 자신의 영특함은 무가치(無價値)하지만, 다만 가치가 있는 것처럼 보일 뿐이고, 더욱이 그렇게 보여야만 합니다. 그러나 지극히 작은 것들에서 비롯된 신령섭리라도 그것은 보편적입니다.

사람 본연의 영특함(잔꾀・思慮分別力・man's own prudence)이 무가치하다는 것은 외현상 전적으로 반대되고, 따라서 수많은 사람들의 신념(信念)에 위배되는 것 같습니다. 왜냐하면 그것이 사실이기 때문입니다. 외현에 일치하여 인간의 영특함이 모든 것을 성취한다는 신념 안에 있는 사람은 누구나 원인에서부터 따져서 그리고 원인들은 그것이 비롯된 근원을 드러내 보여준다는 보다 완전한 방법에 의한 연구 검토가 없다면 그것이 사실이라는 것을 확신할 수 없을 것입니다.
주님께서는 사람의 생명에 속한 사랑의 정동을 아십니다. 사람은 그의 사상을 압니다. 그러므로 그의 의향(意向·intention)을 압니다. 왜냐하면 그 사람은 자기 자신 안에서 이런 것들을 보기 때문입니다. 그리고 그의 모든 영특함이 이런 것들에서 비롯되기 때문에, 그 사람은 자신 안에서 그의 영특함을 봅니다. 그 때 만약 그의 생명에 속한 사랑이 자아애(自我愛)라면, 그는 자기 자신의 총명에 속한 자만(自慢)에 빠지게 되고, 그 사람은 그 영특함을 자기 자신의 공으로 여깁니다. 그리고 그 사람은 자기 자신에 호의를 가지고 논증이나 개요 따위를 수집하는데, 이런 짓을 하기 때문에, 그는 신령섭리의 시인에서 뒤로 물러나기 마련입니다. 만약 그의 생명에 속한 사랑이 세간애(世間愛)라고 해도, 꼭같은 짓을 저지를 것입니다. 그럼에도 불구하고 그 정도까지는 뒤로 물러나지 않습니다. 이상에서 명백한 사실은 이들 두 사랑―자아애와 세간애―은 모든 것을 자신이나 자신의 영특함에 그 공을 돌린다는 것입니다. 그리고 모든 것들을 내면적으로 검토한다면, 하나님이나 그분의 신령섭리의 공으로 돌릴 것은 아무것도 없다고 한다는 것입니다. 아마도 그 사람들이 사람의 영특함 즉 사려분별은 무가치하다는 것이 진리이고, 신령섭리만이 만유(萬有)를 다스린다는 것이 진리이다는 것을 들으면, 그들은 철저하게 무신론자(無神論者)가 되어서, 그런 사실을 비웃(嘲笑)을 것입니다. 그러나 만약 기억으로나마 어떤 종교적인 것들을 알고 있다면, 또 모든 지혜는 하나님에게서 온다는 말을 들으면, 그들은 처음에는 이 말에 동의하지만, 그럼에도 불구하고 그들은 내면적으로 그의 영 안에서는 그것을 부인할 것입니다.
사람의 사상은, 그 사람 생명에 속한 정동에서 비롯된 것을 제외하면 아무것도 존재하지 않습니다. 그리고 사람의 사상은 그 정동을 담는 그릇 이외의 아무것도 아닙니다. 그러므로, 사람이 자신의 사상을 잘 알고, 이해하지만, 그가 그 정동은 잘 알고 이해하지 못하기 때문에―왜냐하면 그는 그것을 느끼기 때문인데―뒤이어지는 사실은, 사상은 외현(外現) 안에 있는 시각에서 비롯되는 것이고, 그리고 감관의 상태에는 이르지만 시각에는 이를 수 없는 정동에서 그가 내릴 수 있는 결론은, 자기 자신의 영특함이 모든 것들을 능히 행할 수 있다는 것입니다. 왜냐하면 정동은 사상에 속한 기쁨이나, 또는 그 내용에 관한 추론의 즐거움에 의해서 정동 자체를 드러내기 때문입니다. 그 때 자아애나 세간애로 말미암아 자기 자신의 영특함을 믿는 사람 안에서는, 이 즐거움이나 기쁨은 그의 사상과 더불어 하나를 이룹니다. 그리고 사상은, 마치 유유히 흐르는 물살에 내 맡겨져서 방향에는 관심이 없고, 선장은 돛을 올리는 일에만 관심이 있는 배와 같이, 자기 자신의 기쁨 안에서 유유자적(悠悠自適)합니다.

사람은, 사실인즉슨, 육체적이고 감관에 속한 쾌락과 더불어 한 몸처럼 정동이 행동할 때, 그의 외적인 정동에 속한 쾌락에 관해서 예의 숙고할 수 있습니다. 그럼에도 불구하고 사람은 이 쾌락이 사상 안에 있는 그의 정동에 속한 기쁨에서 비롯된 것이다라는 사실에 관해서 깊이 생각하지 않습니다.

기쁨은 사상을 다스리고, 사상은 기쁨 밖에 있으면 아무것도 아닌 무가치(無價値)한 것입니다. 그러나 그가 굳건히 믿는 것은 사상 이외의 것은 아무것도 아니다는 것입니다. 그럼에도 불구하고, 사상은 빛 가운데 밝히 드러내기 위하여, 생명에 속한 사랑에 의하여 형체로 이루어진 정동이라는 것을 제외한다면 아무것도 아닙니다. 왜냐하면 모든 정동은 볕 안에 존재하고, 모든 사상은 빛 안에 존재하기 때문입니다.

사실은 외적 사상에 속한 정동은 육체적 감관 안에서는 자기 자신을 잘 드러내 보여주지만, 마음에 속한 사상 안에서는 거의 그러하지 못합니다. 그러나 외적인 사상의 원천인 내적 사상의 정동은, 결코 자기 자신을 사람에게 드러내 보여주지 않습니다. 사람은 이런 사실에 관해서, 택시 안에서 자고 있는 승객이 도로에 관해서 아무것도 모르고 있는 이상으로, 전혀 알지 못합니다. 그리고 사람은 지구의 회전(回轉)에 관해서 아무런 것을 느끼지 못하는 그 이상으로 그것에 관해서 아무것도 느끼지 못합니다. 그러므로 사람이 숫자로 헤아릴 수 없이 사람의 마음에 속한 내면적인 것들 안에서 일어나는 무한한 것들에 관해서 전혀 알지 못하기 때문에, 그럼에도 불구하고, 사상에 속한 시각에서 감지(感知)되는 극소수의 외적인 것들은 내면적인 것에 속한 것들에서부터 생성되고, 그리고 내면적인 것들도 주님의 신령섭리를 통하여 주님에 의하여 다스려지고, 그리고 극소수의 외적인 것들도 사람과 더불어 주님에 의하여 다스려진다는 것을 깊이 생각한다면, 누구가 사람의 잔꾀(prudence)가 모든 것들을 성취할 수 있다고 어떻게 감히 말할 수 있겠습니까? 만약 여러분들이 공개된 단 하나의 사상이라도 볼 수 있다면, 입으로는 다 말할 수 없는 보다 많은 놀라운 사실들을 볼 수 있을 것입니다. (신령섭리 191 · 197-199항)

어느 누구도 주님께서 사람의 내적인 것 안에서 어떻게 사람을 인도하고 가르치시는지를 알지 못합니다. 그것은 마치 사람이, 그의 영혼이 눈이 보게 하고, 귀가 듣게 하고, 혀와 입이 말을 하게 하고, 심장이 피를 밀어내게 하고, 폐장이 숨을 쉬게 하고, 위가 소화를 하게 하고, 간장이나 췌장이 분배를 하게 하고, 신장이 분비를 하게 하고, 그밖에 헤아릴 수 없는 일들을 하게 하도록 운용하는 것을, 알지 못하는 것과 꼭 같습니다. 이러한 운용작용은 사람의 지각의 의식 하에, 일어나는 것은 아닙니다. 이와 꼭같이 마음에 속한 내면적인 실체나 형체 안에서, 헤아릴 수 없이 수많은 일들이 주님에 의하여 일어나고 있습니다. 이런 것들 안에서 행하시는 주님의 운영 사실들은 사람에게는 전혀 보이지 않습니다. 그러나 수많은 결과들은, 마치 원인이 결과를 낳듯이, 자기 자신을 스스로 들어냅니다. 이러한 결과들은 사람이 주님과 같이 존재하는 외적인 것들입니다. 그리고 외적인 것들이 하나의 시리즈로 밀착되어 있는지라, 외적인 것들은 내적인 것들과 더불어 한 몸(一體)을 형성하기 때문에, 주님께서는, 사람에 의하여 외적인 것들 안에서 이루어진 성질에 맞추어서, 내적인 것들 안에서 이런 일들을 정리할 수 있습니다. (신령섭리 174항)

앞에서 충분히 입증한 것은, 만약에 사람이 자기 스스로 하는 것처럼 자신에게 보이지 않으면, 즉 자기 스스로 생각하고, 뜻하고, 말하고, 행동하는 모든 것이 자기 자신 스스로가 행하는 것처럼 보이지 않으면, 그는 자신이 사람이 아니라고 여길 것입니다. 여기에서 얻는 결론은, 만약 사람이 자기 자신의 영특함에 의하여 자기의 직업이나 삶에 관계되는 모든 것들을 지시하는 것처럼 배열하지 아니 한다면, 그 사람은 신령섭리에 의하여 인도될 수도 없고, 무엇을 할 수 있게 할 수도 없다는 것입니다. 왜냐하면 그 사람은, 마치 입류만을 고대하고서, 손은 붙들어 매고, 입은 벌린채, 눈은 감고, 숨만 겨우 유지하는 상태로 서 있는 망부석 같은 존재일 것이기 때문입니다. 그 사람은, 자기 스스로 생활하고, 생각하고, 뜻하고, 말하고, 행동하는 지각과 감관에서 취하는 사람 본연의 것(人間性)을 포기할 것입니다. 그렇게 되면 동시에 그 사람은, 동물과 구별되는 기준인 자유나 합리성이라는 두 기능까지도 포기할 것입니다.

그러므로 만약에 여러분들이 신령섭리에 의하여 인도되기를 원한다면, 그것은 마치 주인의 재산(財産·goods)을 충직하게 분배한 종이나 하인처럼 사람의 영특함 즉 사려분별력을 잘 활용할 것입니다. 이 사려분별력은 장사하라고 종들에게 나누어 주었으나 반드시 그들이 갚아야 하는 달란트입니다(누가 19:11-27 ; 마태 25:14-30). 사람의 분별력은 사람에게는 그것이 자신의 것처럼 보이고, 또 사람은 하나님이나 신령섭리에 가장 적대하는 원수인 자아애(自我愛)를 자기 자신 안에 부둥켜 안고, 끼고 있는 한, 그 분별력은 틀림없이 자신의 것이라고 굳게 굳게 믿습니다. 이놈의 자아애는 사람이 태어날 때부터 선천적으로 모든 사람의 내면적인 것들 안에 둥지를 틀고 있습니다. 만약 여러분들이 그것에 관해서 알아차리지 못한다면—왜냐하면 그놈의 자아애를 알려고 하지 않기 때문인데—그 자아애는 안전하게 살 것이고, 또 사람이 문을 열지 못하도록, 그리고 주님에 의하여 그것이 추방되지 못하게, 문들을 단단히 걸어 잠가 버릴 것입니다. 사람은, 자기 자신에 속한 것처럼 하지만, 그것이 모두 다 주님의 것이라는 시인을 가지고, 악을 죄로 알고 멀리 피하는 것으로, 그 문을 엽니다. 이것이 바로 신령섭리와 더불어 한 몸처럼 행동하는 사람의 사려분별력 즉 영특함입니다. (신령섭리 210항)

일시적인 것들에 관한 신령섭리

사람이 죽음(death)에 의하여 자연적인 것이나 일시적인 것을 벗고 영적인 것이나 영원한 것을 입는다는 것이 신령섭리입니다. 자연적인 것이나 일시적인 것은 사람이 제일 먼저 들어가는 것인 가장 바깥의 것이요, 궁극적(窮極的)인 것입니다. 사람이 여기에 들어가는 일은 그가 태어날 때 일어나는데, 그것은 그 뒤에 사람이 보다 내면적이고, 보다 높은 것에 들어가기 위한 것입니다. 왜냐하면 바깥 것이나 궁극적인 것은 모두가 담는 그릇(容器·containant)이고, 또 이런 것들은 모두가 자연계 안에 존재하기 때문입니다.

그러나 자연에 속한 바깥 것이나 궁극적인 것은 영적인 것이나 영원한 것을 받아드릴 수 없기 때문에, 그리고 사람의 마음 또한 이런 것들로 구성되었기 때문에, 또한 그것들이 자신들 안에 있기 때문에, 그럼에도 불구하고, 그가 영적 존재가 되고, 영원히 살기 위하여 사람은 태어났기 때문에, 그러므로 사람은 그것들을 벗어 버려야 하고, 또 수용그릇으로 영적이고, 천적인 것을 섬기는 그리고 영적인 것이나 천적인 것들과 조화를 이루고 결합하는 자연적인 내면적인 실체를 오직 간직하고 있어야 합니다. 이러한 일은 육체적인 죽음을 가리키는 일시적이고, 자연적인 것들을 쓸데 없다고 거절하는 것으로 행하여 집니다.

주님께서는 신령섭리를 통하여 선용에 따라서 영적인 것들에 의해서는 주님 자신을 자연적인 것들에 결합하시고, 영원한 것들에 의해서는 일시적인 것들에 결합하십니다. 자연적인 것들이나 일시적인 것들은 자연 고유의 것들을 가리킬 뿐만 아니라, 자연계에 있는 사람 고유의 것들도 가리킵니다. 죽음에 의해서 사람은 이들 양자를 벗어 버리고, 대신 그것들에 대응(對應)하는 영적인 것이나 영원한 것을 입습니다. 사람은 선용(善用)에 따라서 그것들을 입습니다. 자연 특유의 자연적인 것들은 일반적으로 시간(時間·time)과 공간(空間·space)에 관계되고, 특수적으로는 지상에 보이는 모든 것(萬有)들에 관계됩니다. 사람은 죽음을 통해서 이것들을 남겨두고 떠나게 되지만, 그것들 대신에 외적인 겉모양이나 외현(外現)에서 보면 그것들과 비슷하지만, 그러나 내적인 모양이나 본질에서 보면 전혀 닮지 않은, 영적인 것들을 취하게 됩니다.

자연계에 있는 사람 특유의 일시적인 것들은 일반적으로는 품위(品位)나 체면(體面), 재물에 관계되고, 특수적으로는 누구에게나 살아가는데 필수적인 의(衣)·식(食)·주(住)에 관계됩니다. 이러한 것들은 죽음을 통해서 역시 벗게 되고, 뒤에 남겨 두게 되고, 그 대신에 입게 되고, 받게 되는 것들은 겉모양이나 외현으로는 그것들과 아주 닮았지만, 그러나 속모양이나 본질(本質)에서는 전혀 꼭 같지 않은 것들입니다. 그런 것들은 이 세상에서 일시적인 것들에 속한 선용(善用·쏨씀이·use)으로 말미암아 그것들의 내적인 모양이나 본질을 갖습니다. 그 선용이라는 것은 인애에 속한 선(仁愛的 善)이라고 일컫는 선들을 가리킵니다.

이상에서 볼 때 잘 알 수 있는 것은 주님께서는 신령섭리를 통해서 그것들의 선용에 따라서 영적인 것들이나 영원한 것들을 자연적인 것들이나 일시적인 것들에 결합하신다는 것입니다.

품위나 체면·명예·재물·신망(信望·influence) 등은 모두가 겉모양으로는 자연적이고, 일시적인 것들입니다. 그러나 속모양으로는 그것들은 영적이고, 영원한 것들입니다. 그들이 가지고 있는 명예로서의 품위(品位)는, 사람이 그것들 안에서 개인적으로는 자기 자신을 우러르고, 공공복리(公共福利·common wealth)나 선용을 우러르지 않으면, 자연적이고 일시적인 것들입니다. 왜냐하면 그렇게 되면 사람은 공공복리도 그 자신을 위하여 존재하는 것이지, 공공복리를 위해 존재하는 것이 아니라고 내면적으로 그 자신은 속으로 생각할 수밖에 없기 때문입니다. 그 사람은, 나라나 그 나라의 백성이 그 자신을 위해서 존재하는 것이지, 임금이 그의 나라나 그 백성을 위해서 존재하는 것이 아니라고 생각하는 폭군(暴君)과 꼭 같습니다. 그러나 사람이 공공복리나 선용이 그 자신을 위해서 존재하는 것이 아니고, 자기 자신이 공공복리나 선용을 위해서 존재한다고 개인적으로 자기 자신을 여기면, 그들이 가지고 있는 명예로서의 품위나 체면까지도 마찬가지로 영적이고 영원한 것입니다. 만약 사람이 이것을 구체적으로 실천한다면, 그 때 그 사람은 그의 품위나 명예에 관해서 보면 진리 안에 또는 본질 안에 있는 것입니다. 그럼에도 불구하고 만약 전자의 경우, 그가 품위나 명예에 속한 대응이나 또는 외현 안에 있다고 해도, 만약 그가, 그가 내재해 있는 거짓을 진리처럼 마음 속으로 그것들을 다짐하고, 또 자기 자신은 주님과의 결합 안에 있다고 마음 속으로 다짐한다면, 그 사람은, 거짓 안에, 그리고 그것에서 파생된 악 안에 있는 그 누구 보다도 더 거짓과 악 안에 빠져 있는 것입니다. 왜냐하면 미망(迷妄)들은 거짓과 그것에서 파생된 악과의 결합 그 자체이기 때문입니다. 그런 부류의 사람들은, 사실 선용이나 선행을 권장하고 장려하지만, 그러나 그러한 일은 주님을 위한 것이 아니고, 자기 자신을 위하는 것 뿐입니다. 따라서 그들은 자기 자신을 주님의 자리에 올려놓습니다. 자연적인 것이나 일시적인 것, 또는 영적인 것이나 영원한 것들에 속한 재물이나 신망(信望)의 경우도 매 한가지입니다. 자기 자신들만을 우러르고, 또 그들에게 있는 재물이나 신망만을 우러르는 사람들에게는 재물이나 신망 따위도 모두가 자연적이고 일시적일 뿐인데, 이들 둘은 그것 자체에서 그들의 즐거움이나 기쁨을 찾기 때문입니다. 그러나 꼭같은 재물이고 신망이라고 해도,

그것은 그것들 안에 있는 선용을 우러르고, 또 그것들 안에서 내면적인 즐거움이나 기쁨을 찾는 사람들에게는 모두가 영적이고 영원한 것입니다. 심지어 그들에게 있는 외적인 즐거움이나 기쁨까지도 영적인 것이 되고, 일시적인 것도 영원한 것이 됩니다. (신령섭리 220항)

올바르게 심사숙고하는 사람은 누구나 비록 사람들이 자신들의 기쁨으로 말미암아 그런 것들 안에 있는 것들을 신령축복이라고 부른다고 할지라도, 신분의 높음(高位·eminence)이나 물질의 넉넉함(豊饒·opulence)이 실제적인 신령축복이 아니라는 사실을 잘 압니다. 왜냐하면 그런 것들은 무상(無常)하고, 덧없는 것들이며, 또한 수많은 사람들을 유혹, 나쁜 길에 들어 가게 하고, 또 수많은 사람들을 천계로부터 얼굴을 돌리게 하기 때문입니다. 그러나 천계적인 삶이나, 거기에 있는 행복은 실제적인 주님의 축복으로, 그것들은 모두가 신령존재에게서 비롯되는 것들입니다. 이러한 사실을 주님께서는 누가복음서에서 가르치셨습니다. 즉—.

너희는 너희 소유를 팔아서, 자선을 베풀어라. 너희는 스스로를 위하여 낡아지지 않는 주머니를 만들고, 하늘에다 없어지지 않는 재물을 쌓아 두어라. 거기에는 도둑이나 좀의 피해가 없다. 너희의 재물이 있는 곳에 너희의 마음도 있을 것이다. (누가 12 : 33, 34)

(천계비의 10776항)
세상적이고 관능적인 것들에다 모든 성공과 행복을 내맡기는 사람들은 누구나, 또 성공과 행복이 명예나 재물에 있다고 생각하고, 그런 것들이 오직 신령한 축복이라고 굳게 믿는 사람들은, 그들이 이런 것들을 향유하는 사람들 중에, 선한 사람은 의외로 많지 않고, 오히려 수많은 악한 사람들을 보게 되면, 신의 축복은 영원한 행복 안에 있다는 것이나, 또는 세상적이고 관능적인 것들은 주님께서는 영원한 것에 비하면 비천한 것으로 밖에 여기지 않는 일시적이고 순간적인 것이다는 것은 생각하지 않고, 개별적으로는 마음 속에서부터 신령섭리를 거부하고 부인합니다. 이런 이유 때문에 주님께서 선한 사람들을 위하여 섭리하시는 것은, 결국에는 그들의 영생(永生)에 속한 행복에로 인도하는 주님의 섭리를 그들이 받게 하는 것입니다. 다시 말하면 그들에게 해가 되지 않는 진정한 부(富)

와 명예를 그들을 위해서 주님은 섭리하시고, 또한 그들에게 해가 되는 부나 명예를 그들을 위하여 섭리하지 않습니다. 뿐만 아니라, 결국에는 선한 사람들에게는 주님께서 적지 않은 것으로 기쁘고, 또 부자나 명예스러운 사람에 비하여 더 많은 부와 명예를 향유하는 자리에 있게 합니다. (천계비의 8717항)

진리나 선의 영접(迎接)에 관한 신령섭리

주님께서, 일생동안 사람이 지혜에 속한 진리나 사랑에 속한 선 안에 있을 수 있는 정도가 아니면, 사람이 내면적으로 그것들 속으로 들어가는 것을 용납하지 않습니다.

신령섭리에 관한 신비(神秘·mystery)를 설명하기 위하여, 또 합리적인 사람이 합리적인 빛 안에서 신령섭리를 이해하기 위하여, 아래의 순서로 펼쳐 보이고자 합니다.

Ⅰ. 사람의 내면적인 것들 안에는 악과 선이 동시에 공존(共存)할 수 없고, 따라서 악에 속한 거짓이나 선에 속한 진리가 동시에 공존할 수 없다는 것.

Ⅱ. 악이나 그 악에 속한 거짓이 제거되지 않으면, 선이나 그 선에 속한 진리가 주님에 의하여 사람의 내면적인 것들 안에 전해질 수 없다는 것.

Ⅲ. 만약에 그 선에 속한 진리와 더불어 선이, 악에 속한 거짓과 더불어 악이 제거되기 전에 또는 전자에 비하여 후자가 더 많이 사람 안에 전해지면, 사람은 그 선에서 물러나고, 그의 악에게로 되돌아 간다는 것.

Ⅳ. 사람이 악 안에 있고, 수많은 진리가 그의 이해 안에 전해질 수 있다면, 그리고 그 진리들이 그의 기억 안에 저장될 수 있다면, 그럼에도 불구하고 그 진리들은 더럽혀지지 않는다는 것.

Ⅴ. 그러나 주님께서는, 그분의 신령섭리를 통하여, 사람이 마치 자기 스스로 하듯, 겉사람 안에 있는 악들을 제거하기 전이나, 또는 그 정도 이상으로, 의지가 그의 이해로부터 받아드리지 않도록 특별히 보살피신다는 것.

Ⅵ. 만약 그 전에 또는 더 많이 받아드리는 일이 일어난다면, 그 때 선이나 진리들을 악이나 거짓들과 뒤범벅으로 만들기 때문에, 의지는 선

을 저급(低級)의 것으로 뒤섞어 버릴 것이고, 이해는 진리를 위화(僞化)한다는 것.

Ⅶ. 그러므로 주님께서는, 사람이 일생 동안 지혜에 속한 진리나 사랑에 속한 선 안에 있을 수 있는 상태 아니면, 사람이 내면적으로 그것들 속으로 들어가는 것을 용납하지 않는다는 것.

Ⅰ. 사람의 내면적인 것들 안에는, 악과 그것의 거짓이, 그리고 선과 그것의 진리가 동시에 존재할 수 없다는 것을 합리적인 사람들은 특별한 설명 없이도 이해할 수 있습니다. 왜냐하면 악은 선에 정반대이고, 선은 악에 정반대이기 때문이고, 그리고 정반대인 이들 양자는 함께 공존할 수 없기 때문입니다. 모든 악 안에는 선천(先天)적으로 선에 정반대인 증오(憎惡)나 미움 따위가 존재해 있고, 그리고 모든 선 안에는 선천적으로 악에 대하여 자기 자신을 방어(防禦)하려는, 그리고 그 자체에서부터 악을 떼어 놓으려는 사랑이 존재해 있습니다. 여기에서 얻을 수 있는 결론은, 전자는 후자와 함께 존재할 수 없다는 것이고, 만약 양자가 함께 있다면, 거기에는 처음에는 갈등이나 싸움이 일어날 것이고, 그 뒤에 가서는 자멸만 있을 뿐이다는 것입니다. 사실 이러한 내용을 주님께서는 마태복음서에서 가르치셨습니다. 즉—.

> 어느 나라든지 서로 갈라지면 망하고, 어느 성이나 가정도 서로 갈라지면 버티지 못한다.……나와 함께 하지 않는 사람은 나를 반대하는 사람이요, 나와 함께 모으지 않는 사람은 헤치는 사람이다.
> (마태 12 : 25-30)
> 아무도 두 주인을 섬기지 못한다. 한쪽을 미워하고, 다른 쪽을 사랑하거나, 한쪽을 중히 여기고 다른 쪽을 업신여길 것이다.
> (마태 6 : 24)

상반되는 양자는, 미칠 지경이 되거나, 자멸하는 일 없이 하나의 실체나 형체 안에 결코 공존할 수는 없습니다. 만약 어느 한쪽이 전진하거나 다른 쪽에 가까이 가면 그들도 틀림없이 갈라질 것인데, 이들 양자는 원수 같아서, 그들 중에 한쪽이 영내에 또는 방어물 안에 남아 있으면, 다른 한쪽은 영외(營外)에 있습니다. 이같은 현상은 위선자들 안에 있는 악과 선의 경우와 같습니다. 위선자(僞善者)는 양자 즉 선에도 악에도 있는데,

그럼에도 불구하고 악이 안에 있으면 선은 밖에 있습니다. 그러므로 이들 양자는 따로 따로 갈라져 있지, 함께 뒤섞여 있지는 않습니다.

II. 사람의 내적인 것 안에 있는 악과 악에 속한 거짓이 먼저 제거되는 정도에 비례하여, 선과 선에 속한 진리는 주님에 의하여 사람의 내면적인 것 안에 들어갈 수 있다는 것은 앞서의 설명에 이어지는 필연적인 것입니다. 왜냐하면 악과 선은 함께 공존할 수 없으므로, 악이 먼저 제거되기까지는 선이 들어갈 수 없기 때문입니다. 사람의 내면적인 것 안에 들어간다고 말하였는데, 그것은 그 사람의 사상에 속한 내적인 것을 뜻합니다. 언급된 내면적인 것들은, 그것들 안에 주님이 계시냐, 아니면 악마가 있느냐 하는 것을 가리킵니다. 바로잡음(改革·reformation) 뒤에는 거기에 주님이 계시지만, 그러나 그 전에는 거기에 악마가 있습니다. 그 때 사람이 스스로 개혁하려고 애쓰는 정도에 비례하여, 악마는 거기서 쫓겨나지만, 그러나 사람이 스스로 개혁하려고 애쓰지 않는 한, 악마는 거기에 남아 있습니다. 악마가 버티고 있는 한, 주님께서 거기에 들어가실 수 없다는 것을 누구가 알지 못하겠습니까? 사람과 주님이 함께 들어가야 할 문을 사람이 굳게 잠그고 있는 한, 거기에는 그 사람만 있을 뿐, 주님은 들어가 계시지 않습니다. 사람에 의하여 이 문이 먼저 열려야 주님께서 거기에 들어간다는 것을 주님께서는 묵시록에서 가르치셨습니다. 즉—.

> 보아라, 내가 문 밖에 서서, 문을 두드리고 있다. 누구든지 내 음성을 듣고 문을 열면, 나는 그에게로 들어가서 그와 함께 먹고, 그는 나와 함께 먹을 것이다. (묵시록 3 : 20)

III. 악과 그것의 거짓이 먼저 제거되기 전에, 선이나 그것의 진리가 들어갔다면, 또는 선에 비하여 훨씬 많이 악이나 그것의 거짓이 들어갔다면, 사람은 선에서 물러나고, 그리고 그는 자신의 악으로 되돌아갈 것입니다. 그 이유는, 악은 막강한 힘을 가지게 될 것이고, 막강한 힘을 가진 그 악은 그 사람을 정복할 것이기 때문입니다. 만약 그 당장 정복하지 않았다면 그 뒤에 그러할 것입니다. 악이 막강한 힘을 가지고 있는 한, 선은 지심(至深)한 내실(內室)에는 들어갈 수 없고, 오히려 변방의 언저리에나 머무를 것입니다. 그 이유는, 앞에서 설명하였듯이, 악과 선은 서로 공존해서 함께 살 수 없기 때문입니다. 다시 말하면 변방 언저리에 거처를 정한 것은 내실(內室·the inner apartment)을 점유한 원수에 의하여 쫓겨난 것입니다. 이로 인하여 선으로부터의 추방(追放)과 악으로의 귀향(歸鄕)이 일어나는 것입니다. 뿐만 아니라 사람의 생명의 진수(眞髓)인 기쁨은 모든 것들에 비하여 으뜸으로 자기 자신을 사랑하는 것이고, 세상을 사랑하는 것입니다. 이러한 쾌락은 일순간에 제거될 수 없고, 다만 점차적으로 서서히 제거될 뿐입니다. 이 쾌락이 아직까지 어느 정도 남아 있는 한, 악은 거기에서 망각한 힘을 가집니다. 그리고 이 놈의 악은, 오직 자아애(自我愛)가 선용에 속한 사랑이 되려는 것에 의하여, 또는 지배애(支配愛·the love of rule)가 자기 자신의 목적이 아니고 선용을 위해 부단히 애쓰는 것에 의하여서만, 제거될 수 있습니다.

그러므로 첫째가 꼴찌가 되기 위하여서는 사람의 생명의 상태는 필히 전화(轉化)되어야만 하는데, 이러한 뒤바뀜(轉化)은 일순간에 이루어질 수는 없습니다. 왜냐하면 자아애와 그것에서 파생된 세간애(世間愛)가 근원인 생명의 진수인 쾌락은 점차적이 아니고서는 선용에 속한 사랑으로 감소될 수도 없고, 바뀌어질 수도 없기 때문입니다. 따라서 악이 먼저 제거되기 전에는, 또는 제거되는 정도가 크지 않으면, 선은 주님에 의하여 들어갈 수가 없습니다. 만약 그런 일이 있기 전에 그러한 일이 일어났다면, 그리고 악의 제거에 비하여 더 많이 선이 들어왔다면, 사람은 선에서 물러날 것이고, 자기 자신의 악으로 되돌아갈 것입니다.

Ⅳ. 사람이 악 안에 있으면서, 수많은 진리는 그의 이해 안으로 들어갈 수 있고, 또 기억 속에 그것들을 저장할 수 있는데, 그럼에도 불구하고 그 진리들은 더럽혀지지는 않습니다. 그 이유는, 이해는 의지에 흘러들어 갈 수 없지만, 의지는 이해에 들어갈 수 있기 때문입니다. 이해가 의지 안에 들어갈 수 없기 때문에, 수많은 진리들은 이해에 의하여 수용될 수 있고, 또 이 진리들은 기억에 남아 있을 수 있지만, 그럼에도 불구하고 이 진리들은 의지에 속한 악들과 뒤섞여지지 않습니다. 그러므로 거룩한 것들은 더럽혀지지 않습니다. 이것이 바로 사람은 누구나 성경말씀이나 설교를 통해서 진리를 배워야 하고, 또 그것들을 기억하고, 늘 명상하고, 되색여야 하는 의무인 것입니다. 왜냐하면 기억 안에 있고, 또 기억에서 사상으로 옮겨진 진리들로부터 이해는 의지를 가르치고, 다시 말하면 그

진리에 따라서 이해는 그 사람이 필히 행하여야 할 것을 사람에게 가르치기 때문입니다. 그러므로 이 일련의 과정이 바로 개혁의 주된 수단이요, 길입니다. 진리가 이해 안에 존재하고, 이로 인하여 기억 속에 존재하는 한, 그 진리들은 그 사람 내부에는 있지 않지만, 그 사람 외부에는 있습니다. 사람의 기억은 어떤 동물들이 자신의 먹거리를 받아드려서 반추(反芻)하는 동물의 위(胃)의 반추작용(反芻作用)에 비유될 수 있겠습니다. 그것이 위에 있는 한 그것은 그들의 신체의 내부에 있는 것이 아니고, 밖에 있을 뿐입니다. 그럼에도 불구하고 짐승들이 거기에서 그것을 취하여, 그것을 되새김질하고, 그들의 생명에 속한 것으로 만들기 때문에, 그 몸은 그것에서 영양분을 취하게 됩니다. 그러나 사람의 기억 안에는, 진리가 뜻하는 영적인 양식이 아닌 물질적인 양식은 있을 수 없는데, 본질적으로 영적인 양식은 바로 지식이요 앎인 것입니다. 사람은 기억에서부터 이것들을 취하여, 말하자면 기억된 진리들에 관하여 명상하고, 계속 되새기는 것에 비례하여, 그 사람의 영적인 마음은 그것에서 영적 영양분을 섭취합니다. 그것은 바로 의지에 속한 사랑인데, 이 사랑은 마치 배고픈 사람처럼 갈망하고 열망하는 사랑으로, 그 사랑은 그것들을 흡수하여 영양이 되게 합니다. 만약 이 사랑이 악하다면, 그 사랑은 부정한 것을 갈망하고, 말하자면 그것을 찾아 헤매일 것입니다. 그러나 그 사랑이 선하다면 그 사랑은 정결한 것을 갈망하고, 그것을 찾기 위해 헤매일 것입니다. 따라서 그 사랑과 일치하지 않는 것들은 그것을 갈라 놓고, 내쫓고, 종국에는 소멸시킬 것인데, 이러한 일은 여러 가지 방법에 의해서 일어납니다.

V. 주님께서는, 사람 스스로 겉사람 안에 있는 악을 먼저 제거하고, 또 선에 비하여 더 많은 악을 받기 전에 의지가 이해로부터 받아드리기 위하여, 신령섭리를 통하여 최대한으로 배려(配慮·care) 하십니다. 왜냐하면 의지에 의하여 수용된 것은 사람 속으로 들어오며, 사람은 그것을 자기의 것으로 삼고, 또 그것은 그의 삶이 되기 때문입니다. 그리고 그 사람이 삶을 통해서 의지에서 취한 선이나 악은 또한 함께 살 수 없기 때문입니다. 왜냐하면 그와 같이 되면 그 사람은 멸망할 것이기 때문입니다. 그럼에도 불구하고 이런 것들, 즉 양자는 모두 이해 안에 있을 수 있는데, 이런 것들을 가리켜 악에 속한 거짓 또는 선에 속한 진리라고 부릅니다. 그

러나 이들 둘이 함께 공존할 수 없으므로 어느 누구도 선과 악을 분별할 수도 없고, 또 악으로 말미암아 선을 알 수 없습니다. 그럼에도 불구하고, 한 집이 안채와 바깥채로 구분되는 것처럼, 그것들은 거기에서 분별되고 서로 갈라집니다. 악한 사람이 선에 관해서 생각하고 또 말하는 경우, 그 사람은 그저 단순히 겉으로 생각하고, 말할 뿐이지만, 만약에 악한 사람이 악에 관해서 생각하고 말한다면, 그 사람은 겉으로가 아니라 아주 속 깊게 생각하고 말하는 것입니다. 그러므로 그 사람이 선에 관해서 말한다면 그의 말은, 말하자면 그 집의 내실에서 온 것이 아니고, 밖에 있는 바람벽에서 온 것입니다. 그리고 그의 말은 겉으로는 근사하지만, 속은 벌레 먹고, 썩은 과일에 비유될 수 있고, 또 부화(孵化)하기 전의 용의 알에 비유되겠습니다.

VI. 만약 악이 제거되기 전에 선이 들어온다는 일이나 또는 선에 비하여 악이 많이 들어오는 일이 일어난다면, 선을 악이나 그것에서 파생된 거짓과 뒤범벅을 만드는 짓을 통해서, 의지는 선을 모독하고, 이해는 진리를 위화(僞化)할 것입니다. 의지가 악 안에 빠져 있다면, 의지는 이해 안에 있는 선을 더럽히고, 그리고 이해 안에 있는 더럽혀진 선은 의지 안에 있는 악입니다. 왜냐하면 그 의지는 악을 선이라고, 선을 악이라고 확증하기 때문입니다. 악은 모든 선에 대하여 이런 짓거리를 자행하는데, 그 이유는 악은 선 자체에 정반대이기 때문입니다. 역시 악은 진리를 위화(僞化)하는데, 그 이유는 선에 속한 진리는 악에 속한 거짓에 정반대이기 때문입니다. 이러한 일은 의지가 이해 안에서 하는 짓이지만 이해 스스로는 그런 일을 하지 못합니다. 선에 대한 섞음질(冒瀆)이 성경말씀에서는 간음(姦淫)으로, 그리고 진리에 대한 위화(僞化)는 음란(淫亂)으로 기술되었습니다. 이들 섞음질(冒瀆)과 위화(僞化)는 악에 빠져 있는 자연적인 사람에서 비롯된 추론(推論)에 의하여 이루어지고, 또한 성경말씀의 문자적인 뜻에 나타난 외현(外現)에 의한 확증에 의하여 이루어집니다. 모든 악의 괴수(魁首)인 자아애는 선을 모독하고 진리를 위화할 수 있는 그것의 능력 안에 있는 어떤 사랑 즉 애욕(愛欲) 보다 훨씬 우월합니다. 그 자아애는 선한 사람이나 악한 사람 즉 모든 사람이 주님으로부터 받는 합리성을 함부로 남용하는 짓으로 이런 일을 저지릅니다. 사실인즉슨, 그러한 일은 교묘하게 악이 마치 선인 것처럼, 그리고 거짓이 마치 진리인 것처럼 꾸미는 확증에 의하여 일어납니다.

Ⅶ. 그러므로 주님께서는 사람으로 하여금, 사람이 그의 일생 동안 진리나 선 안에 머물 수 있는 정도를 제외하고서는 지혜에 속한 진리나 사랑에 속한 선에 내면적으로 들어가는 것을 용납하시지 않습니다. 주님께서 이렇게 하시는 것은, 사람이 거룩한 것을 더럽히고 모독하는 가장 비참한 것에 빠지지 않게 하기 위해서 입니다. 이러한 위험 때문에 주님께서는 예배에 관계되는 이교도적인 수많은 것들을 비롯해서 생활에 속한 악 마저도 참고 기다리십니다. (신령섭리 232·233항)

신령섭리에 속한 허용의 법칙들

그것 자체에 의해서는, 또는 신령섭리의 법칙들을 떠나서는 허용의 법칙(許容法則·law of permission)이란 있을 수 없지만, 그럼에도 불구하고 그것들, 즉 신령섭리나 그것의 허용의 법칙은 꼭 같은 의미를 가지고 있습니다. 그러므로 하나님께서는 허용하신다고 말하는 것입니다. 하나님께서 허용하신다는 말은, 하나님께서 원하시거나 뜻하는 것을 뜻하지 않고, 다만 구원의 목적 때문에, 하나님께서 강제적으로 막을 수 없다는 것을 뜻합니다. 구원의 목적 때문에 행하여진 것은 무엇이나 신령섭리의 법칙들에 일치합니다. 왜냐하면, 앞에서 언급한 것과 같이, 신령섭리는 쉬지 않고 계속해서 사람의 의지와는 정반대되는 방향이나 그와 반대로 움직이시고, 변함없이 그 목적을 향해 일로매진(一路邁進)하기 때문입니다. 그러므로 신령섭리의 운명의 한순간이나 그 진전의 일보에서, 신령섭리가 사람이 그 목적에서 벗어나는지를 관찰하여, 신령섭리는 그 법칙에 따라서 사람이 악에서는 멀리 떨어지고, 선에는 보다 가까이 가게 하는 주님의 인도에 의하여, 사람으로 하여금 똑바로 가도록 지시하고, 방향을 바로 잡게 하고, 또 그렇게 하고 싶은 마음을 생기게 합니다. 이러한 일련의 모든 일이 악의 허용(惡許容)이 없이는 불가능하다는 것을 아래에서 알 수 있을 것입니다. 더욱이 원인이 없이 허용될 수 있는 것은 아무것도 없고, 신령섭리의 법칙 안에 있는 것을 제외하면 어디에서도 원인들을 찾을 수 없는데, 이 법칙은 그것이 왜 허용되는지를 가르쳐 주고 있습니다. (신령섭리 234항)

모든 자아 숭배자나 자연 숭배자들은, 그들이 이 세상에 경건하지 못한 수많은 사람들이 있고, 또 그들의 수많은 파렴치한 짓거리들을 보면서, 또 동시에 그들의 그 파렴치한 것들로 광영을 누리고, 뿐만 아니라, 그것으로 인한 하나님의 징벌(懲罰)이 전혀 없다는 것을 볼 때, 그 사람은 자기 스스로 신령섭리에 거스르는 결론을 고수(固守)합니다. 그 사람 스스로 신령섭리에 거스르는 고집을 고수하면 할수록, 그 때 그는 경건 · 정의 · 성실 등에 반대하여 간계(奸計) · 술책(術策)이나 사기 등이 뒤이어 오는 것을 보게 되고, 또 부정(不正)이 사법적인 심사(審査)나 사업에서 공정(公正)을 물리치는 것을 볼 것입니다. 특히 경건하지 못한 사람이, 교회나 나라에서 명예스러운 자리나 높은 지위에 출세하는 것을 보고, 재물이 부유하고, 사치스럽고 호화스러운 생활을 하는데 반하여, 하나님을 숭배하는 사람들은 반대로 멸시(蔑視)와 가난 가운데 있는 것을 보면, 그 사람은 스스로 신령섭리에 거스르는 주장을 고수합니다. 그리고 또한 전쟁이 일어나고, 수많은 사람의 비명횡사(非命橫死)나 수많은 도시 · 나라 · 가정의 약탈을 목격하면, 승리는 잔꾀를 부리는 사람에 돌아가고, 때로는 정의 쪽에 돌아가지 않는 것을 보고나, 또 승리는 지휘자가 올바른 사람이냐 아니냐에는 아무런 차이를 입증하지 못하는 것을 보고나, 그밖의 이와 비슷한 일들이 수도 없이 일어나는 것에 대하여 깊이 숙고할 때, 그 사람은 스스로 신령섭리에 위배되는 주장을 고수합니다. 이러한 모든 사건이나 일들은 신령섭리의 법칙에 일치하는 허용일 뿐입니다.

자연적인 사람도, 여러 나라의 여러 종교들을 보게 되면, 역시 자기 스스로 신령섭리에 반대되는 주장을 고수합니다. 예를 들어 보겠습니다. 거기에는 하나님에 대하여 전혀 알지 못하는 무지(無知)한 사람도 있고, 태양이나 달을 숭상, 예배하는 사람들도 있고, 또 사신(邪神 · idol)이나, 우상(偶像)이나 심지어 기인(奇人 · monster)을 숭배하는 사람들도 있고, 또는 죽은 사람(亡人)을 섬기는 사람들도 있습니다. 무엇 보다도, 기독교는 유럽이라고 부르는 사람이 사는 지극히 좁은 영역에 퍼져나간데 비하여, 수많은 제국(帝國)이나 나라가 마호메트교를 영접하고 있다는 것, 그리고 그 기독교가 또한 여러 분파로 갈라졌다는 것, 그리고 어떤 종교에서는 자신들이 신령한 힘이 있다고 주장, 하나님으로 숭배되기를 원하는 사람들이 있다는 것, 죽은 사람에게 자비를 비는 사람들이나, 그리고 그들이 해야 하는 선행(善行)에 의하여 구원이 성취되는 것이 아니고, 어떤 문구를 생각하고, 외우는데 구원이 있다고 하는 사람들, 또는 그들의 종교의 가르침에 따라서 사는 사람은 극소수이고, 이단사설(異端邪說)에 따라서 사는 사람이 많다는 것, 그리고 오늘날에는 퀘이커 종도·모라비아 종도·재침례(再浸禮) 종도나 그밖의 여러 종파의 사람들이 있는가 하면, 아직까지도 유대교가 명맥을 유지한다는 것 등등이 좋은 예가 되겠습니다.

신령섭리를 거부, 부인하는 사람은 이러한 여러 사실들에서부터, 종교는 본질적으로 아무것도 아니지만, 그럼에도 불구하고 필요한 것은, 종교가 하나의 억압수단(抑壓手段·restraint)으로 안성맞춤이라고 생각합니다.

이상에서 설명한 것은, 이 세상에서 일어나는 모든 일, 즉 선한 것이든 악한 것이든, 개별적이든 전체적이든, 모든 만사(萬事)는 신령섭리에 속한다는 것을 증거하기 위한 것입니다. (신령섭리 237·238·240항)

세상적인 소유(所有)나 명예에 관한 신령섭리의 허용

자아 숭배자나 자연 숭배자는 사람이 가질 수 있는 최고의 것이나 유일한 행복, 따라서 행복 자체는 높은 사회적 지위와 재물 즉 부귀(富貴)라고 믿습니다. 어려서부터 예배하는 것이 시작되었다면 그 사람은 하나님에 관해서 무엇인가를 생각하고, 그것들을 신령축복이라고 부를 것입니다. 그리고 이러한 것들로 말미암아 그가 잘났다고 우쭐대지 않는 한, 그는 하나님이 한 분 계시다는 것을 생각하고, 심지어 그분을 예배합니다. 그러나 그의 예배에는 자기도 잘 모르는 사이에 어떤 것이 숨겨지게 되는데, 그것이 바로 하나님에 의하여 아주 높은 지위에 올라갈 수 있다는 대망(大望)과, 또 보다 넉넉한 재물에 대한 열망인데, 만약에 그가 이러한 것들을 얻게 되면, 그의 예배는 더욱 더 외적인 것들에 몰입하게 되면서 예배는, 본래의 궤도를 이탈하여, 종국에는 진정한 하나님을 경멸(輕蔑)하고 부인(否認)하게 될 것입니다. 그리고 만약 그의 심중에 똬리를 틀고 있는 사회적인 높은 지위나 재물의 부유함에서 쫓겨나도, 그 사람은 역시 마찬가지고 하나님을 경멸하고 부인하는 짓을 할 것입니다. 그렇게 되었을 때, 사악한 사람에게 높은 지위나 많은 재산은 장애물(障碍物) 외에 무엇이겠습니까?

그러나 선한 사람에게는 그것들이 그렇지가 않습니다. 그 이유는 그들은 그런 것들 즉 재물이나 사회적인 높은 지위에 자신들의 마음을 두지 않고, 오히려 높은 지위나 재물은 남을 섬기는 수단에 지나지 않는다는 선용이나 선 위에 마음을 둡니다. 그러므로 그 사람이, 경건치 못한 사람이 교회나 나라에서 명예나 재물을 얻고, 또 높은 지위를 누리는 것을 보고서 신령섭리에 대하여 스스로 위배되는 것을 고수한다면, 그 사람은 자아숭배자요, 자연 숭배자입니다. 더욱이 무엇이 신분상의 높고 낮은 지위입니까? 많다, 적다는 재물의 부유는 무엇입니까? 본질적으로 그런 것들은 모두가 일장춘몽(一場春夢 · imaginary something) 이외의 무엇입니까? 어느 누구가 다른 사람에 비하여 운이 좋고, 더 행복합니까? 위대한 사람이나 심지어 임금이나 제왕까지도, 단 일년만 지나도, 높은 지위라는 것이 더 이상 기쁨으로 그의 마음을 흥분시키지 못하고, 오히려 그에게는 무가치(無價値)한 것 이외의 별 것이 아니라고 생각하지 않을까요? 낮은 지위에 있는 사람에 비하여, 심지어 농군이나 하인 같이 아주 낮은 신분에 있는 사람에 비하여 보다 큰 행복감에 도취되어 있다면, 그것이 그들의 신분이라는 이유 때문입니까?

순풍(順風)에 돛 단 듯이 만사(萬事)가 잘 되어가고, 그들의 처지에 만족하다면, 이들은 아마도 매우 큰 행복감을 만끽할 것입니다. 자아애(自我愛) 이외의 그 어떤 것이 마음을 더욱 불안하게 하고, 아주 자주 흥분시키고, 보다 맹렬하게 격분시킵니까? 이러한 일들은 교만한 마음에 비하여 불명예스럽다고 여길 때 자주 일어나고, 무엇인가 원하는 것이나, 죽 끓듯 하는 변덕에 일치하여 그것이 성공적으로 일어나지 않을 때, 빈번히 일어납니다. 만약에 높은 지위가 어떤 목적 즉 선용을 목적한 것이 아니라면, 높은 지위는 한낱 관념(觀念 · idea) 이외의 무엇입니까? 본질적으로 이 세상이 전부이고 영원한 것은 아무거도 없다(全無)는 자아나 세상에 관한 사상 이외에 그 어떤 사상 안에 이런 관념이 존재할 수 있습니까?

여기서는 마음으로 경건하지 못한 사람이 높은 지위에 오르고, 많은 재물을 얻는 것이 허용되는 이유에 대한 신령섭리에 관해서 설명하고자 합니다. 경건치 못한 사람이나 악한 사람도 경건한 사람이나 선한 사람과 꼭 같이 심지어 때로는 큰 열정을 가지고 선용을 성취할 수 있습니다. 왜냐하면 그들은 선용 안에서 자기 자신을 존경하고 명예도 선용으로 간주하기 때문입니다.

그러므로 자아애가 높이 오르려는 정도에 따라서 자기 자신의 광영(光榮) 때문에 선용을 성취하려는 욕망은 자아애 안에서 불태우고 있습니다. 그 욕망의 불길이 명예욕에 의하여 조장된 것이 아니라면, 경건한 사람이나 선한 사람에게는 이러한 불길은 결코 있지 않습니다. 그러므로 주님께서는 높은 지위에 있는 마음이 경건하지 못한 사람도 그들의 이름의 광영에 의하여 다스리시고, 또 주님께서는 그들로 하여금, 그들이 살고 있는 조국이나 국가, 또는 사회나 도시에 대하여, 또 그들과 어울려 지내는 동료나 이웃에 대하여 선용을 실천하도록 조장하고 자극하십니다. 이것이 바로 주님의 정치형태(政治形態 · government)요, 또 그들에게 있는 신령섭리라 부르는 것입니다. 왜냐하면 주님의 나라는 선용의 나라(a kingdom of uses)요, 그리고 이 세상의 나라에는 선용을 목적하여 선용을 실천하는 사람이 극소수이므로 주님께서는 자아 숭배자들을 높은 임무의 자리에 오르게 하여, 거기에서 모든 사람으로 하여금 자기 자신의 사랑에 의하여 선을 행하도록 조장하십니다.

여러분들은 등불을 켜 들고, 찾아보십시오. 여러분은 오늘날 이 세상에 높은 지위를 열망하는 사람이 얼마나 많은지, 그리고 자아나 세상을 사랑하지 않는 사람이 얼마나 있는지를 잘 알게 될 것입니다. 여러분은 하나님을 사랑하는 사람이 천 명 중 오십 명 정도라는 것을 알게 되겠지요? 이들 오십 명 중에도 높은 지위를 열망하는 사람도 있을 것입니다. 하나님을 사랑하는 사람이 극소수이고, 자아와 세상을 사랑하는 사람이 매우 많다면, 그리고 후자도 자의에 의하여 하나님을 사랑하기 보다는 선용을 실천한다는 열망에서 사랑한다면 그 누구가, 악인이 선한 사람보다 더 많은 재물과 더 높은 지위에 있다는 사실에 의하여, 어떻게 신령섭리에 위배되는 것을 고수할 수 있겠습니까? (신령섭리 250항)

전쟁에 관한 신령섭리의 허용

전쟁이 일어나는 것은 신령섭리에서 비롯된 것은 아닙니다. 왜냐하면 수많은 크고, 작은 전쟁들은 살인 · 약탈 · 난폭한 행동 · 잔인이나 그밖의 수많은 흉악한 일들과 얽혀 있는데, 이러한 모든 흉악한 일들은 기독교의 인애에 완전히 정반대이기 때문입니다. 그럼에도 불구하고 그건 전쟁은 허용할 수 밖에 없는데, 그 이유는, 아담과 그의 아내가 의미하는 태고시대 이래, 사람의 생명에 속한 사랑은 다른 사람을 지배하고, 나아가서는 만유(萬有)를 지배하기를 갈망하고, 또 세상에 속한 재물을, 그리고 종국에는 모든 재물을 소유하기를 갈망하는 그런 성질을 지닌 사람이 되었기 때문입니다. 이들 두 사랑은 어떤 의리(義理) 따위에 묶어둘 수는 없습니다. 그 이유는, 어느 누구에게나 이성에 따라서 자유로 말미암아 행동하는 것이 허락되어진 신령섭리에 그것은 일치하는 것이기 때문입니다. 만약에 허용이 없다면 주님께서는 악에서부터 사람을 인도해 낼 수 없을 것이고, 그러므로 사람은 개혁될 수도 없고, 구원받을 수도 없을 것입니다. 왜냐하면 만약 악이 깨부수고 뛰쳐 나오는 것이 허용되지 않았다면 사람은 악들을 볼 수 없을 것이고, 그러므로 악들을 시인하지도 않았을 것이고, 따라서 악들에 저항할 수 있도록 인도될 수도 없을 것입니다. 여기에서 얻는 결론은, 악은 어떠한 섭리에 의해서도 예방(豫防)할 수 없다는 것입니다. 왜냐하면 이와 같이 악들이 감금(監禁)된 채로 내버려 둔다면, 암(癌)이나 탈저병(脫疽病)이라고 부르는 모든 질병이 온 전신에 만연되어, 사람에게 있는 생명력이 있는 모든 것들을 없애버릴 것이기 때문입니다.

왜냐하면 사람은 선천적으로 작은 지옥(a little hell)으로 태어났고, 천계와 그 지옥 사이에는 하나의 영속적인 불화(不和)와 불일치(不一致)가 존재하기 때문입니다. 사람이 그 자신이 이 지옥에 있다는 것을 직시(直視)하지 못한다면, 주님에 의하여 그가 빠져 있는 지옥에서 구출(救出)될 수 있는 사람은 아무도 없기 때문입니다. 이러한 일은 허용이 없다면 일어날 수 없는데, 그런 일련의 일의 원인들이 바로 신령섭리에 속한 여러 법칙들입니다. 이런 이유들 때문에 크고 작은 수많은 전쟁은 있을 수밖에 없습니다. 작은 전쟁이나 다툼은 많은 토지를 소유한 사람과 이웃들 간에 있고, 큰 전쟁이나 싸움은 한 나라의 통치자와 이웃나라의 통치자 사이에 있습니다. 큰 전쟁이든, 작은 다툼이든 아무런 차이가 없습니다. 즉 작은 다툼은 나라의 여러 법률에 의한 구속(拘束) 안에서 통제되고, 큰 전쟁은 국제법에 의한 통제 안에서 다스려진다는 것이나, 그리고 큰 것이든 작은 것이든, 모두가 그들을 구속하는 법들을 위반하려고 한다는 것 외에는 아무런 차이가 없습니다. 그럼에도 불구하고 작은 다툼은 벗어날 수 없지만, 큰 전쟁은 자기 자신의 능력 범위 안에서 벗어날 수 있을 뿐입니다.
주님께서, 살인·약탈·폭행·잔인 따위와 결부된 전쟁을 도발(挑發)한 왕이나 장군들과 함께 작고, 큰 전쟁을 저지하지 않으시고는, 또 전쟁 초기나 중간에도 저지하지 않으시다가, 쌍방이 모두 기진(氣盡)하게 된 파멸의 위험이 임박한 전쟁 말기에 저지하시는 것은 신령섭리의 보고(寶庫)에 숨어 있는 많은 원인들 때문입니다. 이런 원인들 중에서 몇 개가 나에게 계시되었는데, 내용은 이렇습니다. 모든 전쟁이나 다툼은, 비록 일상적인 일에 속한 것이라고 해도, 천계에 있는 교회의 상태들을 표징하고 또 그것들은 서로의 대응을 가리킨다는 것입니다. 성경말씀에 기술된 모든 전쟁은 바로 이런 유의 전쟁들입니다. 그리고 이런 유의 전쟁은 작금(昨今)에도 있습니다. 성경말씀에 기술된 전쟁들은 이스라엘 자손과 다른 민족 사이에 일어난 전쟁들인데, 다른 민족들은 아모리 사람들·모압 사람들·블레셋 사람들·시리아 사람들·애굽 사람들·갈데아 사람들·앗수르 사람들 등등이 되겠습니다. 교회를 표징하는 이스라엘 자손들이 계명이나 계율을 어기고, 이들 민족들이 뜻하는 악에 탐닉(眈溺)하였을 때 (왜냐하면 이스라엘 자손과 싸운 모든 민족은 어떤 종류의 악을 뜻하기 때문에) 그때 그 자손들은 그 민족에 의하여 징벌(懲罰)을 받았습니다. 이와 같이 그들이 갖가지 가증스러운 우상숭배에 의하여 교회에 속한 거룩한 것들을 모독하고, 더럽혔을 때, 그들은 앗시리아 사람이나 갈데아 사람들에 의하여 형벌을 받았습니다. 그 이유는 앗시리아 사람이나 갈데아 사람은 거룩한 것에 대한 모독 또는 더럽힘을 뜻하기 때문입니다.
어디에서 발발하든 전쟁은 오늘날도 같은 내용을 뜻합니다. 왜냐하면 이 자연계에서 일어나는 모든 것들은 영계에 있는 영적인 것들에 대응하기 때문이고, 그리고 모든 영적인 것들은 교회에 관한 것이기 때문입니다. 오늘날 이 세상에는, 기독교 계통의 어느 나라가 모압 사람이나 아모리 사람을 표징하고, 어떤 나라가 시리아 사람이나 블레셋 사람에 해당되며, 어떤 나라가 갈데아 사람이나 앗시리아 사람이나 또는 이스라엘 자손과 싸운 다른 여러 민족에게 해당되는지는 알려지지 않았습니다. 그럼에도 불구하고, 그들에게는 그들에게 해당되는 나라나 민족이 있습니다. 더욱이 이 지구상에 있던 그 교회의 성품이 어떠한지, 또 그 교회가 빠져 있던 악이 어떠한지, 그리고 그런 이유로 해서 그 교회가 전쟁을 통해서 어떤 징벌을 받았는지 등등에 관해서는 이 세상에 전혀 알려지지 않았습니다. 왜냐하면 이 세상에 있는 가시적인 오직 외적인 것들은 교회를 구축(構築)할 수 없기 때문입니다. 그러나 내적인 것이 들어나 보이는 영계에서는 교회 자체가 내적인 것들로 구축된다는 것을 볼 수 있습니다. 거기에서 그것들은 그들의 여러 상태에 따라서 모두 연결되어 있습니다. 영계에 있는 이런 것들의 충돌이 전쟁에 대응됩니다. 주님께서 이 양계(兩界)를 신령섭리의 방법(方法·course)에 따라서 대응적으로 다스리십니다.

영적인 사람은 이 세상에 있는 전쟁이 주님의 신령섭리에 의하여 다스려진다는 사실을 시인하지만, 그러나 자연적인 사람은, 승리의 축제가 있을 때에는 그에게 승리를 안겨준 하나님에게 무릎을 꿇고, 감사드리는 것을 제외하면, 또 전쟁에 나가기 전에 몇 마디 말을 할 때를 제외하면, 주님의 신령섭리에 의하여 전쟁이 다스려진다는 사실을 시인하지 않습니다. 그러나 그가 자기 본연의 상태로 되돌아오면 그는 그 승리를 그 싸움을 지휘한 장군의 공(功)으로 돌리든가, 아니면 그들이 생각하지 못했던, 그럼에도 불구하고 승리를 가져오게 한, 전쟁 중에 있었던 어떤 전략(戰略)이나 어떤 우연한 일에 그 공을 돌립니다.

흔히 행운(幸運·fortune)이라고 부르는 신령섭리가 지극히 작은 어떤 것이나, 아니면 아주 보잘 것 없는 것들 안에서 역사하고 존재한다는 것은 이미 앞에서 설명하였습니다. 만약 여러분들이 이런 것들 안에서 역사하는 신령섭리를 시인한다면, 여러분은 전쟁이라는 사건 안에도 신령섭리가 존재한다는 것을 틀림없이 시인할 것입니다. 또한 전쟁의 승리나 다행스러운 결과를, 흔히 쓰는 말로, 전쟁의 운(戰爭 運)이라고 말하지만, 이것 역시 신령섭리에서 기인된 것입니다. 특히 그 때 또는 그 뒤에 비록 그가 모든 승리나 다행스러운 결과를 자기 자신의 영특함의 탓으로 돌린다고 해도, 그 지휘자의 계획이나 골돌한 생각 안에는 신령섭리가 내재해 있습니다. 만약 그가 원한다면 그 사람은 이 일을 행할 수 있습니다. 왜냐하면 그 사람은 신령섭리의 편에서 또는 그것에 반대되는 편에서 생각할 수 있는 완전한 자유상태에 있기 때문입니다. 다시 말하면 하나님 편에서 생각할 수도 있고, 하나님 반대편에서도 생각할 수 있는 완전한 자유상태에 있기 때문입니다. 그러나 그 사람이 꼭 주지하여야 할 것은 그의 계획이나 책략(策略)의 일점(一點)도 그 자신에게서 온 것은 아무것도 없다는 사실입니다. 모든 것은 천계 아니면 지옥에서 온다는 것입니다. 지옥에서 오는 것은 허용에 의한 것이고, 천계에서 오는 것은 섭리에 의한 것입니다. (신령섭리 251항)

다양한 민족에 속한 종교에 관한 신령섭리의 허용

신령섭리에 거슬러서, 주님께서 인내로 허용하시는 이런 저런 일들에서 논쟁을 추론하는 사람들은, 헤아릴 수 없이 많은 천계의 비밀을 알지 못하고, 그리고 그런 부류의 사람들은 거의가 그런 것에 관해서 아는 것도 거의 없습니다. 밝히 알아야 할 것들 중에는 이런 것들이 있습니다. 사람은 천계로부터 직접 가르침을 받는 것이 아니고, 간접적으로 가르침을 받는다는 것입니다. 사람은 간접적으로 가르침을 받기 때문에 복음(福音)은 선교사들을 통하여 온 지구에 사는 모든 이에게 이르지 못하였지만, 그럼에도 불구하고, 종교는 여러 방법을 통하여 이 세상 변방에 사는 민족에까지 전파될 수 있었습니다. 따라서 이러한 역사(役事)는 신령섭리에 의하여 이루어진 것입니다. 왜냐하면 사람은 어느 누구도 자기 자신으로부터는 종교를 가질 수 없고, 오직 사람은, 하나님은 한 분이시다는 것, 천계와 지옥이 존재한다는 것, 사후(死後)에도 삶이 있다는 것, 그리고 사람이 축복을 받기 위해서는 필히 하나님을 예배하여야 한다는 등등의 것을 주님말씀에서부터 자기 스스로 안 사람이나, 그것을 아는 사람과의 교류에 의하여 그것을 알게 된 다른 사람을 통해서만, 종교를 가질 수 있기 때문입니다.

종교는, 고대성언(古代聖言·the Ancient Word)으로 말미암아 온 세계에 두루 퍼져나갔고, 그 뒤에는 이스라엘 사람들의 성언(the Israelitish Word)으로 말미암아 전파되었습니다. 만약에 성언(聖言·the Word)이 없었다면 어느 누구도, 하나님·천계와 지옥·사후의 삶은 물론 심지어 주님에 관해서 무엇을 알 수 있었겠습니까! 종교가 한번 어떤 나라에 전파되자면, 그 나라는 그들의 종교에 속한 계율이나 교의(敎義)에 따라서 주님에 의하여 인도되었습니다. 그리고 주님께서는 모든 종교에는 십계명에 담겨 있는 것과 같은 계율이 내재하도록 섭리하십니다. 그 계율들이란, 하나님을 섬기고 예배하여야 한다, 하나님의 이름을 더럽히지 말라, 거룩한 날은 반드시 지켜야 한다, 부모를 공경하라는 것이 있는가 하면, 그리고 사람은 사람을 죽이지 말 것, 간음을 범하지 말 것, 도둑질하지 말 것, 거짓 증거를 꾀하지 말 것 등등이 있습니다. 이와 같은 신령한 계율을 소중히 여기고, 종교적인 동기에서부터 이런 가르침에 따라서 사는 민족은 구원을 받았습니다. 더욱이 기독교로부터 먼 대부분의 민족들은 이런 계율들을 시민법적인 가르침으로 여기지 않고, 오히려 신령 법률로 여기고, 그것들을 거룩하게 여겼습니다.

천계의 비의(秘義) 중에는 이런 것도 있습니다. 즉, 천사적 천계는, 그의 영혼과 생명이 주님이신 한 사람으로 주님 앞에 존재한다는 것, 이 신령한 사람 즉 천사적인 천계는, 외적인 사지(四肢)나 기관 뿐만 아니라, 수도 없이 많은 내적인 사지나 기관에 관해서도, 심지어 피부·막·연골·뼈에 관해서도, 완전한 모습의 사람입니다. 그럼에도 불구하고 그 사람 안에는 물질적인 것은 아무것도 없고, 거기에 있는 것들은 모두가 영적입니다.

주님께서는, 소위 피부·막·연골·뼈들이 신체 부위를 형성하는 것을 가리키는 신령사람(Divine man) 안에, 즉 천계 안에 있는 자리를 차지하도록, 또 그들도 다른 사람들과 꼭 같이 천계적 기쁨들 가운데 있도록, 복음에 의하여 이루지는 못하지만, 종교에 의하여 이루어지도록 섭리하십니다. 왜냐하면 그들이 최고의 천계에 있는 천사들이 향유하는 기쁨이냐, 아니면 낮은 천계의 천사들이 향유하는 기쁨이냐 하는 것은 문제가 되지 않기 때문인데, 그 이유는 천계에 들어온 사람은 누구나 그의 마음 속 깊은 데서 갈망한 최대의 기쁨을 향유하고 만끽하기 때문입니다. 그 이상의 큰 기쁨은 그 사람 스스로 견딜 수 없는데, 왜냐하면 그 사람은 그런 것들 안에서는 질식할 것이기 때문입니다.

그 경우는 농군과 임금에 비교될 수 있겠습니다. 만약에 농군이 올이 굵은 털실로 짠 천으로 만든 새로운 옷을 입고 다니고, 돼지고기·쇠고기·치즈·맥주와 덜 익은 포도주 곁들인 식탁에 앉는다면, 그 농군은 아마도 아주 큰 기쁨 가운데 나날을 지낼 것입니다. 그리고 만약에 그 농군이 왕처럼 자색 옷과 비단 옷과 금과 은으로 장식한 옷을 입고, 여러 종류의 산해진미(山海珍味)와 값비싸고 사치스러운 귀한 음식과 여기에 특상의 포도주를 곁들인 식탁을 마주한다면, 아마도 그 농군은, 마음은 매우 어색

하고, 엄청 스트레스를 받을 것입니다. 이상에서 분명히 알 수 있는 것은, 첫째나 꼴찌나 꼭같이 그의 격(格)에 걸맞는 천계의 행복이 있다는 것입니다. 그러므로 악이 종교에 정반대되는 것이기 때문에, 기독교 밖에 있는 사람들도 악을 하나님에게 거역하는 죄로 알고 멀리한다면, 그들도 그들에게 맞는 천계의 행복을 향유한다는 것입니다.

전적으로 하나님을 모르는 사람은 극소수입니다. 만약 그들이 도덕적인 삶을 살았다면, 사후 그들은 천사들에 의하여 가르침을 받고, 그들의 도덕적인 삶에 영적인 신조(信條·spiritual principle)를 영접, 수용할 것입니다. 따라서 하나님이 계시다고 믿으면서 태양이나 달을 숭배한 사람에게도 마찬가지입니다. 그들은 다른 것은 아무것도 알지 못하기 때문에 그들이 한 일이 죄로써 그들에게 전가(轉嫁)되지는 않습니다. 왜냐하면 주님께서 말씀하셨기 때문입니다. 요한복음서에―.

너희가 눈이 먼 사람들이라면(=즉 알지 못한다면), 도리어 죄가 없었을 것이다. (요한 9 : 41)

그러나 심지어 기독교계에서도, 우상이나 사람이 만든 우상딴지를 숭배하는 사람들이 무척 많습니다. 전부다 그런 것은 아니라고 할지라도 분명히 이들은 우상숭배자들입니다. 왜냐하면 그들 중 어떤 사람들에게는 하나님에 관한 생각을 깨우치는 수단으로 우상딴지가 쓰여질 수도 있기 때문입니다. 왜냐하면, 하나님을 시인하는 사람이 하나님 알기를 갈망하는 것은 천계에서 비롯된 입류(入流)에서 기인되기 때문입니다. 그리고 이들은 내면적으로 영적인 사람들처럼 그들의 마음을 감관 이상으로 제고(提高)할 능력이 없기 때문에, 따라서 그들은 만든 우상딴지나 그림 따위에 의하여 그 마음을 위로 제고시킵니다. 우상 자체를 하나님으로 예배하지 않고, 그들이 만약 종교로 말미암아 십계명에 속한 계율들에 따라서 산다면 구원받습니다. 이상의 고찰에서 볼 때 명백한 것은, 하나님께서는 만인을 구원하시기를 원하시기 때문에, 하나님께서는 만약에 모두가 선하게 살기만 한다면, 어느 누구나 천계에서 그가 있을 자리를 차지할 수 있도록 섭리하신다는 것입니다. (신령섭리 254항)

마호메트 종파에 대한 신령섭리의 허용

기독교 보다는 마호메트교(回敎·이슬람교)를 더 많은 나라들이 수용, 믿는다는 사실은 신령섭리에 관해서 깊이 생각하고, 동시에 말씀이 있고, 그 말씀에 의하여 주님을 알 수 있는 기독교 교인으로 태어난 사람 외에는 누구도 구원 받을 수 없다고 믿는 사람들에게는 큰 장애물이 될 것입니다. 이에 반하여 만유(萬有)는 신령섭리에 속한 것이다는 것을 믿는 사람에게는 마호메트교가 결코 장애물은 아닐 것입니다. 그들은, 어디에나 신령섭리가 존재한다는 것을 터득할 것이고, 찾게 될 것입니다. 그 내용은 이렸습니다. 마호메트 종파는, 사람들을 교화(敎化)하기 위하여 이 세상에 강림한 하나님의 아들로, 가장 지혜로운 현인(賢人)으로, 가장 위대한 예언자로 주님을 시인한다는 것입니다. 그들의 대부분은 우리 주님을 마호메트 보다 더 위대하다고 여깁니다.

그 종교가 수많은 민족이 가지고 있는 우상을 깨부수기 위하여 주님의 신령섭리로 일으켜졌다는 것을 우리가 충분히 깨달아야 하므로, 아래의 순서로 그 내용을 설명하겠습니다. 따라서 그 첫째는 우상의 근원에 관한 설명입니다. 마호메트 종파가 있기 전에는 이 세상에는 두루두루 만연한 우상숭배가 일반적이었습니다. 그 이유는, 주님의 강림 전의 많은 교회들은 모두가 표징적인 교회(表徵的 敎會 · a representative church)이였기 때문입니다.

그런 부류의 교회가 바로 이스라엘 교회(the Israelitish Church)입니다. 거기에 있었던 회막(會幕·tent)·아론의 법의(法衣)·희생제물들·예루살렘에 있는 성전의 모든 것들 그리고 법령(法令)들은 표징적이었습니다. 고대 사람들에게는 대응의 지식(對應知識·knowledge of correspondence)을 가지고 있었는데, 이 지식은 또한 표징의 지식(表徵知識·knowledge of representations)이기도 합니다. 이것은 사실 현자(賢者)들이 가지고 있는 지식인데, 특히 이 지식은 이집트에서 조성(造成), 계발(啓發)되었습니다. 그리고 그들의 상형문자(象形文字·그림글·hieroglyphics)가 여기에서 온 것입니다. 이 지식으로 말미암아 그들은, 모든 종류의 동물이나 나무들·산들·언덕들·강들·샘들·태양·달·별들이 뜻하는 내용을 이해하였습니다. 그들의 예배가 순수한 대응으로 이루어진 대응적이기 때문에, 따라서 그들은 산이나 언덕 또는 숲이나 동산(garden)에서 예배를 드렸습니다. 그러므로 그들은 샘을 신성하게 성별하였고, 그들이 하나님을 경배할 때에는 그들의 얼굴을 해돋는 곳으로 돌렸습니다. 더욱이 그들은 말·황소·송아지·어린 양 그리고 심지어 새·물고기·뱀의 형상까지도 조각하였습니다. 이런 조형물들을 그들은, 그것들이 대응하는 즉 그것들이 표징하는 교회의 영적인 것들에 맞추어서 질서 정연하게, 그들의 집이나 기타 여러 곳에 안치(安置)하였습니다. 그들은, 이것들이 뜻하는 거룩한 것들을 잊지 않고 상기하기 위하여, 이와 유사한 표징적인 것들을 그들의 성전에 안치하기도 하였습니다.

세월이 지나면서, 대응의 지식이 기억에서 완전히 소멸되자, 그들의 후손들은, 그들의 옛날 선조들이 그런 것들 안에 거룩한 것이 있는 것으로는 전혀 보지 않고 다만 그것들이 거룩한 것을 표징하고 뜻하는 대응에 일치한 것을 본다는 것은 알지 못하고, 그것들 안에 거룩한 것이 있는 것처럼 조각물들을 예배하기 시작하였습니다. 여기서부터 아시아와 인근의 섬들, 아프리카, 유럽 등 온 세상을 채우고도 넘치는 우상숭배 신앙이 생기게 되었습니다.

이런 모든 우상숭배 신앙을 멸절시키기 위하여, 주님의 신령섭리에 의하여 성취된 것은, 동방사람들의 기질(氣質)에 적합한 새로운 종교(a new religion)가 일어나는 것입니다. 그 종교에는 성경말씀의 두 계약에서 온 것들이 있어야 했는데, 그것은 주님께서 이 세상에 강림하셨다는 것과, 그분은 가장 위대한 예언자요, 모든 사람 중에 가장 슬기로운 현자(賢者)요, 하나님의 아들이시다는 것을 가르치셨습니다. 이 일이 마호메트를 통해서 이루어졌는데, 그에게서 비롯된 종교를 마호메트 종교(回敎·이스람교)라고 부릅니다.

이 종교는, 앞에서 언급한 것과 같이, 수많은 민족이 가지고 있는 우상숭배 신앙을 깨부수기 위하여, 또 그들이 영계에 들어오기 전에 주님에 관한 지식을 주기 위하여, 주님의 신령섭리 하에 세워져야만 했습니다. 이 종교는 만약에 그 종교가 모든 사람의 사상이나 삶의 관념과 더불어 적정 수준(水準·level)에 적합하고 또 이르지 않는다면, 이 종교는 수많은 나라에서 수용되지 않았을 것이고, 그리고 우상숭배 신앙도 섬멸(殲滅)시킬 수 없었을 것입니다. 이 종교가 주님을 천지(天地)의 하나님으로 시인하지 않은 이유는 동방 사람들이 우주의 창조자 하나님을 시인하였으나, 주님께서 인성을 입으시고, 이 세상에 강림하셨다는 것을 깨달을 수 없었기 때문입니다. 그러므로 기독교인도 그것을 깨닫지 못하였습니다. 그러므로 기독교인들은 그들의 사상에서는 주님의 신성(His Divinity)과 인성(His Humanity)을 갈라 놓았고, 신성은 천계에 계신 아버지 곁에 두지만, 그의 인성은 어디에 있는지도 그들은 알지 못하게 되었습니다.

이상의 모든 설명에서부터 알 수 있는 것은, 마호메트 종교가 주님의 신령섭리 하에서 생겨났다는 것과, 주님을 하나님의 아들로 시인하고, 동시에 그들이 가지고 있는 십계명의 계율에 따라서, 악을 죄로 알고 멀리하는 것에 의하여 사는 이 종교에 속한 모든 사람들도 마호메트 천계라고 부르는 천계에 들어간다는 것 등입니다. 이 천계도 역시, 가장 높은 천계·중간 천계·가장 낮은 천계인 세 천계로 나뉘어져 있습니다. 가장 높은 천계(the highest heaven)에는 주님을 아버지인 한 분으로, 즉 주님 자신을 유일한 하나님(the only God)으로 시인하는 사람들이 있고, 이층천(the second heaven)에는 일부다처제(一夫多妻制·polygamy)를 포기하고, 한 아내와 같이 산 사람들이 있고, 낮은 천계에는 새로 입교한 사람들이 있습니다. (신령섭리 255항)

기독교의 한정된 교세확장에 관한 신령섭리의 허용

기독교가 유럽이라고 부르는 사람이 사는 지구의 작은 영역에서만 존재하는 이유는, 이 종교가, 위에서 말한 것과 같이, 혼합된 종교인 마호메트 종교처럼, 동방 사람들의 기질에 적합하지 않기 때문이고, 그리고 적응되지 않는 종교는 수용되지 않기 때문입니다. 예를 들어 보겠습니다. 한 아내 이상 여러 아내를 둔다는 것이 불법이라고 선포한 종교는 수용되지 않지만, 그럼에도 불구하고 오히려 수세기간 일부다처주의자들에 의해서도 부인되고 있다는 것입니다. 이같은 경우는 기독교에 의하여 제정된 여러 것들에 대해서도 마찬가지입니다.

만약 성언을 가지고 있는 사람들이 존재한다면, 이 세상에서 그것을 받아드리는 지역이 넓다 또는 좁다 하는 것은 문제가 되지 않습니다. 왜냐하면 성언으로 말미암아 교회 밖에 있거나 또는 성언을 가지고 있지 않는 사람들에게도 빛이 오기 때문입니다. 놀라운 일은, 어디에서나 성언이 경건하게 읽혀지고, 그 성언으로 주님을 예배하면 거기에는 천계와 더불어 주님이 계신다는 것입니다. 그 이유는 주님이 성언이시고, 그리고 성언이 천계를 이루는 신령진리이기 때문입니다. 그러므로 주님께서는 이렇게 말씀하셨습니다. 마태복음서에—.

두 세 사람이 내 이름으로 모이는 자리에는, 내가 그들과 함께 있다.
(마태 18 : 20)

이 일이 유럽 사람들을 통하여 우리가 살고 있는 지구의 수많은 곳에서 일어났습니다. 그 이유는 그들이 온 세계와 교역을 하였고, 어디에서든지 그들은 성언을 가르치고, 읽었기 때문입니다. 이것은 마치 날조(捏造)된 이야기처럼 보이지만, 그럼에도 불구하고 그것은 진실이고 참입니다. (신령섭리 256항)

기독교의 분열(分裂)과 타락(墮落)에 대한 신령섭리의 허용

자연적인 사람은, 만약 신령섭리가 지극히 작은 것들 안에도 내재한 보편적인 것이고, 또 모든 사람의 구원을 그 목적으로 가지고 있다면, 신령섭리는 온 세상 곳곳에는 오직 참된 종교 하나만 있게 하여야 할 것이고, 그리고 신령섭리는 여러 분파로 나뉘어지지 않게 하여야 할 것이며, 더구나 이단사설(異端邪說) 따위로 상처를 입지 않아야 되지 않는가 라고 혼자 속으로 생각할 것입니다. 그러나 만약 심사숙고할 수 있다면, 여러분의 밝은 이성을 활용해 보십시오. 만약 사람이 우선 개혁되지 않고 구원받을 수 있겠습니까? 왜냐하면 사람은 자아애와 세간애로 태어나기 때문입니다. 그리고 자아애나 세간애는, 자기 자신을 위한 것이 아니면, 그 사람들 안에 하나님사랑이나 이웃사랑에 속한 것은 아무것도 가지고 있지 않기 때문에, 역시 사람은 모든 갖가지 악의 뭉치로 태어났습니다. 자아애나 세간애에 무슨 사랑이 있고, 무슨 자비가 있습니까? 사람은 자아애와 세간애로 말미암아, 남의 소유를 속여 빼앗으려는 일이나, 남을 모독하는 일이나, 남을 죽기까지 구타(毆打)하는 일이나, 남의 아내와 간통을 저지르는 일이나, 복수할 경우가 생기면 그에게 잔인하게 화풀이를 하는 짓, 따위를 생각하지 않겠습니까? 그것도 자기의 낮은 마음(his lower mind · animus) 안에서는 자신이 모든 사람 중에서 가장 위대한 사람이 되고, 모두의 재물을 소유하겠다는 욕망을 품고 있으면서, 따라서 자신과 비교하여 남들은 보잘 것 없고, 하찮은 존재로 여기면서 말입니다. 이런 부류의 사람이 구원받기 위해서는, 그 사람은 제일 먼저 자신의 온갖 악에서부터 옮겨지지 않으면, 즉 개혁되어야만 하지 않겠습니까? 이러한 일은, 앞서 여러 곳에서 언급하였듯이, 신령섭리에 속한 여러 법칙에 따르지 않고서는 결코 일어날 수 없습니다. 신령섭리의 법칙들을 거의 대부분이 알지 못하고 있지만, 그럼에도 불구하고 그 법칙들은 신령지혜에 속한 것이고, 동시에 신령사랑에 속한 것입니다. 주님께서도 이 법칙에 위배하여 행동하실 수는 없습니다. 왜냐하면 이 법칙에 어긋나는 행동을 한다는 것은 사람을 망하게 하는 것이고, 사람을 구원하지 않는 것이기 때문입니다.

앞에서 인용된 법칙들을 간략하게 비교, 검토하여 보십시오. 그러면 여러분은 잘 아시게 될 것입니다. 그러므로 천계로부터 온 직접적인 입류는 없지만, 그러나 성경말씀·교리·설교를 통한 간접적 입류가 있는 이들 법칙에 그 사실은 일치하기 때문에, 그리고 성경말씀이 거룩하고 신령스럽기 위해서는 성경말씀은 순수한 대응 이외의 다른 방법으로는 기술될 수 없었기 때문에, 여기에서 얻는 결론은, 이에 대한 소견의 다툼이나 사론(邪論)이나 이견(異見) 따위들은 있을 수 밖에 없는 필연적이라는 것과, 그리고 그런 것들의 허용은 신령섭리에 속한 여러 법칙들에 일치한다는 것 등입니다. 더욱이 교회 자체가, 이해에 관계되는 것 따라서 교리에 관계되는 것을 교회의 근본적인 본질로 취하고, 의지에 관계되는 것, 따라서 삶에 관계되는 것을 그 본질로 취하지 않으면, 그러면 그 때 삶에 관계되는 것은 교회의 근본적인 본질이 아닙니다. 그렇게 되면 그 때 그 사람은 그의 이해로 말미암아 겉은 흑암 안에 있게 되고, 장님처럼 여기 저기를 방황할 것인데, 가는 곳마다 그 사람은 장애물에 부딪히고, 구렁텅이에 빠질 것입니다. 왜냐하면 의지는 이해 안에 있는 것을 필히 보지만, 이해는 의지 안에 있는 것을 보지 못하기 때문입니다. 마찬가지로 삶이나 삶에 속한 사랑은 이해로 하여금 생각하고, 말하고, 행동하도록 인도하지만, 그 역(逆)은 아닙니다. 만약 그 역(逆)이 참이라면 그 때 악으로 말미암아, 아니 악마적인 사악한 애욕(愛欲)으로 말미암아 이해는 감관이나 쾌락을 통해서 드러내는 것은 무엇이든지 사로 잡고, 또 그것을 행하는 의지도 사로잡을 것입니다. 이상의 설명에서 볼 때, 그 소견의 다툼이나 사론(邪論) 또는 이견(異見)의 근원이 어디인지를 알 수 있다는 것입니다.

그럼에도 불구하고, 사람은 누구나 이해의 측면에서 볼 때 어떤 이단사설(異端邪說) 안에 있다고 해도, 만약 그 사람이 죄로 알고 악을 멀리하고, 자기 안에서 이단적인 미망(迷妄)을 고수, 고집하지 않는다면 개혁되고 구원받을 수 있도록 섭리합니다. 왜냐하면 죄로 여겨 악을 멀리하는 것에 의하여 의지는 개혁되고, 그리고 그 의지를 통하여 이해는, 처음에는 어두움에서 나오고, 나중에는 빛에 이르기 때문입니다. 교회의 본질은 세 가지가 있습니다. 그것은 주님의 신성의 시인이고, 성경말씀의 거룩함의 시인이고, 인애라는 일컫는 삶입니다. 모든 사람은 인애를 가리키는 삶에 일치하여 믿음을 갖습니다. 그 사람은 성경말씀에서 그의 삶이 어떠하여야만 할 것인지에 관한 지식을 얻고, 그리고 개혁과 구원은 주님에게서 옵니다. 만약 본질적인 이 세 가지가 교회의 근본으로 존속되어, 남아 있다면 교회는 이지적인 차이 때문에 분열되지 않을 것이고, 오히려 활력이 넘치게 될 것입니다. 그것은, 마치 아름다운 여러 색깔의 빛이 대상물에 비추는 것과 같고, 보석들이 임금의 왕관에 아름다움을 더 하는 것과 같습니다. (신령섭리 259항)

온갖 악의 허용

만약 사람이 충분한 자유를 누리지 못한다면, 사람은 구원을 받을 수 없을 뿐만 아니라, 철저하게 멸망할 것입니다.

여기서는 그 이유를 설명하겠습니다. 모든 사람은 출생에서부터 온갖 악들 가운데 태어났습니다. 이러한 온갖 악들은 의지 안에 자리잡고 있고, 그의 의지 안에 있는 것은 무엇이든지 사랑을 받습니다. 왜냐하면 사람이 내면적으로 원하는 것은 그가 사랑하는 것이고, 그가 사랑하는 것은 그가 원하는 것이기 때문입니다. 의지에 속한 사랑은 이해에 들어가고, 거기서 느끼게 되는 그것의 기쁨이 되게 합니다. 그것으로 말미암아 사상이 되고, 의향(意向)이 됩니다. 그러므로 만약에 사람이 유전(遺傳)으로 그 사람 안에 활착되어 있는 그의 의지에 속한 사랑에 따라서 생각하는 것이 허락되지 않는다면, 그 사랑은 닫혀진 채로 남아 있을 것이고, 그 사람은 결코 그것을 볼 수 없을 것입니다. 볼 수 없는 악에 속한 사랑은 매복(埋伏)해 있는 적군과 같고, 악성 종양 안에 있는 고름 같고, 피 속에 있는 독극물 같고, 가슴 속에 있는 오염된 부정행위 같아서, 만약 그것들이 닫혀 있는 채로 계속해서 남아 있다면 그것들은 죽음을 불러올 것입니다. 그러나 반대로 만약에 사람이 자기 자신의 생명에 속한 악질적인 사랑에 관하여 깊이 생각하는 일이 허용된다면, 심지어 그것들을 도모할 정도로 생각하는 일이 허용된다면, 질병이 일반적인 수단들에 의하여 치유(治癒)되듯이, 그 악질적인 것들은 영적인 방법들에 의하여 치유될 수 있을 것입니다.

주님께서는 모든 사람 안에 있는 이해를 치유할 수 있고, 따라서 사람으로 하여금 선 외에도 악에 관해서 깊이 생각하게도 하고, 못하게도 할 수 있습니다. 주님께서는 이러한 일을 온갖 두려움에 의하여, 또는 기적이나 죽은 사람과의 대화를 통하여, 또는 환상이나 꿈에 의하여 행하실 수 있습니다. 그러나 이해만을 치유한다는 것은 사람을 외적으로만 치유하는 것을 가리킵니다. 왜냐하면 이해는 그것의 사상과 더불어 사람의 외적인 생명을 가리키지만, 그 사람의 내적인 생명은 그의 의지와 더불어 그것의 정동을 가리키기 때문입니다. 그러므로 이해만의 치유는, 질병을 완전히 치유하는 것이 아니고 다만 그 병세를 누그러지게 하는 임시처방과 같아서, 그것에 의하여 질병의 내면적인 악성(惡性)은 미봉(彌縫)되고, 더 나빠지는 것을 예방하기는 하지만, 그 악성은 처음에는 가까운 부위를 손상시키고, 뒤에는 먼 부위까지 궤멸시켜 종당에는 몸 전체를 죽일 것입니다. 정작 치유되어야 할 것은 의지 자체인데, 의지에 들어가는 이해의 입류를 통해서 치유되는 것은 아닙니다. 왜냐하면 그러한 일은 이해를 통한 교육이나 훈계(訓戒)를 빼고서는 불가능하기 때문입니다. 만약에 이해만 치유된다면, 사람은 마치 미이라가 된 시체나, 또는 장미꽃이나 향기나는 방향제로 몸을 치장한 시체와 같을 것입니다. 얼마 안 가서 그 주검에서 고약한 악취가 뿜어나오기 때문에, 어느 누구도 그의 코를 그것에 가까이 할 수 없을 것입니다. 그러므로 의지 안에 있는 악한 사랑이 쫓겨나지 않고 또아리를 틀고 있으면, 이해 안에 있는 천계적인 진리도 꼭 이와 같을

것입니다. (신령섭리 281·282항)

신령섭리는 선인에게나 악인에게나 동일하다

신령섭리는, 선한 사람 뿐만 아니라 악한 사람에게도 보편적이고, 지극히 작은 특수한 것 안에서도 보편적이지만, 그럼에도 불구하고 그들의 악 안에서는 결코 보편적이 아닙니다. 앞에서 설명한 것은, 신령섭리는 사람의 사상이나 정동의 지극히 작은 특수한 것 안에 내재한다는 것입니다. 그리고 그 말이 뜻하는 것은, 사람은 자기 자신으로부터는 아무것도 생각할 수도, 뜻할 수도 없지만, 그러나 그가 생각하고 뜻한 모든 것, 따라서 그가 말한 모든 것은 입류(入流·influx)에서 비롯된다는 것입니다. 즉 그것이 선한 것이면 그것은 천계에서 온 입류에 의한 것이고, 그것이 악한 것이면 그것은 지옥에서 온 입류에 의한 것이다는 것입니다. 마찬가지로, 선은 주님에게서 비롯된 입류로 말미암은 것이고, 악한 것은 사람의 고유속성(固有屬性·自我·proprium)에서 비롯된다는 것입니다. 그러나 나는 이것을 깨닫는다는 것이 무척 어렵다는 것을 잘 압니다. 그 이유는, 천계에서의 입류 즉 주님에게서 온 입류와 지옥 또는 사람의 고유속성에서 온 입류 사이에는 엄연한 구분이 있기 때문인데, 그럼에도 불구하고 신령섭리는 사람의 사상이나 정동에 속한 지극히 특수한 것 안에도 있다고 말한 것은, 뿐만 아니라 심지어 사람은 자기 자신으로부터 생각할 수도 없고, 뜻할 수도 없는 정도라고 말하는 것은, 그것은 또한 사람은 지옥으로부터, 다시 자신의 고유속성으로 생각도 할 수 있고 뜻할 수도 있다고 말하는 것과 같은데, 그것은 마치 서로 상반되는 자가당착(自家撞着)처럼 보이기 때문입니다. 그럼에도 불구하고 그것도 그렇지 않습니다. 그것이 그렇지 않다는 사실을 아래에서 입증하겠습니다. (신령섭리 287항)

사람이 생각하고 뜻하고 따라서 그가 말하고 행하는 모든 것이 오직 생명의 원천에서 나온 것이, 그럼에도 불구하고 그 원천이 주님이신 그 원천에서 비롯된 것이라면, 사람이 생각하는 악이나 거짓의 원인이 아니라는 것은 자연계에서는 이런 방법으로 설명할 수 있겠습니다. 별(熱)과 빛(light)은 자연계의 태양에서 비롯되고, 그리고 이 둘이 우리의 눈 앞에 보이는 모든 주체(主體·subject)와 객체(客體·object)에 입류하는데, 다시 말하면 선하고, 아름다운 모든 주체 뿐만 아니라, 악하고 추한 객체에도 입류하며, 그리고 그것들 안에서 다종다양한 결과들을 생성합니다. 왜냐하면 별과 빛은 좋은 열매를 맺는 나무 뿐만 아니라, 나쁜 열매를 맺는 나무에도 입류하기 때문입니다. 사실인즉슨 열매 자체에 입류, 성장하는데 필요한 모든 것을 그것들에게 제공하기 때문입니다. 마찬가지고 별과 빛은 좋은 씨에, 가지에, 유익하고 건강에 좋은 잡목(雜木·灌木)에도, 그리고 좋지 않게 사용되거나 독성이 있는 잡목에도 입류합니다. 그럼에도 불구하고 그것은 꼭같은 별이고, 꼭같은 빛입니다. 그 안에는 악의 원인이 되는 것은 결코 존재하지 않습니다. 그러나 그 원인이 되는 것은 그것들을 담는 용기로서의 주체나 객체 안에 존재합니다.

올빼미·부엉이·독사가 잠복해 있는 알들을 부화(孵化)시키는 별은, 그것이 비둘기·아름다운 새·백조가 잠복해 있는 알들을 부화시킬 때와 꼭같은 방법으로 작용합니다. 암탉에게 두 종류의 알을 품게 하여 보십시오. 본질적으로는 아무런 손상을 입힐 수 없는 암탉의 온기(溫氣·heat)에 의하여, 그 알들을 각각 부화할 것입니다. 그렇다면 무엇이 그 열로 하여금 일반적으로 악하고 해로운 것을 가지게 하였습니까? 늪에, 오물에, 부패물에, 시체에 입류하는 그 별은, 감미롭고, 향기질으며, 활발하고, 생기 넘치는 것들에 그것이 입류할 때와 꼭같이 작용합니다. 그 원인이 빛 안에 있는 것이 아니고, 그것을 받는 주체 안에 있다는 것을 누가 모르겠습니까? 다시 말하면, 동일한 빛이 어떤 객체에서는 아주 멋진 색깔을 선사하고, 또 다른 객체에서는 불쾌한 색깔을 선사합니다. 심지어 그것은 흰 빛을 발산하는 객체들 안에서는 밝고, 윤기나는 빛을 내지만, 검정색에 기운 객체들 안에서는 어두웁고, 음울한 것으로 감싸버립니다.

이같은 일은 영계에서도 꼭같습니다. 역시 거기에도 주님이신 그 세계의 태양에서 별과 빛이 옵니다. 그리고 태양에서 비롯된 별과 빛이 거기에 있는 주체와 객체에 흘러듭니다. 거기에 있는 주체와 객체는 천사들과 영들이고, 개별적으로는 그들의 의지적인 기능이고, 이지적인 기능인데, 이것들 안에 입류합니다. 거기에 있는 별은 신령사랑에서 비롯된 것이고, 거기에 있는 빛은 신령지혜에서 나온 것입니다. 그리고 이들 둘은 이 사람이 받는 것과 저 사람이 받는 것의 차이를 일으키는 원인은 결코 아닙니다. 왜냐하면 주님께서 이렇게 말씀하셨기 때문입니다. 마태복음서에서—

> 아버지께서는 악한 사람에게나 선한 사람에게나, 똑같이 해를 떠오르게 하시고, 의로운 사람에게나 불의한 사람에게나, 똑같이 비를 내려 주신다.
> (마태 5 : 45)

이 말씀에서 "태양"(太陽·the sun)은 가장 높은 영적인 뜻으로는 신령사랑(神靈愛·the Divine Love)을 뜻하고, "비"(雨·the rain)는 신령지혜(神靈智慧)를 뜻합니다. (신령섭리 292항)

신령섭리에 의한 선한 사람과 악한 사람의 개별적인 인도

이 세상에는 천사 같은 사람도 있고, 악마 같은 사람도 있습니다. 천계는 천사-사람(the men-angels)으로 말미암아 이루어지고, 지옥은 악마-사람(the men-devils)에게서 옵니다. 천사-사람에게 있는 그의 삶의 모든 계도(階度·degree)는 개방적이고, 또한 주님을 향하여 열려 있습니다. 그러나 악마-사람에게는 극외적 계도(極外的 階度·窮極的 階度·the ultimate degree)만 개방적이고, 보다 높은 계도는 모두 닫혀 있습니다. 천사-사람은 내적인 것이나 외적인 것 모두로 말미암아 주님에게 인도되지만, 그러나 악마-사람은 내적인 것으로는 자신에게 인도되고, 외적인 것으로는 주님에게 인도됩니다. 천사-사람은 내적인 것으로부터는 질서로 말미암아, 그리고 외적인 것으로부터는 질서를 향하여, 주님에 의하여 질서에 따라서 인도되지만, 이에 반하여 악마-사람은 외적인 것으로부터는 주님에 의하여 질서를 향하여 인도되지만, 그러나 내적인 것으로부터는 질서에 거슬러서 자신에 의하여 인도됩니다. 천사-사람은 주님에 의하여 계속적으로 악에서부터 멀리, 선에 가까이 인도됩니다. 악마-사람은 역시 계속해서 주님에 의하여 악에서부터 멀리 인도되지만, 그러나 멀리 인도되면 될수록 좀 덜 심한 악에 인도되는데, 왜냐하면 그 사람은 결코 선에 인도될 수 없기 때문입니다. 천사-사람은 계속해서 지옥으로부터 멀리 주님에 의하여 인도됩니다. 그리고 천사-사람은 내면적으로는 더욱 더 천계로 인도됩니다. 악마-사람은 역시 지옥으로부터 멀리 인도되지만, 그러나 아주 사악한 지옥(a more grievous)에서 덜 사악한 지옥(a milder hell)으로 인도될 뿐입니다. 왜냐하면 그 사람은 천계로 인도될 수 없기 때문입니다.

천사-사람이 주님에 의하여 인도되기 때문에, 그 사람은 시민법·도덕률·영적인 법들 안에 내재해 있는 신령존재의 목적을 위하여 그런 법들에 의하여 인도됩니다. 악마-사람도 꼭같은 법들에 의하여 인도되지만 그러나 그것들 안에 있는 자신의 목적을 위하여 인도됩니다. 천사-사람은 천계에 속한 선을 가리키는 주님에게서 비롯된 교회에 속한 선을 애지중지 사랑합니다. 그 이유는 그것들이 진리이기 때문에, 그것들은 선이고, 또한 그 선에 속한 진리이기 때문입니다. 그러나 그 사람은 자아로 말미암아서는 육체에 속한 선이나 세상에 속한 선을 사랑합니다. 그 이유는 그것들은 선용을 위한 것이고, 기쁨을 위한 것이기 때문이요, 마찬가지로 학문에 속한 진리를 위한 것이기 때문입니다. 그러나 그 사람은 비록 겉모양(外現)으로는 자아로 말미암아 그런 것들을 사랑하지만 실제적으로는 그 사람은 주님으로 말미암아 그것들을 애지중지 사랑합니다. 악마-사람 역시 자아로 말미암아 육신에 속한 선이나, 세상에 속한 선을 사랑합니다. 그 이유는 그것들이 선용을 위한 것이고, 그것들이 기쁨을 위한 것이기 때문입니다. 마찬 가지로 학문에 속한 진리를 위한 것이기 때문입니다. 그러나 겉모양으로는 비록 자아로 말미암아 그런 모든 것들을 사랑하지만 실제적으로는 지옥으로 말미암아 그것들을 애지중지 사랑합니다. 천사-사람은, 그가 선으로 말미암아 선을 행하고, 마찬가지로 악을 행하지 않을 때, 자유 안에, 그리고 그의 마음에서 만끽하는 기쁨 안에 있습니다. 그러나 악마-사람은, 악으로 말미암아 선을 행하고, 또한 악을 행할 때, 자유 안에, 그리고 그의 마음에서 만끽하는 쾌락 안에 있습니다. 천사-사람이나 악마-사람은 외적인 것에 관해서는 닮은 것으로 보이지만, 그러나 내적인 것에 관해서는 그들은 전적으로 닮지 않은 존재입니다. 그러므로 외적인 것들이 죽음에 의하여 따로 떨어지게 되면 그들은 완전히 서로 다른 성품(性稟)들입니다. 전자는 천계로 올리워지고, 후자는 지옥으로 떨어집니다. (묵시록해설 1145항)

주님께서는 사람의 마음에 속한 내면적인 것들에 입류하시고, 그 내적인 것들을 통하여 그 마음의 외적인 것들에 입류하십니다. 그리고 주님께서는 사람의 의지에 속한 정동에 입류하시고, 그 정동을 통하여 사람의 이해에 속한 사상에 입류하십니다. 그러나 그 역(逆)으로 그러하지 않습니다. 사람의 마음에 속한 내면적인 것들에 입류하시고, 그리고 그 내적인 것들을 통하여, 그 외적인 것에 입류한다는 것은 뿌리를 형성하여 그 뿌리로 말미암아, 생산하는 것을 가리킵니다. 왜냐하면 뿌리는 내면적인 것들 안에 존재하지만, 외면적인 것들 안에서는 산출(産出)하기 때문입니다. 의지에 속한 정동에 입류하고, 그 정동을 통하여 이해에 속한 사상에 입류한다는 것은 처음에는 영혼에 감화 감동을 주는 것이고, 그 영혼을 통해서 그 뒤에 이어지는 모든 것들을 형성한다는 것을 가리킵니다. 왜냐하면 의지에 속한 정동은 영혼과 같아서, 그것에 의하여 이해에 속한 사상은 형성되기 때문입니다. 더욱이 이것은 내면적인 것들로부터 외면적인 것들에 들어가는 입류를 가리키는데, 이 입류는 가능합니다. 사람의 마음의 내면적인 것들에 흘러드는 입류나 또는 사람의 의지에 속한 정동에의 입류에 관해서 사람은 아무것도 알지 못합니다.

그럼에도 불구하고, 주님께서 어떻게 사람에게 입류하시는지, 따라서 사람이 어떻게 주님에 의하여 인도되는지는 영계(靈界・the spiritual world) 이외의 다른 근원으로는 전혀 알 수 없습니다. 사람은, 영에 관한 한, 따라서 그의 정동이나 정동에서 비롯된 사상의 측면에서 보면, 영계에 존재합니다. 왜냐하면 이들 양자—정동과 사상—는 그의 영을 구성하기 때문입니다. 무엇을 생각하는 것은 육체가 아니고, 육신의 정동에서 비롯된 영입니다. 사람의 정동이나 그 정동에서 비롯된 사상은, 모든 면에서, 영계에 있는 사회들 속으로까지 확장되는데, 그 확장은, 그 정동의 질(質)과 양(量)에 일치하여, 많고 적음에 따라, 그것이 크면 더 크게, 그것이 작으면 더 작게, 확장됩니다. 영으로서의 사람이 이들 사회들 안에 존재한다는 것은, 자기 자신을 말하자면 그가 움직일 수 있는 공간(空間)을 한정하는 확대된 굴레(extended cord)에 귀속(歸屬・be attached)시키는 것을 가리킵니다. 사람이 어떤 정동에서 다른 정동에 옮겨가듯이, 그 사람은 한 사회에서 다른 사회로 이전하며, 그가 존재하는 사회나 그가 처해 있는 그 사회의 처지(處地)는 그의 정동에서 비롯된 중심(中心)이고, 또한 정도에 속한 사상이 변방(邊方)이나 원주(圓周)격인 다른 사회로 뻗어나간 원심(圓心)입니다. 따라서 이것들은, 그 때 사람이 생각하고 말하는 원천인 중심에 자리잡고 있는 정동과 깨어진 관계 안에서 절대로 있을 수 없습니다. 그의 정동과 그리고 그 정동에서 비롯된 사상에 속한 국면(局面·sphere)은 사람이 이 세상에 있는 동안 자기 자신을 위하여 획득(獲得)하는데, 만약 그가 악한 사람이면 지옥 안에서, 만약 그가 선한 사람이면 천계에서 그것을 갖습니다. 사람은 이런 사실에 관해서 전적으로 무지(無知)한데, 그 이유는 이런 것들이 존재한다는 사실 조차 모르기 때문입니다. 사람이 이들 사회를 통해서, 다시 말하면 사람의 마음을 통해서 비록 사람은 제한된 범위 안에서 자유롭게 활동하지만, 그럼에도 불구하고 그 사람은 주님에 의하여 인도되고, 주님께서 인도하시지 않으면, 그 사람은 한 발작국도 내디딜 수 없고, 또 물러설 수도 없습니다. 그리고 주님께서는, 사람이 자신에 속한, 완전한 자유 상태에서 모든 것을 행한다는 것 이외의 다른 것에 의한다는 것은 계속적으로 알지 못하게 하십니다. 그리고 사람은, 이런 일에 관해서 자기 자신을 설득하는 일이 허락되는데, 그 이유는, 사람은 자기 자신의 의지가 원하는 곳에는 어디든지 갈 수 있다는 신령섭리의 법칙에 일치하는 것이기 때문입니다. 만약 그의 정동이 악하다면 그는 지옥적인 사회를 통하여 이리저리 옮겨질 것이고, 그리고 만약 그가 주님을 향하여 우러르지 않는다면 그는 보다 더 내적으로, 보다 더 깊이 깊이 지옥 속으로 빠져들 것입니다. 그럼에도 불구하고, 주님께서는, 그 사람이 자유로 말미암아 기꺼이 자유에 순응(順應)하기를 원하는 한, 그 정도에 비례하여, 허용하시고, 그것에서 물러나도록 마치 손을 잡아 끌어내듯이 인도하십니다. 그러나 만약 사람이 주님을 우러른다면, 그 사람은 점차적으로 그것들이 처해 있는 질서나 연관 관계에 따라서 점차적으로 이들 사회에서 빠져 나오게 되는데, 그 질서와 연관관계는 주님 외에는 아무도 알지 못하지만, 지옥에서부터 한 걸음씩 계속해 빠져나와 천계를 향하게 되고, 종국에는 천계에로 옮겨지게 됩니다. 이러한 역사(役事)는 사람이 그것에 관해서 전혀 알지 못하는 동안에 주님께서 행하시는데, 그 이유는 만약에 그 일을 사람이 안다면, 그 자신에 의한 이 일이 계속적인 진전을 훼방할 것이기 때문입니다. (묵시록해설 1173·1174항)

신령섭리가 사상이 아니고 정동을 통해서
사람을 인도하는 이유

지금은 정동이 무엇인지, 그리고 사상이 아니라 정동에 의해서 주님께서 사람을 어떻게 인도하시는지에 관하여 설명하고자 합니다.
정동이란 무엇인가?
정동에 의한다는 것은 사랑에 의한다는 뜻과 꼭 같습니다. 그러나 사랑은 샘(源泉) 격이고, 정동은 그 원천에서 시작된 시냇물과 같습니다. 따라서 정동이란 것들은 사랑의 연속입니다. 샘으로서의 사랑은 사람의 의지에 존재하고, 그 샘의 물줄기인 정동은 그것의 계속적인 흐름에 의하여 이해 속으로 입류합니다. 이해에 입류한 계속적인 흐름은 진리에서 비롯된 빛에 의하여 사상을 낳습니다. 마치 정원에서 볕의 영향력이 빛의 햇살에 의하여 씨눈을 틔우게(發芽)하는 것과 같습니다. 사실 그 근원으로서의 사랑은 천계의 볕이고, 그 근원으로서의 진리들은 천계의 빛에 속한 한 줄기 햇살(光線)이고, 사상은 볕과 빛의 결합(婚姻)에서 비롯된 발아(發芽)입니다.
주님께서는 어떻게 사상이 아니고, 정동에 의하여 사람을 인도하시는가?
여기서는 이에 관하여 설명하겠습니다. 만약 사람이 주님에 의하여 정동을 통하여 인도된다면, 그 사람은 신령섭리의 모든 법칙에 따라서 인도될 것입니다. 그러나 만약 그 사람이 사상에 의하여 인도된다면 그렇지는 않습니다. 정동은 자기 자신을 사람에게 드러내지 않지만, 그러나 사상은 자신을 드러냅니다. 또한 정동은 사상을 낳지만, 그러나 사상은 정동을 낳지 않습니다. 그것은 마치 사상이 정동을 낳는 것과 같이 보이지만 그러나 그것은 허상(虛像)일 뿐입니다. 그리고 정동이 사상을 낳는 것과 같이 정동은 마찬가지로 사람에 속한 모든 것들을 낳습니다. 왜냐하면 정동이 바로 그의 생명이기 때문입니다. 더욱이 이러한 내용은 아직까지 이 세상에는 알려지지 않았습니다. 만약 그의 정동에 의하여 한 사람을 지켜 본다면, 여러분은 그 사람을 단번에 알 것이고, 그리고 당신들이 원하는 곳으로 끌고갈 수 있을 것입니다. 그 때 단 하나의 이유가 천의 무게를 지니고 있습니다. 그러나 만약에 그 사람의 정동에 의하여 한 사람을 지켜 보지 않는다면, 여러 이유들은 아무런 쓸모가 없습니다. 왜냐하면 그것들과 조화를 이루지 못한 정동은, 그것들을 왜곡시키거나 또는 그것들을 거부하거나 또는 그것들을 소멸시키기 때문입니다. 만약에 주님께서, 정동에 의하지 않고, 사상에 의하여 직접적으로 사람을 인도하려고 한다면, 그것은 이와 같은 결과를 초래할 것입니다. 다시 말하면, 주님께서 사람을 그의 정동을 통해서 인도하신다면, 그것은 그 사람에게 마치 그가 그 자신으로 말미암아 자유스럽게 생각한 것처럼, 그리고 마치 그가 자기 자신으로부터 자유스럽게 말하고, 행한 것처럼 보일 것입니다. 이것이, 주님께서 직접적으로 사람을 가르치시지 않고, 성경말씀을 통하여 간접적으로 가르치시는 이유이고, 또한 교리나 성경말씀에서 비롯된 설교에 의하여, 또는 대화나 사회적인 교류에 의하여 사람을 간접적으로 가르치시는 이유입니다. 왜냐하면 이런 여러 가지 방법을 통하여 가르칠 때 사람은 마치 자기 스스로 한 것처럼 자유스럽게 생각하기 때문입니다. (묵시록해설 1175항)

악으로부터 사람을 물러서게 하는 신령섭리

선한 사람은 악한 사람에 비하여 신령섭리가 무엇인지 보다 더 쉽게 이해합니다. 그러나 후자에 관해서 언급하기 때문에 아래의 순서로 설명하고자 합니다.
첫째, 모든 악 안에는 헤아릴 수없이 많은 것들이 있다.
모든 악은, 지극히 단순한 것처럼 사람에게 보입니다. 그러므로 증오와 앙갚음, 도둑질이나 사기(詐欺), 간음이나 매춘(賣春), 자만이나 오만, 그밖의 다른 모든 악들은 모두 별 것 아닌 것처럼 사람에게 보입니다. 그리고 모든 악들 안에는 수많은 것들이 똬리를 틀고 있다는 것을 모릅니다. 그것들은 사람의 몸에 있는 섬유질 조직이나 맥관(脈管)들 보다도 더 많습니다. 왜냐하면 악한 한 사람은 지극히 작은 형체로 하나의 지옥이기 때문이고, 그리고 지옥은 이같은 수천 수만의 사람으로 이루어지고 있기 때문입니다. 그리고 거기에 있는 모두는, 비록 괴물처럼 보이고, 또 그 사람 안에 있는 모든 섬유조직이나 모든 맥관들이 뒤집혀진 것 같이 보이지만, 형체로는 사람과 같습니다. 악령 자체는 자신에게 하나로 보이는 악 자체입니다. 그러나 그 악의 정욕은 그 사람 안에 있는 것들 같이 수도 없이 많이 있습니다. 왜냐하면 모든 사람은 정수리부터 발뒤꿈치까지 그의 악이거나 아니면 그의 선이기 때문입니다. 따라서 악한 사람은 이와 같이 이루어졌기 때문에, 명확한 것은 악한 사람은, 악에 속한 정욕이라고 부르는 분명한 악들을 가리키는 다종다기하고, 헤아릴 수 없이 많은 악한 것들로 이루어진 하나의 악이라는 것입니다. 여기서 뒤이어지는 것은, 사람이 개혁되기 위해서는 질서정연하게 있었던 이런 모든 것들은 주님에 의하여 반드시 회복되어야 하고, 바뀌어져야 한다는 것이고, 그리고 이러한 일은, 사람의 초기부터 일생을 마칠 때까지, 계속하여 점진적으로 주님의 신령섭리에 의하여 이루어질 수 있다는 것 등입니다.

이와 같은 일은, 뿌리와 줄기만 남아 있는 나무에 새로운 가지를 접목(接木)하면 그럼에도 불구하고 접목된 가지는 원 밑동 뿌리에서 빨아올린 수액을 좋은 열매를 이루는 수액으로 바꾸는 나무의 접목에 의하여 이루어진다고 비유할 수 있겠습니다. 접목된 가지는, 생명나무인 주님 이외에 다른 어떤 곳에서 생명을 취할 수는 없습니다. 사실, 이러한 접목은 요한복음서의 말씀(요한 15 : 1-7)과도 일치합니다.

둘째, 악한 사람은 자기 자신으로부터 계속해서 자기 자신을 자신의 악 안으로 점점 더 깊이 끌어들인다.

자기 자신으로부터라고 언급한 것은 모든 악이 사람에게서 비롯되기 때문입니다. 위에서 언급한 것과 같이, 왜냐하면 사람은 주님에게서 온 선도 악으로 바꾸기 때문입니다. 악한 사람이 자기 자신을 보다 깊은 악 속으로 끌고 들어가는 진정한 이유는, 그 사람이, 내면적으로 자기 자신을 끌고 가는 악이나 또는 자기 자신을 보다 깊이 지옥적인 사회로 끌고 가는 악을 원하고, 행하기 때문입니다. 이로 인하여 악에 속한 쾌락은 역시 점점 증대하고, 따라서 이 쾌락은, 종국에는 보다 쾌락적인 아무것도 느낄 수 없는 그의 생각을 사로잡습니다. 자기 자신을 보다 내면적으로, 보다 깊이 지옥적인 사회들로 끌고 들어간 사람은 누구나 동아줄로 꽁꽁 묶이어 있는 사람과 같이 됩니다. 그럼에도 불구하고 그가 이 세상에 사는 동안에는 그 구속을 전혀 느끼지 못합니다. 자기를 꽁꽁 묶는 오랏줄(捕繩)은 그것들이 그의 흥미를 돋구고, 간질간질 자극을 주기 때문에, 그는 그것을 매우 좋아하는 부드럽고, 연한 털실이나 비단실로 여깁니다. 그럼에도 불구하고 죽은 뒤에는 이 오랏줄은 부드러운 것에서 아주 고약한 것으로, 감미로운 간지럼에서 짜증나고, 화나게 하는 것으로 돌변합니다. 악이 받아 즐기는 쾌락의 증대 같은 것은 도둑질·절도(竊盜)·약탈(掠奪)·복수·폭행·재물욕이나 기타 여러 가지의 악들의 자행(恣行)에서부터 잘 알 수 있습니다. 어느 누구나 자신의 성공이나 거리낌 없는 짓거리에 따라서 그런 것들 안에 있는 쾌락의 신남을 만끽하지 않습니까?

만약 온갖 악들이 사랑 뿐만 아니라 의지 안에 똬리를 틀고 있다면, 사람이 지옥적인 사회에 있는 어떤 악과 연계되는 것이 아니고, 오히려 악들이 그의 의지 안에 있게 되면, 그 때 그 사람은 그 악 속에 들어갑니다. 만약 그 때 이 악이 십계명의 계율에 반대된다고 생각한다면, 또는 이런 것들을 신령한 것으로 여긴다면, 그 사람은 그 악을 목적으로 삼고 저지르고, 또한 그런 짓으로 인하여, 그 사람은 자기 자신을 실제적인 회개(悔改) 없이는 빠져나올 수 없는 지옥적인 사회 속으로 깊이 깊이 쑤셔박습니다.

셋째, 악한 사람에게 있는 신령섭리는, 악에서부터의 계속적인 물러남(撒收)을 목적한 계속적인 악의 허용이다.

악한 사람에게 있는 신령섭리가 하나의 계속적인 허용이라는 이유는, 그들의 삶에서부터 나올 수 있는 것은 악 이외에 아무것도 아니기 때문입니다. 왜냐하면 사람은, 악 아니면 선 안에 있는 것이지, 동시에 양쪽에 있을 수 없기 때문이고, 그가 미온적이 아니라면 번갈아서 있을 수도 없기 때문입니다. 그리고 삶에 속한 악은 주님에 의해서는 의지에 들어갈 수 없고 그리고 그것을 통해서 사상에 들어가지 못하지만, 그러나 사람에 의해서는 의지에 들어가고, 그것을 통해서 이해에 들어갈 수 있습니다. 이것을 가리켜 허용이라고 부릅니다. 악한 사람이 원하고 생각하는 모든 것들은 허용에 속한 것이기 때문에, 묻는 질문은, 선한 사람이나 악한 사람이나 동일하게, 모든 사람이 가지고 있는 지극히 작은 것 안에도 있다고 말하는 신령섭리 안에는 무엇이 있는가? 라는 것입니다. 그러나 그것은 이런 것 안에 있습니다. 즉 신령섭리는 목적을 위해서는 계속적으로 허용하는 것에, 그리고 목적에 속한 것들에는 허용하지만, 그밖의 다른 것들은 결코 허용하지 않는다는 것에, 그리고 허용 때문에 생겨진 악을 부단히 지켜보고, 격리시키고, 정화시키는 것에, 그리고 목적에 맞지 않는 것들을 제거하는 것에, 그리고 모르게 하는 방법을 통해서 쫓아내는 것에 있습니다. 이러한 일들은 주로 사람의 내면적인 의지 안에서 일어나며, 그리고 이것으로 말미암아 그의 내면적인 사상 안에서 일어납니다. 신령섭리는 또한 계속해서 이런 것들 안에 있습니다. 신령섭리는 제거되고 쫓겨난 것들이 또다시 의지에 의하여 받아드려지지 않나 하는 것을 예의 살피는데 있습니다. 왜냐하면 의지에 의하여 받아드려진 것들은 모두 그 사람에게 전유(傳有)되기 때문입니다. 그러나 의지에 의해서가 아니고, 사상에 의하여 수용된 것들은 분리되고 소멸되기 때문입니다. 이것이 악한 사람에 대한 주님의 계속적인 섭리입니다. 앞에서 언급한 것과 같이, 그것은 변함 없는 물러남(撤收)을 목적한 계속적인 허용을 가리킵니다. 이런 것들에 관해서 사람은 거의 아무것도 알지 못합니다. 왜냐하면 사람은 그것들을 깨닫지 못하기 때문입니다. 사람이 그것들을 깨닫지 못하는 주된 이유는, 그것들 모두가 사람의 생명인 사랑에 속한 정욕의 죄악들이기 때문이며, 이런 악들은 어느 누구도 관심을 두지 않는, 악으로 느끼는 것이 아니라, 쾌락으로 느끼기 때문입니다. 누구가 자신의 사랑에 속한 쾌락에 관심을 가지지 않겠습니까! 그의 사상은, 마치 작은 보트(輕艇)가 강물을 따라 밀려다니듯이, 그것들 안에 떠돌아 다닙니다. 그리고 그의 사상은, 심호흡을 할 때 폐 속에 들어오는 향기로운 대기처럼 지각됩니다. 사람은 그의 외적인 사상 안에서 그것들에 속한 것들은 지각할 수 있지만, 그럼에도 불구하고 그것들이 악한 것이다는 것을 잘 알려고 하지 않고, 그것들에 대해서 별로 관심을 두지 않습니다. 그러나 아래에서 이런 것들에 관해서 더 부연 설명하겠습니다.

넷째, 악으로부터의 철수(撤收)는 주님에 의하여 수천, 아니 그 이상의 수만의 방법으로 행하여진다.

이런 것들에 관해서 다만 극소수가 나에게 알려졌는데, 사실인즉슨 그것도 지극히 일반적인 것들이었습니다. 알려진 것들로는, 사람이 알지 못하는 정욕에 속한 쾌락들은 떼거지로 폭발하듯이 나타나고, 그리고 사람의 영에 속한 것들인 내면적 사상 안으로 서둘러서 들어오고, 따라서 그것으로부터 그 사람의 외적인 사상 속에 또한 들어옵니다. 외적인 사상 속에 들어온 것들은 거기서 어떤 만족감·즐거움 또는 열성 등등으로 나타나는데, 그런 것들은 거기서 그 사람의 자연적인 기쁨이나 감관적인 쾌락들과 뒤섞이게 됩니다. 역시 이런 것들이 떼어놓음(隔離)과 깨끗이 하는 것

(淨化)의 방법이고, 또한 물러남(撤收)과 해임(解任)의 수단들입니다. 이같은 방법이나 수단들은 선용이라는 목적의 관점에서 보면 대략 명상(冥想)・사색(思索)・숙고(熟考・reflection) 등에 속한 기쁨이요 쾌락들입니다. 그리고 선용을 가리키는 목적들이란 사람의 사업이나 직업(職業・employment)에 속한 크고 작은 수많은 특수한 것들이 되겠습니다. 따라서 그런 것들은 역시 그 자신이 영적인 사람처럼 또는 시민법적인 사람이나 도덕적인 사람처럼 보이기 위한 반성(反省)이나 숙고에 속한 기쁨 만큼 수도 없이 많습니다. 그뿐만 아니라 그밖에도 중간 중간에 끼어드는 불쾌한 것들도 있습니다. 그것들이 모두 겉사람 안에 그 사람의 지배애(支配愛)에 속한 기쁨들이기 때문에, 이런 것들은 속사람 안에 있는 악에 속한 정욕의 쾌락들에 대한 격리・정화・배설(排泄)・철수 등에 속한 방법이나 수단들이 되겠습니다.

예를 들어 보겠습니다. 자기 자신의 업무 기능의 목적이나 용도(用途)가 고작 이해득실(利害得失)이나 대인관계(對人關係)에 있다고 생각하는 부정한 재판관이 그 좋은 예가 되겠습니다. 이 사람은 내적으로는 변함없이 이런 목적 안에 있으면서도, 그럼에도 불구하고 따라서 그 사람은 겉으로는 훌륭한 법관이나 정직한 사람처럼 행동할 수 있습니다. 그 사람은 권리가 법률에 일치하고, 정의와 닮은 것으로 들어내기 위하여, 어떻게 하면 자신이 그 권리를 주무르고(bend) 뒤집고(turn), 적응시키고, 부합시킬 수 있을까 하고, 언제나 변함 없이, 명상・사색・숙고・의도(意圖)에 속한 기쁨 가운데 있습니다. 그리고 또한 그 사람은 자신의 내적인 기쁨이 교활・사기・협잡・눈을 속이는 절도나 그밖의 수많은 사악한 것들에 똬리를 틀고 있다는 것을 전혀 알지 못합니다. 그리고 악에 속한 정욕의 수많은 쾌락으로 똘똘 뭉쳐진 그와 같은 쾌락들이, 그 사람이 의롭고 성실하다는 외현(外現)의 쾌락이 깊숙히 자리잡고 있는 그의 외적인 사상에 속한 개별적인 것이나 전체적인 것 안에서 좌지우지 통치하고 있다는 것도 의식하지 못합니다. 마치 음식물이 위(胃)에서 뒤섞이듯이, 외적인 쾌락에 뒤섞인 내적인 쾌락들은, 거기에서 분리, 정화되고, 이송(移送)됩니다. 그럼에도 불구하고 악에 속한 정욕의 매우 해독스러운 쾌락만 그렇게 이루어집니다.

왜냐하면 사악한 사람 안에는 덜 비참한 악에서 더 비참한 악으로 옮겨가는 것 이외의 다른 떼어놓음(隔離)이나 정화 또는 제거(除去) 같은 것은 결코 없기 때문입니다. 그러나 선한 사람 안에는 더 비참한 악 뿐만 아니라 덜 비참한 악에 속한 격리·정화·제거 등이 있습니다. 이러한 일들은, 사람이 악을 죄로 여기고, 따라서 그것을 멀리하고, 그것들이 혐오 안에 있다고 여기는 정도에 비례하여 그가 그 상태에 이르게 되는 선과 진리를 목적한 또는 정의와 진리를 목적한 정동에 속한 기쁨에 의하여 이루어지고, 만약 그가 그런 것들을 향하여 당당히 싸우면 싸울수록 그런 일들은 이루어집니다. 이러한 것들이 모두 주님께서 구원받을 사람 모두를 정화하시는 방법이요 수단들입니다. 주님께서는 또한 사람들을, 명성이나 명예, 때로는 재물에 관계되는 수단들인 외적인 수단들에 의하여, 정화하시기도 합니다. 그럼에도 불구하고 주님께서는 이런 것들 안에 선과 진리의 정동에 속한 기쁨을 활착(活着)시키시고, 그런 일을 통하여 그들은, 그들이 이웃사랑의 상태가 되도록 방향이 결정되고, 적응됩니다.

악으로부터 떼어놓음(隔離)을 헤아릴 수 없이 많은, 수천 수억의 방법으로 주님께서 이행하신다는 것은, 밝히 알 수 없고, 따라서 의구심(疑懼心) 속에 놓일 수 밖에 없다는 것은 인체에서 영혼이 활동하는 신비한 작용 그 이상일 뿐입니다. 사람이 그것들에 관해서 알 수 있는 것들은 이러합니다. 즉, 사람이 음식을 보면, 그것을 먹으려고 하고, 냄새를 맡으려고 하고, 그것 때문에 허기를 느끼고, 그것을 먹어서 맛보고, 이로 그것을 부수고, 혀로 그것을 식도에 보내고, 따라서 위에 보냅니다. 그러나 다른 한편, 사람이 그것들의 감관을 가지고 있지 않기 때문에, 그것들이 하는 일에 관하여 전혀 알지 못하는 사이에 일어나는 영혼의 신비스러운 작용들은 이러합니다. 즉 위는 받아드린 음식을 이리저리 굴리고, 용해제(溶解劑)에 의하여 쪼개고, 분리하여 즉 그것을 소화시켜, 위벽에 열려 있는 작은 입들(the little mouths opening)에 적합한 조각들을 보내고, 그것들을 빨아들이는 맥관(脈管)에 보내는 일, 그리고 맥관이 흡수한 것 중에서 더러는 피에 보내고, 더러는 임파관(淋巴管)으로 보내고, 더러는 장간막의 유미관(乳糜管)으로 보내고, 더러는 소장으로 보내는 일, 종국에는 흉부(胸部)의 도관(導管)을 통하여 장막간의 용기에서 옮겨진 유미(乳糜)는 정맥으로 옮겨지고, 그리고 심장으로 옮겨지고, 다시 심장에서는 폐로 옮겨지고, 폐에서는 심장의 왼쪽 심실(心室)을 통해서 대동맥으로, 대동맥에서는 동맥의 실핏줄을 통하여 전인체의 내장과 신장에 보내지는 일, 그 기관들의 각각 안에서는 그 때 혈액의 분리(分離)와 정화가 일어나고 또한 잡다한 물질의 수거(收去)가 일어납니다. 폐장에서 정화된 피를 심장이 뇌에 보내는 일―이런 일은 경동맥(頸動脈)이라고 부르는 동맥을 통해서 행해지는데―이 어떻게 일어나는지에 관하여, 그리고 뇌는 신선하게 된 피를 정맥에 어떻게 보내는지―바로 앞에서는 흉부의 도관을 통해서 유미를 보낸다고 했는데―그리고 어떻게 다시 심장으로 보내지는지, 등등의 일에 관하여 말한다는 것은 더할 나위가 없는 신비입니다. 이밖의 수많은 다른 일들도 모두 인체 안에서 일어나는 영혼의 신비스러운 작용들입니다. 사람은 그것들에 속한 아무런 느낌이나 감관을 가지고 있지 않으며, 해부학(解剖學)에 조예가 깊은 사람도 그것들에 관해서는 전혀 알지 못합니다. 그럼에도 불구하고 이와 유사한 일들이 사람의 마음의 내면적인 것들 안에서 일어납니다. 왜냐하면 사람의 마음에서 말미암지 않고서는 육체에서는 어떠한 것도 이루어질 수 없기 때문입니다. 그 이유는 사람의 마음은 그 사람의 영(靈 · his spirit)이고, 그의 영은 꼭같이 사람이며, 그것들에 차이가 있다면, 육체 안에서 일어난 것들은 자연적으로 일어난 것이지만, 마음 안에서 일어난 것들은 영적으로 일어난 것이기 때문입니다. 그 유사성은 아주 완벽합니다. 이상의 연구 검토에서 볼 때 확실한 결론은, 신령섭리는 모든 사람에게, 수도 없이 많은 방법으로, 더욱이 아주 신비스러운 방법으로, 작용한다는 것이고, 그리고 신령섭리의 목적은 사람을 정화하는 것인데, 그 이유는 그 목적이 그 사람을 구원한다는 것이다는 것, 그리고 겉사람 안에 있는 온갖 악들을 제거하는 일 외에는 사람에게 부과할 임무가 아무것도 없다는 것 등입니다. 그 외의 나머지는, 그 사람이 만약 간절히 원하기만 한다면, 주님께서 다 마련하십니다. (신령섭리 296항)

모든 사람은 중생할 수 있으며, 결코 예정(豫定) 따위는 없다

건전한 이성(理性)은 누구나 모두 천계에 가도록 예정되었지, 지옥에 가도록 예정된 사람은 아무도 없다는 것을 당당하게 명령합니다.
창조의 목적은 인류로부터 천계를 이루는 것입니다. 그리고 모든 사람은 그가 영원히 행복한 상태에서 살 수 있게 하기 위하여 창조되었습니다. 따라서 모든 사람은 천계에 가기 위하여 창조되었습니다. 신령사랑은 이것 말고는 다른 것을 뜻하지 않고, 신령지혜는 오직 그것만을 섭리하십니다. 그러므로 신령섭리는, 모든 사람이 구원받는다는 것을 가리키고, 하나님을 사인하고 올바르게 사는 사람은 모두 다 구원 받는다는 것을 가리킵니다.

올바르게 산다는 것은, 종교에 대하여, 따라서 하나님에 대하여 반대되고 거스르는 것이 악들이기 때문에, 그 악들을 멀리하는 것을 뜻합니다. 사람이 만약에 구원을 받지 못한다면 그것은 그 자신에게 잘못이 있는 것입니다. 주님나라에 가는 것 이외의 그 어떤 예정은 무한한 사랑을 가리키는 신령사랑에 위배되는 것입니다. 그것은 또한 무한한 지혜를 가리키는 신령지혜에 반대되는 것입니다. 신령섭리가 인류구원이라는 자체의 목적을 성취하는데 사용된 방법들이란 사랑이 지혜를 가지게 하는 신령진리요, 그 사람이 사랑을 가지게 하는 신령선입니다. 왜냐하면 목적을 위해 계획하고, 일을 도모하는 사람은 모든 방법이나 수단을 도모하기 때문입니다. (신령섭리 322-331항)

인간구원을 목적한 신령섭리의 운영은 계속적이고, 점진적이다

사람을 구원하기 위한 신령섭리의 운영(運營 · operation)은 사람의 출생시부터 시작하여 그의 전생애에까지 이어지고, 그 뒤에는 영원으로 이어집니다. 사람에게 외적인 것들을 제공하고 그 사람에게 쏨쏨이를 도와주는 모든 것들은 창조에 속한 제이의 목적(secondary ends of creation)들인데, 전체적으로 그 목적들은 세 세계, 즉 동물계 · 식물계 · 광물계에 존재하는 모든 것들과 관계를 지니고 있습니다. 이들 세 세계에 있는 모든 것들이 그들의 처음 창조 안에 제정된 신령질서의 법칙들에 따라서 변함 없이 발출되어(發出 · proceed) 나오기 때문에, 인류구원이라는 창조의 근본목적을 위해서, 신령섭리의 법칙들인 신령질서에 속한 법칙들에 따라서 변함 없이 부단히 발출되어 나오지 않는다는 것이 어떻게 해서 가능하겠습니까? 과일 나무를 보십시오. 그 나무는 제일 처음에 아주 작은 씨앗에서 아주 연약한 유아(幼芽)가 생겨나지 않습니까? 그 작은 유아가 그 뒤에,

계속해서 큰 나무 줄기로 자라고, 가지들을 뻗고, 그 가지들은 그 잎들로 무성하고, 그리고 그 때가 되면 꽃을 피우고, 열매를 맺는데, 그 열매 속에는 새로운 종자를 형성하고, 그것에 의하여 그 나무의 영구불멸(永久不滅)을 이어가는 것 아닙니까? 이와 같은 일은 들판의 모든 관목(灌木)이나 초본(草本)에 있어서도 꼭 같습니다. 그런 것들 안에 있는 모든 것들, 심지어 지극히 작은 것까지도 모두, 변함 없이, 놀랍게도, 그것들의 질서에 따라서 목적에서부터 목적으로 발출되지 않습니까? 인류로부터 천계가 이루어진다는 창조의 근본목적과 무슨 이유 때문에 다르겠습니까? 신령섭리의 법칙들에 따라서 아무런 변화 없이 발출되지 않는 그것의 진전에 어떤 것이 거기에 있을 수 있습니까? 나무의 성장과 사람의 삶 사이에는 대응(對應)이 존재하기 때문에, 그것들 사이에 있는 유사성(類似性 · parallelism) 즉 비유(比喩 · comparison)를 도출(導出)할 수 있겠습니다. 내용인즉슨 이러합니다. 사람의 유아기는, 비유한다면, 땅 속에서 묻힌 씨앗이 발아되어 나온 나무의 연약한 새싹(幼芽) 같고, 사람의 소년기나 청년기는 수많은 가지를 가지고 있는 큰 나무 줄기로 자란 그 싹과 같습니다. 제일 처음에 모든 사람이 흡수한 자연적 진리는 가지를 덮고 있는 수많은 잎과 같습니다. 사실 성경말씀에 잎은 이 이외의 다른 뜻을 가지고 있지 않습니다.

선과 진리의 혼인 즉 사람의 혼인의 시작은 봄철에 과수가 개화하는 꽃과 같고, 영적 진리들은 이들 꽃들의 꽃잎과 같고, 영적 혼인의 일차적인 결과들은 열매의 시초와 같고, 인애에 속한 선을 가리키는 영적 선(spiritual goods)은 열매와 같은데, 성경말씀에서 "열매"는 이런 내용을 뜻합니다. 사랑에서 비롯된 지혜의 출산(出産)도 씨앗과 같은데, 이와 같은 지혜의 출산에 의하여 사람은 동산(garden)이나 낙원(樂園 · paradise) 같은 존재가 됩니다. 더욱이 성경말씀에서 "나무"는 한 사람으로 서술되었고, "동산"(garden)은 사랑에서 비롯된 사람의 지혜를 서술하고 있습니다. 그리고 "에덴 동산"도 이 이외의 다른 뜻이 아닙니다.

사실, 사람은 씨앗으로 말미암아 악한 나무입니다. 그럼에도 불구하고 거기에는 생명 나무(the Tree of Life)에서 취한 가지들과의 접목(接木) 즉 부식(扶植 · inoculation)이 있는데, 이것에 의하여 옛 그루터기에 붙어 있는 뿌리가 빨아올린 수액(樹液)은 좋은 열매를 형성하는 수액으로 바뀌어집니다. 나무의 성장이나 대물림(再生·regeneration)에는 하나의 변함 없는 신령섭리의 진전(進展)이 있기 때문에, 그리고 나무에 비하여 훨씬 값진 사람의 바로잡음(改革·reformation)과 거듭남(重生·regeneration) 안에 그것은 반드시 있어야 하기 때문에, 그것을 설명, 보여 주기 위하여 이 비유가 있어진 것입니다. 주님의 말씀에 따르면—.

> 참새 다섯 마리가 두 냥에 팔리지 않느냐? 그러나 그 가운데 하나라도, 하나님께서는 잊어버리시지 않는다. 하나님께서는 너희의 머리카락까지도 다 세고 계신다. 두려워하지 말아라. 너희는 많은 참새보다 더 귀하다……너희 가운데서 누가, 걱정한다고 해서, 제 수명을 한 순간인들 늘릴 수 있느냐? 너희가 가장 작은 일도 못하면서, 어찌하여 다른 일들을 걱정하느냐? 백합꽃이 어떻게 자라는지를 생각해 보아라……오늘 들에 있다가 내일 아궁이에 들어 갈 풀도, 하나님께서 그와 같이 입히시거든, 하물며 너희야 더 잘 입히지 않으시겠느냐?
> (누가 12 : 6, 7, 25-28)

(신령섭리 332항)

신령섭리가 눈에 보이지 않게(非可視的), 그리고 부지(不知) 중에 운영하는 이유

신령섭리는, 사람이 자유스럽게 섭리나 우연(偶然·chance)에 그 공을 돌리게 하기 위하여, 눈에 보이지 않게(非可視的), 그리고 깨닫지 못하게(不知) 운영합니다. 왜냐하면 만약에, 신령섭리가 가시적으로 또는 깨닫게 작용한다면, 가시적이고 깨달을 수 있는 것들로 말미암아, 사람은 섭리에 속한 어떤 것을 믿을 수 있겠지만, 그 뒤에 가서는, 섭리와는 정반대되는 신조(信條)에 빠지게 되는 위험성이 있을 것이기 때문입니다. 이와 같이 되면 진리와 거짓은 내면적인 사람 안에서 결합하게 되는데, 이렇게 되면 진리는 모독을 당하게 되고, 모독된 진리는, 그것으로 인하여 영벌(永罰)을 가져올 것입니다. 따라서 이러한 사람은 그렇게 되면 그것에서 물러나, 그가 한 번은 우연이 믿음 안에 있었다는 것 외에는, 불신(不信)과 회의(懷疑)에 차라리 빠질 것입니다. 이것이 이사야서에서 말씀한 내용입니다. 아사야서에—.

너는 가서, 이 백성에게
"너희가 듣기는 늘 들어라.
그러나 깨닫지는 못한다.
너희가 보기는 늘 보아라.
그러나 알지는 못한다."
하고 일러라.
너는 이 백성의 마음을 둔하게 하여라.
그 귀가 막히고,
그 눈이 감기게 하여라.
그리하여 그들이 볼 수 없고, 들을 수 없고
또 마음으로 깨달을 수 없게 하여라.
그들이 보고 듣고 깨달았다가는
내게로 돌이켜서
고침을 받게 될까 걱정이다.
(이사야 6 : 9, 10 ; 요한 12 : 40)

여기서부터 얻을 수 있는 결론은, 오늘날 기적이나 이사가 이루어지지 않는다는 것입니다. 왜냐하면 모든 가시적이고, 깨달을 수 있는 것과 같은, 이런 것들은 사람으로 하여금 믿도록 강요하기 때문입니다. 그리고 강요하는 것은 무엇이나 자유를 박탈하기 때문입니다. 이에 반하여 한 사람의 바로잡음(改革)이나 거듭남(重生)은 자유 안에서 이루어지기 때문입니다. 자유 안에 활착(活着)되지 않은 것은 무엇이든 남아 있을 수 없습니다. 자유 안에 활착되었을 그 때 사람은 선이나 진리를 위한 정동 안에 있습니다.
오늘날 사람이 보지 못하는 것을 사람이 믿어야 하는 것이 온당하다는 것을 주님께서 도마에게 하신 말씀으로 입증되겠습니다. 요한복음서에—.

예수께서 도마에게 말씀하셨다. "너는 나를 보았으므로 믿느냐? 나를 보지 않고도 믿는 사람은 복이 있다."
(요한 20 : 29)

(천계비의 5508항)

숙명(宿命)

내가 천사와 더불어 주님의 신령섭리에 관하여 말하고 있을 때, 거기에 숙명(宿命·fate)에 속한 것들, 또는 그것 안에 절대적으로 필연적인 것이 있다는 것을 자신들에게 강하게 인상지운 영들이 나타났습니다. 그들은, 주님께서는 그 필수적인 것 때문에 행동한다고 여기었습니다. 왜냐하면 사람은 근본적인 것에 따라서, 그러므로 가장 완벽한 질서에 속한 것들인 이런 원칙들에 따라서 앞으로 나아갈 수 밖에 없기 때문입니다. 그러나 그들에게 보여준 사실은, 사람은 자유를 가지고 있다는 것이고, 그리고 만약 사람이 자유를 가지고 있다면 숙명 따위는 필수적인 것이 아니라는 것 등입니다. 이러한 내용이 건축하려고 하는 집에 대한 언급으로 설명되었습니다. 집을 짓는데는 벽돌들·석회·모래 그리고 기초석이나 기둥에 쓰여질 돌들, 또한 들보나 도리와 그밖의 여러 가지 건축자재들이 세워질 집의 순서에서 뿐만 아니라 수시로 수집되어야 한다는 것이나, 주님께서는 그것들로 세워질 수 있는 집이 어떤 종류의 집인지를 잘 알고 계시다는 내용들이 되겠습니다. 모든 것들 중에 가장 근본적인 것은 주님에게서 비롯된 것들입니다. 그럼에도 불구하고 그들은 필연적인 일에서 비롯된 순서에 따르지 않고, 오히려 사람의 자유에 순응합니다. (천계비의 6487항)

운수(運數)와 우연(偶然)

어느 누구가 운수(運數·fortune)에 관해서 말하지 않겠습니까? 운수에 관해서 말하기 때문에, 또 경험으로 운수에 관한 것을 약간은 알고 있기 때문에, 그 누구가 운수를 시인하지 않겠습니까? 그럼에도 불구하고 어느 누구가 운수가 무엇인지 압니까? 그 이유는 어떤 것들은 부인할 수 없기 때문인데, 왜냐하면 그것은 사실적이고 또한 운명적으로 정해져 있기 때문입니다. 그러나 원인이 없이 사실로 존재하는 것이나, 운명적으로 정해진 것은 아무것도 없습니다. 그럼에도 불구하고 이런 것들의 원인 즉 운수(運數)의 원인은 알려지지 않고 있습니다. 그럼에도 불구하고 그것의 원인을 알지 못한다는 것 때문에, 그 운수가 부인되지는 않습니다. 주사위나 카드 또는 노름 따위를 해 보십시오. 또는 그런 장난을 한 사람들과 이야기를 나누어 보십시오. 어느 누구가 운수를 부인하겠습니까? 왜냐하면 그들은 그것으로 농간을 부리는가 하면, 그것은 이상하게도 그들을 가지고 놀기도 하기 때문입니다. 만약에 운수라는 것이 난공불락(難攻不落)의 어려운 것이라면, 어느 누구가 그것에 대항하여 이기겠습니까? 그렇게 되면 그 운수라는 것은 사람의 영특함이나 지혜 따위를 비웃지 않겠습니까? 여러분이 주사위를 던지고, 카드 놀이를 할 때, 마치 운수는 손 놀림이나 관절의 변화를 다 알고, 자기 마음 내키는 대로 처리하듯이, 어떤 원인으로 말미암아 다른 쪽 보다는 이쪽에 더 유리하게 하지 않겠습니까? 그 원인이라는 것은, 일정한 것이나, 일정하지 않은 수단을 가지고 사람이 영특함을 놀랍게 다루고, 동시에 그 자체를 숨기는 궁극적인 것 안에 있는 신령섭리 이외의 어떤 것에 그 근원이 있을 수 있겠습니까?

옛날의 이교도들은, 로마에서 이태리 사람들이 한 것과 같이, 운명의 신 또는 숙명의 신(運命 神·Fortune)을 시인하고 그 신의 산당을 지었다는 것을 우리는 잘 알고 있습니다. 이 운명에 관해서 설명하겠습니다. 이 숙명은, 앞에서 언급하였듯이, 궁극적인 것 안에 있는 신령섭리를 가리키는데, 공개적으로 그것에 관하여 까발기는 것이 허락되지 않은 수많은 이유들을 내게 알리기 위하여 은총이 주어졌습니다. 그것을 통해서 내가 분명하게 알게 된 것은, 그것은 결코 마음의 착각이나 환상(幻想)이 아니고, 자연의 변덕(變德)도 아니고, 원인 밖의 어떤 것도 아니라는 것입니다. 왜냐하면 이것은 무가치한 것이지만, 그럼에도 불구하고 확실한 사실은 신령섭리는 사람의 사상이나 행동에 속한 지극히 작은 특수한 것들 안에 존재한다는 것입니다. 신령섭리가 무가치하고 보잘 것 없는 지극히 작은 것들 안에 존재하기 때문에, 이 세상의 평화와 전쟁, 또는 구원과 천계의 삶에 관계되는 무가치한 보잘 것 없는 것이 아닌 지극히 작은 것들 안에 왜 신령섭리가 존재하지 않겠습니까? (신령섭리 212항)

불의의 사고나 재난

나는, 사람들이 그 근원에 관해서 알지 못하기 때문에, 사람은 그 근원을 알지 못하기 때문에 그것이 존재한다는 것까지도 부인하지만, 운수가 마치 이 세상에서는 우발적이고 뜻밖의 것처럼 보이는 운수(運數·fortune)

에 관해서 영들과 대화를 자주 하였습니다. 공교롭게도 마치 우발적인 사고처럼 어떤 일이 나에게 돌발적으로 일어나는데, 그것에 관해서 천사가 일러준 것은, 어떤 영들이 거기에 나타났기 때문에, 그런 일이 생겨났다는 것입니다. 그리고 그 어떤 영의 영기가 만연되었을 때이므로 그 사건은 나쁜 것이라고 하였습니다. 사실 악령들은, 그들의 간계(奸計)에 의하여, 마치 우연에 의하여 일어난 것처럼 확실하게 보이는 불행한 여건이나 상황이 야기되는 어떤 영기(靈氣 · sphere)를 조성하는 짓을 꾀합니다. 더 자세히 일러진 것은, 모든 것들, 아니, 모든 것들의 지극히 작은 것, 심지어 지극히 작은 것에 속한 지극히 작은 특수적인 것들에까지, 심지어 한 발자국까지도 주님의 신령섭리에 의하여 통제되고 관리된다는 것입니다. 그럼에도 불구하고 그 섭리에 반대되는 영기가 만연되면 불행스러운 사건이 일어난다는 것입니다. 이런 몇가지 사실들에 의하여 확증되는 것은 결코 우연이나 우발적인 것은 없다는 것입니다. 그리고 또한 외관상의 사고나 사건 또는 행운 따위는, 모든 것들이 상대적으로 변하기 쉬운 것들이 내재해 있는, 질서의 궁극적인 것들 안에 있는 섭리라는 것입니다. (천계비의 6493항)

모든 악한 것들, 심지어 우발적인 것에 의하여 생겨나는 좋지 않은 것들까지도 모두 지옥에서 비롯됩니다. 이런 사실에 관해서 지옥의 영들도 무지(無知)합니다. 그럼에도 불구하고 그런 일들은 지옥의 영들로 말미암아 돌발적으로 일어납니다. 왜냐하면 중간 매체 또는 간접적인 중재로서의 극내적(極內的 · the inmost) 천계 또는 내면적 천계는, 그것들이 모두 인류에 유익한 것들이기 때문에, 하나님 메시아(God the Messiah)에 의하여 예지되고 섭리된 것들을 처리하고 다스려집니다. 자기 자신을 신뢰하고, 자아애와 세간애에 빠져 있는 사람들에게 있어서 이런 것들은 즉시 나쁜 것들이나 또는 우발적인 것으로 바뀌어 버립니다. 따라서, 사람에게 예기치 않게 닥쳐오는 것들은 지극히 작은 악이라고 해도 지옥에서 뛰쳐나온 것이 아닌 것은 결코 존재하지 않습니다. (영계일기 224항)

사람의 임종(臨終)에 관한 신령섭리

모든 사람의 삶은 모두, 매우 길든 또는 사람이 오래 오래 살기를 원하든, 주님께서는 예견하십니다. 그러므로 최초의 유아기에서부터 영원한 삶을 향하여 사람은 관리되고 통제됩니다. 그러므로 주님의 신령섭리는 최초의 유아와 더불어 시작됩니다.

사람이, 어떤 사람은 소년시절에, 어떤 사람은 청년기에, 어떤 사람은 장년기에, 어떤 사람은 노년기에 죽는데, 여기에는 몇가지 이유들이 있습니다. 그 첫째로 생각할 수 있는 것은 이 세상에 있는 사람들에 대한 그 사람 자신의 선용(a man's use) 때문입니다. 그 둘째로 생각할 수 있는 것은, 사람이 이 세상에 사는 동안 그 사람의 천사들이나 영들에 대한 선용 때문입니다. 그의 내면적인 것에서 보면 사람은 영이기 때문이고, 그리고 그 사람은, 이 세상에 사는 동안, 영계에 있는 모든 것들이 종결되어 있는 이 세상에 존재하기 때문입니다. 셋째로 생각할 수 있는 것은, 그가 중생하기 위한 것인지, 아니면 그 사람의 영원한 황폐에 귀착되는 것을 가리키는, 잠자는 상태에 놓여 있다가 그 뒤에 깨어나는 그 사람의 온갖 악들 속에 빠져야 하느냐 하는 이 세상에서의 그 사람 자신에 대한 선용입니다. 그리고 넷째로 생각할 수 있는 것은 사후 저 세상에서의 영원에 대한 선용입니다. 왜냐하면 천계에 있을 수 있는 사람은 누구나 대인간(大人間·the Grand Man) 안에 있는 자신의 자리를 가지고, 아니면 반대로 지옥에 갈 사람은 지옥에 있는 그 자신의 자리를 가지기 때문입니다. 어디에서든지 사람이 평형상태(平衡狀態·equilibrium)을 잃게 되면 주님께서 신령섭리에 의하여 사람들을 거기에서 멀리 옮겨 놓으십니다. 따라서 주님의 나라는 보편적 섭리에 속하는 복지(福祉)를 돌보시고, 배려하십니다. (영계일기 5002·5003항 ; 천계비의 6807항 참조)

미래에 대한 보살핌

이스라엘 민족에게는 매일 아침 만나(manna)가 주워졌습니다. 그리고 그 찌꺼기는 벌레들이 먹고 살았습니다. 이 내용이 뜻하는 것은, 주님께서는 매일 매일의 필요한 것들을 마련하신다는 것이고, 따라서 사람은 자기 자신들이 필요로 하는 것들을 얻는 일에 걱정하지 말아야 한다는 것입니다. 이것이 바로 주님의 기도문에 있는 "일용할 양식"(the daily bread)이 뜻하는 내용입니다. 마태복음서의 주님말씀도 꼭같은 내용을 뜻합니다. 즉—

목숨을 부지하려고 무엇을 먹을까 또는 무엇을 마실까 걱정하지 말고, 몸을 보호하려고 무엇을 입을까 걱정하지 말아라.……어찌하여 너희는 옷 걱정을 하느냐? 들의 백합꽃이 어떻게 자라는가 살펴보아라. 수고도 하지 않고, 길쌈도 하지 않는다.……그러므로 무엇을 먹을까, 무엇을 마실까, 무엇을 입을까, 하고 걱정하지 말아라. 이 모든 것은 이방 사람들이 구하는 것이요, 너희의 하늘 아버지께서는 이 모든 것이 너희에게 필요하다는 것을 아신다. 너희는 먼저 하나님의 나라와 그의 의를 구하라. 그리하면 이 모든 것을 너희에게 더하여 주실 것이다. 그러므로 내일 일을 걱정하지 말아라. 내일 걱정은 내일이 맡아서 할 것이다.

(마태 6 : 25-34)

이 주제는 출애굽기서의 말씀(출애굽기 16 : 20)에서 이미 설명하였기 때문에, 아래의 설명은, 속뜻으로, 내일에 대한 걱정과 근심에 관한 것입니다. 그 속뜻은 걱정이나 근심을 금할 뿐만 아니라, 옳지 않다고 가르칩니다. 아침까지 만나의 잔여분을 남겨 놓지 말라는 명령이 뜻하는 것이 하지 말라고 금하는 내용입니다. 그리고 옳지 않다는 것은 나머지로 벌레들이 먹었고, 그리고 썩어버렸다는 사실이 뜻하는 내용입니다. 성경말씀의 문자적인 뜻에 따라서 그 이상의 내용을 보지 못하는 사람은 내일을 위한 모든 걱정이 사라질 것이다는 것으로, 따라서 생활에 필수적인 것들이 천계로부터 매일매일 줄 것이라고 믿을 것입니다. 그러나 성경말씀의 문자적인 뜻보다 매우 깊게 그 주제를 살펴보는 사람, 말하자면 성경말씀의 속뜻으로부터 그 내용을 살피는 사람은, 내일을 위한 걱정이 무엇을 뜻하는지 이해할 것입니다. 그것은 어느 개인의 식량이나 옷가지 따위나 심지어 장차를 대비한 변통 따위를 얻는 것을 뜻하지 않습니다. 왜냐하면 그것은 자기 자신이나 가족에 대하여 선견지명이 있는 사람을 위해서는 질서에 어긋나는 것이기 때문입니다. 그러나 자신들의 운명에 만족하지 않는 사람이나, 신령존재를 믿지 않고 오히려 자기 자신을 믿는 사람들은 내일을 위한 걱정 근심을 가질 수밖에 없습니다. 그리고 그들은 천계적인 것들을 생각하지 않고, 오직 세상적이고, 육생적(陸生的)인 것들만을 생각할 것입니다. 보편적으로 이 세상에는 미래에 직면할 것들에 관한 근심 걱정, 모든 것들을 다 소유하고 그것들을 다 자기 손에 넣겠다는 그들의 과욕으로 불타고, 점점 증대해지는 열망, 종국에는 모든 정도를 뛰어넘어

온갖 수단들로 만연되어 있습니다. 그들은, 자신들의 바람에 속한 대상물들을 손에 넣지 못하면 매우 슬퍼하고, 또 그들의 그런 것들을 잃기라도 하면 몹시 고통스러워합니다. 세상에는 그들을 위한 어떤 위안거리는 아무것도 없습니다. 왜냐하면 그들은, 그렇게 되면 신령존재를 향하여 분노하고, 되지 않은 맹신(盲信)으로 신령존재를 전적으로 부인하고, 자신들을 저주하고 악담을 합니다. 이런 내용이 내일을 근심 걱정하는 사람들이 가지고 있는 것들입니다.

이러한 사실은 신령존재(神靈存在·the Divine Being)를 믿는 사람들이 가지고 있는 것들과는 전적으로 다릅니다. 비록 그들이 내일에 대한 걱정 근심을 가지고 있기는 하지만, 그럼에도 불구하고 전자와 같은 그런 것은 가지고 있지 않습니다. 왜냐하면 그들은 내일을 근심 걱정으로 생각하지 않는데 하물며 그들은 어떻게 근심·염려 따위를 가지겠습니까! 그들은, 그들의 바람의 대상물들을 얻든 얻지 못하든, 마음의 평정(平靜) 상태에 늘 있고, 그것을 잃는다 해도 전혀 슬퍼하거나 괴로워하지 않습니다. 그들은 그들의 처지(處地)에 늘 만족합니다. 만약 그들이 부자가 된다면 그들은 그들의 마음을 그 재물에 두지 않습니다. 만약 그들이 명예스러운 자리에 오른다면, 그들은 다른 사람에 비하여 자기 자신이 더 값이 있다고 생각하지 않습니다. 만약 그들이 가난하게 되었다고 해도 그들은 슬퍼하지 않습니다. 그들은, 신령존재를 믿는 사람들에게는 모든 것들이 영원한 행복의 상태를 향하여 나아가도록 촉진한다는 것을 잘 압니다. 그리고 혹시 그들에게 좋지 않은 여건이 닥친다고 해도, 그럼에도 불구하고 그들은 그것이 도움이 된다는 것도 잘 압니다. 주지하여야 할 것은 신령섭리는 보편적이라는 것입니다. 다시 말하면 만유(萬有)의 지극히 작은 것 안에 내재해 있다는 것입니다. 그리고 또 알아야 할 것은, 섭리의 신앙 안에 있는 사람들은, 방법의 겉모습이 어떻게 보이든, 언제나 행복을 향하여 인도되어 간다는 것입니다. 그리고 섭리의 신앙 안에 있는 사람은 신령존재를 신뢰하고, 모든 결과를 그분의 공으로 돌린다는 것입니다. 그러나 자기 자신만을 신뢰하고, 모든 공을 자신에게 돌리는 사람은 섭리의 신앙 안에 있지 않다는 것을 알아야 합니다. 사실 그들은 그 반대에 있습니다. 왜냐하면 그들은 신령섭리를 신령존재로부터 제거하고, 모든 것들을 자기 자신의 공으로 돌리기 때문입니다. 또한 주지하여야 할 것은, 섭리의 신앙 안에 있는 사람은 누구나 다 그 정도에 비례하여 평화의 상태 안에 있다는 것과, 믿음에 속한 선이나 신뢰에서 비롯된 평화의 상태 안에 있는 사람은 그것에 비례하여 그 사람은 신령섭리 안에 있다는 것 등입니다. (천계비의 8478항)

제28강

사람의 영혼(靈魂)

영혼에 관한 만연된 무지(無知)

모든 영혼의 본질에 관한 한 아는 바 없고, 특히 학계(學界)에도 알려진 바 없습니다. 이러한 것은, 어떤 사람들은 그것이 에텔적인 본체(本體)라고 믿고, 어떤 사람은 일종의 불꽃이나 불로 믿고, 어떤 사람은 단순히 생각하는 본체(thinking principle)로, 어떤 사람은 일반적인 활력소(活力素·the vital principle)로, 어떤 사람은 자연적인 활동적 요소(the natural active principle)로 믿는다는 사실에서 아주 명백합니다. 더욱이 영혼의 본질에 관해서 그들의 무지를 입증할 수 있는 것은, 사람들은 그 영혼을 인체의 다양한 곳에 그것의 자리를 지정하기 때문인데, 어떤 이는 그것을 심장에 두고, 어떤 이는 두뇌와 그것의 섬유질에 두고, 어떤 이는 선상체(線狀體·the corpora striata)에 두고, 다른 사람은 심실(心室)이나 뇌실에 두고, 어떤 이들은 작은 선(腺·a small gland)에, 어떤 이들은 모든 부위에 둡니다. 그러나 그렇게 하는 것은, 그들이 모든 살아 있는 것(生物)의 공통적인 것을 가리키는 생명력(生命力·生力素·vitality)을 지각하기 때문입니다. 이상에서 볼 때 명료한 것은 영혼에 관해서 알려진 바가 없다는 것입니다. 이것이 영혼에 관해서 언급된 모든 주장들이 입증되지 않는 억측에 불과하다는 이유입니다. 그리고 그들이 이와 같이 영혼에 관한 명확한 개념을 전혀 형성할 수 없기 때문에, 대부분의 사람들은, 영혼은 육체가 죽을 때 흩어져 사라지는 생명 유지에 절대로 필요로 하는 활력소(活力素·a vital something) 이외의 다른 것이 아니라고 믿을 수밖에 없었습니다. 이것이, 식자들은 사후(死後) 사람의 생명을 거의 믿지 못하지만, 소박한 사람들은 사후 생명을 믿는 이유이기도 합니다. 그리고 그들이 영혼을 믿지 않기 때문에, 그들은 또한 믿음이나 사랑에 속한 천적인 것들이나, 영적인 것들을 가리키는 그 생명에 관계되는 모든 것들을 믿을 수 없습니다. 이러한 사실은 마태복음서에서 가르치신 주님의 말씀에서 아주 명백합니다. 즉—.

> 하늘과 땅의 주재자이신 아버지, 이 일을 지혜 있고 똑똑한 사람에게는 감추시고, 철부지 어린 아이들에게는 드러내 주셨으니, 감사합니다.
> (마태 11 : 25)
> 그들은 보아도 보지 못하고, 들어도 듣지 못하고, 깨닫지도 못한다.
> (마태 13 : 13)

왜냐하면 소박한 사람은 영혼에 관한 개념 같은 것은 가지고 있지 못하지만, 그러나 그들은 사후 그들이 산다는 것을 믿기 때문입니다. 그리고 비록 그들이 그것에 관해서 잘 알지 못한다고 해도, 소박한 믿음 안에는, 그들이 저 세상에서 사람으로 살 것이고, 또 천사들을 만나 그들과 더불어 담소(談笑)하고 행복을 향유(享有)할 것이다는 신념이 숨겨져 있습니다. (천계비의 6053항)

영혼은 무엇인가?

보편적인 뜻으로 영혼은, 그것으로 말미암아 다른 것들이 존재하고, 살아가는 원천(源泉)이다는 것입니다. 따라서 육체에 속한 영혼은, 육체의 영(靈·spirit)입니다. 왜냐하면, 이 영혼으로 말미암아 육체는 살아가기 때문이고, 그리고 영에 속한 영혼은 한층 더 내면적인 육신의 내면적 생명인데, 그것으로부터 영혼을 인식하고, 이해하기 때문입니다. (천계비의 2930항)

모든 사람은 세 부분으로 이루어집니다. 그리고 그 세 부분은 아주 질서 정연하게 그 사람 안에 잇대어 있는데, 그것이 바로 영혼(靈魂·soul·anima)과 마음(mind·mens)과 육체(肉體·body)입니다. 사람의 지심(至深·his immost)한 것은 영혼이고, 그의 중간적인 것은 마음이고, 그의 극외적(極外的)인 것은 육체입니다. 주님으로부터 사람에게 입류되는 모든 것들은 그의 영혼인 사람의 지심한 것 안에 입류하고, 거기서부터 내리받이가 되어 그의 마음인 중간적인 것에 입류하고, 그리고 이 중간적인 것을 통해서 육체인 극외적인 것에 입류합니다. (혼인애 101항)

영혼이 사람의 가장 지심한 부분이고, 가장 높은 부분이고, 하나님에게서 비롯된 입류가 여기에서 일어나고, 거기에서부터 내리받이가 되어, 그 아래에 있는 부분들에 입류하며, 영혼은 그 수용에 따라서 아래의 부분을 생명력이 넘치게 합니다. 믿음에 속한 진리가 되는 진리들은, 사실은 들음(聽覺 · hearing)을 통해서 입류하고, 그러므로 영혼 아래에 위치한 마음(mind)에 활착(活着)됩니다. 그럼에도 불구하고 이런 진리들에 의하여 사람은 영혼을 통하여 하나님에게서 비롯된 입류의 수용그릇을 위한 질서 안에 놓이게 됩니다. 이와 같은 질서는 자연적인 믿음이 영적인 믿음으로의 변형이요, 또한 그 수용을 가리킵니다. (순정기독교 8항)

영혼에 관해서 고찰, 그것에 관하여 언급한다면, 그것은 사후에도 산다는 것이고, 그것은 육체 안에서 살고 있는 그 사람 자신 이외의 다른 존재가 아니라고 하겠습니다. 다시 말하면, 육체를 통해서 이 세상에서 활동하고, 육체에 생명을 수여(授與)하는 내면적인 사람(the interior man)이라고 하겠습니다. 그 사람이 육체를 떠났을 때의 이 사람을 가리켜 영(靈 · spirit)라고 부릅니다. * 그 때 영은 완전한 사람의 형체로 나타납니다. 그럼에도

---

* 여기서 영(靈 · spirit)은 그것의 기원을 포함한 것으로서 보다 일반적이고, 보다 광범위한 뜻으로 고찰되고 있다. 분명하게, 그리고 엄격하게 말한다면 영혼은 지심한 존재(至深存在 · the inmost)이고, 그 사람 자체이다. 그러나 포괄적인 뜻으로는, 여기서 설명하는 것이기도 한데, 그것은 사람의 전 영체 즉 사후에 사는 모든 것들을 가리킨다. 영혼 아래에 위치한 이것에 속한 모든 것들은 말하자면 영혼에 속한 연장이요, 그것에서 파생된 것이다. 이와 같이 저자는 그의 다른 책에서 이렇게 말하고 있다. 즉―. "영혼은 인간 형체(a human form)로, 그것에서부터 지극히 작은 것도 뺄 수도 없고, 또 그것에 지극히 작은 것도 더할 수도 없다. 그리고 그것은 가장 내적인 형체로, 전신(全身)에 속한 모든 형체들 중에서 가장 내적인 형체이다. 그리고 바깥에 있는 형체는 가장 내적인 형체로부터 본질이나 형체를 취한다.……한마디로 영혼은 그 사람 자체이다. 그 이유는 그것이 가장 내적인 사람(the inmost man)이기 때문이다. 그러므로 영혼의 형체는, 충분하게 또는 완전하게, 인간형체(the human form)이다. 그럼에도 불구하고, 그것은 생명은 아니고, 오히려 그것은 하나님에게서 비롯된 생명을 담는 가장 가까운 그릇이다. 그러므로 영혼은 하나님의 거처(居處 · the habitation of God)이다." (혼인애 315항)

불구하고 그 사람은 그의 육체의 눈을 통해서는 결코 아무것도 볼 수 없습니다. 그러나 그 사람은 영의 눈을 통해서 볼 수 있고, 그리고 영의 눈에는 그 사람은 이 세상에서의 한 사람으로 나타나 보입니다. 그 영은 촉각·후각·청각·시각을 가지고 있는데 이같은 감관들은 이 세상에서의 감관들에 비하여 매우 정교합니다. 그리고 그 영은, 이 세상에서 그가 가지고 있던 기호(嗜好·appetite)·기쁨·바람·정동·사랑 등을 가지고 있는데, 사실 그 등차는 매우 놀랍습니다. 그 영은 이 세상에서처럼 생각하지만, 그러나 매우 완벽하게 생각합니다. 그리고 다른 이들과 대화도 합니다. 한 마디로, 영은, 만약에 사람이 저 세상에 존재한다는 사실에 관해서 생각하지 않는다면 그가 이 세상에 존재하는 것으로 생각할 수밖에 없을 정도로, 이 세상에서와 꼭같이 거기에 존재합니다. 이같은 사실은 영들에게서 직접 내가 들은 바이기도 합니다. 왜냐하면 사후의 삶은 이 세상의 삶의 연속이기 때문입니다. 이것이 죽은 뒤 산다는 사람의 영혼입니다. 그러나 영혼이라는 낱말의 사용을 통해서 그 개념이 이해되고 깨닫는 것이 실패하지 않기 위하여—그것에 관한 억측이나 가설(假設)적인 편견이나 선입견(先入見)의 탓으로 인하여—또는 만약에 내면적인 사람이라는 낱말을 좋아한다면, 사람의 영에 관하여 언급, 설명한다는 것은 매우 뜻있고 귀중한 것입니다. 왜냐하면 저 세상에서 사람은, 사람으로 나타나 보여지는 모든 사지(四肢)들이나 기관들을 가진 완전한 사람으로 나타나 보이고, 거기에서의 사람은, 사람으로 나타나 보이고, 거기에서의 사람은 사실 육체를 입고 있었던 그 사람 자신입니다. 이러한 내용이 사실이다는 것은, 우리가 성경말씀에서 읽는 내용에서 볼 수 있는 천사들이 완전한 사람의 형체로 나타난다는 사실에서 확실히 알 수 있습니다. 왜냐하면 천계에 있는 모든 천사들은, 주님께서 그러한 형체로 계시기 때문에, 그리고 주님께서 부활하신 뒤에도 사람으로 자주 나타나셨기 때문에, 인간형체를 취하고 있기 때문입니다. (천계비의 6054항)

주지하여야 할 사실은, 육체 안에 있는 사람의 영은 그것에 속한 전체나 또는 모든 부분 안에 존재한다는 것입니다. 그리고 또한 그것은, 운동기관 안에 있는 것과 꼭같이, 감관의 기관 안에, 그 밖의 어디에나 존재하는 그것의 보다 순수한 실체(實體·the purer substance)라는 것이고, 또한 그의 육체는, 그 때 그가 존재하는 이 세상에 적응되어, 그것에 수반된 어디에나 존재하는 물질적 실체이다는 것입니다. 이러한 일련의 내용이 사람은 영이다, 그리고 육체는 이 세상에서 선용을 위해 그를 섬기는 것이다, 그리고 그 영은 사람의 내적인 것이고, 육체는 사람의 외적인 것이다고 언급하는 말이 뜻하는 내용입니다. (천계비의 4659항)

영혼의 근원

영혼이 아버지에게서 온다는 것은 현인(賢人)들에게는 결코 문제가 되지 않습니다. 역시 그것은, 가문의 조상들에게서부터 중단되지 않고 후손들에게 연속으로 이어져 내려오는, 그리고 성격의 여러 전형(典型)들인 그들의 기질이나 얼굴에 잘 드러나 보여주고 있습니다. 사실 아버지는 초상화에서처럼 복사되는데, 만약 그의 아들에서가 아니면 그의 손자나 증손자에게서 나타납니다. 그 이유는 영혼이 그 사람의 지심한 것을 이루기 때문입니다. 비록 가장 가까운 후손에게서 이 사실이 드러나지 않는다 할지라도, 그렇지만 후대에서 그 사실은 드러날 것입니다. 영혼은 아버지에게서, 그리고 덮개(肉體)는 어머니에게서 비롯된다는 사실은 식물계(植物界)의 유사한 것들에 의하여 입증되고 있습니다. 이 지구 즉 이 땅에는 공통적인 모체(共通的 母體 · the common mother)가 있습니다. 이것은 자체 안에 마치 자궁 안에서처럼 받아들여 씨(種子)에 옷을 입힙니다. 아니, 그뿐만 아니라, 어머니가 아버지로 말미암아 그녀의 자식을 잉태하여 출산하는 것처럼, 그것은 말하자면, 그것들을 수태하고, 출산하고, 그것들을 양육합니다. (혼인애 206항)

불연속적 계도와 연속적 계도

계도(階度 · degree)가 신령질서와 어떻게 관계되었는지를 알지 못하는 사람은, 마찬가지로 천계가 어떻게 구분되어지며, 또 속사람과 겉사람이 의미하는 것까지도 이해할 수 없습니다. 이 세상의 대부분의 사람들은 무엇이 내면적인 것들이고, 무엇이 외면적인 것들인지에 관하여 아무런 관념이 없습니다. 또는 무엇이 보다 높은 것이며, 무엇이 보다 낮은 것인지도 알지 못하고, 다만 계속적인 무엇이 보다 순수한 것에서부터 조잡한 것으로 연계적으로 결합되었다는 생각 밖에는 아무런 관념이 없습니다. 그러나 내면적인 것과 외면적인 것의 관계는 연속적인 것이 아니라, 불연속적인 것입니다.

계도에는 두 종류가 있습니다. 즉 계속적인 계도(連續的 階度 · continuous degree)와 그렇지 않은 불연속적인 계도(不連續的 階度가 · discrete degree) 가 있습니다. 연속적인 계도들은, 마치 휘황한 불길에서 암흑으로 사라지는, 빛이 희미해지는 계도들(=정도들)과 같고, 또는 빛 가운데 있는 물체로부터 응달에 있는 물체를 보는 시각이 감퇴되는 정도들(=계도들)과 같으며, 또는 밑바닥으로부터 꼭대기까지 대기의 순수도가 변하는 계도들과 유사합니다. 이 계도들은 거리에 의하여 결정됩니다.

다른 한편, 연속적이 아니고, 불연속적인 계도들은 선재(先在 · prior)하는 것과 후래(後來 · posterior)하는 것과 같이 선별되는데, 그것은 원인(原因)과 결과(結果)와 같이, 또 생산하는 것과 생산된 것과 같이, 선별됩니다. 사물을 깊이 연구하는 사람은 누구나 온 세상에 있는 개별적인 것이나 전체적인 것들 안에 무엇이든 생산하고, 합성하는 계도들이 있는 것을 볼 것입니다. 즉 하나에서, 둘째 것, 셋째 것에, 그리고 그것에서 그 다음의 것에, 등등의 관계를 보게 될 것입니다.

이들 계도들에 관한 지각을 터득하지 못한 사람은, 천계들 사이의 차이, 사람의 내면과 외면의 기능의 차이, 그리고 영계와 자연계 사이의 차이, 사람의 영과 몸의 차이를 알 수 없습니다. 그러므로 대응이나 표징들의 근원, 또는 입류의 본성(本性)을 이해할 수도 없습니다. 관능적인 사람들도 이 차이를 알지 못하는데, 그 이유는 그것들이 이들 계도에 일치하여 연속적인 증가와 감퇴를 이루기 때문입니다. 그러므로 관능적인 사람들은 보다 순수한 자연적인 것 이상으로 영적인 것을 상상할 수 없습니다. 그러므로 그들은 아주 자연적인 것들을 제외하면, 영적인 것들에 관해서 상상한다는 것은 전혀 불가능합니다. (천계와 지옥 38항)

계도에 관한 지식은, 마치 사물들의 원인들을 열어제치고 그것들 안으로 들어가는, 열쇠와 같습니다. 이 지식이 없이는 원인들에 관해서 거의 아무것도 알 수 없습니다. 왜냐하면 양 세계의 객체들이나 주체들이, 사람들의 눈이 볼 수 있는 것들 이상 아무것도 포함하고 있지 않는 듯 아주 단순하게 보이지만, 그럼에도 불구하고 실제로 보이는 것과 그 안에 들어 있는 것 사이의 비율은 일 대 천 또는 일 대 몇 십만이기 때문입니다.
보이지 않는 내면적인 것들은 계도에 관한 지식을 가지지 않고서는 벗겨 낼 수 없습니다. 왜냐하면 보다 외면적인 것들이 보다 내면적인 것들에 진전해 가고, 그 과정을 통해서 가장 지심한 내면적인 것들에까지 계도에 의하여 진전하기 때문입니다. 그 계도들은 연속적 계도들로가 아니라 한 단 한 단 구분되는 불연속적 계도들에 의해서 진전해 갑니다. "연속적 계도"들이란 말은 작아지고, 감소되는 단계들을 의미합니다. 또는 조잡한 것에서 정교한 것, 짙은 것에서 옅은 것으로의 계도들, 아니면 점증하고, 또는 증가하는 연속적인 것을 뜻하고, 정교한 것에서 조잡한 것에로, 또는 옅은 것에서 짙은 것으로 변하는 계도들 즉 빛이 어두움에로 진행해 가는 계도, 또는 온기가 한냉한 것으로 진행되는 계도들 같은 것을 의미합니다.
그러나 구분되는 불연속적 계도들은 아주 딴판입니다. 그것들은 선재하는 것, 뒤이어지는 것, 최종에 이르는 것과 같이, 목적과 원인, 그리고 결과와 같은 것들입니다. 이런 계도들을 구분되는 간격적 계도(間隔的 階度) 또는 불연속 계도라고 부르는 이유는 선재라는 것은 그 자체로 존재하지만, 뒤이어지는 것은 그 자체에 맞게 존재하며, 최종의 것은 역시 자체의 뜻대로 존재하나, 그럼에도 불구하고, 그것들을 한꺼번에 취한다면 단 하나의 형체를 구성하기 때문입니다. 꼭대기에서 밑바닥까지, 즉 태양에서부터 땅에 이르기까지 이런 종류의 계도들로 분리되는 에텔과 공기라고 부르는 대기들이 있습니다. 이것들은 단순한 원소(元素·simple)와 같고, 또한 원소들의 집합체, 다시 말하면 하나의 복합체라고 부르는 집합체의 집합체를 이루고 있습니다.
영계나 자연계에 존재하는 모든 것들은 불연속계도와 연속계도 즉 높이의 계도와 너비의 계도에서 비롯된 공통의 존재를 갖습니다. 불연속계도로 이루어지는 차원을 "높이"(height)라고 부르고, 연속계도로 이루어지는 차원을 "너비"(breadth)라고 부릅니다. 눈의 시각과 관계되는 그것들의 상대적인 위치는 이 호칭의 의미를 전혀 바꾸어 놓을 수 없습니다.
불연속계도들과 또 그것들의 성질과 특성을 파악하고, 그리고 불연속계도들과 연속계도들의 차이를 보다 더 잘 파악하기 위하여 천사적 천계를 예로 들어 설명하겠습니다. 천사적 천계는 세 천계로 이루어져 있으며,

그것들은 불연속계도 즉 높이의 계도(=수직적 계도)들에 의해서 구획이 지어져 있습니다. 다시 말해서 한 천계가 다른 천계 아래 있다는 말입니다. 그 세 천계의 교류는 그들의 질서 안에 있는 가장 낮은 천계에까지 주님으로 말미암아 비롯되어 천계들을 통하여 흐르는 입류에 의해서만 가능할 뿐 다른 방식으로는 불가능합니다.

그러나 본질적으로 각각의 천계 자체는 높이의 계도에 의하여 나뉘어지지 않고, 수평적 계도(=너비의 계도)들에 의하여 이루어집니다. 한 가운데 (in the midst) 즉 중앙(中央·in the center)에 있는 사람들은 지혜의 빛 안에 있으나, 주변 즉 변방에 있는 사람들은 지혜의 그늘(the shade of wisdom) 안에 있습니다. 즉 지혜는, 빛이 응달쪽으로 기우는 것과 같이, 무지(無知)에로 시들어 갑니다. 그같은 감소는 연속적으로 진행됩니다.

지상의 사람의 경우도 이와 동일합니다. 그들의 마음에 속한 내면적인 것들은, 천사들의 천계의 수와 같을 만큼 수많은 계도들로 나뉘어 집니다. 이들 계도들은 하나 위에 다른 하나가 겹 놓이는 식으로 존재합니다. 그러므로 사람들의 마음에 속한 내면적인 것들은 불연속계도 즉 높이의 계도에 의하여 서로 나뉘어, 구획이 지어져 있습니다. 이것이, 사람들이 자신들의 지혜의 계도에 따라서 가장 낮은 계도에 있든가, 보다 높은 계도, 또는 가장 높은 계도 안에 있게 되는 이유입니다. 또한 이것은, 그들이 가장 낮은 계도에만 집착되어 있을 때 가장 높은 계도가 닫히게 되는 이유이며, 또한 그들이 주님으로부터 지혜를 수용하는데 따라서 가장 높은 계도가 열려지게 되는 이유이기도 합니다.

사람들 안에는, 천계 안에서와 같이, 연속적 계도 즉 너비의 계도들이 있습니다. 개인과 천계 사이에 이같은 유사성이 있는 까닭은, 개인들이 축소형(縮小形)의 천계들이기 때문입니다. 즉 사람들의 마음의 내면적인 측면에서 보면 그들이 주님에게서 비롯되는 사랑과 지혜 안에 있는 정도에 비례하여 천계의 축소판이 된다는 것입니다. (신령사랑과 신령지혜 184-186항)

이 세상에서 눈에 보이는 모든 것 즉 "입체적"(立體的) 또는 복합적(複合的)이라고 부르는 모든 것은 수직적 계도 또는 불연속적 계도들로 이루어져 있습니다. 그러나 예를 들어서 이 내용을 설명하겠습니다.

인체 안에 있는 모든 근육은 미세한 섬유들로 이루어졌으며, 이 섬유들은 합쳐서 작은 다발이나 묶음을 만들고, 이것은 이른바 운동섬유(運動纖維)

라고 하는 큰 섬유질을 만들고, 이들 운동섬유들의 큰 뭉치(group)가 이른 바 근육(筋肉)이라고 부르는 복합체를 형성합니다. 이와 같은 사실은 신경 조직의 경우도 마찬가지입니다. 신경조직을 보면 미세한 섬유질로 이루어 진 실처럼 보이는 보다 큰 섬유들이 함께 모여져 있고, 또 이것들을 모으고, 연결시켜서 신경조직이 이루어집니다.

이와 같은 식으로 결성된 것들은 조합(組合) · 배합(配合) · 묶음(assemblage) 등으로 이루어지는 신체의 기관들이나 내장 또는 기타의 것에도 적용되겠습니다. 왜냐하면 이런 것들은 계도에 따라서 매우 다양하게 결집(結集) 된 섬유나 혈관의 합성체(合成體)이기 때문입니다. 이와 같은 사실은 식물계나 광물계의 모든 것들에게도 해당됩니다. 나무 안에는 가는 섬유들로 이루어진 삼층의 복합체가 있고, 금속과 돌맹이 안에도 많은 부분들로 이루어진 삼층의 복합체가 있습니다.

이상에서 볼 때 불연속 계도들이 무엇인지를 확실히 알 수 있겠습니다. 즉 한 사물이 다른 사물에서 나오고, 또 그것에서부터 복합(複合)이라고 일컫는 제 삼의 것이 나온다는 것과 그리고 각각의 계도는 다른 것들과 구분된다는 것도 알 수 있겠습니다.

이상의 예에서부터, 눈에 보이지 않는 것들에 관해서도 동일한 결론을 이끌어낼 수 있겠습니다. 왜냐하면 그런 것들도 마찬가지이기 때문입니다. 예를 들어 보겠습니다. 두뇌 안에 있는 사상과 정동의 수용그릇들 또는 그것들의 거처들이 되는 유기적 실체들, 대기들, 별과 빛들, 사상과 지혜들 입니다. 왜냐하면 대기들은 별과 빛의 수용그릇들이며, 별과 빛은 사랑과 지혜의 수용그릇들이기 때문입니다. 결과적으로 대기들의 계도들이 있듯이, 별과 빛에도 유사한 계도들이 있고, 사랑과 지혜에도 유사한 계도들이 있습니다. 왜냐하면 같은 방법이 전자에 적용되듯이, 후자에도 적용되기 때문입니다. (신령사랑과 신령지혜 190 · 191항)

첫째 계도는 뒤이어지는 계도(後屬的 階度)들에 속한 모든 것들 안에 존재하는 전체입니다. 이와 같은 이유는 주체나 사물의 계도들이 서로 조화스럽게 양립될 수 있는 동질적이기 때문입니다. 그것들이 첫째 계도로 말미암아 생겨졌기 때문에 서로 동질적입니다. 왜냐하면 그 형성이 이러하기 때문입니다. 즉, 첫째 계도가 배합하고 묶음을 만드는 것에 의해서, 한마디로 다시 말하면, 부분들의 집합(集合)에 의해서 둘째 계도를 생기게 하고, 이 둘째 계도를 통해서 셋째 계도를 생기게 하기 때문입니다. 그리고 그 각자는 둘러싸고 있는 덮개(外皮・a covering)에 의해서 다른 계도들과 구분이 생겨집니다. 여기에서 첫째 계도가 종속적인 계도들을 다스리는 상위(上位)의 계도임을 알 수 있겠습니다. 또 더 나아가서 첫째 계도가 모든 종속되는 계도들 안에 있는 전체(全體)라는 것도 알 수 있겠습니다.
(신령사랑과 신령섭리 194・195항)

불연속 계도에 속한 단계적 질서와 동시적 질서

질서에는 단계적(段階的) 질서와 동시적(同時的) 질서가 있습니다. 이 계도들에 속한 단계적 질서(段階的・the successive order)는 가장 높은 데서(=정수리・腦天)에서 가장 낮은 데로, 즉 꼭대기에서 밑바닥에 이르는 질서입니다. 천사적 천계들은 이 질서 안에 있는데, 셋째 천계(三層天)는 가장 높은 것이고, 둘째 천계(二層天)은 중간이고, 첫째 천계(一層天)는 가장 낮은 것인데, 이것이 바로 그들의 상호 관계입니다. 천사들에게서의 사랑과 지혜의 상태는 이와 동일한 단계적 질서 안에 있습니다. 그리고 별과 빛의 상태나, 영적 대기의 상태 역시 꼭같은 질서 안에 있습니다. 형체나 힘의 모든 완전성 역시 같은 질서 안에 있습니다.

높이의 계도 즉 불연속 계도가 단계적 질서 안에 있을 때, 그런 계도들은 그것을 통해서 오르고 내릴 수 있는 삼층으로 이루어진 층계(層階・column) 즉 원추(圓錐)에 비교할 수 있겠습니다. 다시 말하면 가장 아름답고 완벽한 것들은 가장 높은 층에 있고, 중간층에는 그것에 비하여 덜 아름답고, 덜 완벽한 것들이 있으며, 가장 낮은 층에는 보다 덜 아름답고, 보다 덜 완벽한 것들이 있습니다.

그렇지만 불연속계도로 이루어진 동시적 질서는 전자와는 전혀 다른 모습을 가지고 있습니다. 단계적 질서에 속한 가장 높은 것들, 즉 위에서 언급한 것과 같이, 가장 완벽하고, 가장 아름다운 것들은 가장 지심한 중앙에, 보다 덜 완벽하고, 덜 아름다운 것은 가운데 영역에, 그리고 가장 덜 완벽하고, 가장 덜 아름다운 것들은 가장 변두리에 있습니다. 이것은 마치 그 세 계도들로 구성된 딱딱한 물체와 같아서, 그 중앙 또는 한가운데에는 가장 순수한 것이 자리잡고 있고, 덜 순수한 것들은 그 둘레에 있으며, 원주를 만들고 있는 변두리 영역에는 그 영역을 이루는 것들 즉 조잡하고 조악한 것들이 있는 경우와 같습니다. 즉 상술한 원추를 평면으로 내려 눌러서 가장 높은 층을 중심(中心)으로 만들고, 중간층을 중간 영역으로 하고, 가장 낮은 층을 바깥 변방으로 만드는 경우와 같습니다. (신령사랑과 신령지혜 205항)

마음에 속한 세 불연속 계도들

불연속(=수직적) 계도의 세 계도들은 모든 사람 안에 출생 시부터 존재하고, 그것들은 단계적으로 열려집니다. 그것들이 열려지는데 따라서 그 사람은 주님 안에 있고, 주님은 그 사람 안에 계십니다.
지금까지 사람들은 모든 개인 안에 이 세 수직적 계도들이 있다는 것을 알지 못하였습니다. 그 까닭은 사람들이 이 계도들을 깨닫지 못하고, 이 계도들이 깨달아지지 않는 한, 사람들은 연속적 계도들 이외에는 어떤 계도들도 알 수 없기 때문입니다. 그리고 연속적 계도들이 알려지는 때에는 사람 안에 있는 사랑과 지혜는 연속적으로 증가된다고 사람들은 생각하였습니다.
그러나 모든 개인 안에는 출생 때부터 수직적 계도 즉 불연속계도가 다른 것 하나 위에 또 다른 것 안에 있다는 것과, 그리고 모든 수직적 계도 즉 불연속계도가 단계적으로 증가하는데 따라서 너비의 계도들 즉 연속적 계도들을 가지고 있다는 것을 꼭 알아야만 합니다. 왜냐하면 이 두 종류의 계도들은, 크기의 대소를 불문하고, 모든 만유(萬有) 안에 있기 때문입니다.
이 높이의 세 계도들은 자연적 계도(natural degree)·영적 계도(spiritual degree)·천적 계도(celestial degree)라고 호칭됩니다. 사람들은 출생하면 제일 먼저 자연적 계도에 놓여집니다. 이 계도는 그 사람 안에서 지식을 방편으로 터득한 그의 지식들이나 이해에 따라서 합리성(合理性)이라고 일컫는 이해에 속한 정점에까지 연속적으로 성장합니다. 그럼에도 불구하고 이 방법들은 영적 계도라고 부르는 둘째 계도를 여는데 도움을 주지 않습니다. 이 영적 계도는 이웃을 향한 사랑인 선용에 속한 영적 사랑에 의하여 비록 열린다고 할지라도, 이해에 속한 것들에 일치하는 선용에 속한 사랑에 의하여 열려집니다. 이 계도 역시 연속적 계도에 의해 그 절정에 이르기까지 성장할 수 있는데, 그것은 선과 악을 아는 지식에 의해서 즉 영적 진리들을 방편으로 해서 성장합니다. 그럼에도 불구하고 이것들 자체는 천적 계도라고 일컬어지는 셋째 계도를 여는 데는 아무런 도움이 되지 않습니다. 왜냐하면 이 천적 계도는 주님사랑인 선용에 속한 천적 사랑에 의하여서만 열려지기 때문입니다. 그리고 이 주님사랑은 성경말씀의 교훈들을 생활에 적용하는 것 이외의 다른 것이 아니기 때문입니다. 이것을 요약하면, 악은 지옥적이고, 악마적이기 때문에 악을 멀리하고, 끊는 것이고, 선은 천계적이고, 신령한 것이기 때문에 가까이 하고, 행하는 것입니다. 이와 같은 방법으로 세 계도는 사람 안에서 단계적으로 열립니다.
사람들이 이 세상에 살고 있는 동안에는 자신들 안에서 이 세 계도들의 열림에 관해서 아무것도 알지 못합니다. 그 이유는 그 때에 사람은 가장 외적인 계도인 자연적 계도 안에 머물러 있기 때문에, 이 계도에 따라서 생각하고, 뜻하고, 행동하기 때문입니다. 내면적인 영적 계도는 자연적 계도와 연속성에 의해 교류하지 않고, 대응들에 의해 교류합니다. 이 대응들의 방편에 의한 교류는 감각적으로는 알아차릴 수 없습니다.
그러나 사람이 죽을 때 일어나는 것이지만, 사람들이 자연적인 계도를 벗어버리면, 그들이 이 세상에 있을 때 그 사람 안에서 열려졌던 그 계도에 들어갑니다. 그 사람 안에 영적인 계도가 열려져 있었다면 그 사람은 영적 계도에 들어가고, 천적 계도가 열려져 있었다면 천적 계도에 들어갑니다. (신령사랑과 신령지혜 236-238항)
이들 세 계도에 관한 지식은 오늘날 최상급의 실용적 지식입니다. 대부분의 사람들이 그 지식들을 알지 못하기 때문에, 따라서 대부분의 사람들이, 그들의 육체적인 감관들이 머물러 있는 가장 낮은 계도 안에 머물러 있고 또 꼼짝 달싹 못하도록 고착(固着)되어 있습니다. 그리고 그들의 이 같은 총명적인 암흑을 가리키는 무지(無知) 때문에, 그들은 그것들의 상위에 있는 영적인 빛으로 제고(提高)될 수 없습니다. 이런 이유로 해서 그들이 사람의 영혼이나 마음, 그리고 사람의 합리성에 관계되는 사안(事案)에 대하여 연구하고 검토하게 되면, 즉시 그들은 말하자면 자연주의(自然主義·naturalism)에 자연스럽게 얽매이게 되었습니다. 특히 천계나 사후의 생명에 관계되는 것들에 대해서는 더 더욱 자연주의를 벗어나지 못하고

사로잡히게 되었습니다. (영혼과 육체의 교류 16항)

각각의 계도 안에는 의지와 이해가 존재한다

사랑이나 지혜에 속한 세 계도가 있기 때문에, 따라서 사람 안에는 선용(善用・use)에 속한 계도가 존재합니다. 여기서 뒤이어지는 것은, 의지나 이해에 속한 세 계도가 있고, 따라서 그 결과로 오는 완성 또는 선용 안에서 종결(終決)되는 것에 속한 이 세 계도들이 그 사람 안에 존재한다는 것입니다. 왜냐하면 의지는 사랑의 수용그릇이고, 이해는 지혜의 수용그릇이며, 결과는 그것들에서 비롯된 선용의 수용그릇이기 때문입니다. 그러므로 모든 사람들 안에는 나면서부터 가능태적(可能態的)으로, 그리고 그것들이 열려 있을 때에는 현실태적(現實態的)으로, 자연적・영적・천적인 의지와 이해가 들어 있다는 것을 잘 알 수 있겠습니다. 한마디로 말하면, 의지와 이해로 구성되는 사람의 마음은 창조에 의해서 즉 나면서부터 세 계도로 구성되었다는 것입니다. 그러므로 사람은 자연적 마음・영적 마음・천적 마음을 가지고 있다는 것도 알 수 있겠습니다. 그리고 그것에 의하여 이 세상에 살고 있는 동안에도 천사적 지혜에까지 올라갈 수 있고, 또 그것을 소유할 수 있다는 것도 알 수 있습니다. 그럼에도 불구하고 죽어서 천사가 되기 전에는 이 지혜 안에 들어갈 수 없으며, 또한 천사가 되면 자연적인 사람이 깨달을 수도 없고, 또 표현할 수도 없는 것들을 말하게 된다는 것도 알 수 있겠습니다. (신령사랑과 신령지혜 239항)

사람의 지심(至深)한 것 안에는 보다 내면적인 이해의 영역이 있고, 그 보다 더 높은 천적인 영역이 있다

사람 안에는 이지적인 것들에 속한 세 계도가 있습니다. 그의 가장 낮은 계도는 지식적인 기능(the knowing faculty)이고, 중간적 계도가 합리성(合理性・the rationality)에 속한 것이고, 가장 높은 계도가 이지적인 것에 속한 것입니다. 이 세 계도들은 서로서로 엄밀히 구분되기 때문에, 그것들은 서로 혼돈되어질 수 없습니다. 그러나 사람이 이런 사실에 관해서 무지하다는 것은, 사람이 그의 삶은 오직 감관과 기억된 지식만으로 이루어진다고 알고, 또 믿기 때문입니다. 사람들이 이런 식으로 고집하는 한, 합리적인 부분이 과학지(科學知·記憶知)와 엄연히 다르게 구분되어 있다는 것을 깨달을 수 없습니다. 그렇게 되었을 때 이지적인 것과의 구별은 더 말할 나위가 없겠습니다. 엄연한 사실은, 주님께서는 사람의 이지(理智· intellectual)를 통해서 합리성에, 그리고 그 합리성을 통해서 기억지(the knowing of memory)에 입류한다는 것인데, 여기에서 시각이나 청각에 속한 감관의 삶이 비롯된다는 것입니다. 이것이 참된 입류(入流·the true influx)입니다. 그리고 이것은 또한 사람의 영혼과 육체의 참된 교류(交流·the true intercourse)이기도 합니다. 사람의 이해에 속한 것에 주님의 생명의 입류 없이는, 또는 의지에 속한 것에 주님의 생명의 입류 없이는, 그리고 의지를 통한 이해에 속한 것의 입류 없이는, 이해에 속한 것을 통한 합리성에 속한 것의 입류 없이는, 합리성에 속한 것을 통한 기억에 속한 그의 지식의 입류 없이는, 생명은 사람에게 불가능합니다. 비록 사람이 거짓이나 악에 빠져 있다 하더라도 의지와 이해에 속한 일련의 주님의 입류는 있게 마련입니다. 그러나 그렇게 입류된 것들은 단순히 합리성의 그릇(its form)에 따라서 받아 들여질 뿐이므로, 이런 입류는 사람에게 선과 진리가 무엇인지에 관해서 추론하고, 곰곰히 생각하고, 또 이해하는 능력을 줍니다. (천계비의 657항)

사람 안에는 이지적인 것들·합리적인 것들·지식적인 것들이 있습니다. 사람의 지심한 것들은 이지적인 것들이고, 그의 내면적인 것들은 합리적인 것들이고, 그의 외면적인 것들은 지식에 속한 것들입니다. 이런 것들이 이와 같이 질서 정연하게 있을 때 그 사람의 영적인 것들이라고 부릅니다. (천계비의 1443항)

모든 사람 안에 있는, 그리고 그의 지심한 곳에 있는 내적인 진리인 이지적 진리는 사람의 것이 아니고, 사람 안에 있는 주님의 것입니다. 이상에서 볼 때 주님께서는 합리적인 것에 입류하시는데, 거기에서 진리는 처음에는 마치 사람에게 속한 것처럼 나타납니다. 그리고 주님께서는 합리적인 것을 통해서 기억지 안에 입류하십니다. 이것에서 명확히 알 수 있는 것은 사람은 이지적 진리에서부터 자기 자신에 속한 것을 생각한다는 것은 전혀 불가능하고, 다만 합리적 진리와 기억지에 속한 진리에서 자기 자신에 속한 것을 생각할 뿐입니다. 왜냐하면 이들 진리들은 마치 그것들이 그 자신의 것인 양 나타나기 때문입니다. (천계비의 1904항)
주님께서 세상에 계실 때 주님만이 홀로 총명적 즉 이지적 진리로 생각하셨습니다. 그리고 총명적 진리는 합리적 진리에 비하여 우위에 있기 때문에, 총명적 진리는 합리적인 진리의 본성이 무엇인지를 지각하고 이해하였습니다.
내면적인 것들은 외면적인 것들 안에 존재하는 것들을 지각할 수 있습니다. 마찬가지로 보다 높은 것은 보다 낮은 것 안에 있는 것들을 볼 수 있습니다. 그러나 그 반대는 그렇지가 않습니다.
지각은 합리적인 것 안에 있는 내면적인 총명입니다. 총명적 진리로 말미암아 생각한다는 것은 깨달음(知覺)에 대해서 설명할 수 없으며, 더욱이 그렇기 때문에 주님을 제외하고는 그 누구도 이 정동과 이 진리로 늘 생각할 수는 없습니다. 그것들에서부터 생각하는 주님은 천사적 천계 위에 있습니다. 왜냐하면 삼층천의 천사들이라 할지라도 총명적 진리로 생각할 수 없고, 다만 내면적 합리적인 진리로 생각하기 때문입니다. (천계비의 1904・1914항)
사람 안에는 신령진리인 순수한 총명적 진리 즉 이지적 진리는 결코 있지 않습니다. 그러나 사람 안에 있는 믿음에 속한 진리들은 다만 진리의 외현(外現・겉모양)들인데, 감관에 속한 거짓들이 그것들에게 접합(接合) 됩니다. (천계비의 2053항)

합리적인 마음과 자연적인 마음

합리적인 사람이나 자연적인 사람은, 그 사람이 천적인 것이나 영적인 것을 수용하기 위하여 그 사람이 완성된 것에 비례하여 그 사람 자신을 뜻합니다. 그러나 합리적인 사람은 그의 속사람을 뜻하고, 자연적인 사람은 그의 겉사람을 뜻합니다. (천계비의 5150항)
여기서나 또는 다른 곳에서도 마찬가지로 자연적인 사람은 자연적인 마음을 뜻합니다. 왜냐하면 사람 안에는 합리적인 마음과 자연적인 마음, 이 두 마음이 있기 때문입니다. (천계비의 5301항)
합리적인 것이 무엇인지 몇 마디로 필히 설명을 하여야만 하겠습니다.

즉, 속사람의 총명적인 중요 요소를 합리적이라고 부릅니다. 다른 한편, 겉사람의 총명적인 중요 요소를 자연적이라고 부릅니다. 따라서 합리적인 것은 내적인 것을 가리키고, 자연적인 것은 외적인 것을 가리킵니다. 그리고 그것들은 서로 서로 엄연히 분별됩니다. 그러나 사람은, 그 사람이 선의 지각이나 선에서 비롯된 진리의 지각을 소유하는 천적인 사람이라고 부르는 사람이 아니라면, 참된 합리적인 사람은 아닙니다. 이에 반하여, 이 지각은 가지지 않고, 오히려 그렇게 교육을 받았고, 따라서 이것으로 말미암아 양심 때문에, 그것이 진리이다는 오직 앎(知識)만을 가진 사람은 참된 합리적인 사람은 아니고 오히려 내면적 자연적인 사람(an interior natural man)입니다. 이런 부류의 사람은 주님의 영적 교회에 속한 사람들입니다. 그들은, 달의 빛이 태양의 빛과 구분되듯이, 서로 서로 엄연히 다릅니다. 그러므로 주님께서 실제적으로 영적인 사람에게는 달처럼 나타나고, 천적인 사람에게는 태양처럼 나타납니다. 이 세상에서 대부분의 사람들은, 사람은 수많은 주제에 관해서 정교하게 추론할 수 있는 합리적인 사람이라고, 그리고 또한 그의 추론들을, 그의 결론을 진리처럼 나타내기 위하여 연결시킬 수 있는 합리적인 사람이라고, 생각합니다. 그럼에도 불구하고 이같은 능력은, 악을 선이라고 하고, 거짓을 진리라고 또는 그 반대로 뒤집을 수 있는 따위의 것들을 익숙하게 추론하고 입증하여 보여 줄 수 있는 가장 사악한 사람의 처지로 전락(轉落)시킵니다. 그러나 어떤 사람이든지, 이것이 환상(幻想)이나 백일몽(白日夢) 따위로 전락시키는 것이지 합리적인 것이 아니라고 깨달아야만 한다고 생각합니다. 합리적인 능력은, 속에서부터 선은 선이고, 그리고 이것으로 말미암아, 진리는 진리이다고 이해하고 지각할 수 있는 능력을 가리킵니다. 왜냐하면 이것들에 관한 시각이나 지각은 천계에서 비롯되기 때문입니다. (천계비의 6240항)

내면적 합리적인 것은 사람 안에 있는 첫째 계도를 형성합니다. 그리고 이 안에는 천적 천사 또는 이 안에는 지심한 천계 즉 삼층천이 존재합니다. 외면적 합리적인 것은 또 다른 계도를 형성하는데, 거기에는 영적 천사들이 존재하고, 또한 거기에는 중간 천계 즉 이층천이 존재합니다. 내면적 자연적인 것은 세 번째 계도를 형성하는데, 거기에는 선한 영들이 존재하고, 또한 극외적인 천계 즉 일층천이 존재합니다. 외면적 자연적인 것은

넷째 계도를 형성하는데, 거기에는 사람이 존재합니다. (천계비의 5145항)

악이나 거짓들은 마음에 속한 자연적 계도 안에 존재한다

선천적인 것이든 후천적인 것이든, 모든 악들이나 거기에서 비롯된 거짓들은 자연적인 마음 안에 존재합니다. 그 이유는 그것의 형체나 형상으로 볼 때 마음은 하나의 세계이기 때문입니다. 이에 반하여 영적인 마음은 그것의 형체나 형상으로 볼 때 하나의 천계를 가리키고, 이 천계 안에는 악은 손님으로 결코 존재할 수 없습니다. 그러므로 이 영적인 마음은 출생 시부터 열려 있는 것이 아니고, 열릴 수 있는 가능성을 가지고 태어날 뿐입니다. 더욱이 자연적인 마음은 자연계의 실체(實體)로부터 그 형체의 일부를 취하지만, 영적인 마음은 오직 영계의 실체로부터 그것들을 얻습니다. 그리고 주님께서는 사람이 사람답게 되게 하기 위하여 이 영적인 마음을 흠이 없도록 잘 간수하여 주십니다. 왜냐하면 사람은 동물과 비슷한 존재로 태어나지만, 그러나 사람은 온전한 하나의 사람이 되기 때문입니다. 자연적인 마음은, 그것에 속한 것들과 더불어, 오른쪽으로부터 왼쪽으로 선회(旋回) 하지만, 영적인 마음은 왼쪽에서부터 오른쪽으로 선회합니다. 따라서 이 둘은 서로 상반되는 방향으로 선회합니다. 이와 같은 사실은, 악은 자연적인 마음에 그 자리를 자리잡고 있고, 그리고 악 자체가 영적인 마음에 거스르는 행동을 한다는 하나의 좋은 증거입니다. 더욱이 오른쪽에서 왼쪽으로의 선회는 아래로 내려가는 즉 지옥으로 향하는 것이고, 왼쪽에서 오른쪽으로의 선회는 위로 올라가는 즉 천계를 향하는 것입니다. (신령사랑과 신령지혜 270항)

자연적인 마음과 영적인 마음의 작용과 반작용

만일 영적인 마음이 닫혀 있다면 그의 자연적인 마음은 자기 자신의 상태를 혼란스럽게 하는 그 어떤 것이 자신에게 침입하지 않을까 하는 두려움으로 말미암아 영적인 마음에 속한 것들에 거스르는 반대작용을 계속해서 한다는 것입니다. 영적인 마음에 입류하는 모든 것들은 천계에서 비롯된 것입니다. 왜냐하면 그것의 형체 안에 내재한 영적인 마음이 곧 하나의 천계이기 때문입니다. 반면에 자연적인 마음에 입류하는 모든 것들은 이 세상에서 비롯된 것입니다. 왜냐하면 그것의 형체 안에 내재한 자연적인 마음이 곧 하나의 이 세상이기 때문입니다. 그러므로 영적인 마음이 닫혀지면 자연적인 마음은 이 세상에 속한 것들을 취하고, 소유하려는 방편들로, 그것에 복종하는 것들이 아니면 어떤 것이든 용납하지 않는 굳은 자세로, 천계에 속한 모든 것들에 거스르는 적대행위를 자행한다는 것을 잘 알 수 있겠습니다. 그리고 언제나 천계적인 것들은, 자연적인 마음에 의해서 자연적인 마음의 목적을 위하여 사용될 때에는, 그 방편들이 천계적인 듯 보이지만, 자연적인 것들이 되어 버립니다. 왜냐하면 목적이 실제로 그것들의 질(質)을 좌우하기 때문입니다. 그것들은 실제로 자연적인 인간에 속한 지식들처럼 되어서 그것들 안에 생명은 전혀 없습니다. 그럼에도 불구하고 천계적인 것들이 한 몸처럼 활동하도록 자연적인 마음과 결합될 수 없기 때문에, 그것들은 분리되고, 순전히 자연적인 사람들 안에서는 천계적인 것들이 밖으로 밀려 나와서 그 안에 있는 자연적인 것들인 주변의 변두리에 머물게 됩니다. 이것이 순전히 자연적인 사람들이 내적으로는 반대로 생각하면서도 천계에 속한 것들을 말하고, 선포하며, 또 행동으로 그것들을 모방할 수도 있다는 것입니다. 그들이 혼자 있을 때에는 후자 즉 반대의 짓거리를 자행하지만, 전자 즉 남들과 함께 있을 때에는 위선(僞善)을 행합니다. (신령사랑과 신령지혜 261항)

그러나 영적인 마음이 열리면, 자연적인 마음의 상태는 완전히 다릅니다. 그 때에 자연적인 마음은 영적인 마음에 순종하도록 영적인 마음에 동의하고, 그것에 순종합니다. 왜냐하면 영적인 마음은 그 꼭대기로부터 밑바닥까지 자연적인 마음을 다스리며, 그 때 거기서 반항하는 요소들을 제거하기 때문입니다. 그리고 그것과 조화되는 작용하는 것들을 그것 자체에 적용시키기 때문입니다. 이렇게 하는 것에 의하여 그렇게 심한 반대작용은 차츰 차츰 제거됩니다. (신령사랑과 신령지혜 263항)

마음에 속한 영적 계도의 닫음(閉鎖)

삶의 측면에서 볼 때, 악 안에 있다든지, 더욱이 그 악에서 비롯된 거짓 안에 있는 사람들에게는 영적 계도(spiritual degree)는 닫혀 있습니다. 이

같은 것은, 이질(異質)적인 것과의 약간의 접촉에도 위축되는 신경섬유의 경우와 같습니다. 이와 같은 것은, 근육의 모든 운동섬유도 그렇고, 실제로 근육 자체도 그러하며, 온 육체도 거칠거나 냉랭한 것에 접촉되면 위축되는 것과 같습니다. 이와 꼭 같이, 사람 안에 있는 영적 계도의 실체나 형체 역시 악이나 또는 그것에서 비롯된 거짓들로 말미암아 위축됩니다. 그 이유는 이런 것들은 모두가 이질적인 것이기 때문입니다. 왜냐하면 천계의 형체 안에 있는 영적 계도는 선과 또 그 선에서 비롯된 진리 외에는 아무것도 용납되지 않기 때문입니다. 그리고 이런 것들은 영적 계도에 대하여 동질적이지만, 그러나 악이나 그 악에서 비롯된 거짓은 그것에 대하여 이질적이기 때문입니다.

이 계도는, 이 세상에서 자아애에서 비롯된 지배욕(支配欲) 안에 흠뻑 빠져 있는 사람들 안에서는 특히 위축되고, 닫혀집니다. 그 까닭은, 이 사랑은 주님사랑과 정반대이기 때문입니다. 세간애로 말미암아 다른 사람의 재물을 탐하는 소유욕에 빠져 있는 사람에게도 그 계도는 닫혀지는데, 자아애의 경우처럼 심한 정도는 아닙니다. 이 사랑들이 영적 계도를 닫아 버리는 이유는 그것들이 악한 모든 것들의 근원이기 때문입니다. 이 계도가 위축되고 닫혀지는 것은 마치 반대로 꼬여 있는 용수철과 비슷합니다. 그 같은 이유는 그 계도가 닫혀진 뒤에는 천계의 빛에 등을 돌리기 때문인데, 따라서 천계의 빛 대신에 흑암으로 바꾸어 놓기 때문입니다. 그러므로 천계의 빛 안에 있는 진리는 욕지기나는 지긋지긋한 것으로 바꾸어집니다. 이러한 사람들 안에는 영적 계도 자체가 닫혀질 뿐만 아니라, 합리적이라고 말하는 자연적 계도의 보다 높은 영역까지도 닫혀지고, 급기야에는 자연적 계도의 가장 낮은 영역인 감관적인 부분만 열려 있게 됩니다. 이러한 사람은 그가 생각하고, 말하고, 추론하는 것이 이 세상 가장 가까이에, 그리고 육체의 가장 외적인 감관에 기초해서 행합니다. (신령사랑과 신령지혜 254항)

사람은, 이 세상에 있을 때 열려 있었던 계도에 따라서, 저 세상에서 완전하게 된다

천사들은 모두 지혜 안에서 영원히 완전한 존재가 됩니다. 그러나 각자는, 그가 이 세상에서 떠날 때에 가지고 있었던 선이나 진리의 정동의 계도에 따라서 완전하게 됩니다. 영원히 완전하게 된다는 것은 이 계도를 가리킵니다. 이 계도를 벗어난 것은 천사 밖에 있는 것이지 천사 안에 있는 것은 아닙니다. 천사 밖에 있는 것은 천사 안에서 완전하게 될 수 없습니다. (신령섭리 334항)

의지나 이해는 유기적인 실체이다

의지나 이해가 사랑이나 지혜에 속한 수용그릇이기 때문에, 따라서 이들 둘은 유기적인 실체들이고, 또한 가장 순수한 것들로 이루어진 실체들입니다. 왜냐하면 그것들은 수용그릇이 되기 위해서는 그런 실체일 수밖에 없기 때문입니다. 그들의 조직이 눈에 보이지 않는 것이라는 데는 이의(異意)가 전혀 없습니다. 그것은 시각의 한계를 훨씬 초월해 있고, 심지어 현미경으로 본다고 해도, 이같은 사실은 점점 증대할 뿐입니다. 눈으로 보기에는 너무나 작아서 보이지 않을 정도의 작은 곤충이라고 해도, 그럼에도 불구하고, 그것들은 감관기관과 운동기관을 가지고 있습니다. 왜냐하면 그것들은 느끼고, 길 수 있으며, 또 어떤 놈은 날 수도 있기 때문입니다. 그런 미물들이 뇌·심장·폐관·내장 등을 갖추고 있다는 것을 예리한 관찰자들은 현미경을 써서 그들의 해부학에 의하여 그 사실을 밝히고 있습니다. 미세한 곤충들은 보이지 않고, 심지어 그들의 내장 역시 그러하다는 것 때문에, 그리고 그것들이 그것들 안에 있는 단 하나의 입자(粒子)까지도 유기적으로 조직된 것이다는 것을 부인하지 못하기 때문에, 의지와 이해라고 일컫는 사랑과 지혜의 두 수용그릇이 유기적 실체가 아니라고 누구가 말할 수 있겠습니까? 주님에게서 비롯된 생명을 가리키는 사랑과 지혜가 주체가 아니고서, 어떻게 실제적 존재가 아닌 주체에 작용할 수 있겠습니까? 유기적 실체 없이는, 어떻게 사상이 본래부터 존재할 수 있으며, 본래부터 전무한 것 안에 있는 사상으로 말미암아 어떻게 말할 수 있겠습니까? 그것은 바로 사상이 잉태되어 나오는 곳이고, 또 모든 부분에서까지 완전하게 유기적으로 구성된 두뇌가 아니겠습니까? 유기적 실체 자체는 육안(肉眼·naked eye)에까지도 보이는 것들 안에 있습니다. 그리고 그들의 제일 원리 안에 있는 의지와 이해의 수용그릇들도 작은 내분비 샘으로 지각되는 외피질체(外皮質體 · cortical substance) 안에서 잘 보여집니다. 바라건대 진공의 개념에서 이런 것들을 생각한다고 하지는 마십시오. 진공은 아무것도 없는(全無) 것이고, 없는 것(全無)에서는 아무 것도 생겨질 수 없고, 또 없는 것(全無)에서는 아무것도 아닌 것(nothing) 만 나올 뿐입니다. (신령사랑과 신령지혜 373항)

이해는 의지 이상으로 고양(高揚)될 수 있다

지혜(智慧)와 사랑은 태양이신, 주님에게서 비롯되고, 그리고 보편적으로나 특수적으로나, 천계에 입류합니다. 그리고 천사들은 거기에서 비롯된 그 근원으로부터 사랑과 지혜를 소유합니다. 그리고 또한 보편적으로나 특수적으로나 그 근원으로부터 이 세상에 들어옵니다. 이 근원에서부터 사람들은 지혜와 사랑을 가지게 됩니다. 그러나 이들 둘은 주님에게서 비롯된 합일(合一 · union)에서 발출(發出)하고, 마찬가지로 이 합일 안에서 그것들은 천사들의 영혼이나 사람들의 영혼에 입류하십니다. 그럼에도 불구하고 그것들은 합일 안에서 그들의 마음 속으로 받아드려지지 않습니다. 빛은 제일 먼저 거기에서 받아드려지고, 그것은 이해를 형성합니다. 그리고 의지를 형성하는 사랑은 점진적으로 수용되어 집니다. 이것 역시 섭리에 속한 것입니다. 그 이유는, 모든 사람은 새로 지음 받기 위해서, 다시 말하면 바로잡기(改革) 위하여 존재하는데, 이같은 일은 이해를 수단으로 하여 이루어지기 때문입니다. 왜냐하면 사람은 필히 어려서부터 진리나 선에 속한 앎(知識)을 흡수하여야 하는데, 그 앎(知識)은 사람으로 하여금 선하게 살 것을, 다시 말하면 바르게 목적하고, 올바르게 행동할 것을 가르쳐주기 때문입니다. 이와 같이 의지는 이해에 의하여 형성됩니다. 이런 목적을 위해서 사람에게는, 천계의 천사들이 존재하는 빛에 거의 들어갈 수 있는 그의 이해를 제고(提高)하는 능력이 주어집니다. 그리고 또한 사람이 목적하고, 따라서 그것을 행하여야 할 것이 무엇인지를 보게 하기 위하여, 그리고 그 사람이 세상에 있는 동안 번성하기 위하여, 그리고 사후 영원한 축복을 누리기 위하여, 그의 이해를 제고하는 능력이 사람에게 주어집니다. 만약 그 사람이 지혜를 터득하고, 그의 의지로 하여금 지혜의 복종 하에 둔다면, 그 사람은 순풍에 돛 단 듯이 만사가 형통

할 것이고 또한 지복(至福)을 향유할 것입니다. 그러나 만약에 그가 그의 이해로 하여금 그의 의지에 복종 하에 있게 한다면, 그는 역경과 불행 하에 놓이게 될 것입니다. 그 이유는, 사람은 출생 시부터 의지는 악들에, 심지어 극악한 악들에 기우는 경향을 가지고 있기 때문입니다. 그러므로 만약에 이해에 의하여 의지가 재갈(馬銜)을 물리지 않는다면, 사람은 저돌적으로 극악무도한 죄악 속으로 내달을 것입니다. 아니, 그의 가장 심오한 짐승적인 본성(本性)으로부터 자기 자신을 위하여 자기 자신에게 호의를 보이지 않거나, 무릎을 꿇지 않는 사람은 모조리 파멸시키고, 파괴할 것입니다. 뿐만 아니라, 만약에 이해가 완전히 분리될 수 없고, 또 의지 또한 이해에 의하여 분리될 수 없다면, 사람은 온전한 사람이 아니고, 오히려 금수(禽獸·beast)와 같이 될 것입니다. 왜냐하면 이와 같은 분리가 없다면, 그리고 의지 이상으로 이해의 상승이 없다면, 그 사람은 생각할 수도 없고, 그 생각으로부터 말할 수도 없을 것이고, 다만 그 사람은 소리에 의한 그의 감정을 나타낼 뿐이기 때문입니다. 그리고 그 사람은 이성으로 말미암아 행동할 수 없고, 오직 본능(本能)으로 행동할 뿐입니다. 그런데 하물며 그 사람이 하나님에 관한 것들에 속한 지식을 어떻게 터득할 수 있을 것이며, 그리고 또한 그것들에 의하여 하나님에 속한 지식을 얻을 수 있겠습니까! 따라서 하나님께서는 그와 결합할 수도 없고, 또 영원히 살 수도 없을 것입니다. 왜냐하면 사람은, 마치 자기 자신이 하는 것처럼, 생각하고 뜻하기 때문입니다. 여기서 "마치 자기 자신이 하는 것처럼"(as if from himself)이라는 말은 상호적인 결합을 가리킵니다. 왜냐하면 상호적(相互的·reciprocal) 결합이 없다면 결코 어떤 결합도 존재할 수 없기 때문입니다. 그것은 마치 반대작용이 없는 수동적인 것과 같이 하는 능동적인 결합이 결코 존재하지 않는 것과 같습니다. 하나님께서는 홀로 행동하시지만, 사람은 피동적으로 행동하도록 자기 자신을 허용할 뿐입니다. 비록 내면적으로는 하나님으로 말미암아 행동하지만 모두에게는 자기 자신에게서 비롯된 것과 같은 외현을 반응할 뿐입니다. (영혼과 육체의 교류 14항)

이해 보다는 의지가 사람을 완성한다

사랑의 성품이 그러하면, 지혜도 그러하고, 따라서 사람 역시 그러합니다.

왜냐하면 사랑과 지혜가 이러하면 의지와 이해 역시 그러하기 때문입니다. 그 이유는, 앞에서 설명한 것과 같이, 의지는 사랑의 수용그릇이고, 이해는 지혜의 수용그릇이기 때문입니다. 이 두 기능은 그 사람을 만들고, 그의 성품(性稟)을 형성하기 때문입니다. 사랑은 각양각색(各樣各色)이고, 또 각양각색이기 때문에, 그것의 다양다기(多樣多岐)함은 끝간 데가 없습니다. 이와 같은 사실은 지상에 있는 인류나 천계의 사람들에게서 아주 잘 알 수 있습니다. 이 세상에 꼭 같은 사람이 없듯이, 천계에도 구분되지 않는 천사는 하나도 존재하지 않습니다. 사랑이 바로 뚜렷하게 개성(個性)을 가지게 합니다. 왜냐하면 모든 사람은 곧 그 사람 자신의 사랑이기 때문입니다. 이같은 현상은 지혜도 뚜렷하게 개성을 가지게 한다고 생각할 수 있겠지만, 그러나 지혜는 사랑에서 비롯되고, 또 지혜는 사랑에 속한 하나의 형체이고, 사랑이 생명의 본질(生命本質·the esse of life)이고, 지혜는 그 본질에서 비롯된 생명의 실재(生命實在·顯現·the existere of life)이기 때문입니다.

이 세상에서는 이해가 그 사람을 만든다고 믿고 있지만, 그러나 그렇게 생각하는 것은, 앞에서 설명한 것과 같이, 이해가 천계의 빛에까지 제고될 수 있고, 또 이해가 사람에게 슬기로운 외모를 제공한다고 생각하기 때문입니다. 그럼에도 불구하고 올라가는 이해 자체까지도, 다시 말하면, 사랑에 속하지 않은 이해는 겉보기에는 사람의 것처럼 보이고, 또 그러므로 사람의 성품을 결정하는 것처럼 보이지만, 그것은 단순히 겉보기(外現·apperance)일 뿐이라고 말 할 수 있겠습니다. 왜냐하면 이해가 그만큼 상승하려는 것은, 사실은 알려고 하고, 또 슬기롭게 되려고 하는 사랑에서 비롯되지만, 그러나 동시에 그 사람이 알고, 또 그 안에서 슬기롭게 된 것을 삶에 직접 적용하려는 사랑에서 비롯된 것이 아니기 때문입니다. 그러므로 이 세상에서는 이해는 시간의 경과와 더불어 점차 사라지고, 아니면 양초의 촛농처럼, 변두리에 지나지 않는 기억에 속한 것들의 변방으로 내밀려 납니다. 그러므로 사후 이해는, 그 영 자체인 사랑에 일치하는 것을 제외하면 남아 있는 것이 전혀 없는 것처럼, 모두 다 분해되고 맙니다. (신령사랑과 신령지혜 368항)

사상과 정동은 마음의 유기적 실체에 속한
다양다종의 상태와 형체이다

저명하고, 사리분별한 철학자로 평가받는 한 철학자가 몇 년 전에 죽었는데, 나는 그 사람과 사람 안에 있는 생명의 계도(the degree of life)에 관하여 대화를 나눈 적이 있습니다. 그 사람은, 사람은 생명을 받는 단순한 실체들로 이루어졌다는 것과, 그리고 하나의 실체는 다른 것에 비하여 보다 내면적이지만, 그러나 그 실체는 다른 실체로부터 존재(存在·existence)와 생존(生存·subsist)을 상속받는다는 것과, 그리고 보다 저급의 실체 또는 외면적인 실체가 소멸되면, 보다 높은 실체 또는 내면적인 실체는 계속해서 살아 남는다는 것 등을 말하였습니다. 거기에 더 부연하기를, 마음에 속한 모든 운영(運營·operation)은 그 실체의 다양다종의 변화들인데, 그것들은, 필설로 표현할 수 없는 정도의 완전한 것 안에 내재한 매우 순수한 실체(實體·substance) 안에 있는 다종다양의 변화들이다는 것과, 그리고 사상에 속한 개념들은 이외의 아무것도 아니라는 것과, 그리고 이런 변화들은 정동의 상태의 변화에 따라서 일어난다는 것 등등이었습니다. 보다 순수한 실체들 안에 내재한 그 변화들이 매우 월등히 완벽하다는 것은 폐장(肺臟)들에서 결론을 얻을 수 있었는데, 그 폐장은, 말(言語)의 매 표현에 따라서 그들의 실체를 스스로 다종다양하게 접었다 폈다 하는가 하면, 또 그것에 따라서 그들의 형체를 바꾸기도 하고, 그리고 폐장은 모든 선율의 음조에 따라서 신체의 모든 운동에 따라서, 그들의 실체를 접었다 폈다 하고, 또 형체를 바꾸기도 합니다. 그리고 또한 사상이나 정동의 각각의 상태에 따라서도 폐장은 스스로 그렇게 합니다. 매우 큰 기관(器官)에 비교하여 볼 때 가장 완벽한 상태 안에 내재한 보다 내면적인 것들의 경우는 어떠하겠습니까? 그 철학자는 이것을 확증하고, 선언하기를, 이러한 일들은 그가 세상에 사는 동안 그에게 잘 알려진 것들이라는 것과, 그리고 이 세상은, 철학을 이같은 선용에 응용하는 것이며, 낱말의 불완전한 형체(naked forms of words)에는 관심이 없으면서 그것들에 관하여 다투고, 그러면서도 이전투구(泥田鬪狗)적인 애만 쓴다고 하였습니다. (천의비의 6326항)
의지에 속한 정동들은 마음에 속한 순수한 유기적 실체의 상태의 변화일 뿐이고, 이해에 속한 사상은 그것들의 실체에 속한 단순한 변화와, 다양성일 뿐이고, 그리고 기억은 이들 변화나 다양성에 속한 불변의 상태입니다. 주체를 가리키는 실체나 그것의 형체 안에 있는 것을 제외하면 거기에 정동이나 사상이 결코 존재하지 않는다고 말할 때 그 누구가 동의하지 않겠습니까? 그것들이 실체나 형체로 가득 차 있는 뇌들 안에 존재하기 때문에, 그것들을 가리켜 순수한 유기적 형체(purely organic forms)라고 부릅니다. 사상이나 정동은 실체적인 주체(實體的 主體 · substantial subject)들 안에 존재하지 않고, 그것들은 대기(大氣)나 에텔 안에 나타나는 형상처럼, 별이나 빛에 의하여 변형된 증발물(蒸發物)에 지나지 않는다고 하는 어떤 사람들의 공상을 비웃지 않고, 합리적이라고 생각하는 사람은 아무도 없습니다. 그럼에도 불구하고, 그 때 실체적인 형체를 떠나서 사상은 결코 있을 수 없는데, 그것은, 마치 시각이 눈이라는 그것의 형체를 떠나서, 청각이 귀라는 그것의 형체를 떠나서, 미각이 혀라는 그것의 형체를 떠나서 존재할 수 없는 것과 같다고 하겠습니다. 뇌를 살펴 보십시오. 여러분들은 헤아릴 수 없이 많은 실체나 마찬가지로 섬유질들을 볼 것이고, 또한 유기체로 되어 있지 않은 것은 아무것도 없다(全無)는 것을 보게 될 것입니다. 이와 같은 시각적인 확증 이외의 또 다른 그 어떤 입증이 필요하겠습니까?

그럼에도 불구하고, 정동이 무엇이고, 사상이 무엇이냐고 계속 물을 것입니다. 이에 대한 대답은 인체 안에 있는 전체적인 것들이나 개별적인 것들에서 추측할 수 있을 것입니다. 인체에는 각각의 자리에 고정되어 있는 많은 내장들이 존재합니다. 그리고 그 내장들은, 상태나 형체의 변화나 다양성에 의하여 자신들의 기능을 잘 수행하고 있습니다. 그것들이 그들의 기능의 수행 안에 존재한다는 것은 주지의 사실입니다. 즉 위는 그것의 기능 수행 안에 존재하며, 장(腸)들은 그것들의 기능 수행 안에, 그리고 신장은 그것들의 기능 수행 안에, 그리고 간 · 췌장 · 비장(脾臟)은 그것들의 기능 수행 안에, 그리고 심장이나 폐장도 그것들의 기능 수행 안에 존재한다는 것도 주지의 사실입니다. 이런 모든 작용은 속에서 비롯된 운동(運動 · motion) 안에 뿌리를 박고 있습니다. 속에서부터 움직인다는 것은, 상태나 형체에 속한 변화나 다양성에 의하여 움직여지는 것을 가리킵니다. 그러므로 명확한 것은, 마음에 속한 순수한 유기적 실체의 모든 작용이나 운영들은 이런 것 이외의 아무것도 아니라는 것입니다. 그리고 차이가 있다면, 육체에 속한 유기적 실체의 작용들은 자연적인 것에 비하여, 마음에 속한 것들의 작용은 영적이라는 것입니다. 그리고 전자나 후자는 대응에 의하여 하나(一體)를 이룬다는 것입니다. 정동이나 사상을 가리키는 마음에 속한 유기적 실체의 상태와 형체의 변화나 다양성의 성질이 어떤 것인지는 눈에는 보여질 수 없습니다. 그럼에도 불구하고 그것들은, 말하고 노래할 때, 폐장의 상태의 변화나 다양성에서 비롯된 하나의 거울에서처럼 보여질 수 있습니다. 사실 거기에는 대응(對應·correspondence)이 있습니다. 왜냐하면 말하고 노래할 때의 음조(音調·tone)나, 언어의 낱말이나 노래의 조음(調音)을 가리키는 소리의 유절음(有節音) 따위는 모두가 폐장에 의하여 만들어지는 것입니다. 그럼에도 불구하고 음조는 정동에 대응하고, 언어(言語)는 사상에 대응합니다. 사실 그것들은 모두가 그것들에서 생성되는데, 이같은 일은 폐장 안에 있는 유기적 실체의 상태나 형체의 변화나 다양성에 의하여 행하여 집니다. 그리고 이러한 일은 폐장으로부터 기관(氣管)을 통해서, 그리고 후두(喉頭)와 성문(聲門) 안에서, 혀에서, 종국에는 입술에서 행하여집니다.

첫째는 소리의 상태나 형체의 변화나 다양성은 폐장에서 만들어지고, 둘째는 기관이나 후두 안에서 만들어지고, 셋째는 성문에서 만들어지지만, 그러한 일은 그것들의 구멍의 몇 겹의 열림에 의하여 만들어집니다. 그리고 넷째는 이(齒牙)나 구개(口蓋)에 대하여 혀가 작용하는 몇 겹의 작용에 의한 혀에서 만들어지고, 다섯째는 입술의 여러 형체에 의한 입술에서 만들어집니다. 이상에서 볼 때 명백한 것은, 유기체적 형체의 단순한 변화나 다양성은 계속적으로 이어지며, 언어나 노래를 가리키는 그것들의 소리나 유절음(有節音)을 생성한다는 것입니다. 음성이나 언어가 마음에 속한 정동들이나 사상들 이외의 다른 근원에서 생성되지 않기 때문에, 왜냐하면 그것들은 이런 것들에서 비롯되고, 그것들이 없으면 결코 생겨나지 않기 때문인데, 명확한 사실은, 의지에 속한 정동들은 마음에 속한 순수한 유기체적 실체의 상태의 변화나 다양성이다는 것이고, 다른 하나는 이해에 속한 사상들은, 폐장에서와 마찬가지로, 유기적 실체의 변화나 다양성을 가리킨다는 것입니다.

정동이나 사상이 마음에 속한 형체의 상태의 순수한 변화들을 가리키기 때문에 뒤따르는 결론은, 기억은 그것들의 변함 없는 상태 이외의 다른 것이 아니라는 것입니다. 왜냐하면, 유기체적 실체 안에 있는 상태의 모든 변화나 다양성은, 그것들이 불변하는 옛날에 있었던 관습적인 것들에 불과하기 때문입니다. 따라서 폐장은, 기관(氣管)에서 여러 종류의 소리를 내는데, 그리고 성문(聲門)에서 그 소리들을 변화시키는데, 그리고 혀와 더불어서 그것들을 똑똑히 발음하는데, 그리고 입에 의하여 그것들을 변형시키는데, 아주 익숙해졌습니다. 이런 유기체적 변화들이 한번 익숙해지면, 그것들은 그 기관 안에 존재하고, 또한 재생될 수 있습니다. 이들 변화나 다양성은 육체에 속한 유기체적 실체에서 보다는 마음에 속한 유기체적 실체 안에서 무한히 보다 더 완벽해집니다. (신령섭리 279항)

사상에 속한 개념들

사람의 사상은 여러 개념들로 분류됩니다. 하나의 개념은, 언어에서 하나의 낱말이 다른 낱말에 뒤이어지듯이, 다른 개념에 뒤이어집니다. 그럼에도 불구하고 사상에 속한 개념들은, 육체를 입고 있는 동안에는, 아주 빠르게 다른 것에 뒤이어지기 때문에, 사람의 사상은 그 사람에게는, 마치 계속적인 것처럼, 그리고 따라서 거기에는 구분이나 분별이 없는 것처럼 보입니다. 그러나 저 세상에서 매우 명백한 것은, 사상은 여러 개념들로 나뉘어진다는 것입니다. 왜냐하면 그 때 그 언어는 개념에 속한 수단들에 의하여 이루어지기 때문입니다.

사상에 속한 단 하나의 개념이라고 해도 거기에는 헤아릴 수 없이 많은 것들이 내재해 있습니다. 그리고 여러 개념들로 구성된 하나의 사상 안에는 그 보다 훨씬 더 많은 것들이 내재해 있습니다. (천계비의 6599항)

언어의 몇 마디 낱말에 비하여 사상에 속한 개념들이 얼마나 더 완벽할 것인가는, 사람이 한 시간 동안 말할 수 있고, 기술할 수 있는 것들을 거기에서는 일순간에 생각할 수 있다는 사실에서 여실히 잘 알 수 있겠습니다.

사후의 언어는, 여러 개념들로 분별되고, 그리고 여러 개념들로 이루어집니다. 영들 사이에서의 언어는 낱말이나 음성의 사상에 대응하는데, 그것은 본질적으로 무언의 언어(無言 言語 · tacit speech)이고, 그럼에도 불구하고 영들에게 그것은 들을 수 있는 가청(可聽)의 언어(audible speech)이기 때문입니다. 이상에서 명백한 것은 영들이 사용하는 언어의 성질이 어떠한 것인지 알 수 있다는 것입니다. 그리고 사실은 그 언어가, 사상이 낱말의 언어에 비하여 월등히 완벽한 것과 같이, 사람들의 언어에 비하여 매우 월등히 완벽하다는 사실입니다. (짧은 영계 일기 4617항)

금수(禽獸)에게 있는 이해의 외현(外現)과 사람의 이해와의 차이

오직 육체적인 감관에 드러난 외현(外現·appearance)으로만 판단하는 사람들은, 짐승도 사람과 마찬가지로 의지나 이해를 가지고 있다고 결론을 짓습니다. 그러므로 다만 분별이 있다면, 사람은 말을 할 수 있다는 것, 따라서 그가 생각한 것이나 원하는 것을 말할 수 있지만, 이에 반하여 짐승은 오직 소리에 의하여 그것들을 알게 한다는 것입니다.

그럼에도 불구하고 짐승들은 의지나 이해를 소유하지 않았고, 다만 그것들과 유사한 그 무엇을 가지고 있을 뿐인데, 이것을 식자(識者)들은 이른바 상사기관(相似器官·analogue)이라고 부릅니다. 사람이 사람인 것은, 그의 이해가 그의 의지가 원하는 것 이상으로 고양(高揚)될 수 있기 때문인데, 따라서 그 높은 것으로 말미암아 그는 그것들을 인식하고, 관찰하고 또한 그것들을 적당하게 조절할 수 있습니다. 그러나 짐승이 짐승인 것은, 그것들의 그것이 행하고자 하는 것은 무엇이든지 그것이 하도록 몰아가기 때문입니다. 그러므로 사람은, 그의 의지가 그의 이해에 대하여 복종관계에 놓여 있다는 사실에 의하여, 사람인 것입니다. 그러나 짐승은, 그것의 이해가 그것의 의지에 대하여 복종관계에 놓여 있다는 사실에 의하여, 짐승인 것입니다. 이상의 고찰에서 얻을 수 있는 결론은 이렀습니다. 즉—.

사람은 하나의 살아 있는 이해(a living understanding)요, 또 하나의 참된 이해(a true understanding)입니다. 그 이유는 그 이해는 천계에서 입류하는 빛을 수용하고, 그리고 마치 자신의 것처럼 깨닫고, 통각(統覺), 유화(類化)하기 때문이고, 그리고 이 빛으로부터 마치 그 자신에게서 비롯된 것처럼 모든 다양성을 논리적으로, 정밀하게 생각하기 때문입니다. 그리고 그의 의지 역시 천계에서 입류하는 사랑을 받고, 또 이것으로 말미암아 마치 그의 의지에서 비롯된 것처럼 행동하기 때문에, 사람의 의지는 하나의 살아 있는 의지(a living will)이요, 따라서 하나의 참된 의지(a true will)입니다. 그리고 짐승에서 있어서 그것은 반대입니다. 이런 이유 때문에, 의지에 속한 바람으로 말미암아 생각하는 사람들은 짐승과 닮았고, 그리고 영계에서 그들은 멀리에서는 짐승처럼 보이고, 그리고 그들은 짐승 같이 행동하는데, 다만 차이가 있다면, 그들은 그들이 하고 싶기는 하지만, 그와는 달리 행동할 수 있다는 것 뿐입니다. 그러나 그들의 의지에 속한 바람을 억제하고, 다스리는 사람들은, 영계에서 사람들로 나타나고, 그리고 그들은 천계의 천사들입니다. 한마디로 짐승들에게서는 의지와 이해는 항상 긴밀하게 응집(凝集)되어 있습니다. 본질적으로 의지가 장님이기 때문에, 왜냐하면 의지는 빛이 아니라, 별을 받는 수용그릇이기 때문에, 의지는 이해를 또한 눈먼 장님으로 만들어 버립니다. 따라서 짐승은 자신이 행하여야 할 것이 무엇인지 알지도 못하고, 이해하지도 못합니다. 그럼에도 불구하고 짐승은 단순히 행할 뿐입니다. 왜냐하면 짐승은 영계에서 오는 입류 덕분에 행하는데, 이같은 행위는 본능(本能·instinct)일 뿐입니다. 보통 사람들은 짐승은 자신이 행하여야 할 일에 관해서 이해로부터 생각한다고 믿습니다. 그러나 전혀 그렇지가 않습니다. 짐승은, 창조 이래로 자신 안에 있는 자연적인 사랑(a natural love)에 의하여 자신의 행동을 취하였고, 육체적인 감관에 고용되었습니다. 사람은, 그의 이해가 그의 의지로부터 분리되어 있기 때문에, 그리고 그의 이해가 심지어 천계의 빛으로 올리워 질 수 있기 때문에, 혼자서 생각하고, 또 말합니다. 왜냐하면 이해는 생각하고, 사상을 말하기 때문입니다. 짐승들이 그들의 본성에 새겨져 있는 질서의 법칙에 따라서 행동한다는 것이나, 몇몇 사람들이 마치 도덕적으로, 합리적으로 행동하는 것 같지만 많은 사람과 다르게 행동한다는 것은, 그들의 이해가 그들의 의지에 속한 욕구에 복종하는 장님의 상태에 있기 때문입니다. 그러므로 그들은 사악하게 부패된 추론에 의하여, 그것들은, 정상적인 사람들처럼, 사악하게 되지 않을 수 없습니다. 앞에서 설명한 것에서, 짐승의 의지나 이해가 그것들의 외관(外觀)이나 상사기관(相似器管)을 뜻한다는 것을 알게 될 것입니다. 유사한 상사기관(相似器管·analogue)들이라고 부르는 것은 그 외현(外現) 때문입니다.

짐승의 생명은, 이해는 잠든 상태에 빠져 있으면서 의지로 말미암아 건고, 행동하는 몽유병자(夢遊病者)에 비교할 수 있겠습니다. 그리고 맹인견에 의하여 거리를 걷는 장님에 비교할 수 있겠습니다.

이상의 연구에서 볼 때, 짐승들이 합리성을 향유(享有)하고, 또 그들의 외모에 의하여 사람과 다를 뿐이라고 믿는 사람들이 얼마나 오류를 범하는 것인지를, 그들이 속에 간직하고 있는 합리적인 것을 도저히 입밖에 낼 수 없다는 사실에 의하여, 잘 알 수 있습니다. 이와 같은 미망(迷妄)에서부터 많은 사람들은, 만약 사람이 사후에 산다면, 짐승 역시 살 것이라는 결론을 내립니다. 다른 말로 하면 만약에 사후에 짐승이 살지 않는다면, 사람 역시 살 수 없다는 것입니다. 그리고 수많은 사람은, 의지와 이해에 관한 무지(無知)에서, 그리고 사람의 마음에 속한 계도에 관한 무지(無知)에서 야기되는 수많은 다른 꿈을 가지고 있는데, 그것은 사다리에 의하여 높은 곳에 오르는 것처럼 사람의 마음에 속한 계도에 의하여 천계에 오른다는 것입니다. (영혼과 육체의 교류 15항)

영(靈)은 육체 안에서 어떻게 존재하나?

앞에서, 사람은 하나의 영이라는 것과, 그리고 그 육체는, 이 세상에서 선용의 성취를 위하여 영(靈)에 봉사하는 것이다는 것을 이미 설명하였습니다. 그리고 또한 다른 여러 곳에서는 영은 사람에 속한 내적인 것이고, 육체는 그의 외적인 것이다는 것도 설명하였습니다. 사람의 영과 육체에 관하여 그것이 어떤 관계인지를 이해하지 못하는 사람들은 따라서 영은 육체 안에 존재하고, 육체는 말하자면 영을 에워싸고, 덮고 있다고 주장할 것입니다. 그러나 주지하여야 할 사실은, 육체 안에 있는 사람의 영은 몸 전체(全體)에 있고, 또한 모든 부분 안에 존재하며, 그리고 그것의 운동기관이나 감간기관 안에 있는 그리고 그 어디에서든지, 그것의 순수한 실체(實體)이다는 것이고, 그리고 육체는 이 세상에 있을 때 어디에서나 그 세상에 적응하기 위하여 영에 수반된 물질적인 것이다는 것 등입니다. 이 말은, 사람은 하나의 영이고, 육체는 이 세상에서 선용의 성취를 위해 그에게 봉사하는 것이고, 또는 영은 사람의 내적인 것이고, 육체는 그의 외적인 것이다고 말하는 뜻과 꼭 같습니다. 그러므로 명확한 것은, 사람은 사후에도 마찬가지로 활동적인 삶과 감관적인 삶 안에 존재한다는 것이고, 그리고 또한 사람은 사후에도, 이 세상에서와 꼭같이 인간의 형체로 존재한다는 것인데, 그럼에도 불구하고 사후의 사람의 형체는 이 세상에서 보다는 매우 완벽한 인간형체로 존재한다는 것입니다. (천계비의 4659항)

제29강

입류(入流),
그리고 영혼과 육체의 교류(交流)

영혼과 육체의 교류에 관한 종전의 가설(假說)

영혼과 육체의 교류 또는 영혼이 육체에의 작용이나, 영혼과 육체와의 작용에 관해서는 세 가지 견해와 가르침이 있는데, 이것들은 모두가 가설(假說)입니다. 그 첫째는 육체적 입류(肉體的 入流 · physical influx)이고, 둘째는 영적 입류(靈的 入流 · spiritual influx)이고 셋째는 사전에 설정된 조화(pre-established harmony)입니다.

육체적 입류라고 호칭되는 첫째 견해입니다. 이 입류는 감관들에 속한 외현(外現 · appearance)이나, 그것들에서 야기된 오류(誤謬 · fallacy)에서 비롯됩니다. 그 이유는, 이 입류는, 마치 눈에 영향을 주는 시각의 대상물들이 사상에 들어와서 그것을 생성하는 것처럼, 나타나기 때문입니다. 이와 마찬가지로 귀에 영향을 주는 말(言語 · speech)도 마음에 입류, 거기서 개념들을 생성하는 것처럼 나타나기 때문입니다. 후각, 미각 또는 촉각의 경우도 마찬가지입니다. 이들 감관의 기관들은 제일 처음에는 외부세계에서부터 그것들에게 입류한 어떤 느낌(影響 · impression)들을 받고, 그리고 그것들에 속한 감정(感情 · affection)에 따라서 마음은 생각하고 뜻하는 것으로 나타나는데, 그러므로 고대 철학자들이나 중세 신학자들은, 입류는, 그런 것들에서부터 영혼에 이른다고 생각하여, 그렇게 채택된 가설을 가리켜 육체적 또는 자연적 입류라고 하였습니다.

어떤 사람들이 일시적 입류(一時的 入流 · occasional influx)를 영적 입류라고 부르는 두 번째 가설은 질서나 질서의 법칙들에서 비롯됩니다.

영혼은 영적인 실체(靈的 實體 · a spiritual substance)이기 때문에, 따라서 영혼은 보다 순수하고, 선재(先在)적이고, 내면적인데 반하여 육체는 물질적이고, 따라서 보다 조악(粗惡)하고, 후래적이고, 외면적입니다. 그리고 그것은, 보다 순수한 것은 조악한 것에, 선재적인 것은 후래적인 것에, 내면적인 것은 외면적인 것에, 따라서 영적인 것은 물질적인 것에 입류하는, 그러나 그 반대는 그러하지 않은, 질서에 일치합니다. 결론적으로 영적인 입류는, 생각하는 마음이 대상물로 인하여 야기되는 그 상태에 따라서 시각에 입류하는데, 그 상태는 또한 마음이 자유자재로 결정합니다. 마찬가지로 지각적인 마음도 말에 의하여 귀에 야기되는 상태에 따라서 청각에 입류합니다. 사전에 설정된 조화라고 일컫는 셋째 가설은 외현이나 이성에 속한 오류에서 비롯되는데, 그 이유는 마음은, 그 작용에서, 육체와 더불어 동시에 행동하기 때문입니다. 그럼에도 불구하고, 모든 작용은 처음에는 연속적이지만, 그 뒤에 가서는 동시적입니다. 연속적인 작용은 입류이고, 동시적인 작용은 조화입니다. 그것은 마치, 마음이 생각한 뒤에 말하는 것과 같고, 또한 마음이 뜻을 세운 뒤에 행동하는 것과 같습니다. 그러므로 동시적인 작용은 시인하면서 연속적인 작용은 배제하는 것은 이성의 오류(a fallacy of reason)입니다. 영혼과 육체의 교류에 관한 이들 세 가설 이외의 넷째 가설은 전혀 불가능합니다. 왜냐하면 영혼은 육체에 또는 육체는 영혼에, 또는 양자가 계속하여 함께, 작용하여야만 하기 때문입니다.

영적인 입류가, 앞에서 언급한 것과 같이, 질서나 질서의 법칙에 일치하기 때문에, 따라서 이 입류는, 다른 두 가설에 비하여 월등히 학계에서 현자(賢者)에 의하여 시인되고 수용됩니다. 그 이유는 질서에 일치하는 모든 것들은 진리이고, 그리고 진리는 진리 본연의 빛에 의하여 자기 자신을 명백하게 증거하지만, 이성의 어둠 안에 가설이 존재하기 때문입니다. 그럼에도 불구하고 이 가설을 어둠 안에 끌어들이는 것은, 영혼이 무엇인지 모르는 무지(無知)와 영적인 것이 무엇인지 모르는 무지 그리고 입류가 무엇인지 모르는 무지, 이 셋입니다. 그러므로 이 세 무지는 이성이 진리 자체를 이해하기에 앞서 꼭 반드시 밝혀져야 하겠습니다. 왜냐하면 가설적인 진리는 진리 자체가 아니고 오히려 진리에 관한 추측(推測)에 불과하기 때문입니다. (영혼과 육체의 교류 1 · 2항)

지금까지 학자들에 의하여 다루어진 영적 입류는 영혼에서 육체에의 입류 뿐이고, 비록 사랑에 속한 모든 선이나 믿음에 속한 모든 진리들이 하나님에게서부터 입류한다는 것을 알고 있지만, 영혼에의 입류, 또는 영혼에의 입류를 통한 육체에의 입류 따위는 알지 못하고 있습니다. 하나님에게서 비롯된 선이나 진리의 입류들은 처음에는 영혼에 입류하고, 그리고 그 영혼을 통해서 합리적인 마음에, 그리고 이 합리적인 마음을 통해서 육체를 이루는 모든 것들 안에 입류합니다. 만약에 어느 누구가 다른 방법으로 영적 입류라는 주제에 관해서 연구하고 재음미(再吟味)한다면, 그 사람은 샘의 근원을 막으려고 하면서도, 거기에서 마르지 않고 흐르는 물을 찾으려는 사람과 같다고 하겠습니다. 그리고 또한 씨에서 찾지 않고, 뿌리에서 나무의 근원을 추론하는 사람과 같고, 또한 만유의 근원(萬有根源·the first principle)을 제외하고, 파생물에서 살피는 사람과 같습니다. (영혼과 육체의 교류 8항)

생명은 오직 하나만 존재하고, 그것이 모든 실체에 입류하고, 생명을 준다

나는 수많은 경험을 통하여, 생명은 오직 하나만 존재하고, 그것은 주님에 속한 것이며, 사람에게 입류, 사람으로 살아가게 한다는 것, 아니 선한 사람이나 악한 사람 모두가 살아가게 한다는 사실을 배웠습니다. 모든 실체를 가리키는 형체는 이 생명에 대응합니다. 그리고 모든 형체들은 계속적인 신령입류에 의하여 생명을 받기 때문에, 그것들은 자신들에게는 마치 자기 자신으로 말미암아 살아가는 것처럼 나타나 보입니다. (천계비의 3484항)
천계에 흘러드는 여러 종류의 계도에 의하여 주님께서는 천계나 지옥에 있는 만유(萬有)를, 그리고 천계와 지옥을 통해서 이 세상에 있는 만유를 적절히 처리하고, 조절하고, 알맞게 하고, 정당하게 만듭니다. (묵시록계현 346항)
사람은 생명 자체가 아니고 다만 하나님에게서 비롯되는 생명을 받는 하나의 수용기관일 뿐입니다. 그리고 사랑과 지혜가 합쳐서 생명입니다. 더욱이 하나님은 사랑 자체이고, 지혜 자체이고, 따라서 생명 자체입니다.

그러므로 여기서 얻는 결론은, 사람이 지혜를 사랑하는 정도에 비례하여, 또는 사랑의 품 안에 있는 지혜가 그 사람 안에 있는 정도에 비례하여, 그 사람은 하나님의 형상(形象·an image of God)인데, 그것은 바로 하나님에게서 비롯되는 생명의 수용그릇입니다. 반대로, 사람이 그 반대의 사랑 안에 있는 정도에 따라서, 또는 그 사랑에서 비롯된 광기(狂氣·insanity) 안에 있는 정도에 비례하여, 그 사람은 하나님에게서 비롯되는 생명을 받지 못하고, 오히려 지옥으로부터 죽음(death)이라고 부르는 생명을 받습니다. 사랑 자체나 지혜 자체는 생명은 아니고, 다만 그것들은 생명의 본질(本質·esse of life)일 뿐입니다. 그리고 정동을 가리키는 사랑에 속한 기쁨과 지혜에 속한 즐거움이 생명을 이룹니다. 왜냐하면 이런 것들에 의하여 생명의 본질은 존재하기 때문입니다. 하나님에게서 비롯된 생명의 입류는 그같은 기쁨과 즐거움을 지니고 있습니다. 그것은 마치 봄철에의 볕과 빛의 입류가 사람 마음에, 그리고 온갖 종류의 새나 짐승에, 아니 식물들에게 들어와서, 성장하게 하고, 많은 열매를 맺게 하는 것과 같습니다. 왜냐하면 사랑에 속한 기쁨과 지혜에 속한 즐거움은 마음을 넓혀주고, 마음으로 하여금 그것을 수용하게 하는데, 그것은 마치 환희나 기쁨이 사람의 얼굴로 하여금 희색을 띠게 하고, 그리고 그것으로 하여금 영혼에 속한 상쾌함에 조화시키는 것과 꼭 같습니다. (영혼과 육체의 교류 13항)

영계로부터 사람에의 입류에 관해서 살펴보면, 그 사실은 일반적으로 이렀습니다. 사람은 자기 자신으로부터는 실제적으로 어떤 것도 생각하지도 못하고, 뜻하지도 못하며, 다만 모든 것들은, 선이나 진리가 주님으로부터 천계를 통하여, 따라서 사람과 같이 하는 천사를 통하여 입류하고, 악이나 거짓이 지옥으로부터, 마찬가지로 사람과 같이 하는 악령들을 통해서 입류하듯이, 사람의 사상이나 뜻에 입류합니다. (천계비의 5846항)

주님으로부터의 입류는 천계를 통한 직접적인 입류와 간접적인 입류가 있다

생명은 하나님으로부터 영혼을 통하여, 사람에게 입류하고 그리고 이것을 통하여 그의 마음에 입류합니다. 그리고 그것을 통하여 사람의 정동이나 사상에 입류합니다. 그리고 이것들을 통해서 감관, 언어, 육체의 행위에까지 입류합니다. 그 이유는 이러한 일련의 것들은 생명의 연속적인 질서 안에 있기 때문입니다. 왜냐하면 사람의 마음은 영혼에 예속하는 존재이고, 육체는 마음에 예속되는 존재이기 때문입니다. 그리고 마음은 두 생명을 갖는데, 하나는 의지에 속한 것이고, 또 다른 하나는 이해에 속한 것입니다. 사람의 의지에 속한 생명을 사랑에 속한 선이라고 하고, 그것에서 파생된 것을 정동이라고 부릅니다. 그리고 사람의 이해에 속한 생명을 지혜에 속한 진리라고 하고, 그것에서 파생된 것을 사상이라고 부릅니다. 이 양자를 통하여 마음은 살아갑니다. 그리고 감관, 언어, 행위 따위는 육체에 속한 생명들입니다. 그리고 이러한 모든 것은, 영혼에 의하여 마음을 통하여 존재하고, 또 그것들은 그것들이 존재해 있는 질서로 말미암아 이어지는 것 뿐입니다. 이것에 따라서 그것들은 자기 자신에 관한 깊은 연구 밖에 있는 지혜로운 사람에게 드러내 보여줍니다. 보다 높은 영적인 실체이기 때문에 사람의 영혼은 하나님에게서 직접적인 입류를 받습니다. 그리고 사람의 마음은 보다 낮은 영적 실체이기 때문에, 그 마음은 영계를 통하여 하나님으로부터 간접적인 입류를 받습니다. 이에 반하여 육체는, 그것이 물질이라고 부르는 자연에 속한 실체이기 때문에, 자연계를 통하여 하나님으로부터 간접적인 입류를 받습니다. (영혼과 육체의 교류 7항)

주님에게서 비롯되는 각각의 생명의 입류에 관해서 그 경우가 어떠한지를 알기 위한 계시(啓示)가 나에게 주어졌습니다. 바꾸어 말하면, 사상의 생명의 입류나 의지의 생명의 입류의 경우가 어떤 것인지를 알기 위한 계시가 나에게 주어진 것입니다. 다시 말하면 주님께서는 이중의 방법으로 입류하시는데, 그것은, 천계를 통한 간접적인 방법과, 주님 자신에게서 비롯되는 직접적인 방법입니다. 주님 자신에게서 비롯되는 직접적인 방법은, 사람의 내면적인 것을 가리키는 사람의 합리적인 것과, 사람의 외면적인 것을 가리키는 자연적인 것 양쪽에 입류하는 것입니다. (천계비의 6472항)

천계에 입류하는 주님의 신령성에서 비롯되는 천적인 것 자체나 영적인 것 자체는 주로 내면적 합리적(the interior rational)인 것에 존재합니다. 왜냐하면 거기에 있는 형체는 보다 완벽하고, 수용에 적합하기 때문입니다. 그럼에도 불구하고, 주님의 신령성에서 비롯된 천적인 것이나 영적인 것은, 외면적 합리적인 것 또는 심지어 자연적인 것에 직접적인 방법이나 간접적인 방법으로 입류합니다. 간접적인 방법으로는 내면적 합리적인 것을 통하여 입류하고, 직접적인 방법으로는 주님의 신령성 자체로부터 입류합니다. 직접적인 입류는 스스로 처리하지만, 간접적인 입류는 스스로 처리하지 않고, 타자에 의하여 처리됩니다. 그러므로 직접적인 입류는 외면적 합리적인 것에 존재하고, 간접적인 입류는 자연적 것에 존재합니다. (천계비의 5150항)

자연적인 것은, 그것이 합리적인 것과 결합하기 전에는, 거듭나지 않습니다. 이 결합은 자연적인 것에 속한 선이나 진리에 입류하는 직접 또는 간접의 합리적 입류에 의하여 이루어집니다. 다시 말하면 직접적인 입류에 의한 결합은 합리적인 것에 속한 선이 자연적인 것에 속한 선에 입류하고, 그리고 이것을 통하여 자연적인 것에 속한 진리에 입류하는 것으로 결합은 이루어집니다. 간접적인 입류에 의한 결합은, 자연적인 것에 속한 진리에 입류한 합리적인 것에 속한 진리를 통하여, 그리고 그것으로 인하여 자연적인 것에 속한 선에 입류한 것으로 그 결합은 이루어집니다.

사람 안에 있는 내면적 의지부분이나, 총명적 부분을 가리키는 합리적인 마음(the rational mind)은 자기 자신을 그의 자연적인 마음 안에서 드러내야 하는데, 그것은 마치 자연적인 마음이 얼굴이나 또는 그 얼굴의 표현에서 자기 자신을 들어내는 것과 같습니다. 얼굴이 자연적인 마음의 표현인 것과 꼭같이 자연적인 마음은 합리적인 마음의 표현이어야만 합니다. 이 결합이 존재할 때, 그것은 중생한 사람들 안에 존재하는 것인데, 그때 사람이 내면적으로 그의 합리적인 마음에서 뜻하고 생각하는 것은 무엇이든지, 그의 자연적인 마음의 관점에서 그 자신을 드러내는데, 이것은 가시적으로는 얼굴에서 그 자신을 드러냅니다. 천사들이 이와 같은 용모(容貌)를 가지고 있으며, 천적인 사람들이었던 태고시대 사람(太古時代 · the Most Ancient)들이 이와 같은 용모를 가지고 있었습니다. (천계비의 3573항) 천계적 삶을 이루는 모든 선에 관해서, 마찬가지로 영원한 생명에 관해서 살펴보면, 사람이나 천사의 경우는 이렀습니다.

선에 속한 지심(至深)한 존재(the inmost of good)는 주님 자신이시고, 심지어 사랑에 속한 선도 직접적으로 주님에게서 비롯됩니다. 그 다음에 승계되는 선은 상호애(相互愛 · mutual love)에 속한 선이고, 그 뒤에 이어지는 선은 이웃을 향한 인애에 속한 선(the good of charity)이고, 그리고 마지막에 이어지는 선은 믿음에 속한 선(the good of faith)입니다. 이것이 지심한 존재(至深存在·the inmost)에서 비롯되는 선의 계열적인 질서입니다. 이상에서 볼 때 직접적인 입류나 간접적인 입류에 관하여 그것이 어떠한지를 잘 알 수 있겠습니다. 일반적으로, 정도에 따라서 질서 가운데 이어지는 선 또는 외면적인 선은 그것 안에 내면적인 선을 가지고 있으며, 그 정도에 따라서 그것은 하나의 선입니다. 왜냐하면 그 선은 정도에 따라서, 앞에서 언급한 것과 같이, 가장 지심한 선(the inmost good)이신 주님 자신에게 보다 가까이 있기 때문입니다. 그러나 외면적인 것 안에 존재하는 계열적인 성질이나 내면적인 선의 배열(排列)은 그 수용에 따라서 그 각각의 주체나 또는 모든 주체 안에서 다양다기(多樣多岐)합니다. 그리고 그 수용(受容·reception) 또한 이 세상에서의 각자 각자의 영적 삶이나 도덕적 삶에 따라서 다종다양(多種多樣)합니다. 왜냐하면 이 세상에서의 삶은 그 사람과 같이 영원히 남아 있기 때문입니다.

주님에 속한 입류는 모두에게는 직접적입니다. 그 이유는 직접적인 입류 없이는, 간접적 입류는 아무런 효과가 없기 때문입니다. 직접적 입류는 사람이나 또는 천사들이 존재해 있는 질서에 일치하여 수용됩니다. 따라서 직접적 입류는, 신령존재에게서 비롯된 신령진리에 일치하여 수용됩니다. 왜냐하면 이것이 질서이기 때문입니다. 그러므로 사람에게 있어서 자체는, 주님에게서 비롯된 선 안에 사람은 있어야만 한다는 것이고, 그리고 사람은 주님으로 말미암아 살아야만 한다는 것입니다. 이 입류는 부단히 계속적이며, 이 입류는 사람의 의지에 속한 개별적인 것이나 전체적인 것들과 연결되어 있고, 그리고 가능한 한, 이 입류는 질서에 맞추어 그것들을 지휘, 감독합니다. 왜냐하면 사람 본연의 의지는 부단히 빗나가려고 하기 때문입니다. 그같은 일은 사람 안에서 의식적인 것이든 무의식적인 것이든 모두 꼭 같습니다. 사람의 의식적인 행동들은 질서에서부터 계속해서 벗어나 빗나가려고 하지만, 그러나 무의식적인 행동들은 계속해서 질서에 복귀하려고 합니다. 그러므로 여기서 얻는 것은, 무의식적인 심장의 운동은 사람의 의지로부터 전적으로 예외이다는 것입니다. 마찬가지로 소뇌(小腦)의 운동 역시 무의식적이라는 것입니다. 그리고 또한 심장의 운동이나 소뇌의 능력은 의식적인 활동을 다스린다는 것, 즉 의식적인 활동이 한계를 벗어나 자행하지 않도록, 그리고 천수(天壽)를 다하기 전에 육신의 삶을 다하지 않도록 다스린다는 것입니다. 이런 이유로 해서 각자에게서 비롯된 활동적인 주의주장(主義主張 · principle)들이나 원리들은, 말하자면 온몸(全身) 안에서의 무의식적인 것이나 의식적인 것에서 비롯된 활동적인 원리들은 조화된 결합 안에서 일어난다는 것입니다. 이러한 내용은, 주님에게서 비롯되는 사랑에 속한 천적인 것들이나 믿음에 속한 영적인 것들의 직접적 입류나 간접적 입류의 개념을 예증하는 것으로 어느 정도 설명되겠습니다. (천계비의 9683항)

주님에게서 직접적으로 발출되어 나온 신령진리는 천사들의 모든 이해를 훨씬 초월해 있습니다. 그러나 간접적으로 발출되어 나온 신령진리는 천계에 있는 천사들에게, 그리고 지상의 사람들에게 알맞도록 조화되어 있습니다. 왜냐하면 그것은 천계를 통하여 일어나고, 그것으로 말미암아 천사적인 성품이나 인간적 성품을 입기 때문입니다. 그러나 주님께서는 이 진리에 직접적으로 입류하십니다. 따라서 주님께서는 간접적으로 또는 직접적으로, 천사들이나 사람들을 인도하십니다. 왜냐하면 개별적인 것이든 전체적인 것이든 모든 만유(萬有)는 제일존재(第一存在 · the First Being)에서 비롯되었기 때문입니다. 그리고 질서가 설시되었기 때문에, 제일존재는 간접적 또는 직접적인 파생물 안에 현존해 계십니다. 따라서 제일존재는 질서의 마지막이나 처음 안에 꼭같이 현존하십니다. 왜냐하면 신령질서 자체는 오직 유일한 본질적인 것이지만, 파생적인 것들은 결과에서 비롯된 연속적인 형체에 지나지 않기 때문입니다. 그러므로 명확한 것은, 신령존재는 직접적인 방법으로, 개별적인 것이든 전체적인 것이든, 만유에 입류하신다는 사실입니다. 왜냐하면 신령진리에 의하여 만유는 창조되었기 때문입니다. 그 이유는 신령진리는, 유일한 본질적인 존재이고, 따라서 만유가 생성된 근원(根源)이기 때문입니다. 이 신령진리가 요한복음서에서는 말씀(聖言 · the Word) 이라고 호칭되었습니다. 즉―.

> 태초에 말씀(the Word)이 계셨다. 그 말씀은 하나님과 함께 계셨다. 그 말씀은 하나님이셨다.······모든 것이 그로 말미암아 생겨났으니, 그가 없이 생겨난 것은 하나도 없다.
> (요한 1 : 1, 2)

(천계비의 7004항)

일반적인 입류와 특수적인 입류

주님에게서부터 영계를 통하여 자연계의 주체들에 들어오는 일반적인 입류가 있고, 또한 특수적인 입류가 있습니다. 일반적인 입류(一般的 入流 · the general influx)는 질서 안에 있는 것들에게 들어오는 입류이고, 특수적인 입류(特殊的 入流 · the particular influx)는 질서 안에 있지 않은 것들에 들어오는 입류입니다. 온갖 종류의 동물들은 그들의 본성에 속한 질서 안에 있습니다. 따라서 그들에게는 일반적인 입류가 있습니다. 그것들이 그들의 본성에 속한 질서 안에 있다는 것은, 그것들이 그들 본연의 고유한 것들로 태어난다는 사실에서, 그리고 어떤 교육에 의하여 그들 본연의 고유한 것들에 안내되는 것은 전혀 필요하지 않다는 사실에서 아주 명백합니다. 그러나 사람들은 질서나 질서에 속한 법칙 안에 있지 않습니다. 그러므로 그들에게는 특수적인 입류가 있습니다. 다시 말하면, 사람들과 같이 하는 천사들이나 영들이 있는데, 이들을 통한 입류가 있습니다. 사람들에게 영들이나 천사들이 같이 하지 않는다면, 사람들은 모든 추악한 증오 속으로 돌진(突進) 하였을 것이고, 또 일순간에 자기 자신을 가장 어두웁고 깊은 지옥으로 처넣었을 것입니다.

이들 천사나 영들을 통하여 사람은 주님의 보호와 인도 하에 있을 수 있습니다. 사람이 태어난 질서는, 그가 자기 자신처럼, 아니 자기 자신보다 더 그의 이웃을 사랑하여야 한다는 것입니다. 그리고 따라서 천사도 그렇게 해야 한다는 것이 질서입니다. 그러나 사람은, 자신의 지배력이나 또는 세상의 소유권(所有權)에 대하여 자신이 얼마만큼 유리하냐를 제외하면, 자기 자신이나 세상을 더 사랑하고, 또한 이웃을 미워합니다. 그러므로 사람의 삶은 천계적 질서에 전적으로 반대가 되기 때문에, 주님께서는, 천사나 영들과는 달리, 천사나 영들을 통하여 사람들을 다스리십니다.
(천계비의 5850항)

천계에서, 그리고 천계를 통한 입류는 자연에 속한 처음 것에서부터 궁극적인 것에 이르는 계속적인 질서 안에 존재한다

주님에게서 직접적으로 발출(發出)된 진리, 그러므로 무한 신령존재(無限神靈存在 · the Infinite Divine Being Himself)에게서 비롯된 진리는, 유한(有限)한 존재인 어떤 살아 있는 실체에 의해서도 결코 수용될 수 없으며, 따라서 천사들에 의해서도 결코 수용될 수 없습니다. 그러므로 주님께서는 계속해서 만유를 창조하셨는데, 중간매체(中間媒體)인 그것들을 통하여 발출된 신령진리는 직접적으로 교류할 수 있었습니다. 그럼에도 불구하고, 이것에서부터 계속 이어지는 첫 번째 매체는, 아직까지는 유한한 존재인 살아있는 실체에 의하여, 따라서 천사들에 의하여 수용될 수 있는 것 이상으로, 신령존재로 충만합니다. 그러므로 주님께서는 직접적으로 발출된 신령진리가 어느 정도 수용되기 위하여 또다른 단계적 중간매체(a further successive medium)를 창조하셨습니다. 이 단계적 또는 연속적인 중간매체는 천계에 있는 신령진리입니다. 첫 번째 두 매체들은 천계들 위에 존재하는데, 말하자면 이들 둘은, 주님이신 태양을 둘러싸고 있는 빛나는 광체의 후광(後光 · radiant belts of flame)들입니다. 이와 같은 연속적인 질서(連續的 秩序 · the successive order)는 삼층천(三層天)을 가리키는 가장 주님 가까이에 있는 천계에 내려오며, 이 천계에 있는 사람들은 모두가 이노센트하고, 슬기롭습니다. 이상에서 볼 때 연속적인 질서는, 궁극적 천계에 내려오고, 그리고 그 궁극적 천계로부터 사람의 감관적인 것이나 육체적인 계도에까지 내려오는데, 이것들이 마지막 입류(the last influx)를 받습니다.

이러한 일련의 사실들에서 확실한 것은, 제일존재 즉 주님으로부터 사람 안에 있는 마지막 것, 즉 자연 안에 있는 최후의 것에는 계속하여 이어지는 단계적 또는 연속적 계도가 있다는 것입니다. 사람 안에, 마찬가지로 자연 안에 있는 최종의 것들은 상대적으로 활성이 둔한 불활성적(不活性的 · inert)이고, 따라서 냉랭하고, 그리고 상대적으로 조잡(粗雜)하고, 따라서 불영명(不英明) 합니다. 그러므로 여기서 얻는 결론은,

이와 같은 연속적 질서에 의하여 제일존재(第一存在 · the First Being)와 만유(萬有)의 계속적인 결합이 존재한다는 것입니다. 이들 연속적인 질서에 따라서 입류는 일어납니다. 왜냐하면 신령선에서 직접적으로 발출하는 신령진리는 끊임 없이 흘러나오기 때문입니다. 이런 방법으로, 또는 각각의 새로운 연속적인 결합에 의하여, 그것은 보다 더 조잡스럽게 되고, 따라서 보다 더 조악(粗惡)스럽게 되고, 보다 더 불영명하게 됩니다. 그리고 그것은 보다 굼뜨게 되고, 따라서 보다 더 불활성적이 되고, 냉랭하게 됩니다. 이상에서 볼 때 명확한 사실은, 연속적인 신령질서가 무엇이고 그리고 그것에서 비롯된 입류가 어떤 것인지 알 수 있다는 것입니다.

그럼에도 불구하고 우리가 밝히 이해하여야 할 것은, 신령진리는 가장 주님 가까이 있는 삼층천(三層天 · the third heaven)에 입류하고, 또한 동시에 연속적인 조성물(造成物)을 넘어서, 질서의 가장 궁극적인 것에까지 입류하는데, 거기에서 역시 제일존재로부터 개별적인 것이든 전체적인 것이든 모두는 직접적으로 다스려지고, 섭리되어 집니다. 연속적인 것들은 그것에 의하여 그것들의 질서나 결합 안에서 보존되고, 지속됩니다. 이 일련의 내용이 사실이다는 것은 이 세상의 학자들에게 잘 알려진 가르침(格言 · maxim)에서 어느 정도 이해할 수 있다는 것과, 진정한 의미의 실체(實體 · substance)는 오직 하나 뿐이고, 나머지는 그것으로 인하여 만들어진 조성물들이라는 것과, 그 유일한 실체는, 그 조성물 안에서 형체적인 것 뿐만 아니라, 비형체적(非形體的)인 것까지도, 마치 그것의 근원 안에서처럼, 다스린다는 것입니다. 만약 이것이 그러하지 않다면 조성된 것 어느 하나도 유지될 수도, 활동할 수도 거의 불가능하다는 것 등입니다. 그럼에도 불구하고 이와 같이 설명하는 것은 총명한 사람들을 위한 것입니다. (천계비의 7270항)

사람에의 입류는 연속적인 질서 안에 존재하며, 마음의 불연속계도(不連續 階度)에 일치한다

사람 안에는 상호협력하고 함께 결합하는 세 가지 것들이 있습니다. 즉 자연적인 것(the natural), 영적인 것(the spiritual), 천적(the celestial)인 것입니다. 사람의 자연적인 것은 영적인 것에서 비롯되는 것을 제외하고는 그 어떤 생명을 받을 수 없고, 또 사람의 영적인 것 역시 천적인 것을 제외하고서는 그 어떤 생명도 받을 수 없으며, 그리고 천적인 것은 오직 생명 자체이신 주님을 제외하고서는 그 어떤 생명도 받을 수 없습니다. 그러나 그러기 위해서는 보다 더 충분한 개념을 터득하여야 합니다. 그것은 이러합니다. 즉 자연적인 것은 영적인 것을 받는 그릇(容器 · receptacle)이고, 또 영적인 것이 흘러드는 용기입니다. 그리고 영적인 것은 천적인 것을 받는 그릇이고, 천적인 것이 흘러드는 용기입니다. 이와 같이 천적인 것들을 통해서 사람은 생명을 주님에게서부터 받는 것입니다. 이것이 입류의 순서이고 질서입니다. (천계비의 880항)

질서는 천적인 것은 합리적인 것에 입류하여 자기 자신과 조화를 이루고, 그러므로 합리적인 것은 기억지에 입류, 자기 자신과 조화를 이룹니다. 그러나 비록 사람이 유아 때 가르침을 받는 동안에는 동일한 질서가 존재하지만, 그럼에도 불구하고 그것은 다르게 나타날 뿐입니다. 즉 그 사람은 기억지에서 합리적인 것에로, 또 그것에서 영적인 것에로, 나타날 뿐입니다. 즉 그 사람은 기억지에서 합리적인 것에로, 그리고 종국에는 천적인 것에로 진전합니다. 그것이 그렇게 나타나는 이유는, 그 길이 가장 지심한 것인 천적인 것에로 열려져 있기 때문입니다. 모든 교육은 단순하게는 그 길의 개방(開放 · opening)입니다. 그 길이 개방되어 있기 때문에, 마찬가지로 그릇들이 개방되어 있기 때문에, 앞에서 설명한 것과 같이 질서 정연하게 순서에 따라서 그 안에 입류하게 되는데, 그 순서는 합리적인 것에는 천적 영적(celestial-spiritual)인 것이 입류하고, 따라서 그것들 안에는 천적 영적인 것이 존재합니다. 그리고 영적인 것 속에는 천적인 것이 입류하고, 따라서 그것들 안에는 천적인 것이 존재합니다. 이들 천적인 것이나 영적인 것들은 계속해서 진전하여 나아가고, 그리고 자기 자신들을 위하여 계속해서 개방된 그릇들을 준비하고, 형성합니다. 여기서 확실히 알 수 있는 것은 그들 자신 안에 있는 기억지의 기능이나 합리적인 기능은 죽었다는 것과, 다만 살아 있는 것처럼 보이는 것은 그것들이 입류하는 내면적 생명에서 비롯된 외현(外現)을 가지고 있기 때문입니다. 이와 같은 사실은 사상 즉 판단의 기능을 가진 사람에게는 누구나 명료하다는 것입니다.

이것들 안에 숨겨진 분석적 기법이나 학문의 비의는 너무나도 많기 때문에 그것들은 백만분의 하나도 밝혀질 수 없습니다. 이같은 것은 어른의 경우가 아니고, 어린 아이의 경우인데, 그들이 가지고 있는 사상이나 그 사상에서 파생된 언어의 표현에는 그런 것들로 가득 차 있습니다. 비록 어른이고, 또 심지어 학식이 있는 사람이라고 해도 이것에 관해서는 무지합니다. 만약 천적 또는 영적인 것들 안에서 이런 모든 것들이 나타나고, 또 입류되고, 생성되지 않는다면 이같은 경우는 결코 있을 수 없습니다. (천계비의 1495항)

의지와 이해의 입류가 있고, 그것들을 통한 육체에의 입류가 있다

우리가 잘 알고 있는 사실은, 보편적으로 만유(萬有)는 선과 진리에 관계된다는 것과, 이 둘에 관계되지 않는 것에는 단 하나의 존재(存在·entity)도 결코 존재하지 않는다는 것입니다. 이것에서부터 명확한 사실은, 사람 안에는 생명을 받는 두 그릇이 있는데, 하나는 의지라고 부르는 것으로, 그것은 선을 받는 그릇이고, 다른 하나는 진리의 수용그릇인 이해라고 부르는 것입니다. 선이 사랑에게 속한 것이고, 진리가 지혜에 속한 것이기 때문에, 의지는 사랑의 수용그릇이고, 이해는 지혜의 수용그릇입니다. 선이 사랑에 속했다는 것은, 사람은 사랑하는 것을 뜻하고, 그리고 사람이 그것을 성취하였을 때 사람은 그것을 선이라고 부르기 때문이고, 또한 진리가 지혜에 속했다는 것은 모든 진리가 지혜에서 비롯되기 때문인데, 사실은 현명한 사람이 숙고하고 도모하는 선이 진리인데, 사람이 이것을 뜻하고, 그것을 행하였을 때 선이 되기 때문입니다. 올바르게 행하지 않는 사람은 의지와 이해인 생명의 두 그릇에서 엄현히 구분되는데, 그것들에 관한 명확한 개념을 자기 자신을 위하여 명확히 정립하지 못한 사람은, 영적 입류에 관한 지식을 얻은데 보람없이 헛수고만 합니다. 왜냐하면 거기에는 의지에의 입류와 이해에의 입류가 있기 때문이고, 그리고 사람의 의지에의 입류는 사랑에 속한 선의 입류이고, 이해에의 입류는 지혜에 속한 진리의 입류로 이들 입류가 있기 때문입니다. 그리고 각각의 직접적 입류는 여호와 하나님으로부터 여호와께서 계시는 중앙의 태양을 통하여 이루어지고, 간접적 입류는 천사적 천계를 통하여 이루어집니다. 의지와 이해의 두 수용그릇은, 별과 빛이 다르듯이, 서로 다릅니다. 왜냐하면 위에서 설명한 것과 같이, 의지는 본질적으로 사랑인 천계의 별을 받고, 이해는 본질적으로 지혜인 천계의 빛을 받습니다.

사람의 마음에서부터 언어와 행위에의 입류가 있습니다. 언어에의 입류는 의지로부터 이해를 통하여 이루어지는 입류이고, 행위에의 입류는 이해로부터 의지를 통하여 이루어지는 입류입니다. 오직 이해에의 입류만 알고, 동시에 의지에의 입류를 모르는 사람들은, 그것에서 추론하고 결론을 도출하는데, 그러한 사람들은, 마치 한쪽은 보지만 동시에 다른 한쪽을 보지 못하는, 외눈박이 장님과 같습니다. (영혼과 육체의 교류 7항)

영혼은 사람 마음 속에 입류하고, 그 마음을 통해서 육체에 입류합니다. 그리고 영혼은 그것과 더불어 주님으로부터 생명을 받습니다. 따라서 그 생명이 간접적으로 육체에 옮겨지는데, 육체에서의 가장 밀접한 합일(合一·the closest union)에 의하여 육체로 하여금 살아 있게 합니다. 이상에서, 그리고 수천 번의 경험에서 얻는 증명에서 얻을 수 있는 결론은 영적인 것은 물질적인 것에 결합한다는 것입니다. 다시 말하면 살아 있는 능력은 죽은 능력에 결합하는 것으로, 사람으로 하여금 합리적으로 말하게 하고, 도덕적으로 움직이게 한다는 것입니다. 그것은, 마치 혀나 입술이 자신 안에 있는 어떤 생명으로 말미암아 말하는 것과 같이, 나타날 뿐입니다. 팔이나 손의 경우도 마찬가지입니다. 그러나 그것은 본질적으로 영적인 사상이 그렇게 말하는 것 뿐입니다. 그리고 마찬가지로 영적인 의지가 그렇게 행동하는 것 뿐입니다. 본질적으로는 이 세상에서 취하였기 때문에 물질인 그들의 기관을 통해서 말도 하고 행동도 합니다. 이것이 사실이라는 것은, 만약에 이같은 연구에 조금이라도 주의를 한다면 대낮에 어떤 것을 보는 것처럼 아주 명확하게 보인다는 것입니다. 즉 언어에서부터 사상을 제거하여 보십시오. 입은 즉시 벙어리가 되지 않겠습니까? 행동에서 의지를 취하여 보십시오. 손발은 즉시 죽어버리지 않겠습니까? (영혼과 육체의 교류 12항)

눈에 속한 시각으로 입증된 입류

"내가 여기에서 나를 보시는 하나님을 뵙고도, 이렇게 살아서, 겪은 일을 말할 수 있다니!" 하면서, 자기에게 말씀하시는 주를 "보시는 하나님"이라고 이름지어 불렀다.
(창세기 16 : 13)

높은 곳에서 낮은 곳을 본다는 것, 마찬가지로 내면적인 데서 외면적인 데를 본다는 것을 가리켜 입류(入流· influx)라고 부릅니다. 왜냐하면 그 같은 일은 입류에 의하여 이루어지기 때문입니다. 사람 안에 있는 내면적인 시각과 꼭같은 것이 입류입니다. 사람의 외적인 시각, 즉 눈에 속한 시각에 이 입류가 계속해서 흘러들지 않는다면 눈은 결코 어떤 대상물도 한눈에 알아 볼 수도 없고 또 분별할 수도 없 것입니다. 왜냐하면 눈을 수단으로 하여 눈이 보는 어떤 사물을 한눈에 알아차리는 것이 내면적 시각(內面的 視覺·the interior sight)이기 때문입니다. 그리고 눈 자체가 그러한 것은 아니고, 다만 내면적 시각이 그렇게 보였을 뿐입니다. 이런 여러 가지 사실에서 볼 때, 역시 알 수 있는 것은, 눈이 사물을 본다고 믿는 사람이 감관의 오류에 빠져 있다는 것이 얼마나 크게 잘못된 것인가 하는 것입니다. 그럼에도 불구하고 눈이 사물을 볼 때, 내면적 시각인 그 사람의 영에 속한 시각(the sight of his spirit)이 그 눈을 통하여 보는 것입니다.
나와 같이 하는 영들은 내 눈을 통해서, 내가 보는 것과 꼭같이, 이 세상에 존재하는 대상물들을 보았습니다. 아직까지도 감관의 오류에 사로잡혀 있는 그들 중의 어떤 영들은, 그들은 자기 것을 그들에게 보여주었습니다. 왜냐하면 내 눈이 닫혀 버렸을 때 그들은 이 대기권(大氣圈)의 세계에 있는 것들을 아무것도 볼 수 없었기 때문입니다. 이같은 경우는 사람에게 있어서도 마찬 가지입니다. 다시 말하면 본다는 것은 사람의 영이지 그 눈이 아니라는 것입니다. 그러나 그러한 일은 그 눈을 통해서 존재합니다. 꼭같은 일이 꿈에서도 일어나는데, 사람은 가끔 꿈에서 생시와 꼭같이 어떤 것들을 봅니다. 그렇지만 그 사실을 더 살펴보겠습니다. 그 경우는 이 내면적 시각에 관해서 즉 영에 속한 시각과 꼭같은 경우입니다. 이것은 그것 자체에 관해서는 보지 못하였지만, 그러나 보다 더 정교한 내면적 시각에서 즉 사람의 합리적인 마음에 속한 시각으로 봅니다. 아니, 이것이 자기 자신에 속한 것은 보지 못하지만, 그러나 보다 더 정교한 내면적 시각에서 볼 수 있는데, 그 시각은 속사람(the internal man) * 에 속한 것입니다. 그럼에도 불구하고 이것은 그 자신으로는 볼 수 없고, 다만 속사람을 통해서 보는 분은 주님이십니다. 왜냐하면 주님만이 살아 계신 분(the only one live)이 때문입니다. 주님께서는 사람에게 사람이 볼 수 있는 능력을 주십니다. 비록 마치 자기 자신으로 말미암아 보는 것처럼 보이는 것 뿐입니다. 이것이 바로 입류의 경우입니다. (천계비의 1954항)

영적인 입류는 참된 질서 안에서 사람을 총명과 지혜에 인도한다

천계에 존재하는 것들에서 뿐만 아니라, 그 보다 하급의 자연계 안에 존재하는 것들에서 명백히 알 수 있는 것은, 주님으로부터 천사를 통하여 입류하는 사랑에 속한 선 안에는 모든 진리로 가득 차 있는데, 만약에 사람이 주님사랑과 이웃사랑 안에서 산다면, 그 진리 자체를 잘 드러낼 것이다는 사실입니다. 사람의 눈에 보여지는 가시적인 것들 때문에 하급의 자연계 안에 존재하는 몇몇의 것들을 가지고 부연 설명하겠습니다. 짐승들은, 그것들이 창조되었을 때 그것들이 타고난 자신들에 속한 사랑들이나 정동 이외의 다른 어떤 것에 의한 행동은 전혀 가능하지 않습니다. 왜냐하면 모든 동물은 그것들의 정동과 사랑이 끌고 가는 방향에 따라서 이리 저리 옮겨지기 때문입니다. 그러하기 때문에 짐승들은 언제나 그것들의 사랑에 속해 있는 모든 지식 안에 있습니다. 왜냐하면 동물은 즉 짐승은 이 방법으로, 새는 저 방법으로 어떻게 짝짓기를 하는지를 혼인애

---

* 이 경우 "속사람"(the internal man)은, 천계비의 1940항에 설명된 것과 같이, 저자에 의하면, 그 사람의 가장 내적인 것(his inmost)을 가리키는데, 그것에 의하여 사람은 짐승과 구별되며, 그리고 짐승은 그같은 내적인 것을 가지고 있지 않다는 것이다. 그리고 속사람은 주님께서 사람에게 들어오시는 문(門)이요, 또한 주님의 출입구로 주님의 천적인 감화력이나 영적인 영향력을 가리킨다. (역자 주)

(婚姻愛 · the conjugial love)와 유사한 사랑으로 알기 때문입니다. 그리고 또한 새들은 자신들의 둥지를 짓는 방법을 알고, 또 그것들이 알을 낳고, 알을 품고, 그것들의 새끼들을 부화하는지를 알고, 또 새끼들을 키우는 방법을, 그 어떤 가르침이 없이 이런 일들을 오직 유사한 혼인애로, 그리고 그것들의 새끼를 위한 사랑으로 행하는데, 이 사랑들은 그것들과 연관되어 있는 이들 지식들은 그것들 안에 활착되어 있습니다. 마찬 가지로 그것들은 무엇을 그들의 먹이로 먹어야 하는지를 알고, 또 그 먹이들을 찾는 방법을 잘 알고 있습니다. 그리고 더욱이 놀라운 일은, 벌들은 수종류의 꽃들에서 그들의 먹이를 찾는 방법을 알며, 또한 그들의 둥지(蜂房)를 지을 밀랍(蜜蠟)을 채취하는 방법을 압니다. 벌들은 처음에는 거기에 그것들의 알들을 낳고, 그리고 그런 다음에는 먹거리를 저장합니다. 그것들은 또한 겨울을 위해 준비하는 방법을 알고, 그밖에 말하지 않은 다른 일들도 잘 알고 있습니다. 이와 같은 지식에 관한 것들은 그것들의 사랑들 안에 내포되어 있으며, 그런 지식들은 그것들의 최초의 근원에서부터 그것들 안에 존재하였습니다. 그것들은 이런 유의 지식을 가지고 태어났는데, 그 이유는 그것들이 창조되어 내쳐진 그들의 자연의 질서 안에 있기 때문이고, 또한 그런 뒤에는 그것들은 영계에서 비롯된 일반적인 입류에 의하여 움직이기 때문입니다.

만약 사람이, 그가 창조된 질서 안에, 다시 말하면 이웃사랑과 주님사랑 안에 있을 수만 있다면—왜냐하면 이와 같은 사랑들은 사람 특유의 것이기 때문인데—사람은 모든 동물에 비하여 월등하게, 지식에 관한 문제 뿐만 아니라 모든 영적인 진리들이나 천적인 선의 상태, 따라서 모든 지혜와 총명의 상태에 태어날 것입니다. 왜냐하면 그 사람은 주님을 생각할 수 있을 것이고, 사랑을 통해서 주님과 결합할 수도 있을 것이며, 그리고 짐승들에게는 전혀 불가능한 신령한 것이 무엇이고, 영원한 것이 무엇인지에 관한 것까지도 생각할 수 있는 상태에까지 오를 수 있기 때문입니다. 따라서 이와 같이 생각할 수 있는 사람은 주님으로부터 영계를 통하여 비롯되는 일반적인 입류 이외의 다른 것에 의해서는 다스려지지 않는다는 것입니다. 그러나 사람은 질서의 상태로 태어나지 않고, 그의 질서에 반대로 태어났기 때문에, 따라서 사람은 만유에 관한 무지(無知)의 상태로 태어납니다. 그리고 이런 이유 때문에 사람은 후에 다시 태어나기 위하여, 따라서 그가 선을 통하여 자유 상태에서 선과 진리를 받을 수 있는 것과, 마찬가지로 총명이나 지혜를 받을 상태에 이를 수 있는 것이 마련되어 있습니다. (천계비의 6323항)

자연계에의 입류

자연계에는 영계로부터 흘러 들어오는 계속적인 입류가 있습니다. 선재(先在)하는 것과 그 뒤에 이어지는 것(後來)이 서로 분별되는 것처럼, 또는 원인과 그 결과와의 차이가 서로 다른 것처럼, 자연계와 전혀 다른 영계(靈界 · a spiritual world)가 있다는 것을 알지 못하는 사람은 누구나 이 입류에 관해서 아무런 지식을 가질 수 없습니다. 이것이 바로 식물이나 동물의 근원에 관해서 저술하는 사람들이 그 근원을 자연(自然)의 공으로 돌릴 수밖에 없는 이유입니다. 만약 그들이 그 근원을 하나님에게 돌린다고 해도, 그들이 가지고 있는 뜻은 역시 하나님은 태초에 자연 안에 이런 것들을 생성할 수 있는 힘(能力)을 자연 안에 활착시켰다는 것인데, 이같은 생각은 자연 안에는 그 어떤 힘도 활착될 수 없다는 것을 모르고 저지르는 착오입니다. 왜냐하면 자연 그 자체는 생명이 없는 죽은 것이고, 또한 예술인의 작업활동에서, 도구가 그 일을 하기 위해서는 그것을 쉬지 않고 움직여져야만 하는 도구(道具 · instrument)가 하는 역할 이상의 그 어떤 일을 생산하는데 아무런 도움을 주지 못하기 때문입니다. 주님이 계신 태양으로부터 그 근원이 비롯되는 것이나, 동물이나 식물의 형체를 생성하고, 그것 안에서 놀라운 것들을 보여 주며, 또한 그것들이 유지되고 지탱하기 위해서 땅에서 비롯된 물질을 가지고 형체를 구성하여 채우는 자연에 속한 극외적인 것들에 대하여 그 태양으로부터 발출하는 것 등은 모두가 영적인 것입니다.

그러나 영계가 존재한다는 것, 영적인 것은 주님이 그 안에 계시고, 또 주님에게서 비롯된 영적 태양에서 비롯된다는 것, 영적이 것은 마치 살아 있는 것이 죽은 것을 움직이게 하듯이, 스스로 움직일 수 있도록 추진력을 가(加)한다는 것 등등을 이제는 우리가 알고 있기 때문에, 따라서 우리가 밝히 알 수 있는 사실은 동물이나 식물도 주님으로부터 그 세계를 통해서 자신들의 실재(實在)를 갖는다는 것과, 또한 그 세계를 통해서 그것들은 영구적인 실재를 가질 수 있다는 것 등입니다. 그리고 또한 우리가 밝히 알 수 있는 것은, 이와 같이 영계로부터 자연계에 흘러드는 끊임 없는 입류가 있다는 사실입니다. (신령사랑과 신령지혜 340항)

나는 한 번 영국왕궁협회(the English Royal Society)의 총재였던 한스 슬로운(Sir Hans Sloane) 경(卿)과 말틴 폴케(Sir Martin Folkes) 경이 영계에서 씨와 알의 존재에 관하여, 그리고 지상에서 그것들로부터 생성되는 것에 관해서, 서로 이야기하는 것을 들은 적이 있습니다. 전자는 모든 것을 자연에 돌렸는데, 자연은 창조 이래 자연의 태양을 방편으로 하여 이와 같은 결과를 생성할 수 있는 능력과 힘을 가지고 있다고 주장하였습니다. 그러나 후자는 이와 같은 능력이나 힘은 창조주 하나님께서 끊임없이 자연 안에 있게 하신 것이라고 주장하였습니다. 이 논쟁을 해결하기 위하여 아름다운 새 한 마리가 한스 슬로안 경에게 나타났습니다. 그에게 지상에 있는 새와 조금이라도 색다른 점이 있는지를 살펴보라고 하였습니다. 그 새를 자기 손으로 쥐고서, 이리 저리 살펴본 다음에, 아무런 차이가 없다고 말하였습니다. 그럼에도 불구하고 그는, 어떤 천사의 정동(情動)이 한 마리의 새로써 그 천사 밖에 나타났다는 것 이외에 아무것도 아니라는 것을 확실히 알았습니다. 그리고 그런 일이 실제로 일어났습니다.

이 경험을 통해서 한스 슬로운 경은 자연은 식물이나 동물의 생성에 그 어떤 것도 보탬이 되지 못한다는 것과 그것들은 오직 영계로부터 자연계에 흘러드는 입류에 의하여 생성된다는 사실을 확신하게 되었습니다. 그의 말에 의하면, 만일 그 새가 지극히 작은 부위에 이르기까지 땅에서부터 대응하는 물질을 가지고 채우고, 고정시킬 수만 있다면, 땅 위의 새와 같이 오래 지속하는 새가 될 것이라는 것과, 또 지옥으로부터 얻어서 채우고 고정시켜서도 같을 것이라고 하였습니다. 여기에 부연하기를, 영계에 관해서 지금 알고 있는 것을 전에 알았다면, 자연은 하나님에게서 비롯되는 영적인 것을 돕고, 또 자연 안으로 끊임없이 흘러드는 것들을 고정시키는 일 이외에 자연에게 돌릴 것은 아무것도 없다고 하였습니다. (신령사랑과 신령지혜 344항)

유해한 동물·식물·광물의 근원

악한 씀씀이(惡用)는 주님에 의하여 창조되지 않았고, 전부가 지옥에서 비롯되었습니다. 구체적인 행동으로 성취한 모든 것들을 선용이라고 부릅니다. 그리고 구체적인 행동으로 성취한 모든 악한 것들도 선용 * 이라고 부르는데, 전자를 선용이라 부르는 반면에 후자를 악용 즉 악한 씀씀이(evil use)라고 부르겠습니다. 자, 그러므로 모든 선한 것들은 오직 주님에게서 오고, 모든 사악한 것들은 지옥에서 비롯되기 때문에, 얻는 결론은, 선용을 제외하면 주님에 의해 창조된 것은 아무것도 없고, 모든 사악한 씀씀이(惡用)는 지옥에서 생겨졌다는 것입니다. 특별히 이 장에서 다루어지는 선용은, 모든 종류의 동물이나 식물처럼, 지상에서 보여지는 것을 가리킵니다. 사람에게 유용한 이 양계(兩界)의 모든 것들은 주님에게서 비롯되었지만, 사람에게 해가 되는 것들은 모두가 지옥에서 비롯되었습니다. 주님에게서 비롯된 선용은 사람의 합리성을 완전하게 하는 모든 것들과, 또한 사람으로 하여금 주님에게서 비롯된 영적인 것을 수용하게 하는 모든 것들을 뜻합니다. 그러나 악한 씀씀이(惡用·evil use)는 사람의 합리성을 파괴하고, 사람으로 하여금 영적 존재가 될 수 없게 하는 모든 것을 뜻합니다. 사람에게 해를 끼치는 모든 것들을 악한 씀씀이(惡用)라고 부르는 것은 그것들이 악을 행하는 것으로 악한 사람에게 보탬이 되고, 또한 그것들은 앙심이나 원한 따위에 동화(同化)하는데 돕고, 배상(賠償)이나 변상 따위에도 쓸모가 있기 때문입니다.

"선용"(善用·use)이라는 낱말은 이와 같이 두 가지 의미로 쓰여지는데, 그것은 마치 사랑이 좋은 뜻으로 또는 나쁜 뜻으로 쓰여질 때와 같습니다. 더욱이 그 사랑이 무엇을 행할 때 그 행한 모든 것을 선용이라고 부릅니다. (신령사랑과 신령지혜 336항)

지상의 악한 씀씀이(惡用)는 식물계와 동물계 그리고 광물계에 있는 모든 유해한 것들을 가리킵니다. 이들의 세계에 있는 모든 유해한 것들을 일일이 열거할 필요는 없겠습니다. 왜냐하면 그렇게 열거한다는 것은 단순히

---

* 독자의 혼동을 막기 위하여 evil use이라는 낱말을 "악한 씀씀이" 또는 "악용"(惡用)이라고 번역한다. (역자 주)

이름들을 열거하는 것이 되고, 또 그것들이 뿜어내는 유해성의 결과를 지적하는 것 없이 단순히 이름을 나열한다는 것 역시 이 책을 쓰는 목적에서 본다면 별 도움이 되지 않겠기 때문입니다. 이해를 돕는 뜻에서 몇 가지 예을 들어 보겠습니다. 즉, 동물계의 경우, 거기에는 독 있는 뱀・전갈・악어・큰 뱀・뿔달린 올빼미・소리지르는 올빼미・쥐・메뚜기・거미가 있는가 하면, 파리・빈둥벌・좀벌레・이・진드기가 있는데, 한미디로 풀・잎・열매・씨・음식물 등을 파괴하거나 변질시키며, 사람이나 동물에게 해가 되는 생물들입니다. 식물계의 경우는 모든 유해하고, 독성이 있고, 살인적 기체를 내뿜는 채소류와 콩과 식물류와 이와 유사한 성질의 관목들이 되겠고, 광물계의 경우는 모든 유독성의 토양이 되겠습니다.

이상의 몇몇 예들에서 볼 때 지상의 악한 쏨쏨이가 무엇을 가리키는지 잘 알 수 있겠습니다. 왜냐하면 악한 쏨쏨이는 선용에 정반대가 되는 모든 것들을 가리키기 때문입니다.

모든 지상의 악용들이 주님에게서 오지 않고, 오직 지옥으로부터 온다는 것을 알기에 앞서 먼저 천계와 지옥에 대해서 몇 마디 부연할 필요가 있겠습니다. 이같은 지식이 없으면 창조 때에 이 두 종류의 선용들을 지으셨으며, 그것들을 자연에게 귀속시키고, 그것들의 근원을 자연계의 태양의 탓으로 돌리면서, 사람들이 주님께서 악용을 선용들과 함께 책임지셔야 한다고 생각할 수 있을런지 모르기 때문입니다. 자연계에서 어떤 형체를 갖추는 것도 그 원인 즉 그 근원이 영계에서 비롯되지 않는 것은 하나도 없다는 것과 또 선용은 주님에게서, 악용은 악마 즉 지옥에서 비롯된다는 것을 알지 못하면 사람은 이 두 과오에서부터 벗어나지 못할 것입니다. 여기서 영계는 "천계와 지옥"을 뜻합니다.

천계에서는, 앞에서 설명한 대로(336항 참조) 모든 선용들을 눈으로 볼 수 있습니다. 반대로 지옥에서는, 앞에서 말한 것과 같이, 모든 악용들을 역시 눈으로 볼 수 있습니다(338항 참조). 모든 종류의 사나운 야생동물들 즉 뱀・전갈・도마뱀・악어・호랑이・여우・도야지・뿔난 부엉이・밤 올빼미・소리지르는 부엉이・박쥐・들쥐・개구리・메뚜기・거미・독 있는 곤충과 같은 것들이 되겠습니다. 또 독당근・백부자가 있고, 모든 종류의 독초와 독성이 있는 토양이 되겠습니다. 요약하면, 사람들에게 유해하고 죽음에 이르게 하는 모든 것들이 되겠습니다. 지옥 안에 있는 이런 유의 것들은 지상에서 보이는 것과 꼭같은 모양으로 보입니다. 그럼에도 불구하고 그것들은 지옥 안에서 볼 수 있는 것이라고 말합니다. 그러나 그것들은 지상에 존재하는 식으로는 존재하지 않습니다. 왜냐하면 거기 사는 사람들의 악한 사랑들로부터 쏟아져 나오는 악한 욕정들에 대응되기 때문입니다. 이 악한 사랑의 욕정들은 위와 같은 모양들로 다른 사람에게 그 자체들을 드러내 보여주기 때문입니다. 이런 유의 것들이 지옥 안에 존재하기 때문에 지옥들은 사체들, 분뇨, 오줌 그리고 부패물들에서 내뿜는 악취로 가득 차 있습니다. 거기에 있는 악마적인 영들은, 짐승들이 그 악취를 맡고 즐기는 것처럼, 그 악취에 도취해 있습니다.

이상에서 볼 때 밝히 알 수 있는 것은 자연계에 존재하는 이런 유의 것들은 주님에게서부터 그들의 근원이 비롯되지도 않았고, 처음부터 창조된 것도 아니고, 또한 자연계의 태양에서부터 자연을 거쳐 생성된 것이 아니라, 모두가 지옥에서부터 비롯된 것이라는 사실입니다. 그런 것들이 자연계의 태양을 거쳐 자연에서부터 생성되지 않았다는 것은 아주 명백한데, 그 이유는 영적인 것은 자연적인 것에 흘러들지만, 그 반대는 불가능하기 때문입니다. 또한 그런 것들이 주님에게서 비롯되지 않았다는 것도 명백한데, 그 이유는 지옥이 주님에게서 비롯되지 않았기 때문입니다. 그러므로 지옥에는 그 곳에 거주하는 악인에게 대응하지 않는 것은 아무것도 없습니다. 이것으로 지옥에 있는 것은 주님에게서 비롯된 것은 아무것도 없다는 사실도 잘 알 수 있겠습니다. (신령사랑과 신령지혜 338·339항)

지옥에서 비롯된 입류작용에 의해 이루어진 악용을 가리키는 모든 것들은 그것에 대응하는 것들이 지옥에 존재한다는 것.

악한 씀씀이(惡用)에 대응하는 것들, 즉 유독한 식물이나 유해한 짐승에 대응하는 것들은 시체들·배설물·분뇨 또는 고약한 냄새가 나고, 오줌 같은 것들입니다. 따라서 이러한 것들이 있는 곳에, 앞에서 설명한 것과 같은, 독초나 극미동물(極微動物)들이 나오고, 열대지방에서는 뱀·도마뱀·악어·전갈·쥐 같은 보다 큰 동물들이 나옵니다. 늪·물이 고여 있는 못·똥냄새나 악취가 풍기는 수렁에는 이런 부류의 동물들이 수없이 있다는 것은 누구나 다 아는 바입니다. 유해한 곤충이 구름처럼 대기를 가득 채우고, 독충(毒蟲)은 떼를 지어 땅을 기어다니면서, 잎은 물론 그 뿌리까지 깡그리 먹어 치운다는 것도 잘 알고 있습니다.

나는 한번 나의 정원에서 이런 일을 경험했습니다. 반 야드 넓이의 뜰에 가득한 먼지가 극히 작은 곤충으로 변하였습니다. 나는 막대기로 그것들을 휘저었더니, 그것들은 모두 구름처럼 날아 올랐습니다.
시체나 구역질나는 부패한 것들이 유해하고 쓸모없는 미물에 일치하고, 이 둘이 동질의 것이다는 것 등은 단순한 관찰을 통해서도 쉽게 알 수 있을 뿐만 아니라, 악취가 나고, 그 냄새와 같은 것들이 지옥에 있으며, 또 그런 것들이 거기에 있는 원인에서 본다면 더 명료하게 이해할 수 있겠습니다. 그러므로 지옥은 그 성질에 따라서 이름이 지어졌는데, 어떤 것은 "시체지옥"이라고 부르고, 어떤 것은 "똥지옥", 어떤 것은 "오줌지옥" 등등이라고 불렀습니다. 그러나 이런 모든 지옥들은 틈새로 악취가 새어나오지 않게 모두 뚜껑이 씌워져 있는데, 왜냐하면 거기에 조그마한 틈새라도 있으면 악마가 들어오고, 또 그 악취는, 유독한 것이 실신(失神)케 하는 것과 같이, 토하게 하고, 두통을 일으키기 때문입니다. 바로 그 먼지가 그런 성질을 가지고 있기 때문에, 그 먼지를 "저주받은 먼지"라고 부릅니다. 이상에서 볼 때 명확한 것은 고약한 악취가 나는 곳에는 유독한 해충이 있다는 사실입니다. 그 이유는 이 둘이 서로 대응하기 때문입니다.

이런 유의 것들이 공기나 빗물 또는 땅에서 스며나오는 물에 의해서 이동된 알에서 부화되어 생기는지, 또는 그것들이 땅에서 나오는 독기나 악취 자체에서 생겨나는 것인지 그것은 의문의 대상입니다. 앞에서 설명한 유해한 극미동물들이나 곤충은 어떤 장소에 옮겨진 알에서, 또는 창조 이래 땅속 어딘가 숨겨져 있던 알에서 부화된다고 하는 주장은 연구관찰에서 보면 꼭맞는 것은 아닙니다. 왜냐하면 벌레들은 작은 씨앗에서, 핵과(核果)의 속살이나 나무나 돌 사이에서, 심지어 나무 잎에서 나오며, 또는 식물 속이나 식물 곁에는 그것들에게 알맞는 기생충이나 유충(幼虫)이 있기 때문입니다. 날으는 곤충의 경우를 보아도, 집이나 들판 또는 수풀 속에서 보이는데, 이런 것들은 사실 눈으로 보아서 그것이라고 생각할 수 없는 알에서부터 여름철이 되면 기승을 부리는 것도 있습니다. 또 초원이나 잔디를 먹어치우는 것들이 있는가 하면, 어떤 무더운 지역에서는 하늘 가득히 날며 해를 끼치는 것들도 있습니다. 그 밖에도 물 속에서 헤엄을 치는 것이 있는가 하면, 눈에는 잘 보이지 않지만 더러운 물 위를 나는 놈도 있고, 포도주를 식초로 변질시키는 것들, 공기로 하여금 전염병을 옮기게 한 것도 있습니다.

이와 같은 연구 관찰에서 얻는 사실들은, 식물이나 땅, 숲지에서 발산하는 냄새·악취·수증기 따위가 이러한 미물들에게 시작을 제공한다고 주장하는 사람들을 돕고 있습니다. 그런 미물들이 일단 태어나면, 그 뒤 그것들이 알이나 그 새끼에 의해 번식한다는 사실은 그들의 어미 선대(先代·their immediate generation)를 반박하지는 못합니다. 왜냐하면 모든 생물은 자체의 미세한 내장과 더불어 종자를 잇는 기관과 번식하는 수단을 가지고 있기 때문입니다(347항 참조). 이와 같은 현상에다 지금까지 알려지지 않았던 이와 비슷한 것들이 지옥에 있다는 사실을 첨언합니다.

지옥이 사람들과 멀리 떨어져 있지 않고, 사람들 주변에 있으며, 심지어는 악한 사람들 안에 있기 때문에 땅들 위에 있는 것들과 결속되어 있다는 사실에서, 앞서 말한 지옥들이 땅에 속한 것들과 교류를 가지고 있을 뿐만 아니라, 지상의 유사한 현상들과 어떤 유대를 가지고 있다는 결론을 내릴 수 있겠습니다. 왜냐하면 사람은, 그의 정동이나 정욕 또는 여기서 파생된 사상의 측면에서, 또 선용이든 악용이든, 이런 것들에서 비롯된 그의 행위의 측면에서 보면, 천계의 천사 가운데, 아니면 지옥의 악마 가운데, 존재하기 때문입니다. 그리고 지상에 있는 것은 모두가 천계나 지옥에 있기 때문에, 여건이 맞기만 하면 거기에서 비롯된 입류가 이러한 것들에 직접적으로 흘러든다는 결론을 얻을 수 있겠습니다. 사실, 영계, 즉 천계이든 지옥이든 간에, 거기에 있는 것들은 정동 아니면 정욕(情欲·lust)에 대응하는 것들입니다. 왜냐하면 그것들은 이 대응에 따라서 그 형체를 취하기 때문입니다. 그러므로 본질적으로 영적인 정동이나 정욕이 지상에 있는 동질의 것이나 대응하는 것을 만나면, 영혼을 이루는 영적인 것과 몸을 이루는 물질적인 것 이 양자를 드러냅니다. 더욱이 모든 영적인 것 안에는 육체를 감싸는 활력소(活力素·conatus)가 있습니다. 지옥은 사람들 주변에 있고, 그러므로 땅에 인접해 있습니다. 그 이유는 영계는 공간(空間) 안에 있지 않고 정동이나 정욕에 대응하는 것이 있는 그 곳에 있기 때문입니다. (신령사랑과 신령지혜 341-343항)

영혼은 육체에, 그리고 육체에 의하여 어떻게 작용하나?

사람의 마음이 그의 영이고, 그 영이 그 사람이다는 것은 사람의 마음이 사람의 의지와 이해에 속한 모든 것들을 뜻하기 때문입니다. 또 그것들은 제일원리로는 뇌 안에 있고, 파생적으로는 신체 안에 있기 때문입니다. 그러므로 그것들의 형체에서 보면 그것들은 사람에 속한 모든 것들입니다. 이러하기 때문에 의지와 이해인 사람의 마음은 육체와 그리고 그것에 속한 모든 것들을 자기 마음대로 좌지우지(左之右之) 합니다.
몸은 마음이 생각하고 의도하는 것은 무엇이나 행하지 않습니까? 마음은 귀로 하여금 듣도록, 눈이 보도록, 혀와 입술이 말하도록 선동도 하고, 지시도 하고, 또 움직이지 않습니까? 또 마음은 손이나 손가락이 자기가 좋아하는 것을 행하도록, 그리고 발로는 그가 원하는 곳은 어디든 걸어가도록 부려먹지 않습니까? 그렇다면 육체는 마음에 복종하는 것 이외의 다른 무엇입니까? 만약 마음이 육체 안에 있는 파생적인 것들 속에 있지 않다면 몸은 이런 일을 할 수 있겠습니까? 마음이 그렇게 의도하기 때문에 육신은 단순히 복종해서 행동하는 것이라고 생각하는 것은 이치에 맞는 것입니까? 이같은 경우를 보면, 두 존재 즉 하나는 위에 다른 하나는 아래에, 또는 하나는 명령하는 다른 하나는 복종하는 두 객체가 필연적으로 존재한다는 것입니다. 그러나 이같은 것은 결코 이성에 맞지 않기 때문에, 뒤따르는 결론은, 사람의 생명은 제일원리로는 뇌 안에 있고, 파생적으로는 몸 안에 있다는 것이고, 그리고 제일원리 안에 있는 생명이 이러하기 때문에 그 생명은 역시 전체에서나 또는 모든 부분에서도 그러하다는 것, 또한 이 제일원리에 의하여 생명은 부분에서 이루어진 전체 안에, 또 전체에서 이루어진 모든 부분 안에 존재한다는 것입니다.
마음에 속한 모든 것들이 의지와 이해에 관계된다는 것, 그리고 의지와 이해가 주님에게서 비롯된 사랑과 지혜의 수용그릇이라는 것, 또한 이들 두 기능이 사람의 생명을 이룬다는 내용은 앞서의 설명에서 밝히 증명되었습니다. (신령사랑과 신령지혜 387항)

제30강

영원한 세계

모든 천사들과 영들은 이전에는 사람이었다

천계(heaven)와 지옥(hell)이 인류로부터 존재하게 되었다는 것은 기독교계에는 전혀 알려지지 않고 있는 사실입니다. 천사들은 태초에 창조되었고, 그리고 이것이 천계의 기원이라고 믿고 있으며, 그리고 악마나 사탄은, 원래는 빛의 천사(an angel of light)였지만, 그가 반역(叛逆)하였으므로 그 패거리들과 함께 내던져졌고, 그들로 인하여 지옥이 생겨졌다고 믿고 있기 때문입니다. 천사들은 이런 따위의 신조(信條)가 기독교계에 존재한다는 것에 경악을 느끼고 있으며, 특히 오늘의 교회의 주도적인 교리가 되어 있는 천계에 관한 것들은 어느 것이나 깜깜하게 모르고 있다는 것에는 놀라움을 금치 못합니다. 이러한 무지가 만연되어 있는 까닭에 종말에 이른 교회를 위해서 주님께서 천계와 지옥에 관한 풍성한 내용들을 사람에게 계시하셔서 가능한 한, 날로 증가해 가는 흑암을 쫓아버리려고 뜻을 정하신 것을 천사들은 매우 기뻐하였습니다.

이런 이유 때문에 천사들은, 전체 천계 안에 처음부터 창조된 천사는 하나도 없고, 또 지옥에도 빛의 천사로 창조되었다가 아래로 내던져진 어떤 악마도 없다는 것을 내가 그들에게서 들은대로 선포할 것을 원하였습니다. 천계와 지옥 안에 있는 모두는 인류에게서 비롯된 존재들인데, 천계에는 세상에서 천계적 사랑과 믿음을 가지고 산 사람들이 있고, 지옥에는 지옥적 사랑과 믿음을 가지고 산 사람들이 있는데, 지옥은 그 전체가 악마 또는 사탄이라고 불리어집니다. 뒷면에 있는 지옥에는 악마들이라고 호칭되는 사람들이 있는데, 이 지옥을 가리켜 악마라고 하였고, 전면에 있는 지옥 즉 악령들이라고 호칭되는 사람들이 있는 지옥을 가리켜 사탄이라고 하였습니다. (천계와 지옥 311항)

영계(靈界)의 광대무변성(廣大無邊性)

처음 창조 이래 헤아릴 수 없이 수많은 사람들이 영계에 올리워져서 거기에 모여 있다는 사실에서, 향후에도 인류로부터 그들에게 끊임 없이 합류하는 계속적인 증가에서 볼 때 영계는 자연계와 같을 것이고, 그리고 너무나 광대하고, 거대하기 때문에 영계는 자연계와 비교될 수 없다는 것은 아주 명백합니다. 내가 가끔 이미 거기에 얼마나 많은 사람들이 있는지 실제로 보고, 알 수 있게 하기 위하여, 나의 눈이 열려서 볼 수 있는 은총이 주어졌습니다. 거기에는 너무나 많은 사람들이 있었는데, 그것은 다만 한 영역에 있는 한 장소에서 그러하였는데, 다른 여러 영역에서 그리고 수많은 곳에서는 그 수가 얼마나 많겠습니까? 그것은 너무나도 크기 때문에 도저히 헤아릴 수 없었습니다. 왜냐하면 모두는 저마다 각각의 사회에 모여 있었는데, 그 사회들은 헤아릴 수 없이 많이 있었고, 그 곳에 있는 사회들은 세 천계(three heavens)들을 형성하고, 그것들 아래에는 세 지옥(three hells)들이 있었기 때문입니다. 따라서 거기에는 높은 영역 안에 있는 이들도 있고, 중간 영역에 있는 이들도 있고, 이들 영역 보다 낮은 영역에 있는 이들도 있습니다. 그리고 가장 낮은 영역 즉 지옥에 있는 이들도 있었습니다. 보다 높은 영역에 있는 사람들은, 마치 이 세상에서 수많은 사람들이 도시들에서 사는 것처럼, 함께 모여서 살고 있었습니다. 그러므로 명확한 사실은 지상의 사람들의 거주지인 자연계는, 인류의 거대한 숫자에 관해서 볼 때, 영계에는 비교될 수도 없다는 것입니다. 그러므로 한 사람이 자연계에서 영계에 오게 되면 그것은 마치 작은 촌락에서 큰 도회지로 이주한 것과 같을 뿐입니다. (최후심판 27항)

아주 큰 하나의 왕국 안에는 창조의 시초부터 온 사람들의 모든 영혼이 모두 모였습니다. 이 지구로부터 매주 거의 일백만 명이 그곳에 오고 있었습니다. 그리고 각자들은 서로 다른 개인적인 천성과 성품을 지니고 있었습니다. 그리고 거기에는 각자의 모든 개념들에 속한 의사교류가 있었으며, 그럼에도 불구하고 개별적이든 전체적이든 모든 것들은 질서에 순응하였고, 또 그렇게 계속 이어질 것입니다. 그리고 거기에는 사람의 개념에는 결코 들어올 수 없는 무한한 것들을 제외하면 존재하는 것은 아무것도 없었습니다. 그러나 천계나 또는 지옥에 관해 어느 누구도 애매모호한 개념 이외의 것을 가지고 있지 않기 때문에, 여기에 설명된 내용들은 이상스럽고 또 놀라운 것들일 수밖에 없습니다. 특히 사람들은 영들이 감관을 가지고 있지 않다고 믿는 사실에서 더욱 그러합니다. 그럼에도 불구하고 영들이 되었을 때 그들은 사람들 보다 매우 정교한 감관을 가지고 있습니다. (천계비의 969항)

영계의 외적인 광경

겉모양으로 보면 영계는 이 자연계와 아주 꼭 같습니다. 영계에는 자연계에 있는 것과 같은 땅·산·언덕·골짜기·평야·들·호수·강·샘 따위가 보입니다. 따라서 광물계의 모든 것들도 거기에서 보입니다. 또 공원·유원지·숲·산림은 물론 또 거기에서도 열매와 씨를 맺는 수종의 나무와 관목, 또는 초목·화초·야채·잡초 등도 보입니다. 즉 식물계에 속한 모든 것들을 볼 수 있습니다. 또 그 세계에서는 모든 종류의 짐승·새·물고기와 그밖의 동물계에 속한 모든 것들도 볼 수 있습니다. 거기에 있는 사람은 천사나 영입니다. 이러한 내용을 먼저 언급하는 것은 영계의 보편적인 것들도 자연계의 보편적인 것과 꼭 같다는 것과, 그리고 차이가 있다면 영계에 있는 것들은 자연계에 있는 것처럼 고정되어 있지 않고, 또 한 곳에 머물러 있지 않다는 사실을 알게 하기 위해서입니다. 왜냐하면 영계에는 영적인 것들을 제외하면, 자연적인 것은 아무것도 없기 때문입니다.

영계의 우주가 사람의 이미지를 표징한다는 사실은, 앞에서 설명한 모든 것들이 살아 있는 것처럼 보이고, 또 천사나 천사적 사회들 주위에서 그 것들이 그들에 의하여 마치 생성되고, 창조되는 것처럼 어떤 형체를 취한다는 내용에서 명백히 이해할 수 있으며, 또한 그런 것들이 그들 주위에서 사라져 없어지지 않고, 항구적으로 존속하고 있다는 사실에서도 잘 알수 있습니다. 그것들이 마치 천사들에 의하여 생성되고, 창조되는 것처럼 보이는 것은, 천사가 어디론가 가버리거나, 그 사회가 다른 곳으로 옮기워지면, 그것들이 보이지 않는다는 사실에서도 잘 알 수 있고, 또한 다른 천사들이 그들이 있던 곳에 이르면 그들 주위에 있던 모든 것들이 일시에 바뀐다는 사실에서도 잘 알 수 있습니다. 즉 공원에 있는 나무와 열매들, 꽃밭에 있는 꽃이나 씨들, 들판에 있는 채소나 잡초들, 또한 모든 종류의 짐승이나 새들이 변한다는 사실에서 잘 알 수 있습니다. 이러한 것들이 형체를 취하고, 마찬가지로 변하는 이유는 이런 것들이 천사의 정동이나, 그것에서 비롯된 사상에 따라서 형체를 취하기 때문입니다. 왜냐하면 그것들은 서로 대응하는 실체이기 때문입니다. 또 서로 대응하는 것들은 대응하는 것과 하나를 이루기 때문에, 그것들은 그것을 표징하는 하나의 이미지입니다. 이 이미지 자체는 선용의 관점에서는 보여지지만, 형체의 관점에서는 전혀 보여지지 않습니다. (신령사랑과 신령지혜 321 · 322항)

생명책(生命錄 · the Book of Life)

사람은 누구나 외면적인 기억과 내면적인 기억 두 가지를 가지고 있다는 것은 지금까지는 누구에게도 알려지지 않았습니다. 그리고 또한 외면적인 기억은 육체에 속한 고유한 것이고, 내면적인 기억은 그의 영에 속한 고유한 기억이라는 것도 아직까지 알려지지 않았습니다.

사람이 육신을 입고 사는 동안, 그가 내면적인 기억을 가지고 있다는 것을 거의 알지 못하고 있는데, 그 이유는 그 때 내면적인 기억은 그의 외면적 기억과 거의 하나(一體)처럼 행동하기 때문입니다. 왜냐하면 내면적 기억에 속해 있는 사상의 개념들은, 마치 그들의 수용그릇에 들어오듯이, 천사들이나 영들이 사람들과 말할 때에도 마찬가지입니다. 그들은 서로서로 그들의 관념들을 가지고 말을 하는데, 이 수단이 되는 그들의 관념들은 그들이 말할 때, 사람의 언어에 속한 낱말에 입류하고, 그것들과 그렇게 결합합니다. 그러나 그들은, 그들 자신들이 사람의 고유언어로 말하고 있다는 것 외에는, 아무것도 알지 못합니다. 그럼에도 불구하고 그 때의 관념들은 그들의 것이고, 그들의 관념들이 입류한 낱말은 사람의 것들인데, 이런 것에 관해서 나는 자주자주 영들과 이야기한 적이 있습니다.

이들 두 기억들은 서로서로 전적으로 다릅니다. 외면적인 기억에 관해서 보면, 그것은 사람이 이 세상에 사는 동안 사람에게 고유한 것이고, 그리고 그것은 언어의 모든 낱말에 관계되며, 또한 외적인 감관의 대상에 관계됩니다. 그것은 또한 세상에 속한 지식들과 관계됩니다. 내면적인 기억은 내면적 시각을 가리키는 영들의 언어의 관념들에 관계됩니다. 그리고 사상 자체가 비롯된 관념의 근원인 모든 합리적인 것들과 관계됩니다. 사람은 이것들이 서로 다르다는 인식을 전혀 가지고 있지 않습니다. 그 이유는 두 가지가 있는데, 하나는 사람이 그 주제에 관하여 깊이 숙고하지 않기 때문이고, 또 다른 하나는 사람이 관능적인 것들에 빠져 있기 때문에 그런 것들로부터 그의 마음을 쉽게 거두어 드릴 수 없기 때문입니다. 따라서 여기서 얻을 수 있는 결론은, 사람들이 육신을 입고 사는 동안, 유절음(有節音・articulate sounds)으로 나누어진 언어를 방편으로 사용하지 않고서는 서로 서로 말을 할 수 없다는 것과, 그리고 그들이 이런 언어를 잘 알지 못한다면, 언어는 낱말들 안에 들어오지도 않고, 서로 간에 이해될 수도 없다는 것 등입니다. 그 이유는 그것이 외면적인 기억으로 말미암아 일어나기 때문입니다. 그러나 영들은, 사상 자체에 속한 것인 관념으로 분류된 보편적 언어(a universal language)에 의하여, 서로 서로 말을 합니다. 따라서 영들은, 그들이 이 세상에 있을 때 무슨 언어를 사용했든, 또는 어느 민족에 속했든 관계 없이, 모든 영들과 말할 수 있습니다. 그 이유는 그것은 내면적 기억에서 일어나기 때문입니다. 모든 사람은, 사후 즉시 보편적 언어의 상태에 있게 되는데, 그 이유는 사람은, 그의 영에 알맞는 내면적 기억의 상태에 있기 때문입니다.

내면적 기억은 외면적인 기억을 훨씬 초월합니다. 그 차이는 일 대(對) 수만의 차이와 같고, 발광체(發光體)와 어둠과 비교하는 것과 같습니다. 왜냐하면 내면적 기억에 속한 수많은 관념들은 외면적 기억에 속한 하나의 관념 안에 입류할 수 있기 때문이고, 그리고 내면적 기억에 속한 개념들은 거기에서 어떤 확실하지 않는 일반적인 생각(a certain indistinct general impression)을 형성하기 때문입니다. 영들에 속한 모든 기능은, 특히 천사에 속한 기능들은, 그들의 보다 완벽한 상태 안에 있는 그들의 사상들이나 지각들과 꼭 같은 그들의 감관 등을 가리킵니다. 내적인 기억이 외적인 기억에 비하여 얼마나 지대(至大)한지는 아래의 몇 가지 예에서 알 수 있겠습니다. 사람은 수년간에 걸친 교제를 통해서 그가 알게 된 그 사람의 성품이나, 그 때 그가 생각하는 것이 불명확하기는 하지만, 나타나는 것에 의해서—이런 것들은 그의 외면적인 기억에서 생각할 수 있기 때문인데—다른 사람들을 지우(知友·remembrance), 한편 또는 적(敵)이라고 부릅니다. 그럼에도 불구하고 만약에 동일한 사람이 영(靈)이 되었을 때, 그 사람은 그를 기억할 것이고, 그 때 그가 그 사람에 관해서 생각한 것이 그가 그 사람에 관해서 언제나 변함없이 가지고 있었던 모든 관념들로 나타나올 것입니다. 이같은 일이 일어나는 것은, 그가 그의 내면적 기억으로부터 생각하기 때문입니다. 이러한 사실은 모든 사물에 관해서도 마찬가지입니다. 사람이 수많은 개별적인 것들에 관해서 알고 있는 어떤 사물 자체는 어떤 일반적인 개념처럼 외면적인 기억 안에서 자체를 드러내지만, 그러나 내면적 기억 안에서는, 매우 놀라운 형체 안에 있는 것이기는 하지만, 그가 그것에 관해서 변함없이 한 개념을 형성한 것에 속한 아주 특수한 모든 것들로 나타납니다.

사람이 영향을 받은 그가 보고 들은 것들은 무엇이나, 그 사람 자신은 알지 못하지만, 개념 속에 침투하고, 또 결국은 그 사람의 내면적 기억으로 종결됩니다. 그리고 그것들은 모두 그의 내면적 기억 안에 남으며, 따라서 어느 것 하나도 소멸되지 않습니다. 그러나 비록 꼭 같은 것이라 하더라도, 외면적 기억 안에 것은 모두 다 흔적도 없이 소멸됩니다. 그러므로 내면적 기억은 바로 이와 같이 모든 개별적인 것들, 아니, 사람이 되풀이 하여 생각하고, 말하고, 행동한 지극히 작은 것 하나까지도 그것 안에 새겨진다(刻印)는 것입니다. 사실은 그의 유아기부터 노년기에 이르기까지, 즉 일생 동안 매우 사소한 개별적인 것들이, 하나의 그림자처럼 비록 그 사람에게 희미하게 나타난 것이라 하더라도, 그런 모든 것까지도 그의 내면적 기억 안에 각인(刻印)됩니다. 사람이 저 세상에 들어오면, 그 사람이 가지고 있는 것들에 속한 기억에 관해서 그 사람은 계속해서 충분히 회상할 수 있습니다. 이것이 바로 그 사람의 생명책(生命錄·the Book of Life)인데, 그 책은 저 세상에서 그가 판단하고 결정했던 것과 일치하여 열려 보여집니다. 사람들은 거의가 이런 사실을 믿을 수 없습니다. 그럼에도 불구하고 이같은 사실은 엄연한 사실이요, 진실입니다. 그 사람에게 있어서는 모호했지만, 그 사람이 생각했던 모든 것들인, 그 사람이 말하고 행동했던 것들에서부터 지극히 작은 것에 이르기까지의 모든 것들과 더불어 모든 결과들은 그 생명책, 즉 내면적 기억 안에 고스란히 존재하며, 또 그런 것들은 주님께서 허용하기만 하면 언제나 밝은 대낮에서처럼 천사들 앞에 모두 선명하게 드러나 펼쳐집니다. 이런 사실이 수없이 나에게 보여졌다는 것은 일말(一抹)의 의심도 없이 수많은 경험에 의하여 입증되는 바입니다.

사후 사람은 자신의 뼈와 살(骨肉)을 제외하고서는 뒤에 남겨놓고 가는 것은 아무것도 없습니다. 그러한 것은 그가 이 세상에 있는 동안, 그 자신에게서부터 활력(活力)을 얻는 것이 아니라, 오히려 그 사람의 영의 생명(the life of his spirit)에 의하여 활력을 얻는데, 그것은 바로 그 육체에 속한 것들에 첨부된 그 사람의 순수한 본질(本質)입니다.

그러나 사람의 외면적 기억에 관하여 고찰한다면 그 경우는 이렀습니다. 사람은, 전체적이든 개별적이든, 자신과 더불어 기억에 속한 모든 것을 소유합니다. 그러나 그 때 그에게는 이 외면적 기억을 사용하는 것이 허락되지 않고, 다만 내면적 기억만 사용되는 것이 허락됩니다. 그 이유는 여러 가지가 있겠습니다. 그 첫째는, 설명한 것과 같이, 다시 말하면 사람은 저 세상에서 우주 안에 있는 모두와 더불어 내면적 기억으로 말미암아 대화하고, 또 상호교제를 갖기 때문입니다. 그 둘째는 이 기억은 영에 적합한 본연의 것이고, 또 그 때 거기에 존재하는 상태에 적용되기 때문입니다. 외면적인 것들, 즉 기억지(記憶知)와 세상과 육체에 속한 외면적인 것들은 사람에게 순응되고, 그가 이 세상에서 육신을 입고 있을 때의 그의 상태에 대응되기 때문입니다. 그러나 내면적인 것들, 즉 합리적이고, 영적이고, 천적인 것들은 모두가 그의 영에 순응되고, 대응되기 때문입니다. (천계비의 2469-2476항)

천계와 지옥의 영원성(永遠性)

사람의 생명은 사후에도 변하지 않습니다. 그것은 그 때 그 이전의 상태 그대로 머무릅니다. 왜냐하면 사람의 영의 성품은, 모든 점에서, 그 사람의 사랑의 성질과 동일하고, 또 지옥적인 사랑은 천계적 사랑으로 바뀌어질 수 없기 때문입니다. 이유는 이들 둘은 서로 상반되기 때문입니다. 이것이 지옥에 있는 부자에게 한 아브라함의 말의 뜻입니다. 즉—

그 뿐만 아니라, 우리와 너희 사이에는 큰 구렁텅이가 가로놓여 있어서, 여기에서 너희에게로 건너가고자 해도 갈 수 없고, 거기에서 우리에게로 건너오지도 못한다.
(누가 16 : 26)

이 말씀에서, 지옥에 있는 사람은 영원히 거기에 남고, 천계에 들어가는 사람은 영원히 거기에 머물러 산다는 것을 명백히 알 수 있겠습니다. (새 예루살렘과 그의 천적 교리 239항)

사후 사람은 그 자신의 사랑에 일치하지 않는 것은 어떤 것이든 모두 떨쳐버리며, 뿐만 아니라 그 사람은 부단히 그 용모는 물론 어투(語套)와 언어관습・거동(擧動) 또는 그의 삶의 사랑에 속한 버릇까지도 그대로 지닙니다. (혼인애 36항)

사람은 죽은 뒤에 자기 자신의 의지 또는 주도애(主導愛・a reigning love)가 가지고 있는 것들은 영원히 남아 있다는 것은 수많은 경험에 의하여 확증됩니다. 나는 2천여년 전에 이 세상에서 살았던, 그의 생애가 역사 기록에 남겨 알려져 있는 영들과 대화한 적이 있습니다. 그들도 역시 일생동안 가지고 살아온 사랑으로 볼 때 역사 기록에 남아 있는 것과 동일하다는 것을 알게 되었습니다. 그 밖에도 17세기 이전에 이 세상에서 역사상 저명하였던 사람도 있었습니다. 또 400년 전 사람이나, 300년 전 사람도 있었습니다. 내가 그들과 대화하고서 안 사실은 그들 역시 당시의 정동의 지배를 받고 있었다는 것입니다. 그러니까 그들은 자기들의 사랑에 대응하는 것에만 기쁨을 느끼고 있다는 점만이 예전과 다릅니다. 천사들은 내게 각자 자기가 가지고 있는 주도애(主導愛)의 생명은 영원히 변하지 않는다고 말해 주었습니다. 영 안에 있는 사랑이 변한다는 것은 곧 자기의 생명을 잃고, 소멸된다는 것을 가리킵니다. 그 이유에 관해서 천사들은, 사람은 죽은 후에는 이 세상에서처럼 교육을 받아서 개조되는 일은 있을 수 없는데, 그 까닭은 자연적인 지식들과 정동으로 되어 있는 가장 말단수준은 영적인 것들이 아니기 때문입니다. 이미 동결되어 버려서 다시 열려질 수 없기 때문에, 그 동결된 터전 위에, 마치 토대 위에 집이 있는 것처럼 놓여지며, 이런 것 때문에 그 사람은 이 세상에서 가지고 있던 사랑의 생명을 그대로 계속 가지고 있으며, 그것은 언제까지나 존속되

어 계속된다고 내게 일러주었습니다. (천계와 지옥 480항)
천계에 올리워지고 있는 사람이나 그 뒤 천계에 올리워진 사람들은 영원히 개선됩니다. 이에 반하여 지옥에 던져지고 있는 사람이나, 그 뒤 지옥에 내던져진 사람들은 계속해서, 보다 비참한 재앙을 받을 것이고, 이러한 일은 그들이 어느 누구에게도 악을 행할 수 없을 때까지 계속 이어질 것입니다. 그리고 그 뒤 그들은 영원히 지옥에 남을 것입니다. 그들은 거기에서 옮기워질 수 없는데, 그 이유는 그들이 어느 누구에게도 선을 도모할 수 없기 때문입니다. 그럼에도 불구하고 다만 그들은 형벌의 두려움으로 말미암아 다른 사람에게 악을 저지르지 않을 뿐, 그렇게 하고 싶은 욕망은 변함없이 남아 있을 뿐입니다. (천계비의 7541항)

사악한 사람이 사후 구원받을 수 없는 이유

어느 누구의 생명도 사후에는 결코 바뀌어질 수 없습니다. 악한 생명이 선한 생명으로 바뀌어질 수 없습니다. 또한 지옥적인 생명이 천사적인 생명으로 바뀌어질 수도 없습니다. 그 이유는 모든 영은, 정수리부터 발뒤꿈치까지, 그의 사랑에 속한 성품이기 때문입니다. 따라서 모든 영은 곧 그의 생명이기 때문입니다. 이 생명이 그 생명의 반대적인 생명으로 바뀌어진다는 것은 전적으로 그 영을 파멸시키는 것이기 때문입니다. 천사들은, 지옥적인 영을 천계의 천사로 바꾸는 것 보다는 올빼미를 비둘기로, 수리부엉이를 낙원의 새로 바꾸는 것이 더 쉬울 것이라고 공언하였습니다. 이상의 연구 검토에서 볼 때 명확한 사실은, 직접적인 자비에 의하여 천계에 영접될 수 있는 사람은 아무도 없다는 것입니다. (천계와 지옥 527항)

사람의 사랑에 속한 정동이 바로 그의 생명입니다. 만약 사람의 정동이 자아나 세상에 속한 것이라면, 그 때 그의 전 생명은 무가치한 것일 뿐입니다. 그리고 그 사람은 자아나 세상을 대항하여 싸울 수도 없습니다. 왜냐하면 그렇게 하는 것은 자기 자신의 삶에 대항하여 싸우는 것이기 때문입니다. 진리에 속한 원칙들도 아무런 결과를 맺지 못합니다. 만약 이들 사랑에 속한 정동들이 통치권을 쥐고 있다면, 그것은 자신의 반대쪽으로 진리를 내쫓아 버릴 것입니다. 따라서 진리를 거짓으로 위화(僞化)할 것입니다. 그리고 그 통치권이 전적으로 좋아하지 않는다면 진리를 부인할 것입니다. 여기서 알 수 있는 것은, 만약 주님께서 이웃을 향한 사랑인 영적 사랑에 속한 정동으로 고쳐시켜 주시지 않는다면, 믿음에 속한 진리의 원칙들이란 사람에게는 지극히 작은 효능도 가질 수 없다는 사실입니다. 그리고 사람이 이 정동을 영접, 수용하는 것에 비례하여 그 사람은 또한 믿음에 속한 진리를 영접, 수용한다는 것입니다. 이 사랑에 속한 정동은 새로운 의지(the new will)를 형성하는 것입니다. 이와 같은 연구에서 명백히 알 수 있는 것은, 만약 사람의 의지가 저항한다면 사람은 어떠한 진리에 대해서도, 자신의 마음을 결코 내맡길 수 없다는 것입니다. 이런 이유 때문에 지옥적인 것들은 믿음에 속한 진리를 수용할 수 없고, 따라서 지옥적인 것들이 바르게 정정(訂正) 될 수 없습니다. 그 이유는 그것들이 악에 속한 정동 즉 악의 정욕 안에 푹 빠져 있기 때문입니다. (천계비의 7342항)

"나무가 쓰러진 그 곳에 그대로 있다"는 말씀의 뜻

사람이 이 세상에서 사는 동안, 그는 질서의 가장 외적인 것 안에 있으며, 또 그는 관능적 기억을 갖는데, 이 기억이 증대하면, 그의 내면적인 기억에 속한 것들은 그 기억 안에서 뿌리를 내릴 수밖에 없습니다. 그러므로 선과 진리의 조화나 대응되는 것들에 속한 것들 안에 또는 그것들 사이에 있으면 있을수록 그 사람은 주님으로부터 더 많은 생명을 받고, 저 세상에서는 보다 더 완벽해질 수 있습니다. 그러나 외면적 또는 관능적 기억은 그 안에 내면적인 기억이 뿌리를 내린 기억입니다. 사후 정말로 사람은 그의 외면적 또는 관능적 기억을 소유하고, 또는 그 기억에 속한 개별적인 것이나 전체적인 것들을 소유합니다. 그러나 이것은 더 이상 증대할 수 없으며, 그것이 증대하지 않으면, 새로운 조화나 대응도 형성될 수 없습니다. 그러므로 그의 내면적 기억에 속한 모든 것들은, 거기에 존재하며, 비록 지금 그가 이것을 사용할 수 없다고 해도, 그의 외면적 기억 안에서 종결됩니다. 이렇게 볼 때 "나무가 쓰러진 그 곳에 그대로 있다"(전도서 11 : 3)는 말씀의 이유를 알 수 있겠습니다.

선 안에 있지 않는 사람은 완벽해질 수 없습니다. 선 안에 있는 사람은 천사적 지혜에까지 무한히 완벽해질 수 있지만, 그러나 그가 이 세상에 사는 동안 그의 내적인 것과 외적인 것 사이에 존재하는 조화나 대응에 알맞게까지만 완벽해집니다. 그 뒤 육체에 속한 생명은 외적인 것은 아무 것도 받지 못하고, 다만 내면적인 것들이나 내적인 것들만 수용합니다. "나무가 쓰러진 그 곳에 그대로 있다"는 견해에 관해서 살펴보면, 그것이 그렇게 표현되었기 때문에 이 말씀은 이해될 수 없겠지만, 그러나 내용인 즉은 이렇습니다. 속사람 즉 영적인 사람과 겉사람 즉 자연적인 사람과의 조화나 일치는 그것이 쓰러진 것처럼 그대로 남는다는 것입니다. 사람은 저 세상에서 이 양자들을 모두 소유합니다. 내적인 것이나 영적인 것은, 그것의 궁극적인 것 안에 있는 것처럼, 그의 외적인 것이나 또는 그의 자연적인 것 안에서 종결됩니다. 속사람 즉 영적인 사람은 저 세상에서 완벽해집니다. 그럼에도 불구하고 그것은 오직 영적인 사람이 외적인 것 즉 자연적인 것 안에서 조화를 가질 때에 한 합니다. 그러나 외적인 것 즉 자연적인 것은 저 세상에서 완벽해질 수 없고, 다만 육신을 입고 산 삶에서 터득한 꼭 같은 성품만 남습니다. 그리고 자연적인 것은 이 세상에서의 삶에서는 자아애와 세간애의 제거(除去)에 의해서 완벽해지며, 또한 그것은 주님에게서 비롯된 인애에 속한 선이나 믿음에 속한 진리의 수용에 의해서 그렇게 될 수 있습니다. 사후 쓰러진 곳에 뿌리와 같이 남아 있는 나무는 바로 조화이냐, 아니면 부조화냐 하는 것에서 비롯되는 것입니다.
(작은 영계 일기 4645 · 4646)

마지막 상태에 관한 성경에 의한 설명

이제는 불의를 행하는 자는 그대로 불의를 행하도록 내버려 두고, 더러운 자는 그냥 사람이 더러운 채로 내버려 두어라. 의로운 사람은 그대로 의를 행하게 하고, 거룩한 사람은 그대로 거룩한 사람이 되게 하여라.
(묵시록 22 : 11)

이 말씀은 좁은 뜻으로는 사후 그리고 그의 심판에 앞서 모든 사람의 상태를 뜻하고, 넓은 뜻으로는 최후심판 이전의 모든 사람의 상태를 뜻합니다. 이러한 일은 악 안에 있는 사람에게서는 모든 선이 제거되는 것으로,

그리고 거짓 안에 있는 사람에게서는 모든 진리가 제거되는 것으로 일어날 것이며, 반면에 선 안에 있는 사람에게서는 악이 제거되는 것으로, 그리고 진리 안에 있는 사람에게서는 모든 거짓이 제거되는 것으로 일어날 것입니다. "불의한 사람"은 악 안에 있는 사람을 뜻하고, "의로운 사람"은 선 안에 있는 사람을 뜻합니다. "부정한 사람" 즉 깨끗하지 않은 사람은 거짓 안에 있는 사람을 뜻하고, "거룩한 사람"은 진리 안에 있는 사람을 뜻합니다. 여기서 뒤이어지는 결론은, "불의한 사람은 그대로 불의를 행하도록 내버려둔다"는 말씀은 악 안에 있는 사람은 더욱 더 악 안에 빠지도록 내버려둔다는 것을 뜻한다는 것이고, "더러운 사람은 그냥 사람이 더러운 채로 내버려 두어라"는 말씀은 거짓 안에 있는 사람은 보다 더 거짓 안에 빠지도록 내버려둔다는 것을 뜻합니다. 반면에 "의로운 사람은 그대로 의를 행하게 내버려둔다"는 말씀은 선 안에 있는 사람은 보다 더 선 안에 있도록 내버려둔다는 것을 뜻하고, "거룩한 사람은 그대로 거룩한 사람이 되게 하라"는 말씀은, 진리 안에 있는 사람은 보다 더 진리 안에 있도록 내버려둔다는 것을 뜻한다는 것입니다. 악 안에 있는 사람에게서 선을 제거한다는 것을 뜻한다는 것이나, 그리고 거짓 안에 있는 사람에게서 진리를 제거한다는 것을 뜻한다는 이유나, 반면에 선 안에 있는 사람에게서 악을 제거한다는 것을 뜻한다는 이유는, 선이 악 안에 있는 사람에게서 제거되는 것에 비례하여 그 사람은 더욱 더 악에 심하게 빠져 있기 때문이고, 그리고 진리가 거짓 안에 있는 사람에게서 제거되는 정도만큼, 그 사람이 더욱 더 심하게 거짓 안에 빠져 있기 때문입니다. 반면에, 선 안에 있는 사람에게서 악이 제거되는 정도에 비례하여 그 사람은 더욱 더 선 안에 있기 때문이고, 그리고 진리 안에 있는 사람에게서 거짓이 제거되는 정도만큼 그 사람은 더욱 더 진리 안에 있을 수 있기 때문입니다. 전자나 후자는 사후 모든 사람에게서 일어납니다. 왜냐하면 이와 같이 하여 악한 사람은 지옥을 준비하고, 선한 사람은 천계를 준비하기 때문입니다. 그 이유는 악한 사람은 그와 더불어 악이나 거짓을 천계로 옮길 수 없기 때문입니다. 왜냐하면 천계와 지옥은 이와 같이 뒤섞이어질 수 없기 때문입니다. 그럼에도 불구하고, 내면적인 악한 사람이 누구를 뜻하고, 내면적인 선한 사람이 누구를 뜻하는지를 알아야만 합니다. 왜냐하면 내면적으로 악한 사람이 외면적으로는 선한 사람일 수 있고, 그리고 위선자들이 하는 것처럼, 내면적으로 악한 사람은 선한 사람 같이 행동할 수도 있고, 말도 할 수 있기 때문입니다. 또한 내면적으로 선한 사람들도 가끔 외면적으로 악한 사람 같기도 합니다. 왜냐하면 외면적으로만 보면 그들은 악도 행할 수 있고, 거짓도 말할 수 있습니다. 그러나 그럼에도 불구하고 그들은 회개하고, 진리 안에서 가르침 받기를 갈망합니다. 이것이 바로 주님께서 하신 말씀의 뜻입니다. 즉—.

가진 사람은 더 받아서 차고 남을 것이며, 가지지 못한 사람은 가진 것마저 빼앗길 것이다.
(마태 13 : 12)

(묵시록계현 948항)

지옥과 천계의 보편성(普遍性)

지옥에 속한 보편적인 원칙들에는 세 가지가 있습니다. 그럼에도 불구하고 그것들은 천계에 속한 보편적인 원칙들에 정반대입니다. 지옥에 속한 보편적인 사랑도 셋이 있는데, 그것은 자아애에서 비롯된 지배욕과, 세간애에서 비롯된 소유욕과 음란스러운 사랑 즉 간음욕입니다. 이런 것들에 반대되는 천계에 속한 보편적인 것도 세가지 사랑이 있는데, 선용(善用)에서 비롯된 지배애와 세상적인 것들을 방편으로 하여 선용을 성취하려는 사랑에서 비롯된 세상적인 것들의 소유애와 그리고 참된 혼인애입니다.
(순정기독교 661항)

제31강

중간 상태 또는 영들의 세계

일반적인 가르침

영들의 세계(the world of spirits)는 천계도 아니고, 또 지옥도 아닙니다. 그러나 이 세계는 이 양자들 사이에 존재하는 장소이고, 또한 중간 상태입니다. 왜냐하면 사람이 사후(死後) 제일 먼저 가는 곳이고, 그리고 적정기간이 경과한 뒤에, 이 세상의 삶에 따라서, 그 사람은 천계에 올리워지든가, 아니면 지옥에 내던져지는 곳이기 때문입니다.

영들의 세계는 천계와 지옥 사이에 있는 중간 장소이고, 또한 사후 사람의 중간 상태이기도 합니다. 그 곳이 중간 장소인 것은, 지옥은 그 곳 아래에, 천계는 그 곳 위에 있다는 사실이 나에게는 아주 명확하게 합니다. 그리고 그 곳이 중간상태를 가리킨다는 것은 사람이 거기에 머무는 동안, 사람은 그렇다고 천계에 있는 것도 아니고, 또한 지옥에 있는 것도 아니다는 사실 때문입니다. 사람 안에서의 천계는 그 사람 안에 있는 선과 진리의 결합(結合·conjunction)이고, 사람 안에 있는 지옥은 그 사람 안에 있는 악과 거짓의 결합입니다. 선이 영인(靈人·a man-spirit) 안에 있는 진리와 결합되었을 때 그 때 그 사람은 천계에 들어갑니다. 왜냐하면, 앞에서 언급한 것과 같이, 그 결합은 그 사람 안에 있는 천계를 가리키기 때문입니다. 악이 사람 안에 있는 거짓과 결합하면, 그 사람은 지옥에 들어갑니다. 왜냐하면 그 결합은 그 사람 안에 있는 지옥을 가리키기 때문입니다. 이 결합은, 그 때 사람이 한 중간상태에 있는 것이기 때문에, 영들의 세계에서 이루어집니다. 그것은 마찬가지로, 이해(理解·understanding)와 의지(意志·will) 또는 진리와 선의 결합이라고도 말할 수

있겠습니다. (천계와 지옥 421 · 422항)
 오늘의 사람들은 거의가 진리를 알고, 또 지식과 이해로 진리에 관하여 생각할 수 있는 상태에 있습니다. 그리고 사람들은 진리에 관해서, 많이 또는 적게 생각하기도 하고, 또는 전혀 생각하지 않기도 하고, 혹자들은 악에 속한 애욕(愛慾)이나 그것으로 인한 거짓 안에 있는 주장으로 말미암아 진리에 정반대되는 행동을 합니다. 그러므로 사람이 천계 아니면 지옥에게 지배받기 위하여, 사후 제일 먼저 영들의 세계에 옮기워집니다. 그리고 거기서 선과 진리의 결합은 천계에 올리워질 사람들 안에서 이루어지고, 악과 거짓의 결합은 지옥에 던져질 사람들 안에서 이루어집니다. 왜냐하면 둘로 나뉘어진 마음을 가지고 있는 그 누구에게도 천계 또는 지옥에 있는 것이 허락되지 않기 때문입니다. 다시 말하면 하나는 이해, 또 다른 하나는 의지로 분리된 마음을 가진 사람에게는 천계도 지옥도 허락되지 않기 때문입니다. 그러나 사람은 뜻하는 것을 이해하여야 하고, 이해하는 것을 또한 도모하여야만 합니다. 그러므로 천계에서는 선을 도모하는 사람은 반드시 진리를 이해합니다. 그리고 지옥에서 악을 도모하는 사람은 반드시 거짓을 생각합니다. 이런 이유로 인해서, 영들의 세계에서 선한 사람에게서는 거짓이 떨어져 나가고, 그들의 선에 꼭 맞고, 적합한 진리가 주어집니다. 그리고 악한 사람에게서는 진리가 떨어져 나가고, 그들의 악에 꼭 맞고 적합한 거짓이 주어집니다. 이런 사실들에서부터 우리는 영들의 세계의 됨됨이(本質)를 잘 알 수 있습니다.
 영들의 세계에도 수많은 사람이 있는데, 그 이유는 모든 사람의 첫 번째 모임이 여기에서 이루어지고, 또 거기서 모두는 조사를 받고, 준비를 하기 때문입니다. 거기에 얼마를 체류하여야 하는 기간은 확정되지 않았습니다. 그 세계에 온 사람들 중에 어떤 이들은 즉시 천계에 올리워지기도 하고, 또는 지옥으로 내던져지기도 합니다. 어떤 이들은 거기에 여러 주간 머무르기도 하고, 어떤 이들은 수년간 머무르기도 하지만, 그러나 30년 이상 머물지는 않습니다. 그들의 체류 기간의 차이는, 대응에서, 즉 사람 안에 있는 내면적인 것이나 외면적인 것의 대응의 결여에서 기인(起因)됩니다. 그러나, 사람이 그 세계에서 어떤 상태에서 다른 상태로 어떻게 옮기워지고, 또 그것을 어떻게 준비하는지에 관해서는 아래에서 설명하겠습니다.

사람은 죽은 뒤 즉 영들의 세계에 들어오게 되고, 그들은 주님에 의하여 철저하게 구분됩니다. 다시 말하면 악한 사람은, 그가 이 세상에서 사는 동안 주도애(主導愛·the ruling love)의 측면에서 보면, 그들이 속해 있던 지옥적인 사회에 즉시 갇히게 되고, 선한 사람은, 이 세상에서 사는 동안, 사랑·인애·믿음의 측면에서 그들이 속해 있던 천계적 사회에 즉시 배속됩니다. 그러나 그들이 비록 이와 같이 구별된다고 해도, 육신을 입고 사는 동안의 친구들이나 친지들이 아직 이 세계에 있기 때문에 그들은, 그들이 원하기만 한다면, 친지, 친구 그리고 특히 아내나 남편, 자식들 또는 형제 자매들과 만나서 이야기할 수 있습니다. 나는 한 아버지가 여섯 명의 아들을 만나서 또 서로 인지하고, 이야기하는 것도 본적이 있고, 또 자기 친척이나 친구들을 만나는 것도 나는 여러 번 본적이 있습니다. 그러나 그들이 이 세상에서의 삶에서 비롯된 그들의 마음(animus)의 차이 때문에, 얼마 안 가서 그들은 서로 헤어집니다. 그러나 영들의 세계에서 천계로, 또는 지옥으로 간 사람들은, 그 뒤 꼭 같은 사랑에서 비롯된 꼭 같은 성품을 갖지 않았다면 서로 더 이상 만나지도 못하고 또 서로 알지도 못합니다. 그들이 영들의 세계에서는 서로 볼 수 있지만 천계나 지옥에서는 그렇지 않다는 것은, 영들의 세계에 있는 사람들은 이리 저리 돌아다니다가 육신을 입고 산 삶에서 경험한 꼭 같은 상태에 옮기워지기 때문입니다. 그러나 그런 뒤에는 모두가 그들의 주도애의 상태와 꼭 같은 하나의 영구불변한 상태에 옮겨지는데, 그 상태에 들어가면 누구나 그 사랑의 닮음에서만 다른 사람을 알 뿐입니다. 왜냐하면 유사한 사랑을 가진 사람들은 서로 연합하고, 유사하지 않은 사랑을 가진 사람들은 서로 갈라지기 때문입니다. (천계와 지옥 425-427항)

모든 사람의 부활(復活)과 최후심판(最後審判)은
사후 즉시 일어난다

나는 사망한지 몇 날 밖에 안 된 어떤 이들과 이야기한 적이 있습니다. 그들은 근자에 거기에 왔기 때문에, 그들에게 있어서는 이 세상의 빛과 별로 크게 차이가 나지 않은 빛 안에 있었습니다. 그 빛이 그들에게 그와 같았기 때문에, 그들은 그 빛이 다른 근원에서 온 것이라고, 의심하지 않았습니다. 그러므로 그들은 첫 번째 천계의 경계에 올리워졌는데, 그 곳의 빛은 매우 밝았습니다. 그로 인하여 그들이 나와 이야기 할 때, 그들은 그런 빛 이외는 아무것도 보지 못하였다고 말하였습다. 이같은 일은 해가 진 뒤에 일어났습니다.

그들 중의 몇몇은, 사후 사람은 허깨비(phantom)들 같은 존재로 존재할 것이다는 것 이외의 다른 것은 전혀 믿지 않았습니다. 그들이 들어왔던 어떤 유령(apparition)들에 의한 그들의 소견에서 자기 자신을 다짐하였습니다. 그러나 그들은, 그 유령은 육신을 입은 삶에서 제일 먼저 발산(發散)하는 어떤 총체적인 활력(活力·vital principle)이지만 그러나 그 활력이 죽은 시체에 다시 흘러들어, 따라서 그 활력은 소진(消盡)되어 버린다는 그런 소견으로 말미암아 다른 결론은 전혀 도출(導出)하지 못하였습니다. 또 어떤 이들은, 그들은 이 세상이 모두 소멸되는 최후심판의 때에 제일 먼저 다시 살 것이라고 믿는가 하면, 또 어떤 이들은, 그 심판 때에, 비록 먼지나 흙으로 변해 버린 육신이 그 때 그 육신의 모든 것들이 다시 모두 집합(集合)할 것인데, 그 육신의 몸으로, 다시 말하면, 그들은 살과 뼈를 지닌 몸으로 다시 부활할 것이라고 믿습니다. 인류는 수 세기 동안, 그 최후심판 즉 이 세상의 멸망을 헛되이 기대하였기 때문에, 그들은 결코 소생할 수 없는 오류에 빠지고 말았습니다. 그 오류란, 바로 그들이 성경말씀에서 터득하였기 때문에 종종 말하는, 즉 사람은 죽으면 그의 영혼은, 그가 스스로 터득한 삶에 따라서 행복한 사람으로, 또는 불행한 사람으로 하나님의 수중(手中)에 있을 것이다는 것 때문에, 그들은 성경말씀에서 배운 것들이나 또는 주님께서 부자와 나사로에 관해서 가르치신 것에 관해서 전혀 아무것도 생각하지 않는, 그 오류입니다. 그럼에도 불구하고 그들은, 모든 사람의 최후심판은 그가 죽을 때 있다는 것과, 또 그 때 그 사람은 이 세상에 있을 때와 꼭 같은 몸으로 자신에게 주어진다는 몸으로 나타나고, 또 이 세상에서 꼭 같은 모든 감관을 즐길 수 있는 몸으로 다시 태어난다는 것을 배웠습니다. 그러면서도 그 몸은 이 세상의 몸에 비하면, 관능적인 것들은, 그리고 이 세상의 빛과 관계되는 것들은, 천계의 빛에 속한 것들을 숨기거나 가리울 수 없기 때문에, 보다 순수하고 정교하다고 역시 그들은 배웠습니다. 따라서 그들은 말하자면 깨끗해진 몸으로 존재한다는 것을 배웠고, 또 세상적인 먼지로 둘러 쌓인 것으로 존재하기 때문에, 사람은 이 세상에서 가지고 있던 살이나 뼈는 그 곳으로는 결코 가지고 갈 수 없다는 것도 배웠습니다. 나는, 나의 눈을 통해서 그들 자신의 시체, 관(棺) 등을 매장하고 또 자신의 장례식을 보고 있는 그 사람들과 그 장례식 날 이 주제에 관하여 서로 대화를 가졌습니다. 그 사람들은, 그 육신을 부정한다는 것, 그리고 육신적인 것들은 그들이 이 세상에 있는 동안 이 세상에서 그들의 쓸쓸이를 위해 봉사하는 것이다는 것과, 그러나 지금 그들은, 그들이 지금 있는 이 세상에서의 쓸쓸이를 위해 봉사하는 몸으로 존재한다는 것 등을 말하였습니다. 그들은, 내가 슬픔에 빠져 있는 그들의 친척들에게 이 엄연한 사실을 말해주기를 갈망하였습니다. 그러나 만약 내가 그들에게 이 사실을 말한다면, 그들은 그들의 자신의 눈으로 볼 수 없는 것은 아무것도 없다고 믿기 때문에, 그러므로 그들은 그것은 착각(錯覺·illusion)인 환상 속에 있는 것이라고 상상할 것이다는 대답이 나에게 주어졌습니다. (천계비의 4527항)

죽음에 대한 공포는 사람의 삶의 성품에 관한 징후(徵候)

사람에게는 그가 애지중지한 것을 잃을까 하는 두려움이 있습니다. 그러므로 와병(臥病) 중에 죽음에 직면하게 되면, 특히 그 사람이 그간 애지중지한 것이 무엇인지를, 다시 말하면 그의 삶 중의 목적이 무엇인지를 잘 알 수 있습니다. 그 예들이 되겠습니다. 만약 사람이 명예를 위해 애써 왔다면, 그의 기쁨이나 희열은 그것들 안에 자리잡고 있을 것이고, 그 때 그는 그런 것들을 놓고 가는 죽음에 두려움을 가질 것입니다. 그리고 또한 임종 자리에서 그는 그의 기쁨의 근원에 관한 것들에 관해서 푸념을 늘어놓을 것입니다. 그 사람이 이런 사안에서 기쁨을 얻지 못하였기 때문에, 따라서 그 사람은 자괴(自愧)하고 스스로 자신을 저주할 것입니다. 이와 같은 일은, 소유나 재물 또는 세상적인 다른 것들에서 생의 기쁨을 갖는 사람들에게서도 마찬가지입니다. 사상의 경우에서도 꼭 같이 밀착되어 있는데, 그는 죽음의 시점에서, 유서나 그와 유사한 방법에 의하여, 그것들을 정리정돈할 것입니다. 그러나 이러한 것들에 의미를 두지 않는 사람은 그런 것들을 유념하지 않고, 다만 영원한 구원에 관해서만 골돌히 생각합니다. 그밖의 것들은, 비록 그것들이 전 세계라고 해도, 말하는 것 조차도 값을 두지 않고, 초개(草芥)처럼 여길 것입니다.

그럼에도 불구하고, 자신의 자녀들 때문에 죽기를 원하지 않는 것은 악한 사람에게나, 선한 사람에게서 모두 자연적인 현상입니다. 왜냐하면 악한 사람도 자신과의 싸움에서 이기겠다는 목적이 아니고, 다시 말하면 명예나 그밖의 것에 유명하려는 것이 아니고, 오직 자녀들을 위한 것이기 때문입니다.

죽음의 시점에서는 역시 악한 사람도 세상적인 것들 즉 자신의 소유물에 대해서 가볍게 여길 수 있고, 그 대신 영원한 것들을 중요한 것으로 생각할 수 있습니다. 그러나 이런 일은, 삶이 전혀 가망성이 없다는 절망에 빠질 때에, 다시 말하면 삶에 대한 희망이 더 이상 기대할 수 없다고 생각할 때 일어납니다. 그렇게 되면 역시 그 사람은, 세상적인 것들을 경멸하고, 신앙심 깊은 경건한 말을 할 수 있습니다. 그러나 자아애에 의한 삶을 산 사람들에게서는 거의 드뭅니다.

그러나 자아애로 말미암아 육신의 삶 뒤에 유명하려는 사람은 죽음마저도 개의치 않습니다. 그 순간 세상적인 것들을 유념하지 않는 사람은 다른 동기를 가지고 있습니다. 즉 영웅으로 다른 사람의 기억에 남기를 갈망하는 사람은, 오직 그것을 위해서 그들은 죽기를 원할 뿐입니다. (영계일기 1235-1238항)

죽음의 진전단계와 부활에 관하여

영들이 영계로부터 가지게 되는 영들의 사상과 정동에 대응하는 육체의 기능이 더 이상 자연계에서 수행되지 못하게 되었을 때, 사람은 죽었다고 말합니다. 그것은 폐의 호흡과 심장의 고동(鼓動)이 멈출 때 일어납니다. 그러나 사람은 죽지 않습니다. 다만 사람은 이 세상에서 그 사람에게 유용하게 쓰여졌던 육체적인 기관들로부터 분리되지만, 반면에 그 사람 자신은 삶을 계속합니다. 사람 자신이 계속해서 산다고 말하는 사람은 육신 때문에 사람이 아니고, 그의 영 때문에 사람이기 때문입니다. 왜냐하면, 사람 안에서 생각하는 것은 영이고, 정동과 더불어 사상이 그 사람을 만들기 때문입니다. 이상에 볼 때 명확한 것은 사람이 죽을 때, 사람은 한 세상에서 다른 세상으로 단순히 옮겨가는 것에 불과하다는 것입니다. 그러므로 성경말씀에서의 죽음은, 속뜻으로 부활(復活)과 생명의 연속을 뜻합니다.

영과 육체의 내적인 교류는 폐장의 호흡과 심장의 고동의 교류입니다. 영의 사상은 그 호흡과의 교류이고, 사랑을 가리키는 영의 정동은 그 심장의 고동과의 교류입니다. 그러므로 육체의 이 두 운동이 멈출 때, 거기에 즉시 이들의 분리가 일어납니다. 이들 두 운동, 즉 폐장의 호흡운동과 심장의 수축운동(收縮運動)이 영과 육의 유대(紐帶)이기 때문에, 이 유대가 깨지면 영은 그것에서 떠나갑니다. 그리고 사람의 육은 생명이 없기 때문에, 육체는 차갑게 되고, 또 부패하게 됩니다. 사람의 영의 내적 교류가 폐장의 호흡작용과 심장의 수축운동이다는 것은 모든 생동적인 운동작용은, 일반적이든 개별적이든, 이 교류에 의존하고 있기 때문입니다.

사람의 영은 둘의 분리가 있은 뒤에도 잠깐 동안은 육체에 머무르지만, 그러나 심장의 수축운동이 완전히 정지될까지만 머뭅니다. 심장의 운동정지는 사람이 죽게 되는 질병의 성질에 따라서 좀 빠르게 또는 좀 더디 일어납니다. 왜냐하면 어떤 사람에게서는 심장의 수축운동이 오랜 동안 지속되기도 하고, 어떤 사람에게서는 심장의 수축운동이 오래 지속되지 않기 때문입니다. 이 운동이 멈추면 즉시 그 사람은 영계에서 소생(蘇生)합니다. 그러나 이런 일은 오직 주님만이 행하십니다. 이 소생(蘇生·回生·resuscitation)은 사람의 영이 육체로부터의 물러남(逸脫·withdrawal)과 영계에의 영의 입적(入籍·introduction)을 뜻합니다. 이 일련의 모두를 합쳐서 공히 부활(復活·resurrection)이라고 부릅니다. 사람의 영이, 심장의 운동이 멈출 때까지, 육체에서 분리되지 않는 이유는, 심장은 사람의 생명 자체가 되는 사랑에 속한 정동에 대응하기 때문입니다. 왜냐하면 모든 사람의 생동하는 에너지(the vital heat)는 사랑에서 오기 때문입니다. 그러므로 심장의 고동이 지속되는 한 거기에는 대응이 존재하고, 또 영의 생명은 그러므로 그 육체에 존재하기 때문입니다.

소생(蘇生)이 어떻게 이루어지는지 말로 들었을 뿐만 아니라, 생생한 경험에 의하여서도 나에게 교시(敎示) 되었습니다. 나는, 나로 하여금 그 소생이 어떻게 이루어지는지를 충분하게 이해하기 위하여, 바로 이 경험을 받게 되었습니다.

나는 육체의 감관적인 측면에서 보면, 거의 죽은 사람의 상태인 무감각

상태(無感覺 狀態·a state of insensibility)에 옮겨졌지만, 사고능력으로서의 내면적인 생명은 전혀 손상되지 않은 채 예전과 같은 상태로 남아 있었습니다. 그러므로 나는 죽음에서부터 소생하는 사람들에게 일어나는 여러 가지 일들을 깨달을 수 있었고, 또 기억 속에 간직할 수 있었습니다. 나는, 육체의 호흡은 거의 사라져버렸지만, 영의 호흡인 내면적 호흡이, 미미하고, 고요한 육체의 호흡과 연결되어 남아 있는 것을 지각하였습니다. 제일 먼저 천적 왕국과 사람의 심장의 고동과의 교류가 주어졌는데, 그 이유는 그 왕국이 사람의 심장에 대응하기 때문입니다. 그 왕국에서 온 천사들이 보였는데, 이들 두 천사는 약간 떨어져 있기는 했지만 내 머리 위에 가까이 앉아 있었습니다. 나에게 있었던 모든 정동은 이런 식으로 모두 제거되었지만, 그럼에도 불구하고 사고력(思考力)이나 지각은 그대로 남아 있었습니다.

나는 여러 시간 동안 이런 상태에 있었습니다. 내 주위에 있던 영들은, 내가 죽은 줄로 여기고, 내 곁을 모두 떠나 갔습니다. 나는 염(殮)을 할 때와 같은 방향(芳香)을 느꼈습니다. 왜냐하면 천적 천사들이 시체 곁에 나타나면, 시체는 향내를 발하는데, 그것은 영들이 그 향기를 느끼면 그 시체에 근접하지 못하기 때문입니다. 이와 같이 악령들도 역시, 사람이 제일 처음에 영원한 세계에 안내되면, 사람의 영에 근접하지 못하게 멀리 떨어져 있게 됩니다. 내 머리 근처에 앉아 있는 천사들은, 내 생각에 그들의 사상을 교류하면서, 조용히 있었습니다. 그들의 생각을 내가 수용하게 되자, 천사들은 사람의 영이 육체에서부터 완전히 분리될 수 있는 상태에 있다는 것을 알았습니다. 그들의 생각과의 교류는 내 얼굴을 주의 깊게 살피는 것으로 이루어졌습니다. 왜냐하면 이와 같은 생각의 교류가 천계에서 행해지기 때문입니다. 소생이 어떻게 이루어지는지를 내가 알고, 또 기억하게 하기 위해서 내 사고력이나 지각은 나에게 그대로 남아 있었기 때문에, 나는 이들 천사들이 제일 먼저 내 생각이 어떤지를 검토하는 것을 지각하였습니다. 그 검토는 일반적으로 영생에 관한 것인데, 내 생각이 죽은 사람의 것과 같은지에 관한 것이고, 그리고 내 마음이 그 생각에 있기를 원하는지에 대한 것들이었습니다. 그런 일이 있은 뒤 나에게 일러진 것은, 사람의 영은 죽기 직전에 가지고 있던 생각을 남아 있게 해서, 그것에서부터 이 세상에서 가지고 있던 일반적인 정동 즉 주도적 정동(ruling affection)에서 나오는 생각에 되돌아가게 한다는 것입니다. 내가 특별히 깨닫고, 느낀 것은, 거기에 하나의 매력(=끌림·魅力·attraction)이 있는데, 말하자면 내 마음에 속한 내면적인 것들의 끌어당김(a pulling)이 있어서, 이와 같이 나의 영이 내 육체에서부터 분리되어 간다는 것입니다. 또 나에게 일러진 것은, 이같은 일은 모두 주님에 속한 것이고, 또 그런 일을 통해서 부활도 이루어진다는 것입니다.

천적 천사들은 소생한 사람과 늘 같이 있기 때문에, 그들은 그 사람 곁을 떠나지 않습니다. 그 이유는 그 천사들은 모두를 사랑하기 때문입니다. 그러나 만약 사람의 영의 상태가 그 천적 천사와 같이 더 이상 있을 수 없는 상태라면 그 사람은 그들에게서 떠나가려고 몸부림 칠 것입니다. 이런 경우가 생기면 주님의 영적 왕국의 천사들이 임재하는데, 그들을 통해서 빛에 속한 기쁨이 그 사람에게 주어집니다. 왜냐하면 전에는 그 사람은 아무것도 볼 수 없었고, 다만 생각만 할 수 있었기 때문입니다. 나는 또한 이런 일이 어떻게 일어나는지도 목격할 수 있었습니다.

천사들은, 눈을 열어 볼 수 있게 하기 위하여, 왼쪽 눈을 싸고 있는 외막(外膜)을 코에 있는 격막(膈膜)쪽으로 말아 올리며 나타났습니다. 영들은 이런 식 이외의 방법으로는 지각할 수 없지만, 그러나 이것 역시 외현(外現)일 뿐입니다. 눈꺼풀이 밀려나가는 듯 보였을 때, 어떤 희미한 것이 보였는데, 마치 잠에서 막 깨어났을 때 눈꺼풀을 통해 보이는 듯한 어설픈 것이 보였습니다. 이 희미한 것도 나에게는 감색(紺色)으로 보였는데, 그러나 나에게 일러진 것은, 이런 것도 여러가지 모양으로 나타난다는 것입니다. 이런 일이 있은 뒤, 나는 내 얼굴에서 무엇인가가 말려나가는 것 같은 것을 느꼈습니다. 이런 일이 있은 뒤 영적인 사고가 일어났습니다. 얼굴에서 무엇인가가 말려나가는 듯 느끼는 것도 오직 외현일 뿐입니다. 왜냐하면 그것은 자연적인 사고에서 영적 사고로 옮아가는 것을 표징적으로 보여주는 것이기 때문입니다. 천사들은, 소생된 사람에게서 나오는 관념이 사랑의 향기를 풍기기를 매우 마음 써서 기대합니다. 그 때 천사들은 그 사람에게, 그가 영이라는 것을 일러줍니다. 영적 천계의 천사들은, 새로 탄생한 영이 빛에 익숙해지면, 영이 그 상태에서 바라는 모든 것을 다 돌보아 주고, 또 저 세상에 속해 있는 모든 것들에 관해서 소생한 사람이 이해할 수 있는 범위까지, 가르쳐 줍니다. 그러나 그가 배우기를 전혀 원하지 않으면, 소생된 영은 이들 천사들의 교제에서 서로 갈라 서기를 원합니다. 그럼에도 불구하고 천사들은 그 사람 곁을 떠나지 않는데, 사실은 그 사람 스스로 천사들을 떠날 뿐입니다. 왜냐하면 천사들은 한 사람 한 사람을 사랑하고, 또 친절하게 돌보고, 그에게 가르침을 주고, 그를 천계로 인도하는 것 이외에 다른 것은 아무것도 원하지 않기 때문입니다. 또한 이러한 일을 수행하는 것에 그들의 최고의 기쁨이 존재하기 때문입니다. 이렇게 해서 영적 천사들과 결별하게 되면, 선한 영들이 그를 영접합니다. 선한 영들은 그 사람과 교류하고 있는 동안, 그 영에게 할 수 있는 모든 것을 다 합니다. 그러나 이 세상에서의 그의 삶이 선한 영과 교제할 수 있는 상태가 아니면, 그 사람은 또한 선한 영들에게서 떠나가기를 원합니다. 그리고 그러한 일들이 몇 번이고 되풀이 되고 난 뒤에 최후로 짝하게 되는 영은, 이 세상에서 자기의 생명과 완전히 배가 맞았던 영이므로 결국 그 영은 놀랍게도 이 세상에서와 같은 생활을 영위하게 되는 것입니다. (천계와 지옥 445-450항)

영들의 세계에 있는 사람의 연속적인 세 상태들

사후, 사람은 천계나 지옥에 가기 전에, 세 상태를 경과합니다. 그 첫 번째 상태는 그 사람의 외면적인 상태이고, 그 두 번째 상태는 그 사람의 내면적인 상태이고, 그 세 번째는 천계를 준비하는 교육의 상태입니다. 사람은 영들의 세계에서 이들 세 상태를 경과하여야 합니다. 그러나 이들 세 상태를 경과하지 않는 사람들도 있습니다. 그들은 사후 즉시 천계에 올려지거나 아니면 지옥에 던져지는 사람들입니다. 사후 즉시 천계에 올려지는 사람들은 중생(重生)한 사람들입니다. 따라서 그들은 이 세상에서 천계를 준비한 사람들입니다. 육체를 떠나는 것과 동시에 자연의 부정함을 떨어 버릴 만큼 참말로 중생하여 천계를 위한 준비를 마친 사람들은 천사에 의하여 곧 천계로 옮겨집니다. 나는, 임종 뒤에 즉시 천계로 올려지는 사람들도 본 적이 있습니다. 내면적인 것은 악랄하면서 외면적인 것은 좋게 보이고, 또 악의의 술책으로 뒤섞을 뿐만 아니라, 선을 악한 일을 위한 수단으로 애용한 사람은 사후 곧장 지옥에 던져집니다. 나는, 이런 부류의 사람이 죽자 즉시 지옥에 던져지는 것을 본적이 있습니다.

그러나 이같은 두 무리들은, 영들의 세계에 머물게 하여, 거기서 신령질 서에 따라서 천계나 또는 지옥을 준비하는 사람들에 비하면, 그 수가 매우 적습니다. (천계와 지옥 491항)

사후 사람의 첫째 상태

사후 사람의 첫 번째 상태는 이 세상에서의 그의 상태와 빼낸듯이 닮았습니다. 왜냐하면 그 때에는 마찬가지로 그 사람은 외적인 것 안에 있기 때문입니다. 그리고 그 사람은 역시, 꼭 같은 얼굴, 꼭 같은 말씨, 꼭 같은 외적인 마음을 가졌고, 따라서 도덕적 생활이나 시민생활도 외면적으로 꼭 같이 닮았습니다. 그러므로 여기서 알 수 있는 것은 그 때 그 사람은, 그가 마주 치는 것들에 예의 주의하지 않는다면, 또 그가 소생하였을 때 그가 지금은 영이다는 것을 천사가 그에게 말해 주지 않았다면, 아직까지도 그는 이 세상에 있는 것으로 알았을 것이다는 사실입니다. 이와 같이 한 생명은 다른 생명으로 이어져 가는 것이고, 죽음은 단지 변천과정의 하나일 뿐입니다.

이 세상의 삶 뒤에 이어지는 사람의 영이 이와 같기 때문에, 그러므로 그의 친구들이나 또 이 세상에서 그를 알았던 지인(知人)들은 그 사람을 잘 압니다. 왜냐하면 영들은, 그들이 어떤 사람에게 접근하면, 그의 얼굴이나 말씨에서 뿐만 아니라, 그 사람이 가지고 있는 생명의 영기(生命靈氣·the sphere of his life)에서 깨달을 수 있는 지각을 가지고 있기 때문입니다. 저 세상에서 어느 사람이 다른 사람에 관해서 생각을 하면, 그 사람은 생각하고 있는 그 사람 앞에 자신의 얼굴을 나타내고, 동시에 그의 삶에 관계되는 많은 것들도 그 사람 앞에 나타냅니다. 그리고 그 사람이 이것을 생각하면 다른 사람은, 마치 부르면 오는 것처럼, 거기에 나타납니다. 영계에서 이런 일이 일어나는 것은, 거기에서는 사상이 서로 교류하고, 또 거기에는 이 세상에서와 같이 공간이 전혀 존재하지 않는다는 사실에서 비롯된 것입니다. 그러므로 그들이 처음에 저 세상에 오면, 그들의 친구나 친척들 또는 어떤 계기로 그와 교제한 적이 있는 사람은 모두 그 사람을 잘 압니다. 그리고 그들은 서로 대화를 하며, 그 뒤에는 이 세상에서의 그들의 우의(友誼)에 따라서 한 패거리를 이룹니다. 나는, 이 세상에서 영들의 세계에 온 사람들이 자기의 친구들과 재회하는 기쁨을 즐긴다는 말을 자주 들었고, 또 그들이 번갈아서 그들에게 와서 서로 재회를 즐긴다는 말도 자주 들었습니다. 아주 일반적인 일은 배우자가 배우자를 만나는 것이고, 그들이 서로를 축하한다는 것입니다. 그들은, 이 세상에서 함께 있을 때의 그들의 삶의 기쁨에 따라서 만남의 기간이 짧기도 하고, 길기도 하지만, 서로 같이 있습니다. 그럼에도 불구하고, 그들이 천계적 사랑에서 비롯된 마음의 결합인 참된 혼인애(truly conjugial love)에 의하여 결합되지 않았다면 그들은 잠깐 함께 있다가 곧 헤어집니다. 또 부부의 마음이 제가끔이어서, 내심으로 이반(離反)되어 있다면, 분명하게 적의(敵意)를 드러내고, 때로는 서로 다투기까지 합니다. 그럼에도 불구하고 그들은, 그들이 두 번째 상태에 들어가기 전까지는 헤어지지 않습니다. 그 두 번째 상태에 관해서는 아래에서 설명되겠습니다.

최근에 영들의 세계에 온 영들의 삶이 자연계에서의 그들의 삶과 크게 다르지 않기 때문에, 그리고 성경말씀의 문자적인 뜻에서 배운 것이나, 아니면 그것에 근거한 설교에서 배운 것들을 제외하면, 그들은 사후 그들의 삶의 상태에 관해서 또 천계나 지옥에 관해서 아무것도 아는 것이 없기 때문에, 그러므로 영들은, 자기에게 몸이 있고, 이 세상에서 가지고 있던 모든 감관을 가지고 있고, 꼭 같은 사물들을 보고 있다는 것에 매우 놀라워 합니다. 그리고 그들은, 천계가 어떤 곳이며, 지옥이 어떤 곳이고, 그것들이 어디에 있는지 알고자 하는 바람 속에 빠져들었습니다. 그러므로 그들은 자신들의 친구들에게서 영생(永生)에 관한 가르침을 받았습니다. 그리고 그들에 의하여 여러 곳에 안내되었고, 여러 무리에 인도되었습니다. 그리고 몇몇은 도시들에 안내되기도 하였고, 더러는 동산이나 낙원 등지에 안내되기도 하였습니다. 일반적으로 장대한 경관에 안내되었습니다. 그런 이유는 그들이 있는 외적인 장소들이 그들의 외적인 것을 즐겁게 해주기 때문입니다. 그 때 그들은, 육신을 입고 살았을 때, 사후 그들의 영혼에 관해서, 천계에 관해서, 그리고 지옥에 관해서 품었던 그들의 생각에 번갈아가며 되돌아가게 됩니다. 이러한 일은 그들이 그런 것들에 관해서 무지했고, 또 교회에 관해서, 기타 다른 것들에 관해서도 무지하였다는 것에 분개를 느낄 때까지 번갈아 계속 일어납니다. 대개의 사람들은 자기가 천국에 갈 것인지를 알고 싶어 합니다. 또 매우 많은 사람들은, 그들이 이 세상에서 도덕적인 삶과 시민적인 삶을 살았기 때문에, 그리고 선한 사람이나 악한 사람을 분별하지 않고, 겉보기에 꼭 같은 삶을 살았고, 모두에게 선행하기를 좋아하고, 공중 예배 장소에 참석, 설교말씀을 듣고, 기도하는 것을 좋아하였기 때문에, 자신들은 천국에 갈 수 있다고 믿습니다. 그렇지만 그들은, 겉보기의 행동이나 예배의 외적인 것들은 아무런 효용이 없고, 오직 그런 행위의 근원인 내면적인 것이 중요하다는 것을 전혀 알지 못하였습니다. 내적인 삶이나 내적인 예배가 무엇인지, 그리고 그런 삶과 예배 안에서 사람은 천계와 교회를 갖는다는 것을 아는 사람은 천 명 중 한 명도 되지 못합니다. 그들은 또한 외적인 행위들은, 그러한 행위들이 생기게 한 것들 안에 있는 의도나 사상 또는 사랑과 믿음과 꼭 같은 것이어야 한다는 것을 이해하지 못하였습니다. 그들이 가르침을 받는다고 해도, 그들은 생각하는 것이나, 뜻하는 것이 어떤 결과를 이룰 것이다는 것을 이해하지 못하고, 오히려 말하고 행동하는 것만이 어떤 결과를 이룬다고 생각합니다. 오늘날도 기독교계에서 저 세상에 온 대부분의 사람들이 이런 부류의 사람들입니다.

그럼에도 불구하고 그들은 선한 영들에 의하여, 그들의 성품에 관해서, 여러가지 방법으로 검사를 받았습니다. 왜냐하면 사후 사람의 첫 번째 상태에서 선한 사람과 꼭 같이 악한 사람도 진리를 읊어 대고, 또 선한 행동을 하기 때문입니다. 그 이유는 앞에서 언급한 것과 같이, 그들은 겉으로는 도덕적인 삶을 살기를 좋아하였습니다. 왜냐하면 그들은 국가의 다스림 하에 있기 때문에 법률에 예속되어 있었고, 그리고 그런 일들을 통해서 그들은 정의와 성실에 대한 좋은 평판을 얻었고, 또 사회적인 호의를 보장받는가 하면, 명예로운 자리에 오르기도 하고, 재물도 얻을 수 있기 때문입니다. 그러나 그 이유는 앞에서 언급한 것과 같이, 그들은 겉으로는 도덕적인 삶을 살기를 좋아하였습니다. 그러나 악한 영들은 몇 가지 사실들에 의하여 선한 영과 분별되었습니다. 그 사실들이란, 악한 영들은 외면적인 것들에 관하여 언급되면 열심히 주의를 기울이지만, 이에 반하여 내적인 것, 즉 교회나 천계에 속한 진리나 선에 관해서는 아주 냉소적인 관심을 갖는 것입니다. 그들은 비록 이런 것들에 관해서 듣기는 해도, 그들은 관심도 없고, 기쁨도 없습니다. 그들은 또한 아주 자주 특정한 방향으로 자신을 돌린다는 사실에 의해서도 분별됩니다. 그들이 혼자 남게 되면 이들은 특정방향을 향하는 그 길을 걷습니다. 그들의 이같은 특정방향으로 몸을 돌리는 것이나, 특정방향의 길을 걷는 사실에서 볼 때, 그들을 인도하는 사랑의 본질이 무엇인지를 잘 알 수 있습니다.

이 세상에서 온 영들은, 사실대로 말하면, 모두 천계에 있는 어느 사회나, 또는 지옥에 있는 어느 사회에 귀속(歸屬)됩니다. 그러나 이것은 오직 그들의 내면적인 것에 관한 것일 뿐입니다. 그리고 그들이 외면적인 것 안에 있는 한 내면적인 것은 어느 누구에게도 드러나 보이지 않습니다. 왜냐하면 외적인 것들은 내적인 것들을 감싸고 있고, 또 감추고 있기 때문입니다. 내면적인 악 안에 있는 사람들의 경우는 특히 그러합니다. 그러나 그뒤, 그들이 두번째 상태에 놓이게 되면, 그런 것들은 백일 하에 드러나듯, 모두 까발겨집니다. 왜냐하면 그 때 그들의 내면적인 것들은 모두 개방되고, 대신 외면적인 것들은 잠자는 상태에 놓이기 때문입니다.

사후 사람의 첫 번째 상태는 어떤 사람의 경우는 여러 날, 또는 여러 달, 일 년 동안 계속되는데, 일 년 이상 계속되는 사람은 거의 없습니다. 이같이 그 상태의 계속이 서로 차이가 있는 것은 내면적인 것과 외면적인 것의 일치와 불일치에 따라서 생겨집니다. 왜냐하면 모두에게 있어서 외면적인 것이나 내면적인 것은 하나(一體)로 움직이어야 하고, 또 서로 대응하기 때문입니다. 영계에서는 이런 방법으로 생각하고, 의도하면서 저런 방법으로 말하고, 행동하는 것이 누구에게도 용납되지 않습니다. 거기에는 누구나 자신의 정동 또는 자신의 사랑의 형상(image)이어야 합니다. 그러므로 그의 내면적인 것 안에 있는 사람은 또한 그의 외면적인 것 안에 있어야만 합니다. 이런 이유 때문에, 그것들이 내면적인 것에 대응하는 장(場)의 역할을 하기 위하여 영들의 외면적인 것들은 먼저 벗겨져야 하고, 질서에 순응하여야 합니다. (천계와 지옥 493-498항)

사후 사람의 둘째 상태

앞장에서 언급한 것과 같이, 외면적인 상태를 가리키는 첫 번째 상태를 거친 뒤, 영인(靈人·the man-spirit)은 그의 내면적 상태, 즉 내면적인 의지와 거기서 파생된 사상의 상태에 들어갑니다. 그 상태는 이 세상에 있을 때 아무런 제약이 없이 자유롭게 자기 혼자서 생각하였을 때의 상태를 가리킵니다. 이 상태에는 자기도 모르게 미끄러지듯 들어가게 되어 있는데, 그것은 이 세상에 있을 때 말한 것에 가장 가까운 생각에서 물러나서, 즉 그의 말이 비롯된 사상에서 물러나 그의 내면적 사상에 들어가, 그 사상 속에 사는 것과 꼭 같은 상태를 가리킵니다. 그러므로 영인(靈人)이 이 상태에 있다는 것은 바로 그가 자기 자신 안에 있다는 것이고, 또 자기의 생명 자체 안에 있다는 것입니다. 왜냐하면 자기 자신의 정동으로 말미암아 자유스럽게 생각한다는 것은 바로 그 사람 자신의 생명이고, 그 사람 자신이기 때문입니다. (천계와 지옥 502항)

어느 누구도 예외 없이 사후 사람은 이 상태에 들어가는데, 그 이유는 이 상태가 영들의 본연의 상태이기 때문입니다. 앞서의 상태는 사후 영이 된 후에도 다른 사람들과 함께 있을 때의 상태이므로 그 영의 본연의 상태가 아닐 수도 있습니다. (천계와 지옥 504항)

영이 그의 내면적 상태에 있을 때, 그가 이 세상에 있을 때 그 자신이 어떤 성품의 사람이었지를 아주 잘 나타냅니다. 왜냐하면 이 상태에서는 자기 고유속성으로 말미암아 행동하기 때문입니다. 이 세상에서 내면적으로 선 안에 있었던 사람은 그 상태에서는 합리적으로, 그리고 현명하게 행동합니다. 그 이유는 그 때에는 육신이나 육생(陸生)적인 것들과의 유대가 풀리고, 또 마음을 흐리게 하던 주위의 암운(暗雲)과 같은 것들과는 아주 고리가 끊어지기 때문입니다. 그러나 이 세상에서 악 안에 있었던 사람은, 그 때에 바보스럽고, 미치광이처럼 행동합니다. 사실대로 말한다면, 그 때는 이 세상에서 하던 짓보다는 더 미치광스럽게 행동합니다. 그 이유는 그 사람은, 아무런 제약이 없는, 자유분방(自由奔放)한 상태에 있기 때문입니다. 왜냐하면 그 사람이 이 세상에서 사는 동안, 그 사람은 겉으로는 합리적인 사람의 외모를 보여 줄 수 있었기 때문에, 외면적으로는 합리적이고, 정신이 있는 사람 같았습니다. 그러나 그의 외적인 것들이 그 사람에게서 모두 사라졌을 때, 그의 어리석고 미친 성품은 백일 하에 드러나게 됩니다. 겉으로 선한 사람의 외모를 취하였던 나쁜 사람은, 겉부분은 잘 닦여서 번쩍이지만, 그 안에는 온갖 불결한 것들이 들어 있어서, 뚜껑으로 막아버린 그릇과 비교될 수 있겠습니다. 이런 사람을 가리켜 주님께서 말씀하셨습니다. 즉—.

제31강 중간 상태 또는 영들의 세계 ◆ 967

율법학자들과 바리새파 사람들아, 위선자들아, 너희에게 화가 있다! 너희가 회칠한 무덤과 같기 때문이다. 그것은 겉으로는 아름답게 보이지만, 그 안에는 죽은 사람의 뼈와 온갖 더러운 것이 가득하다.
(마태 23 : 27)

(천계와 지옥 505항)

영들이 두 번째 상태에 들어가면 이 세상에 있었을 때의 그 자신의 성품 그대로 아주 꼭 같이 나타납니다. 그들이 남 모르게 행동하고, 말한 것까지도 모두 적나라하게 드러납니다. 왜냐하면 그 때에는 외적인 고려사항 따위는 그들을 억압하지 않기 때문에, 그들은 그전에 숨어서 말한 것을 공공연히 말하고, 예전에 숨어서 행한 짓을 보란 듯이 행하며, 이 세상에서 하던 대로 명예의 실추(失墜) 따위는 두려울 것이 없기 때문입니다. 그 때 그들은, 그들 자신의 수많은 악한 상태에 옮겨지며, 그리고 그들은 자신들의 성품이 어떤 것인지를 천사들이나 선한 영에게 드러내 보여줍니다. 따라서 숨겨졌던 것들은 모두 적나라하게 까발겨지고, 모든 감춰졌던 비밀스러운 것들도 백일 하에 주님의 말씀대로, 드러납니다. 주님의 말씀입니다.

덮어 둔 것이라고 해도 벗겨지지 않을 것이 없고, 숨긴 것이라 해도 알려지지 않을 것이 없다. 그러므로 너희가 어두운 데서 한 말을 사람들은 밝은 데서 들을 것이고, 너희가 골방에서 귀에 대고 속삭인 말을 사람들이 지붕 위에서 선포할 것이다.
(누가 12 : 2, 3)
내가 너희에게 말한다. 사람들은 심판 날에 자기가 말한 온갖 쓸데없는 말을 해명해야 할 것이다.
(마태 12 : 36)

(천계와 지옥 507항)

악한 영들은, 두 번째 상태에 놓이게 되면 돌진하여 온갖 악에 빠지게 되기 때문에, 그들은 빈번히 극심한 형벌을 받습니다. 영들의 세계에서 행해지는 형벌은 다종다양합니다. 이 세상에서 그 사람이 왕이었든 종이었든, 이 세상의 신분이 참작되거나 고려되는 법은 없습니다. 모든 악은 그것과 같이 하는 형벌을 수반합니다. 즉 악과 벌은 하나로 결합되어 있습니다. 그러므로 어느 누구가 악 안에 있으면, 그 사람은 역시 그 악이 가지고 있는 형벌 안에 있습니다. 그럼에도 불구하고 이 세상에서 행한 악행 때문에 벌을 받는 사람은 아무도 없고, 오히려 그가 거기서 행한 악 때문에 벌을 받습니다. 그렇지만 어느 쪽이건 그들이 벌을 받는 것은 이 세상에서 행한 악업 때문이라고 하건, 저 세상에 와서 행한 악업 때문이라고 하건, 같은 것입니다. 그것은 누구든 사람은 사후 자기 자신의 삶으로 돌아가기 때문에, 다시 말하면 꼭 같은 악들에게로 돌아가기 때문입니다. 왜냐하면 사람의 성품(性稟)은 육신을 입었을 때, 삶 안에 있는 것과 같은 것이기 때문입니다. 이 상태에서 그들이 벌을 받는 것은, 벌에 대한 두려움이 바로 악을 정복하는 수단이기 때문입니다. 충고나 교훈, 법률 위반이나 공공의식에 대한 두려움, 명예 실추에 따른 염려도 이미 더 이상 아무런 효험(效驗)이 없었습니다. 영은 지금 자신의 본성에 따라서 행동하기 때문에, 형벌에 의한 것을 제외하고서는 그들의 행동을 억제할 수도, 중단시킬 수도 없습니다. 이에 반하여 선한 영들은, 비록 그들이 이 세상에서 악행을 저질렀다고 해도, 결코 벌을 받지 않습니다. 왜냐하면 그들이 저지른 악은 그들에게 되돌아오지 않기 때문입니다. 나는 그들이 저지른 악들이 어떤 것들이고, 어떻게 다른지를 주님의 은총으로 볼 수 있었습니다. 왜냐하면 그들은 진리에 반대할 목적으로 저지른 것이 아니고, 오히려 부모에게서 유전된 이외의 악한 마음에서 비롯된 것이 아니기 때문입니다. 다시 말하면 그것들은 내적인 것에서 분리된 외적인 것 안에 있을 때 빚어진 것들인데, 그것들은 맹목적인 기쁨 때문에 행해진 것들입니다. (천계와 지옥 509항)

악한 영은 자기의 내면적 상태에 있는 동안, 그가 속한 자신의 사회로 점진적으로 돌아가는데, 이 상태가 끝이 나기 전에, 그 곳으로 직접적으로 향해 갑니다. 이 상태가 끝이 나면 악한 영은, 그와 꼭 닮은 자들이 있는 지옥으로 자기 자신을 내던집니다. 몸을 던지는 이같은 행동이 눈에 보였는데, 그것은 마치 머리는 아래로, 다리를 위로 하고 몸을 쑤셔박는 그런 모습이었습니다. 지옥에 떨어지는 것이 이렇게 보인 이유는, 그 사람이 위배된 질서 안에 있었기 때문입니다. 왜냐하면 그 사람은 지옥적인 것은 애지중지 하였지만, 천계적인 것들은 내동댕이쳤기 때문입니다. 어떤 악한 영들은, 번갈아서, 지옥을 들락 날락하였습니다. 그러나 그들은 거꾸로 쑤셔박는 모습은 아니었습니다. 그 이유는 그 때 그들은 완전히 벗겨진 상태(떨어져나감 · 荒廢 · vastation)에 * 있었기 때문입니다. 이 세상에 있을 때 그들이 있었던 사회 자체는 그들의 영의 측면에서 보면 그들의 외면적인 상태에 있을 때의 모습을 보여주는 것입니다. 그와 같은 것을 보여주는 것은 그들이 육신을 입고 살 때, 아직은 지옥 자체 안에 있는 자들의 상태와 같지 않다고 해도, 영들의 세계에 있는 그들에게는 꼭 같은 상태인 지옥 안에 그들이 있다는 것을 알게 하기 위해서 입니다. 아래에서는 그들의 상태와 지옥에 있는 자들의 상태를 비교하여 설명하겠습니다. (천계와 지옥 510항)

선한 영들과 악한 영들의 격리(隔離 · separation)는 두 번째 상태에서 일어납니다. 왜냐하면, 첫 번째 상태에서는 그들이 모두 함께 뒤섞여 있기 때문입니다. 그 이유는 영이 그의 외면적인 상태에 있는 동안은 이 세상에 있었을 때의 그의 성품과 꼭 같은 그 사람으로 존재하기 때문입니다. 따라서 거기에서는 마치 악한 사람이 선한 사람과, 또한 선한 사람이 악한 사람과 같이 있는 것과 같습니다. 그 사람이 자신의 내면적 상태에 옮겨지면, 또는 그 사람이 자신의 성품 즉 의지의 상태에 있게 되면, 사정은 아주 달라집니다.

악한 영으로부터 선한 영의 격리는 여러 가지 방법으로 이루어집니다. 일반적으로는 그들의 첫 번째 상태에 있었을 때에는 선한 사상이나 정동에 의하여 교류를 가졌던 사회의 사람들에게 인도되는 것으로 대부분 격리됩니다. 그러므로 그들에게는 겉모양으로는 그들이 악하지 않다는 것을 믿게 됩니다. 그들은 통상적으로 아주 광범위한 순회구역(a wide circuit)을 순회하게 되는데, 그들이 가는 매 곳에서 그들은 자신들의 됨됨이(性稟)를 그대로 선한 영들에게 내보여 주게 됩니다. 선한 영들은 그들을 보자 곧 외면(外面)합니다. 그들이 외면을 하니까 순회 중인 악한 영들도 그

---

* 이 세상에서 저 세상에 온 사람들이게만 일어나는데, 성품이 착한 사람은 거짓에 대한 벗겨짐이 있고, 반면에 악한 사람은 진리에 대한 벗겨짐이 있다. (이 책 973쪽 참조)

들에게서 외면하고, 그들은 그들의 지옥적인 사회가 있는 방향으로 얼굴을 돌리고서는, 그 사회로 들어갑니다. 격리되는 방법은 여러 가지 많이 있지만 더 이상 설명하지 않겠습니다. (천계와 지옥 511항)

사후 사람의 셋째 상태

사후 사람 즉 사람의 영의 세 번째 상태는 가르침을 받는 상태(敎育狀態 · a state of instruction)입니다. 이 상태는 천계에 가서, 천사가 될 사람들을 위한 상태인데, 가르침을 받을 수 없기 때문에 지옥으로 가는 영들에게는 필요치 않습니다. 그러므로 지옥으로 가는 영들의 두 번째 상태는 동시에 세 번째 상태가 되는데, 그들의 세 번째 상태는 두 번째 상태에서 종결됩니다. 그같은 일은, 그들이 그들 자신의 사랑의 상태로 완전히 돌아버렸기 때문이며, 그러므로 꼭 같은 사랑 안에 있는 지옥의 사회로 전향(轉向)해 버렸기 때문입니다. 이런 일이 생기면, 그들은 그 사랑으로 말미암아 모든 것들을 생각하고, 뜻을 도모합니다. 그리고 그 사랑이 지옥적이기 때문에 그들은 악 이외는 아무것도 원하지 않고, 거짓 이외에는 아무것도 생각하지 않습니다. 악과 거짓이 그들의 사랑에 속한 것이기 때문에, 그들의 쾌락 또한 그런 것들입니다. 그러므로 그들은 수단으로서 그들의 사랑을 애지중지하기 때문에, 그들이 앞에서 차용(借用)했던 선한 것들이나 참된 것들은 모두 거부합니다. 그러나 선한 사람은 두 번째 상태에서 세 번째 상태를 옮겨지는데, 이 세 번째 상태는 교육에 의한 천계를 위한 준비의 상태입니다. 왜냐하면 어느 누구도 예외 없이 선과 진리에 관한 지식에 의한 즉 교육에 의한 천계를 위한 준비가 있어야 하기 때문입니다. 왜냐하면 가르침을 받지 않으면, 어느 누구도 영적인 선과 영적인 진리가 무엇인지, 또는 이것들에 반대되는 악과 거짓이 무엇인지를 모르기 때문입니다.

가르침(敎育)은 수많은 사회의 천사들에 의하여 이루어지며, 특히 북방과 남방에 있는 사회의 천사들이 그 교육을 담당합니다. 왜냐하면 이들 천사적 사회는 선과 진리의 지식에서 비롯된 총명이나 지혜 안에 있기 때문입니다. 교육의 장소는 북쪽을 향해 있고, 그 종류 또한 다양합니다. 즉 천계적 선에 속한 종(種)과 유(類)에 일치하여 교육장은 분별되고, 정돈되어 있기 때문에, 그러므로 각자 각자들은, 또한 누구나 수용능력(受容能力)이나 그의 성품(性稟)에 따라서 거기서 교육을 받을 수 있습니다. 그 교육장소는 그 주위의 아주 먼 곳까지 널리 퍼져 있습니다. 영들의 세계의 두 번째 상태를 성공적으로 바친 뒤 선한 영들은 교육을 받기 위하여 주님에 의하여 그 곳으로 인도됩니다. 그렇지만 모두(全員)는 아닙니다. 왜냐하면 그 세계에서 교육을 이수한 영들도 있고, 또 거기에는 주님에 의하여 천계를 준비하는 영들도 있기 때문인데, 이들은 다른 길로 천계에 오릅니다. 즉 어떤 이들은 사후 곧장 천계에 영접되는가 하면, 어떤 이들은 선한 영들과 잠시 동안의 체류가 있은 뒤에 천계에 영접되기도 합니다. 이 체류에서, 이 세상에 있을 때 명예나 재물에서 비롯된 그들의 사상이나 정동에 속한 조악(粗惡)한 것들은 모두 제거되어, 따라서 그들은 모두 정결하게 됩니다. 어떤 사람들은 제일 먼저 벗겨짐(=떨어져나감 · vastation)이 있으며, 그 벗겨짐은 "낮은 땅"(the lower earth)이라고 부르는 발뒤꿈치 밑에 위치한 곳에서 행해지는데, 어떤 이들은 여기서 심한 고통을 받기도 합니다. 고통을 받는 사람들은, 거짓으로 마음을 굳히기는 하였지만, 그럼에도 불구하고 선한 삶을 산 사람들입니다. 왜냐하면 거짓이 마음에 굳어버리면, 거짓의 뿌리가 깊게 박혀 있기 때문에 그것을 깨부수지(粉碎) 않고서는 진리가 보이지 않고, 그러므로 천계에는 영접될 수 없기 때문입니다. (천계와 지옥 512 · 513항)

그러나 누구나 모두가 꼭 같은 방법으로, 그리고 꼭 같은 천계의 사회들로부터 교육을 받는 것은 아닙니다. 젖먹이 때 천계에 들어온 사람들은 지심한 천계의 천사들에게 교육을 받는데, 그것은 그들이 잘못된 종교에 속한 거짓으로 물들지도 않았고, 또 이 세상에서 명예나 재물에서 비롯된 터무니 없는 것으로 그들의 영적 삶이 오염되지도 않았기 때문입니다. 장년기에 죽은 사람들은 대부분 가장 외적 천계의 천사들에게서 교육받는데, 그 이유는 이들 천사들이 지심한 천계의 천사들에 비하여 그들에게 매우 적합하기 때문입니다. 왜냐하면 지심한 천계의 천사들은 내면적 지혜 가운데 있는데, 이 지혜는 그들이 아직 받아드릴 수 없기 때문입니다. 그러나 전에 그들과 꼭 같은 종교를 가지고 있었던 천사들에게서 교육을 받고, 그리고 기독교로 개종(改宗)합니다. 이방 민족들 역시 그들의 천사들에게서 교육을 받습니다.

거기의 모든 교육은 성경에서 비롯된 교리에 의해서 이루어지는데, 교리가 동반하지 않은 성경말씀에 의해서 교육은 행해지지 않습니다. 기독교도들은, 성경말씀의 속뜻(內意·靈意)과 완전히 일치하는 천계적 교리에 따라서 교육을 받습니다. 마호메트 교도들이나 이방 민족들 같이, 그밖의 사람들은 그들의 알아채기(理解力)에 적합한 교리에 따라서 가르침을 받습니다. 이들이 배우는 교리와 천계적 교리는 이런 점에서 차이가 있습니다. 즉 그들은 영적 삶을 그들의 종교에 속한 선한 교리(敎理·dogma)와 일치하는 도덕적 삶을 통해서 배웁니다. 그 이유는 이 세상에서 그들은 그들의 생명을 거기에서 얻기 때문입니다.

이런 점에서 천계에서 행해지는 교육과 지상에서 행해지는 교육이 서로 다릅니다. 즉 지식은 기억에 저장해 두는 것이 아니고, 생활에 적용한다는 것입니다. 왜냐하면 영들에게 있어서 기억은 그들의 생명 안에 내재해 있기 때문입니다. 그들은 자신들의 생명에 일치하는 것은 모두 받아드리고, 흡수하지만, 그들의 생명에 일치하지 않는 것은 받아드리지도 않는데, 하물며 어떻게 흡수할 수 있겠습니까! 왜냐하면 영들은 정동이고, 자기의 정동과 같은 사람의 형체를 하고 있기 때문입니다.

영들이 그러하기 때문에, 삶의 선용(善用·use)을 목적한 진리의 정동은 계속해서 영감(靈感)됩니다. 왜냐하면 주님께서는 누구나 자신의 천성에 적합한 선용을 애지중지하도록 섭리하시기 때문입니다. 다시 말하면 이러한 사랑은 자기들도 곧 천사가 된다는 희망으로 드높여 집니다. 천계의 선용은 모두, 자신들의 나라인 주님의 나라(王國)를 목적한 공통된 선용에 관계하고 있기 때문에, 그리고 특별한 것이든 특수한 것이든 모든 선용은 보다 밀접하게 그리고 보다 충분하게 이 공통적인 선용을 중요시하고 또 존중하는 것에 비례하여 고귀한 것이기 때문에, 그러므로 헤아릴 수 없이 많은 모든 특별하고 특수한 선용들은 선하고, 천계적인 것입니다. 그러므로 누구에게나 진리를 목적한 정동은 선용을 목적한 정동과 결합하고, 그만큼 그것들은 한 몸(一體)처럼 행동합니다. 그것에 의하여 진리는 선용에 활착(活着)되고, 그러므로 그들이 배운 진리들은 선용의 진리가 됩니다. 이와 같이 천사적인 영들도 가르침을 받고 또 천계를 위해 준비합니다. 선용에 꼭 알맞는 진리의 정동은 여러 가지 방법에 의하여 서서히 침투되지만, 이러한 대부분의 사실은 이 세상에는 알려지지 않았습니다. 이런 일은 대부분 선용들의 표징에 의해서 행해지는데, 그 표징들도 영계에서는 수천 가지가 넘습니다. 그것들은 그런 기쁨과 즐거움으로, 마음 내면에서부터 육체의 외면에 이르기까지, 그 영에게 영향을 주며, 따라서 영 전체를 감동시킵니다. 이렇게 하여 그 영은 말하자면 그의 선용과 꼭같은 영으로 태어납니다. 그러므로 그 사람은 교육에 의하여 그 자신의 사회에 들어오게 되는데, 그렇게 되면, 그 사람은 그 자신의 선용 안에 있는 한, 자기 자신의 생명 안에 있습니다. 이와 같은 연구에서 볼 때 밝히 알 수 있는 것은 외적인 진리를 가리키는 지식은 어느 누구도 천계에 들어가게 할 수 없지만, 선용에 속한 삶의 지식에 의하여 감화된 그 삶 자체가 누구든 천계에 들어가게 할 수 있다는 것입니다. (천계와 지옥 515-517항)

위에서 설명한 곳에서 교육에 의하여 영들은 천계를 준비하는데, 이러한 일은, 많은 것을 단번에 다 함께 이해할 수 있는 영적 관념을 가지고 있기 때문에, 짧은 기간 안에 행해집니다. 그 교육이 끝이 난 뒤에, 그들은, 마치 세마포 같은 대부분 흰색의 천사적인 의상을 입습니다. 이 상태에서 그들은, 천계로 올라가는 길에 옮겨지고, 수호천사(守護天使・the angel guards)에게 위임됩니다. 그런 뒤에 그들은 다른 천사에게 인계되어, 그들의 사회들에 안내되며, 거기서 많은 기쁨 가운데 있게 됩니다. 그런 뒤에는 주님에 의하여 자기 자신의 사회에 인도됩니다. 이같은 일은 여러 가지 방법으로, 때로는 신비의 방법으로 행해집니다. 그들이 인도되는 방법은 천사들도 모르고 오직 주님께서만 아십니다. 그들이 그들의 사회에 들어가면 그들의 내면적인 것들이 열리게 됩니다. 이러한 내면적인 것들은 그 사회에 있는 천사들의 내면적인 것에 일치하기 때문에, 따라서 그들은 즉시 기쁨 가운데 시인되고 영접됩니다. (천계와 지옥 519항)

벗겨짐(剝脫・vastation)의 상태에 관하여

이 세상에서 소박하고 천진스럽게 사는 동안 믿음에 관한 한, 거짓에 감염되었으면서도, 자기 자신들의 믿음의 원칙에 일치하는 어떤 양심을 가지고 증오・복수・음란 등에 빠져 사는 사람들과 달리, 정결한 삶을 산 사람들이 많이 있습니다. 저 세상에서 이런 부류의 사람들은, 그들이 거짓 안에 머물러 있는 한 천계적 사회에는 들어갈 수 없습니다. 그러므로 그들은 일정기간, "낮은 땅"에 * 머물러 있어야 하는데, 그것은 그들이 그들의 거짓 원칙들을 벗어버리기 위해서 입니다. 그들이 거기에 머무는 기간은 그 거짓의 성질에 따라서, 또는 그 거짓에서 기인된 삶과의 결속 상태에 따라서, 또는 그들의 원칙을 가지고 자신들을 다짐하고, 굳힌 정도에 따라서, 길기도 하고 짧기도 합니다. 어떤 사람은 거기서 심한 고통을 받기도 하고, 심한 고통을 받지 않는 이들도 있습니다. 이런 상태들을 가리켜 벗겨짐(剝脫·荒廢·vastation)이라고 부릅니다. 그리고 이런 상태에 관해서는 성경말씀에서 자주 언급되고 있습니다. 이 황폐의 기간이 완료되었을 때, 그들은 천계에 올라가며, 신참자(新參者·novitiate)이기 때문에, 그들은 그들을 영접할 천사들에 의하여 믿음에 속한 진리를 배우게 됩니다.

이 세상에서부터 자신들이 가지고 온 거짓 원칙들을 벗어버리는 즉 거짓 원리들이 벗기어지기를 자기 스스로 원하는 사람들 몇몇이 있었습니다. 그럼에도 불구하고, 저 세상에서는 주님께서 장만하신 방법과 소정의 시간을 빼고서는 그 누구도 거짓 원칙들을 벗어버릴 수는 없습니다. 그들이 "낮은 땅"에 머물러 있는 동안, 그들은 여기에서의 구출의 희망 가운데, 또는 목적의식 가운데 주님에 의하여 보호됩니다. 그것은 바로 그들이 천계적 행복을 수용하기 위하여 그들이 개심(改心)하고 또 그것을 준비하기 위해서 입니다. (천계비의 1106 · 1107항)

지상에서 무분별한 우정 관계는 사후 유해하다

비록 영적인 인격을 고려하지 않은 우정이라 할지라도, 사후 그 사람에게 계속 남아 있습니다. 우정은 곧 사랑의 내면적인 우정을 뜻하는데, 그런 우정은 그의 겉사람만 좋아하는 것이 아니라 그의 속사람까지도 사랑하는 그런 성질을 가지고 있습니다. 다른 말로 하면 사랑에 속한 내면적인 우정은 그 사람의 내적인 즉 영적인 성품에 관하여 아무런 살핌(scrutiny)이 없이, 즉 그 사람의 마음의 정동에 대하여 예리한 관찰이 없이 맺어진다는 것입니다. 다시 말하면 그 사람의 마음의 정동들이 이웃사랑(love

---

* 에베소 5 : 9 ; 에스겔 31 : 16 ; 묵시록 6 : 9 참조

towards the neighbour)이나 주님사랑(love to God)의 정동인지, 또는 천계의 천사들과 교제할 수 있는 것인지, 아니면 이웃사랑이나 주님사랑에 정반대되는 그런 사랑에 속한 정동은 아닌지, 따라서 악마들과 더불어 교제할 수 있는 정욕인지를 면밀히 살피지 않고 우정 관계를 갖는다는 것입니다. 이런 성질의 우정은 여러 가지 원인들이나, 목적 때문에 맺어지게 됩니다. 이러한 우정 관계는 오직 개인적인 목적으로 맺어진 우정이나, 또는 육체이고 감관적인 쾌락을 목적한 우정이나 또는 단순히 서로 사귀기 위해서 맺어지는 우정들과는 아주 다릅니다. 이런 교우관계는 어느 누구와도 맺을 수 있습니다. 다시 말하면 왕자의 식탁에서 광대노릇을 하는 교양없는 사람들과도 교우관계는 있을 수 있습니다. 이런 교우관계를 단순한 우정이라고 부르지만, 앞서의 교우관계 즉 마음의 정동으로 맺어진 우정은 사랑에 속한 우정(the friendship of love)이라 부릅니다. 그 이유는 우정은 단순한 자연적인 결합을 가리키기도 하지만, 사랑에 속한 우정은 영적인 결합을 가리키기 때문입니다.
사랑에 속한 우정관계가 사후에 매우 유해할 수 있다는 것은 천계의 상태에서, 지옥의 상태에서, 또는 상대적인 그 사람의 영의 상태에서 비롯된 원인들에서 그 교우관계가 맺어질 수 있기 때문입니다.
이 세상에서 다른 사람과 더불어 사랑에 속한 우정 관계를 맺은 사람들은 통상적인 잡다한 원인들에 의해서 갈라서는 교우관계를 좋아할 수 없고, 또는 자신들의 삶에 맞는 사회의 탓으로 돌려 결별하는 교우관계를 좋아할 수 없습니다. 왜냐하면 내면적으로, 다시 말하면 영의 측면에서 보면, 그들은 줄기에 접목된 가지와 같기 때문에, 그들은 서로 결속(結束)되어 있고, 또 그들은 서로 갈라 놓을 수 없기 때문입니다. 그러므로 만약 하나는 내면적인 측면에서 천계에 있고, 다른 하나는 지옥에 있다면 그들은 마치 양이 늑대에게 매인 것이나, 거위가 여우에게, 또는 비둘기가 매에게 매인 것과 전혀 다를 바가 없겠습니다. 그리고 내면적으로 지옥에 있는 성품을 지닌 사람은 내면적으로 천계에 있는 성품을 지닌 사람에게 그의 지옥적인 영향력을 계속 뿜어 댈 것입니다. 왜냐하면 이런 일에 대해서 천계에서 잘 알려진 바는 이랬습니다. 즉 악은 선한 사람에게 악을 품게 할 수 있지만, 선은 악한 사람에게 선을 품게 할 수 없다는 것입니다. 이런 이유로 해서 모든 사람은 출생에서부터 악 안에 놓일 수

밖에 없습니다. 여기서 알 수 있는 것은, 악한 사람과 이와 같이 연계되어 있는 선한 사람에게 있는 내면적인 것은 닫혀지기 때문에 두 사람은 모두 지옥으로 떨어지게 되는데, 지옥에서 선한 사람은 갖은 고통을 받지만, 그럼에도 불구하고, 종국에는 일정기간이 지난 뒤에 선한 사람은 지옥에서 구출되고, 그런 뒤에 처음부터 그는 천계를 준비합니다.

다른 사람 안에 있는 선을 사랑하는 사람에게는 아주 전적으로 다릅니다. 다시 말하면 정의(正義)·공평(公評)·신뢰(信賴)·인애에서 비롯된 선행(善行)을 애지중지하는 사람들에게는, 특히 믿음을 중히 여기고, 주님을 사랑하는 사람들에게는 전적으로 다릅니다. 그들은 사람의 외적인 것을 사랑하지 않고, 사람의 내적인 것을 사랑하기 때문에, 만약 그들이 사후 그 사람의 인격에서 꼭 같은 것을 보지 못한다면, 즉시 그들은 그 우정관계를 취소하기 때문에, 주님께서는 그들을 꼭 같은 선 안에 있는 사람들과 사귀게 합니다. 어떤 사람이 서신왕래 정도의 친분관계에 있다고 해도 그런 관계의 상대가 지니고 있는 마음의 지심한 것을 그 누구도 알 수 없는 것 아니냐고 말할 수 있겠습니다. 그러나 이런 것은 걱정할 필요는 전혀 없습니다. 오직 사람은 누구나 사랑에 속한 우정관계만 예외 조심하면 됩니다. 여러 가지 외적인 선용 때문에 맺는 외적인 교우관계는 해롭지 않기 때문입니다. (순정기독교 446-449항)

저 세상에서 모두의 성품은 그를 에워싼 영기(靈氣)로 말미암아 지각된다

한 사람은 그가 내포하는 그의 사랑들에서부터, 그리고 그 사람 자신에게서, 진리나 또는 거짓이 비롯된다는 것은, 생물이든 무생물이든, 이 세상에 있는 만유 자체에서 영기(靈氣·sphere)가 발출된다는 연구에서 잘 알 수 있습니다. 그러한 일은 가끔 좀 떨어져 있는 감관에 지각되기도 합니다.

감관에 지각되는 일은, 숲속의 짐승들에서 알 수 있는데, 그것은 개들이 예민하게 냄새를 맡고, 그 냄새를 따라서 한 걸음씩 추적하는 것과 같고, 또 토양(土壤)이나 그것의 다양한 광물들도 마찬가지이지만, 정원이나 숲속의 식물들이 사방으로 향기로운 영기(靈氣)를 발하는 것과 같습니다. 그러나 이러한 것들은 자연적인 발산현상입니다. 이와 유사한 경우가 영계에서도 일어납니다. 거기에 있는 모든 영들이나 천사들에게서도 그의 사랑의 영기가 발산되고, 그리고 그것에서부터 그의 진리나 또는 거짓의 영기도 나오는데, 이것은 사방으로 발산됩니다. 그러므로 여기서 알 수 있는 것은 그들의 성품에 관한 한, 모든 영들의 성품은 그들에게서 나온 영적인 영기들에서 알 수 있다는 것이고, 그들의 성품은, 같은 사랑 안에 있는, 그리고 그 사랑에서 파생된 꼭 같은 진리나 또는 거짓 안에 있는 사회와 결합된 이런 영기와 일치한다는 것입니다. 사랑에 속한 선 안에, 또는 그것에서 파생된 진리에 속한 사랑 안에 있는 사람들은 천계의 사회와 같이 있고, 악에 속한 애욕(愛慾)이나 거기서 파생된 거짓에 속한 애욕 안에 있는 사람들은 지옥의 사회와 같이 있습니다. 내가 확증할 수 있는 것은, 어느 영이나 사람도 그런 영기에 의하여 어떤 사회와 교류할 수 있는 단 하나의 생각도 가질 수 있다는 것입니다. 그럼에도 불구하고 사람들은 실상이 그러하다는 것을 알지 못할 뿐입니다. 그러나 모두가 사실이라는 것을 영계에서 체험한 수천의 경험으로 나는 확증합니다. 그러므로 영들이 그들의 성품에 관해서 검증받을 때 그들의 생각은 아주 확대하여 조사됩니다. 이런 일련의 일을 통해서 그들과 결합한 사회의 됨됨이나 또는 그들의 성품의 됨됨을 알게 됩니다. 즉 악한 사람은 지옥의 사회와 결합하고 선한 사람은 천계의 사회와 결합합니다. (묵시록해설 889항)

저 세상에서 다른 사람의 성품은, 비록 그가 말을 하지 않아도, 그의 첫 만남(first approach)에서 알려진다는 것입니다. 이렇게 볼 때 알 수 있는 것은 사람의 내면적인 것들은 불지불식(不知不識) 간의 행위에 내재한다는 것이고, 그리고 이것에서 한 영의 성품이 지각된다는 것입니다. 이러한 것이 모두 사실이다는 것은, 영기는 거리(空間·distance)에 대한 확장일 뿐만 아니라, 가끔이기는 하지만, 주님께서 허락하시면, 여러 갈래로 그것이 지각될 수 있다는 사실에서 명확합니다.

나는 또한 저 세상에서 그와 같이 감관에 인지되는 이런 유의 영기가 어떻게 터득되는지에 관해서 알게 되었습니다. 명료하게 설명하기 위하여, 다른 사람에 비하여 자기 자신에 대하여 고매(高邁)한 뜻과 도덕적으로 탁월한 인품을 지녔다고 생각하는 한 사람을 예로 들겠습니다. 그 사람은 종국에 그같은 습관에 젖었는데, 말하자면 이같은 성품에 젖어서, 그가 가는 곳에서는 어디에서나 그는 단순히 다른 사람을 대하고, 그들과 이야기 하지만, 그 사람은 이런 관점을 계속 유지하였습니다. 이같은 자세는 처음에는 나타났지만, 뒤에는 전혀 나타나지 않았습니다. 그러므로 그 사람은 자신의 그런 자세를 알지 못하였습니다. 그럼에도 불구하고 그의 이같은 생각은, 그의 감정이나 사상의 개성에서, 또는 그의 처신이나 언어 등 모든 면에서 지배적이었습니다. 다른 사람들은 그의 이런 성품을 여러 면에서 잘 보고 있었습니다. 바로 이것이 저 세상에서 하나의 영기를 형성하고, 지각된다는 것인데, 그런 일은 주님의 허락이 없이는 빈번히 일어나지는 않습니다. 다른 마음에 품고 있는 가치관(價値觀·the affection)의 경우도 마찬가지입니다. 그러므로 저 세상에서는 수많은 가치관이나 그 가치관의 조합의 수만큼 수많은 영기가 있는데, 그것은 헤아릴 수 없이 많이 있습니다. 이 영기는, 말하자면 그 사람 외부로 나타난 그 사람의 이미지(image)이고, 사실은 그 사람과 관계되는 모든 것들의 이미지입니다. 영들의 세계에서 시각이나 또는 지각에 감지(感知)된다는 것은 지극히 일반적인 일입니다. 그럼에도 불구하고 지극히 개별적인 것에 관한 그것의 성품은 주님 외에는 그 누구에게도 알려지지 않습니다. (천계비의 1504·1505항)

영들과의 대화와 언어

저 세상에서 영들은, 이 세상에서 사람들이 하는 것과 꼭 같이, 서로서로 대화를 나눕니다. 내가 자주 들은 바는, 선한 영들은 모든 우정과 사랑에 속한 허물이 없는 친숙한 말을 주고 받는다는 것입니다. 이같은 그들의 언어 관습에 의하여 그들은, 사람이 한 시간 동안 표현할 수 있는 것보다 더 많은 것을 단 1분 동안에 표현합니다. 왜냐하면 그들의 언어는 개념에 의한 것으로써, 모든 언어의 보편성 때문이고, 또 모든 낱말의 원천이기 때문입니다. 그들은 어떤 주제에 관하여, 질서정연하게 서로 서로에 부합되는 근거에 속한 일련의 논리로, 또는 설득을 유발하는 것에 의해서 말을 하는데, 만약 사람들이 그것에 관해서 안다면, 매우 놀랄 것입니다. 그들은 설득력과 정동을 그들의 논술에 결합시킵니다. 따라서 그것에 생명을 불어 넣습니다.

가끔 그들은 표징에 의하여 시각에 또는 생명에 그것을 불어 넣습니다. 예를 들어 보겠습니다. 존경이 없이 존재할 수 있는 망신이나 수치에 관한 이야기입니다. 사람들에게 있어서 이것은 확증과 실례에서 비롯된 많은 추론에 의한 것을 제외하고서는, 비록 의심이 있다고 해도, 전혀 논의될 수 없습니다. 그러나 영들에게 있어서는, 모든 것들은 그들의 상태에 따른 여러 가지 수치(羞恥)에 속한 정동의 상태에 의해서, 그리고 존경에 속한 정동에 의해서, 일치와 불일치의 지각에 의해서, 동시에 그 대화와 결부된 표징들 안에 있는 것들을 보는 것에 의해서, 일순간에 까발겨집니다. 이런 것들에서부터 그들은 곧바로, 불일치에서부터 일치에 돌아가게 하는 자체의 흐름인 결론을 지각합니다. 또 다른 경우에서도 그러합니다. 사후 영혼들은 곧바로 이같은 기능을 이어받습니다. 그래서 선한 영들은 새로 도착한 영들 즉 무지한 영들에게 가르쳐주는 것 이외의 다른 것을 더 중하게 여기지 않습니다.

영들 자신들은 이같은 매우 탁월한 말로 그들이 다른 영들과 이야기하고 있다는 것, 그리고 주님에 의해서 그것에 관해 깊이 생각할 수 있는 것이 주어지지 않았다면 그렇게 뛰어난 재능이 부여되었다는 것도 알지 못합니다. 왜냐하면 이같이 말하는 언어 양식은 그들에게는 자연스러운 것이고, 또한 타고난 것이기 때문입니다. 사람들에게 있어서와 꼭같이, 그들에게 있어서도, 사람이 어떤 사물에 속한 의미에 관해서, 낱말이나 언어가 아니고, 주제에 속한 뜻에 관해서 몰두할 때, 심사숙고 없이 그 사람은 때때로 그가 사용하고 있는 말의 성질이 어떤 것인지 알지 못합니다.

이것이 바로 그 때의 영들의 언어입니다. 천사적 영들의 언어는 매우 보편적이고, 또 매우 완벽합니다. 또 천사들의 언어는 천사적 영들의 언어에 비하여 보다 더 보편적이고, 완벽합니다. 왜냐하면, 앞에서 말하였듯이, 거기에는 세 천계들이 있기 때문인데, 그 첫째는 선한 영들(the good spirits)이 있는 천계이고, 그 둘째는 천사적 영들(the angelic spirits)이 있는 천계이고, 그 셋째는 천사들(the angels)이 있는 천계입니다. 그러므로 그 완벽성(完璧性)은 위로 올라가면서, 점진적으로 더 완벽해지는데, 그것은 마치 외면적인 것들에서부터 보다 내면적인 것들에로 변화되는 것과 같습니다. 실예에 의하여 그 내용을 알기 쉽게 설명한다면, 시각에 대한 청각, 사상에 대한 시각과 거의 같습니다. 왜냐하면 한 시간 동안에 걸쳐 말을 통해서 청각이 수용할 수 있는 것들이 순간에 시각 앞에 펼쳐질 수 있기 때문입니다. 그것은, 예로 든다면, 눈으로 여러 시간 볼 수 있는 모든 것들 즉 평야나 궁전, 또는 도시들의 광경은 사상에 의해 순간에 이해되는 것과 같습니다. 이러한 관계는 영들의 언어는 천사적 영들의 언어에, 천사적 영들의 언어는 천사의 언어에 비례되는 관계라고 하겠습니다. 왜냐하면 천사적 영들은 영들에 비하면 말의 한 낱말이나 사상 안에서 수천 갑절 보다 명확하게 깨닫기 때문이고, 또한 천사들도 천사적 영들에 비교하면, 역시 그러하기 때문입니다. 그런데 정동이나 사상, 그리고 언어에 속한 모든 진수(眞髓)가 비롯된 주님의 경우, 또 그리고 홀로 언어 자체시고, 성언(聖言·the Word)이신 주님의 경우야 어떠하시겠습니까! (천계비의 1641·1642항)

오직 유전된 자연적인 선(善)만을 가진 사람들의 경우

세상에는 유전된 자연적인 선에 만족하는 사람들이 있습니다. 그들은 이 유전된 자연적 선으로 말미암아 다른 사람에게 선행하는 것으로 기쁨을 누립니다. 그러나 그들은 성경말씀이나 교회의 가르침에서 비롯된, 또는 그들의 종교에서 비롯된 주요 가르침에 의하여 고쳐지지 않았지만, 그들은 그런 것들로 말미암아 선을 행합니다. 그러므로 그들은 어떠한 양심도 부여받을 수 없습니다. 왜냐하면 양심은 자연적인 선 즉 유전적인 선에서 형성되지 않고, 진리나 선에 속한 가르침이나, 그것에 일치하는 삶에서 형성되기 때문입니다. 이런 유의 사람들이 저 세상에 이르면 그들은, 그들이 천계에 영접되지 않는다는 것을 이상하게 생각하면서, 자신들은 선한 삶을 살았다고 투덜거립니다. 그러나 그들은 자연적인 것이나 유전적인 것에서 비롯된 선한 삶은 선한 삶이 아니고, 오히려 선이나 진리에 속한 교리에 속한 것들에서 비롯된 선한 삶이나, 또는 그런 가르침에서 비롯된 삶에 관한 선한 삶이 진정한 선한 삶이다는 것을 알게 되었습니다. 이런 것들에 대해서 그들은 그들에게 각인(刻印)된 진리나 선에 관한 신조를 가지고, 또한 양심을 받게 됩니다. 이 일련의 과정이 바로 천계에 오르는 단계입니다. 이러한 경우를 그들이 깨닫게 하기 위해서 그들은 여러 종류의 사회에 보내졌습니다. 그리고 그 때 그들은 온갖 종류의 악에 타락했다는 것을 스스로 체험합니다. 그리고 거기에서 비롯된 추론이나 깨달음에 의하여 단순히 악한 사람들을 선하다 또는 선한 사람을 악하다고 스스로 판단합니다. 그리고 그들은 어디에 있든지, 그들은 이와 같이 스스로를 확증하고 또 바람에 날리는 왕겨 정도로 여깁니다. 왜냐하면 그들은 천사들이 악에서 그들을 구출한다는 신조들도, 또 그들이 그런 것을 운영한다는 가르침도 가지고 있지 않기 때문입니다. (천계비의 6208항)

이 세상에서 바보 멍청이었던 사람들의 경우

이 세상에서 바보 천치였던 사람들은 역시 저 세상에 가서도 바보스럽고, 멍청합니다. 그러나 그들의 외적인 것들이 벗겨지고, 그들의 내적인 것들이 열리면, 그러한 일은 그들 모두에게 다 같이 일어나는데, 그들은 그들의 전 세상의 성품이나 삶에 일치하는 이해를 얻습니다. 그 이유는 외적인 자연적인 사람으로는 실제적으로 바보나 미친 사람으로 살았지만, 그러나 내적인 영적인 사람으로는 실제로 그렇게 살지 않았기 때문입니다. (바이어 박사에게 보낸 서신)

모든 사람의 기쁨(喜悅)은 사후 대응하는 기쁨으로 바뀐다

사람이 갖는 모든 기쁨은 그 사람의 주도애(主導愛 · the ruling love)에 속한 것입니다. 왜냐하면 그 사람은 자기가 사랑하는 것을 제외하면 기쁜 것이라고는 아무것도 느낄 수 없기 때문입니다. 그러므로 그에게 최상의 기쁨은 그가 사랑하는 모든 것의 그 이상입니다. 주도애를 말하는 것이나, 모든 것 중에서 으뜸으로 사랑한다는 것은 동일한 말이요, 뜻입니다. 이들 기쁨은 다종다양(多種多樣)합니다. 일반적으로 주도애 만큼 다종다양하고, 따라서 사람들만큼, 영들만큼, 천사들만큼 다종다양합니다. 왜냐하면 한 사람의 주도애는 다른 사람의 그것과 같다는 면에서 보면 하나의 것으로 있지 않기 때문입니다. 따라서 그것은 어느 누구도 다른 사람과 똑같은 얼굴을 가지고 있지 않다는 것과 같습니다. 왜냐하면 각자 각자의 얼굴은 그의 마음의 거울(形象 · image)이고, 그리고 영계에서의 얼굴은 모두의 주도애의 형상이기 때문입니다. 특징적으로는 각자 각자의 기쁨은 무한히 다종다양합니다. 그리고 모든 면에서도 어느 누구의 기쁨이라고 해도 다른 사람과 꼭 닮았거나, 동일한 것은 존재하지 않습니다. 그것은 계속해서 연달아 이어지는 것이든, 동시에 일어나는 것이든, 다른 사람의 것과 꼭같은 것은 결코 없습니다. 즉 하나 하나의 기쁨이 다른 하나의 기쁨과 같을 수는 없습니다. 그럼에도 불구하고, 한 사람이 개개의 경우에 지각하는 여러 가지 기쁨은 주도애라고 하는 하나의 사랑에 관련되어 있습니다. 왜냐하면 주도애를 구성해 가고 있는 동시에 그것이 또 다른 것들과 하나를 이루기 때문입니다. 이와 맏찬가지로 일반적인 모든 기쁨은 보편적인 주도애와 관계를 갖는데, 그것은 천계에서는 주님사랑이고, 지옥에서는 자아애입니다. (천계와 지옥 486항)

신령진리와 성경말씀(聖듬)을 내면적인 정동 즉 진리 그 자체를 목적한 정동 때문에 사랑해 온 사람들은 저 세상에서는 산(山)으로 보이는 조금 높은 곳에서, 빛 가운데 살며, 거기서 천계의 빛을 줄곧 받고 삽니다. 이 세상의 칠흑 같은 밤 같은 암흑 따위는 아무것도 모르고 수려한 봄 계절 가운데서 살고 있습니다. 눈 앞에는 전원과 푸른 초장, 그리고 포도 밭이 펼쳐 있습니다. 그들의 집안에 있는 것들은 마치 보석처럼 빛납니다. 창을 통해 보는 것도, 맑은 수정을 통해서 보는 것 같습니다. 이러한 것들이 그들의 시각의 기쁨들입니다. 그러나 동시에 이런 것들은 그들의 성품이 천계적인 신령한 것들에 대응하기 때문에 내면적인 기쁨을 가리킵니다. 왜냐하면 그들이 애지중지 사랑하던 성경말씀에서 비롯된 진리들은 곡식·포도 밭·보석·창문·수정 등에 대응하기 때문입니다.

성경말씀에서 비롯된 교회의 가르침을 즉시 실생활에 적용한 사람들은 지심한 천계에 있으며, 다른 사람들에 비하여 월등한 지혜의 기쁨 가운데 있습니다. 하나 하나의 사물 안에서 신령한 것이 무엇인지를 그들은 깨닫습니다. 사실 그들은 사물을 확실하게 보지만, 그러나 그들이 사물을 볼 때에는, 대응하는 신령한 것들은, 그들이 사물을 보자, 즉시 그들의 마음에 흘러들고, 또 그들의 모든 감관에 감동을 주는 축복으로 그들의 마음을 가득 채웁니다. 그러므로 그들의 눈에는 모든 것이 다 명랑하고, 즐겁고, 생명이 약동하는 것으로 보일 뿐입니다.

학문을 사랑하고, 그것에 의하여 자신의 마음을 계발(啓發)하고, 또 그것으로 말미암아 총명을 얻고, 동시에 신령존재를 시인한 사람들은 그 학문의 즐거움과 그들의 이지적인 즐거움은, 저 세상에서는, 선과 진리를 아는 기쁨을 가리키는 영적인 기쁨으로 바뀝니다. 그들은, 꽃 밭과 관목이 처처에 자리잡고, 구획을 짓고, 또 그 주위에는 산책로가 수목들을 따라 정열되어 있는 낙원에 살고 있습니다. 수목들과 꽃들은 그 모습이 매일 매일 바뀝니다. 일반적으로는 전 광경은 그들의 마음에 기쁨을 주고, 개별적으로는 이같은 변화는 계속해서 기쁨의 신선함을 더해 줍니다. 이런 일련의 모든 것들이 신령한 것들에 대응하기 때문에, 그리고 그들이 대응의 지식을 가지고 있기 때문에, 그들은 항상 새로운 지식으로 채워지고, 또 그것에 의하여 그들의 영적인 합리적인 마음은 점차 완전하여 갑니다. 그들은, 정원, 꽃밭, 화단, 풀 밭이나 수목 등등이 모두 학문이나 지식 또는 그것들에서 비롯된 총명에 대응하기 때문에, 이런 기쁨을 만끽(滿喫)합니다.

만사를 신령존재에게 그 공을 돌리고 또 자연을 생명이 없는 것으로 여기고, 또 자연은 오직 영적인 것을 섬기는 것으로밖에 보지 않는다는 관점에서 명확한 확신을 가지고 있는 사람들은 천계적 빛 가운데 있습니다. 그리고 그들에게 보이는 만유(萬有)는 천계의 빛으로 말미암아 투명하게 보입니다. 무한한 빛의 변화를 그 투명한 모습으로 직시하고 있으며, 또 그들의 내적 시각이 그 변화의 의미를 즉시 깨닫고, 받아드립니다. 그들은 이런 일로 인하여 내면적인 기쁨을 깨닫습니다. 그들의 집안에 보이는 것들도 모두, 이른바 금강석 같이 보이는데, 거기에도 역시 수많은 변화가 있습니다. 나에게 일러진 것은, 그들의 집의 벽은, 수정처럼 투명하게 보이며, 그 곳에서 천계의 사물을 표징하는 흐르는 것 같은 형상이 부단한 변화를 동반하여 이어지고 있다는 것이었습니다. 이런 유의 투명한 것은, 자연적인 것에 대한 믿음과 사랑의 그늘(陰影)이 제거된 후에, 주님에 의하여 밝게 된 이해에 대응합니다. 이상과 같은 것 외에도 무수히 많지만, 천계에 있는 사람들이 하는 말에 의하면, 천계에 있는 사람들은 육안(肉眼)으로 볼 수 없는 것을 본다는 것입니다. 또 신령한 것들의 지각으로 말미암아 그것을 통해서 그들과의 의사소통이 생겨, 육신의 귀로는 들을 수 없는 것을 듣는다는 것입니다.

시민법적인 삶이 허락되는 정도 만큼 자기의 생각을 공개하고, 어느 것 하나도 숨기는 일이 없었던 사람들은 신령존재에게서 비롯되는 성실과 정의 외에는 생각하지 않은 결과로 천계에서는 그의 얼굴이 빛으로 가득하고, 그 빛 가운데 얼굴 모습이 그들의 정동과 사상의 형체가 되고, 그하나 하나를 비추어내면, 그 말하는 식이나 행동들도 그 정동의 닮은꼴이됩니다. 그러므로 그들은 다른 누구 보다 더 많은 사랑을 받습니다. 그들이 이야기를 하고 있을 때 얼굴이, 조금이기는 하지만, 흐려지는 일이 있는데, 말을 하고 난 뒤에는 그 내용이 단번에 얼굴에 명확하게 나타납니다. 그들 주위에 있는 모든 것들은 모두 그들의 내면적인 것들에 대응하기 때문에, 다른 사람이 보아도, 그것이 무엇을 표징하는지, 또 무엇을 의미하는지를 명확하게 지각될 수 있도록 나타납니다. 감추는 것을 좋아하는 영들은 그들에게서 멀리 떠나가는데, 그것은 마치 뱀이 기어서 도망가는 것처럼 보입니다.

간음을 가증하다고 여기고, 순결한 혼인애로 살아온 사람들은, 천계나 질서의 형체 안에 있는 다른 사람들 누구 보다 우수해서, 그 결과로 아름다움이란 아름다움을 다 몸에 지니고, 청춘의 봄꽃 향기를 줄곧 뽑내고 있습니다. 그들이 누리는 사랑에 속한 기쁨은 말로 형언할 수 없는데, 그것은 더욱이 영원히 증가되어 갑니다. 그 까닭은 천계의 기쁨이나 즐거움도 모두가 그 사랑에 흘러들기 때문입니다. 왜냐하면 이 사랑은 일반적으로 천계 그 자체이고, 개별적으로는 천사 하나 하나에게 주어지는 결합을 가리키는 주님과 천계, 또 주님과 교회와의 결합이기 때문입니다. 그들이 누리고 있는 외적인 기쁨은 사람의 말로는 형언할 수 없습니다. 다만 여기서 조금이나마 말할 수 있는 것은 천계의 사랑을 가지고 있는 사람의 기쁨에 대응한다는 것만이 내게 일어졌습니다. (천계와 지옥 489항)

깨닫지 못하지만 사람에게는 천사나 영의 동반(同伴)이 있다

사람에게는 누구나 선한 영들이나 악한 영들이 동반하고 있는데, 선한 영들에 의해서는 사람은 천계와 결합하고, 악한 영들에 의해서는 사람은 지옥과 결합합니다. 이러한 영들은, 천계와 지옥 중간에 있는, 영들의 세계에 있습니다. 이들 영이 사람에게 가까이 오게 되면, 그들은 사람의 기억 속으로 침투하고, 그러므로 사람의 모든 생각이나 사상 속으로 침투합니다. 그런데, 여기서 악한 영들은 그의 나쁜 기억이나 사상에 속한 것들 속으로 침투하고, 선한 영들은 그의 좋은 기억이나 사상에 속한 것들 속으로 침투합니다. 그렇지만 영들은 자기가 사람 속에 침투해 들어와 있다는 것을 전혀 깨닫지 못할 뿐만 아니라, 그 사람 속에 있는 동안 그 사람의 기억이나 사상도 다 자기의 것이라고 생각하고, 또 태양계의 세계에 있는 사물들은 그들의 시야에 들어오지 않기 때문에, 그들은 그 사람을 보지 못합니다. 주님께서는 최대의 보살핌을 가지고 영들이 사람과 함께 있다는 것을 깨닫지 못하게 하십니다. 왜냐하면 만약 그들이 사람과 이야기할 수 있다는 것을 안다면, 그 영이 악한 영이면, 그 영은 사람을 망하게 할 것이기 때문입니다. 그 이유는, 악한 영은 지옥과 결합하기 때문에, 악한 영들은 믿음이나 사랑에서의 영혼 뿐만 아니라 그의 육신까지, 그 사람을 깡그리 멸망시키는 것 이외의 그 어떤 것도 바라지 않기 때문입니다. 사람과 같이 이야기만 하지 않으면 그런 일은 일어나지 않습니다. 자기들이 생각하는 것이나 사람과 이야기하고 있는 것이 모두 사람에게서 온 것인데도 그들은 생각하고 말하는 것들이 모두 자신들의 것이라고 믿습니다. 그것은 누구나 모두 자기 자신의 것을 존중하고 사랑하기 때문입니다. 그러므로 그들도 알지 못하면서 사람을 귀엽게 여기고 존중하는 것에 빠지게 됩니다. 영들과 사람이 이와 같이 결합되어 있다는 것은, 더 이상 알 수 없는 것으로, 오랜 기간의 수많은 체험에서 알 수 있습니다. 사람이 지옥과 교류하는 영들과도 사귐을 가지게 되는 이유는, 사람이 온갖 종류의 악들 가운데 태어나기 때문입니다. 그러므로 사람의 처음 삶은 그런 악들에서 비롯됩니다. 그 때 만약에 사람이 자신들과 비슷한 영들과 함께 사귀지 않으면 사람은 살 수 없을 뿐만 아니라, 사람은 자신의 악에서 물러나고, 개혁된다는 것은 사실상 불가능합니다. 그러므로 사람은 악한 영을 수단으로 하여서는, 자기 자신의 고유한 생명의 속성 안에 머물게 하고, 선한 영을 방편으로 해서는 자기 자신의 고유 속성에서 벗어나게 합니다. 이 두 종류의 영들에 의해서 사람은 평형상태(平衡狀態·equilibrium)에 있게 되는데, 그것은 사람이 평형 상태에 있기 때문에, 또한 자유 안에 있기 때문입니다. (천계와 지옥 292·293항)
사람과 결합한 영들은 정동이나 사랑의 면에서 보면 그 사람 자신과 꼭 같은 성품을 지녔습니다. 그러나 선한 영들은 주님에 의하여 그 사람과 결합하고, 반면에 악한 영들은 그 사람 자신이 초청, 그 사람에게 들어와 결합합니다. 그렇다고 해도, 사람과 함께 하는 영들은 그 사람의 정동의 변화에 일치하여 바뀌어집니다. 그러므로 사람과 함께 하는 영들은, 유아기·소년기·청년기·장년기·노년기에 따라서 각각 다릅니다. 유아기의 사람과 같이 하는 영들은 이노센스(純眞無垢·innocence) 가운데 있는 영들이고, 따라서 그들은 지심한 천계 즉 삼층천인 이노센스의 천계(the heaven of innocence)와 교류합니다. 소년기의 사람과 같이 하는 영들은 무엇을 알고자 하는 정동 가운데 있는 영들인데, 따라서 그들은 가장 궁극적인 천계 즉 일층천과 교류합니다. 청년기나 장년기의 사람과 함께 하는 영들은 진리나 선에 속한 정동, 그리고 그것에서 비롯된 총명 가운데 있는 영들인데, 따라서 그들은 이층천 즉 천계와 교류합니다. 또 노년기의 사람과 함께 하는 영들은 지혜나 이노센스 가운데 있는 영들인데, 따라서 그들은 지심한 천계 즉 삼층천과 교류합니다. 그러나 이러한 결합은, 주님에 의하여, 개혁되고, 중생될 수 있는 사람과 이루어집니다. 따라서 개혁될 수도 없고, 중생될 수도 없는 사람들에게서는 전혀 다릅니다. 선한 영들은 사람들을 가능한 한 악에서부터 멀리 떼어놓기 위하여, 사람과 결합합니다. 그러나 실제적인 결합은, 지옥과 교류하는 악령들과 이루어 집니다. 이상에서 알 수 있는 것은 사람들은 자기 자신과 꼭같은 성품의 영들과 함께 한다는 것입니다. 만약 사람들이 자기 자신을 사랑하는 사람이라면, 또는 재물을 애지중지 하는 사람, 복수를 좋아하는 사람, 간음을 즐기는 사람 등등 이라면, 그들과 꼭 같은 영들과 함께 합니다. 다시 말하면 그들은 자신들이 가지고 있는 정동 가운데서 삽니다. 선한 영들에 의하여 악으로부터 지켜질 수 없는 정도에 비례하여, 이들 악령들은 그 사람으로 하여금 욕망 따위가 살아나도록 자극하고 흥분시킵니다. 그리고 정동이 다스리는 정도에 비례하여 선한 영들은 그 사람과 밀착하여, 떠나가지 않습니다. 따라서 나쁜 사람은 지옥과 결합하고, 선한 사람은 천계와 결합합니다. (천계와 지옥 295항)

사람이 중생하지 못한 상태로 머물러 있는 한, 그 사람은 중생한 사람과는 아주 다르게 다스려집니다. 사람이 중생하지 못한 상태에 있는 한, 악령들이 그 사람과 함께 하고, 악령이 그 사람을 지배합니다. 그리고 비록 천사들이 있다고 해도, 천사들은 그 사람이 가장 사악(邪惡)한 상태로 더 빠져들지 못하게 관여하고, 또 그 사람이 선한 상태의 부류에 기울게 할 정도입니다. 사실 그 사람이 선한 부류에 기운다고 해도 그것은 자기 자신의 특유한 바람(欲望)에 의한 것입니다. 그리고 선한 영들에 의해서 참된 것에 기운다고 해도, 그것은 감관에 속한 거짓에 의한 것입니다. 그 때 그 사람은, 그와 함께 하는 영들을 통해서 영들의 세계(the world of spirits)와 교류하지만 그러나 천계와는 교류하지 않습니다. 그 이유는 악한 영들이 다스리고, 천사들은 다만 그 사람으로 하여금 전향(轉向)하게 할 뿐이기 때문입니다. 그러나 사람이 중생하면 천사들이 다스리고, 그 사람으로 하여금 모든 선과 진리를 품게 하고, 반면에 사악과 거짓에 대한 공포와 두려움을 가지게 합니다. 사실 천사들은 사람을 인도하지만, 그러나 그들은 다만 사람을 도울 뿐입니다. 왜냐하면 주님만이 홀로, 천사들이나 선한 영들을 통해서, 사람을 다스리기 때문입니다. (천계비의 50항)

주님에게서 온 천사들만이 그들이 사람과 함께 한다는 것을 압니다. 왜냐하면 그 천사들은 그 사람의 영혼 즉 그의 영과는 결합하지만, 그의 몸과는 결합하지 않기 때문입니다. 그 이유는 그의 사상에서 비롯된 것들은 모두 언어에서 종결되고, 그의 뜻에서 비롯된 것들은 모두 육신의 행동에서 종결되고, 또 그것들은 최대인간(最大人間·the Greatest Man)의 대응에 따라서 공통적인 입류에 의하여 질서의 상태에서 행동에 입류하기 때문입니다. 그러므로 사람과 함께 하는 영들은 이런 것들과 같은 공통점은 아무것도 없습니다. 따라서 그들은 사람의 혀를 빌어 말하지 않습니다. 왜냐하면 이것은 망상일 수는 있지만, 그들은 그 사람의 눈을 통해서 이 세상에 존재하는 것들을 볼 수 없기 때문입니다. 그리고 그들은 그 사람의 귀를 통해서 이 세상에서 서로 주고 받는 어떤 소리도 들을 수 없기 때문입니다. 그렇지만 나의 경우는 달랐습니다. 왜냐하면 주님께서는, 나로 하여금 저 세상에 존재하는 것들을 볼 수 있게 하기 위하여, 나의 내면적인 것을 열어 주셨기 때문입니다. 그러므로 영들은, 그 때 내가 육신을 입은 사람이라는 것을 알고, 또 나의 눈을 통해서 이 세상에 있는 것들을 볼 수 있는 시각의 기능을 그들에게 주어졌다는 것이나, 또는 나와 같이 하는 동료들이 말하는 것을 들을 수 있는 청각의 기능도 그들에게 주어졌다는 것도 잘 알고 있었습니다.

만약 악한 영들이 그들이 사람과 함께 한다는 것이나, 또 그들이 그 사람에게서 떨어져 나온 영들이라는 것을 안다면, 또 악한 영들이 사람의 육신에 관계되는 것들에 들어갈 수 있다면, 그들은 수천의 수단과 방법으로 그 사람을 멸망시키기 위하여 온갖 계책(計策)을 도모할 것입니다. 왜냐하면 그들은 필사적인 증오심으로 그를 미워하기 때문입니다. 그들이 내가 육신을 입은 사람이라는 것을 알기 때문에, 그러므로 그들은 육신 뿐만 아니라 특히 영혼까지도 나를 파멸시키려고 계속해서 무진장 애를 썼습니다. 왜냐하면 사람이든, 영이든 그것을 파멸시킨다는 것은 지옥에 빠져 있는 자들 모두의 삶에 속한 진정한 쾌락이기 때문입니다. 그럼에도 불구하고 나는 계속해서 주님에 의하여 보호되었습니다. 이상에서 볼 때 얻을 수 있는 결론은, 삶이 믿음에 속한 선 안에 있지 않다면 한 사람으로 영들과 더불어 산다는 것이 얼마나 위험한 것인가라는 것입니다. (천계비의 5862·5863항)

모든 사람에게는 왜 두 영들과 두 천사들이 같이 하는가?

영들의 세계에 두 종류의 영들이 있는 이유는 지옥에도 두 종류의 영들이 있고, 천계에도 두 종류의 천사들이 있기 때문입니다. 그리고 사람 안에 있는 두 기능 즉 의지와 이해가 이들 둘에게 대응하기 때문입니다. 첫째 종류를 단순히 영들이라고 부르고, 그들은 이해에 속한 것들에 작용합니다. 다른 종류는 악령(惡靈·genii)들이라고 부르는데, 이들은 의지에 속한 것들에 작용합니다. 그들은 서로 서로 엄청나게 다릅니다. 단순히 영들이라고 호칭되는 자들은 거짓을 지꺼려 대는데, 그 이유는 그들은 언제나 진리에 거슬려서 추론하고, 또 그들은 진리를 거짓으로, 거짓을 진리로 왜곡(歪曲)시킬 때 그들은 삶의 쾌락 가운데 있기 때문입니다. 그러나 악령이라고 호칭되는 자들은 악들을 뿜어내고, 또 사람의 정동이나 정욕(情欲·concupiscence)에 작용합니다. 그리고 그들은 사람이 원하는 것을 일순간에 알아챕니다. 만약 사람의 바람이 좋은 것이면, 그들은 그것을 아주 교묘하게, 나쁜 것으로 바꾸어 버리고, 또 그들은 선을 악으로, 악을 선으로 왜곡시켜 나타낼 수 있을 때, 그들은 그들의 삶의 쾌락을 만끽(滿喫)합니다.

악령이라고 호칭되는 자들은 영들이라고 호칭되는 자들과 공통되는 것은 아무 것도 없습니다. 악령들은 사람이 생각하는 것에는 전혀 고려하지 않고 오히려 그가 애지중지하는 것에만 관심을 둡니다. 이에 반하여 단순히 영들이라고 부르는 영들은 사람이 애지중지하는 것에는 관심이 없고, 오히려 그가 생각하는 것에만 관심을 둡니다. 악령은 침묵을 좋아하지만, 단순한 영들은 지껄이기(speaking)를 즐깁니다. 이들은 전적으로 따로 떨어져 있습니다. 악령은 뒤에 있는 지옥의 매우 깊은 곳에 있고, 또 그들은 영들에게 거의 보이지 않습니다. 그들이 특정 방향에 보일 때면, 그들은 주위를 날아다니는 유령(幽靈·shades)처럼 나타나지만, 그러나 단순한 영들은 양 측면이나 앞쪽에 있는 지옥에 있습니다. 따라서 지옥에서 비롯된 악령들도 두 종류라는 것을 알 수 있겠습니다.

천사들도 두 종류가 있기 때문에, 모든 사람과 함께 하는 천사들도 역시 둘이 있습니다. 하나는 사람의 의지에 속한 것들에 작용하고, 다른 하나는 사람의 이해에 속한 것들에 작용합니다. 사람의 의지에 속한 것들에 작용하는 천사들은 그 사람의 사랑이나 목적(目的)에 작용하고, 결과적으로 그의 선에 작용합니다. 사람의 이해에 속한 것들에 작용하는 천사들은 그의 믿음이나, 신조(信條·principle)에, 결과적으로 그의 진리에 작용합니다. 이들 둘은 서로 서로 전적으로 다릅니다. 사람의 의지에 속한 것에 작용하는 천사들을 천적 천사(天的 天使·celestial angel)라고 부르고, 사람의 이해에 속한 것들에 작용하는 천사들을 영적 천사(靈的 天使·spiritual angel)이라고 부릅니다. 천적 천사에게는 악령들이 반대가 되고, 영적 천사들에게는 단순한 영들이 반대가 됩니다. 이러한 사실들은 나에게 주어진 수많은 경험에 의해서 잘 알 수 있습니다. 왜냐하면 나는 이들 양자들과 함께 있었고, 또 대화도 나누었기 때문입니다. (천계비의 5977·5978항)

악귀라고 호칭되는 자들이 지니고 있는 사악의 성질이 어떤 것인지 나는 경험을 통해서 알 수 있었습니다. 악귀들이 침투하여 장난질을 하는 것은, 사상이 아니고 정동이었습니다. 마치 개가 숲풀 속에 숨어 있는 짐승들을 냄새로 찾아내듯, 그들은 정동들을 냄새를 맡아서 찾아내었습니다. 그들이 어떤 곳에서 선한 정동을 지각하게 되면, 그들은 아주 놀라운 방법으로 그의 기쁨을 통해서 그 정동을 유인, 일순간에 그것들을 사악한 것으로 바꾸어 버립니다. 그런데 이런 짓거리를 너무나도 비밀스럽고, 또 교활한 방법으로 하기 때문에 정작 그 본인은 그런 짓거리에 관해서 전혀 눈치채지 못합니다. 만일 그 사악한 짓거리가 사람의 생각 안에 들어오게 되면 곧 알게 되겠기 때문에, 악귀들은 아주 조심스럽게 그의 생각을 피해갑니다. 이 세상에 있는 사람의 경우에는 그들은 그들의 보금자리를 사람의 머리 뒤통수 밑에 둡니다. 이 세상에 있을 때 사람의 마음을 교묘하게 조작한 자들이 이들 악귀들인데, 그들은 사람의 정동이나 정욕에 속한 쾌락을 가지고 사람의 마음을 유인, 사악한 것으로 바꾸어 버려서, 그 자신들을 스스로 믿도록 설득합니다. 다만 어떤 사람의 경우 개심(改心)할 희망이 있으면 주님께서는 그 사람 가까이에 악귀들을 근접하지 못하게 막습니다. 왜냐하면 악귀들은 사람의 양심을 파괴할 수 있을 뿐만 아니라, 그 사람의 속에서 쥐죽은 듯이 있는 그의 유전악(遺傳惡·hereditary evil)까지도 자극, 흥분시킬 수 있는 성품을 가지고 있기 때문입니다. 그러므로 사람이 그러한 사악에 끌려들지 않도록 주님의 배려에 의해, 이런 종류의 지옥은 전적으로 폐쇄되어야만 했습니다. 사람이 죽어서 저 세상에 와서 악귀가 되는 성품의 사람은 사후 즉시 동류(同類)들이 있는 지옥에 던져집니다. 그들은 그 교활함과 간계로 말미암아 그들은 살무사의 형체로 보입니다. (천계와 지옥 579항)

천계의 사회나 지옥의 사회에 속한 영들에게 예속(隷屬)된 천사들이나 영들

사람과 함께 하는 단순한 영들이나 악귀들은 가신(家臣) 이외의 존재가 아닌데, 그들로 말미암아 사람은 지옥과의 내통을 갖습니다. 그리고 또한 천적 천사들이나 영적 천사들도 역시 가신들인데, 그들을 통해서는 사람은 천계와의 내통을 갖습니다. (천계비의 5983항)

이 가신은, 수많은 사상들이나 언어들이 모두 결집된 사람 안에 자리를 잡은 존재입니다. 따라서 그 많은 것들은 한 몸처럼 보여집니다. 그리고 이 가신 즉 사람과 같이 하는 영은 자기 자신 스스로는 그 어떤 것도 생각하지도 않고, 말도 하지 않고, 오히려 다른 사람들로 말미암아 생각하고, 또 말하기 때문에, 다른 사람의 사상이나 언어는, 그의 사상이나 언어에서 기인한 삶처럼 생각하도록 만들어 버립니다. 그러므로 그 가신은 아무것도 아닌 것처럼, 또는 생명력이 없는, 다시 말하면 그들의 사상이나 언어를 거의 받아드릴 수 없는 무기력한 존재처럼 생각하는 상상이나 추측 속에 그들은 슬그머니 침투합니다. 그러나 다른 한편 그 가신은, 자기 스스로 말하고, 생각하는 것이지, 결코 타인에 의해서 그런 것을 행한다고 상상하지 않습니다. 따라서 그들은 이중(二重)으로 그릇된 짓을 행하는 것입니다. 나는, 자기 스스로는 아무것도 생각할 수도, 말할 수도 없지만 다른 다른 사람으로 인하여 생각하고 말한다는 어느 가신과, 또는 가신은 자기 스스로는 어떤 것도 생각할 수도 없고, 말할 수 없다고 생각하는 또 다른 가신과, 따라서 자신의 삶에 속한 것은 아무것도 없고, 자기 자신 안에 있는 것들이 한 몸처럼 그들에게 보일 뿐이라고 상상하는 가신과 이야기할 기회가 종종 있었습니다. 사실 그는 이런 내용의 말을 듣는 것에 매우 분개하는 가신이었습니다. 그러나 이런 모든 것들이 사실이라는 확신을 가지게 하기 위해서, 입류하는 영들과 이야기할 기회가 주어졌습니다. 그 때 그는, 영들이 가신은 자기 스스로는 전혀 아무것도 말할 수도, 생각할 수도 없고, 또 그렇기 때문에 가신은 그들에게 전혀 생명력이 없는 무기력한 존재로 나타나 보인다고 고백하였다고 말하였습니다. 한번은, 이런 일이 일어났는데, 가신은 아무런 존재가 아니라고 선언한 그가 가신이 되었고, 따라서 다른 이들도 그는 무가치한 존재라고 말하였습니다. 이 말에 그는 몹시 화를 냈습니다. 그럼에도 불구하고 그는 경험을 통해서 그것이 어떤 것인지에 관해서 가르침을 받았습니다. (천계비의 5985항)

사람과 한편인 천사들 또는 수호 천사들

주님에 의하여 부과된 천사의 임무는 인애나 믿음으로 고취시키기 위하여 사람을 인도하고 보호하는 것입니다. 그리고 천사들의 임무는, 사람의 기쁨들을 관찰하는 것이고, 또 가능한 한 기쁨들을 온전하게 하고 또 선으로 향하게 하는 사람의 자유의지에 일치하도록 특정 방향을 향하게 하는 것입니다. 그들은 난폭하게 행동하는 것을 참고, 묵인하지 못하며, 그러므로 얌전하게 사람의 정욕이나 신조를 깨는 것도 참고, 감수하지 않습니다. 그들의 임무는 지옥에서 온 악령들을 다스리는 것인데, 그같은 다스림은 수없이 많은 방법에 의하여 행해집니다. 여기서는 그중 몇 가지를 설명하겠습니다. 악한 영들이 악들이나 거짓들을 고취시킬 때 천사들은 진리들이나 선들을 고쳐시킵니다. 만약 사람이 받아드리지 않는다고 해도, 그럼에도 불구하고 그들은 그것들에 의하여 적절하게 조절됩니다. 지옥의 영들은 계속해서 공격하고, 천사들은 방어하는데, 이런 모순되는 것 같은 일도 질서입니다. 특히 천사들은 정동들을 조절합니다. 왜냐하면 정동들이 사람의 생명을 이루고 또 사람의 자유의지를 성취하기 때문입니다. 천사들은, 전에는 열려 있지 않았던 지옥이 열려 있기 때문에, 거기서부터 사람에게 침투하는 입류가 있는지를 관찰합니다. 그리고 지옥에서부터 사람에게 침투하는 입류는 사람이 자기 자신을 새로운 악에 쳐넣을 때 일어납니다.

사람이 천사들을 수용하는 정도 만큼을 천사들은 가까이 오지만, 만약 어떤 영들이 지옥에게서 벗어나려고 시도하면 천사들은 그 영들을 뒤로 빼돌립니다. 천사들은 악한 결과들을 야기시킬 이상하거나 또는 새로운 입류들을 흩날려 버립니다. 특히 천사들은, 사람 안에 내재해 있는, 그리고 악령들이 자극하여 흥분시키는 악이나 거짓에 정반대가 되는 선들이나 진리들을 불러 일으킵니다. 그러므로 사람은 중간에 있게 되어, 악도 또는 선도 지각하지 못합니다. 그리고 중간 상태에 있기 때문에, 그 사람은 선한 쪽으로, 또는 악한 쪽으로 향할 수 있는 자유스러운 상태에 있습니다. 이런 방법에 의하여 주님에게서 온 천사들은 사람을 인도하고 또 수호합니다. 그리고 이러한 일은 모든 순간 순간에, 매 순간 순간 마다 일어납니다. 왜냐하면 만약 천사들이 한 순간이라도 그들의 보호와 관심을 중단한다면, 사람은 뒤에 결코 빠져나올 수 없는 악 속으로 곤두박질치며, 떨어지고 말 것입니다. 천사들은 이러한 일을 주님에게서 받은 사랑에서 행합니다. 왜냐하면 천사들은 사람에게서 악들을 옮겨 놓고, 또 사람을 천계로 인도하는 일 이상 기쁘고 행복한 것은 아무것도 없기 때문입니다. 천사들이 이런 기쁨 가운데 있다는 것은 누가복음 15장 7절 말씀에서 잘 알 수 있습니다. 주님께서 우리 사람을 위하여 이와 같은 보살핌이나 염려를 가지고 있다는 것, 그리고 이같은 일은 사람의 생애 처음부터 끝까지 계속해서, 그리고 그 뒤에도 영원히 보살핀다는 것을 사람들은 대부분 믿지 않습니다. (천계비의 5992항)

영들이 사람이 생각하고 의도하는 것들 속에 입류하지만, 그러나 천사들은 사람의 목적에 입류, 따라서 그 목적을 통해서, 그 목적에서 비롯된 모든 것들 속에 입류한다는 것은 주님께서 장만하신 섭리입니다. 천사들은 선한 영들을 통해서, 사람과 같이 하는 삶에 속한 선이나, 믿음의 진리 속에 입류하는데, 이런 방법에 의하여, 천사들은, 가능한 한 사람을 악들이나 거짓들로부터 멀리 옮겨 놓습니다. 이같은 입류는, 그 사람은 전혀 감지할 수 없는 묵시적인 것이지만, 그럼에도 불구하고 아주 비밀 가운데 운영되고, 또 아주 효과적인 결과를 낳습니다. 특히 천사들은 악한 목적은 막아주고, 대신 선한 목적은 주입, 고취합니다. 그러나 천사들이 이런 일을 할 수 없는 경우, 그들은 잠시 뒤로 물러났다가, 다시 직접 나타나는 일 없이 아주 멀리 떨어져서, 입류합니다. 그 때 악령들은 보다 더 가까이 옵니다. 왜냐하면 천사들은 악한 목적 즉 자아애나 세간애에는 현존(現存)할 수 없지만, 그럼에도 불구하고 그들은 멀리 떨어져서는 현존할 수 있기 때문입니다.

주님께서는, 천사들을 통하여 전능한 능력으로 사람을 선한 목적으로 인도하실 수 있습니다. 그렇지만 이러한 일은 그 사람의 삶과는 동떨어져서 행합니다. 왜냐하면 그 사람의 삶은 전적으로 목적에 반대되는 사랑 안에서 영위되기 때문입니다. 그러므로 신령율법은 신성불가침(神聖不可侵)한 것이어서, 사람을 자유 상태에 있게 하고, 또 선과 진리 또는 인애와 믿음을 그의 자유의 상태 가운데 활착(活着)되게 하지, 결코 억압이나 강제로 행하는 일은 없습니다. 그 이유는 억압이나 강제의 상태에서 수용된 것은 계속 남아서 존재하지 않고, 곧 흩어져 사라지기 때문입니다. 왜냐하면 사람을 억지로 시킨다는 것은, 그 사람의 의지 속으로 흘러들어갈 수 없기 때문인데, 그 이유인즉슨, 억압한다는 것은 그 사람의 행동의 근원인 또 하나의 의지를 유발하게 하는 것이기 때문입니다. 그러므로 그 사람이, 자기 본연의 의지, 즉 자기 자신의 자유의 상태에 되돌아 오게 되면 강제나 억압에 의한 입류는 뿌리를 내리지 못하고 모두 깨끗이 사라집니다. 그러므로 주님께서는 사람을 그의 자유를 통해서 다스리시고, 또 주님께서는 가능한 한 악한 것을 생각하고, 도모하는 자유에서 사람을 자제시키십니다. 왜냐하면 만약 사람이 주님에 의하여 자제되지 않다면, 그 사람은 계속해서 아주 깊은 지옥 속으로 곤두박질하여 빠져들어갈 것이기 때문입니다.

여기서 내릴 수 있는 결론은, 주님께서는 전능한 능력으로 사람을 선한 목적으로, 천사들을 통하여, 인도하실 수 있다는 것입니다. 왜냐하면, 비록 악령들이 사람 주위를 수만이 에워싼다고 해도, 그들은 즉시 쫓겨날 수밖에 없기 때문입니다. 사실 이런 일은 단 한 명의 천사에 의하여 행해집니다. 그러나 그 때 사람은, 그가 거의 견디기 어려울 정도의 고통 속에 빠지게 되고, 또 그런 고통 속의 지옥에 이르게 될 것입니다. 사실 그 사람은 비참하게 생명을 빼앗길 것입니다. 왜냐하면 그 사람의 생명은 선이나 진리의 정반대인 정욕(情慾)이나 망상 또는 미망(迷妄)에서 비롯된 것이기 때문입니다. 만약 이런 유의 생명이 악령들에 의하여 유지되고, 또 그것으로 인하여 고쳐지지 않는다면, 또는 그들에 의하여 최소한으로 지배되지 않는다면, 그 사람은 일순간도 생존할 수 없을 것입니다. 사실 그 사람은 자아애나 재물욕심, 또는 그런 것들을 목적한 명예욕 외에는 아무것도 가지고 있지 않습니다. 따라서 그 사람을 꽁꽁 묶고 있는 것들은 모두가 전적으로 질서에 어긋나는 것 뿐입니다. 그러므로 그 사람이 알맞게, 그리고 그의 자유의 지침을 통해 점차적으로 질서에 맞게 돌아가지 않는다면, 그 사람은 즉시 소멸될 것입니다. (천계비의 5854항)

오직 선한 영들이나 천사들만이 젖먹이와 같이 한다

영들은, 그들의 제일 처음의 만남에서는, 사람의 기억에 속한 모든 것들로 자신들을 감쌉니다.
악령들은 젖먹이들에게 가까이 올 수 없습니다. 그 이유는 악령들이 자신들을 겉꾸밀 젖먹이들의 기억에 속한 것이 아무것도 없기 때문입니다. 선한 영들이나 천사들만이, 그러므로 그들과 같이 있을 수 있습니다. (천계비의 5857항)

수면상태에 있을 때 악령으로부터 사람들을 지키시는 주님의 보호

대부분의 악령들은, 사람이 잠들어 있는 동안, 사람을 해치고 공격하기를 매우 강력하게 갈망하고, 불태우지만 그러나 그 때 그 사람은 주님에 의하여 지켜지고 보호됩니다. 왜냐하면 사랑은 잠을 자지 않기 때문입니다. 이런 때 사람을 해치는 악령들은 매우 비참하게 징벌됩니다. 나는, 그들의 징벌이 내가 말할 수 있는 것 보다 훨씬 자주 있다는 것을 들었습니다.

내면적인 요술장이인 사이렌(siren・半人半鳥의 妖精)들은 한 밤 동안 사람을 에워싸고, 그 사람의 내면적인 사상이나 정동 속에 자신들을 침투시키려고 온갖 노력을 다 하는데, 그러나 그들은 주님에게서 온 천사들에 의하여 계속해서 근접하지 못하도록 지켜지고, 종국에는 가혹한 징벌에 의하여 그들은 그 짓을 단념하게 됩니다. 비록 그들은 밤중에, 마치 선한 영들이 나와 같이 이야기하는 것과 꼭같이, 다른 악령들과 서로 이야기를 합니다. 그들은 내 말로 말하고, 또 내가 하는 것과 거의 닮았기 때문에, 그들이 부정한 것들을 쏟아붓고, 거짓된 것들로 설득한다는 것을 식별할 수 없었습니다.

나는 한 번 깊은 잠에 빠져 있었는데, 그 때 나는 편히 쉰다는 느낌 외에는 아무것도 느끼지 못하였습니다. 내가 잠에서 깨어났을 때, 몇몇의 선한 영들이, 앞에서 말한 것과 같이, 그들이 지옥 안에 있다고 착각하고, 매우 잔인하게 그들을 해쳤다고 그들은 나를 꾸짖었습니다. 즉 나에게 책망을 늘어 놓았습니다. 나는 그들에게, 나는 그런 일에 관하여 전혀 아는 바가 없으며, 나는 다만 깊은 잠에 빠져 있었기 때문에, 나는 그들에게 곤란한 일을 할 수 있는 능력을 전혀 가질 수 없었다고 대답하였습니다. 나는, 그들이 종국에 사이렌(妖精)들이 마술적인 기교로 그런 짓거리를 하였다고 깨닫는 것을 보고, 놀랐습니다. 그런 일이 있은 뒤, 내가 사이렌 패거리들의 성품을 올바로 깨닫게 하기 위하여, 이와 유사한 것이 나에게 보여졌습니다.

그들은 대부분 여성(女性)에 속하였는데, 그들은 이 세상에 있을 때 내면적인 교활한 술책으로 남자 친구들을 유혹할 것을 연구하였습니다. 그 술책들은 육안으로 보이는 외적인 것들을 방편으로 하여 자기 자신들을 침투시키고, 수단과 방법을 가리지 않고, 온갖 방법으로 그들의 낮은 마음을 사로 잡아 넋을 잃게 하고, 각자의 정욕과 쾌락에 빠져드는 것인데, 그것은 오로지 사악한 목적으로, 특히 계명을 시험하는 것입니다. 그들의 내면적인 것들을 깨닫게 하기 위하여, 또 그들이 얼마나 사악하며, 간음과 증오로 그들이 얼마나 신성모독을 자행하는지를 잘 알게 하기 위하여 나에게 한 기회가 주어졌습니다. 또한 나는 그것들의 힘이 그들의 영역에서 얼마나 강한지를 깨달을 수 있었습니다. (천계비의 1983항)

나는, 내가 한밤 중에 잠에서 깨었을 때, 내가 잠에 빠져 있을 때 나에게 덫을 놓으려는 영들이 하는 말을 들었는데, 곧 나는 잠이 들어 슬픈 꿈을 꾸었습니다. 그러나 내가 잠에서 깨었을 때, 나로서도 몹시 놀라운 일이지만, 벌을 주는 영들이 나타나서, 내가 잠들었을 때 나를 덫에 걸려 넘어지게 하려던 영들에게 무지막지하게 벌을 주었습니다. 그들은, 말하자면 가시적인, 즉 육체적 감관으로 볼 수 있는 육신을 입었습니다. 따라서 영들은 그들에게 이런 저런 방법으로 육신의 부분들에게 맹렬한 충돌을 가해, 그들에게 고통을 주었는데, 이에 대한 저항으로 인한 고통은 더 심하였습니다. 처벌하는 영들은, 그들이 할 수만 있다면, 그들을 죽일 작정이었습니다. 그러므로 그들은 가장 가혹한 폭행을 구사했습니다. 그들은 대개가, 위에서 본 바와 같은, 사이렌(半人半鳥)이었습니다. 형벌은 오랜 동안 지속되었고, 나를 에워싼 많은 무리에게까지 확장되었습니다. 내가 매우 놀란 것은, 나를 걸려 넘어지게 하려던 영들이, 자신들은 숨으려고 했지만, 모두가 발각되었다는 것입니다. 반인반조의 요정들은 여러가지 간교(奸巧)를 가지고 벌을 면해 보려고 했지만, 그렇게 할 수는 없었습니다. 그들은 내적인 본성을 지워버리려고, 또 자신들이 다른 존재들이라는 생각을 설득시켜 보려고, 또 관념의 전이(轉移)로 형벌을 다른 사람에게 전가해 보려고, 애쓰고 노력하였고, 또 그들은 고통을 받을 주체를 어린 아이들로, 선한 영들로, 천사들로, 그리고 그밖의 여러가지 간계를 사용하여, 별의 별 것으로 바꾸어 보려고 했지만, 그러나 모두가 공연한 헛수고였습니다. 그들이 그렇게 비참하게 형벌을 받았다는데 나는 매우 놀랐지만, 그러나 내가 깨달은 것은, 그 범죄는 사람이 안전하게 잠을 자야 한다는 사람의 존재에 필연적인 것에 저지른 막중한 것이므로, 그같은 형벌이 없다면 인류는 깡그리 궤멸될 것이며, 따라서 그같은 무서운 형벌은 있을 수밖에 없는 필연적이라는 것입니다. 그러나 그 사람은 그것에 관해서 아무것도 모릅니다. 왜냐하면 어느 누구에게나 영들과 대화할 수 있는 기회가 주어지는 것이 아니고, 또 내적 감관에 의해서 그들과 같이 한다는 것을, 그리고 모든 것에 관해서 들을 수 있는 것이 아니고, 또 볼 수 있는 것은 아니지만, 그럼에도 불구하고 꼭 같은 일이 모두에게 일어 나기 때문입니다. 주님께서는, 사람이 깊은 잠에 빠져 있을 때 가장 특별한 관심과 배려를 가지고, 사람을 지켜주십니다. (천계비의 959항)

영들과의 의식적인 교류의 위험성

많은 사람들이 믿는 것은, 사람은 주님에 관해서 사람과 대화하는 영들에 의하여 가르침을 받는다는 것입니다. 그러나 이것을 믿고, 또 이것을 갈망하는 사람들은 그들의 영혼에게 많은 위험이 따르면서 이같은 관계가 이루어진다는 것을 알지 못합니다. 사람이 이 세상에 사는 동안, 그 사람은 영의 측면에서 보면 영들 가운데 있는데, 그럼에도 불구하고 영들은 그들이 사람과 같이 있다는 것을 알지 못하며, 사람 역시 그가 영들과 같이 있다는 것을 알지 못합니다. 그 이유는, 그들은 의지에 속한 정동에 관해서는 직접적으로 결합하지만, 이해에 속한 사상에 관해서는 간접적으로 결합하기 때문입니다. 왜냐하면 사람은 자연적으로 생각하는 반면에 영들은 영적으로 생각하기 때문입니다. 그리고 자연적인 생각이나 영적인 생각은 대응에 의하지 않고서는 달리 하나가 되지 않기 때문입니다. 즉 대응에 의한 하나의 결합(統一性・unity)은 일방이 상대에 관해서 아무것도 모르게 하기 때문입니다. 그러나 영들이 사람과 이야기하기 시작하면, 즉시 그들은, 그들의 영적 상태를 사람의 자연적 상태가 되게 하는데, 그렇게 되면, 그들은 그들이 사람과 함께 있다는 것과 또 그와 같이 이야기하는 내용에서부터 그들 자신이 그 사람의 정동에 속한 사상들과 결합되었다는 것도 알게 됩니다. 그들은 더 이상의 일은 진전시킬 수 없습니다. 왜냐하면 같은 정동, 결과적으로 같은 사상은 모두 결합하지만, 동일하지 않은 정동이나 사상은 결합하지 않고 헤어지기 때문입니다. 이런 이유 때문에, 영이 말한 것은 그 사람으로서는 동일한 신조 가운데 있다는 것입니다. 즉 그들이 말한 것들은 진리이든가, 아니면 거짓들입니다. 또 그런 이유 때문에 그는 그것들을 자극하고, 사람의 정동에 결합한 영의 정동을 아주 강하게 그것들을 확증합니다. 그러므로 명확한 사실은, 같은 동류의 영들을 제외하고서는 그 누구도 사람과 이야기할 수 없다는 것입니다. 즉 동류의 영들이 아니면 그 누구도 사람에게 분명하게 영향을 끼칠 수 없다는 것입니다. 왜냐하면 분명한 영향은 언어와 일치하기 때문입니다. 이렇게 볼 때 얻는 결론은, 광적인 영들은 광신자와 이야기할 수밖에 없다는 것이고, 퀘이커 교도 영들은 퀘이커 교도에 영향을 끼치고, 모라비아 교도의 영들은 모라비아 교도에게 영향을 끼친다는 것입니다. 이같은 것은 아리우스파 사람이나 소시니언파 사람이나 그밖의 이교도자들에게 있어서도 마찬가지입니다. 사람과 이야기하는 영들은 이 세상에 살지 않았던 사람은 아무도 없고, 그리고 같은 성품을 지닌 사람들입니다. 이런 것이 사실이다는 것은 나에게 주어진 수많은 경험에 의해서 명확합니다. 아주 터무니 없이 바보스러운 것은, 만약 사람이 성령(聖靈·the Holy Spirit)께서 그 사람과 대화하고, 또 그 사람에게 역사한다고 믿으면, 그 사람의 영 역시 그 자신이 성령이 된다고 믿는다는 것입니다. 이런 일은 광신적인 영들이 갖는 공통적인 것입니다. 이상의 설명에서 볼 때, 명확한 사실은, 영들과 이야기 하는 사람 또는 영들의 작용을 분명하게 느끼는 사람은 심한 위험성에 노출된다는 것입니다. 사람은 자기 자신의 정동의 성품이 선한지 악한지 모르며, 또한 결합하기 시작할 때의 다른 사람의 정동의 성품이 선한지 악한지도 모릅니다. 만약 그 사람 자신이 자만스러운 총명의 성품을 지녔다면 영들은 그것에서 비롯된 모든 사상에 호의(好意)를 가지고 편애(偏愛)할 것입니다. 그러므로 만약 어떤 사람이, 열정적으로 어떤 신조(信條)를 애지중지하는 성품을 지녔다면, 그 경우도 꼭 같겠습니다. 이런 경우는 순수한 정동에서 비롯된 진리 안에 있지 않은 사람들에게 흔히 있는 경우입니다. 어떤 영이, 같은 정동 때문에, 사람의 사상이나 신조들에 호의를 가지고 편애한다면, 전자는 마치 소경이 소경을 인도하듯이, 둘이 다 구덩이에 빠질 때까지, 후자를 인도할 것입니다. 이런 유의 사람들은 바로 옛날의 신탁(信託)의 점쟁이들(the Pythonic diviners)이나, 이집트나 바빌론의 마술사들이 되겠습니다. 그들은 영들과 갖는 그들의 화술 때문에, 또 자신들에게 행하는 영들의 작용 때문에, 분명히 느끼게 하였기 때문에, 현자(賢者)라고 불리웠습니다. 그러나, 그런 것으로 인하여 하나님숭배는 악령숭배로 완전히 바뀌었고, 교회는 완전히 소멸되고 말았습니다. 이런 이유들 때문에, 이런 유의 의사소통은 죽음의 형벌이라는 이름으로 이스라엘 자손들에게 절대로 금지되었습니다. (묵시록해설 1182항)

오늘날은 영들과의 대화가 거의 허락되지 않는데, 그 이유는 그것이 매우 위험하기 때문입니다. 왜냐하면 만약 대화가 허락된다면 영들은 자신들이 사람과 같이 있다는 것을 알게 되고, 사람과 대화하지 않았다면 아마도 영들은 사람과 같이 있다는 것을 모르기 때문입니다. 그런데 사람을 죽이고 싶도록 증오를 품고 있는 악령들이라면, 영혼도 육체도 멸망시키고자 하는 것밖에 다른 소원이 없을 것입니다. 이런 일은 환상에 잠기는 것을 탐닉하고, 동시에 자연적인 사람들에게 적합한 즐거움 마저도 거절하는 사람들의 경우에 자행됩니다. 은둔의 삶을 사는 사람들에게 영들이 아무런 장애 없이, 말을 걸어 온다는 것을 들은 적이 있습니다. 그러나 이런 영들은, 자신들이 사람과 함께 있다는 것을 알아차리기 전에, 주님께서 떼어버리십니다. 왜냐하면 대부분의 영들은 자기가 있는 세계 이외에는 어떤 세계가 있다는 것을 모르며, 특히 자기의 세계 외에는 어떤 곳에도 사람이 살고 있는 것을 모르고 있기 때문입니다. 이것은 사람이 영들과 이야기하는 것이 허락되지 않는 이유이기도 합니다. 그렇지만 사람이 영들과 이야기를 나누게 되면, 그들은 그것을 알게 될 것입니다. 종교적인 주제들에 관하여 많은 명상을 하고, 그것들을 마치 자기 내부에 있는 것들처럼 보려고 한다면, 그들은 영들이 자기들에게 말하는 것을 듣기 시작합니다. 왜냐하면 종교적 신념(信念·persuasion)은 그것이 어떤 것이라 할지라도 자기 자신을 그것에 머물게 하고, 또 세상에서 선용에 관하여 여러 가지 것들에 그것들을 적용하지 않는다면, 사람 내부에 잠입하여, 거기에서 주거를 정하고, 사람의 온 정신을 점거할 것입니다. 더 나아가서는 영계에까지 들어와 거기에 있는 영들에게까지 작용을 할 것입니다. 그럼에도 불구하고 그들은 환상을 보는 자들이거나, 광신자들이 그런 부류입니다. 그들은, 어떤 영이든 그들의 말소리를 듣게 되면, 그것이 성령이라고 믿지만, 그것은 광신(狂信)의 영에 지나지 않습니다. 만일 사람이 그렇게 되면, 거짓을 진리라고 잘못 믿습니다. 그렇게 하는 것으로 자기 자신이 그것들을 그렇게 믿게 할 뿐만 아니라 그런 입류를 받는 사람까지도 그것들을 믿게 합니다. (천계와 지옥 249항)

영들이 사람과 이야기하기 시작하면, 그 사람 자신은 영들에게서 온 것들은 아무것도 믿지 않는다는 사실을 알아야만 합니다. 왜냐하면 그 영들은 거의 자기 말만 말하기 때문입니다. 그런 것들은 그들에 의하여 조작된 것들이고, 또 그들은 거짓말을 하기 때문입니다. 예를 든다면, 만약 그들에게 천계가 어떤 곳인지, 그리고 천계에는 얼마나 많은 것이 있는지에 관해서 기술하는 것이 허락되었다면, 그들은 수많은 거짓말을 짓거릴 것이고, 아마도 사람을 깜짝 놀라게 할 종교적인 확언을 가지고 짓거릴 것입니다. 그러므로 영들이 말할 때, 그들이 말한 것들을 신뢰하는 믿음을 갖는 것이 나에게는 허락되지 않았습니다. 왜냐하면 그들은 무엇인가 꾸며대는 날조(捏造)에 대한 열정을 가지고 있기 때문입니다. 그리고 그들은 자기의 화제의 주제들을 언제든지 그들이 생각하고, 또 안다는 것을 제시하고, 또 그 주제에 대한 그들의 소견을 백가쟁명(百家爭鳴)식으로 차례차례 제시하였는데, 그들은 마치 그들이 그것에 관해서 잘 알고 있는듯이, 어떤 사람은 이런 식으로 다른 사람은 저런 식으로 말하였습니다. 만약 어떤 사람이 그들의 말을 들을 수 있었다면, 그들은 그 사람이 듣고 믿도록, 물불 가리지 않고, 강압하고, 속이고, 유혹할 것입니다. 예를 든다면, 만약 그들이 보편적 천계에 있는 잘 알려지지 않은 것이나, 또는 어떤 사람이 알기를 소망하는 것들에 관해서 말할 수 있는 기회가 주어진다면, 그들은 자신들이 만들어 낸 내용을 말한 것인데, 그들은 참된 것은 아무 것도 말하지 못하고, 모두 거짓된 것들만 짓거릴 것입니다. 한번은 그들이 신봉하는 것들이 어떤 것인지를 알 수 있는 기회가 있었습니다. 이런 이유로 해서 이 지구 상에 있는 영들과 말하는 상태란, 만약에 그가 참된 믿음 안에 있지 않다면, 아주 모험적인 위험한 것입니다. 그들은 아주 강하게 남들을 설득하기 때문에, 사람이면 누구나 믿고, 복종할 수밖에 없는 것처럼, 마치 주님께서 친히 말씀하시고 명령하는 것 같이 합니다. (영계일기 1622항)

영들은 다른 인격을 나타내는 존재로 소개되기도 합니다. 그리고 그 영은 누구가 그 영을 남에게 알리는 역할을 하였기 때문에 그가 그인 줄로 알 수밖에 없었습니다. 이런 일은 여러 번 나도 경험하였는데, 나와 같이 말을 하는 영들은, 그들이 내가 생각하고 있는 사람들이다는 것 외에는 아무것도 알지 못하였습니다. 그리고 다른 영들도 반대로 알지 못했습니다. 따라서 과거나 현재의 내 생애에서 내가 잘 아는 사람이 있었습니다. 그의 연기는 모든 면에서 내가 알고 있는 그 사람과 너무나 꼭 같았기 때문에 그 사람과 꼭 같지 않은 것은 아무것도 없었습니다. 그러므로 그들이, 그들도 잘 아는 사람들이고, 또 죽은 사람들이라면 말할 때 그들이 속지 않게 하기 위해서 영들과 말하는 자의 성품을 알게 하였습니다.
왜냐하면 꼭 같은 능력을 가진 수많은 종과 유의 영들이 있기 때문입니다. 사람의 기억에서 꼭 같은 것들이 상기되고, 그들에게 그렇게 보여지면 그들은 그들이 꼭 같은 인품의 사람이라고 생각하기 때문입니다. 그런 경우 그들에게 보여진 것들은 모두 기억에서 상기된 것들입니다. 그것들이 낱말이든, 언어이든, 음성이든, 몸가짐이든 모두가 꼭 같습니다. 더욱이 다른 영들이 그들을 부추길 때 그렇게 생각하도록 그들은 설득되었습니다. 왜냐하면 그 때 그들은, 그들이 바로 그들이다고 생각하는 이런 망상에 빠져 있었기 때문입니다. 1748년 8월 19일. (영계일기 2860·2861항)

천사들이나 영들이 사람과 대화할 때, 그들은 그 사람의 기억에서 비롯된 그 사람 본연의 언어로 말한다

천사들이 사람과 이야기할 때 그들의 언어로 말하지 않고, 그 사람의 언어로 말하고, 또 그 사람이 알지 못하는 언어로 말하지 않고 그 사람이 아는 다른 언어로 말합니다. 그렇게 하는 이유는 천사들이 사람과 이야기할 때, 천사들은 자신들을 그 사람으로 변하여 그 사람과 결합하기 때문입니다. 그리고 사람과 천사의 결합은 모든 것들을 꼭 같은 생각으로 만듭니다. 사람의 생각은 그 사람의 기억과 결속되어 있기 때문에 그의 말은 거기에서부터 비롯됩니다. 그러므로 기억과 말은 모두 동일한 언어 안에 있습니다. 더구나 천사나 영이 사람에게 오게 되면, 그 사람으로의 변화에 의하여, 그들은 그 사람과 결합하고, 그 사람의 모든 기억 속으로 들어갑니다. 그런 일이 완전하기 때문에, 천사나 영은, 그 사람이 알고 있지만 기억하지 못하는 것까지 거의 아는데, 따라서 그 사람이 알고 있는 언어까지도 알게 됩니다. 나는 이런 내용에 관해서 천사들과 이야기한 적이 있습니다. 내가 그렇게 느꼈기 때문에, 그들이 아마도 내게 내 모국어로 말하고 있는 것이 아닌가라고 나는 말하였습니다. 그럼에도 불구하고, 이야기는 내가 하였고, 천사들이 말한 것은 아니었습니다. 이러한 사실은, 천사들은 사람의 언어에 속한 낱말은 한마디도 발음할 수 없다는 사실에서 아주 명백합니다. (천계와 지옥 246항)

사람과 소통하는 천사나 영의 언어는, 사람들끼리 사용하는 음성에 의하여 들려집니다. 그럼에도 불구하고, 곁에 서 있는 사람에게는 들려지지 않고, 오직 그 사람 당사자에게만 들려집니다. 그 이유는, 천사나 영의 언어는 사람의 사상이나, 그리고 내적인 방식에 의해 그의 청각 조직에 들어오기 때문입니다. 이와 같이 내면에서 사람의 기관을 움직이기 때문입니다. 그러나 사람들 끼리 교환하는 언어는 먼저 공기에 흘러들고, 외적인 방식에 의하여 청각 조직 안에 들어와서, 즉 밖에서부터 그 기관을 움직입니다. 그러므로 명확한 사실은 사람들과 천사 또는 영 사이에 쓰여지는 언어는 그 사람 내면에서 들린다는 것입니다. 왜냐하면 청각기관들이 이와 같이 꼭 같이 움직여지듯이, 언어도 같은 음성을 내기 때문입니다. 천사나 영의 언어가 안에서부터 귀에 흘러든다는 것은, 그것이 혀에 흘러들어, 그 혀가 약간 진동되지만 사람 자신이 혀를 방편으로 해서 언어의 소리를 낱말들로 만들 때처럼 어떤 운동도 없다는 사실에서 나는 확실히 알 수 있습니다. (천계와 지옥 248항)

저 세상에서 존재하는 놀라운 일 가운데 하나는 사람과 통용하는 영들의 언어가 그 사람의 모국어라는 것입니다. 그들은 마치 그 사람의 출생지에서 태어난 것처럼 아주 쉽게 또 능숙하게 말을 하고, 꼭 같은 언어를 구사한다는 것입니다. 그 사람이 유럽에서 왔든, 아시아에서 왔든, 또는 지구의 어떤 곳에서 왔느냐는 전혀 문제가 되지 않습니다. 그러한 것은 그 언어가 존재하기 전 수천년 살았던 사람들에게도 꼭 같았습니다. 사실 영들은, 자신들과 이야기하고 있는 사람의 언어가 그들 자신의 고유언어이고, 모국어라는 것 이외에는 아무것도 알지 못합니다. 그러므로 사람이 터득한 다른 언어의 경우도 마찬가지입니다. 그러나 주님께서 그들에게 이렇게 할 수 있도록 허락하시지 않는다면, 그들은 다른 말은 단 하나의 일언반구도 입밖에 낼 수 없습니다. 그것은 어떤 말을 배우기 전에 사망한 어린 아이들도 꼭 같은 방법으로 말합니다.

그 이유는, 영들이 사용하는 언어는 낱말의 언어(a language of words)가 아니라, 사상에 속한 개념의 언어(the language of ideas of thought)이기 때문인데, 이 언어는 모든 언어의 보편적 언어이기도 합니다. 만약 영들이 사람과 같이 의사 교환을 한다면, 그들의 사상의 개념들은 대화하는 사람이 가지고 있는 낱말들이 됩니다. 그리고 이것은 어느 의미에서도 일치하고 알맞기 때문에 영들은 낱말 자체 이외의 다른 낱말들은 알지 못하고, 그럼에도 불구하고 사람의 언어로 말하는 동안 그들이 자신들의 말로 말하는 것 이외의 다른 말로는 말할 수 없습니다.

나는 가끔 이런 내용에 관해서 영들과 이야기한 적이 있습니다. 모든 영들이 저 세상에 들어오자마자 그들은 온 세상의 사람들의 말을 이해할 수 있는, 마치 그것이 자신들의 모국어인 양 정확하게 이해할 수 있는 은총이 그들에게 주어집니다. 왜냐하면 그들은, 사람이 생각하는 것은 무엇이든지 다 지각하기 때문입니다. 그들은 또한 보다 뛰어난 다른 기능들도 부여받습니다. 이상에서 알 수 있는 것은 육체가 죽은 뒤, 영들은 육신으로 어느 지역에, 또는 어떤 언어를 가지고 살았던 것과는 관계 없이 모두와 더불어 말할 수 있고, 교제할 수 있다는 것입니다.

그들이 말하는 낱말들 즉 그들의 기억에서부터 상기되고, 싹트게 되는, 그래서 자기 자신들의 것이라고 여기는 것들은 그 주제에 대하여 뜻에 알맞고, 충분하고 명확하게 잘 선정된 것들이고, 명확한 발음에도 적절하게 알맞는 것입니다. 놀라운 것은, 그들은 그 사람 자신 보다도 더 멋지고, 고무적인 낱말들을 선정하는 방법을 알고 있다는 것입니다. 아니, 앞에서 내가 깨달은 바와 같이, 그들은 낱말들이 가지고 있는 여러 가지의 다양한 의미에 관해서 매우 정통하고, 또 미리 깊이 생각하는 것 없이도 즉시 그것들을 적절하게 응용한다는 것입니다. 그 이유는, 앞에서 이미 설명한 것과 같이, 그들의 언어에 속한 개념들이 전적으로 잘 어울리는 낱말들 속으로 흘러들기 때문입니다. 이같은 경우는 사람들이 그들이 사용하는 낱말의 뜻을 순수하게 있는 그대로, 또는 그 낱말의 어떤 깊은 생각 없이 말하는 경우와 거의 같습니다. 그렇지만 그 뜻에 일치하여 그 사람의 사상이나 생각들은 주저 없이, 유려(流麗)하게 흘러듭니다. 그 속뜻은 그 낱말들을 불러일으키는 바로 그것입니다. 이같은 속뜻으로는 영들의 언어가 이루고 있는 매우 정교하고 훌륭한 것으로, 이것을 통해서, 사람은 비록 그것에 관해서 아는 바가 전혀 없을지라도, 영들과 의사소통을 합니다. (천계비의 1637・1638항)

천사들이나 영들은 자기 자신들의 천사적 언어나 또는 영적인 언어를 가지고 있다가도 그들이 사람과 마주하게 되면 즉시 그들은 사람들의 언어에 관한 것 외에는 아무것도 모릅니다. 아주 꼭 같은 일이 나에게도 일어났습니다. 나는 그들과 꼭 같은 상태에서 그들과 함께 있게 되었는데, 그 때 나는 그들의 언어를 가지고 그들과 의사교환을 하였는데, 역시 나는 나 자신의 언어에 속한 것은 아무것도 몰랐습니다. 다시 말하면 나 자신의 언어에 관한 기억력은 아무것도 없었습니다. 그러나 내가 그들과 함께 있지 않게 되자, 즉시 나는 내 자신의 언어로 되돌아 왔습니다.

천사나 영은, 그들 자신의 기억으로 말미암아 사람과 이야기하는 것은 결코 허락되지 않고, 다만 사람의 기억으로 말미암아 이야기하는 것이 허락됩니다. 왜냐하면 천사들이나 영들은 사람들과 마찬가지로 기억을 가지고 있기 때문입니다. 만약 어떤 영이, 그 자신의 기억으로 말미암아 어떤 사람과 서로 의사소통을 하고자 한다면, 그 사람은 그 때 그가 생각하는 것들은 자기의 것이라는 것 외에는 아무것도 모를 것이지만, 그 때 그럼에도 불구하고 그것들은 모두가 그 영의 것들이 될 것입니다. 그것은 마치 그 사람이 이제껏 듣지도 보지도 못했던 어떤 사물에 관한 기억력을 가지고 있는 것과 같습니다. 이러한 사실을 내가 밝히 알게 하기 위하여 아주 많은 경험이 나에게 주어졌습니다. 이것이 바로 고대 사람들 중에 어떤 사람들이, 몇 천년이 지난 뒤에, 자기의 이전 삶이나 이전에 행한 모든 일들에 되돌아 올 것이고, 또 그들이 이미 되돌아 왔다는 소견을 가지게 되는 근원입니다. 가끔 그들이 견문(見聞)한 적이 없는 기억들이 살아나기 때문에 그들은 이와 같은 결론을 짓게 되었습니다. 이것은 영들의 기억에서 오는 입류가 그들의 사상의 관념 안으로 흘러드는 일로 인해서 일어나는 것입니다. (천계와 지옥 255 · 256항)

사람은 성경말씀에 의하지 않고, 영들과의 교류로 계발(啓發 · 照耀)되는 일은 없다

사람들은, 만약에 영들이나 천사들과의 대화를 통한 직접적인 계시를 받는다면 보다 더 계발되고, 보다 더 현명하게 된다는 신념 같은 것을 가지고 있는데, 그러나 이것은 아주 잘못된 소견입니다. 외적인 방법인 직접적인 계시(啓示 · immediate revelation)에 의한 조요(照耀)나 계시(啓示)가 이루어지는 동안 내적인 방법에 의한 성경말씀(聖言 · the Word)을 통한 조요나 계발이 있어야 합니다. 내적인 방법이란 의지를 통한 이해에 이르는 것이고, 외적인 방법이란 청각을 통한 이해에 이르는 길입니다. 사람은, 그의 의지가 선 안에 있는 상태에 비례하여, 성경말씀을 통해, 주님에 의하여 조요되고, 계발됩니다. 이에 반하여 사람은, 그의 의지가 비록 악한 상태에 놓여 있다고 할지라도, 말하자면 청각에 의하여 계발되는 것 같은 가르침을 받을 수는 있습니다. 악 안에 있는 의지를 소유한 사람이 가지고 있는 이해에 들어온 것은 무엇이든 그 사람 마음 속에 있지 않고, 그 사람 밖에 있는데, 그것은 바로 그 사람 삶 안에 있지 않고, 그의 기억 안에 있을 뿐입니다. 그 사람 삶 안에 있지 않고, 그 사람 밖에 존재하는 것은, 죽기 전이 아니면, 죽은 뒤라도 점차적으로 그 사람에게서 떨어져 나갑니다. 왜냐하면 악 안에 자리잡은 의지는 그것을 밖으로 내쫓든가, 그것을 질식시켜 버리든가, 아니면 그것을 위화(僞化)하든가, 모독하기 때문입니다. 왜냐하면 의지는 그 사람의 생명을 구성하고, 또 의지는 이해에 작용하기 때문이고, 또한 기억에서 비롯된 이해 안에 있는 것들을 이질적인 것으로 여기기 때문입니다. 다른 한편 이해는 의지에 작용하지 못하고, 다만 의지가 어떻게 행동하여야 하는지를 가르칠 뿐입니다. 그러므로 만약 천사들이 아는 모든 것들을 천계로 말미암아 알게 된다면, 또는 성경말씀 안에 내포된 모든 것들을 안다면, 그리고 교회에 속한 모든 교리에 속한 것들을 안다면, 뿐만 아니라, 자신의 의지는 아직까지 악 안에 있으면서 선대(先代)들이 기록한 것이나, 교회의 의결기관에서 선포한 것들을 안다면, 그 사람은 사후, 그 사람이 그가 알고 있는 것을 뜻하고 의도하지 않았기 때문에, 아무것도 알지 못하는 그런 사람으로 대접받을 것입니다. 악이 진리를 미워하는 것처럼, 그렇게 되면 그 사람 자신도 진리들을 추방하고, 그 진리의 자리에 그의 의지에 속한 악과 일치하는 그런 부류의 거짓들을 채택할 것입니다. 더욱이 지상에 있는 사람을 신령진리로 가르치기 위하여 파견되는 영들이나 천사들의 강림의 은총은 전혀 없습니다. 그러나 주님 자신께서는 성언에 의하여 모두에게 신령진리를 가르쳐 주시며, 또 주님께서는 사람이 주님에게서 비롯된 선을 그의 의지로 받는 것에 비례하여 신령진리를 가르치시며, 따라서 죄이기 때문에 악을 멀리하는 것 만큼, 사람은 주님으로부터 선을 받습니다. 더욱이 모든 사람은, 그의 정동이나 또 그의 정동에서 비롯된 사상에서 보면, 영들에 속한 한 사회 안에 있는데, 그의 마음이 처해 있는 사회는, 말하자면, 그 영들이 있는 사회와 꼭 같은 것입니다. 그러므로 사람과 대화하는 영들은, 그의 정동에 일치하여, 그의 정동으로 말미암아 말하는 것입니다. 사람은, 그의 의지의 바로잡음(改革)에 의한 것을 제외하면 행해질 수 없기는 하지만, 우선 그 사람이 한 사회에 옮겨지는 일이 없다면, 다른 영들과는 대화할 수 없습니다. 왜냐하면 모든 사람은, 자기 자신과 꼭 같은 영역에 속한 영들로 이루어진 한 사회 안에 있기 때문입니다. 그러므로 그 사람과 대화하는 영들은, 그 사람이 그의 영역의 일부분을 이루는 것이 무엇인지를 확증합니다. 따라서 광신적인 영들은, 그의 광신주의에 관계되는 모든 것들을 사람 안에서 확증합니다. 그리고 퀘이커교도들의 영들은 퀘이커 주의에 속한 모든 것들을 확인하고, 모라비아 교도(Moravian)의 영들은 모라비안주의에 속한 것들을 확인합니다. 그밖의 것들도 역시 그렇습니다. 그러므로 얻어진 결과로, 모든 거짓에 속한 확증들은 결코 근절될 수 없다는 것입니다. 이러한 사실들에서 볼 때 아주 명백한 것은, 성언에 속한 방법들에 의해 행해지는 간접적 계시는, 영들에 의해 행해지는 직접적인 계시에 비하여 월등한다는 것입니다. 나 자신의 체험에서 볼 때에도, 주님의 입술에서 비롯된 것이 아니고서는, 영들이나 천사들의 입을 통해서는 그 어떤 것도 얻는 것이 허락되지 않았다는 사실입니다. (성경에 관한 교리 유고집 13항)

주님께서를 직접적으로 사람에게 진리를 가르치시지 않고, 또 자신에게서 또는 천사들에 의해서 직접적으로 가르치시지 않고, 오히려 성경말씀을 통해서 간접적으로 가르치시고, 또한 설교나, 독서, 대화 또는 다른 사람과의 의사교류를 통해서 간접적으로 가르치십니다. 그러므로 은밀하게 명상(瞑想)에 의해서 가르치십니다. 그 때 사람은, 선용을 목적으로 해서 진리를 사모하는 그의 정동에 일치하여 계발됩니다. 다른 방법으로 사람이 자기 자신에 속한 것 같이 행동할 수는 없습니다. (묵시록해설 1173항)

환상(幻想)과 꿈

환상(幻想·vision)이 어떻게 일어나며 본연의 환상이 무엇인지를 아는 사람은 거의 없습니다. 나는 수년 동안 거의 계속해서 저 세상에 있는 사람과 같이 지냈고, 또 놀라운 일들을 거기에서 보았기 때문에, 그러므로 나는 환상이나 꿈에 관하여 실제적인 경험에 의해 가르침을 받았습니다. 이제 나는 그것에 관해서 아래의 내용들을 설명하는 것이 허락되었습니다. 참된 환상은 저 세상에 실제적으로 존재하는 대상물에 속한 통찰력(洞察力·vision)이나 시각(視覺·sight)을 뜻하는데, 그것들은 육체의 눈이 아니라, 영의 눈에 보여질 수 있고, 또 주님에 의하여 사람의 내면적 시각이 열렸을 때 사람에게 나타나 보이는—이것이 영들이 가지는 시각인데—실제적인 것들(realities) 이외의 아무것도 아닙니다. 사람이 그런 상태에 이르르면, 즉 육신에서 분리되면 그 사람은 다른 생명으로 변합니다. 왜냐하면 사람은 육신을 입은 하나의 영이기 때문입니다. 이런 것들이 바로 예언자의 환상입니다. 이 시각이 열리면, 영들 가운데 실제적으로 존재하는 것들은, 표징적인 것들 뿐만 아니라 영들 자신들도, 그들이 누구이고, 그들이 어떤 성품의 사람이고, 어디에 있고, 또 그들이 어디에서 왔으며, 그들이 무엇을 하는지, 또한 정동의 상태는 어떤지, 종지(宗旨)가 어떤지, 아니, 그들의 신앙이 무엇인지에 관해서 그 어떤 속임(欺瞞)이 없이, 이 세상의 한낮 보다 더 청명한 날에 보는 것과 같습니다.

선한 영들에게 보여지는 환상들은 천계에 존재하는 것들의 표징입니다. 왜냐하면 천계에서 천사들 앞에 보여지는 것들이 영들의 세계(the world of spirits)에 내려왔을 때, 그것들은 표징적인 것들로 바뀌고, 그것들에서 그리고 그것들 안에서, 그것들이 뜻하는 바가 무엇인지를 명확하게 알 수 있기 때문입니다. 이러한 것들은 선한 영들과 계속적으로 같이 하며, 그리고 무엇이라고 표현할 수 없는 아름다움과 즐거움과 같이 계속해서 존재합니다. (천계비의 1966·1970·1971)

영계에 실제적으로 나타나는 것들에 관한 환상이나 또는 천사들의 사상이나 정동에 꼭 일치하는 환상이 실제적인 환상인데, 그러므로 실제적인 환상은 대응이기도 합니다. 이런 유의 환상은 진리들을 예언한 예언자들의 환상이고, 또한 이런 유의 환상은, 묵시록에 두루 기술된 요한 사도에 의하여 보여진 그 환상입니다. 그런 내적인 형태에서는 환상이 아니면서도, 겉모양은 진정한 환상과 비슷하게 나타나 보이는 따위의 진정한 환상이 아닌 환상들도 있습니다. 그런 유의 환상들은 망상(妄想·fantasy)을 통해서 영들에 의해 생겨납니다. 이런 유의 환상은 허망한 것들이나 거짓말을 예언한 거짓 예언자들의 환상이기도 합니다. 그런 것들은 실제적인 것들이 아니기 때문에 이런 유의 모든 환상은 그릇된 미망(迷妄·fallacy)입니다. 그러므로 이런 유의 환상은 미망을 뜻하기도 합니다.

영계에도 대응하지 않는 외현(外現·appearance)들이 존재하는데, 그런 것들은 주로 악령에 의해, 망상을 통해서 생겨납니다. 왜냐하면 이런 방법들을 통해서 악한 영들은 잘 꾸며진 궁전들이나 집들을 보여주기 위하여 나타날 수도 있고, 또한 자기 자신들의 외모를 아주 멋진 얼굴로 바꾸어 나타날 수도 있고, 어떤 경우는 아주 다른 모습으로 나타날 수도 있습니다. 그러나 망상이 끝에 이르면 즉시 이런 겉꾸밈의 모든 것들은 역시 사라집니다. 왜냐하면 그것들은 내적인 모습으로는 존재하지 않는 외적인 겉꾸밈이기 때문입니다. (묵시록해설 575항)

꿈에 관해서 살펴보면, 주님께서는 예언자들에게 천계의 비의(天界秘義·the arcana of heaven)를 환상들 뿐만 아니라, 꿈에 의해서도 계시하셨다는 것과 또 꿈은, 환상과 같이, 아니 거의 동일한 수준인 표징적이고 표의적이라는 것, 그리고 또 다른 사람들에게도 예언자의 경우와 마찬가지로, 꿈에 의하여 어떤 사실들을 열어보여 주었다는 것 등은 잘 알려져 있습니다. 그것들은 요셉과 그와 같이 감옥에 있었던 사람들의 꿈이나, 또는 바로나 느브갓네살 임금의 꿈, 또는 다른 사람의 꿈도 마찬가지입니다. 이렇게 볼 때, 환상과 꼭같이, 꿈도 천계에서부터 비롯된다는 것인데, 차이가 있다면, 꿈은 육체가 잠을 잘 때 일어나지만, 환상은 육체가 잠을 자지 않을 때 일어난다는 것입니다. 성경말씀에서 흔히 알 수 있는 예언적인 꿈이 천계로부터 어떻게 유입되는지, 아니 천계로부터 어떻게 내려오는지 나에게 그 진수(眞髓)를 보여주었습니다. 그것에 관해서 아래의 실제 체험에서 설명하겠습니다.

꿈에는 세 종류가 있습니다. 첫 번째 것은 천계를 통해 주님에게서부터 직접 오는 것인데, 이런 꿈이 성경말씀에서 다루어진 예언적 꿈(the prophetic dream)입니다. 둘째 것은 천사적 영(angelic spirit)들을 통해서 오는 것인데, 특히 이들은 낙원적 풍경이 있는 오른쪽 정면에 살고 있는데, 이 근원에서부터 태고교회(太古敎會)에 속한 사람들은 그들의 꿈을 가졌습니다. 이 꿈은 교훈적인 것이었습니다. 세 번째 것은 사람이 잠을 잘 때 그 사람 가까이에 있는 영들을 통해서 오는 것으로, 이것 역시 마찬가지로 표의적(表意的)입니다. 그러나 변덕스럽고, 괴상한 꿈들은 이것

과는 다른 근원에서 비롯됩니다. (천계비의 1975·1976항)

영 가운데 존재한다 말의 뜻

사람의 영은 그 사람의 마음의 성품을 뜻하기 때문에, 그러므로 성경말씀에서 자주 언급된 "영으로 존재한다"(being in the spirit)는 말은 육신에서 분리된 마음의 상태를 뜻합니다. 그 이유는 이 상태에서, 이른바 "하나님의 환상"(the vision of God)이라고 부르는, 영계 안에 존재하는 것들을 예언자들은 보았기 때문입니다. 그 때 그들의 상태들은, 그 세계에 있는 영들이나 천사들의 상태와 꼭 같았습니다. 이런 상태의 사람의 영은, 그것은 시각에 관해서 보면 그의 마음의 경우와 꼭 같은데, 육신은 비록 한 곳에 고정되어 있지만, 이 장소에서 저 장소로 능히 옮겨질 수 있습니다. 나도 지금까지 16년 동안 이런 상태에 있었습니다. 차이가 있다면 나는 영으로 있었고, 어떤 경우는 육을 벗어나기는 했지만, 동시에 육으로 있었다는 것 뿐입니다. 에스겔, 스가랴, 다니엘이나 묵시록을 저술한 요한사도도 이런 상태에 있었다는 것은 아래의 성경 귀절에서 아주 명백합니다. 즉 에스겔 11:1, 24;3:12, 14;8:3;1:10;40장-48장;스가랴 1:8, 18;2:1-5;3:1;4:1;5:1-6;6:1;다니엘 7:1;8:1;9:21;묵시록 1:10;17:3;21:10;9:17. (순정기독교 157항)

육신을 벗으면 영들에 의하여 다른 곳으로 옮겨지는 것은 무엇인가?

통상적인 것이 아닌 환상(幻想·洞察力·vision)에는 두 종류가 있는데, 나로 하여금 그것들의 본질을 알게 하기 위해서, 오직 나에게만 그것에 관해서 소개되었는데, 그것은 바로 성경말씀에서 "사람은 육체를 떠난다는 것"이나 "영에 의해 다른 곳으로 옮겨진다"는 말씀이 뜻하는 바입니다. 첫 번째에 관해서, 다시 말하면 사람이 육체를 떠난다는 것의 경우에 관한 것입니다. 사람은 수면(睡眠)과 깨어 있는 것의 중간 상태로 옮기워 집니다. 그 때 그 사람은 알 수 없지만, 그러나 그는 온전히 깨어 있는 상태에 있습니다. 그의 모든 감관들은, 그의 육체가 가장 최고의 각성(覺醒) 상태에 있는 것과 꼭 같은 매우 밝은 상태였습니다. 즉 시각, 청각은 물론, 놀랍게도 청각도 육체의 그 어떤 각성 상태 보다도 더 정교하고 예민하였습니다. 이 상태에서 영들이나 천사들은 전적으로 보고, 또한 듣는데, 이상한 것은 육체에 속한 것은 아무것도 없고, 또 중간에 끼어든 것도 없는데, 감촉(感觸 · have been touched) 된다는 것입니다. 이 상태가 바로 "육신을 떠났다"(withdrawn from the body)고 일컫는, 또는 그들이 "몸으로 그렇게 했는지, 몸을 떠나서 그렇게 했는지, 나는 알지 못했다"(고후 12 : 3)는 상태입니다. 나도 이런 상태에 세 네 번 안내되었는데, 나는 단순히 그 경우가 어떻게 그 상태와 같았는지, 또 영들이나 천사들이 모든 감관에 속한 즐거움 안에 있으며, 심지어 육체의 촉각 보다 더 정교하고 섬세한 감관의 즐거움을 만끽한다는 것을 알았을 뿐입니다.

영들에 의하여 다른 곳으로 옮겨지는 또다른 환상에 관해서 말씀드리면, 두 세 번이기는 하지만, 산 경험에 의하여, 그것이 어떤 것이고, 어떻게 일어나는 것인지 나에게 보여졌습니다. 한번의 경험을 설명하겠습니다. 도시와 마을의 거리를 걸으면서 동시에 영들과 이야기를 하였는데, 나는 내가 완전히 잠이 깨었다는 것과, 다른 때와 같이 시각에 의한 모든 것들을 즐기고 있다는 것 외에는 아무것도 알지 못하였습니다. 그러므로 나는 환상에 있는 전 시간 동안 아무런 실수 없이, 우거진 숲과 흐르는 강물, 궁전, 가옥들, 사람들, 그리고 많은 다른 것들을 보면서 걸었습니다. 그러나 나는 이같이 여러 시간 동안을 걸은 뒤, 갑자기 나는 육체의 환상에 있게 되었는데, 그래서 나는 내가 다른 장소에 있다는 것을 알게 되었습니다. 이런 일에 나는 몹시 놀라서, "주의 영이 알지 못하는 곳으로 데려갔다"(왕상 18 : 12 ; 왕하 2 : 16 ; 에스겔 3 : 12, 14 ; 사도행전 8 : 39)고 말한 사람들이 있는 그같은 상태에 내가 있다는 것을 깨달았습니다. 왜냐하면 이 상태가 계속되는 동안 비록 수 마일이라고 할지라도 그 길에 관해서 아무런 기억이 없었고, 또 수많은 시간이나 여러 날이라 할지라도, 그 시간에 관해서도 아무런 기억이 없었으며, 또 그 어떤 피곤도 느낄 수 없었기 때문입니다. 더욱이 전혀 아는 바가 없는 그 길을 통해서, 심지어 지정된 장소에 있는 사람들에게 인도되었습니다. 이같은 일은 어디로 와서, 어디로 가는지를 전혀 아는 바 없이도 사람은 주님에 의하여 인도될 수 있다는 것을 내게 알려주기 위하여 일어났습니다.
 그렇지만 비범한 두 종류의 환상이 있다는 것과 그리고 그것들의 내용을 알게 할 목적으로 나에게 보여졌습니다. 그러나 내가 통상적인 시각으로 주님의 자비에 의하여 체험한 것들을 독자들은 읽을 수 있는데, 그 내용들은 여러 장의 서두와 말미에 기술되었습니다. 그것들은 공상적으로 꾸며낸 이야기가 아니고, 여러 해 동안 육신의 뚜렷한 가장 맑은 정신상태에서 체험하고 직접 목도한 것들입니다. (천계비의 1882-1885항)

환상과 주님에게서 비롯된 직접적 계시와의 차이

사도 요한이 [묵시록에서] 본 것은 육신의 눈으로 본 것이 아니고, 영의 눈으로 본 것입니다. 이러한 사실은, 요한이 성령에 감동되어, 또는 "이상 중에 있었다"고 그가 말한 여러 곳의 귀절들에(묵시록 1:10 ; 9:17 ; 17:3 ; 21:10 등) 잘 나타나 있습니다. 따라서 그가 본 것을 말한 모든 곳에 잘 나타나 있습니다. 사람은 누구나 사람 가까이 있으면서, 그들의 영적 상태를 그 사람의 마음의 내면적 상태로 감동시키는 천사들에 의하지 않고서는, 그런 상태에 들어갈 수도 없고, 또 그런 상태가 유지될 수도 없습니다. 왜냐하면 이와 같이 사람이 천계의 빛 가운데로 올리워질 수 있고, 또 그 빛 가운데서, 천계에 있는 것들은 보지만, 이 세상에 있는 것들은 볼 수 없기 때문입니다. 에스겔·스가랴·다니엘 선지나 다른 예언자들도 여러 번 이와 꼭 같은 상태에 있었습니다. 그러나 그들이 성언(聖言·the Word)을 말할 때는 그런 상태에 있지 않았습니다. 그런 때에는 그들은, 영으로 있지 아니 하고 육으로 있었으며, 여호와 그분에게서 비롯된 말씀들을 듣고, 기술하였습니다. 그것은 모두 주님에게서 비롯된 것입니다. 예언자들의 이들 두 상태는 엄밀하게 구분되어야 합니다. 왜냐하면 그들은, 그들이 여호와로부터 말씀(聖言)을 받아서 쓸 때는 어디에서나, 여호와께서 그들과 같이 말씀하셨다, 또는 그들에게 말씀하셨다고 하였고, 흔히는 여호와께서 말씀하셨다, 또는 여호와의 말이다 라고 말하였으나, 그러나 그들이 또다른 상태에 있었을 때에는, 많은 여러 귀절에 나타나 있듯이, 그들은 "성령에 감동되어" 또는 "환상 가운데"라고 말하였기 때문입니다. (묵시록계현 945항)

영계에까지 확장되는 사람의 사상

명확하게 나에게 입증된 사실은, 천사들의 경우도 꼭 같지만, 사람이나 영들의 사상이 영계에 있는 수많은 사회들에 널리 그것 자체가 확산된다는 것입니다. 그러나 서로 꼭 같은 방법은 아니고, 서로 다른 방법으로 확산되었습니다. 내가 이런 사실을 틀림 없이 알게 하기 위하여, 내 생각이 뻗혀진 몇몇 사회들과 교류하는 기회가 내게 주어졌습니다. 그것에 의해서 내가 알 수 있었던 것은, 사상이 유입된 어떤 사회나 또는 그 사상이 있었던 사회로부터 사상 속에 입류하고, 또 그것의 내용에 관해서도 입류하기 때문에 나는 어떤 오류도 저지를 수 없었다는 사실입니다. 사회들 속으로의 사상이나 정동의 확장에 일치하는 사람이나, 영이나, 천사에게는 이해와 지각의 기능이 있습니다. 인애나 믿음의 선 안에는 사람은, 그가 그런 것들 안에 있는 정도에 일치하여, 아주 넉넉하게 천계의 사회들에게까지 확장됩니다. 거기에서 그 사람은 본연의 순수한 선 가운데 있습니다. 왜냐하면 이것들은 천계와 일치하고, 그러므로 이것들은 자연스럽게, 그리고 아주 넓게 거기에 입류하기 때문입니다. 거기에는 진리를 위한 정동이 입류하는 항존(恒存)하는 사회들이 있고, 또 선을 위한 정동이 파고드는 또다른 사회들이 항상 있습니다. 진리를 위한 정동은 영적 천사들의 사회에 흘러들고, 선을 위한 정동은 천적 천사의 사회에 흘러듭니다. 그러나 이에 반하여, 악이나 거짓 안에 있는 사람들의 사상이나 정동은 지옥적인 사회로 뻗쳐갑니다. 이러한 확장은 그들 안에 내재한 악이나 거짓의 정도에 일치합니다. 여기서 말할 수 있는 것은, 사람이나 영 또는 천사의 사상이나 정동은 천계의 여러 사회에 퍼져 있으며, 또한 그것에서부터 이해와 지각이 비롯된다는 사실입니다. 그러나 필히 알아야 할 것은, 이것은 외현(外現)에 일치한다고 하는 것입니다. 왜냐하면 거기에는 사회들에게서 비롯된 입류 외에는 그 사회 속으로 흘러든 사상이나 정동의 입류는 존재하지 않기 때문입니다. 이러한 일은 사람과 같이 하는 천사들이나 영들을 통해서 일어납니다. 왜냐하면 모든 입류는 내면적인 것에서 비롯되고, 따라서 선한 사람에게 있는 입류는 천계에서 비롯되기 때문입니다. 다시 말하면 선한 사람에게는 주님으로부터 천계를 통한 입류가 있고, 악한 사람에게는 지옥에서 비롯된 입류가 있습니다. (천

계비의 6600항)

영들은 어떻게 이 세상의 것들을 볼 수 있나?

영들은 자신들의 시각 즉 영들의 시각으로 이 세상에 있는 것들을 본다는 것은 불가능합니다. 더욱이 천사들은 더욱 그렇습니다. 왜냐하면 이 세상의 빛 즉 태양의 빛은 그들에게는 짙은 흑암이기 때문입니다. 그러므로 사람은 그의 시각 즉 육신의 시각으로 저 세상에 있는 그 어떤 것도 볼 수 없습니다. 왜냐하면 사람에게 천계의 빛 즉 주님에게 속한 천계적인 빛은 짙은 흑암과 같기 때문입니다.

그럼에도 불구하고, 주님께서 원하시면, 영들이나 천사들은 사람의 눈을 통해서 이 세상에 있는 사물들을 볼 수 있습니다. 그러나 주님은, 영들이나 천사들과 말할 수 있고, 또 그들과 같이 할 수 있는 사람의 경우를 제외하고서는 이같은 것을 부여하지 않습니다. 영들이나 천사들에게, 나 자신이 그것들을 볼 수 있는 만큼 분명하게 나의 눈을 통해서 이 세상에 있는 것들을 보는 것이 허락되었습니다. 이와 같은 일은, 그들에게는 매우 경이로운 일이지만, 가끔 일어나는데, 몇몇은, 나를 통해서 육신의 삶을 살 때 그들이 알고 지냈던 그들의 친구들을 마치 그들이 전에 그들을 보았던 것과 꼭 같이, 그들을 보았습니다. 몇몇은 역시 그들의 배우자들, 자녀들을 보았으며, 그들은 나에게 그들 가까이 가서 그들을 보고 말하기를 갈망하였고, 또 저 세상에서의 그들의 상태에 관한 사실들을 일러주기를 원하였습니다. 그러나 나는, 내가 그들에게 말하는 것 즉 그들이 이같은 방법으로 보여지고 있다는 것을 그들에게 계시하는 것이 허락되지 않았습니다. 이런 이유들 때문에 그들은 나를 미친 사람으로 여겼습니다. 다시 말하면 그들은 이같은 일들을 해괴한 마음의 공상(空想·fancy)이라고 생각하였습니다. 왜냐하면 나는, 비록 그들이 입술로는 시인하지만, 그들은 심중에서는 영들의 존재나 또 죽은 사람이 다시 산다는 것을 믿지 않는다는 것을 잘 알고 있기 때문입니다.

처음으로 나의 내면적 시각이 열렸을 때, 나의 두 눈을 통해서 영들이나 천사들은 이 세상과 또 이 세상에 있는 것들을 보았는데, 그들은 너무나 놀라워서, 그것을 기적 중의 기적이라고 하였습니다. 그리고 그들은 새로운 기쁨으로 감동되었는데, 이같은 방법으로 지상과 천계, 천계와 지상의 교류가 열려집니다. 이런 기쁨의 상태는 몇 달 동안 지속되었습니다. 그러나 그 뒤에는 그같은 일들은 매우 친숙하게 되어서, 지금은 그들은 그것을 전혀 이상하게 생각하지 않습니다. 내가 알게 된 것은, 다른 사람들과 같이 하는 영들이나 천사들은 이 세상의 것들을 전혀 볼 수 없고, 다만 그들은 그들과 같이 하는 사람들의 사상이나 정동들을 지각할 뿐이다는 것을 알게 되었습니다.

이러한 사실들에서 볼 때, 명확한 것은, 사람은 피조물이기 때문에 지상에서 사람들과 같이 사는 동안, 그 사람은 동시에 천계에 있는 천사들과 같이 살며, 또 그 반대로 천계에서 천사들과 같이 사는 동안, 지상의 사람들과 동시에 살고 있다는 것과, 그러므로 천계와 지상은 같이 존재하며, 한 몸처럼 행동한다는 것과, 사람이 천계 안에 존재하는 것을 알고, 천사도 이 세상에 존재한다는 것을 안다는 것, 그러므로 사람이 이 세상을 떠날 때, 그들은 지상에 있는 주님의 나라에서부터, 다른 나라가 아니라 육신을 입고 살았던 때에 있었던 그 나라와 꼭 같은 천계들 안에 있는 주님의 나라에로 옮기워진다는 것 등입니다. 그러나 사람이 너무나 관능적 존재가 되었기 때문에, 사람은 그 자신을 천계를 향해서 닫아버렸습니다. (천계비의 1880항)

사람은 얼마 동안 영들의 세계에 머무는가?

어떤 이들은 영들의 세계에 한 달 또는 일 년 동안 머무는가 하면, 어떤 이들은 십년 동안, 심지어 30년까지 거기에 머물기도 합니다. 그러나 그들에게 맞는 천계를 만드는 것이 허락된 사람들은 수세기 동안 그 곳에 머물기도 합니다. 그러나 오늘날에는 20년 이상 머물지는 못합니다. (묵시록계현 866항)

연옥(煉獄)은 지어낸 이야기

연옥(煉獄)에 관해서 내가 단언할 수 있는 것은, 그것은 순전히 치부(致富)를 목적한 바빌론적인 조작이요, 꾸며낸 이야기일 뿐이며, 그런 일은 전혀 없고, 또 그런 일은 있을 수도 없다는 사실입니다. 사람은 누구나 죽으면, 천계와 지옥 중간에 있는 영들의 세계(the world of spirits)에 들어가며, 거기서 사람들은 누구나 이 세상에 있을 때의 자신의 삶에 일치하는 천계나, 아니면 지옥을 준비합니다. 그러나 거기에서는 어느 누구도 고통을 받지 않습니다. 다만 악한 사람은 준비기간이 끝나고, 지옥에 들어간 뒤에 비로소 고통을 받습니다. 영들의 세계에는 무수한 사회들이 있으며, 그 사회에는 이 세상의 것과 비슷한 기쁨이 있습니다. 이런 이유들 때문에 영들의 세계에 있는 사람들은, 또 천계와 지옥 중간에 있는 지상에 있는 삶과 결합합니다. 그들의 외적인 것들은 거기에서 점차 벗기워지고, 따라서 그들의 내적인 것들은 점차 드러나게 됩니다. 이러한 일은, 삶의 진수이고, 또 가장 내적인 것인 주동적 사랑이 외적인 것들을 지배할 때까지 까발겨집니다. 이렇게 주동적 사랑이 드러나 까발겨지면, 그 사람은 그 사람 본연의 됨됨이로서 드러나게 됩니다. 그리고, 그 사랑의 성품에 따라서 영들의 세계에서부터 그 자신의 적합한 곳으로 보내집니다. 즉 선한 성품이면 천계에, 악한 성품이면 지옥에 보내집니다. 그것이 사실이라는 것을 나로 하여금 명확하게 알게 하기 위해서 주님께서 내게 허락하신 것은, 내가 그 세계에 있는 사람들과 함께 있게 해주셨고, 또 거기에 있는 모든 것들을 볼 수 있게 한 것입니다. 그러므로 나는 내 경험으로 내가 본 사람들을 말할 수 있는데, 이러한 일은 20년 동안 직접 경험하였습니다. 그러므로 내가 단언할 수 있는 것은 연옥(煉獄)이라는 것은 하나의 지어낸 소설이고, 또 그것은 지옥적이라고 할 수 있겠습니다. 그 이유는 치부를 위한 것이고, 또한 영혼들이나 심지어 사후의 영혼들까지도 지배하겠다는 목적 때문입니다. (묵시록계현 784항)

제32강

천계(天界 · Heaven)

천계는 두 왕국(王國)으로 나뉘어져 있다

천계에는 무한한 변화가 있으며, 어느 한 사회가 다른 사회와 꼭 같을 수 없고, 또 어느 한 천사가 다른 천사와 꼭 같지 않기 때문에, 그러므로 천계에는 일반적으로나, 종별적으로나, 세부적으로나 서로 구별됩니다. 일반적으로는 천계는 두 왕국으로, 종별적으로는 세 천계로 구별되고, 세부적으로는 무수한 사회들로 구별됩니다. (천계와 지옥 20항)

주님에게서 비롯되는 성령(聖靈 · the Divine proceeding)을 보다 더 내면적으로 영접하는 천사들이 있기도 하고, 그것을 내면적으로 덜 수용하는 천사들이 있습니다. 내면적으로 더 영접하는 천사를 천적 천사(天的 天使 · celestial angel)라고 부르고, 내면적으로 덜 영접하는 천사를 영적 천사(靈的 天使 · spiritual angel)라고 부릅니다. 따라서 천계는 두 왕국으로 구별되는데, 그 중 하나를 천적 왕국이라고 부르고, 다른 하나를 영적 왕국이라고 부릅니다. (천계와 지옥 21항)

천적 왕국 안에 있는 천사들이 존재하는 사랑을 천적 사랑이라고 부르고, 영적 왕국에 있는 천사들이 존재하는 사랑을 영적 사랑이라고 부릅니다. 천적 사랑은 주님사랑(love to the Lord)이고, 영적 사랑은 인애(仁愛 · charity) 즉 이웃사랑입니다. 모든 선은 사랑에 속한 것이기 때문에—왜냐하면 어느 누구가 사랑한다는 그 어떤 것은 그 사람에게는 선이기 때문에—따라서 전자의 왕국에 속한 선을 천적 선(天的 善 · the celestial good)이라고 부르고, 후자의 왕국에 속한 선을 영적 선(靈的 善 · the spiritual good)이라고 부릅니다. 여기서 분명하게 알 수 있는 것은, 주님사랑에 속한 선과 이웃사랑에 속한 선이 서로 구별되듯이, 두 왕국에 있는 선들은 서로 구별된다는 것입니다. 그리고 전자의 선은 보다 더 내면적인 선이고, 또한 전자의 사랑은 보다 더 내면적인 사랑이기 때문에, 따라서 천적 천사들은 보다 더 내면적이므로 보다 높은 천사(上位 天使·higher angel)들이라고 부릅니다. (천계와 지옥 23항)

주님의 천적 왕국에 있는 천사들은 주님의 영적 왕국에 있는 천사들 보다 지혜(智慧·wisdom)에 있어서나, 광영(光榮·glory)에 있어서나, 매우 더 월등합니다. 왜냐하면 그들은 내면적으로 보다 더 주님의 신령존재(神靈存在·the Divine of the Lord)를 영접하기 때문입니다. 그 이유는, 그들은 주님사랑 안에 있고, 그러므로 주님에게 더욱 가깝게, 그리고 더욱 밀접하게 결합되어 있기 때문입니다. 천적 천사들이 영적 천사에 비하여 월등한 것은, 영적 천사들처럼 받은 바 신령진리(神靈眞理·the Divine truth)를 먼저 기억(記憶·memory)이나 사상(思想·thought)에 수용하지 않고, 받은 바 신령진리를 즉시 자기들의 삶에 받아드리기 때문입니다. 그러므로 그들은 자신들의 마음에 신령진리들을 각인(刻印)하고, 그리고 마치 자기 자신들 안에서 그것들을 보는 듯이, 자신들 안에서 그것들을 지각합니다. 그들은, 그 진리들에 관해서 그것이 참이다 또는 거짓이다고 추론하지 않습니다. 그들은 마치 예레미야서에 기록된 사람들과 같습니다. 예레미야서에—.

> 내가 이스라엘 가문과 언약을 세울 것이니, 나는 나의 율법을 그들의 가슴 속에 넣어 주며, 그들의 마음 판에 새겨 기록하여, 나는 그들의 하나님이 되고, 그들은 나의 백성이 될 것이다. 나 주의 말이다. 그 때에는 이웃이나 동포 끼리 서로 "너는 주를 알리라" 하지 않을 것이니, 이것은 작은 사람으로부터 큰 사람에게 이르기까지, 그들이 모두 나를 알 것이기 때문이다.
> (예레미야 31 : 33, 34)

또 이사야서에서는 그들이 이렇게 기술되었습니다.

> 주께서 너의 모든 아이를 제자로 삼아 가르치실 것이고……
> (이사야 54 : 13)

"여호와의 가르침을 받은 제자들"은, 요한복음서에서 주님께서 친히 가르

치셨듯이(요한 6 : 45, 46), 주님에 의하여 가르침을 받은 자들입니다. (천계와 지옥 25항)

천적 왕국의 천사들과 영적 왕국의 천사들 사이에는 이와 같은 차이가 있기 때문에, 그들은 서로 자리도 함께 하지 않으며, 또한 상호간에 교류도 없습니다. 그들은 다만 중간적 천사적 사회(中間的 天使的 社會·the intermediate angelic society)들을 통해서만 교류가 있습니다. 이 중간적 천사적 사회들은 천적-영적입니다. 이 중간적 사회들을 통해서 천적 왕국은 영적 왕국에 입류(入流)합니다. 여기서 알 수 있는 것은, 비록 천계가 두 왕국으로 나뉘어져 있지만, 그럼에도 불구하고 하나를 이루고 있다는 사실입니다. 주님께서는, 이들의 교류와 결합을 이들 중간적 천사들을 통해서 이루시기 때문에, 이 중간적 천사들을 항상 당신의 배려 아래 두고 계십니다. (천계와 지옥 27항)

삼층의 천계가 있다

천계는 분명하게 전적으로 서로 다른 삼층의 천계가 있습니다. 그것은, 지심(至深·the inmost) 또는 제 셋째 천계(三層天界)와 중간 또는 둘째 천계(二層天界), 그리고 극외(極外·the ultimate) 또는 첫째 천계(一層天界)입니다. 그것은, 마치 사람의 경우, 머리라 일컫는 높은 부분과, 몸이라고 일컫는 몸통 부분과, 발이라고 일컫는 가장 낮은 부분이 있는 것과 같이, 그리고 그것은 또한 가옥의 경우 상층, 중간층, 하층이 있는 것과 같이 상호 연계되고, 또 서로 관계되고 있습니다. 주님에게서 비롯된 신령존재(神靈存在·the Divine) 역시 이와 동일한 질서 안에 존재합니다. 따라서, 질서의 필연성 때문에 천계는 삼층(三層)으로 되어 있습니다.

보다 높은 마음(mens)과 낮은 마음(animus)으로 이루어진 사람의 내면적인 것들은 역시 이와 유사한 질서 안에 있습니다. 즉 사람은 지심한 부분, 중간 부분, 극외적 부분을 갖습니다. 왜냐하면 신령질서에 속한 모든 것(萬有)들은 사람이 창조될 때 사람 안에 주어졌고, 그것 때문에 형상적으로 사람은 신령질서로 완성되었고, 따라서 천계는 사람의 가장 작은 형상 안에도 존재합니다. 그러므로 사람의 내면적인 것들에서 보면 사람은 역시 천계들과 더불어 교류하고, 사후에는 사람은 그가 이 세상에서 살 때 주님에게서 비롯된 신령선과 신령섭리에 속한 그의 영접에 따라서 삼층 천계, 중간 천계, 극외 천계의 천사들 가운데 있게 됩니다.
주님으로부터 입류하고, 또 지심한 천계 즉 삼층천 안에 영접된 신령존재를 천적이라고 부르고, 따라서 거기에 있는 천사들을 천적 천사라고 부릅니다. 주님으로부터 입류하고, 또 둘째 천계 즉 중간 천계에 영접된 신령존재를 영적이라고 부르고, 따라서 거기에 있는 천사들을 영적 천사라고 부릅니다. 그리고 주님으로부터 입류하고, 극외 천계 즉 일층천에 영접된 신령존재를 자연적이라고 부릅니다. 그러나 그 천계의 자연적인 것들이 이 세상의 자연적인 것과 같지 않고, 오히려 그것은 그것 안에 영적인 것과 천적인 것을 가지고 있기 때문에, 그 천계를 영적 자연적 또는 천적 자연적이라고 부르고, 따라서 거기에 있는 천사들 또한 영적 자연적 또는 천적 자연적 천사라고 부릅니다. 만약 이들이 중간 천계 즉 이층천으로부터 입류를 받았으면 영적-자연적 천사라고 부르고, 천적 천계인 삼층천 즉 지심한 천계로부터 입류를 받았으면 천적-자연적 천사라고 부릅니다. 영적-자연적 천사들과 천적-자연적 천사들은 서로 분명하게 다릅니다. 그럼에도 불구하고, 그들이 꼭 같은 계도(階度) 안에 있기 때문에 그들은 동일한 천계를 이룹니다. (천계와 지옥 29-31항)
이와 같은 구분 때문에, 한 천계의 천사는 다른 천계의 천사들 가운데 끼어들 수 없고, 또한 낮은 천계로부터 어느 누구도 위 천계로 올라갈 수도 없고, 또한 높은 천계로부터 어느 누구도 아래 천계로 내려올 수도 없습니다. 그러나 가끔 일어나는 일이지만, 낮은 천계로부터 보다 높은 천계로, 그들이 거기에 있는 광영을 보기 위하여 주님에 의하여 올리워집니다. 그 때에 미리 중간 천사들이 그들을 둘러싸게 하여, 그들을 통하여 교류를 가지게 준비합니다. 이러한 사실들에서 볼 때, 명백한 것은, 삼층의 천계들은 서로 엄연히 구별된다는 것입니다. (천계와 지옥 35항)
그러나 한 천계의 천사들과 다른 천계의 천사들 사이에 어떤 교제가 있을 수 없을 만큼 구별되어 있지만, 그럼에도 불구하고 주님께서는 직접적인 입류와 간접적인 입류에 의하여 모든 천계들을 연계시킵니다. 여기서 직접적인 입류란 주님 자신으로부터 모든 천계에 들어오는 것이고, 간접적 입류란 한 천계로부터 다른 천계로 들어오는 입류를 가리킵니다. 이와 같이 주님께서는 세 천계들을 하나로 만들고, 또 첫째 것에서부터 마지막 것까지 모든 것들을 한 연계(連繫·connection) 안에 두십니다. 그러므로 서로 연계되지 않은 것은 아무것도 존재하지 않습니다. 중간적인 것들에 의하여 제일존재(第一存在)와 연계되지 않은 것은 무엇이나 존재할 수 없으며, 아니면 소멸되고, 무가치한 것입니다. (천계와 지옥 37항)

주님의 강림 전까지는 천계는 셋이 아니었다

주님의 강림 전의 천계는 세 천계 즉 주님 강림 이후처럼 지심한 천계 즉 삼층천, 중간천계 즉 이층천, 그리고 극외적 천계 즉 일층천으로 셋으로 나뉘어지지 않고, 오히려 하나였습니다. 아직 영적 천계는 있지 않았습니다. 영적 천계가 있는 영역은, 외적인 수단에 의하여 즉, 특히 명성(名聲·eminence)이나 존엄에 속한 개념에 의하여 어떤 진리나 선 안에 보존될 수 있는 사람들을 제외한 거짓이나 악 안에 있는 사람들에 의하여 점유되기 시작하였습니다. 마찬가지로 이 세상의 경우도 마찬 가지인데, 이 세상에서 악이나 거짓 안에 있는 사람들은 명예나 이해득실과 같은 외적인 수단에 의하여 마치 진리들을 생각하고 말하는 것에, 그리고 선을 도모하고 행하는 것에, 아직까지는 억지로 강요되었습니다. 그 때 천계의 영역이 이런 부류의 사람들에 의하여 점유된 이유는, 선한 사람들이 결여되었고, 또 영적 교회에 속한 사람들은 아직까지 마련되지 않았기 때문입니다. 그럼에도 불구하고, 주님으로부터 사람에게 이어지는 계속성을 유지하기 위하여 천계의 모든 영역은 영들로 가득채워졌습니다. 왜냐하면 만약 계속성이 유지되지 않는다면 사람은 전멸될 것이기 때문입니다. 작금에도 이런 부류의 사람들에 의하여 점유된 몇 곳의 천계의 영역이 있습니다. * 그러나 거기에 있는 몇몇 사람들은 악을 자행하는 것에서 비롯된 어떤 강한 힘에 의하여 억압되고 있습니다. 따라서 이와 같은 영역은 그 세상에서 악한 사람이 증대하고, 선한 사람이 감소될 때, 점유됩니다. 왜냐하면 그 때 악령은 사람에게 접근하고, 선한 영들은 사람에게서 멀어지기 때문입니다. 선한 영들이 사람에게서 멀리 떨어지는 것에 비례

---

* 최후심판(最後審判·the last judgment)은 아직 일어나지 않았지만, 이 인용 내용이 발췌된 저작물을 이해한다는 것은 매우 중요하다.

하여 사람에게 가장 근접한 영역은 악령들에 의하여 점유됩니다. 이런 현상이 발생하면, 일반적으로 이들 영역의 주거자들은 변합니다. 이러한 일은 교회가 그 종말에 가까이 이르렀을 때 유발됩니다. 왜냐하면 그 때 악이나 거짓이 만연하고 창궐하기 때문입니다. 그러나 교회의 종말에 즈음하면 그들은 쫓겨나고, 점유된 영역은 그러는 사이에 천계를 위하여 준비된 선한 사람에게 주어집니다. 이러한 내용이 묵시록의 아래 말씀이 뜻하는 바입니다.

> 그 때에 하늘에서 전쟁이 일어났습니다. 미가엘과 미가엘 천사들은 용과 맞서서 싸웠습니다. 용과 용의 부하들이 이에 맞서서 싸웠지만, 당해 내지 못하였으므로, 하늘에서는 더 이상 그들이 발 붙일 자리가 없었습니다.
> (묵시록 12 : 7, 8)

(천계비의 8054항)

천계는 무수한 사회들로 구성되었다

각각의 천계들은 한 곳에 모여 있지 않고, 그들이 처해 있는 사랑이나 믿음에 속한 선의 차이에 따라서, 크고 작은 사회들로 나뉘어져 있습니다. 유사한 선 안에 있는 사람들 끼리 한 사회를 형성하고 있습니다. 천계 안에 있는 선들은 그 종류에서 보면 무한히 다양하고, 그리고 그 각각의 천사들은 그 자신의 선과 같습니다. 천계의 천사적 사회들 역시, 일반적이든 세부적이든, 그 천사들의 선의 차이에 따라서 서로 거리를 두고 떨어져 있습니다. 왜냐하면 영계에서의 거리는 내면적인 것들의 상태의 차이 이외의 다른 근원에서 비롯되는 것은 아무것도 없기 때문입니다. 그러므로 천계에 있는 그들은 사랑의 상태의 차이에서 갈라지는 것입니다. 서로의 차이가 크면 거리도 멀게 되고, 서로의 차이가 작으면 거리도 가깝습니다. 즉 그 사랑의 상태가 닮았으면 서로 함께 있게 됩니다.
이와 마찬가지로 한 사회 안에 있는 천사들도 그 각각의 상태에 따라서 엄연히 구별됩니다. 다시 말하면 보다 완전한 천사들, 즉 선에서 월등하고, 그러므로 사랑이나 지혜 또는 총명 면에서 월등한 천사들은 중앙에 자리하게 되고, 또 그런 면에서 좀 떨어지는 천사들은 그 완전성의 감소에 따라서 거리를 두고 주변에 자리잡습니다. 즉 그들의 위치 배열은 빛이 중심으로부터 그 주변에 이르는데 따라서 감소되는 것과 비슷합니다. 중앙에 있는 천사들은 가장 밝은 빛 안에 있고, 주변 가까이에 거주하는 천사들은 보다 점점 덜 밝은 빛 안에 있습니다. 그들 자신들은, 말하자면, 닮은 자들끼리는 그 닮음 만큼 함께 모여 있습니다. 왜냐하면, 마치 가족들이 한 집 안에 있듯이, 그들은 닮은 자들끼리는 자기 자신과 같이 느끼고, 서로 닮지 않았다면 서로 낯선 사람이나 외국인들 같이 느끼기 때문입니다. 그들은 그들과 서로 닮은 사람들끼리 함께 있으면, 자유 안에, 따라서 모든 삶에 속한 기쁨 가운데 있습니다.

이상의 내용에서 볼 때, 명백한 것은, 선은 천계 안에 있는 모든 것을 한 가족처럼 연합하고, 또 그 선의 질(質)에 따라서 그들은 서로 구별된다는 사실입니다. 그럼에도 불구하고 그들 자신들을 가족처럼 연합하는 분은 천사들이 아니고, 선의 근원이신 주님이십니다. 주님께서는, 그들을 인도하시고, 그들을 결합하시고, 또 분리하셔서, 그들이 선 안에 있는 정도에 따라서 그들을 자유 안에 있도록 지켜주십니다. 이와 같이 주님께서는 한 사람 한 사람을 그의 사랑이나 그의 믿음의 삶, 또는 그의 총명이나 지혜의 삶 안에 있게 하셔서, 종국에는 행복한 삶 안에 있게 하십니다.

동종(同種)의 선 안에 있는 자들은, 비록 그들이 전에 한 번도 만난 적이 없는 경우라고 하더라도, 이 세상에서 마치 이웃이나, 친척 또는 친구들이 하는 것과 꼭 같이, 서로 서로 잘 알아봅니다. 그 까닭은 저 세상에서는, 사랑이나 믿음에 속한 영적인 관계를 제외하면, 그 어떤 혈연관계, 친척관계 또는 친구관계가 전혀 있을 수 없기 때문입니다. 이러한 사실을 내가 육신을 떠나 영 안에 있을 때 천사들인 내 친구들과 나는 종종 직접 보았습니다. 그 때 그들 중의 몇몇은 마치 어려서부터 나를 잘 아는 사람처럼 나에게 보이기도 하고, 또 어떤 다른 이들은 나를 전혀 모르는 사람처럼 보이기도 하였습니다. 내가 어려서부터 잘 아는 사람처럼 나에게 보인 사람들은 내 영의 상태와 유사한 상태에 있는 사람들이고, 전혀 알지 못하는 사람들처럼 보인 사람들은 그 상태가 나와 전혀 다른 상태 안에 있는 사람들입니다. (천계와 지옥 41-46항)

큰 사회들은 수 억억의 천사들로 이루어졌고, 작은 사회들도 천천의 천사들로, 그리고 아주 작은 사회들도 수백의 천사들로 이루어졌습니다. 그 천사들은 말하자면 집집이, 또는 가족끼리 서로 분산되어 살고 있습니다. 비록 그들이 이와 같이 분산되어 살고 있지만, 그럼에도 불구하고 그들은 여러 사회에 살고 있는 것과 꼭 같은 유사한 방법으로 배열되어 있습니다. 즉 그들 중에서 보다 지혜로운 자들은 중앙에 살고, 쑥맥들은 주변에 살고 있습니다. 그들은 주님의 신령 보호 아래 있는 가장 선한 천사들입니다. (천계와 지옥 50항)

보편적 천계는 한 사람의 형체로 존재한다

천계를 총체적으로 볼 때 한 명의 사람으로 보인다는 것은 이 세상에서는 아직까지 알려지지 않은 비의(秘義)입니다. 그러나 그러한 사실은 천계에서 너무나 잘 알려져 있습니다. 이런 사실을 알고, 또 그 사실에 관계되는 종별적이고 개별적인 것들을 아는 것은 그 곳의 천사들이 가지고 있는 총명에 속한 주된 일입니다. 정말로 다른 많은 것들이 이 사실에 의존하고 있어서, 만약 그것을 일반적인 원리로 하지 않고서는 그들의 마음에 속한 개념들 안에 명확하고 또 확실하게 들어갈 수는 없을 것입니다. 천사들은 그들의 사회들과 더불어 모든 천계들이 한 사람의 형태로 보인다는 것을 잘 알고 있기 때문에, 그들은 사실상 천계를 '최대 인간(最大人間·the Greatest Man) 또는 '신령인간'(神靈人間·the Divine Man)이라고 또한 그들은, 이런 사실로 말미암아, 신성(神性·Divine) 즉 주님의 신령성(神靈性·the Divine of the Lord)이 천계를 만든다는 것을 알기 때문에, 천계를 또한 그렇게 부릅니다. (천계와 지옥 59항)

사실 천사들이 천계를 총체적으로 볼 때 한 사람의 형체로 보는 것은 아닙니다. 그 이유는 어느 천사도 전 천계를 한 눈으로 자기 시야에 넣을 수 없기 때문입니다. 그러나 그들은, 수천만의 천사들로 구성된 멀리 떨어져 있는 천계의 사회들을 가끔 한 명의 사람의 형체로 봅니다. 그리고 그들은, 한 사회로부터, 또 한 부분으로부터, 전 천계에 관해서, 천계가 바로 그러하다는 결론을 도출(導出)해 냅니다. 왜냐하면 가장 완전한 형체 안에 있는 것들은 부분들이 전체이고, 전체들이 부분이기 때문입니다. 다만 상이한 것은 유사한 것들 사이에서 대소(大小)가 다르다는 것 뿐입니다. 따라서 신령존재는 가장 지심하고, 최상의 존재로 만유를 보시고 계시기 때문에, 전 천계는 주님의 안전(眼前)에서는 이와 같은 하나의 사람의 형체로 있어야만 한다고 천사들은 말합니다.
그러므로 천계는 한 명의 사람처럼, 따라서 하나의 개체처럼 주님에 의하여 다스려 집니다. 왜냐하면 우리가 잘 알고 있듯이, 사람은 전체나 부분에서 즉 전체로서는 수족·기관·내장들에서, 그리고 부분으로서는 세포·신경·혈관 등에서, 무수한 구성물들로 이루어져 있습니다. 지체는 그 지체들 안에서, 부분은 부분들 안에서 그 각각을 이루고 있는데, 그럼에도 불구하고 그 사람이 행동할 때에는 모두가 하나가 되어 움직입니다. 천계도 이와 같이 주님에 의하여 보호되고, 인도되고 있습니다.
사람 안에 있는 각각의 다양한 것들이 하나가 되어 움직이는 것은, 지극히 작은 것이라고 할지라도 전체를 위하여 무엇인가 유익한 것을 수행하고, 또 그 어떤 선용을 수행하지 않는 것은 아무것도 없기 때문입니다. 전체는 그 각각의 부분을 위하여 선용을 수행하고, 부분들은 그 전체를 위하여 선용을 이루는 것은, 전체가 부분들로 이루어졌고, 또 부분들은 전체를 구성하기 때문입니다. 그러므로 그 개개의 것들은 서로 배려하고, 또 서로 관심을 가지고, 서로를 위해서 일할 수 있도록 연결되어 있어서, 그 각각이 전체를 위하고, 또 그 공동의 선을 위하여 활동할 수 있는 형체로 묶여져 있습니다. 따라서 각각의 것들은 하나처럼 활동할 수 있다고 말할 수 있겠습니다. 이러한 사실이 바로 천계들 안에 있는 합동(合同)이요 제휴(提携)입니다. 거기에서 그것들은 선용에 따라서 유사한 형체로 서로 결합합니다. 그러므로 전체를 위한 선용을 수행한다는 것을 알지 못하는 자들은 천계 밖으로 쫓겨납니다. 왜냐하면 그들은 이질적(異質的) 존재이기 때문입니다.
천계 전체가 한 명의 사람으로 나타나 보이고, 또 가장 큰 형체로서, 즉 모습으로도 신령한 영인(神靈 靈人·the Divine spiritual man)이기 때문에, 천계도 한 명의 사람처럼 지체와 부분 부분들로 구분되어 있고, 또 그것들의 호칭도 같은 식으로 되어 있습니다. 또한 천사들도, 이 사회나 저 사회가 어떤 지체로, 존재하는지를 잘 알고 있고, 또 그들은 이 사회가 어떤 지체로 또는 머리의 어떤 영역에 해당되는지를 알고 있고, 그리고 그들은 이 사회는 지체들 즉 가슴의 어떤 영역에, 저 사회는 지체들 즉 허리의 어떤 영역에 해당되는지를 알고 있습니다. 일반적으로 가장 높은 천계 즉 삼층천은 목까지의 머리 부위에 해당되고, 중간천계 즉 이층천은 가슴과 그 아래 허리와 무릎 관절 부위에 해당되고, 극외적 천계 즉 일층천은 발과 그 아래 발바닥과 팔과 그 아래 손가락 부위에 해당됩니다. 왜냐하면 팔과 손은 비록 그것들이 몸 좌우에 있다고 해도, 사람의 가장 극외적인 부위이기 때문입니다. 다시 말씀드리지만 이상에서 볼 때, 천계가 셋이 있다는 그 이유를 명백히 알 수 있겠습니다. (천계와 지옥 62-65항)

천계가, 부분적으로나 전체적으로나, 주님의 신령인간으로 말미암아 한 명의 사람으로 보여지기 때문에 천사들은, 자기들이 주님 안에 있다고, 또 어떤 이들은 주님의 몸 안에 있다고 말합니다. 그들이 이렇게 말하는 것은 그들이 주님의 사랑에 속한 선 안에 있다는 것을 뜻하는 말입니다. 사실 주님께서 친히 말씀하셨습니다. 요한복음서에서—.

> 언제나 내 안에 머물러 있어라. 그러면 나도 너희 안에 머물러 있겠다. 가지가 포도나무에 붙어 있지 않으면, 스스로 열매를 맺을 수 없는 것과 같이, 너희도 내 안에 머물러 있지 않으면, 열매를 맺을 수 없다.……너희는 나를 떠나서는 아무것도 할 수 없다.……너희가 나의 계명을 지키면, 나의 사랑 안에 머물러 있을 것이다. 그것은 마치 내가 나의 아버지의 계명을 지켜서 그 사랑 안에 머물러 있는 것과 같다.
> (요한 15 : 4-10)

(천계와 지옥 81항)

천계의 모든 것들과 사람의 모든 것들 사이에는 대응이 있다

일반적으로 천적 왕국은 심장과 그리고 몸 전체 안에 있는 심장에 속한 모든 것들에 대응하고, 영적 왕국은 폐장과 그리고 몸 전체 안에 있는 폐장에 속한 모든 것들에 대응합니다. 심장과 폐장은 사람 안에서 두 왕국을 형성합니다. 심장은 동맥과 정맥을 통해서 몸을 다스리고, 폐장은 신경계 섬유와 운동계 섬유를 통해서 몸을 다스립니다. 이 양자는 모두 힘(力·force)과 운동(運動·action)으로 다스립니다. 모든 사람에게는 그의 영적인 사람이라고 일컫는 그의 영계 안에 또한 두 왕국이 있습니다. 하나는 의지(意志・will)의 왕국이고, 다른 하나는 이해(理解・understanding)의 왕국입니다. 의지는 선을 향한 정동(情動・affection)에 의하여 다스리고, 이해는 진리를 향한 정동에 의해 다스립니다. 이들 왕국 역시 인체의 심장왕국과 폐장왕국에 대응됩니다. 천계에서도 마찬가지입니다. 천적 왕국은, 의지가 그 천계의 본체(本體)이고, 거기에서는 사랑에 속한 선이 통치합니다. 그리고 영적 왕국은 총명이 그 천계의 본체이고, 거기서는 진리가 통치합니다. 이것들이 바로 사람 안에서 심장과 폐장이 수행하는 기능들에 대응하는 바입니다. 이 대응에서 명확히 알 수 있는 것은, 성경말씀에서 심장은 의지를 뜻하고, 따라서 사랑에 속한 선을 뜻하고, 폐장의 호흡은 이해를 뜻하고, 따라서 믿음에 속한 진리를 뜻한다는 사실입니다. 그러므로 정동들이 비록 심장 안에 있지도 않고 또 심장에서 비롯된 것도 아니면서도, 그것들은 심장의 공로로 돌려지고 있습니다.

천계의 두 왕국이 심장과 폐장에 대응되는 것은 사람에게 있어서는 일반적인 천계의 대응입니다. 그러나 개별적인 지체들, 기관들, 내장들과의 대응에서 일반적인 열등(劣等)의 대응이 있는데, 이것의 내용이 어떠한지를 설명하겠습니다. 천계를 가리키는 최대인간(最大人間・the Greatest Man)의 머리에 속하는 사람들은 다른 어떤 사람들 보다 모든 선의 측면에서 매우 우월합니다. 왜냐하면 그들은 사랑・평화・순진무구・지혜・총명 안에 있고, 또 거기에서 비롯된 기쁨과 행복 안에 있기 때문입니다. 이런 것들이 사람의 머리와 머리에 속한 것들 안에 입류하고, 또 그런 것들에 대응합니다. 천계를 가리키는 최대인간의 가슴 부분에 속하는 사람들은 인애에 속한 선이나 믿음에 속한 선 안에 있고, 그리고 그런 것들은 사람의 가슴으로 입류하고 또 사람의 가슴에 대응합니다. 천계 즉 최대인간의 허리부분과 생식기능(生殖機能)에 속한 기관에 속한 사람들은 혼인애(婚姻愛・conjugial love) 안에 있습니다. 최대인간의 발에 속한 사람들은 영적-자연적 선(靈的-自然的 善・natural-spiritual good)이라고 일컫는 천계의 가장 외적인 선 안에 있습니다. 그 사람의 팔과 손에 속한 사람은 선에서 비롯된 진리의 능력 안에 있습니다. 그 사람의 눈에 속한 사람은 이해 안에 있습니다. 그 사람의 귀에 속한 사람은 들음(hearing) 즉 순종 안에 있고, 그 사람의 코에 속한 사람은 지각(知覺・perception) 안에 있습니다. 그 사람의 입과 혀에 속한 사람은 이해나 지각에서 비롯된 대화의 능력 안에 있습니다. 그 사람의 신장(腎臟)에 속한 사람은 탐구하고 분별하며, 교정(矯正)하는 진리 안에 있고, 간장이나 췌장이나 비장에 속한 사람은 각양각색의 선과 진리의 정화(淨化) 안에 있습니다. 다른 신체 부위에 관해서도 마찬가지로 이와 같이 각각의 내용에 대응됩니다. 이런 모든 것들이 그 사람에게 있는 걸맞는 부위에 입류하고, 또 그것들에 대응합니다. 천계의 이런 입류는 신체의 지체들이 가지고 있는 기능과 선용 안에서 행해집니다. 선용은 영계로부터 입류되기 때문에 자연계 안에서처럼 방편을 통해서 자기 자신의 모습을 갖추고, 따라서 결과 안에서 자신들을 나타냅니다. 따라서 그것으로 인하여 대응이 존재합니다.

이상에서 알 수 있는 것은 성경말씀에서 지체·기관·내장이 그 기능과 같은 뜻을 가지고 있다는 것입니다. 왜냐하면 성경말씀 안에 있는 모든 것들은 그것들이 대응에 일치하는 표의(表意·signification)를 가지고 있기 때문입니다. 그러므로 "머리"는 총명이나 지혜를 뜻하고, "가슴"은 인애를, "허리"는 혼인애를, "팔과 손"은 진리에 속한 힘을, "발"은 자연적인 것을 각각 뜻합니다. 그리고 "눈"은 이해를, "코"는 지각을, "귀"는 순종을, "신장"(腎臟)은 진리의 탐구를 각각 뜻합니다. 때문에 사람들의 일상 대화에서 총명스럽고, 지혜로운 사람을 좋은 머리를 가졌다고 말하는 것이지요. 또 인애스러운 사람에 대해서는 막역한 친구 즉 배가 맞는 친구라고 말하고, 지각 면에서 뛰어난 사람에 대해서는 코가 예민한 사람이라고 말하고, 이지적이고, 총명스러운 사람에 대해서는 눈빛이 날카로운 예리한 시각을 가졌다고 말합니다. 그리고 힘이 있는 사람에 대해서는 강한 팔을 가졌다고 하고, 사랑 때문에 어떤 목적을 수행하는 사람에 대해서는 심장에서부터 그것을 추진한다고 말합니다. 사람의 입에 회자(膾炙)하는 이런 어투나 그밖의 다른 많은 것들도 모두가 대응에 의해서 그렇게 말하는 것입니다. 왜냐하면 비록 사람들이 대응에 관해서 잘 알지 못하고, 무지(無知)하다고 해도, 이런 유의 언어 형태는 모두가 영계에서부터 기인된 것이기 때문입니다. (천계와 지옥 95-97항)

그러나 비록 인체에 관해서 사람에 속한 모든 것들이 천계의 모든 것들에 대응된다고 하지만, 그럼에도 불구하고 사람은 사람의 외적 형체로서 천계의 형상이라고 말하는 것은 아니고, 다만 사람의 내적 형체로서 말하는 것입니다. 왜냐하면 사람에 속한 내면적인 것들은 천계를 영접, 수용하지만, 그의 외면적인 것들은 이 세상을 영접, 수용하기 때문입니다. 그러므로 사람의 내면적인 것이 천계를 영접, 수용하는 것 만큼, 그것들에 관한 한 그 사람은, 최대인간의 모습을 본떠서, 가장 작은 형체로서 하나의 천계인 것입니다. 사람의 내면적인 것이 천계를 영접하고, 수용하지 않으면, 그것 만큼 그는 천계도 아니고, 또 최대인간의 형상도 아닙니다. 그럼에도 불구하고 세상을 영접, 수용한 그의 외면적인 것들은 아마도 세상 질서에 알맞는 형체 안에, 따라서 각양각색의 아름다움 안에 있을 것입니다. 왜냐하면 육체에 속한 외적인 아름다움(外的 美)은 그의 부모에게서 그 근원을 가지고 있고, 또 그 아름다움은 어머니의 자궁 안에서 형성되고, 그리고 출생 후에는 세상에서 비롯되는 일반적인 입류에 의하여 유지되기 때문입니다. 그러므로 우리는 여기에서, 자연적 사람의 형체는 그의 영적인 사람의 형체와는 매우 엄청나게 다르다는 결론을 얻을 수 있겠습니다. 영적인 사람의 용모가 어떠한지 나는 종종 본 적이 있습니다. 겉모습으로는 매우 아름답고 매력적이었지만, 그의 영적 인간은 보기 흉하고, 검고, 괴물처럼 이상스러운 모습으로 보였습니다. 그러므로 독자들은 그런 모습을 천계의 모습이 아니라 지옥의 형상이라고 말할 수 있을 것입니다. 겉보기에 별로 아름답지 않은 사람이 있었는데, 그의 영은 매우 곱고 아름다운 천사와 같았습니다. 그가 죽은 뒤 그 사람의 영은 실제적으로 그가 지상에 사는 동안 그 육체 안에 있었던 것과 같은 모습으로 나타났습니다. (천계와 지옥 99항)

천계의 만유(萬有)와 지상의 만유(萬有) 사이에는 대응이 있다

최대인간(最大人間·the Greatest Mman), 다시 말하면 영계와 꼭 같은 또는 천계와 꼭 같은 지상의 만유 사이에 대응이 없다면, 이 세상의 그 어떤 것도 존재할 수도 없고, 또한 존속될 수도 없을 것입니다. 왜냐하면 존재하거나 존속되는 것은 자기 보다 선재(先在·prior)하는 것과 그 어떤 관계를 가지고 있지 못하기 때문입니다. 다시 말하면 그것은 주님이신 제일존재(第一存在·the first)와 결과적으로 아무런 관계가 없기 때문입니다. 관계가 없는 것, 따라서 다른 것에 의존하지 않는 별개의 것은 한 순간도 존속될 수 없기 때문입니다. 그 이유는 어떤 것이 존속한다는 것은, 존재하는 모든 것들이 비롯된 것과의 관계로 말미암아, 존속할 수 있고, 또 그것이 의존하는 것으로 말미암아 존속될 수 있기 때문입니다. 왜냐하면 존속(存續·subsistence)이라는 것은 영속적인 존재를 가리키기 때문입니다. 따라서 사람 안에 있는 것은, 개별적인 것이든 전체적인 것이든, 모두가 대응할 뿐만 아니라, 우주 안에 있는 것들 또한 개별적인 것이든 전체적인 것이든 모두 대응한다고 말할 수 있겠습니다. 태양 자체가 대응하고, 달 또한 대응합니다. 그 이유는 천계에서 주님께서는 태양이시고, 마찬가지로 달이시기 때문입니다. 그 태양의 불꽃(火焰·flame)과 별(熱·heat)과 그리고 또한 빛(光·light)도 대응합니다. 왜냐하면 전 인류를 향한 주님의 사랑은 불꽃과 별에 대응하기 때문이고, 그 빛과는 신령진리가 대응하기 때문입니다. 또 모든 별들은 천계에 속한 사회들과 거기에 사는 주민들과 대응합니다. 그렇지 않은 것은 그 어떤 것도 거기에 존재할 수 없고, 또한 그것들은 그러면서도, 그것들은 이와 같은 질서 가운데 정연하게 존재합니다. 그 태양 아래에 보이는 것들도 역시 대응합니다. 즉 개별적이든 전체적이든 동물계에 존재하는 모든 것이나, 식물계에 존재하는 모든 것들도, 그것이 개별적이든 집합적(集合的)이든, 그것들이 영계에서부터 그 것들에게 흘러드는 입류가 없다면, 일순에 그것들은 함몰(陷沒)될 것이고, 파멸하여 황폐하게 될 것입니다. 이러한 내용이 사실이라는 것은 수차에 걸친 나의 경험에 의해서 입증되었습니다. 왜냐하면 그것은, 영계에 있는 모든 만유가 동물계에 있는 것이나, 더욱이 식물계에 있는 만유에 어떻게 대응하는지를 나에게 보여주었기 때문입니다. 그 뿐만 아니라 그것들은 입류가 없다면, 어느 것 하나도 결코 존속될 수 없다는 것도 나에게 보여주었기 때문입니다. 만약에 선재(先在)하는 것이 없어진다면 필연적으로 후래(後來·the posterior)하는 것도 모두 소멸될 것입니다. 만약 그와 같다면 선재하는 것이 후래하는 것에서 분리된다면 후래하는 것 또한 소멸될 것입니다. (천계비의 5377항)

천계와 이 세상과의 대응에 의하여 그것들이 어떻게 결합하는지를 간략하게 설명드리겠습니다. 주님의 나라(王國)는 선용을 목적으로 하는 나라입니다. 마찬가지로 선용의 나라는 목적의 나라입니다. 그러므로 우주는 주님에 의하여 창조되고, 조성(造成)되었기 때문에, 선용은 어디에서나 활동과 결과 안에서, 다시 말하면 일층천에서, 그리고 이 세상에서의 그 선용들을 드러내 나타내기 위하여 그런 것들로 모두 옷입혀지듯이, 감싸져 있습니다. 따라서 선용은 자연계의 궁극적인 것에 이르기까지 계속적으로 계도에 맞게 옷입혀져 있습니다. 그러므로 명백한 사실은, 자연적인 것들과 영적인 것들 사이의 대응, 또는 이 세상의 만유와 천계의 만유 사이의 대응은, 선용을 통해서 존재한다는 것이고, 또 선용이 그것들을 상호 결합한다는 것입니다. 그리고 선용에 의해 옷입혀진 형체들도 모두가 대응을 가리키고, 또 결합이라는 것을 가리킨다는 것도 명백합니다. 이 세상의 자연 안에는 그리고 그것의 삼중의 왕국 즉 동물계·식물계·광물계의 세 왕국 안에는, 그리고 질서 정연하게 그것 안에 존재하는 만유는 선용의 형체로 존재하고, 또한 결과들은 선용을 위한 선용으로 말미암아 이루어졌습니다. 이상의 내용에서 볼 때 자연계 안에 있는 모든 만유는 천계에 있는 만유의 대응을 가리킨다는 것입니다. (천계와 지옥 112항)

천계에 있는 해(太陽)와 달(月)

이 세상의 태양이나, 또 그 태양에서 비롯된 것들은 모두 천계에서는 보이지 않습니다. 그 이유는 이런 모든 것들은 모두가 자연적인 것이기 때문입니다. 왜냐하면 그 태양에서부터 자연은 시작되었고, 그것을 방편으로 하여 생성된 것은 무엇이든 자연적이라고 부르기 때문입니다. 그러나 천계가 존재하는 영계는 자연계 위에 존재하고, 그리고 전적으로 자연적인 것과는 엄연히 다르기 때문입니다. 대응에 의한 것을 제외하고서는 양계(兩界)는 상호 교류할 수도 없습니다.
그러나 비록 이 세상의 태양이나, 또 그 태양에서 비롯된 그 어떤 것도 천계에서 보이지 않지만, 그럼에도 불구하고 천계에는 하나의 태양이 있고, 또 거기에는 빛도, 별도 모두 존재 합니다. 천계의 태양은 주님이십니다. 그리고 거기에 있는 빛은 신령진리이고, 거기에 있는 별은 신령선인데, 이런 것들은 모두 태양이신 주님에게서 발출(發出)되었습니다. 천계에 존재하고, 보여지는 모든 만유는 이 근원에서 비롯 되었습니다. 주님께서 천계에서 하나의 태양으로 나타나 보여지는 이유는 그 어르신이 신령사랑이시기 때문이고, 그리고 또한 영적인 모든 만유는 그 사랑에서 비롯되었기 때문입니다. 그리고 이 세상의 태양을 방편으로 하여 존재하는 것은 모두 자연적인 것들이기 때문입니다. 이 사랑은 바로 하나의 태양처럼 찬란하게 빛을 냅니다.

주님께서는 천계 안에 하나의 태양으로 나타나 보이지 않고, 다만 천계들 위에 훨씬 높은 곳에 계십니다. 더구나 머리 또는 하늘 꼭대기(天頂·zenith) 정상에 나타나는 것이 아니라, 중천(中天·a middle altitude)의 천사들의 면전에 그렇게 나타나십니다. 주님께서는 두 곳 즉 하나는 오른쪽 눈 앞에, 그리고 하나는 왼쪽 눈 앞에, 아주 먼 거리에 나타나십니다. 오른쪽 눈 앞에는 말하자면 이 세상의 태양과 매우 닮은 크기의 불타는 태양으로 보이지만, 그러나 왼쪽 눈 앞에서는 태양이 아니라 달처럼 나타나는데, 이 세상에 있는 달과 같은 크기와 밝기(光度)로 나타납니다. 그렇다고 해도 그것은 보다 더 밝게 빛나서, 같은 밝음과 빛남을 가진 다수의 달들로 둘러 싸여 있는 것처럼 나타나 보입니다. 주님께서 두 곳에 다른 모양으로 나타나 보이시는 이유는 주님을 영접, 수용하는 사람의 성품에 따라서 주님께서 나타나 보이시기 때문입니다. 그러므로 사랑에 속한 선 안에서 주님을 영접, 수용한 사람에게 나타나 보이시는 방법과, 믿음에 속한 선 안에서 주님을 영접, 수용한 사람에게 나타나 보이시는 방법이 있기 때문입니다. 사랑에 속한 선 안에서 주님을 영접, 수용한 사람들에게는 주님께서는 그 수용에 따라서 이글이글 타오르는 화염이나 불꽃 같은 태양으로 나타나십니다. 이런 사람들은 주님의 천적 왕국에 있습니다. 이에 반하여, 믿음에 속한 선 안에서 주님을 영접, 수용한 사람들에게 주님께서는 그 수용에 따라서 환하게 빛나는 달처럼 나타나십니다. 이들은 또한 주님의 영적 왕국에 있습니다. 이와 같은 이유는, 사랑에 속한 선은 불(火)에 대응하고, 또한 영적인 뜻으로 불은 사랑을 가리키기 때문입니다. 그리고 믿음에 속한 선은 빛에 대응하고, 영적인 뜻으로 빛은 진리를 가리키기 때문입니다. 주님께서 눈 앞에 그와 같이 나타나시는 이유는 마음에 속한 내면적인 것은 눈을 통해서 보기 때문인데, 오른쪽 눈을 통해서는 사랑에 속한 선으로 말미암아 보고, 왼쪽 눈을 통해서는 믿음에 속한 선으로 말미암아 보기 때문입니다. 왜냐하면 천사들에게서나 사람에게서나, 오른쪽에 속한 것들은 모두 진리가 비롯되는 선에 대응하기 때문입니다. 그리고 왼쪽에 속한 것들은 선에서 비롯된 진리에 대응하기 때문입니다. 본질에 있어서 믿음에 속한 선은 선에서 비롯된 진리입니다.

이상에서 알 수 있는 것은 성경말씀에서 사랑으로서의 주님은 태양에 비유되고, 믿음으로서의 주님은 달에 비유된다는 사실입니다. 그리고 또한 주님에게서 비롯된 주님사랑은 태양을 뜻한다는 것과, 주님에게서 비롯된 주님을 믿는 믿음은 달을 뜻한다는 것도 알 수 있겠습니다. 이러한 사실은 아래의 말씀들에서 잘 알 수 있습니다.

> 달빛은 마치 햇빛처럼 밝아지고,
> 햇빛은 일곱 배나 밝아져서,
> 마치 일곱 날을 한데 모아 놓은 것 같이
> 밝아질 것이다
> (이사야 30 : 26)
> 내가 네 빛을 꺼지게 할 때에,
> 하늘을 가려 별들을 어둡게 하고,
> 구름으로 태양을 가리고,
> 달도 빛을 내지 못하게 하겠다.
> 하늘에서 빛나는 광채들을
> 모두 어둡게 하고,
> 네 땅을 어둠으로 뒤덮어 놓겠다.
> (에스겔 32 : 7, 8)
> 하늘의 별들과 그 성좌들이
> 빛을 내지 못하며,
> 해가 떠도 어둡고,
> 달 또한 그 빛을 비치지 못할 것이다.
> (이사야 13 : 10)
> 해와 달이 어두워지고
> 별들이 빛을 잃는다.
> (요엘 2 : 10, 31 ; 3 : 15)
> 해는 검은 머리털로 짠 천과 같이 검게 되고, 달은 온통 피와 같이 되고, 하늘의 별들은, 무화과나무가 거센 바람에 흔들려서 설익은 열매가 떨어지듯이, 떨어졌습니다.
> (묵시록 6 : 12, 13)
> 그 환난의 날들이 지난 뒤에,
> 곧 해는 어두워지고,
> 달은 빛을 내지 않고,

제32강 천계(天界 · Heaven)

> 별들은 하늘에서 떨어지고,
> 하늘의 세력들은 흔들릴 것이다.
> (마태 24 : 29)

그 밖에도 여러 귀절의 말씀들이 있습니다. 여기 인용된 말씀에서 "태양"은 사랑을 뜻하고, "달"은 믿음을 뜻하며, "별들"은 선이나 진리에 관한 앎(知識)을 뜻합니다. 이것들이 어두워지고, 빛을 잃고, 또 하늘에서 떨어진다고 언급하는 것은, 그 때 그것들이 더 이상 존재하지 않는다는 것을 언급한 것입니다. 주님께서 천계에서 하나의 태양처럼 나타나 보이신다는 것은, 베드로 · 야고보 · 요한의 면전에서 변모하신 그 사건에서

> 그의 얼굴은 해와 같이 빛나고……
> (마태 17 : 2)

라는 말씀에서 잘 알 수 있습니다. 주님께서는, 그 때 육체로부터 벗어나 천계의 빛 안에 있는 그 제자들에게 보여졌습니다. 따라서 표징적 교회를 가리키는 고대시대 사람이 신령예배 안에 있을 때 그들은 동쪽에 있는 태양을 향하였습니다. 이런 이유로 해서, 동쪽을 향해서 성전은 건축되었습니다. (천계와 지옥 116-119항)

주님께서는 자주 천계에 나타나십니다. 그 때마다 주님께서는 태양에 둘러싸여 나타나시지 않고, 천사의 모습으로 나타나시는데, 그럼에도 불구하고 주님께서는 얼굴에서 발하는 신령광채에 의하여 천사들과는 뚜렷하게 구별이 됩니다. 주님께서는 거기에 친히 계시지 않고 진리로 계십니다. 왜냐하면 주님께서 친히 나타나시면 변함없이 태양으로 둘러싸여 나타나시지만, 그럼에도 불구하고 주님께서는 겉모습(外現 · aspect)에 의하여 천사들의 현존(現存)으로 계시기 때문입니다. 이러한 사실은 정말 천계에서는 아주 보통 있는 일이지만, 비록 그들이 실재하는 장소에서 아주 멀리 떨어져 있다고 해도 시선(視線 · view · *aspectus*)을 그 곳을 향해 진지하게 집중하고 또 시선을 그 곳에만 고정시키면, 마치 현존하는 것처럼 주님께서는 나타나십니다. 이 현존(現存 · presence)을 내면적 시각(內面的 視覺)의 현존이라고 일컫는데, 이것에 관해서는 뒤에 상론하겠습니다. 내

가 주님을 뵈었을 때에는, 주님께서는 태양 밖에, 천사의 모습으로 계셨고, 또한 그 태양의 높이 보다는 약간 낮게 계셨습니다. 또한 주님의 얼굴은 광채가 났고, 태양 같은 모습으로 아주 가까이 계시는 것으로 보이시기도 하였습니다. 또 한 번은 불꽃 같은 광채로 천사들 가운데 계셨습니다. (천계와 지옥 121항)

어느 누구든 영계의 태양은 하나님 자신이다는 사실을 밝히 알고 있어야 합니다. 하나님 자신은 사람(人格體 · a Man)이십니다. 하나님의 사랑과 지혜에서 비롯되는 첫 번째 발출(第一發出 · the first proceeding)은 천사들에게 태양으로 보이는 영적 불꽃 즉 영적 발산(靈的 發散 · spiritual emanation)입니다. 그러므로 주님 자신은 그 때 천사들에게 친히 나타나시고, 또한 주님께서는 한 사람으로 자기 자신을 현현(顯現)하십니다. 그리고 이러한 주님의 나타냄(顯現)은 가끔은 태양 안에, 또 가끔은 태양 밖에 나타납니다. (신령사랑과 신령지혜 97항)

천계의 별(熱)과 빛(光)

천계의 빛과 천계의 별은 있는 곳에 따라 각양각색입니다. 천적 왕국에 있는 그것과 영적 왕국에 있는 그것이 서로 상이하고, 또한 각각의 사회에 있는 그것끼리도 각양각색입니다. 그 별은 계도(階度 · degree) 뿐만 아니라 그 질(質 · quality)에 있어서도 서로 다릅니다. 주님의 천적 왕국에서의 별은, 거기의 천사들이 신령선을 보다 많이 받기 때문에, 강렬하고, 보다 순수합니다. 주님의 영적 왕국에 있는 별은, 거기의 천사들이 신령진리를 보다 많이 받기 때문에, 덜 강렬하고 덜 순수합니다. 그것은 또한 그것의 수용에 따라서 각각의 사회 안에서도 천차만별(千差萬別)입니다. [중략] 사랑이 영적 근원에서 비롯되는 별(熱 · heat)이라는 것은 사랑에 일치하여 점차 뜨거워 진다는 사실에서는 잘 설명됩니다. 왜냐하면 사람은, 그것의 계도나 그것의 질에 일치하여 불타 오르기도 하고 달아 오르기도 합니다. 사랑이 공격을 받기라도 하면, 그 열기는 이런 사실을 잘 입증해 줍니다. 이상에서 명백히 알 수 있는 것은, 선한 사랑에서 비롯되는 정동(情動)에 관해서, 또는 악한 사랑에서 비롯되는 정욕(情欲)에 관해서 불이 탄다는 말로, 때로는 열이 오른다, 불타 오른다, 끓는다, 불꽃이 튄다는 등의 말을 하는 관습이 생겨졌다는 사실입니다.
　천계에서 태양이신 주님으로부터 발출하는 사랑이 별로 느껴지는 이유는, 천사들의 내면적인 것들이 주님에게서 비롯된 신령선에서 온 사랑 안에 있기 때문입니다. 이것으로 인하여 천사들의 외면적인 것들은 뜨거워지고, 또한 별의 상태에 있게 됩니다. 그런 이유 때문에, 바로 위에서 설명한 것과 같이, 천계에서는 별과 사랑이 서로 대응하기 때문에, 거기에 있는 각자들은 그 자신의 사랑인 별의 상태 안에 있습니다.
　천사들은 이해와 의지를 가지고 있는 사람과 같습니다. 그 빛이 신령진리이고, 따라서 신령지혜이기 때문에, 천계의 빛은 천사들의 이해에 속한 생명을 형성합니다. 그리고 천계의 별은 신령선이고, 따라서 신령사랑이기 때문에 천계의 별은 천사들의 의지에 속한 생명을 이룹니다. 천사의 생명 그 자체는 별에서 비롯되고, 또 별이 그 빛 안에 내재해 있는 것에 비례하는 것을 제외하면 결코 그 생명은 빛에서 비롯되지는 않습니다. 별에서 생명이 비롯된다는 것은 아주 명백합니다. 왜냐하면 별이 없어지면 생명 또한 소멸되기 때문입니다. 이것은 또한 사랑이 없는 믿음이나, 선이 없는 진리의 경우도 꼭 같다고 말할 수 있겠습니다. 왜냐하면 믿음에 속한 진리라고 일컫는 진리는 빛이고, 사랑에 속한 선이라고 일컫는 선은 별이기 때문입니다. 진리는 빛이고, 사랑에 속한 선이라고 일컫는 선이 별이기 때문입니다. 천계의 별과 빛에 대응하는 이 세상의 별과 빛의 경우를 보면, 이상 설명한 내용이 훨씬 잘 이해가 될 것입니다. 빛과 결합된 별로 말미암아 이 세상에 존재하는 만물은 생기를 얻고, 성장합니다. 그것들은 봄이나 여름철에 더 잘 결합합니다. 그러나 별과 결합되지 않은 빛에 의해서 생기를 얻고, 성장하는 것은 아무것도 없고, 다만 그것들은 굼뜨고, 죽은 상태에 있을 뿐입니다. 그리고 그 별과 빛은 겨울철에는 덜 결합합니다. 이와 같은 대응에서 볼 때 천계를 낙원이라고 부르고 있는데, 그것은, 지상에서 봄이 되면 빛이 별과 하나가 되는 것처럼, 천계에서 진리가 선과 결합하고, 믿음이 사랑과 합쳐질 때, 비로서 이루어지는 것입니다. (천계와 지옥 134-136항)
　천계에 있는 빛은, 믿어지지 않을 만큼, 우리의 태양계의 한낮의 빛 보다 매우 찬란합니다. 그렇지만 천사들은 이 세상으로부터 아무런 빛을 받을 수 없습니다. 왜냐하면 그들은, 그들의 태양이신 주님으로부터 빛을 받기 때문입니다. 심지어 한낮의 빛이라고 할지라도 이 세상의 빛은 천사들에게는 칠흑 같은 흑암일 뿐입니다. 그들에게 이 세상에서 비롯된 그 빛을 볼 수 있게 한다면, 그것은 마치 그들에게는 매우 짙은 흑암을 쳐다보는 것과 같을 것입니다. 이러한 사실을 나는 여러 번의 경험에 의하여 잘 압니다. 이상에서 우리는 천계의 빛과 이 세상의 빛과 차이가 어떠한지 명백히 알 수 있겠습니다. (천계비의 1521항)

천계의 네 방위(方位)

천계에도, 이 세상처럼, 동서남북 네 방위(方位)가 있습니다. 이들 양계(兩界)는 그들의 태양에 의해 그 방위가 결정됩니다. 즉 천계에서는 주님이신 천계의 태양에 의하여, 그리고 이 세상에서는 이 세상의 태양에 의하여 방위가 정해집니다. 그러나 그럼에도 불구하고 거기에는 큰 차이가 있습니다. 먼저 이 세상에서는 태양이 최고의 높이에 있을 때, 남(南·south)이라고 하고, 그 반대로 태양이 지평선 아래에 위치했을 때, 그 방향을 북(北·north)이라고 하고, 주야의 길이가 같을 때, 태양이 떠오르는 방향을 동(東·east)이라고 하고, 그 일몰 방향을 서(西·west)라고 합니다. 이와 같이 이 세상에서의 모든 방위는 남쪽을 기준으로 하여 결정됩니다. 그러나 천계에서는 태양으로 나타나시는 주님이 계신 곳을 동쪽이라고 하고, 그 반대쪽을 서쪽이라고 부릅니다. 천계에서는 우측을 남쪽이라고 하고 좌측을 북쪽이라고 합니다. 이것은 얼굴이나 몸을 어느 쪽으로 돌려도 꼭같습니다. 따라서 천계에서의 방위는 동쪽을 기준으로 결정됩니다. 태양으로 나타나시는 주님이 계신 곳을 동쪽(*oriens*)이라고 부르는 이유는 생명의 근원이 태양이신 그 어른에게서 비롯되기 때문입니다. * 그리고 별과 빛, 또는 사랑과 총명을 주님에게서부터 수용하는 것에 비례하여 천

---

* 사람의 언어로 이 내용을 완전히 표현한다는 것은 거의 불가능하다. 그것이 뜻하는 표의나 주님에 관한 교리적인 진리를 충분히 이해하기 위해서는 동을 가리키는 라티어의 낱말인 oriens는 "떠오른다"(to rise)는 동사 orior의 현재분사 라는 것을 알아야 하고, 또 근원을 가리키는 라틴어인 origo도 문학적으로 떠오른다는 뜻을 가리키는 데, 예컨대 사물의 출현(出現)을 뜻하는 같은 동사에서 왔다는 것도 알아야만 하겠다.

사들에 의하여 주님께서는 그들에게 떠오른다고 언급되기 때문입니다. 그러므로 또한 명백한 것은 성경말씀에서 주님께서는 해가 돋는 곳(東方·동쪽)이라고 불리워졌다는 것입니다.

또다른 하나의 차이는 천사들에게 있어서 동쪽은 그들이 항상 얼굴을 향하는 방향이고, 서쪽은 그들의 등 뒤에, 남쪽은 그들의 오른쪽에, 북쪽은 그들의 왼쪽에 있다는 것입니다. 그러나 이러한 사실을 이 세상에서 이해한다는 것은 매우 어렵습니다. 그 이유는 사람은 사방을 향하여 그의 얼굴을 자유로이 돌릴 수 있기 때문인데, 그 내용을 아래에 설명하겠습니다. 온 천계는 천계 자체의 공통중심(共通中心·the common center)으로서의 주님을 향하고 있습니다. 그리고 천사들도 모두 주님 계신 그 곳을 향하고 있습니다. 다 알고 있는 것과 같이, 이 세상에서는 모든 방위가 지구의 공통중심을 향하여 결정되고 있으나, 천계에서는, 이 세상과는 달리, 정면(正面)이 그 공통중심이 되겠습니다. 이 세상에서 그 중심은 그 중심이 아래쪽에 있습니다. 이 세상에서의 이 방향 굳히기를 구심력(求心力·centripetal force) 또는 중력(重力·gravitation)이라고 부릅니다. 천사들의 내면적인 것은 실제는 정면(正面)을 향하고 있고, 그리고 그 내면적인 것은 그 자신의 안면에 나타나며, 그러므로 방위를 결정하는 것은 그의 안면(顔面·얼굴·face)이라고 할 수 있겠습니다.

그러나 천사들에게 있어서 그들의 얼굴이나 몸을 어느 방향으로 돌려도 동쪽이 그들의 안전에 있다는 사실을 이 세상에서 깨닫는다는 것은 매우 난해한 일입니다. 왜냐하면 사람에게는, 그가 자기 자신을 어느 쪽으로 돌리느냐에 따라서 각각의 방위는 그의 안전에 있기 때문입니다. 그러므로 천사와 사람의 방위 결정에 관해서 설명드리겠습니다. 천사들도, 사람들과 마찬가지로, 자신의 얼굴이나 몸을 자유롭게 돌릴 수 있습니다. 그럼에도 불구하고 천사들은 그들의 안전이 항상 동쪽을 향합니다. 그러나 천사들의 방향바꾸기는 사람의 그것과 같지 않고, 그들은 사실 사람과는 전혀 다른 근원에서 그 방향바꾸기가 비롯되기 때문입니다. 모두가 같은 것 같이 보이지만 그럼에도 불구하고 그것들은 같지가 않습니다. 주도애(主導愛·the ruling love)가 그 근원입니다. 천사들이나 영들의 경우 모든 결정은 바로 이 근원에서 비롯됩니다. 왜냐하면 앞에서 설명한 바와 같이 그들의 내면적인 것은 실제적으로 그들의 공통중심, 즉 천계에서는 태양이신 주님을 향해 있기 때문입니다. 그들의 주도애는 변함없이 그들의 내면적인 것 앞에 있기 때문에, 그들의 얼굴은 그 내면적인 것으로 말미암아 존재하기 때문에, 왜냐하면 그것이 그들의 외적인 형태이기 때문인데, 그 결과로 주권을 장악하고 있는 주도애는 그의 안전에 언제나 있게 됩니다. 결론적으로 천계에서 태양이신 주님께서는 변함없이 천사들의 얼굴 앞에 계십니다. 그 이유는, 그들이 받는 사랑은 바로 그 어른에게서 비롯되기 때문입니다. 주님 자신은 친히 천사들과 더불어 주님자신의 사랑 안에 있기 때문에, 그러므로 그들이 어느 방향으로 방향을 바꾸든지 그들로 하여금 항상 주님을 향하게 하는 분은 바로 주님이시기 때문입니다.

이와 같이 주님을 향한 방향전환은 천계에서 경이로운 것들 중의 하나입니다. 많은 자들이 한 곳에 모여 있다고 하더라도 어떤 이는 그 얼굴과 몸을 한 곳으로 향하고, 다른 이는 다른 방향으로 향하여도, 이들 모두는 언제나 그들 앞에 계신 주님을 우러릅니다. 그리고 각자 각자는 그의 오른쪽에는 남쪽이, 그의 왼쪽은 북쪽이, 그의 뒤는 서쪽이 있습니다. 천계에서 또 경이로운 것은, 비록 천사들의 모든 향방은 동쪽을 향하지만, 그럼에도 불구하고, 그들은 나머지 세 방위에도 향할 수 있다는 것입니다. 그러나 그들의 방위에 대한 향방은 사상에 속한 것인 그들의 내면적 시각에서 기인(起因)됩니다. 경이로운 것들 가운데 또 하나가 있는데, 그것은 천계에서는 어느 누구도 다른 사람의 뒤에 있는 것이나, 또는 남의 뒷통수를 보는 것이 허락되지 않는다는 것입니다. 만약 이렇게 남의 등 뒤에 있거나 또는 뒷통수를 본다면, 주님에게서 오는 선의 입류나 진리의 입류가 훼방을 받기 때문입니다. (천계와 지옥 141-144항)

지금까지 천사들에 관하여, 그리고 그들이 태양이신 주님을 향해 항상 향방을 바꾸는 것에 관해서, 언급한 모든 내용들은, 이 세상의 사람 즉 그의 영에 관해서 숙고한다면, 이해할 수 있는 것들입니다. 왜냐하면, 사람의 마음에 관해서 보면, 사람은 곧 영이며, 만약 사람이 사랑이나 지혜 안에 있다면 그는 하나의 천사이기 때문입니다. 그러므로 그가 사망한 뒤, 즉 그가 자연계에서 취한 그의 외적인 것들을 벗어버리면, 그는 실제적으로 하나의 영 즉 하나의 천사가 됩니다. 왜냐하면 천사들이 항상 그들의 얼굴을 태양을 향한 동쪽으로 방향을 잡고 있기 때문에, 따라서 주님을 향하고 있기 때문에, 사실 주님에게서 비롯된 사랑이나 지혜 안에 있는 사람에 관해서, 그는 하나님을 본다, 또는 하나님을 우러른다, 자기 앞에 하나님을 모신다고 말하는데, 이런 말은, 그 사람은 하나의 천사로 산다는 것을 뜻하는 말입니다. 그들이 천계에도 실제적으로 존재하고, 또 그들이 사람의 영 안에서도 실제적으로 존재하기 때문에 이와 같은 일은 양계(兩界) 안에 있다고 말할 수 있겠습니다. 어느 누구가 기도할 때에 그가 지상의 어떤 방위로 향하고 있다고 하더라도, 하나님을 향하여 그의 얼굴을 돌리지 않겠습니까?
천사들이 변함없이 태양이신 주님에게 그들의 얼굴을 돌리는 이유는, 그들이 주님 안에, 주님께서 그들 안에 계시기 때문이고, 그리고 주님께서는 내면적으로 그들의 정동과 사상을 인도하시며, 또 주님께서는 주님에게 향하도록 그들을 돌려 놓습니다. 이것이 바로 그들이 태양으로 나타나시는 주님이 계신 동쪽 이외의 다른 곳을 향할 수 없는 이유입니다. 이상에서 명백한 것은 천사들 스스로 주님을 향해 돌아서는 것이 아니고 주님께서 그들을 주님에게 향하도록 돌려 놓는다 것입니다. 왜냐하면 천사들이 주님에 관해서 내면적으로 생각하면, 그들은 주님에 관해서 그들 자신 안에 있는 것 이외의 다른 어떤 것을 생각하지 않기 때문입니다. 내면적 사상이 결코 공간을 만들지 못하지만, 그러나 오히려 눈의 시각과 한 몸처럼 행동하는 외면적 사상이 공간을 만들 뿐입니다. 그 이유는 내면적 사상은 공간 안에 있지 않지만, 외면적 사상은 공간 안에 있기 때문입니다. 이같은 일은 영계에서도 마찬가지인데, 내면적인 사상은 공간 안에 있지 않지만, 그럼에도 불구하고 그것은 공간의 외현(空間外現・appearance of space) 안에 있기 때문입니다. (신령사랑과 신령지혜 129・130항)
천계에 있는 모든 주민은 방위에 따라서 각각의 특성에 맞는 자기 처소를 갖습니다. 사랑에 속한 선 안에 있는 사람들은 동쪽과 서쪽을 향해서 거처를 갖는데, 그 선에 관해서 명확한 지각 안에 있는 사람은 동쪽에 있고, 그 선에 관하여 불명확한 지각 안에 있는 사람들은 서쪽에 거처를 잡습니다. 그리고 그 선에서 비롯된 지혜 안에 있는 사람은 남쪽과 북쪽을 향해 거처를 잡는데, 지혜에 관해서 명확한 빛 안에 있는 사람은 남쪽을 향에, 그리고 지혜에 관해서 불명확한 빛 안에 있는 사람은 북쪽에 거처를 잡습니다.
마찬가지로 천계의 각 사회에 살고 있는 천사들도 마찬가지입니다. 보다 높은 계도의 사랑과 인애 안에 있는 천사들은 동쪽을 향한 거처에 있고, 보다 낮은 계도의 사랑과 인애 안에 있는 천사들은 서쪽을 향한 거처에서 삽니다. 그리고 지혜나 총명에 속한 보다 큰 빛 안에 있는 천사는 남쪽을 향한 거처에 살고, 그보다 덜한 빛 안에 있는 천사들은 북쪽을 향한 거처에서 살고 있습니다.

여기에서 밝히 알 수 있는 것은 천계의 방위들은 거기에 살고 있는 그 주민들과 관계되는 어떤 사실 즉 성품을 뜻한다는 것입니다. 왜냐하면 동쪽은 사랑과 그것의 선을 확실하게 지각하는 성품을 뜻하고, 서쪽은 사랑과 그것의 선에 관해서 불명료하게 지각하는 성품을 나타내기 때문입니다. 남쪽은 지혜와 총명 그리고 그것의 보다 밝은 빛 안에 있는 성품을, 그리고 북쪽은 지혜와 총명 그리고 그것의 보다 불명료한 빛 안에 있는 성품을 각각 뜻하기 때문입니다. 그리고 이러한 내용들을 이들 방위가 각각 뜻하기 때문에, 그러므로 성경말씀의 내적인 뜻 즉 영적인 뜻으로도 그것들은 그것들과 같은 내용을 뜻합니다. 왜냐하면 성경말씀의 내적인 뜻 즉 영적인 뜻은 천계에 존재하는 모든 것들과 전적으로 일치하기 때문입니다. (천계와 지옥 148-150항)

천계에서의 상태의 변화

천사들은 사랑에 관해서 변함없이 꼭 같은 상태에 있지 않으며, 따라서 지혜에 관해서 변함없이 동일한 상태에 있는 것이 아닙니다. 왜냐하면 그들의 모든 지혜는 사랑에서 비롯되고, 또한 사랑과 일치하기 때문입니다. 그들은 때때로 짙은 사랑의 상태에 있기도 하고, 때로는 짙지 않은 사랑의 상태에 있기도 합니다. 그 상태의 변화는 최대의 사랑의 상태에서 최소의 사랑의 상태로 단계적으로 변합니다. 그들이 최대의 사랑의 상태에 있으면 또한 그들은 그들의 생명에 속한 빛과 열 안에, 또는 광명과 기쁨 안에 있습니다. 그러나 그들이 최소의 사랑의 상태에 있으면 그들은 그들의 생명에 속한 어둠과 냉기 안에, 흑암과 불쾌함 안에 있습니다. 그들은 마지막 상태에서 제일 처음의 상태로 되돌아 갑니다. 그리고 이런 변화는 계속됩니다. 이같은 변화는, 각양각색으로 변하는데, 하나의 상태에서 다른 상태로 단계적으로 일어납니다. 이와 같은 상태의 변화는 빛과 어둠,

열기와 냉기의 변화 같이 서로 뒤이어 일어나는데, 그것은 이 세상에서는 일 년 동안 계속 이어지는 각양각색의 변화와 더불어 하루는 아침, 낮, 저녁, 밤의 변화와 같습니다. 그것들은 역시 서로 대응합니다. "아침"은 광명 안에 있는 그들의 사랑에 상태에 대응하고, "한낮"은 광명 안에 있는 그들의 지혜의 상태에 대응하고, "저녁"은 불영명 안에 있는 그들의 지혜의 상태에, 그리고 "밤"은 사랑이나 지혜가 전무(全無)한 그들의 상태에 대응합니다. 그러나 우리가 주지하여야 할 사실은 천계에 있는 천사들의 생명상태는 밤에 대응되는 것은 없다는 것입니다. 그럼에도 불구하고 밤이 가기 전 즉 여명은 대응이 있다는 것입니다. 밤의 대응은 지옥에 있는 자들과의 대응입니다. (천계와 지옥 155항)

나는 이러한 상태변화가 천계에 왜 있는지 그 이유를 천계로부터 가르침을 받았습니다. 천사들은 여러 이유가 있다고 나에게 일러주었습니다. 그 첫째 이유는, 주님에게서 비롯되는 사랑과 지혜로 말미암은 삶의 기쁨이나 천계의 희열은, 만약 그들이 그런 것 안에 계속해서 머물러 있으면, 점차로 그 진가(眞價)를 잃게 된다는 것입니다. 그 까닭은 그들이 변화가 없는 쾌락이나 감미로움 안에 있는 경우와 같기 때문입니다. 그 둘째 이유는, 천사에게도, 사람과 마찬가지로, 자아애라는 자기 고유속성(固有屬性·proprium)이 있고, 또 천계에 있는 사람은 모두 그들의 고유속성으로부터 억제되며, 그리고 주님에 의하여 고유속성으로부터 억제되는 것에 비례하여 사랑과 지혜 안에 머물러 있게 되지만, 그들이 그것에서부터 억제되지 않으면 그들은 자아애에 빠져 있게 되기 때문입니다. 왜냐하면 누구나 다 자신의 고유속성을 애지중지하고, 또 그것에 매력을 느끼기 때문입니다. 그래서 천사들은 그러한 상태변화가 계속 교대로 일어나는 것입니다. 그 셋째 이유는, 그들이 주님사랑 안에 예속되어 있고, 자아애로부터 멀리 떨어지는 것에 익숙한 방법에 의해서 그들이 완전하게 되기 때문입니다. 또한 유쾌와 불쾌가 교대되는 것에 의해서 선에 대한 지각이나 감지력이 매우 정교하게 된다는 것입니다. 천사들은 또한 주님께서는 그들의 상태변화를 친히 관여하지 않는다고 부연하였습니다. 그 이유는 태양이신 주님께서는 항상 별과 빛으로 즉 사랑과 지혜를 가지고 입류하시지만, 그러나 그들이 그들의 고유속성을 사랑하기 때문에, 계속하여 길을 잘못 인도하는 그것이 원인이라는 것입니다. 이러한 것은 이 세상의 태양과 비교하면 잘 알 수 있습니다. 즉 열기와 냉기, 양지와 응달, 해(年)와 날(日)이 바뀌고, 변하는 원인은, 변하지 않고 있는 태양이 아니고, 지구 안에 있는 것과 같습니다. (천계와 지옥 158항)

천계의 시간(時間)

이 세상과 같이 아무런 차이가 없을 정도로 천사들에게도 모든 것이 계속적으로 진전하고 있지만, 그럼에도 불구하고 그들은 시간(時間)이 어떤 것인지를 전혀 모릅니다. 왜냐하면 천계에는 해(年)나 날(日)은 존재하지 않고, 다만 상태의 변화만 있기 때문입니다. 해와 날이 있는 곳에는 시간이 있고, 상태의 변화가 있는 곳에는 상태만 있습니다. 이 세상에 시간이 있는 이유는 이 세상의 태양이, 그 보기에 있어서, 어떤 각도에서 다른 각도로 조금씩 전지해 가기 때문입니다. 그것은 일 년의 사계절이라고 부르는 시간을 만듭니다. 또 지구가 태양을 휘감고 돌기 때문에, 하루의 시간이라고 부르는 기간이 생겨집니다. 이 각각은 정기적으로 교대해서 찾아듭니다. 그러나 천계의 태양은 그것과는 전혀 다릅니다. 천계의 태양은 계속적인 진전이나 회전(回轉)에 의해서 해와 날을 만들어 내지 않고, 다만 외관상의 상태의 변화만 나타낼 뿐입니다. 그래서 앞에서 상술한 것과 같은 정기적인 교대로 일어나는 것은 아닙니다. 그러므로 천사는 시간의 관념은 가질 수 없고, 그 대신 상태에 관한 관념만 있습니다.

천사들은 이 세상의 사람들처럼 시간에서 비롯된 시간의 개념은 없고, 그리고 또한 시간에 대해서나 시간과 관계되는 사물들에 관한 개념도 가지고 있지 않습니다. 시간에 적절한 말, 예컨대 년·월·주·일 그리고 때·오늘·내일·어제 같은 것이 어떤 것인지 그들은 전혀 알지 못합니다. 천사들이 사람들로부터 그런 말들을 듣게 되면(천사들은 주님에 의해서 항상 사람과 연결되어 있기 때문에), 시간에 관한 것을 생각하기 보다는 상태나 상태에 관계되는 것들을 지각합니다. 이와 같이 사람이 알고 있는 자연적인 개념은 천사들에게서는 영적인 개념으로 바뀝니다. 이것에서 볼 때, 성경말씀에서 시간은 상태를 의미하고, 또 위에서 말한 것과 같이, 시간에 관한 것들도 그것에 대응되는 영적인 의미를 갖습니다.

시간에서 비롯되어 존재하는 것은 모두 꼭 같습니다. 즉 춘하추동(春夏秋

冬)이라고 부르는 일 년의 사계절이나, 또 아침·낮·저녁·밤이라고 하루의 네 때, 유아기·청년기·장년기·노년기라고 일컫는 일생의 네 기간, 그리고 시간이 원인이 돼서 존재하는 것이나, 시간에 기준해서 생기는 것들은 모두가 같습니다. 사람은 이런 것들을 생각할 때 시간을 기준으로 해서 생각하지만, 천사들은 상태를 기준으로 해서 생각합니다. 즉 사람이 시간을 기준하여 생각하는 것들은 천사들에게는 상태의 개념으로 바뀝니다. 봄이나 아침은 천사들에게 있어서는 최초의 상태인 사랑과 지혜의 상태 안에 있는 것과 같은 사랑과 지혜의 상태로 바뀌고, 그리고 여름이나 한낮은, 천사들이 둘째 상태 안에 있는 것과 같은 사랑과 지혜의 개념으로 바뀌고, 가을과 저녁은 그들이 셋째 상태 안에 있는 것과 같은 상태로 바뀌고, 또한 밤과 겨울은 지옥에 존재하는 그런 유의 상태로 바뀝니다. 성경말씀에서 이같은 기간들은 앞서 말한 것과 비슷한 개념을 뜻합니다. 이상에서 볼 때, 사람이 생각하고 있는 자연적인 것이 사람과 같이 하는 천사들에게는 영적인 것이 된다는 것을 알 수 있겠습니다. (천계와 지옥 163-166항)

천계의 공간(空間)과 거리(距離)

천계에서는, 이 세상과 꼭 같이, 장소(場所)와 공간(空間) 안에 모든 것이 존재하는 것으로 나타나지만, 그럼에도 불구하고 천사들은 장소나 공간에 관한 지식이나 개념을 전혀 가지고 있지 않습니다. 이 말은 아주 역설적으로 들리겠지만 중대한 사실이기 때문에 확실하게 그 내용을 설명하겠습니다.
영계에서 모든 진전(進展·progression)은 내면적인 것들의 상태의 변화에 의해서 이루어집니다. 그러므로 그 진전은 상태의 변화 이외의 아무것도 아니라는 것입니다. 나는 주님에 의하여 천계들에 올리워졌고, 또 우주 안에 있는 여러 지구들에게도 가 본적이 있습니다. 그러나 이러한 일은 영(靈)에 관한 것으로, 그런 여행 중에도 나의 육체는 꼭같은 장소에 그대로 꼼짝하지 않고 있었을 뿐입니다. 이와 같이 모든 천사들도 앞으로 이동합니다. 그렇지만 천사들에게는 결코 거리는 존재하지 않습니다. 그러나 그들에게는 거리 대신에 상태가 있고, 또 그 상태의 변화만 있습니다.
진전이 이와 같이 이루어지는 것이기 때문에, 명확한 사실은, 어떤 장소에 접근(接近·approach)한다는 것은 내면적 상태의 측면에서 보면 상태의 유사함이라는 것이고, 또한 서로 떨어지게 된다는 것(分離)은 서로간의 상태의 차이를 뜻한다는 것입니다. 그러므로 여기서 얻을 수 있는 결론은 서로 닮은 상태에 있는 자들은 서로 가깝게 있는 것이고, 서로 닮지 않은 다른 상태에 있는 자들은 서로 거리를 가지게 된다는 것입니다. 그리고 천계의 공간은 내적 상태에 대응하는 외적 상태 이외의 아무것도 아니다는 것입니다. 천계가 서로 각양각색의 특징이 있고, 각 천계에 있는 사회들이나, 그 사회에 속한 모두가 서로 특징이 있고, 각양각색인 것은, 바로 이 원인 즉 천계의 공간은 내적 상태에 대응하는 외적 상태이다는 것 때문입니다. 따라서 마찬가지로 지옥은, 천계와 전적으로 정반대의 상태에 있기 때문에, 천계와는 완전히 분리되어 있습니다.
이런 이유 때문에, 영계에서 어느 사람이 다른 사람을 만나고자 매우 간절히 소망한다면 그 사람이 그 사람 앞에 등장합니다. 왜냐하면 보고자 했던 그 사람을 그는 사상 안에서 보는 것이고, 그의 상태 안에 자기 자신을 두는 것이기 때문입니다. 반대로 어떤 사람이 다른 사람을 거부하는 정도에 비례하여 서로의 분리가 생겨집니다. 모든 미움은, 정동의 대립이나 사상의 불일치에서 기인하는 것이기 때문에, 따라서 그 세계에서는 한 장소에 있는 여럿이라고 해도 서로가 일치하는 상태에 있으면 서로 보이고, 일치하지 않으면 순식간에 그들은 서로 모습을 달리합니다.
어떤 사람이 한 장소에서 다른 장소로 갈 때, 그것이 자기가 사는 도시 안이든, 집 안마당이든, 정원이든, 또는 자기가 사는 사회 밖으로 가든, 그가 그것을 간절하게 소원하면 매우 신속하게 그 곳에 도착하지만, 그러나 간절히 원하지 않으면 느리게 도착합니다. 비록 그 곳에 이르는 길의 거리가 꼭 같다고 해도, 그 바람에 따라서 그 거리는 길어지기도 하고 짧아지기도 합니다. 나는 자주자주 이런 일을 목격하였고, 그 때마다 놀랐습니다. 이러한 사실에서 볼 때 천사들에게 있어서의 거리 즉 공간은 그들의 내면적인 것에 속한 상태와 꼭 일치한다는 결론을 얻을 수 있겠습니다. 그 이유는, 비록 천사들에게도, 이 세상에서와 꼭같은 공간이 있지만, 공간의 지식이나 그 개념은 그들의 사상 안에는 전혀 들어올 수 없다

는 것입니다. (천계와 지옥 191-195항)

천계의 표징(表徵)과 외현(外現)

천계에 있는 것들은 이 땅에 있는 것과 같은 방식으로 생겨나지는 않습니다. 천계에 있는 것들은 천사들의 내면적인 것과의 대응에 일치하여 주님으로 말미암아 생겨납니다. 왜냐하면 천사들은 내면적인 것과 외면적인 것 양자를 가지고 있기 때문입니다. 내면적인 것 안에 있는 모든 것들은 사랑이나 믿음에 관계를 가지고 있고, 따라서 의지나 이해와 관계를 가지고 있습니다. 왜냐하면 의지나 이해는 사랑이나 믿음을 담는 수용그릇이기 때문입니다. 그리고 외면적인 것들은 내면적인 것에 대응합니다. 이러한 내용은, 앞에서 천계의 별과 빛에 관해서 언급한 내용으로 입증될 수 있겠습니다. 천사들의 감관에 비쳐진 다른 것들도 마찬가지입니다. (천계와 지옥 173항)

내면적인 것들에 대응하는 모든 것들은 또한 내면적인 것들을 나타내고 있기 때문에, 그것들을 표징(表徵·representatives)이라고 부릅니다. 그리고 그것들이 천사들에게 있어서는 내면적인 것들의 상태에 따라서 각양각색으로 서로 다르게 분별되기 때문에 그것들을 외현(外現·appearance)라고 부릅니다. 뿐만 아니라 천계에서 천사들의 눈 앞에 보이는 것과 그들의 여러 감관으로 감지되는 것들은 지상에서 사람이 경험하는 것처럼 매우 생생하여 그 이상으로 확실하고 쌈빡하게 감지됩니다. 천계 안에 있는 이 근원에서 비롯된 외현은, 그것들이 실제로 존재하기 때문에, 실제적인 외현(實際的 外現·real appearance)이라고 부릅니다. 나타나 보이기는 해도 실재하지 않는 외현도 있는데, 그것은 내면적인 것에 대응하고 있지 않는 경우로서, 이것에 관해서는 뒤에 부연하겠습니다.

대응에 일치하여 천사들에게 보여지는 것들의 본성(本性·nature)이 어떤 것인지 실례를 들어 설명하겠습니다. 총명 안에 있는 천사들에게는 다종다양한 수목과 꽃으로 가득한 정원이나 공원이 보입니다. 거기에 있는 수목들은 가장 아름답고 멋진 모양으로 줄 서 있고, 그것들은 가지들로 뒤엉켜 서로 결합되어 있고, 그 주위에는 격자문양(格子紋樣)으로 난 오솔길도 있습니다. 이와 같은 멋진 아름다움은 무엇이라 형언할 수 없을 정도입니다. 총명 안에 있는 사람들은 그 곳을 거닐고, 또 꽃을 따는가 하면, 그것으로 장신구를 만들어서 어린 것들을 치장하기도 합니다. 거기에는 또한 수종의 수목과 꽃들이 있는데, 이것들은 이 세상에서 결코 본적도 없고, 또 존재할 수도 없는 것들입니다. 그 수목들에는, 이 세상에서 총명한 천사들이 있는 사랑에 속한 선에 일치하는 과일들이 맺혀 있습니다. 정원·공원·과수·꽃들이 그들의 총명과 지혜에 대응하고 있기 때문에, 그들에게는 이와 같은 것으로 보입니다. 천계에 이러한 것들이 존재한다는 것을 잘 알고 있는 사람들이 지상에 있는데, 그런 사람은 선 안에 있고, 자연적인 빛이나 그것의 미망(迷妄)으로 천계 안에 있는 빛을 꺼버리지 않는 사람들입니다. 왜냐하면 그들은, 천계에 관해서 말할 때, 귀로 듣고 눈으로 보지 않지만, 천계에는 앞서 말한 것들이 존재한다고 생각하고, 또 그렇게 말하기 때문입니다. (천계와 지옥 175·176항)

그밖에도 또한 건축가의 모든 재능을 훨씬 뛰어 넘는 웅장한 궁궐들과 거기에 인접한 여러 채의 궁궐들, 그리고 그것들의 색채의 찬란함 등을 보여주기 위하여 이들 낙원의 광경이나 도시들이 보여졌습니다. 그것은 놀라운 일이 아니었습니다. 이와 비슷한 일들이 예언자들의 내면적인 시각이 열렸을 때, 예언자들에게 보여졌는데, 너무나도 명료하고 뚜렷하게 표현되었기 때문에, 이 세상의 그 어떤 것과도 확연히 구별될 수밖에 없었습니다. 한 예로, 사도 요한에게 새 예루살렘이 보여졌는데, 그는 이런 말로 그 성을 묘사하고 있습니다.

나를 성령으로 휩싸서 높고 큰 산 위로 데리고 가서, 하나님께로부터 하늘에서 내려오는 거룩한 도시 예루살렘을 보여 주었습니다. 그 도시는 하나님의 영광에 싸였고, 그 빛은 지극히 귀한 보석과 같고, 수정과 같이 맑은 벽옥과 같았습니다. 그 도시에는 높고 큰 성벽이 있고, 거기에는 열두 대문이 달려 있었습니다. 이 열 두 대문에는 열두 천사가 지키고 있고, 이스라엘 자손 열두 지파의 이름이 적혀 있었습니다.……그 성벽은 벽옥으로 쌓았고, 도시는 맑은 수정과 같은 순금으로 되어 있었습니다. 그 성벽의 주춧돌들은 각색 보석으로 꾸며져 있었습니다. 첫째 주춧돌은 벽옥이요, 둘째는 사파이어요, 셋째는 옥수요, 넷째는 비취옥이요, 다섯째는 홍마노요, 여섯째는 홍옥수요, 일곱째는 황보석이요, 여덟째는 녹주석이요, 아홉째는 황옥이요, 열째는 녹옥수요, 열한째는 청옥이요, 열두째는 자수정이었습니다.

(묵시록 21 : 10-12, 18-20)

도시들이나 궁궐 이외에도 나에게는 그것들의 장식물들을 볼 수 있는 기회가 주어졌습니다. 이런 것들 중에는 계단들이나 대문의 장식물들도 있습니다. 이런 것들은 모두가 마치 생명이 있어서 움직이었으며, 항상 새롭게 그 아름다움과 조화를 유지하면서 계속하여 변화하였습니다. 내게 알려진 바는, 그 무쌍한 변화들은 이와 같이 계속적으로 서로 서로 승계되어 이어지며, 또 비록 그것이 영원히 그렇다 할지라도, 계속적인 새로운 조화나 그리고 그 조화 자체는 흐트러짐이 없이 계승될 것이라는 것입니다. 이 놀라운 것들 가운데 지극히 소수의 것들만이 내게 일러졌습니다. (천계비의 1626 · 1627항)

영적인 것들이나 천적인 것들의 표징이 자주 한 시간 또는 두 시간 동안 계속하여 시리즈로 보여졌습니다. 그것은 놀라우리 만치 질서 정연하게 연속적으로 하나에서 다른 하나로 이어졌습니다. 그 중에는 이런 일들이 일어나는 사회들도 있었는데, 여러 달 동안 거기에 그들과 같이 있는 기회가 나에게 허락되었습니다. 그러나 그 표징들은, 만약 내가 오직 그 표징 하나에 관해서 그 내용을 상세하게 말로 설명하거나 글로 기술한다면 수 쪽에 달라는 그런 것이었습니다. 새롭고, 예견되지 않는 것들이 계속하여 뒤이어졌기 때문에, 그들은 최상의 기쁨으로 충만하였습니다. 그런 영속적인 입류는 충분히 끝마감할 때까지 계속하여 보여졌습니다. 모든 표징적인 것이 완전히 끝이 나면, 마음 속으로 그것들을 숙고할 수 있는 기회가 나에게 허락되었고, 동시에 각각의 개별적인 것들이 무엇을 뜻하는 것인지 지각할 수 있는 기회도 허락되었습니다. 이와 같이 선한 영들은 천적인 개념이나 영적인 개념들을 터득하고 있었습니다. (천계비의 3214항)

천사들의 의상(衣裳)

천사들이 입고 있는 옷(衣裳)은, 다른 것들과 마찬가지로, 어떤 것에 대응합니다. 왜냐하면 그것들은 그것들이 실존하는 것에 대응하기 때문입니다. 천사들의 의상은 그들의 총명에 대응합니다. 그러므로 천계에 있는 천사들은 그들의 총명에 일치하는 의상을 입고 나타납니다. 마치 어느 천사가 총명에 있어서 다른 천사에 비하여 월등하다면 전자는 후자에 비하여 매우 멋진 의상을 착용합니다. 가장 탁월한 총명한 천사는 마치 불꽃같이 찬란히 빛나는 의상을 착용하고, 때로는 햇빛 같이 빛나는 화려한 의상을 착용합니다. 덜 총명한 천사들은 흰빛이 나는 의상이나, 또는 윤택이 없는 그저 흰빛의 의상을 착용합니다. 매우 총명하지 못한 천사들은 잡다한 색갈의 옷을 입습니다. 그러나 가장 지심한 천계의 천사들은 옷을 아예 입지 않고 나체로 있습니다. (천계와 지옥 178항)

이들 천사들이 옷을 입지 않은 나체로 있는 이유는, 영적인 뜻으로 벌거벗음은 이노센스(天眞無垢·innocence)를 가리키고, 옷은 선을 감싸는 진리를 뜻하기 때문입니다. 그리고 감싸는 진리는 기억이나 여기에서 비롯된 사상 안에 내재합니다. 그러나 그것들에게서 진리들은 생명 안에 내재해 있고 따라서 그것들은 그 속에 감추어져 있지만, 그러나 다른 천사들이 그것들에 관해서 또는 성경말씀으로부터 설교를 하는 동안에는 오직 자기 자신들을 지각에 대해서만 드러내 보여질 뿐입니다. 그럼에도 불구하고 그들은 진리의 이해 안에 있는 사람들과의 대화에 의하여, 또는 설교나, 성경책들에 의하여 완전합니다. 그들은 또한 다른 천사들과 같이 글자에 의한 것은 아니지만, 그러나 그들은, 낮은 천계에 있는 천사들의 이해를 훨씬 능가하는 신비적인 것들을 내포하고 있는 휨(曲線·curve)이나 굴곡(屈曲·inflection)에 의하여 책을 저술합니다. (묵시록해설 828항)

천계에 있는 천사들이 의복을 착용하기 때문에, 그러므로 그들은 그들이 이 세상에 나타날 때에는 옷을 입고 나타납니다. 예를 들면, 천사들이 예언자들에게 나타날 때, 또는 주님의 무덤에서 보여준 것과 같이, 그들은 옷을 입고 있습니다. 이런 사실에 대해서 성경은 "그 천사의 모습은 번개와 같았고, 그의 옷은 눈과 같이 희었다"(마태 28:3 ; 마가 16:5 ; 누가 24:4 ; 요한 20:12, 13)라고 기술하였습니다. 또 천계에 있는 천사들이 요한에게 나타났을 때 그들의 옷은 "희고 깨끗한 모시 옷"(묵시록 19:14, 4:4)이었습니다. 그리고 총명이 신령진리에서 비롯되기 때문에, 주님께서 변화 산에서 변화하셨을 때, 주님의 옷은 "빛과 같이 희고, 빛났다"(마태 17:2 ; 마가 9:3 ; 누가 9:29)고 하였습니다. 빛은 주님에게서 온 신령진리를 가리킵니다. 따라서 성경말씀에서 옷(衣裳)은 진리들이나 또는 진리에서 비롯된 총명을 뜻합니다. 묵시록에—.

> 자기 옷을 더럽히지 않은 사람 몇이 있다. 그들은 흰 옷을 입고 나와 함께 다닐 것인데, 그들은 그럴 자격이 있기 때문입니다. 이기는 사람은 이와 같이 흰 옷을 입을 것이다.
> (묵시록 3 : 4, 5)
> 깨어 있어서, 자기 옷을 갖추어 입고, 벌거벗은 몸으로 돌아다니지 않으며, 자기의 부끄러운 데를 남에게 보이지 않는 사람은, 복이 있다.
> (묵시록 16 : 15)

이 밖에도 여러 귀절이 있습니다.
천사가 입는 옷이 다만 옷으로 보이는 것이 아니고, 실제로 옷이다는 것은, 천사들이 어떤 사물을 볼 뿐만 아니라 그것들을 느끼고 감지한다는 사실에서 아주 자명합니다. 그리고 그들은 여러 벌의 옷을 가지고 있고, 또 그들은 그 옷들을 어떤 때는 입기도 하고, 어떤 때는 벗기도 합니다. 또 옷들을 착복하지 않을 때에는 그것을 잘 간수하였다가, 필요하면 다시 착용한다는 사실들에서도 잘 알 수 있습니다. 나는, 천사들이 다양한 의상을 착용하는 것을, 수천 번도 더 보았습니다. 나는 천사들에게 그들의 옷을 어디에서 장만하는지를 물었는데, 그들은 그것을 주님에게서 받는다고 말하였습니다. 그리고 그것들은 그들에게 그냥 주어진다고 하였고 또 때로는 부지불식간에 그 옷이 그들에게 입혀진다고 대답하였습니다. 그들은 또한, 그들의 의상이 그들의 상태의 변화에 따라서 바뀌어진다고 하였고, 또 첫째 상태와 둘째 상태에서는 밝은 색으로 찬란하지만 셋째 넷째 상태에서는 조금 탁한 색이 된다고도 말하였습니다. 이러한 것은 마찬가지로 대응에서 비롯된 것인데, 왜냐하면 그들의 상태의 변화는 총명과 지혜에 따라서 가지는 것이기 때문입니다.
영계에 있는 사람은, 그 총명에 일치하는 의상을 입습니다. 다시 말하면 그가 가지고 있는 총명이 비롯된 진리에 일치하는 의상을 입습니다. 그러므로 지옥에 있는 사람은 진리들을 가지고 있지 않기 때문에 해어지고, 구겨진 남루한 옷을 입고 있는데, 그들의 옷은 그들의 광기(狂氣 · insanity)에 일치합니다. 그들은 이것 이외의 다른 옷을 착용할 수 없습니다. 그것은, 벌거벗은 자가 되지 않게 하시려는 주님의 배려에 의해서 그들에게 주어진 것입니다. (천계와 지옥 180-183항)

천사들의 주거지와 주택

천계에는 여러 사회가 있고, 또 천사들도 사람들처럼 살고 있기 때문에 그들은 주거지를 가지고 있고, 이 주거지들은 각자의 상태에 따라서 서로 상이합니다. 격이 높은 천사의 주택은 호화롭지만, 격이 낮은 천사의 주택은 호화롭지 않습니다. 나는 여러 번에 걸쳐 천계에 있는 주거지에 관해서 천사들과 이야기를 나눈 적이 있는데, 그 때 나는, 작금의 사람들은 거의가 천사들이 주거지와 주택을 가지고 있다는 사실을 믿지 않는다고 말하였습니다. 어떤 사람은 자신들이 그런 것을 보지 못하기 때문에 믿지 않는 것이고, 또 어떤 사람은 천사들이 사람들이라는 것을 알지 못하기 때문에 믿지 않을 것입니다. 또 어떤 사람은 천사들의 천계란 자기의 눈으로 바라보는 창공이라고 믿기 때문에, 즉 이 창공은 텅빈 것으로 보이기 때문에, 그들은 천사들은 에텔(ether)의 형체를 갖추고 있다고 상상하기도 하고, 또 에텔 가운데 살고 있다고 단정하기도 합니다. 더욱이 그들은 영적인 것들에 관해서 아무것도 모르기 때문에 자연계에 있는 것과 꼭 같은 것들이 영계에 있다는 것을 깨닫지 못합니다.

그러나 확실한 내 체험기를 예로 드는 것이 매우 좋겠습니다. 내가 천사들과 서로 얼굴을 마주하고 서로 이야기할 때는 언제나 나는 그들의 주거지에 그들과 같이 있었습니다. 그들의 주거지는, 그것들은 지상의 것에 비하여 매우 아름다운 것 말고는, 소위 지상의 주택들과 빼어나게 닮았습니다. 많은 수의 방들과 거실, 그리고 침실이 있었고, 안 마당이 있고, 주변에는 정원·화단·텃밭이 있었습니다. 다른 주거지와 함께 여럿이 사는 경우에는 주거지가 서로 이웃하여, 광장·도로·시장 등이 지상의 도시들과 아주 비슷하게 시가지를 이루고 있었습니다. 나는 여기 저기를 걸어다니며, 주위를 살피고, 때로는 집안에 들어가는 것이 허락된 적이 있습니다. 이러한 일은, 나의 내면적 시각이 열린 상태로, 나 자신은 완전히 깨어 있는 상태로 경험한 일입니다.

나는, 말로 표현할 수 없는, 천계에 있는 아주 장엄하고 수려한 궁전들을 보았습니다. 상층 부는 순금으로 덮여 있는 듯 번쩍 번쩍 빛이 났고, 하층부는 진귀한 보석들로 꾸며진 듯 하였습니다. 어떤 궁전은 다른 궁전에 비하여 빼어나게 더 멋이 있었습니다. 물론 그 내부도 마찬가지로 멋지고 아름다웠습니다. 방들은 어떤 말이나 지식으로 표현할 수 없을 만큼 꾸며져 있었습니다. 남쪽에는 정원이 있었는데, 거기에 있는 것들도 하나 같이 빛이 났습니다. 어떤 곳에서는 나뭇잎이 은으로 만든 것처럼 빛났고, 또 과실들은 금으로 만든 것 같았습니다. 화단을 둘은 꽃들은, 여러가지 색으로 마치 무지개 모양으로 배열되어 있었습니다. 시계(視界)가 끝나는 저 먼 곳 경계 너머에도 또다른 궁전들이 보였습니다. 이러한 것이 천계의 건축술이어서, 여러분들은, 그 예술이 바로 예술의 예술이라고, 감탄할 것입니다. 왜냐하면, 놀라지 마십시오. 천계에는 천계에서 비롯된 건축술이 있기 때문입니다. 천사들은, 주님께서는 이러한 것들 뿐만 아니라, 그보다 더 완벽한 것을 무수하게 그들에게 보여주신다고 말하였습니다. 그럼에도 불구하고 그것들은 천사들의 눈을 즐겁게 해주는 것 이상으로 그들의 마음 또한 아주 유쾌하게 해 준다고 말하였습니다. 그 이유는 그들이 지극히 작은 것 안에서도 대응을 보고, 또 대응을 통해서 사물들의 신령함을 깨닫기 때문입니다.

나는 대응에 관해서 다음과 같은 가르침을 받았습니다. 그들의 궁전들이나 가옥 뿐만 아니라, 그 안팎에 있는 모든 것들은 모두 천사들이 주님에게서 받은 그들 안에 있는 내면적인 것들에 대응되어 있다는 것입니다. 그리고 일반적으로 가옥 자체는 그들의 선에 대응하고, 집 안에 있는 개별적인 것들은 그 선에서 비롯되는 여러 진리와 마찬가지로 그 지각과 지식에 대응한다는 것입니다. 그것들이 주님에게서 비롯된 것들 안에 있는 선이나 진리에 대응하기 때문에, 그것들은 그들의 사랑에 대응하고, 따라서 그들의 지혜나 총명에 대응합니다. 왜냐하면 사랑은 선에 속한 것이고, 지혜는 선에 속한 것인 동시에 진리에 속한 것이며, 그리고 총명은 선에서 비롯된 진리에 속한 것이기 때문입니다. 이런 사실들은 천사들이 주위에 있는 것들을 바라볼 때 감지하는 내용들입니다. 이것은 또환 그들의 눈으로 보는 것 이상으로 그들의 마음을 기쁘게 감동시키는 이유이기도 합니다. (천계와 지옥 183 · 186항)

천계의 통치조직

천계가 무수한 사회들로 나뉘어져 있고, 그 중 대규모의 사회들은 수백 수천의 천사들로 이루어져 있으며, 비록 한 사회에 있는 모두는 각기 유사한 선 안에 있지만, 그럼에도 불구하고 그들은 같은 지혜 안에는 있지 않기 때문에 필연적으로 뒤따르는 것은 천계 안에 통치조직(統治組織·government)이 있어야 한다는 사실입니다. 왜냐하면 질서는 유지되어야만 하고, 또 질서에 관계되는 모든 것들도 역시 지켜져야만 하기 때문입니다. 그렇지만 천계의 통치조직은 매우 다종다양합니다. 즉 주님의 천적 왕국을 구성하는 사회들과, 주님의 영적 왕국을 구성하는 사회들 안에는 서로 상이한 하나의 통지조직을 가지고 있습니다. 또한 그것들은 각 사회가 성취하려는 임무에 따라서도 서로 상이합니다. 그럼에도 불구하고 거기에는 상호애(相互愛·mutual love)에 속한 통치조직 이외에 다른 조직은 있을 수 없습니다. 그리고 이 상호애에 속한 조직이 천계적 통치조직일 뿐입니다.

주님의 천적 왕국에 있는 통치조직을 의(義·justice)라고 부르는데, 그 이유는 그 왕국 안에 있는 모든 것은 주님에게서 비롯되는 주님사랑에 속한 선 안에 있고, 또 그 선에서 비롯된 것은 모두 의(義)라고 부르기 때문입니다. 거기의 통치조직은 오로지 주님에게만 속해 있고, 그리고 주님께서는 그들을 인도하고, 또 생활의 규범들을 가르치십니다. 공평의 진리(公評眞理·the truth of judgment)라 일컫는 진리들이 그들의 마음에 각인(刻印) 됩니다. 그래서 누구나 그것들을 잘 알고, 지각하며, 또 잘 이해하고 있습니다. 그러므로 공평의 문제들을 가지고 서로 다투는 일은 결코 없습니다. 그러나 다만 삶에 관한 정의의 사안(事案)들은 담론(談論)하는 경우가 있습니다. 이런 사안들에 관해서는 덜 슬기로운 자들은 보다 더 슬기로운 자와 상의합니다. 슬기로운 자들도 주님에게 묻고, 주님으로부터 그 답을 듣습니다. 그들의 천계 즉 그들의 지고한 기쁨은 주님으로 말미암아 바르고, 옳게 사는 것입니다.

주님의 영적 왕국에 있는 통치조직을 공평(公評·審判·judgment)이라고 부르는데, 그 이유는 그 왕국 안에 있는 사람들은 이웃을 향한 인애의 선인 영적 선 안에 있기 때문입니다. 그리고 이 선은 본질이 진리이기 때문입니다. 다시 말하면 선이 의(義)에 관계되듯이, 진리가 공평에 속해 있기 때문입니다. 그들도 역시 간접적이기는 하지만, 주님에 의하여 인도함을 받습니다. 그러므로 그들은 그들이 있는 사회의 필요(必要·need)에 따라서 적고, 많은 통치자들을 가지고 있습니다. 그들은 그들이 함께 사는데 필요한 법률 또한 가지고 있습니다. 통치자는 법률에 의거해서 모든 사안들을 다스립니다. 그들은 슬기롭기 때문에 그들은 법률을 잘 숙지(熟知)하고 있으며, 간혹 의문사항이 생기면 주님에게서 가르침을 받습니다. (천계와 지옥 213-215항)

주님의 영적 왕국에 있는 통치조직 형태는 여럿이 있으며, 또 서로 상이한 사회들에 있는 그 형태 또한 동일하지 않습니다. 그 다양성은 그 사회들이 성취하려는 임무에 따른 것입니다. 그 사회의 임무들은 사람에게 있는 모든 것들의 기능에 일치하는데, 그 이유는 그들의 통치임무가 우리가 잘 알고 있듯이 다양한 이들 기능에 대응하기 때문입니다. 왜냐하면 심장은 자기의 고유 기능이 있고, 폐장은 폐장의 고유기능을, 간장은 자기의 고유기능을, 췌장이나 비장 역시 자기의 고유기능을, 그리고 감관 기관도 고유의 기능을 가지고 있기 때문입니다. 신체에 있는 이같은 기능의 역할이 다양한 것과 같이, 천계를 가리키는 최대인간(最大人間)의 여러 사회의 역할 또한 다양합니다. 왜냐하면 천계의 사회들이 신체기관들에 대응하기 때문입니다. 그럼에도 불구하고 천계의 통치조직 형태는, 그들의 목적인 공공의 선(公共善·the public good)을 목표로 하고 있고, 그 공공의 선 안에서 각각의 선을 추구한다는 것에는 변함없이 일치합니다.

이와 같은 내용에서 볼 때, 통치자의 성품(性稟)이 어떠한지 알 수 있겠습니다. 다시 말하면 그들은 다른 사람에 비하여 사랑이나 지혜에 뛰어나며, 따라서 그들은 사랑으로 말미암아 모두를 위하여 선을 바라고, 또 그 선을 실현하기 위하여 지혜에서 비롯된 명민(明敏)한 지식을 갖추어야 합니다. 이런 통치자들은 누구를 지배하거나, 그들 위에 군림하여 명령을 내리지 않고, 오히려 그들을 섬기고 봉사합니다. 왜냐하면 선에 속한 사랑 때문에 다른 사람에게 선을 행하는 것이 봉사하는 것이고, 또 그 선을 위해서 다른 사람들에게 마음을 쓴다는 것이 섬기는 것이기 때문입니다. 그들은 다른 사람들에 비하여 자기 자신이 위대하다고 우쭐대지 않고, 오히려 부족하다고 여겨, 자기를 늘 낮춥니다. 왜냐하면, 그들은 사회나 이웃을 위한 선을 으뜸으로 여기고, 자기 자신을 위한 선을 말자(末者)로 여기기 때문입니다. 으뜸 자리에 놓여지는 것은 무엇 보다도 크고 위대한 것이지만 말석에 놓이는 것은 상대적으로 열등한 것이기 때문입니다. 그렇지만 통치자들에게는 명예와 광영이 있습니다. 그들은 사회의 중심에 살고 있고, 다른 사람들에 비하여 보다 높은 위치에 있으며, 장엄한 궁전에 삽니다. 그들은 이 영예와 광영을 자기 자신을 위해서 취하지 않고, 주님께 순종하는 목적으로 받아드릴 뿐입니다. 왜냐하면 거기에 있는 이들은 누구나 이 영예와 광영이 주님에게서 온다는 것을 잘 알고 있고, 또 이런 이유 때문에 주님에게 더욱 순종하여야 한다는 사실도 잘 알고 있기 때문입니다. 이러한 내용이 주님께서 제자들에게 하신 말씀이 뜻하는 바입니다. 복음서에서―.

> 너희 가운데서 으뜸이 되고자 하는 사람은 너희의 종이 되어야 한다. 인자는 섬김을 받으러 온 것이 아니라 섬기러 왔으며, 많은 사람을 위하여 자기 목숨을 대속물로 내주러 왔다.
> (마태 20 : 27, 28)
> 너희 가운데서 가장 큰 사람은 가장 어린 사람과 같이 되어야 하고, 또 다스리는 사람은 섬기는 사람과 같이 되어야 한다.
> (누가 22 : 26)

가장 작은 형태인 모든 가정에도 유사한 통치조직이 있습니다. 가정에도 주인이 있고, 하복들이 있습니다. 주인은 하복들을 사랑하고, 하복들은 주인을 공경합니다. 그러므로 그들은 서로 서로를 사랑으로 말미암아 섬깁니다. 주인은 하복들이 어떻게 인생을 살아야 하는지를 가르치고, 무엇을 행하여야 하는지를 일러 주어야 합니다. 또 하복들은 주인의 가르침에 순종하고, 또 그들의 임무를 충직히 수행하여야 합니다. 선용을 성취하는 일은 사람 누구에게나 삶의 기쁨입니다. 그러므로 명확한 사실은 주님의 왕국은 '선용의 왕국'(a kingdom of uses)이라는 것입니다. (천계와 지옥 217-219항)

천계에 있는 신령예배

천계에서 봉헌되는 신령예배는 외면상으로는 지상에서 행해지는 신령예배와 다를 바가 없지만, 그러나 내면에서 보면 크게 다릅니다. 천계에는 지상에서와 꼭 같이, 교리들이 있고, 또 설교와 예배당이 있습니다. 교리들은 본질적으로는 동일하지만, 낮은 천계에 비하여 보다 높은 천계의 교리들은 더 많은 지혜를 내포하고 있습니다. 설교는 그 교리들과 일치합니다. 천계에는 가옥들과 궁전이 있는 것처럼, 예배당이 있고, 그 안에서 설교가 행해집니다. 이런 것들이 천계에 존재하는 이유는 천사들이 계속해서 지혜나 사랑으로 완성되어 가고 있기 때문입니다. 왜냐하면 그들은, 사람과 꼭같이, 이해와 의지를 가지고 있기 때문입니다. 그리고 그들의 이해는, 의지도 마찬가지로, 계속해서 완성되어 가는 그런 성질을 지녔습니다. 즉 이해는 총명에 속한 진리들에 의하여 완성되어 가고, 의지는 사랑에 속한 선에 의하여 완성되어 갑니다.

그러나 천계에서 신령예배 자체는 예배당에 참석하거나, 설교를 듣는 것에 있지 않고, 오히려 교리들의 가르침과 일치하는 사랑, 인애 또는 믿음에 속한 삶에 있습니다. 다시 말하면 예배당 안에서 행하여지는 설교는 생활에 관계되는 사안(事案)들에 관해서 교훈하는 방편일 뿐입니다.

나는 때때로 예배에 참석하고, 설교를 듣는 것이 허락되어서 그들의 모임이 어떤 것인지를 알 수 있었습니다. 설교자는 동쪽에 있는 강단에 섭니다. 다른 사람들 보다 더 지혜의 빛 안에 있는 사람들은 설교자 앞에 좌정하고, 그들 보다 덜 지혜의 빛 안에 있는 사람들은 그들의 좌우에 앉습니다. 그들은 둥근 형태(圓形)로 앉아 있으며, 설교자의 좌우에는 사람은 없었고, 또 그의 시야 밖에 있는 사람도 없었습니다. 예배당 동쪽에 있는 출입문과 강단 좌측에는 신입 교인들이 서 있었습니다. 어느 누구도 강단 뒤에 서는 것은 허락되지 않았습니다. 누군가 거기에 선다면 설교자는 혼란스럽게 됩니다. 물론 회중 가운데 누군가가 의견을 달리하는 사람이 있으면 마찬가지로 설교자는 혼란스럽습니다. 그러므로 그 반대자는 그의 얼굴을 돌리지 않을 수 없습니다. 설교의 내용은 이 세상의 그 어떤 설교와 비교할 수 없을 정도로 지혜로 가득합니다. 왜냐하면 천계에 있는 자들은 내면적 빛 가운데 있기 때문입니다. 영적 왕국에 있는 예배당은 석조건물처럼 보이지만 천적 왕국의 예배당은 목조건물처럼 보입니다. 그 이유는 돌(石)이 진리에 대응하고, 또 영적 왕국에 있는 사람들은 진리 안에 있기 때문입니다. 그러나 나무(木)는 선에 대응하고, 또 천적 왕국에 있는 사람들은 선 안에 있기 때문입니다. 이 천적 왕국에 있는 예배당은 성전이라고 부르지 않고, '하나님의 집'(the house of God)이라고 부릅니다. 또 이 왕국에 있는 예배당은 장엄하지는 않지만, 영적 왕국의 예배당은 비교적 장엄합니다. (천계와 지옥 221-223항)

모든 설교자들은 주님의 영적 왕국에서 왔고, 천적 왕국에서 온 설교자는 하나도 없습니다. 영적 왕국의 천사들은 선에서 비롯된 진리 안에 있고, 또 모든 설교가 진리들에서 비롯되어야 하기 때문에, 설교자들은 모두가 영적 왕국에서 왔습니다. 사랑에 속한 선 안에 있는 천사들은 선에서 비롯된 진리를 이해하고 지각하기 때문에 천적 왕국에서 온 설교자는 하나도 없습니다. 그러나 천적 왕국 안에 있는 천사들이 진리들을 이해하고 지각한다고 해도, 거기에는 설교는 있습니다. 왜냐하면 그들은 그 설교들을 방편으로 해서 그들이 이미 알고 있는 진리들 안에서 빛을 받고, 또 전에는 알지 못했던 많은 진리들에 의해서 완전하게 되기 때문입니다. 그들은 진리들을 듣는 순간에 그 진리들을 시인하고, 깨닫습니다. 그들은 그들이 깨달은 진리들을 사랑하고, 그 진리에 따라서 사는 것에 의해서 그들 자신들의 삶을 영위합니다. 그리고 그들은, 진리에 일치하는 삶을 주님을 사랑하는 것이라고 고백합니다.

모든 설교자들은 주님에 의하여 임명되고, 주님으로부터 설교하기 위한 은사를 받습니다. 그 밖에는 아무도 예배당에서 설교하는 것이 허락되지 않습니다. 그들을 사제(司祭·priest) 들이라고 부르지 않고, 설교자라고 부릅니다. 왜냐하면 천적 왕국이 천계의 사제직이기 때문에 그들을 사제들이라고 부르지 않습니다. 왜냐하면 사제직은 주님사랑에 속하는 선을 뜻하고, 천국 왕국에 있는 사제들은 그 선 안에 있기 때문입니다. 이에 대하여 천계의 왕권은 영적 왕국을 가리키기 때문입니다. 그 이유는 왕권이 선에서 비롯된 진리들을 뜻하고, 영적 왕국 안에 있는 자들은 그 진리 안에 있기 때문입니다.

그들의 설교와 일치하는 교리들은 목적을 모두 삶에 두고 있으며, 삶과 분리된 믿음은 아무것도 없습니다. 지심한 천계의 교리는 중간 천계의 교리보다 훨씬 지혜가 충만합니다. 중간 천계의 교리는 가장 외적 천계의 교리 보다 총명이 충만합니다. 왜냐하면 그 교리들은 각각의 천계 안에 있는 천사들의 지각에 적용되기 때문입니다. 모든 교리의 본질은 주님의 신령인간성(神靈人間性·the Lord's Divine Humanity)을 시인하는 것입니다. (천계와 지옥 225-227항)

천사들의 능력

영계와 자연계 안에 흘러드는 영계의 입류에 관해서 아무것도 모르는 사람들은 천사들이 능력을 가지고 있다는 사실을 깨달을 수 없습니다. 그런 사람들은, 천사들이 영적이고, 또 너무나 순수하고, 눈으로 볼 수 없는 비물질이므로 그들은 아무런 힘을 가질 수 없다고 생각합니다. 그러나 좀 더 내면적으로 사물들의 원인들을 관찰하는 사람들은 다른 견해를 갖습니다. 그들은, 사람이 가지고 있는 모든 힘(能力)은 그의 이해와 의지에서 비롯된다는 것을 잘 알고 있는데, 그 이유는 이해와 의지 없이 사람은 자기 육신의 지극히 작은 부분 조차도 움직일 수 없기 때문입니다. 이해와 의지는 바로 사람의 영적 실체(靈的 實體·spiritual homo)이기 때문입니다. 이 영적 실체는 육신과 그 기관들을 임의로 움직이기 때문입니다. 왜냐하면 그것이 생각하는 것들이 무엇이든, 입과 혀가 말하고, 또 그것이 원하는 것이 무엇이든, 그의 몸을 움직이기 때문입니다. 그 영적 실체는 임의로 그것의 힘(能力)을 육신에게 줍니다. 이해와 의지는, 천사들이나 영들을 통해서, 주님에 의하여 다스려집니다. 그리고 이와 같이 의해나 의지가 다스려지므로, 그 육신에 속한 모든 것들 역시 주님에 의하여 다스려집니다. 왜냐하면 육신에 속한 것들은 모두가 이해나 의지에서 비롯되기 때문입니다. 만약에 여러분들이 이 사실을 믿는다면, 사람은 누구나 천계의 입류(入流)가 없다면 단 한 발자국도 움직일 수 없을 것입니다. 이런 사실이 참이다는 것은 수많은 경험에 의하여 입증되었습니다. 천사들은 허락을 받아서, 그들이 임의로 내 발을 옮겨 놓게 하고, 또 나의 행동, 나의 혀를 움직이게 하여 말을 하게 하였고, 또 나의 의지나 사랑 속에 입류하여 나를 움직이었습니다. 나는 내 체험에 의하여, 나 자신에 속한 것으로는 아무것도 할 수 없다는 것을 알게 되었습니다. 그 뒤 천사들은 나에게 사람은 누구나 그렇게 다스려진다고 말해 주었습니다. 그리고 이러한 사실은 교회가 믿는 교리에 의해서, 그리고 성경말씀에서 알 수 있다고도 일러주었습니다. 왜냐하면 사람은, 하나님께서 천사들을 보내셔서, 자신들을 인도하여 주시고, 발걸음을 옳게 하시고, 가르쳐 주시고, 무엇을 생각하고, 무엇을 말해야 하는지를 영감으로 감동케 하기를 원하시기 때문입니다. 더욱이 이런 취지에서 보면, 그럼에도 불구하고 자기 스스로 교리와 관계 없이 생각을 하게 되면 그는 이와는 다르게 말하고 믿습니다. 이러한 내용은 천사들이 사람에 비하여 얼마난 큰 힘을 가지고 영향을 주고 있는지를 알게 하려고 설명한 것입니다.

영계에서 천사들이 가지고 있는 힘이 너무나 크기 때문에, 만일 내가 그것에 관해서 목격한 사실들을 말한다면 아무도 믿지 않을 것입니다. 만일 신령질서에 반대가 되기 때문에 거기에서 제거되어야 할 것이 있다면, 그들은 단순한 바람이나 눈총만으로도 그것을 내쫓아 버리거나 뒤엎어 버릴 것입니다. 이와 같이 악령들에 의하여 점령되어 있는 산들이 내동댕이쳐지고, 뒤엎어지는 것을 나는 목격하였고, 때로는 이 끝에서 저 끝까지 지진이 일어날 때처럼 흔들렸고, 또 바위들이 그 아래로 산산조각으로 깨져 나가는 것을 보기도 하였고, 그 위에 있던 악령들이 함몰(陷沒)되는 것도 보기도 하였습니다. 또 나는 수십만 명의 악령들이 천사들에 의하여 흩뿌려지고, 지옥으로 내던져지는 것도 수차 목격하였습니다. 수가 많다는 것은 천사들에게는 문제가 될 수 없었습니다. 잔재주나 교활함 또는 이런 것들에 의하여 하나로 뭉쳐졌다고 해도, 천사들은 그런 것들 모두를 꿰뚫어 보며(透視), 일순간에 그것들을 날려 버릴 수 있습니다. 영계에서 그들은 이와 같은 막강한 힘(能力)을 가지고 있습니다. 예를 들면, 그들은 전 운세(運勢)를 파멸시키고, 또 칠만 명이나 죽게 하는 온역(瘟疫)을 가져오기도 했습니다. 이 천사에 관한 내용이 되겠습니다.

천사가 예루살렘 쪽으로 손을 뻗쳐서 그 도성을 치는 순간에, 주께서는 재앙을 내리신 것을 뉘우치시고, 백성을 사정없이 죽이는 천사에게 "그만하면 됐다. 이제 너의 손을 거두어라." 하고 명하셨다.……그 때에 다윗이 백성을 쳐죽이는 천사를 보고 주께 아뢰었다.

(사무엘 하 24 : 16, 17)

그 밖에도 유사한 귀절들이 여럿 있습니다. 천사들이 이런 능력을 가졌기 때문에 신들(權天使·神·powers)이라고 불리웠습니다. 다윗의 시편에는—.

천사들아,
주의 말씀을 듣고,
실행할 능력이 있는 용사들아,
주를 찬양하여라.
(시편 103 : 20)

그러나 우리가 여기서 주지하여야 할 것은, 천사들은 그들 스스로는 아무런 능력을 가질 수 없고, 오직 그들의 모든 능력은 주님에게서 비롯된다는 것이고, 그리고 그들은 그들이 이러한 사실을 시인하는 것에 비례하여 권천사(權天使)들이라는 것입니다. 그들 중에서 누군가가 자기 자신으로부터 그런 능력을 가질 수 있다고 생각하자, 즉시 그는 단 하나의 악령도 물리칠 수 없을 만큼 나약하게 되었습니다. 이런 이유 때문에 천사들은 자기 자신에게 그 어떤 공로(功勞)를 돌릴 수 없으며, 또 그들이 행한 어떠한 일에 대한 찬사나 광영에 대하여 혐오(嫌惡)를 느끼고, 오직 주님에게만 찬사와 광영을 모두 돌립니다.

주님에게서 비롯된 신령진리만이 천계에서 모든 능력을 갖습니다. 그러므로 천사들은, 신령존재에게서 비롯된 진리나 선 만큼 그 천사는 권천사(權天使)입니다. 왜냐하면 주님께서 그 천사 안에 계시는 정도 만큼 그는 권천사가 되기 때문입니다. 그리고 어떤 천사의 선이나 진리도 다른 천사의 것과 유사하거나 동일하지 않기 때문에, 천계에는 이 세상에서와 같이 무한한 다양성(多樣性)이 존재합니다. 그러므로 한 천사의 능력도 다른 천사의 그것과 꼭 같을 수는 없습니다. 최대인간(最大人間) 즉 천계에서 그의 팔이 되어 있는 자들은 매우 큰 힘 안에 있는데, 그 이유는, 그들은 다른 이에 비하여 더 진리 안에 있기 때문에, 또 선이 천계로부터 그들의 진리 안에 입류하기 때문입니다. 더욱이 사람의 온 힘은 팔로 나와서, 그것을 방편으로 하여 전신이 그 힘을 구사하기 때문입니다. 여기서 알 수 있는 것은, 성경말씀에서 "팔"이나 "손"은 능력을 뜻한다는 사실입니다.

(천계와 지옥 228-231항)

천사들의 언어(言語)

천사들은, 이 세상에서 사람들이 서로 이야기하듯이, 서로 대화를 합니다. 그 주제들은 매우 다양해서, 가정적인 일이나, 시정(市政)에 관한 것, 도덕적인 것들이나, 영적인 삶에 관한 여러가지 내용들이 되겠습니다. 그들이 말하는 것들은, 사람들의 대화보다 더 지성(知性)적이다는 것 외에는 서로 다를 바가 없습니다. 왜냐하면 그 내용들이 보다 내면적인 사상에서 비롯되었기 때문입니다. 나는 그들과 사귈 수 있는 기회가 자주 허락되었고, 또 친구끼리 하는 것처럼, 어떤 때는 낯선 사람들끼리 대화하는 것처럼 대화하는 것이 자주 허락되었습니다. 그리고 그 때 나는 그들과 유사한 상태 안에 있었기 때문에, 나는 내가 지상에서 사람들과 이야기하는 것과 전혀 다르지 않았다는 것을 잘 알 수 있었습니다.

천사적 언어는, 사람들의 언어처럼 낱말(單語)들로 구별됩니다. 그리고 사람들처럼 소리를 내서 말하고, 소리로 듣습니다. 왜냐하면 천사들도, 사람들과 꼭같이, 입을 가지고 있고, 혀와 귀도 가지고 있기 때문입니다. 그들도 역시 그들의 말이 가지고 있는 음절(音節)들이 똑똑하게 들리게 하는 대기(大氣·atmosphere)를 가지고 있는데, 다만 그것은 영적 존재인 천사들에게 적합한 영적인 대기일 뿐입니다. 천사들은 그들의 대기 안에서, 지상의 사람들이 그들의 대기 안에서 하듯이, 그들의 호흡의 수단에 의하여 숨을 쉬고, 또 낱말들을 발음합니다.

모든 천계 안에서는 동일한 언어를 모두 사용하며, 그들은 자신들이 속해 있는 사회가 거리적으로 가깝거나 멀거나 관계 없이, 서로 서로를 잘 이해합니다. 거기의 언어는 학습을 통해서 배워지는 것이 아니고, 본능적으로 각자들은 그 언어를 터득합니다. 왜냐하면 그들의 언어는 그들의 정동(情動)과 사상 속으로 흘러들어오기(入流) 때문입니다. 또 그들의 정동에 대응하는 그들의 언어의 음조(音調·tone)와 사상의 관념에 대응하는 낱말들인 발음하는 자음(子音·articulation)은 정동에서 비롯되기 때문입니다. 언어가 이런 것들에 대응하기 때문에 그것은 영적입니다. 왜냐하면 정동이 소리를 내고, 사상은 말을 하기 때문입니다. 누구든지 이 주제에 관해서 관심을 가지고 골똘히 생각한다면, 모든 사상은 사랑에 관계되는 정동에서 비롯되고, 사상에 속한 관념은 일반적 정동에 배분된 각양의 형체들이라는 것을 잘 알 수 있겠습니다. 그 이유는 정동이 없으면 사상이나 관념도 있을 수 없기 때문입니다. 즉 사상의 진수(眞髓)나 생명은 바로 정동에서 비롯되기 때문입니다. 여기에서 잘 알 수 있는 사실은, 천사들은 상대방의 말 하나만으로도 그가 어떤 사람(人格)인지를 잘 알 수 있으며, 그리고 그들의 소리(抑揚)만으로도 그 사람의 정동이 어떠한지를 알고, 음성의 자음, 또는 낱말들로도 그 사람의 마음의 상태가 어떠한지를 알 수 있다는 것입니다. 보다 현명한 천사들은 아주 단순한 한낱의 낱말들에서도 그 사람의 주도적 정동(主導的 情動·the ruling affection)의 됨됨이를 잘 압니다. 왜냐하면 정동들이 바로 그들의 주된 관심사이기 때문입니다. 각 개인은 각자 여러 가지 정동들을 가지고 있다는 것은 우리가 잘 알고 있습니다. 즉 기쁠 때의 정동과 슬플 때의 정동이 서로 다르고, 마음이 온화하고, 자비심이 많을 때의 정동과 성실함과 진지할 때의 정동, 그리고 사랑과 인애가 넘칠 때의 정동이 서로 다르고, 질투와 분노 때의 정동, 위장하거나 속일 때의 정동, 영예나 광영을 추구할 때의 정동이 또한 각각 다릅니다. 어쨌든 주도적 정동 즉 주도적 사랑(主導愛·the ruling love)은 이 모든 정동들 안에 자리잡습니다. 그러므로 현명한 천사들은, 그들이 이러한 사실들을 지각하기 때문에, 그 사람의 언어에서부터 그 사람의 여타의 상태에까지도 속속들이 파악한다는 것입니다.

이상과 같은 것들이 사실이다는 것은 수많은 경험에 의하여 알 수 있는 많은 기회가 나에게 주어졌습니다. 나는 천사들이 단지 상대방의 말만 듣고도 그의 생명의 성품(性稟)을 안다고 하는 말을 들었습니다. 그들은 또한 나에게 상대방의 생명의 성품을 그 사람의 지극히 작은 사상의 관념으로부터도 잘 안다고 말하기도 하였습니다. 그 이유는 이런 사상에서부터 그들은 상대방의 주도적인 사랑을 알고, 또 그 주도적인 사랑 안에는 질서 정연하게 모든 것들이 자리잡고 있다는 것을 알기 때문입니다. 천사들은 생명책(man's book of life)이 이밖의 다른 것이 아님을 잘 알고 있습니다.

천사들이 사용하는 언어는 그들의 특수한 정동(a certain affection)에서 비롯된 소리들인 어떤 낱말들을 제외하고는, 사람들이 사용하는 언어와 공통되는 것은 아무것도 없습니다. 그럼에도 불구하고 그 낱말들 자체에는 공통점이 없으나, 낱말들이 내포하는 소리에는 공통점이 있습니다. 내가 천사로부터 들은 사실은, 지상에서 처음 사용한 언어가 천사들의 언어와 일치한다는 것입니다. 왜냐하면 그들은 그 언어들을 천계로부터 받았기 때문입니다. 그리고 히브리 어(the Hebrew language)는 어떤 점에서 지상의 사람들이 사용한 첫 언어와 일치하기 때문입니다. 천사들의 언어가 그들의 정동에 대응하고, 그들의 정동이 그들의 사랑에 속해 있기 때문에, 또 천계의 사랑이 주님사랑과 이웃사랑이기 때문에, 그들이 하는 말이 얼마나 선별된 것이고, 또 기쁨을 주는 것인지는 아주 명백합니다. 또는 듣는 자의 귀만이 아니라, 그것을 듣는 자들의 마음의 내면적인 것들에게도 얼마나 감동을 주는지도 명백합니다. 천사와 이야기를 나눈 어떤 완고(頑固·a certain hard-hearted)한 영이 있었습니다. 그가 천사의 이야기를 듣고 있는 동안 감동이 되어서, 눈물을 흘리며, 자기가 지금까지 운 적이 없었으나, 그의 말이 너무나도 사랑스럽기 때문에 도저히 그렇게 할 수밖에 없었다고 말하였습니다. (천계와 지옥 234-238항)

영계에서 사용되는 언어는 모든 사람에게 생득적(生得的)으로 그의 내면적인 지성적인 부분에 내재해 있습니다. 그러나 사람은 이것을 알지 못합니다. 그 이유는 그 언어가 천사들에게 있어서와 같이 정동에 유사한 낱말이 되지 않기 때문입니다. 그럼에도 불구하고 위의 내용에서 볼 때, 사람이 저 세상에 들어갈 때, 영들이나 천사들의 언어와 동일한 언어를 가질 수 있도록 현재의 언어가 원인이 되고, 그래서 그 곳 사람들은 교육을 받지 않고서도 그 말하는 법을 안다는 것입니다. (천계와 지옥 243항)

천적 천사들의 언어는 영적 천사들의 언어와 아주 크게 다르며, 따라서 말로 그 차이를 무엇이라고 표현할 수 없습니다. 목적에 속한 천적인 것들이나, 선에 속한 것들은 그들의 사상 속에 스며듭니다. 그러므로 그것들은 행복 자체의 기쁨 안에 있습니다. 놀라운 것은 이런 것들을 표현하는 그들의 언어가 너무나 풍부하다는 것입니다. 왜냐하면 그런 것들은 사상이나 언어의 기초이고, 생명의 원천 바로 그것이기 때문입니다. (천계비의 1647항)

주님의 천적 왕국의 천사들은, 주님의 영적 왕국의 천사들이 하는 말과 비슷하게 말하지만, 그러나 천적 천사들은 영적 천사들에 비하여 보다 더 내면적인 사상에서 비롯됩니다. 천적 천사들은 주님사랑에 속한 선 안에 있기 때문에, 그들은 지혜로 말미암아 말을 합니다. 그러나 영적 천사들은 이웃사랑인 인애(仁愛)에 속한 선, 즉 그것의 본질인 진리 안에 있기 때문에 그들은 총명으로 말미암아 말을 합니다. 왜냐하면 지혜는 선에서 비롯되고, 총명은 진리에서 비롯되기 때문입니다. 그러므로 천적 천사의 언어는 잔잔하면서도 고요히 계속해서 흐르는 시냇물 같고, 영적 천사의 언어는 약간 떨리며(vibratory) 갈라집니다. (천계와 지옥 241항)

천계에 있는 저작물(著作物)

천사들은 언어를 가지고 있고, 또 그들의 언어는 낱말들로 구성된 언어이기 때문에, 그러므로 그들은 역시 저작물을 가지고 있고, 또 그들은 언어에 의한 것과 마찬가지로 글에 의하여서도 그들의 마음에 속한 느낌이나 정서(情緖)들을 표현합니다. 나는 여러 번 낱말들이 가득 쓰여진 문서들을 받은 적이 있는데, 그 종이들은 이 세상에서 보는 원고들과 꼭 같았고, 어떤 것은 이 세상에서 인쇄된 것과도 같았습니다. 나는 그것들을 꼭 같은 방식으로 읽을 수 있었습니다. 그러나 나는 그것들에서부터 한 두 개념 이상의 것들을 취하는 것을 허락받지는 못했습니다. 그 이유는, 천계로부터 저작물에 의하여 사람이 가르침을 받는 것이 신령질서에 일치하는 것이 아니기 때문입니다. 그러므로 사람은 성경말씀에 의해서만 가르침을 받아야 합니다. 왜냐하면 천계와 이 세상의 교류나 결합, 또는 주님과 사람과의 교류나 결합은 오로지 성경말씀에 의해서만 있어야 하기 때문입니다. 천계에서 기록된 문서들이 예언자들에 의하여 보여졌다는 것은 에스겔서에서 볼 수 있습니다. 즉—.

내가 바라보니, 손 하나가 내 앞으로 뻗쳐 있었고, 그 손에는 두루마리 책이 있었다. 그가 그 두루마리 책을 내 앞에 펴서 보여 주셨는데, 앞뒤로 글이 적혀 있고, 거기에는 온갖 조가와 탄식과 재앙의 글이 적혀 있었다.
(에스겔 2 : 9, 10)

또 요한 묵시록에는—.

나는 또, 그 보좌에 앉아 계신 분이 오른손에 두루마리 하나를 들고 계신 것을
보았습니다. 안팎에 글이 적혀 있는 그 두루마리는 일곱 인을 찍어 봉하여 놓
은 것이었습니다.
(묵시록 5 : 1)

(천계와 지옥 258항)
한 번은 히브리 문자들로만 기록된 몇 개의 단어들이 있는 작은 종이 한
장이 천계로부터 내게 보내졌습니다. 그리고 내게는, 그 글자들이 지혜의
비의(智慧秘義·arcana of wisdom)들을 포함하고 있다고 일러주었습니다.
그리고 이 비의들은 그 히브리 글자들의 굽어진 부분들과 휘어진 부분들
안에 포함되었다고 하였습니다. 물론 그것들이 내는 발음도 같은 뜻이 있
다고 하였습니다. 이 사실에 의하여 나는 주님께서 하신 말씀들이 뜻하는
바가 무엇인지 명료하게 알 수 있었습니다.

내가 진정으로 너희에게 말한다. 천지가 없어지기 전에는 율법은 일점 일획도
없어지지 않고 다 이루어질 것이다.
(마태 5 : 18)

사실 교회 안에는 성경말씀의 지극히 작은 일획 일점까지도 그 말씀이
신령하다는 것은 잘 알려져 있습니다. 그러나 다만 그 각각의 일획 일점
들 어디에 신령존재가 숨겨져 있는지는 아직까지 알려져 있지 않습니다.
그러므로 이 사실들에 관해서 언급하고자 합니다. 지심한 천계(三層天)의
저술은 다종 다양한 굴절(屈折)들과 휘어진 모형들로 구성되어 있으며, 그
굴절과 휘어짐은 천계의 형체에 일치합니다. 이 방편들에 의하여 천사들
은 그들의 지혜의 비의(秘義)들과, 또 말로 하는 낱말들로는 표현할 수 없
는 많은 것들을 표현하고 있습니다. 그런데 놀라운 것은 천사들은, 그들
의 언어에 있어서와 같이, 특별한 훈련이나 교사가 없이도 그 저술을 알
고 있다는 것입니다. 따라서 이것이 천계의 글입니다. 천사들의 모든 사
상과 정동의 확장, 또 그 결과에서 비롯되는 총명과 지혜의 교류가 천계
의 형체에 일치하여 계속해서 일어나기 때문에 글쓰기(著作)가 생득적으
로 몸에 배어 있습니다. 여기에서 비롯되는 결론은 그들의 저술은 그 형
체에 입류한다는 것입니다. 나에게 일러진 바는, 글자들이 있기 전 지상

에 있었던 태고인(太古人)들은 그러한 저작품을 가지고 있었다는 것이고, 또 그것이 히브리 어의 글자들에 이식되었다는 것입니다. 그리고 고대에 있었던 글자들은, 오늘날처럼 곧은 선으로 되어 있지 않고, 구불구불하게 되어 있었다는 것도 나는 들었습니다. 이와 같이 성경말씀 안에는 신령한 것들과 천계의 비의(天界秘義)가 그 일점 일획 안에 포함되어 있습니다.

천계적 형체의 성질을 띠고 쓰여진 이 글은 지고(至高)한 천계에서 사용되고 있으며, 그 천계의 천사들은 다른 천사들 보다 지혜에 있어서 월등히 뛰어납니다. 이러한 글쓰기를 방편으로 하여 지고한 천계의 천사들은 그들의 정동을 표현합니다. 그리고 이 정동에서부터 사상들이, 다루어지는 주제에 따라서, 질서정연하게 입류되고, 뒤이어집니다. 그러므로 이러한 저술들은, 깊은 생각 없이 수박 겉핥는 식으로는 도저히 알 수 없는, 비의로 가득 차 있습니다. 나로 하여금 이런 것들을 이해하게 위해서 그 저술들이 나에게 주어졌습니다. 그러나 낮은 천계에는 이전 부류의 저술들은 존재하지 않습니다. 낮은 천계에 있는 저술들은 우리 사람들의 저술들과 비슷하고, 그 글자까지도 닮았지만, 그래도 지상의 사람들은 그것을 해독(解讀)할 수 없습니다. 그 이유는, 그 저술들은 모두 천사의 언어로 쓰여졌고, 또 천사들의 언어는 사람의 언어와 공통점이 없기 때문입니다. 왜냐하면 그들은 "모음"(母音)으로는 정동을 나타내고, "자음"(子音)으로는 그 정동에서 비롯되는 사상의 개념들을 나타내며, 그리고 "낱말들"로는 그것들에 속한 그들의 주제의 뜻을 구성하기 때문입니다. 또한 이런 방법의 저술은, 사람이 여러 쪽에 나타낼 수 있는 양의 내용을 몇 마디 말로 기술할 수 있는 그런 저술 기법입니다. 나는 또한 이런 저술들을 볼 수 있었습니다. 이와 같이 낮은 천계에는 기술된 성언(聖言)을 가지고 있고, 지고한 천계(三層天)에서는 천계적 형체로 저술된 성언을 가지고 있습니다.

주지하여야 할 사실은, 천계에 있는 저작품들은 그들의 사상 바로 그것에서부터 자연적으로 입류된 것이므로, 그들의 사상 자체를 표현한다는 것은 매우 용이하다는 것입니다. 그들이 하는 말의 낱말들이나, 그들이 쓴 낱말들은 모두가 그들의 사상에 속한 개념에 대응하기 때문에, 글을 쓰는 손은 낱말의 선택에 있어서 결코 망설이거나 주저할 필요가 전혀 없다는 것입니다. 말하자면 모든 대응은 자연스럽고, 무의식적이라는 것입니다.

천계에는 손으로 쓰지 않은 작품들이 있는데, 그것은 오로지 사상에 속한 대응에서 비롯된 것으로, 이런 것들은 계속해서 남아 있지는 않습니다. (천계와 지옥 260-262항)

천사들의 지식(知識)

내면적 천계에 있는 천사들의 지식에 관해서 간단히 살펴보면, 몸에 관한 구조들이나 형체들에 속한 그들의 지식은 하나의 좋은 예가 될 것입니다. 왜냐하면, 인체의 내장에 속한 것이든, 아니면 그밖의 어떤 것이라 할지라도, 오랜 동안 깊이 생각한다면, 그들은 내장의 전 구조나 작용만 아니라, 해부학이 지극히 작은 부분에서, 진실이고 순수한 것인지에 관해서 발견할 수 있는 모든 실험적인 지식까지도 알 수 있기 때문입니다. 그리고 그들은 내장에 관한 각각의 것에 대해서 언급한 것들이 맞는 것인지 아닌지를 당장 압니다. 뿐만 아니라, 보다 내면적인 수 많은 것들에 관해서도, 비록 인류에 속한 것은 무엇이든 다 알 수 있습니다. 왜냐하면 그런 것들은 나에게는 모두 경험으로 입증되었기 때문입니다. 그들은, 그것들이 영적인 것들 안에 있는 것에 어떻게 대응하는지도 잘 압니다. 비록 그들이 인체의 생명 안에 있는 이와 같은 내용에 대해서 결코 음미(吟味)하지 못한다고 해도, 만약 사람들이 그것에 관해서 안다면, 그들이 깜짝 놀라우리 만큼 그들의 지식은 아주 위대합니다. 그것은, 주님에 의하여 주어진 총명을 통해서 그들이, 일반적이든 개별적이든, 최대인간 안에 있는 모든 것이 어떻게 존재하는지를 안다는 사실로부터, 말하자면 자연스럽게 흘러듭니다. 그러므로 그 지식은 마치 그들에게는 선천적으로 그들 안에 존재하는 것 같이 보입니다. 그러나 그들은, 그것이 만약 전 천계가 사람의 몸의 여러 기관과 더불어 온전한 사람을 표징한다는 것, 생명 자체이신 주님께서 그 사람의 생명이시다는 것, 그리고 온 천계가 유기체적이다는 것이 아니라면, 이런 유의 지식은 결코 소유할 수 없습니다. 따라서 그들은 첫째 원리들 안에 있고, 또 원리들로부터 혹은 사물의 내면적인 것 즉 지심한 것에서부터, 그것들이 아래에 또는 밖에 존재한다는 것을 알 수 있습니다. (영계일기 1625항)

천사들의 지혜(智慧)

천계에 있는 천사들이 가지고 있는 지혜의 본질을 그렇게 간단하게 이해할 수는 없습니다. 그 이유는 그들의 지혜가 사람의 지혜를 훨씬 초월하여 있어서, 비교가 될 수 없기 때문이고, 또 초월한 것은 사람들에게는 마치 아무것도 아닌 것처럼 보이기 때문입니다. 필히 설명하여야 할 것 중에 어떤 것들은, 그것의 내용이 알려질 때까지는 마치 이해의 응달에 있는 것과 같아서, 잘 알지 못합니다. 그리고 이런 일은, 그것이 자체 안에 있는 것처럼, 그 내용을 실제적으로는 가리웁니다. 그럼에도 불구하고 그런 것들은 알 수 있게 되고, 또 이해될 수 있는 것들인데, 만약 마음이 그런 것들 때문에 기쁨이 충만하면, 그 때 그런 것들은 잘 알 수 있습니다. 왜냐하면 기쁨은, 그것이 사랑에서 비롯되기 때문에, 그것과 더불어 빛을 가져오기 때문입니다. 그리고 신령하고 천계적인 지혜에 속한 것들을 사랑하는 사람들에게는 천계로부터 빛이 비추어지고, 그들은 또한 조요(照耀)를 천계로부터 받습니다.

천사의 지혜의 본성이 어떤 것인지는 그들의 천계의 빛 안에 있다는 사실에서, 그리고 그 천계의 빛의 본질이 신령진리 즉 신령지혜라는 사실에서 결론을 얻을 수 있습니다. 그리고 또한 이 빛은, 그들의 마음에 속한 내적 시각에, 또 그들의 눈에 속한 외적 시각에, 동시에 비춥니다. 천사들은 또한, 본질적으로 신령선 즉 신령사랑을 가리키는 천계적 별 안에 존재하는데, 그들은 그 별으로부터 현명하게 되고자 하는 정동이나 바람(熱望)을 갖습니다. 지혜라고 부를 정도의 지혜 안에 천사들이 있다는 것은, 그들의 모든 사상이나 정동들이 신령지혜의 형체인 천계적 형체에 일치하여 모든 것이 입류한다는 사실에서, 또 지혜를 수용하는 그릇인 내면적인 것들이 천계적 형체에 맞게 정열되어진다는 사실에서 결론지을 수 있겠습니다. 천사들이 탁월한 지혜로 갖추어져 있다는 것은 그들의 언어가 지혜에 속한 언어라는 사실에서 잘 알 수 있습니다. 왜냐하면 그 언어가 직접적으로 또는 자연스럽게 자기들의 사상에서 입류되고, 또 그들의 사상은 그들의 정동에서 입류되기 때문입니다. 그러므로 그들의 언어는 외적인 형체로 보면 사상이요, 정동인 것입니다. 이렇게 볼 때 천사들의 언어가 신령존재의 입류를 떠나서는 아무것도 아니고, 또 사람의 언어처럼 다른 사람의 사상에서 입류되는 것과 같은, 즉 밖으로부터 입류되는 것은 아무것도 없다는 것입니다. 천사들이 이와 같은 지혜를 가지고 있다는 것은 그들이 그들의 눈으로 보고, 또 그들이 그들의 지혜에 동의하는 그들의 감관들에 의하여 지각하는 모든 사실에 일치합니다. 왜냐하면 그것들이 대응하기 때문이고, 따라서 그와 같이 지각된 대상들은 그들의 지혜를 구성하는 것들의 표징적 형체들이기 때문입니다. 더욱이 천사들의 사상들은, 사람들의 사상과 같이, 공간과 시간에서 비롯되는 관념들에 의하여 제한되거나 축소되지 않습니다. 왜냐하면 공간이나 시간은 자연에 속해 있고, 자연에 속해 있는 것들은 영적인 사물들에게서 마음을 흩트리게 하고, 영적 사고의 고유한 영역에서 총명적인 지각을 빼앗기 때문입니다. 또 천사들의 사상은 지상적인 것들이나 물질적인 것들에 의하여 결코 열등(劣等)하게 되지 않으며, 생활상 필요한 것들에 대한 염려나 불안에 의해서도 결코 방해를 받지 않습니다. 그러므로 천사들의 사상은, 세상 사람들이 생각하는 그런 문제들에 의하여 지혜에 속한 기쁨으로 인하여 위축되거나 움츠려드는 법도 없습니다. 왜냐하면 천사들에게 오는 모든 것들은 주님으로부터 선물로 주어졌으며, 그들은 반대급부(反對給付) 없이 무상(無償)으로 의류를 공급받고, 무상으로 먹거리를 공급받으며, 또 무상으로 주거를 주님으로부터 공급받기 때문입니다. 더욱이 그들은, 주님으로부터 받는 그들의 지혜의 수용에 일치하는 기쁨과 즐거움도 주님으로부터 선물로 받습니다. 내가 이러한 것들에 관하여 장장히 말하는 것은 천사들이 그렇게 큰 지혜를 가지고 있다는 것을 독자들이 확실하게 알게 하기 위해서 입니다. (천계와 지옥 265・266항)

천사들의 지혜가 매우 위대하다는 것은, 천계에서는 모든 것들의 교류가 있다는 것, 그리고 한 천사의 총명이나 지혜는 다른 천사의 총명이나 지혜와의 교류가 있다는 것, 그리고 천계는 하나의 모든 선의 공동체라는 사실들에서 잘 나타나고 있습니다. 그 이유는 천계적 사랑은, 자기의 것이 곧 상대의 것을 소망하는 그런 성질을 가진 것이기 때문입니다. 그러므로 천계에서는 어느 누구도 자기가 가지고 있는 선을 남에게 나누어 줄 수 없는 경우, 그것을 선이라고 지각하는 사람은 아무도 없습니다. 여기에서 천계의 행복은 비롯된 것입니다. 천사들은 주님에게서 이러한 성질을 받고 있는데, 이 성질이 바로 주님의 신령선입니다.

천사의 지혜와 사람의 지혜를 비교하면 억만(億萬) 대 일(一)과 같고, 또 무수한 것들로 이루어진 인체를 움직이는 힘과 그것들에서 비롯된 하나의 움직임에 비교될 수 있겠습니다. 또 그런 것들이 사람의 감관에 하나처럼 보이는 것에 비교될 수 있겠습니다. 또 완벽한 현미경으로 보는 대상의 개별적인 것들과 맨눈으로 어슴푸레 나타나 보이는 하나의 것과 비교될 수 있겠습니다. 예를 들어서 이 주제의 내용을 설명하겠습니다. 한 천사가 지혜로 말미암아 영적 중생(靈的 重生·再生·generation)에 관해서 기술하였습니다. 그 천사는 그 비의를 질서정연하게 수백 항목으로 정리하였는데, 그 비의 하나 하나는 시종(始終) 내면적 비의를 품고 있는 관념으로 넘쳐 있었습니다. 왜냐하면 그 천사는 영적인 사람이 어떻게 수태(受胎)하고, 태내에서 어떻게 지탱되고, 탄생하여, 성장해서 점차적으로 완성되어 가는지를 설명하였습니다. 그 천사는, 비의의 수는 수천의 항목으로 늘릴 수 있었지만, 여기서는 겉사람의 중생에 관한 것만 한정하였다고 말하였습니다. 그러나 속사람의 중생에 관하여 언급한다면 셀 수 없을 정도의 항목들이 될 것이라고 하였습니다. 이상의 내용에서, 그리고 천사가 말한 내용에서 우리는 천사의 지혜가 얼마나 크며, 또 사람의 무지(無知) 또한 얼마나 큰지를 어느 정도 알게 되었습니다. 사람은 중생이 무엇인지는 겨우 알고는 있지만, 중생하는 동안에 일어나는 그 진전과정이나 그 계기들에 관해서는 전혀 아무것도 모릅니다.

삼층천(三層天) 즉 지고(至高)한 천계의 천사들의 지혜는 일층천 즉 궁극적인 천계의 천사들에게는 깨달려지지 않습니다. 그 이유는, 삼층천의 천사들의 내면적인 것들은 셋째 계도(階度)에까지 열려 있는 반면에, 일층천 천사들의 내면적인 것들은 다만 첫째 계도까지만 열려 있고, 또 모든 지혜는 내면적인 것을 향하여 증대하고, 그 계도들에 대해서 열려 있는 정도에 비례하여 증대되기 때문입니다. 신령진리는 이들 천사들에게 각인(刻印)되어 있는 것처럼 나타납니다. 다시 말하면 마치 생득적이고, 선천적인 것처럼 보입니다. 천사들이 순수한 신령진리들을 듣게 되면, 즉시 그 진리들을 시인하고, 깨닫습니다. 그런 뒤에는 그들은 자신들 안에서 내면적으로 그 진리들을 봅니다. 삼층천의 천사들의 성품이 이러하기 때문에, 그들은 신령진리에 관해서 결코 추론하지 않습니다. 그리고 그들은 더구나 어떤 진리에 대해서도, 그것이 그렇다 또는 그렇지 않다고, 논쟁하지 않습니다. 그들은 또한 믿음이 무엇이고 믿음을 갖는다는 것이 무엇인지도 모릅니다. 왜냐하면 그들은, "왜 믿음을 갖는가? 왜냐하면 나는 그 어떤 것을 그대로 지각하고 보기 때문이다"고 말하기 때문입니다. 그들은 비교에 의하여 문제들을 설명합니다. 예컨대, 어떤 사람이 친구와 함께 한 채의 집을 보면서, 그 안에 있는 것들이나 그 주위에 있는 것들을 보면서, 그리고 그의 친구에게, 그것들이 있는 그대로, 또 그것들은 자신이 보는 것과 같은 것이라고 믿어야 한다고 말하는 것과 같습니다. 다시 말하면 어떤 사람이 정원과 그 안에 있는 나무와 또 그 열매들을 보고, 그의 친구에게, 자기가 자기 눈으로 확실하게 보았음에도 불구하고, 정원이 있고, 나무와 그 열매들이 있는 것을 믿지 않으면 안 된다고 말하는 것과 같습니다. 여기에서 알 수 있는 것은, 삼층천 천사들은 믿음이라고 이름 붙인 것을 결코 말하지 않으며, 심지어 그것에 관한 관념도 없습니다. 그러므로 그들은 신령진리에 관해서 추론하지도 않는데, 하물며 과연 그것이 그런가 그렇지 않은가 하는 따위의 논쟁을 하는 일이 어떻게 있겠습니까! 그렇지만 일층천 즉 가장 외적 천계의 천사들에게는 오직 생명의 첫째 계도만 열려 있기 때문에 그들의 내면적인 것들에는 신령진리가 각인되어 있지 않습니다. 그러므로 그들은 진리들에 관해서 추론합니다. 이와 같이 추론하는 사람들은, 그 추론하는 문제를 넘어서 무엇인가를 직시(直視)하는 일이나, 어떤 확고한 숙고(熟考)에 의하여 그것을 확증하는 것을 제외하면, 그 문제의 사안을 뛰어넘는 일은 거의 없으며, 무엇인가 다른 것에 의하여 추인(追認)하든가, 추인한 후에는 그것이 믿음에 속한 것이니까 믿지 않으면 안 된다고 그들은 말합니다. 나는 이런 주제를 가지고 천사들과 대화를 한 적이 있습니다. 그들은, 삼층천의 천사들의 지혜와 일층천의 천사들의 지혜와 차이는 마치 양지(陽地)와 음지(陰地)와의 차이와 같다고, 말하였습니다. 그럼에도 불구하고 삼층천 즉 지심한 천계의 천사들은 지혜의 측면에서 계속하여 완성을 향해 가고 있지만, 그렇지만 그 진전 방법은 일층천 즉 가장 외적인 천사들이 완전해 가는 방법과는 전혀 다릅니다. 삼층천의 천사들은 신령진리를 기억에 담아두지 않고, 다시 말하면 그들은 신령진리를 지식으로 만들지 않고, 오히려 그들은 신령진리를 듣는 순간, 그것들을 밝히 깨닫고, 그리고 그것들을 삶에 적용합니다. 여기서 알 수 있는 것은 신령진리들은, 마치 그것들이 그들에게 각인된 것처럼 그들과 더불어 영구히 머물러 있습니다. 왜냐하면 이와 같이 삶에 적용하는 것은 모두가 영적으로 사는 것이기 때문입니다. 그러나 가장 외적인 일층천의 천사의 경우는 이와는 다릅니다. 그들은 우선 신령진리를 기억 속에 저장하고, 그것을 지식의 형체 안에 보관한 뒤에, 거기에서부터 그것들을 꺼내 가지고, 그것을 통해서 자기의 이해를 만들거나 또는 자신의 지혜를 완성해 갑니다. 내면적 지각이 없이는 그것이 진리인지 아닌지를 모르고, 그것들을 도모한 뒤에, 삶에 적용합니다. 그러므로 그들은 삼층천 천사에 비하여 상대적으로 불영명(不英明)한 상태에 있습니다. 삼층천 천사들이 지혜의 면에서 완성되어 가는 것은 봄(視覺)에 의한 것이 아니고, 들음(聽覺·順從)에 있다는 것은 매우 뜻 있는 설명입니다. 그들이 설교를 통해서 들은 진리들은 그들의 기억에 머무르지 않고, 즉시 그들의 깨달음인 지각이나 의지에 들어가, 그들의 생명의 일부가 됩니다. 이에 반하여 이들 천사들이 그들의 눈을 통해서 본 것들은 그들의 기억에 머물고, 그리고 그들은 그것들에 관해서 추론하고 토론합니다. 그러므로 여기서 명확하게 알 수 있는 것은, 그들에게 있어서 들음(順從·聽覺)은 말 그대로 지혜의 길(the way of wisdom)이라는 사실입니다. 이런 사실 역시 대응에서 비롯된 것입니다. 왜냐하면 "귀"는 순종(順從)에 대응하고, 순종은 또한 삶에 속한 것이기 때문입니다. 그러나 "눈"은 총명에 대응하고, 총명은 또한 교리에 속한 것이기 때문입니다.

천사들에게 이런 지혜가 주어지는 데는 이상 설명한 것 이외에 또하나의 이유가 있는데, 그것은 천계에서 중요한 이유가 되겠는데, 그것은, 바로 그들이 자아애를 가지고 있지 않다는 사실입니다. 왜냐하면 누구나 자아애(自我愛)를 가지고 있지 않은 것에 비례하여, 그 사람은 신령한 것들 안에서 지혜스럽게 될 수 있기 때문입니다. 그 자아애라는 사랑은 내면적으로는 주님이나 천계에 대하여 등지고, 마음을 닫게 하고, 외면적으로는 열게 하여 그것들을 자아에 의존시킵니다. 그러므로 그 사랑이 득세(得勢)하여 좌지우지하는 사람들에게 있는 모든 것들은, 비록 그들이 세상의 것들에 관한 한 밝은 빛 가운데 있다고 하더라도, 천계에 속한 것들에 관한 한 칠흑 같은 흑암 속에 빠져 있는 것입니다. 반면에, 천사들은 그들이 그 자아애를 가지고 있지 않기 때문에, 지혜의 빛 안에 있습니다. 왜냐하면 그들은 천계적인 사랑 안에 있기 때문입니다. 그 천계적인 사랑은, 바로 주님사랑이고, 이웃사랑입니다. 그리고 이 천계적 사랑은 내면적인 것이 주님이나 천계를 향하여 열도록 합니다. 그 이유는, 주님사랑과 이웃사랑은 주님에게서 비롯되고, 주님 스스로도 그런 사랑 안에 계시기 때문입니다. (천계와 지옥 268-272항)

천사들의 순진무구(純眞無垢)

젖먹이나 어린 아이의 순진무구(純眞無垢・innocence)는 진정한 이노센스가 아닙니다. 왜냐하면 그런 이노센스는 외적인 모양으로 있을 뿐, 내적인 것이 아니기 때문입니다. 그럼에도 불구하고 이노센스가 무엇인지는 이런 것들에서 배울 수는 있습니다. 왜냐하면 이노센스는 그들의 얼굴에서, 그들의 몸 놀림에서, 그리고 어렸을 적의 말투에서 비쳐 나오고, 그런 것들에 관해서 모두에게 감동을 주기 때문입니다. 그와 같은 이유는, 그들이 내적인 사상을 가지고 있지 않기 때문입니다. 왜냐하면 그들은 아직까지는 사상을 구성하는 선악(善惡)이나 진위(眞僞)를 모르기 때문입니다. 따라서 그들은 사람의 고유속성(固有屬性)인 자아(自我・proprium)에서 비롯된 분별력(分別力・prudence)도 없고, 또 목적의식도, 사물에 대한 깊은 생각도, 가지고 있지 않습니다. 그러므로 악의(惡意)도 없습니다. 그들은 자아애(自我愛・the love of self)나 세간애(世間愛・the love of world)에서 오는 사람의 고유속성도 없으며, 그리고 그들은 어떤 것이든 자기의 공으로 여기지 않고, 자기가 향유(享有)하는 것은 모두 자신들의 부모의 공으로 돌립니다. 자신들에게 주어지는 것이라면, 많든 적든 크든 작든, 그것으로 만족해 하고, 또 그것들에서 기쁨을 만끽(滿喫)합니다. 그들은 먹을 것이나 입을 것에 대해서 걱정하는 일도 없고, 또한 장래에 대한 걱정도 없습니다. 그들은 세상을 우러러 마음 쓰는 일도 없고, 세상적인 수많은 것들에 대해서 탐(貪)하는 일도 없습니다. 그들은 자신들의 부모나 유모를 공경하고, 자기 또래들을 좋아하며, 그들과는 천진스럽게 잘 지냅니다. 무조건 인도되는 대로 받아드리고, 잘 순종하고, 따릅니다. 그들은 이런 상태 안에 있기 때문에, 그들은 만사를 삶으로 받습니다. 그러므로 그들은 비록 그 근원을 알지 못하면서도 그들은 적절한 예의를 배우고, 따라서 그들은 말씨도 배우고, 기억에 속한 싹수나, 사상에 속한 것들도 배우고 익합니다. 왜냐하면 그들의 이노센스의 상태에서의 그러한 것들의 수용(受容·receiving)이나 익힘은 중간매체(中間媒體)로서 아주 유용하기 때문입니다. 그러나 이노센스는, 위에서 설명한 것과 같이, 마음에 속한 것이 아니고 육체에 속한 외적인 것입니다. 사실 그들의 마음은 아직까지는 형성되지 않았습니다. 왜냐하면 마음은 이해와 의지를 가리키고 또한 거기에서 사상과 정동이 비롯되기 때문입니다. 천계로부터 내가 들은 바는, 특히 젖먹이들은 주님의 특별한 보호 하에 있다는 것과, 그들의 입류는 이노센스의 상태가 존재하는 지심한 천계(三層天)에서 온다는 것이고, 또한 그 입류는 그들의 내면적인 것들에 침투하고, 그것을 통과하는 과정에서 그 입류는 오직 그 입류로 말미암아 그들을 감동시킨다는 것, 그러므로 이노센스는 그들의 얼굴에서, 그들의 몸짓에서 자신의 이노센스를 드러내 보여주고, 또 눈에 보이는 그런 것이 된다는 것 등입니다. 양친은 그 이노센스에 의하여 감동되고, 그것으로 인하여 부모와 자녀 사이에는 사랑(storge)이 농익어 간다는 것입니다.

지혜에 속한 이노센스는, 내적이기 때문에, 진정한 이노센스입니다. 왜냐하면 그것은 마음 자체에 속한 것이고, 다시 말하면 의지 자체나, 그 의지에서 비롯된 이해에 속한 것이기 때문입니다. 의지와 이해 안에 이노센스가 있으면 거기에는 또한 지혜가 존재합니다. 왜냐하면 지혜는 의지와 이해에 속한 것이기 때문입니다. 그러므로 천계에서는 이노센스는 지혜 안에 머문다고 하고 또 천사가 지혜를 가지는 것 만큼 그 천사는 이노센스 안에 있다고도 합니다. 이러한 것이 사실이라는 것은, 이노센스의 상태 안에 있는 천사들은, 어떤 좋은 일이 있는 경우, 그 공을 자신에게 돌리지 않고, 오히려 그 공을 주님에게 돌린다는 것에서, 또 천사들은 주님의 인도하심을 갈망하고, 자기 스스로 무엇을 한다는 것을 원치 않는다는 것에서, 그리고 천사들은, 선을 사랑한다는 것이 선을 도모하고, 그것을 행하는 것이며, 선을 사랑하는 것은 주님사랑이고, 진리를 사랑하는 것이 그들의 이웃사랑이다는 것을 알고, 깨닫고 있기 때문에, 그들은 선한 것이면 무엇이든 사랑하고, 진리인 모든 것들에서 기쁨을 만끽한다는 것에서, 그리고 그들은 자신에게 필요한 정도 만큼 주어진다는 것을 잘 알고 있기 때문에, 다시 말하면 적은 것이 필요한 사람에게는 그 만큼 주어지고, 많은 것이 필요한 사람에게는 또 그 만큼 주어진다는 것을 잘 알고 있기 때문에, 그들은, 적든 많든, 관계 없이 늘 만족하며 산다는 것에서, 그리고 그들은 자신들에게 필요한 것이 무엇인지 알지 못하고, 오직 주님만이 그것을 아시고, 또 주님께서는 영원히 그들을 위해 필요한 모든 것을 장만해 주신다는 것을 알고 있다는 등등의 것에서 확신할 수 있습니다. 그러므로 그들은 장래에 대해서 아무 걱정이나 염려를 하지 않습니다. 장래를 걱정하는 것을 내일을 위한 염려라고 그들은 말하는데, 이런 것은 자기의 삶에서 필요치 않는 것들까지도 잃지 않을까, 또는 많이 있었으면 하는 이해득실(利害得失)에서 비롯되는 슬픔이라고 정의합니다. 동료들과 무엇을 도모하는 경우에도, 그들은 악한 목적에서 하지 않고, 오히려 선량하고, 정의롭고, 진실된 목적에서 행합니다. 악한 목적을 가지고 행한다는 것을 그들은 아주 못된 술책 또는 교활이라고 부르는데, 이것은 이노센스에 정반대되기 때문에 독사의 독처럼 여겨, 그들은 아주 멀리 피합니다. (천계와 지옥 277·278항)

이노센스에 관해서 나는 천사들과 많은 것을 서로 이야기 하였고, 그것에서 내가 알 수 있는 것은, 이노센스는 모든 선의 존재(存在·esse)라는 것이고, 따라서 선은 그 안에 이노센스가 내재해 있는 정도 만큼 선이라는 것 등입니다. 결과적으로 지혜도 이노센스에서 온 것만큼 지혜이고, 또 사랑이나 인애 그리고 믿음도 모두 이노센스 안에 내재하고, 그것에서 비롯될 때 사랑이고, 인애이고, 믿음이다는 것입니다. 여기에서 얻는 결론은, 이노센스를 소유하지 않은 사람은 그 누구도 천계에 들어갈 수 없다는 것입니다. 이것이 바로 주님께서 말씀하신 말씀이 뜻하는 것입니다. 즉―.

> 예수께서 노하셔서 제자들에게 말씀하셨다. "어린이들이 내게 오는 것을 허락하고, 막지 말아라. 하나님의 나라는 이런 사람들의 것이다. 내가 진정으로 너희에게 말한다. 누구든지 어린이와 같이 하나님의 나라를 받아들이지 않는 사람은 거기에 들어가지 못할 것이다."
> (마가 10 : 14, 15 ; 누가 18 : 16, 17 ; 마태 19 : 14)

이 말씀에서 "어린이"는, 성경말씀의 다른 곳에서도 마찬가지이지만, 이노센스한 사람을 뜻합니다. 이노센스에 속한 상태에 관해서는 주님께서

하신 말씀이 있는데(마태 6 : 25-34), 이것 역시 순수한 대응(對應)에 의하여 이해될 수 있습니다. 선이 될 수 있는 것은 그 안에 이노센스가 내재해 있기 때문입니다. 그 이유는 이노센스란 모든 선의 근원이신 주님에게 인도되기를 갈망하는 것에 존재하기 때문입니다. 내가 직접 경험한 바로는, 이노센스에 의하지 않고서는 진리도 선에 결합할 수 없고, 또 선도 진리에 결합할 수 없다는 것입니다. 그러므로 얻는 결론은, 자신 안에 이노센스가 내재해 있지 않으면 천계의 천사가 아니라는 것입니다. 왜냐하면 그 천사 안에서 진리가 선에 결합할 때까지, 천계는 그 누구에게도 존재하지 않기 때문입니다. 그러므로 진리와 선의 결합을 천계적 혼인(天界的 婚姻·the heavenly marriage)이라 부르고, 또 그 천계적 혼인을 천계라고 합니다. (천계와 지옥 281항)

천계의 평화

천계에 가장 심오(深奧)한 것이 두 가지 있는데, 바로 이노센스와 평화(平和·peace)입니다. 그것들은 모두가 다 주님에게서 직접 나오는 것이기 때문에 심오하다고 말합니다. 이노센스는 천계의 모든 선의 근원이고, 평화는 선에 속한 모든 기쁨의 근원입니다. (천계와 지옥 285항)
먼저 평화의 근원에 관해서 설명드리겠습니다. 신령평화(神靈平和·the Divine peace)는 주님 안에 있습니다. 그 이유는, 그 평화는 주님 당신 안에 있는 신령존재 자체와 신령인간의 합일(合一·union)에서 생겨지기 때문입니다. 천계의 신령평화는 주님에게서 옵니다. 그리고 그것은 주님과 천계의 천사들의 결합에서 생겨지는데, 개별적으로는 모든 천사가 가지고 있는 선과 진리의 결합에서 생겨집니다. 이것들이 바로 평화의 근원입니다. 여기서 알 수 있는 것은, 천계의 평화는, 지복(至福)과 더불어 천계에 있는 모든 선에 가장 심오하게 감동을 주는 신령존재라는 것입니다. 따라서 천계의 모든 기쁨 또한 신령존재에게서 비롯된다는 것도 알 수 있으며, 그리고 그 평화는 본질적으로 주님의 신령사랑에 속한 신령기쁨이고, 또한 천계와 거기에 있는 모두 다의 결합에서 비롯된다는 것도 알 수 있겠습니다. 천사 안에 계신 주님에 의하여, 또는 주님에게서 비롯된 천사들에 의하여, 지각되는 이 기쁨이 곧 그 평화라는 것도 알 수 있습니다.

여기서 비롯된 근원에 의하여 천사들은 모두 복되고, 기쁘고, 행복하고, 축복된 모든 것들을 소유하는데, 이것이 바로 천계적 기쁨이라고 일컫는 것입니다. (천계와 지옥 286항)
천계의 평화가 천사들이 가지고 있는 선 자체를 가장 심오하게 축복된 것으로 감동시키는 신령존재이기 때문에, 자기 스스로 선한 삶 안에 있을 때, 그 마음의 즐거움을 느끼고, 또 자기 스스로 행한 선에 일치하는 진리에 순종하고, 선과 진리의 결합을 지각할 때 기뻐하는 사람들에 의하여 천계의 평화는 지각될 수 있습니다. 그럼에도 불구하고 그 평화는 천사들의 행동이나 사상 속으로 입류하여, 거기에서 기쁨 자체를 드러내고, 심지어 외적인 모양 안에서 그 기쁨을 나타냅니다. 이노센스와 평화는, 마치 선과 그 기쁨이 함께 살아가듯이, 공존공영(共存共榮) 한다는 것은 젖먹이들에게서 잘 볼 수 있는데, 왜냐하면 이노센스 상태에 있는 그들은 또한 평화의 상태에 있기 때문이고, 또한 그들은 평화의 상태에 있기 때문에, 그러므로 그들에게 있는 모든 것들은 재롱(sport)으로 넘칩니다. (천계와 지옥 288항)
나는 천사들과 평화에 관해서 이야기를 나눈 적이 있습니다. 그 때 나는 이런 말을 하였습니다. 이 세상에서 평화라고 말하는 것은 나라들 사이에 전쟁이나 적개심(敵愾心)이 없는 것, 또는 사람들 사이에 적의(敵意)나 반목(反目)이 없는 것을 뜻합니다. 그리고 내적인 평화라고 하면 재난에서 풀려나는 안심감이나, 특히 만사가 잘 순조롭게 진행되어서 평온하고, 즐거울 때를 뜻한다고 말하였습니다. 그러나 이에 대하여 천사들은, 세상사의 걱정의 제거나, 성공 그리고 즐거움이 평화처럼 보이지만, 그런 것들은, 천계적인 선 안에 있는 사람들이 가지고 있는 것들이 결여되었다면, 평화의 본질은 아니라고 하였습니다. 왜냐하면 그 선 안에 내재한 것들이 결여된 평화는 거기에 존재하지 않기 때문입니다. 왜냐하면 평화는 주님에게서부터 그런 사람들의 심오한 마음에 흘러들고, 그들의 심오한 마음에서 보다 낮은 계도에만 흘러내려와서, 거기서 마음의 안식, 낮은 마음의 평온, 그리고 거기에서 비롯된 기쁨이 생겨나오기 때문입니다. (천계와 지옥 290항)
천계에 있는 평화의 상태는 그 어떤 낱말로 기술할 수 없는 그런 성질의 것이라고 말할 수 있겠습니다. 그리고, 사람이 이 세상에 있는 한 그 상태는, 이 세상에서 비롯된 그 어떤 개념에 의해서도 그의 사상이나 인식에도 떠오르지 않을 것입니다. 따라서 그 평화의 개념은 감관을 초월한 것입니다. 낮은 마음(animus)의 평온함, 만족감 또는 성공으로 인한 기쁨 등은 이 평화에 비하면 아무것도 아닙니다. 왜냐하면 이런 것들은 오직 사람의 외적인 것들을 감동시키지만, 이에 반하여 평화는 모든 것들의 가장 내적인 것 즉 으뜸되는 본질이나, 사람 안에 있는 본질의 근원에 속하는 내적인 것을 감동시키고, 또 그것에서 구체화된 것이나 파생된 것들 속에 그 자신을 넣어주고, 그리고 그것들에게 감동을 주고, 즐거움으로 개념의 근원에 감화를 줍니다. 결론적으로 평화는 만족과 행복으로 사람의 삶의 목적에 감동을 줍니다. 따라서 평화는 사람의 마음을 천계로 바꾸어 놓습니다. (천계비의 8455항)

천계의 평화는 지상의 봄철이나 해돋이(黎明)와 같습니다. 그리고 그 평화는 감관적인 다양성에 의해서는 영향을 받지 않지만 그러나 보편적인 즐거움에 의해서는 영향을 받습니다. 그 평화는 지각되는 지극히 작은 것들 속에, 그리고 지각 자체 뿐만 아니라, 일개의 사상까지도 즐거움을 고취시키는 보편적인 즐거움에 의해서 영향을 받습니다. 평화가 이런 본성을 지니고 있기 때문에, 평화는 모든 행복이나 축복에 속한 가장 내적인 것이라고 정의할 수 있겠습니다. 그러므로 평화는 개별적인 모든 것들을 관장하고 통치하는 보편적인 것이라고 하겠습니다. 그러므로 옛 사람들은 평화를 하나의 상투적인 예식어로 사용하였습니다. 그 때 그들은, 다른 사람이 잘 지내기를 바라는 뜻으로 "귀하에게 평화가 같이 하기를"라고 말하였습니다. 그리고 그들은, 사람들이 잘 지내고 있는지, 또는 평화스럽게 지내고 있는지를 알려고 하는 안부를 물을 때에도 평화라는 말을 사용하였습니다. (천계비의 5662항)

천계에 있는 교회 밖의 민족이나 백성들의 상태

이른바 이교도(異敎徒 · heathen) 또는 이방인(異邦人 · gentiles)이라고 불리워지는 교회 밖에 태어난 사람들은 구원받을 수 없다는 것이 일반적인 주장입니다. 그 이유는, 그들은 말씀(聖言 · the Word)을 가지지 못하였고, 따라서 그들은 주님에 관해서 무지(無知)하고, 주님이 그런 곳에 계시지 않기 때문에 구원이 없다는 주장입니다. 그러나 그들도 역시 구원받을 수 있다는 것은 한 번만이라도 깊이 생각한다면, 잘 알 수 있을 것입니다. 그리고 주님의 자비가 온 인류에게 보편적이다는 것, 또 그 보편적인 주님의 자비를 모든 개인에게 확대하여 깊이 생각한다면, 또한 그들도, 교회 안에 태어나는 사람이 상대적으로 극소수이기는 하지만, 그들과 꼭 같은 사람이다는 것, 그리고 그들이 주님을 모르는 것은 그들의 잘못(過誤)이 아니다는 것 등에 관해서 조금만이라도 생각한다면 교회 밖에 태어난 사람들도 구원받을 수 있다는 것을 잘 알게 될 것입니다. 밝은 이성을 가지고 생각하는 사람은 누구나, 어느 누구도 지옥을 위해 출생하지 않았다는 것을, 밝히 이해할 것입니다. 왜냐하면 주님께서는 사랑 자체시고, 그 분의 사랑은 모든 사람을 구원하시겠다는 간절한 바람이기 때문입니다. 그러므로 주님께서는 어디에나 종교가 있도록 마련하셨으며, 또 그것을 통하여 신령존재에 대한 시인(是認)과, 그리고 내면적 생명도 준비하셨습니다. 왜냐하면, 종교에 일치한 삶을 산다는 것은 내면적으로 사는 것을 가리키기 때문입니다. 사람이 이와 같은 것을 동경하고, 예의 주의하는 정도만큼, 그 사람은 세상에 관심을 두지 않는 것이고, 오히려 세상에서부터 자기 자신을 격리(隔離)시키는 것이고, 따라서 외적인 삶인 세속적 삶에서 자기 자신을 멀리 떼어 놓는 것입니다.

사람 안에서 천계가 이루어진다는 것을 이해하는 사람들은, 이방인들이 구원받는다는 크리스챤과 꼭 같다는 것을, 알 것입니다. 왜냐하면 천계는 사람 안에 내재해 있고,* 그들 안에서 천계를 가지고 있는 사람들은 사후(死後) 천계에 들어갈 수 있기 때문입니다. 신령존재를 시인하고, 그 신령존재에 의하여 인도되는 사람 안에는 천계가 있습니다. 모든 종교에서 첫째가 되고, 으뜸되는 것은 신령존재에 대한 시인입니다. 신령존재를 시인하지 않는 종교는 진정한 의미의 종교는 아닙니다. 그리고 모든 종교가 가지고 있는 계율(戒律)은 신령존재에 대한 예배에 관한 것입니다. 따라서 그 계율은 신령존재에게 만족을 드리기 위하여, 신령존재에게 어떻게 예배드리느냐는 것입니다. 이것이 사람의 마음에서 정립(定立)되면, 다시 말하면, 사람이 그 계율을 원하는 정도 만큼, 또는 그가 그 계율을 애지중

---

* 누가 17 : 21

지하는 정도에 비례하여, 그 사람은 주님에 의하여 인도함을 받습니다. 주지하여야 할 것은, 이방인들도 크리스챤과 꼭 같이 도덕적인 삶을 산다는 것이고, 그들 중의 대부분은 크리스챤들 보다 더 선한 삶을 산다는 것입니다. 도덕적인 삶이란, 신령존재에 대한 존경에서 비롯된 삶이고, 또한 세상의 사람들에 대한 존경을 떠난 삶입니다. 신령존재에 대한 존경을 떠난 삶을 사는 도덕적인 삶도 하나의 영적인 삶입니다. 이들 양자는 외형적으로는 비슷하게 보이지만, 그러나 내적으로 그들은 완전히 다릅니다. 전자적인 삶은 사람을 구원하지만, 후자적인 삶은 사람을 구원하지 못합니다. 왜냐하면 신령존재의 존경에서 비롯된 도덕적인 삶을 사는 사람은 신령존재에 의하여 인도함을 받지만, 그러나 신령존재에 대한 존경을 떠난 도덕적인 삶을 사는 사람은 자기 자신에 의하여 인도함을 받기 때문입니다. 영적인 도덕적인 삶을 산 사람은 그 사람 안에 천계가 존재하지만, 오직 세상적인 도덕적인 삶을 산 사람은 그 사람 안에 천계가 존재하지 않습니다. 이상의 연구, 설명에서 우리가 이해할 수 있는 것은, 자기 자신 안에 천계를 받은 사람과 천계를 받지 못한 사람이 있다는 것입니다. 그러나 이 사람 안에나 저 사람에나 꼭 같은 천계가 있는 것은 아니라는 것입니다. 천계는 선에 대한 정동이나, 또 그것에서 비롯된 진리에 대한 정동에 따라서 각각 다릅니다. 신령존재의 존경에서 비롯된 진리에 대한 정동에 따라서 각각 다릅니다. 신령존재의 존경에서 비롯된 선에 속한 정동 안에 있는 사람들은 신령진리를 사랑합니다. 왜냐하면 선과 진리는 상호 사랑하고, 또 둘이 결합하기를 갈망하기 때문입니다. 이런 이유 때문에, 비록 이방인들이 이 세상에 있을 때 진정한 진리들 안에 있지 못하였다고 해도, 그럼에도 불구하고 그들은 저 세상에서 그들의 사랑에 일치하는 진정한 진리를 받습니다. (천계와 지옥 318·319항)

내가 수많은 경험을 통해 교육받은 것은, 도덕적인 삶을 영위하였고, 또 그들의 종교적인 신조(信條)에 일치하는 순종하는 삶을 살았고, 또 그들의 종교적 신조에 일치하는 양심의 성품을 받아들인 이방인들은 저 세상에 영접되고, 또 거기서 선이나 믿음의 진리 안에 있는 천사들에 의하여 염려와 보살핌 가운데 가르침을 받는다는 것입니다. 그들이 교육을 받는 동안 그들은, 그들의 행동거지(行動擧止)에서 겸손하고, 총명하고, 슬기롭습니다. 그리고 그들은 아주 쉽게 진리를 수용하고, 또 그것으로 고취됩니다. 왜냐하면 그들은, 그들 자신들에게 있어서, 악한 삶을 영위하는 수많은 크리스챤들이 행하는 것처럼, 소멸하여 없어져야 할 믿음에 속한 진리에 정반대되는 근본적인 것들로 이루어진 것이 아니기 때문인데, 하물며 그들이 주님에 대한 중상이나 비방을 어떻게 하겠습니까! 이런 부류의 이방인들은 다른 사람에 대한 증오는 전혀 없습니다. 그리고 그들은, 손해나 손상에 대하여 앙갚음하는 일도 전혀 없고, 또 그들은 음모(陰謀)나 사기(詐欺) 협잡(挾雜) 같은 것을 획책(劃策)하는 일도 없습니다. 아니, 그들은 크리스챤에 대해서도 모두 잘 되기를 원합니다. 이에 반하여 크리스챤들은 그들을 깔보고, 그들이 할 수 있는 한 그들에게 해꼬지를 가합니다. 그러나 그들은, 그들의 무자비함에서부터 주님에 의하여 보호되고, 구출됩니다. 저 세상에서 크리스챤과 이방인들의 경우는 사실 이렇습니다. 즉─. 믿음에 속한 진리를 시인하고, 동시에 선한 삶을 영위한 크리스챤들은 이방인들 보다 먼저 영접됩니다. 그럼에도 불구하고 현재 그런 사람들은 거기에 거의 없습니다. 반면에, 순종과 상호애 안에 산 이방인들은, 선한 삶을 영위하지 않은 크리스챤들 보다 먼저 영접됩니다. (천계비의 2590항)

주님을 떠나서는 구원이 없다는 것은 신령진리입니다. 이 말은 또한 이렇게 이해할 수 있습니다. 즉 주님에게서 비롯되지 않고서는 구원이 있을 수 없다는 것입니다. 우주 안에는 수많은 지구들이 있으며, 그 지구는 주민으로 모두 가득합니다. 우리들의 지구에만 주님께서 인간의 몸을 입으시고 오셨다는 사실은 거기의 사람들은 거의 알지 못합니다. 그럼에도 불구하고 그들은 사람의 몸을 입으신 신령존재를 경배하기 때문에 그들은 주님을 영접하고, 또 주님에 의하여 인도함을 받습니다. (천계와 지옥 321항)

이방인들 중에 이 세상에 살았을 때, 자기들의 종교에 반대가 된다고 생각되는, 모골이 송연해지는 사악한 짓들, 즉 간음과 증오, 다툼과 술취함 등등에 관해서 크리스챤들이 하는 생활을 보고 들어서, 알고 있는 사람이 있었습니다. 그래서 그들은 저 세상에서 믿음에 속한 진리를 받아들이는 일에 매우 겁을 집어먹고 있었습니다. 그러나 기독교의 교리나 또는 믿음 자체가 그런 것과는 전적으로 다른 삶을 가르치고 있다는 것을 천사들에 의하여 그 사람은 배우게 되었고, 또 크리스챤들이 이방인들에 비하여 그들의 교리에 일치하는 삶을 살지 않는다는 것을 그 천사들에 의하여 배위 알게 되었습니다. 그들이 이런 사실을 깨닫게 되자, 그들은 믿음에 속한 진리를 받아들이고, 주님을 예배하게 되었습니다. 그러나 다른 사람들에 비하여 퍽 쉽지는 않았습니다. (천계와 지옥 325항)

천계에 있는 젖먹이들

어떤 사람들이 믿는 신조는, 교회 안에서 출생한 젖먹이는 천계에 갈 수 있지만, 교회 밖에서 태어난 젖먹이는 천계에 갈 수 없다는 것입니다. 그 이유를 그들은 교회 안에서 출생된 젖먹이들은 세례를 받고, 교회의 가르침을 전수(傳受) 받았기 때문이라고 주장합니다. 그러나 그들은 세례로 말미암아 천계나 교회의 가르침(信仰)을 누구나 가질 수 없다는 것을 잘 모르고 있습니다. 왜냐하면 "세례"는, 사람이 중생(重生)하여야만 한다는 하나의 증표(證票・sign)이고 기념(紀念・memorial)이며, 또한 교회 안에 태어난 사람에게도 그것은 중생할 수 있다는 증표요, 기념에 불과하기 때문입니다. 그 이유는 교회에는 성경말씀이 있고, 성경말씀에는 신령진리가 있어서, 그것을 통하여 중생이 이루어지기 때문입니다. 또 거기에서 주님을 알 수 있고, 또 그분에 의하여 중생은 성취될 수 있기 때문입니다. 따라서 우리가 여기서 분명히 알아야만 할 것은, 어린 아이들은 누구라 할지라도, 또 어디에서 태어났다고 해도, 즉 교회 안에서 태어났든 교회 밖에서 출생했든, 경건하고 신심이 두터운 부모에게서 태어났든 그렇지 못한 부모에게서 태어났든, 죽은 뒤에는 주님에 의해 영접되어, 천계에서 교육을 받는다는 것입니다. 그리고 또한 그들은, 신령질서에 따라서 가르침을 받고, 그것을 통해서 선을 목적한 정동과 진리에 속한 지식으로, 고취됩니다. 그런 뒤에 그들이 총명이나 지혜의 면에서 완전해지면, 그들은 천계에 안내되어, 천사가 된다는 것도 주지하여야 하겠습니다. 밝은 이성에 따라서 생각하는 사람은 누구나, 지옥에 가기 위하여 태어나는 사람은 하나도 없고, 모두가 천계에 들어 가기 위하여 태어난다는 것을 알 수 있습니다. 그리고 만약 사람이 지옥에 간다면 그것은 그 사람의 과오인 것이고, 또한 젖먹이들은 아직까지는 과오에 있을 수 없다는 것도 알 것입니다.

젖먹이일 때 죽은 아이들은 저 세상에서도 변함 없이 젖먹이입니다. 그들은 젖먹이의 마음을 가지고 있고, 이노센스하고, 또 아무런 사심(私心・

ignorance)이 없습니다. 그들은 이 세상의 젖먹이들과 같이 부드럽고 유순합니다. 젖먹이가 천사는 아니지만 천사가 될 사람은 누구나 이 세상을 떠나면 그 전과 같은 생명의 상태에 있기 때문입니다. 즉 젖먹이는 젖먹이 상태에, 어린 아이는 어린 아이의 상태에, 젊은이·장년·노년의 사람은 모두 젊은이·장년·노년의 상태에 있습니다. 그러나 그뒤 각자의 상태는 변하게 됩니다. 젖먹이의 상태가 다른 인생기의 상태 보다 우수하다는 점이 있다면, 그들이 이노센스의 상태에 있다는 것이고, 그들의 실생활에서 비롯된 악이 아직 그들 속에 뿌리를 내리지 않고 있다는 것입니다. 이것이 바로 천계에 속한 모든 것들이 뿌리를 내리고 활착(活着)할 수 있는 이노센스의 본성(本性)입니다. 왜냐하면 이노센스는 믿음에 속한 진리나 사상에 속한 선을 수용하는 그릇이기 때문입니다.

저 세상에 있는 젖먹이의 상태는 이 세상의 젖먹이의 상태에 비하여 훨씬 우수합니다. 왜냐하면 저 세상에서는 지상의 육체를 입지 않고, 오히려 천사들과 같은 몸을 가지고 있기 때문입니다. 본질적으로 이 세상의 육체는 매우 조악(粗惡)합니다. 지상의 육체는 처음부터 내적 세계 즉 영계로부터 감각작용이나 운동능력을 공급받지 못하고, 오히려 외적 세계 즉 자연계에서부터 그것들을 공급받습니다. 그러므로 이 세상에 있는 젖먹이들은 걷는 것, 사지(四肢)를 움직이는 것, 말하는 것 등등을 필히 배워야 합니다. 그뿐만 아니라, 시각이나 청각과 꼭 같이 그들의 모든 감관도 씀씀이에 따라서 열려져야 합니다. 따라서 저 세상의 젖먹이와는 아주 다릅니다. 그들은 영이기 때문에, 그들은 자신들의 내면적인 것에 일치하여 즉시 행동합니다. 그들은 아무런 훈련 없이, 걷기도 하고, 말도 합니다. 다만 그들의 언어는 처음에는 사상에 속한 개념으로 잘 분화(分化)되지 못한 막연한 정동(general affection)에서 비롯된 것입니다. 그들의 외면적인 것들이 그들의 내면적인 것들과 동질의 것이기 때문에, 어쨌든 그들은 얼마 안 가서 순화(純化)된 정동에 의해 익숙할 것입니다.

젖먹이는 죽은 뒤 즉시 소생하여 천계에 영접되어, 유모천사(乳母天使·angel of the female sex)에 위탁됩니다. 이 천사들은 생전에 어린 것들을 극진히 사랑했고, 동시에 하나님을 사랑했던 사람들입니다. 그들은 이 세상에서 모성애의 부드러움으로 모든 젖먹이를 사랑했기 때문에, 그들은 그들을 자기 자식처럼 품에 품습니다. 젖먹이들도 본능적인 성향으로 말미암아 자신의 생모(生母)처럼 유모들을 사랑합니다. 한 유모천사가 돌보는 젖먹이의 수는 천사의 마음에 있는 영적 모성애에서 비롯된 간절한 바람에 비례하여 많기도 하고 적기도 합니다. 모든 젖먹이들은 직접적인 주님의 배려와 보호 하에 있습니다. 삼층천인 이노센스의 천계는 역시 그들에게 입류합니다. (천계와 지옥 329-332)

천계에서 젖먹이들이 어떻게 교육을 받는지에 관해서 간략하게 설명하겠습니다. 그들은 그들의 유모천사들로부터 말하는 것을 배웁니다. 그들의 맨 처음의 언어는 거의 정동에 속한 음성일 뿐인데, 그것은 사상의 관념이 정동의 음성 속으로 들어오기 때문에 점차적으로 보다 분명하게 됩니다. 왜냐하면 정동에서 비롯된 사상의 관념들이 모든 천사적 언어를 구성하기 때문입니다. 그들의 정동 안에 들어온 것들은 모두 이노센스에서 비롯된 것들이고, 그들의 눈에 나타나 보이고, 또 그들에게 매우 유쾌한 이런 것들은 처음에는 그 정동 안에 스며들며, 그것으로 그들은 고취됩니다. 이런 것들은 모두 영적인 근원에 속한 것이기 때문에 천계에 속한 것들은 동시에 그들에게 스며들며, 그것에 의하여 그들의 내면적인 것들은 열리게 됩니다. 이와 같이 그들은 매일매일 점차적으로 완성되어 갑니다. 이와 같이 제1기가 지나가면 그들은 다른 천계로 옮기워지는데, 거기서 그들은 교사들에 의해 교육을 받습니다. 이러한 일들은 계속 이어집니다.

젖먹이들은 그들의 역량에 적합한 표징(表徵)들에 의하여 주로 가르침을 받습니다. 그것들은 그들의 모든 신념을 초월하기 때문에 아주 아름답고, 동시에 그 속에서 비롯된 진리로 충만합니다. 이와 같이 점차적으로 그들에게 스며든 총명은 그 진수(眞髓)가 선에서 비롯되었습니다.

젖먹이들의 이해가 얼마나 유연하고, 예민한지 나에게 보여주었습니다. 내가 주님께서 가르쳐 주신 주님의 기도를 주님께 드리고 있을 때, 그들은 그들의 총명적 기능 즉 이해로부터 나의 사상의 관념 속으로 들어왔는데, 그 입류는 매우 부드럽고 유연하였기 때문에, 그것은 거의 정동으로만 느낄 수 있었습니다. 그 때 나는 젖먹이의 이해가 주님에 의하여 열려졌다는 것을 알 수 있었습니다. 왜냐하면 그들에게서 발산되는 것들은 마치 그들을 통해서 흘러나오는 것 같았기 때문입니다. 주님께서는 사실은 대체적으로 가장 지심한 것에서 젖먹이들의 관념 속에 입류하십니다. 왜냐하면 어른들에게 있어서와 같이, 젖먹이의 관념에 근접할 수 있는 것은 아무것도 없기 때문입니다. 진리에 속한 이해를 훼방하는 거짓의 원칙들도 전혀 없으며, 선을 받아들이는 것을 가로막는 악에 속한 삶도 전혀 없고, 따라서 지혜를 터득, 성취하는 것을 방해하는 것도 전혀 없기 때문입니다. 이런 사실들에서 밝히 알 수 있는 것은 젖먹이들은 사후 즉시 천사적 상태에 들어가는 것이 아니고, 오히려 모든 천계적 질서에 일치한, 선이나 진리에 관한 지식의 터득에 의하여, 점진적으로 그 상태에 들어간다는 것입니다. 왜냐하면 그들의 자연적인 성품의 지극히 작은 것까지도 주님께서는 아시고 계시기 때문입니다. 그러므로 주님께서는 그들의 성향의 전체적인 것이나 개별적인 것의 움직임에 일치하게 하여, 그들이 선에 속한 진리나 또는 진리에 속한 선을 받아들일 수 있도록 인도하십니다.

젖먹이의 성품에 적합한 기쁨이나 즐거움에 의하여 모든 것들이 그들에게 어떻게 흘러드는지를 나는 볼 수 있었습니다. 나는 어린 것들이 이쁘게 옷을 차려 입은 것을 보았습니다. 반짝 반짝 빛나는 천계의 색채를 가진 아름답고, 멋진 꽃들을 가슴에 꽂기도 하고, 그 앙징스럽고, 귀여운 팔에 그것들을 치장하기도 하였습니다. 한번은 나는, 어린 아이들이 그들의 유모들과 같이, 처녀 천사들과 어울려 낙원에 있는 것을 보았습니다. 그 정원은, 수목은 별로 많지 않았지만, 안쪽 깊은 곳을 향해 월계수로 된 오솔길이 나 있었습니다. 어린 아이들이 예쁘게 옷을 차려 입고, 그 오솔길을 따라 안으로 들어갔습니다. 입구에는 만발하게 핀 꽃들이 기쁜듯 활짝 웃으며 그들을 맞았습니다. 이상의 광경에서, 어린 아이들이 지각하고 있는 기쁨이 어떤 성질의 것이며, 또 주님께서 그 즐거움과 기쁨을 통해서 이노센스에 속한 선이나 인애로 그들을 인도하신다는 것, 그리고 그런 기쁨이나 즐거움을 통하여 그 선들이 주님에 의하여 그들 속에 흘러든다는 것을 우리는 명확히 알 수 있겠습니다. (천계와 지옥 333-337항)

내가 목도한 것은, 저 세상에는 친밀한 교류가 있어서, 그 교류에 의하여 젖먹이들은 그 어떤 대상을 향하게 되는데, 그것으로 그들의 관념이 어떤 것인지를 알 수 있다는 것이었습니다. 그들의 개념들은, 개별적이든 전체적이든, 마치 모든 것들이 살아 있는 것 같았습니다. 즉 그들의 사상에 속한 모든 관념 안에는 생명이 있었습니다. 나는, 지상의 어린이들도 그들이 놀이를 할 때, 그와 같은 관념을 가지고 있다는 것을 깨달았습니다. 왜냐하면 아직 그들은, 어른들이 무생물(無生物)에 관해서 가지고 있는 소견(所見)을, 가지고 있지 않기 때문입니다.
천계의 젖먹이들은 천적 성품을 가진 아이들과 영적 성품을 가진 아이들이 있는데, 천적 성품을 지닌 아이들은 영적 성품을 지닌 아이들과 판이하게 구별됩니다. 천적 성품을 지닌 젖먹이들은 매우 얌전하고, 양순하게 생각하고, 말하고, 또 행동하기 때문에, 그들에게서는 주님사랑이나 다른 아이들을 향한 사랑에서 비롯되어 나오는 것 이외에는 거의 어떤 것도 보이지 않았습니다. 이에 비하여 영적 성품을 지닌 어린 것들은 그렇게 얌전하지도, 양순하지도 않았고, 오히려 그들은 그들에게 있는 모든 것들에서 마치 날개를 펄럭이듯이 자기를 드러내어, 표현하였습니다. (천계와 지옥 338·339항)
젖먹이의 이노센스가 진정한 본연의 이노센스가 아닌 것은, 그것은 아직까지는 지혜가 결여(缺如)되었기 때문입니다. 본연의 이노센스는 지혜입니다. 왜냐하면 어느 누구나 지혜스러운 것에 비례하여, 주님에 의하여 인도되기를 갈망하고, 즉 마찬가지로 주님에 의하여 인도되는 사람은 그 만큼 그 사람은 지혜로운 사람이기 때문입니다. 그러므로 젖먹이들은 처음에 가지고 있는 외적 이노센스 즉 유아기의 이노센스라고 부르는 것에 의하여 인도되고, 그 다음에는 지혜에 속한 이노센스라고 하는 내적인 이노센스에 의해 인도됩니다. 이 이노센스는 모든 교육과 그 교육 과정이 지향하는 목적입니다. 그러므로 그들이 지혜에 속한 이노센스에 도달하면, 잠시 동안 하나의 중간단계로서 그들에게 봉사했던 유아기의 이노센스는 지혜의 이노센스와 하나로 결합합니다.
젖먹이들은, 어른들처럼 실제적인 악을 전혀 가지고 있지 않기 때문에, 그들이 악으로부터 자유스러운지 어떤지에 관해서 천사들과 대화한 적이 있습니다. 나에게 일러진 바는, 그들은 악 안에 꼭 같이 있다는 것, 아니 그들 역시 악 이외에 아무것도 아니라는 것입니다. 그러나 또한 그들은 자신들이 선 안에 있는듯 생각할 만큼 천사들처럼 주님에 의하여 악에서 억제되고, 선 안에 붙들려 있습니다. 그러므로 젖먹이들은, 천계에서 어른으로 성장한 뒤에 자기 자신에게 있는 선이 주님에게서 온 것이 아니고 자기 자신에게서 비롯되었다는 잘못된 착각에 빠질 수도 있습니다. 그러나 그들은 그 사단(事端)의 진실을 주지하고, 시인하고 믿을 때까지 그들이 유전(遺傳)으로 받은 악들에 내버려지고, 거기에 그대로 놓아둔다고 나에게 일러졌습니다.

저 세상에서 유전적인 악 때문에 처벌을 받는 이는 아무도 없습니다. 왜냐하면 그것은 그 자신이 저지른 악이 아니고, 따라서 그가 그렇게 된 것은 그 자신의 실책에 의한 것이 아니기 때문입니다. 사람은 자기가 실제로 범한 악들, 다시 말하면 그에게 유전된 악을 자기의 실제 생활을 통해서 자신의 것으로 자신에게 전유(專有)시킨 것 만큼 벌을 받습니다. 그러므로 젖먹이들이 자기에게 유전된 악의 상태로 되돌려질 때에는 그 악 때문에 벌 받지 않고, 오히려 자기 자신이 악 이외의 다른 것이 아님을 배우게 됩니다. 그리고 그들은 주님의 자비에 의하여 그들 안에 있던 지옥의 상태에서부터 천계로 올리워진다는 것을 배우게 됩니다. 뿐만 아니라, 그들이 천계에 있게 된 것은 그들 자신의 공로(功勞) 때문이 아니고, 오직 주님 때문이라는 것도 배우게 되고, 그러므로 그들은 그들 안에 있는 선에 관해서도 다른 사람에게 자랑할 수 없다는 것도 배우게 됩니다. 왜냐하면 이같은 자랑이나 뽐냄은, 상호애에 속한 선에 반대가 되고, 또 믿음에 속한 진리에도 반대가 되기 때문입니다. (천계와 지옥 341·342항)

나는 이제 유아기에 죽은 젖먹이들과 장년기에 죽은 어른들 사이에 어떤 차이가 있는지에 관해서 설명하고자 합니다. 장년기에 죽은 사람들은 육생적(陸生的)이고, 물질적인 세계에서 터득한 하나의 중간단계(中間段階·a plane)를 가지고 있고, 또 그것을 가지고 갑니다. 이 중간단계는 그들의 기억을 가리키고, 그리고 그것은 관능적이고 자연적인 정동입니다. 이 중간단계는 고정되어 있고, 아주 정지되어 있습니다. 그럼에도 불구하고 그것은 사후 가장 외적인 중간단계로 그들의 사상을 돕고 있습니다. 왜냐하면 사상이 그것 안에 입류하기 때문입니다. 그러므로 여기에서 얻어지는 결론은, 이런 것이 바로 그 중간단계의 성격이고, 또 그것 안에 있는 것들과 합리적인 것들의 대응이고, 또 그런 것이 사후의 사람이다는 것입니다. 그러나 유아기에 죽어서, 천계에서 교육을 받는 젖먹이들은 이런 중간단계는 가지지 않고, 오히려 영적 자연적 중간단계를 갖습니다. 왜냐하면 그들은 물질계에서나, 지상적인 몸으로부터는 아무것도 받지 않았기 때문입니다. 그러므로 그들은 모든 것들을 천계로부터 받기 때문에 그들은 조악한 정동이나 그것에서 온 사상 안에는 전혀 존재할 수 없습니다. 더욱이 이들 젖먹이들은 자신들이 이 세상에 태어났었다는 것도 알지 못하고, 오히려 천계에 태어난 것으로만 믿습니다. 그러므로 그들은 영적 출생 이외의 다른 것은 알지 못합니다. 영적 출생은 선이나 진리의 지식에 의하여, 또 총명이나 지혜에 의하여 성취되고, 그 영적 출생으로 말미암아 사람은 사람이다는 것을 압니다. 이런 모든 것들이 다 주님에게서 비롯되기 때문에, 그들은 자신들이 주님 그 어르신의 자녀들이라는 것을 믿고, 또 그렇게 믿기를 열망합니다. 그럼에도 불구하고, 자아애나 세간애적인 관능적이고 세상적인 사랑들을 벗어버리고, 그 자리에 대신 영적 사랑을 수용한다면, 이 땅에서 성장한 어른의 상태는, 천계에서 성장한 젖먹이의 상태와 꼭 같이, 완벽하게 될 수는 있습니다. (천계와 지옥 345항)

천계에 있는 부자(富者)와 빈자(貧者)

수차에 걸친 천사들과의 대화나 또 그들과의 삶을 통해서 부자(富者)도 가난한 사람(貧者)과 꼭 같이 아주 용이하게 천계에 들어갈 수 있다는 확신과, 그리고 재산 때문에 천계로부터 거절 당하는 사람이나, 가난 때문에 천계에 영접되는 사람이 없다는 확신을 가지게 하기 위한 기회가 나에게 여러 번 주워졌습니다. 거기에는 부자도, 빈자도 다 있습니다. 거기서 부자였던 사람도 가난했던 사람보다 명예와 행복을 크게 누리는 것을 여러 번 나는 목도하였습니다. 이런 사실에서 깨달을 수 있는 것은, 술책을 써 가면서, 또는 악한 수단으로 돈벌이를 하지 않았다면, 부(富)를 추구하고, 있는 힘을 다 하여 재물을 모으는 것이 문제가 되지 않는다는 것입니다. 즉 치부하는데 삶의 가치를 두는 것이 아니라면, 좋은 음식을 먹고, 마신다고 해서 문제가 되는 것도 아닙니다. 자신에게 걸맞게 호화스러운 주택에 사는 것도 괜찮습니다. 또 다른 사람들이 하듯이, 이웃들과 어울리고, 극장에 가고, 세상사에 관한 이야기를 나누는 것도 무방합니다. 슬퍼서 찌그러진 얼굴을 하면서 경건한 사람처럼 어깨를 축 늘어뜨리고 걸어다닐 필요도 없습니다. 오히려 기쁘고 쾌활하게 지내는 것도 좋습니다. 정동이 동기를 유발하여 행동하는 것이 아니라면, 가난한 사람에게 보시(布施)하는 일도 필요 없습니다. 한마디로 외면적으로는 이 세상 사람들이 하는 것과 같이 살아도 무방합니다. 자기 자신 속에서 신령하나님에 관해서 부합되는 생각을 품고, 이웃들과 성실하고, 정직하게 지내고 있다면, 그 사람이 천계에 들어가는 데 이런 일들이 결코 방해가 되지는 않습니다. (천계와 지옥 357・358항)

이웃사랑인 인애의 삶을 산다는 것은 모든 행위나 업무 처리에서 정의와 공정을 실천하는 것을 말합니다. 이런 삶이 바로 사람을 천계로 인도해 가는 것입니다. 이것이 결여된 삶은 경건한 삶이 아닙니다. 결론적으로 말하면, 인애의 삶의 실천이나, 그것에서 오는 인애의 삶의 증대는, 사람이 자기 직무에 충실한 것에 비례하여 생겨지고, 그리고 그 임무에서 멀리 기피하는 것에 비례하여서는 그런 증대는 생겨날 수 없다는 것입니다. 이것에 관하여 내 경험으로부터 몇 말씀 부연하겠습니다. 천계에는 이 세상에서 장사나 사업을 경영해서 치부했던 사람들이 많이 있습니다. 그러나 고용(雇用)을 통해서 치부한 사람은 비교적 적었습니다. 그 이유는 정의와 공정을 이행하지 않고, 이익과 명예를 차지하는 것에만 눈독을 들이었고, 자기에게 이익이나 명예가 돌아오면 자기 자신이나 세상을 사랑하였는데, 그것이 자기의 생각과 정동을 천계로부터 격리시키고, 또 자기 중심의 고집을 가지게 하였기 때문입니다. 사람은 자기 자신이나 또는 이 세상을 사랑하게 되면, 그럴수록 만사에 있어서 자기 자신이나 이 세상만을 우러르게 되고, 또 그렇게 되면 될수록 신령존재로부터 자기 자신을 멀리하게 하고, 또 천계로부터 자기 자신을 떼어 놓습니다. (천계와 지옥 360항)

가난한 사람이 천계에 들어간다고 해도 그것은 그의 궁핍 때문이 아니고, 그의 삶 때문입니다. 부자이든 빈자이든, 사람 각자에게 따르는 것은 그들의 삶입니다. 한 사람이 다른 사람에 비하여 특별한 자비를 얻게 되는 일은 결코 없습니다. 그뿐만 아니라, 빈곤 그 자체가 어떤 사람을 천계로 인도하는 일도, 또 반대로 그 사람을 끌어내는 일도 없다는 것은, 유복함이 그러하지 않는 것과 꼭 같아서, 빈부(貧富)가 인간의 구원에 아무런 상관이 없기 때문입니다. 자기 처지(處地・lot)에 불만을 품는 사람이 많이 있습니다. 그 중에는 많이 가진 것을 부러워하고, 재산을 축복이다 라고 믿는 사람들도 있습니다. 그래서 재물이 손에 들어오지 않으면 분노하고, 신령섭리(神靈攝理・the Divine providence)를 나쁘게 생각하고, 좋은 물건을 소유한 사람을 질시(疾視)합니다. 따라서 그들은 기회만 있으면 사람을 속이고, 오염된 쾌락을 즐기며 살아 갑니다. 비록 가난하지만 자기의 처지에 만족하는 사람의 경우는 이와는 전혀 다릅니다. 자신의 천직(天職·calling)에 전념하고, 부지런하게 일하고, 한가하게 지내는 것보다는 오히려 노동하며, 정직하고 성실하게 행동할 뿐만 아니라, 진정으로 동시에 예수인(a christian)의 삶을 삽니다.

가난한 사람이 쉽게 천계에 들어가고, 부자는 어렵게 천계에 들어간다고 믿게 된 것은, 부자와 빈자가 언급된 성경말씀에서 그 말씀의 뜻을 바르게 이해하지 못하였기 때문입니다. 그 말씀에서, "부자"는, 영적인 뜻으로, 선이나 진리의 지식을 넘치도록 가지고 있는 사람을 뜻하고, 또 말씀(聖言)이 존재하는 교회 안에 있는 사람을 뜻합니다. 그리고 "가난한 자"(貧者)는 그것들에 관한 지식이 결여되어 있고, 그럼에도 불구하고 그것들을 갈망하는 사람을 뜻하고, 따라서 말씀이 존재하지 않는 교회 밖에 있는 사람을 뜻합니다.

"홍포와 모시옷을 입은 부자가 지옥에 던져졌다"고 기술되어 있는데, 그 부자는 유대 민족을 가리킵니다. 그것은, 그들이 주님말씀(聖言)을 가지고 있어서, 또 선이나 진리의 지식이 넘치도록 풍부하였기 때문에, 부자라고 표현된 것입니다. 여기서 "붉은 비단 옷"은 선에 속한 지식을 뜻하고, "좋은 모시옷"은 진리에 속한 지식을 뜻합니다. 그리고 "부잣집 문간에 앉아서 부자의 식탁에서 떨어지는 떡 부스러기를 먹고, 연명하고자 했던 사람"이 천사의 인도로 천계에 올리워졌다는 "가난한 자"(貧者)는 선이나 진리의 지식은 가지고 있지 않지만, 그것을 간절히 갈구(渴求)하는 사람을 뜻합니다(누가 16 : 19-31). 그리고 혼인 잔치에 초대를 받고도 핑계를 대며 잔치 초대에 응하지 않은 부자들은 유대 민족을 의미하는 반면에, 그 대신 잔치에 초대받아서 참석한 가난한 자들은 교회 밖에 있는 이방인들을 뜻합니다(누가 14 : 16-24). 주님께서는 부자가 어떤 사람인지를 다음과 같이 말씀하셨습니다.

부자가 하나님의 나라에 들어가는 것보다 낙타가 바늘귀로 지나가는 것이 더 쉽다.
(마태 19 : 24)

이 말씀에서 "부자"는 자연적인 뜻과 꼭 같이 영적인 뜻을 뜻합니다. 자연적인 뜻으로 부자는 재산을 축적하고, 그의 마음과 뜻을 늘 그 재산에 두는 사람입니다. 그러나 영적인 뜻으로 부자는, 영적인 재물을 가리키는 지식이나 학식을 축적하고 있으면서 그것을 활용해서 즉 자기 자신의 총명으로 말미암아 천계와 교회에 속한 것으로 자기 자신을 안내하는 사람을 뜻합니다. 그러나 이것은 신령질서에 정반대기 때문에, "낙타가 바늘귀를 통과하는 것이 더 쉬울 것"이라고 말씀하고 있습니다. 영적인 뜻으로 "낙타"는 일반적으로 아는 기능(kowing faculty)이나, 아는 것(知識)을 뜻하고, "바늘귀"는 영적인 진리를 뜻합니다. (천계와 지옥 364·365항)

영원한 안식(安息)

영원한 안식은 정지(靜止)나 무활동(無活動)이 아닙니다. 왜냐하면 무활동으로부터는 권태·굼뜸·멍청함(茫然)과 마음의 나른함이 비롯되고, 또 이런 것으로부터 전 육체의 취생몽사(醉生夢死) 같은 것이 엄습하기 때문입니다. 이런 상태는 죽음이지 삶이 아닙니다. 하물며 천계에 있는 영원한 삶이 어찌 그럴 수가 있겠습니까? 그러므로 영원한 안식은, 이런 것들이 소멸되는 안식이고, 사람으로 하여금 살아 활동하게 하는 안식입니다. 이것은 마음을 고양(高揚)시키는 것 이외의 다른 안식이 아닙니다. 그러므로 영원한 안식은, 마음을 분기(憤起)시키고, 생동감을 주고, 즐겁고 기쁘게 하는 학업(學業)이나 일(work)이 바로 그것입니다. 이러한 것은 그것이 활발히 활동하는 선용에서부터, 선용 안에서, 선용을 위한 것에 일치하여 이루어집니다. 그러므로 전천계(全天界)는 주님에 의하여 선용을 수용하는 것으로서 간주(看做)되며, 모든 천사는 그의 선용에 따라서 천사일 뿐입니다. 선용의 기쁨은 그 사람으로 하여금, 순풍에 돛단 배 가듯이, 살아가게 하고, 또 그 사람을 영원한 평화 안에 있게 하고, 또 평화에 속한 안식 안에 있게 합니다. 이것이 바로 노동으로부터의 영원한 안식이 뜻하는 내용입니다. (혼인애 207항)

천사들의 직무(職務)

 천계에 있는 직무(職務·employment)는 수없이 많아 일일이 다 열거할 수 없으며, 그것들에 관해서 상세히 설명한다는 것은 더욱 불가능하지만, 그러나 개략적인 방법으로 그것에 관해서 몇 가지만 설명하겠습니다. 왜냐하면 실제로 그 직무란 각 사회의 역할에 따라서 무수히 많고, 또 각양각색이기 때문입니다. 개개의 사회는 그 역할의 특수성 때문에 그 사회마다 특이한 직무를 수행하고 있습니다. 왜냐하면 각각의 사회들은 그 사회가 수행한 선에 따라서 각양하게 구분되기 때문에, 다시 말하면 선용에 의해서 구분된다고 하겠습니다. 천계에서의 선은 모두가 현행(現行)의 선으로, 그것은 바로 선용을 가리킵니다. 주님의 왕국이 선용에 속한 왕국이기 때문에, 천계에 있는 사람은 모두가 선용을 성취하여야 합니다.
 천계에도 지상에서와 같이 수많은 업무형태가 있습니다. 왜냐하면 교회에 속한 업무가 있고, 시민행정에 관한 업무가 있고, 가정에 관한 업무가 있기 때문입니다. 이상에서 볼 때 명확한 것은 개개의 천계 사회 안에는 수많은 직무들과 업무들이 있다는 사실입니다.
 천계에 있는 모든 것들은 신령질서에 의해서 세워져 있어서, 어디에서나 천사들에 의한 관리의 수단에 의하여 그 질서가 보존됩니다. 총체적인 선 즉 선용에 관계되는 것들은 보다 현명한 천사들에게 맡겨지고, 상대적으로 덜 현명한 천사들에게는 개별적인 선용에 관계되는 것들이 맡겨집니다. 즉 그들은, 마치 선용이 신령질서 안에서 서열(序列)이 있듯이, 서열이 정해져 있습니다. 이런 이유 때문에, 하나의 위계(位階·dignity)는 선용의 위계에 일치하는 각각의 직무와 관련되어 있습니다. 그럼에도 불구하고 천사들은 그 위계를 자기의 것으로 여기지 않고, 모든 위계를 선용에게 돌립니다. 왜냐하면 선용은 자기가 성취한 선을 가리키고, 그리고 모든 선은 주님에게서 오는 것이기 때문에, 또한 그 위계도 모두 주님에게 돌립니다. 이런 이유 때문에, 자신의 명예를 선용 보다 우위에 놓고, 선용을 자신을 위한 생각 아래에 두는 사람은 천계에서 아무런 직무를 맡을 수 없습니다. 왜냐하면 그것은 주님에게 등을 돌리고, 자신을 제일 윗자리에 앞세우고, 선용을 이차적인 자리에 두는 것이기 때문입니다. (천계와 지옥 387-389항)

어린 아이들을 돌보는 일을 하는 사회, 또는 아이들이 어른으로 성장할 때까지 아이들을 교육하고 지도하는 일을 전문적으로 하는 사회, 이 세상의 교육으로 아주 훌륭한 성품(性稟)을 가지게 된 소년 소녀들이 천계에 오면 그 아이들을 교육하고 지도하는 사회 등 여러 사회들이 있습니다. 그리고 기독교계로부터 온 단순하고 선량한 사람들을 가르쳐서 천계로 가는 길을 준비시키는 사회, 마찬가지로 이방인들을 대상으로 교육과 지도를 담당하는 사회, 최근에 이 세상에서부터 온 신참의 영들을 악령의 만행에서 지켜주는 사회, 또 낮은 땅에 있는 영들을 지켜주는 사회, 지옥에 있는 자와 함께 있으면서 정해진 한도를 넘어서 서로 괴롭히지 못하도록 규제하는 사회, 막 죽음에서 소생한 사람에게 붙어서 일하는 사회 등등 여러 종류의 사회들이 있습니다. 일반적인 말을 한다면 한 사회로부터 사람에게 파견되는 천사는 사람들을 보살피고, 악한 정동이나 일반적인 생각을 멀리하게 하고, 또 사람이 자유의지 안에서 선한 정동을 받는 정동까지 그들을 선한 정동으로 고무시키고, 또 이런 방법들에 의하여 될 수 있는대로 악념(惡念·evil intention)을 제거해서 사람이 하는 의도나 행동을 통솔하는데 힘씁니다. 천사가 사람에게 붙어 있는 때는 사람의 정동 안에 들어 있는 것과 같아서, 사람이 진리로 말미암는 선 안에 있는 한에는 그 천사가 가까이 있고, 그 선에서 멀리 떠나면 천사는 멀어져 갑니다. 다만 천사가 수행하는 직무는 모든 천사를 통해서 행하시는 주님의 직무입니다. 천사는 자기 스스로가 아니라 주님에 의해서 그 직무를 수행하고 있기 때문입니다. 따라서 성경말씀의 속뜻으로 "천사"라고 하면 천사 자신을 이르는 말이 아니고 주님을 의미합니다. 그래서 성경말씀에서는 천사들을 언급할 때 "신들"(gods)이라고 하고 있습니다.

이상과 같은 직무는 천사들에게 공통되는 직무 분류이지만 또 개개의 천사에게 맡겨진 직무도 있습니다. 왜냐하면 일반적인 선용에도 중간적인 것, 사목(司牧)적인 것, 또는 보조적인 것이라고 할 수 있는 선용들이 있기 때문입니다. 어떤 선용에도 신령질서에 따라 각각 종횡(縱橫)으로 조직되어 있어서 그것이 전체로서 일반적 선이라고도 일컬어지는 공통된 선용을 완성하고 있습니다.

천계에서 교회의 일을 맡아 하는 사람이라고 한다면 그는 이 세상에서 성경말씀을 사랑하고, 성경말씀 안에 있는 진리를 열심히 탐구하고, 자기 명예나 이득을 위하지 않고 자기와 타인의 선용의 삶에 힘쓴 사람입니다. 그들은 선용을 사랑하고 바라는 열의의 대소에 따라 천계에서 빛을 받는 조요(照耀)의 상태에 있고, 또 지혜에 속한 빛 안에 있습니다. 그들이 천계에서 받는 지혜의 빛은 주님말씀(聖言)에서 비롯되는데, 그것은 이 세상에서처럼 자연적인 말씀이 아니고 영적인 말씀에서입니다. 거기서도 설교하는 일을 맡은 사람들은 지혜의 면에서도 다른 천사보다 조요됨이 많고 신령질서에 따라서 보다 높은 지위에 있습니다.

이 세상에서 자기 자신의 선보다는 조국과 또 일반적 선을 사랑하고, 정의와 공정을 사랑하고 그것을 실천한 사람에게는 시민적인 업무를 담당하는 직무가 맡겨집니다. 그들은 사랑하는 마음의 열정에서 법의 정의를 찾고 그것에 의해 몸에 지닌 이지(理智)의 정도에 따라서 천계에서 그같은 업무를 수행할 능력을 가지게 되는데, 일반적인 선을 목적한 그들의 선용에 속한 사랑과 일치하는 그들의 이지에 따른 지위와 계도 안에서 이런 임무를 완수합니다.

천계에는 그 밖에도 수도 헤아릴 수 없는 다양한 일과 직무들이 있습니다. 그것에 비한다면 이 세상에서 보는 직무와 일의 가지 수는 별로 많지 않습니다. 단 이와 같이 다종다양하게 많은 직종으로 나뉘어져 있지만 모두 선용을 사랑하는 마음에서 자기의 직무를 수행하고 일하는 것을 기뻐합니다. 자아애나 이득을 위해서 일하지 않으며, 또 생계를 위해서 일하는 삶도 없습니다. (천계와 지옥 391-393항)

천사들의 빼어남(卓越)과 넉넉함(富裕)

천계에 있는 천사들의 명성(名聲)과 부(富)에 관해서 설명하겠습니다. 천계의 모든 사회에는 상급의 관리자(支配者)와 하급의 관리자가 있는데, 이들은 모두 그들의 지혜나 총명에 따라서 주님에게 충성하고 복종합니다. 그들 중에서, 지혜의 면에서 다른 천사들에 비하여 월등한 천사들은, 중앙에 있는 궁궐에 살고 있는데, 궁궐은 너무나 장대하고, 화려하기 때문에 이 세상에는 그것과 비교할 수 있는 궁궐은 하나도 없습니다. 그 궁궐의 건축상의 품질은, 놀라울 정도이기 때문에 분명히 나는 자연적인 언어로는 그것의 내용을 100분 1에 관해서도 기술할 수 없다고 밖에 선언하지 않을 수 없겠습니다. 왜냐하면 그 자체의 기술면에서도 예술 그 자체였기 때문입니다. 그 궁전 안에는 공무집행실과 침실들이 있는데, 거기에 있는 집기나 장식품들은 금이나 수종의 보석들로 눈부실 만큼 찬란하였고, 그 모양에 있어서도 그와 같이 채색을 하고, 조각할 수 있는 도공(陶工)이나 조각가는 이 세상에는 있을 수 없습니다. 그리고 놀라운 일은, 그것들 중에서 심지어 지극히 작은 것 하나까지, 모든 것들은 선용을 위한 것이다는 사실입니다. 그 곳에 들어온 사람은 누구나 그 선용 때문에 그들의 됨됨이(性稟)를 알 수 있습니다. 사실대로 말한다면, 거기에 들어온 사람은, 말하자면, 그것들의 모양을 통해서 그 선용에 관한 그 어떤 누설(漏泄)로 말미암아 그들을 지각합니다. 그러나 거기에 들어온 지혜로운 사람은 그것들의 생김새에서 보면 그의 눈을 오랜 동안 고정시키지는 않고, 오히려 그들이 지니고 있는 선용에 그의 마음을 향하게 합니다. 왜냐하면 이런 것들이 그의 지혜를 즐겁게 하기 때문입니다. 그 궁궐 주위에는 주랑(柱廊)이 있고, 낙원과 또 작은 궁궐 여러 채가 있습니다. 모든 것 하나 하나가, 그 아름다움의 형체에서 볼 때, 천계적 기쁨 그 자체였습니다. 이와 같은 멋지고 장엄한 대상물 외에도 모두 빛나는 의상을 갖추어 입은 수행원들도 있었고, 그 외에도 많은 것들이 있었습니다. 하급의 관리자들 역시 그와 유사한 궁궐에 살고 있었는데, 그것의 장대함이나 화려함은 그들의 지혜의 계도(階度)에 따라서 일치합니다. 그리고 그들은 그들이 가지고 있는 선용에 속한 사랑의 계도에 일치하는 지혜를 가지고 있습니다. 관리자들이 이런 것들을 가지고 있을 뿐만 아니라, 거기에 살고 있는 주민들 역시 그런 것들을 소유합니다. 주민들 모두는 선용을 사랑하고, 그들은 다양한 직무에 의하여 선용을 성취합니다. 그럼에도 불구하고, 거기에서는 무엇이라고 표현할 수 있는 것은 거의 없습니다. 이에 반하여 무엇이라고 표현할 수 없는 것들은 헤아릴 수 없을 만큼 수도 없이 많았습니다. 그 이유는, 영적인 근원에서 비롯된 것들은 모두 자연적인 사람의 개념에는 담겨질 수 없기 때문입니다. 그러므로 이와 같은 지극히 일반적인 원칙을 제외한다면, 그것들은 자연적인 사람의 언어들 안에도 담겨질 수 없기 때문입니다.

일반적인 원칙들이란, 지혜는 그 자신을 위한 주거(住居)를 형성한다는 것, 그리고 그 주거 자체를 알맞게 한다는 것입니다. 거기에 있는 학문이나 예술의 지심한 곳에 숨겨져 있는 모든 것들도 효능이나 효과를 불러 모으기도 하고 또 그런 것들을 부여하기도 합니다. 지금까지 기술한 내용들이 지혜에 관한 빼어남(卓越)이나 지식의 넉넉함(富裕)을 제외한 천계에 있는 모든 것들의 빼어남과 넉넉함에 관련되는 것들이다는 것을 알 수 있을 것입니다. 그리고 또한 이러한 모든 것들은 주님의 신령섭리에 의하여 주님께 인도된 사람들에게 주어진 것들이라는 것도 알 수 있겠습니다. (묵시록해설 1191항)

천계적인 기쁨과 행복

천계의 모든 기쁨은 선용과 관계되어 있고, 또 선용 안에 내재해 있습니다. 그 이유는 선용은 천사들이 존재하는 사랑이나 인애에 속한 선이기 때문입니다. 그러므로 모두는, 자신이 가지고 있는 선용의 성품에 따라서, 기쁨을 누립니다. 그리고 그 기쁨도 역시 선용의 정동의 계도 안에 있습니다. (천계와 지옥 402항)

천계가 무엇이고, 천계적 기쁨이 무엇이고, 그것들의 본질이 무엇인지를 알게 하기 위하여, 또 천계적 기쁨이 주는 즐거움을 지각하게 하기 위해서 주님께서는 아주 자주, 그리고 오랜 기간 동안, 그런 기회를 내게 허락하여 주셨습니다. 그러므로 나는, 나의 생생한 체험으로부터, 그런 것들을 속속들이 알 수 있었지만, 그럼에도 불구하고 그것들에 관해서 상세히 기술할 수는 없습니다. 하지만 내가 터득한 그것들의 개념들에 관해서 몇 가지를 설명하겠습니다.

천계적 기쁨은 헤아릴 수 없는 희열(喜悅)과 즐거움에 속한 정동이지만, 그것들을 모두 합치면 하나의 일반적인 감동을 나타냅니다. 일반적인 감동(感動·emotion)이나 일반적인 정동 안에는, 지각(知覺·perception)이 매우 조잡스럽기 때문에, 불영명하고, 또 분명하게 지각되지 않는 수많은 정동에 속한 조화(調和)가 내재해 있습니다. 그럼에도 불구하고 나는 그것 안에 내재한 헤아릴 수 없이 많은 기쁨을 지각할 수 있도록 나에게 기회가 주어졌는데, 그것들이 형성하고 있는 질서에 관해서도 나는 기술할 수 없는 정도였습니다. 이런 무수한 기쁨들은 모두가 천계의 질서에서부터 비롯된 것들이었습니다. 이와 같은 질서는 정동의 개개의 것에, 또는 지극히 작은 것 안에까지 내재해 있었는데, 그것은 지극히 일반적인 하나의 묶음으로 나타났고, 또 그것을 인식하는 주체의 능력에 따라서 지각되었습니다. 한마디로 말하면, 모든 일반적인 것 안에 있는 매우 정연한 형체 안에는 무한한 것들이 있는데, 거기에 있는 것들은 모두가 살아 있는 것들인 정동이 있었습니다. 이들 정동은 사실 가장 지심한 것들에서 비롯된 것들입니다. 왜냐하면 천계적 기쁨은 가장 지심한 것에서 나오기 때문입니다. 그리고 내가 지각한 것은, 기쁨이나 즐거움이 가장 지심한 것에서 나온다는 것입니다. 그리고 내가 지각한 것은, 기쁨이나 희열은 심장에서부터 그 내부의 모든 섬유질을 통해 극히 유연하게 넘쳐 나오고 있으며, 또 그것이 섬유질이 집결하고 있는 곳에서까지, 파급되고 있다는 것입니다. 그리고 그것은 내적 감각의 기쁨을 동반하고 있으며, 섬유질이 기쁨과 희열 그 자체인듯 느끼고, 그것에서 지각되는 느낌 모두가 행복감으로 생기를 얻게 합니다. 육체적 쾌락에 속한 즐거움을 가장 순수하고 가장 온화한 영기(靈氣・aura)인 이런 즐거움에 비교하면, 그것은 한낱 조잡하고 코속을 찌르는 말라 붙은 코딱지 같다고 하겠습니다. 내가 알려줄 수 있는 것은, 내가 내 기쁨을 다른 사람에게 나누어주려고 하면 할수록 더욱 더 내면적이고, 더욱 충만한 기쁨이 계속해서 그 자리에 흘러들며, 또 내가 이것을 원하면 원할수록 더 많은 기쁨이 흘러든다는 것입니다. 이것은 모두 주님에게서 오는 것이라고 나는 명확하게 알았습니다. (천계와 지옥 413항)

천사적 상태는 어느 누구나 자신의 지복(至福)과 행복을 다른 사람에게 나누어주는 것입니다. 왜냐하면 저 세상에서는 모든 정동이나 사상에 속한 가장 정교한 의사소통과 지각이 존재하기 때문에, 그러므로 각자들은 자기의 기쁨을 모두에게 나누어주고, 또 모두는 다른 사람들에게 자신들의 기쁨을 전하고, 그러므로 각자는, 말하자면, 모두의 중심입니다. 이것이 천계적 존재 형체(the heavenly form)입니다. 그러므로 주님의 왕국을 이루는 사람이 많으면 많을수록 그들의 행복은 더욱 더 커집니다. 왜냐하면 그것은 숫자에 비례하여 증대하기 때문입니다. 그리고 이같은 사실은 천계적 행복이 말로 형언할 수 없다는 이유이기도 합니다. 거기에서는 각자가 자기 자신 보다 다른 사람을 더 사랑할 때, 각자와는 전체의, 전체와는 각자의, 서로 나누어 줌이 있습니다. 그러나 만약에, 어느 누구가 다른 사람을 위하기 보다는 자기 자신을 위하기를 원한다면, 그렇게 되면 자아애가 세력을 떨치는 것입니다. 그것은 매우 추한 자아애의 관념을 제외하면, 그 자아애에서 비롯된 것 이외에는 아무것도 다른 사람에게 줄 수 없습니다. 이것이 지각되면, 그 사람은 즉시 추방되고, 쫓겨납니다. (천계비의 549항)

천계에서 노인들은 회춘(回春)한다

천계에 살고 있는 사람들은 인생의 봄철을 향해 부단히 진전합니다. 몇 천년이고 오래 오래 살면 살수록, 그들은 보다 즐겁고 행복한 봄철을 향해 더욱 더 크게 진전하는데, 이런 일은 그들의 사랑과 인애, 또는 믿음의 성장과 계도에 일치하는 증대와 더불어 영원히 계속됩니다. 만년(晩年)에 이르러 노쇠로 인하여 죽은 여인들이 주님을 믿는 믿음과 이웃을 향한 인애만이 아니라, 한 남편과 행복한 혼인애(婚姻愛)를 누리며 살았다면, 그 여인은, 해가 거듭할수록 청춘과 완숙(完熟)한 여인만이 가질 수 있는 꽃다운 모습으로 진전하고, 땅에서 볼 수 있는 그 어떤 아름다움 보다도 더 빼어난 아름다움을 지닙니다. 선이나 인애는 자기 자신의 형상을 이루고, 또 드러내 보여줍니다. 그리고 선이나 인애에 속한 즐거움이나 아름다움은 지극히 작은 얼굴 표정 하나 하나에서 빛을 발하는 원인인, 그리고 그들로 인애 자체가 되게 하는 원인인, 그들 자신과 닮은 모습을 드러내 보여줍니다. 이런 것을 본 사람은 놀라움에 압도될 것입니다. 이것이, 천계에서 생기 있는 것으로 보이는 인애의 형체인데, 그 인애 자체는 이루어지기도 하고, 이루기도 합니다. 마찬가지로 모든 천사는 하나의 인애입니다. 말하자면 특히 얼굴이 바로 그 인애입니다. 이같은 모습이 보여질 때, 그것은 말로 표현할 수 없을 만큼 아름답고, 또 그것은 인애와 더불어 마음에 속한 지심한 생명에게 감동을 줍니다. 한마디 말로 하면, 천계에서 나이를 먹는다는 것은 다시 회춘(回春 · to grow young)한다는 것입니다. 주님사랑과 이웃사랑 안에 산 사람들은 저 세상에서는 이상과 같은 모습과 아름다움이 됩니다. (천계와 지옥 414항)

천계의 광대무변(廣大無邊)

주님의 천계가 광대무변하다는 것은 앞에서 설명한 내용들에서, 그리고 앞절의 설명에서, 그리고 특히 천계가 인류에게서 비롯된다는 것에서, 그리고 교회 안에서 출생한 사람만이 아니라, 교회 밖에서 출생한 사람들로 천계가 이루어진다는 것에서, 그러므로 이 세상이 창조된 시초부터 선한 생활을 한 모든 사람들로 천계가 이루어졌다는 사실들에서, 잘 나타나 있습니다. 지구 전체에 걸쳐서 존재한 인간의 수가 어느 정도인지는 지구상의 국가나 지역과 구역에 대해서 조금이라도 알고 있다면 누구나 판단할 수 있을 것입니다. 계산을 할 수 있다면 누구든지, 매일 이 세상에서 기천의 사람들이 세상을 떠나고 있다는 것을 알 것입니다. 따라서 이 수가 일 년이면 기백만 명이라는 수가 될 것입니다. 그것도 지구의 최초 시대로부터 계산한다면 그 수는 어마어마할 것입니다. 왜냐하면 우리의 지구가 수천만년이 지났기 때문입니다. 이와 같이 모든 사람은 사후에 영계(靈界·the spiritual world)라고 부르는 저 세상에 가는데, 그것도 줄곧 끊임없이 계속되고 있습니다. 그러나 그중 어느 정도의 사람들이 천계의 천사가 되었는지, 또는 될 것인지는 명확하게 말할 수는 없습니다. 다만 내게 일러진 바로는, 고대(古代)에는 비교적 많은 사람들이 그렇게 되었다는 것입니다. 왜냐하면 그 시대의 사람들은 훨씬 내면적으로, 또는 영적으로 생각하였고, 그 결과로 천계의 정동 안에 있었기 때문입니다. 그러나 그 뒤에 이어지는 세대에는 그 수가 그리 많지 않았습니다. 왜냐하면 시간이 지나면서 사람들은 점점 외면적이 되었고, 보다 자연적으로 생각하기 시작하였고, 결과적으로 세속적인 정동 안에 있게 되었기 때문입니다. 이상의 것에서만도 우선 알 수 있는 것은, 이 지구의 인류에 의해서만 생각해도 천계가 광대하다는 것입니다.

주님의 천계가 광대하다는 것은 이 하나의 사실에서도 잘 나타나 있습니다. 즉 교회 안팎을 불문하고, 출생되자 곧 죽은 젖먹이들은 모두 주님에 의하여 영접, 곧 천사가 된다는 것에서 잘 알 수 있습니다. 그 수가 지상에서 생을 받은 인류 전체의 4분의 1, 또는 5분의 1에 이른다는 것입니다. 그러므로 여기서 얻을 수 있는 결론은, 창조 당초부터 현재에 이르기까지 이렇게 천사가 된 자의 수가 얼마나 많을 것인가만 보아서도 천계의 광대무변을 알 수 있다는 것입니다.

우리들의 태양계에서 육안으로 보이는 별들이 모두 지구라는 사실을 알면 주님의 천계가 얼마나 광대한지를 알 수 있겠습니다. 그것만이 아니라 우주에는 수를 헤아릴 수 없을 만큼의 지구들이 있고, 그 지구들에는 모든 주민들이 살고 있다는 것입니다. 이러한 내용에 관해서는 《우주 안의 지구들》* 이라는 작은 책이 있습니다. (천계와 지옥 415-417항)

천계에서 천사가 살고 있는 곳과 살고 있지 않는 곳의 넓이를 볼 수 있는 기회가 나에게 주어졌습니다. 나는, 아직 천사들이 살고 있지 않는 천계의 그 넓이가 우리들의 지구와 같은 분량의 인구를 가지는 지구를 만(萬)개나 더 겹친다고 해도 도저해 차고 넘칠 수 없는 넓이임을 알았습니다. (천계와 지옥 419항)

사람의 증대로 천계는 채워지지 않고, 오히려 보다 완벽해진다

천계의 한 사회에서 구성원들이 많으면 많을수록 그들은 하나처럼 행동하고, 그 사회가 더 완벽하면 할수록 한 사람의 형체이다는 것은 매우 값진 설명이 되겠습니다. 왜냐하면 천계의 형체로 배열된 다양함은 완벽함을 이루고, 또 거기의 수많은 것은 다양함이기 때문입니다. 더욱이 천계의 모든 사회의 구성원은 날마다 증가합니다. 그 수가 증가함에 따라서 그 천계의 사회는 더 완벽하게 됩니다. 이와 같이 천계의 각 사회가 더욱 완벽해질 뿐만 아니라, 전체적으로 천계가 완벽해 집니다. 왜냐하면 사회들이 천계를 이루기 때문입니다. 따라서 천계가 구성원의 수가 증가함에 따라서 완벽하게 되기 때문에, 천계가 만원(滿員)이 되어 그 문이 닫혀질 것이라고 믿는 자들이 얼마나 잘못된 생각인지가 명백해졌습니다. 오히려 그 반대가 사실 옳습니다. 천계는 닫혀지지 않고, 더욱 더 차고 넘침에 따라 더욱 완벽해 집니다. 그러므로 천사들은 새로 들어오는 신참 천사들이 오는 것 이외의 다른 것을 진실되게 갈망하는 것은 아무것도 없습니다.

모든 사회는 한 사람의 모습을 한 사람처럼 나타나 보입니다. 왜냐하면

---

* 아래에 수록된 35강의 내용을 참조하십시오. (역자 주)

전천계는, 그 형체이고, 또 가장 완전한 형체이기 때문입니다. 그 천계의 형체는 각 부분은 전체에 닮아 있고, 최소의 것은 최대의 것을 닮은 관계에 있습니다. 천계에서는 보다 작은 것이나 부분적인 것이 그것의 한 사회 또는 규모의 천계라는 것입니다. (천계와 지옥 71·72항)

제33강

지 옥(地獄 · Hell)

악과 지옥의 근원

창세기의 제일 첫장에서 잘 알 수 있겠는데, 즉 거기에 언급된 말씀(창세기 1 : 10, 12, 18, 21, 25)은 "하나님 보시기에 좋았다"는 것과 마지막 절에서는 "하나님이 손수 만드신 모든 것을 보시니, 보시기에 참 좋았다"(창세기 1 : 31)는 말씀에서 알 수 있는 것은, 그리고 낙원에 있었던 사람의 처음상태에서 알 수 있는 것은, 하나님께서 창조하신 모든 것은 선하다는 사실입니다. 그리고 또한 아담의 두 번째 상태 즉 낙원에서 쫓겨난 타락 이후의 상태에서 명백하게 알 수 있는 것은, 악은 사람에게서 생겨났다는 것입니다. 이러한 사실들에서 알 수 있는 것은, 만약 사람에게 영적 사물로서의 자유의지(自由意志 · free will)가 부여되지 않았다면, 사람이 아니라, 하나님 스스로 악의 근원(惡의 根源 · the cause of evil)이시다는 것, 따라서 하나님께서는 선도 악도 모두 창조하실 수밖에 없었다는 것입니다. 그러나 하나님께서 악을 창조하셨다고 생각하는 것은 하나님에 대한 사악한 모독이 아닐 수 없습니다. 하나님께서 사람에게 영적 사물로서 자유의지를 부여하시기는 하였지만, 하나님께서 악을 창조하시지 않았고, 또 사람이 그 어떤 악도 결코 품게 할 수 없다는 것은, 하나님께서는 선 자체이시기 때문이며, 하나님께서 선 자체시다는 명제에는, 하나님은 무소부재(無所不在 · omnipresent)하시며, 또한 하나님께서는 하나님을 영접하기를 간청하시고, 또 간구하신다는, 뜻이 되겠습니다. 만약 하나님께서 영접되시지 않는다고 해도, 그럼에도 불구하고 하나님께서는 뒤로 물러서시지 않을 것입니다. 왜냐하면 하나님께서 뒤로 물러나신다면, 그 사람은 즉시 죽을 것이기 때문입니다. 아니, 사람은 아주 보잘 것 없는 그런 것으로 몰락할 것이기 때문입니다. 왜냐하면 사람의 생명이나 사람을 형성하는 모든 것의 실재(實在 · subsistence)는 하나님에게서 비롯되기 때문입니다. 악이 하나님께서 창조하시지 않았고, 오히려 사람에 의하여 시작되었다는 그같은 사실의 근원은, 사람은 계속적으로 하나님에게서 비롯되는 선을, 하나님에게 스스로 등을 돌리고, 또 하나님에게서부터 자기 자신을 우러르는 짓을 자행하는 것으로, 악으로 바꿉니다. 이런 일이 행해지면 선에 속한 기쁨은, 그 때 악에 속한 쾌락이 됩니다. 왜냐하면 이 남은 기쁨이 없어지면, 비록 외관상으로는 비슷할런지 모르나, 사람은 살 수가 없기 때문입니다. 그 이유는 기쁨이 그 사람의 사랑에 속한 생명이기 때문입니다. (순정기독교 490항)

자아애(自我愛 · the love of self)와 세간애(世間愛 · the love of the world)가 지옥을 형성합니다. 그러므로 이들 사랑 즉 자아애와 세간애의 근원이 무엇인지를 설명하겠습니다. 즉 사람은 자기 자신을 사랑하고, 또 자기 이웃이나 천계를 사랑하고, 또한 주님을 사랑하도록 창조되었습니다. 그러므로 사람이 태어난 뒤에는, 그는 제일 먼저 자기 자신과 세상을 사랑합니다. 그 뒤 그가 지혜롭게 성장하는 것에 비례하여, 그는 자기 이웃과 천계를 사랑합니다. 그리고 그가 아주 지혜롭게 되면, 그는 주님을 사랑합니다. 이런 경우에 이르면 그 사람은 신령질서(神靈秩序 · the Divine order) 안에 있는 것이고, 비록 겉보기에는 자기 자신에 의하여 인도되는 것 같이 보이지만, 그 사람은 주님에 의하여 인도되고 있습니다. 그럼에도 불구하고 그 사람이 지혜로운 사람이 아니면, 그것에 비례하여, 그 사람은, 자기 자신이나 세상만을 사랑하는, 첫째 계도(第一階度 · the first degree) 안에 머뭅니다. 다시 말하면 세상 보다 먼저 자기 자신을 사랑하는 목적으로, 자기 이웃, 천계 그리고 주님을 사랑한다면 자기 자신이나 세상을 사랑하는 첫째 계도에 사는 것입니다. 만약 그 사람이 전적으로 미련한 사람이 되고, 또 그런 사람이 되었을 때, 자기 자신의 목적을 위해서 자기 자신만을, 그리고 세상만을, 마찬가지로 이웃을 사랑한다면, 그리고 또한 천계나 주님에 속한 것을 사랑한다면, 그 사람은 그것들을 가볍게 여기는 것이고, 또한 그것들을 부인하고 미워하는 것입니다. 그것이 만약 말로가 아니고 마음 속 깊은 곳에서 그렇다면 말입니다. 이것들이 바로 자아애나 세간애의 근원들입니다. 그리고 이런 사람들이 지옥이기 때문에 명확한 것은 거기에서부터 지옥은 생겨졌다는 것입니다. (묵시록해설 1144항)

저자는, 유아기 때 이 세상을 떠났기 때문에, 악이 존재한다는 것도 알지 못하고, 또 악의 존재를 의심하는 이노센스의 천계에서 온 어떤 천사들과 대화하는 가운데, 악의 근원에 관한 자세한 설명을 다음과 같이 그 천사에게 하였습니다. 그들은, 창조로 말미암아 생기지도 않았을 뿐만 아니라, 실제로 창조에 반대되는 그런 사랑이 어떻게 존재할 수 있는지를 저자에게 물었으므로, 이렇게 대답하였습니다. 즉—.

나는 이노센스의 천사들과 대화할 수 있는 기회가 나에게 주어졌다는 것을 정말로 마음 속으로 무척 기뻤습니다. 나는 입을 열어서, 그들에게 말하였습니다. "여러분들께서는 선도 악도 존재한다는 것을 모르시지요? 또 선은 창조로 말미암아 존재하지만, 악은 창조로 말미암지 않는다는 것을 알지 못하시지요? 그럼에도 불구하고, 악 자체를 살펴보면, 비록 그것이 선에 속한 것은 전혀 아니지만, 그러면서도 그것은 아무것도 아닌 것(nothing)은 아니라는 사실입니다. 선은 창조로 말미암아 존재하고, 또 선은, 가장 높은 계도 안에든 가장 낮은 계도 안에든, 역시 존재합니다. 이것이 최소한 무가치한 것이 되었을 때, 다른 한편에서는 악이 솟아나기 시작합니다. 그러므로 선에서 악에 이르는 관계는 전무(全無)하고, 또 선이 악으로 가는 진전도 전혀 있지 않습니다. 그러나 보다 큰 선에서 상대적으로 작은 선에 이르는 관계나 진전은 있습니다. 그리고 보다 큰 악에서 상대적으로 작은 악에 이르는 관계나 진전도 있습니다. 왜냐하면, 개별적이든 전체적이든, 모든 것 안에는 서로 반대되는 것이 있기 때문입니다. 따라서 선과 악이 서로 상반되는 것이기 때문에, 거기에는 중립적인 것이 존재하는데, 그 중립적인 것 안에는 평형(平衡)이 있고, 그 안에서 악은 선에 거스르는 짓을 합니다. 그러나 악이 승리하여, 온 세력을 뻗치지 못하기 때문에 그것은 애씀과 투쟁 가운데 살아가고 있습니다. 모든 사람은 누구나 이 평형 안에 있는데, 즉 선과 악 사이에, 마찬가지로 천계와 지옥 사이에 존재하기 때문에, 그 평형을 영적 평형(靈的 平衡·a spiritual equilibrium)이라고 합니다. 그리고 그것은, 이 평형 안에 있는 사람들에게, 자유(自由·liberty)를 갖다 줍니다. 이 평형으로 말미암아 주님께서는 모두를 주님 자신에게로 이끄시고, 또 이 자유로 말미암아 주님을 따르는 사람들도 모두 주님에 의해 악에서부터 선으로, 따라서 천계로 인도됩니다."

이러한 내 설명을 듣고 있던 두 천사들은 대답하였습니다. "창조로 말미암아서는 선 외에는 아무것도 존재하지 않았는데, 어떻게 악이 존재할 수 있습니까? 어떤 것이 존재하기 위해서는 그 근원이 반드시 있어야만 합니다. 선이 악의 근원은 될 수 없습니다. 왜냐하면 악은 선에 속한 것이 아니고, 또 그것은 선에 대한 박탈이고 파괴적인 것이기 때문입니다. 그럼에도 불구하고 그것은 존재하고, 또 느낄 수 있기 때문에, 그것은 아무 것도 아닌 것이 아니고, 그 어떤 것임은 틀림 없습니다. 그러니 존재하지 않던 이 어떤 것이 뒤에 어디서 생겨났는지를 말씀해 주십시오."

나는 이 질문에 대답하였습니다. "이 비의(秘義)는, 하나님 이외에는 어느 누구도 선한 존재가 아니고, 하나님을 제외하고는 본질적으로 선한 것은 아무것도 없다는 사실을 바르게 알지 못하면, 설명될 수 없습니다. 그러므로 하나님을 우러르고, 하나님의 인도하심을 원하는 사람은 선 안에 있습니다. 그러나 자기 스스로 하나님에게 등을 돌리고, 자기 자신에 속한 것으로 인도받기를 원하는 사람은 선 안에 있지 않는 사람입니다. 왜냐하면 후자가 행한다고 하는 선은 모두가 자기 자신을 위한 것이고, 아니면 세상에 속한 것을 목적한 선이기 때문입니다. 따라서 그것은, 보상을 목적한 것이든가, 선인 체 가장한 것이든가, 아니면 사이비(似而非)적인 선일 것입니다. 이상에서 밝히 알 수 있는 것은, 사람 그 자신이 악의 근원이라는 것입니다. 그러나 이 근원이 창조에서부터 사람 안에 내재해 있었던 것은 아니지만, 그러나 그것은 사람이 하나님을 등지는 것(turning away from God)으로 말미암아, 사람은 그것을 자기 자신 스스로 떠맡은 것입니다. 악의 근원은 아담이나 그의 아내 안에 있지 않았습니다. 그 때 뱀은 이렇게 말하였습니다. 창세기에―.

　　하나님은, 너희가 그 나무 열매를 먹으면, 너희의 눈이 밝아지고, 하나님처럼 되어서, 선과 악을 알게 된다는 것을 아시고, 그렇게 말씀하신 것이다.
　　(창세기 3 : 5)

그러자 그들은 하나님에게 등을 돌리고, 하나님(神・a god)에 관한 한, 자기 자신을 하나님으로 여겼고, 그래서 그들은 자신 안에 악의 근원을 만들어 버린 것입니다. '그 나무(=선악과 나무) 열매를 먹는다'는 것은, 하나님으로 말미암지 않고, 자기 자신으로부터 그 자신이 선을 잘 알고, 선을 행할 수 있다고 믿는 것을 뜻합니다."

그러자 그 때 그 천사들은 또 질문하였습니다. "그 때, 하나님에게서 비롯되는 것을 제외하면 아무것도 뜻할 수도, 생각할 수도, 행할 수도 없는데, 그럼에도 불구하고 어떻게 사람이 하나님에게 등을 돌릴 수 있습니까? 하나님께서는 왜 이런 짓을 하도록 그대로 내버려 두셨습니까?"

그러므로 나는 이렇게 대답하였습니다. 사람은 뜻하고, 생각하고, 행하는 모든 것들이 마치 자기 자신 안에서, 따라서 자기 것인 양 자기 자신에게 나타나 보이는 것처럼, 창조된 존재입니다. 이와 같은 외현(外現)이 없다면 사람은 사람으로 존재하지 못하였을 것입니다. 왜냐하면 선이나 진리 또는 사랑이나 지혜에 속한 그 어떤 것도 받을 수 없고, 유지할 수도 없었을 것이고, 말하자면 자기의 것으로 전유(專有)할 수도 없었기 때문입니다. 그러므로 이것이 없다면, 즉 생동적인 외현(living appearance)이 없다면, 사람은 하나님과의 결합은 결코 있을 수 없을 것이고, 영원한 생명 역시 가지지 못하였을 것이라는 결론을 얻을 수 있겠습니다. 그러나 사람이 만약 이 외현으로 말미암아 주님에게서 비롯된 것이 아니고, 자기 스스로 선을 뜻하고, 생각하고, 따라서 선을 행한다는 신념을 가지게 되면, 비록 그것이 자신의 것인 양 모든 외현 안에 있다고 해도, 그 때 그 사람은 자기 자신 안에서 스스로 선을 악으로 뒤바꾸어 놓을 것이고, 이와 같이 그 사람은 악의 근원을 스스로 만들 것입니다. 이것이 아담이 범한 죄입니다. (혼인애 444항)

주님께서 지옥도 다스린다

주님께서 어떤 식으로 지옥을 통치하고 계시는지 간략하게 설명하겠습니다. 일반적으로 지옥은 천계에서 비롯되는 신령선이나 신령진리의 일반적인 입류에 의하여 통치되고 있습니다. 지옥에서 나오는 총체적 애씀도 역시 그것에 의하여 가로막혀지고, 억제되며, 또 개별적으로는 각각의 천계에서 비롯되는 또는 천계에 속한 각각의 사회에서 비롯되는 개별적 입류에 의하여 억제되고 통치됩니다. 그러나 개별적으로 지옥은 천사들에 의하여 통치됩니다. 지옥을 감시하고, 광기와 반란을 진압하는 임무가 천사들에게 주어졌습니다. 때로는 지옥 안에까지 천사가 파견된 일도 있었는데, 지옥은 천사들이 그 곳에 가 있는 것만으로도 그 소란이 진압되었습니다. 일반적으로 지옥에 있는 모든 자들은 그들의 공포심에 의하여 다스려집니다. 어떤 자들의 경우는 이 세상에서부터 그들의 마음에 심어진 공포심에 의하여 통치되기도 하지만, 그것만으로는 충분하지는 않습니다. 그리고 이런 유의 공포심은 점차적으로 사라지기 때문에 그들은 처벌을 받는다는 공포심에 의하여 통치됩니다. 이것들에 의하여 그들은 사악한 짓을 하는 행위를 단념하게 됩니다. 지옥에 있는 형벌은, 그 악의 대소(大小)에 따라서 가벼운 것에서부터 무거운 것에 이르기까지, 여러 종류가 있습니다. 왜냐하면 대부분의 경우 먼저 벌을 받는 자는 소위 큰 거물급인데, 간지(奸智)와 책략이 출중해서, 다른 사람들을 린치(私刑·lynch)와 테로로서 자기에게 굴복시킬 수 있는 영이기 때문입니다. 이런 유의 보스급 통치자는 그들에게 허락된 범위를 넘어서 악한 짓을 하지는 않습니다. 여기서 주지하여야 할 것은, 지옥에 있는 악영들의 폭거(暴擧)와 광란을 진압하는 데는 벌을 두려워하는 공포심을 이용하는 길밖에 다른 별책(別策)이 없다는 것입니다.

이 세상에서 아직까지 믿고 있는 것이 있는데, 그것은, 지옥에는 그 곳을 지배하는 악마가 있으며, 그 악마는 처음에는 빛의 천사(an angel of light)로 지음을 받았지만, 그가 반란을 일으키어, 그 도당들과 함께 지옥으로 쫓겨났다는 것입니다. 이러한 생각은 성경말씀 안에서 악마와 사탄 또는 루시퍼(Lucifer)라는 이름으로 불리워지는 자가 있다는 것을 문자적인 뜻으로 해석하였기 때문에 생겨진 잘못된 가르침(信條)입니다. 그러나 "악마"라든가, "사탄"은 지옥을 뜻하는 말인데, "악마"는 뒤에 있는 지옥(behind hell)을 뜻하는데, 거기에는 악한 귀신(惡鬼·genii)이라고 호칭되는 극악한 영이 살고 있습니다. 또 "사탄"은 앞에 있는 지옥(front hell)을 뜻하는데, 그 곳에는 악령이라고 호칭되는 영들이 살고 있는데, 이것들은 전자에 비하면 그리 지독하지는 않습니다. "루시퍼"(Lucifer)란 바벨 또는 바벨론에 속한 자들을 이르는 말로써, 이런 자들은 자기들의 지배권을 천계에까지 확장해 가려고 합니다. 지옥의 지배권을 장악하고 있는 악령은 존재하지 않습니다. 그 이유는 지옥에 있는 영들도 모두 천계에 있는 영들과 같이, 인류에게서 비롯된 사람들로 구성되었다는 사실에서 알 수 있겠습니다. 그리고 또 창조 당시부터 현재까지 몇 억의 사람이 출생하였지만, 그 중에서 이 세상의 삶을 살면서 신령존재에 반항한 사람들만이 악마가 된다는 것도 알 수 있겠습니다. (천계와 지옥 543 · 544항)

주님께서는 누구도 지옥으로 쫓아버리지 않고, 다만 그 사람 스스로 그렇게 한다

하나님께서는 어떤 사람에게서는 그분의 얼굴을 돌려, 외면하고, 또 그 사람을 퇴짜 놓고, 그 사람을 지옥에 보낸다든가, 또 사람들이 저지른 악 때문에 그에게 분노를 갖는다는 소견이 팽배해 있는가 하면, 어떤 사람들은, 그럼에도 불구하고, 한 수 더 떠서 하나님은 사람에게 벌을 주고, 그에게 불행을 가져다 준다고 생각합니다. 그런 사람들은, 문자적인 뜻과는 전혀 다른 성경말씀의 영적인 뜻을 모르기 때문에, 그런 내용이 언급되고 있는 성경말씀의 문자적인 뜻에서부터 이와 같은 소견을 확증합니다. 그러므로 교회의 진정한 가르침(敎理)은 성경말씀의 영적인 뜻에서 비롯되어야 하고, 또 그 뜻은 그 소견과는 달리 가르칩니다. 다시 말하면 하나님께서는 결코 사람을 외면하시지 않으며, 또 그를 퇴짜 놓지 않는다는 것이나, 하나님께서는 어느 누구도 지옥에 보내지 않으며, 또 어느 누구에게 분노하는 일도 결코 없으시다는 것을 진정한 교리는 가르칩니다. 이러한 사실은, 밝은 빛의 상태 안에 마음을 둔 사람이면 누구나 성경말씀을 읽을 때, 하나님께서는 선자체시고, 사랑자체시고, 자비자체시다는 것을 깨달을 수 있고, 또 선자체는 어느 누구에게도 악을 행할 수 없고, 또 사랑자체와 자비자체가 사람을 퇴짜 놓을 수 없다는 것도 지각할 수 있습니다. 왜냐하면 그런 것은 자비나 사랑의 본질 자체에 정반대가 되고, 또 따라서 신령존재 자체에 정반대가 되기 때문입니다. (천계와 지옥 545항)

사람 안에 있는 악은 그 사람 안에 있는 지옥입니다. 왜냐하면 우리가 악이라고 말하건 또는 지옥이라고 말하건, 그것은 동일한 것이기 때문입니다. 따라서 사람의 악은 자기 자신이 원인이기 때문에, 주님이 아니고, 그 사람 자신이 자기 자신을 지옥에 처넣는 것입니다. 왜냐하면 주님께서 사람을 지옥에 보내기는 커녕, 사람은 오히려 악에서 떠나기를 원하지 않고 자신의 악 안에 머물러 있기를 좋아하지만, 그럼에도 불구하고 주님께서는 지옥으로부터 사람을 구출하시기 때문입니다. 모든 사람의 의지나 사랑은 사후 그 사람에게 남아 있습니다. 세상에 있을 때 악을 도모하고 사랑한 사람은 저 세상에도 꼭 같이 악을 도모하고 사랑합니다. 그 때 그 사랑은 더 이상 악에서부터 자신을 떼어놓을 수 없습니다. 여기서 알 수 있는 것은, 악 안에 있는 사람은 반드시 지옥에 있다는 것입니다. 뿐만 아니라 영적으로 보면 사실상 그는 지옥에 있습니다. 사후 그 사람은 그의 악이 있었던 곳 이외의 다른 아무 곳도 바라지 않습니다. 그러므로, 주님께서 하시는 것이 아니라, 사후 사람은 그 자신 스스로 그 자신을 지옥에 처넣습니다. (천계와 지옥 547항)

사악한 사람은 자기 자신을 한 순간에 그러는 것이 아니고, 계속해서 지옥에다 밀어 넣습니다. 이같은 일은 주님에 의하여 세워진 보편적 질서의 법칙에 의하여 일어납니다. 그 법칙이란 바로 주님께서는 어느 누구도 결코 지옥에 내동댕이 치시지 않는다는 것, 그리고 이와는 반대로 악 자체가, 다시 말하면 악한 사람 자신이 자신을 지옥에 처넣는다는 것입니다. 이같은 일은 그의 악이 절정에 이를 때까지, 즉 더 이상 선에 속한 그 어떤 것도 나타나지 않을 때까지, 그 사람은 계속해서 행한다는 것입니다. 선에 속한 그 어떤 것이 남아 있는 만큼 그는 지옥으로부터 올리워 집니다. 그리고 악 이외에 남은 것이 아무것도 없으면 그 사람은 스스로 지옥으로 돌진하여 갑니다. 선과 악은 제일 먼저 분리되어야 합니다. 왜냐하면 그것들은 서로 상반되기 때문입니다. 양쪽에 걱정을 붙들어 매도록 허락된 것은 없습니다. (천계비의 1857)

지옥에 있는 모두는 온갖 악과 거짓 안에 있다

지옥에 있는 사람은 모두 악 안에, 그리고 그것에 비롯된 거짓 안에 있습니다. 그리고 악 안에 있는 사람이 동시에 진리 안에 있는 사람은 아무도 없습니다. 이 세상에서는 악 안에 있는 사람도 대체로 교회에 속한 진리들인 영적 진리를 잘 알고 있습니다. 왜냐하면 어린 시절부터 그것들을 배우고, 또 설교 말씀을 듣고, 성경말씀을 읽는 것으로 그것들을 배웁니다. 그리고 어른이 되어서는 그것들로 인한 대화를 가지는 것으로 그것들을 배웁니다. 심지어 어떤 사람들은 다른 사람들이 그들이 진정한 기독교인이다는 것을 믿도록 하기도 합니다. 왜냐하면 그들은, 마치 영적인 믿음에서 비롯된 것처럼 진리에 조화하는 가장(假裝)된 정동으로 말하는 방법과 또 진지하게 행동하는 방법을 잘 알고 있기 때문입니다. 그러나 이런 부류의 사람들 중에는 이들 진리에 반대되는 생각을 그들 자신 안에 가지고 있기 때문에, 그리고 오직 시민법에 대한 처벌이나, 명예, 명성 또는 경제적 이득 때문에 자신들의 생각에 따라서 제멋대로 악을 행하는 것을 자제하기 때문에, 그들은 영에 관해서는 그렇지 않지만 육신적으로는 선과 진리 안에 있으므로, 그들은 마음 속으로는 모두 악한 사람들입니다. 그러므로 저 세상에서 그들에게서 외적인 것들이 제거되고, 그들의 영에 속한 내적인 것이 드러나게 되면, 그들은 전적으로 악이나 거짓 안에 빠져 있을 뿐, 그 어떤 진리나 선 안에는 있지 않습니다. 그 때에 명백히 알 수 있는 것은 진리나 선들은 다만 그들의 기억 속에 머물러 있고, 그들이 알고 있는 것에 불과할 뿐이라는 것이고, 또 그들이 누구와 대화를 할 때에도 그 기억으로 말미암아 마치 영적인 사랑이나 영적인 믿음에서 비롯된 것 같이 보이는 외견상의 선으로 겉꾸밈을 한다는 것입니다. 이러한 사람들이 그들의 내면적 상태, 즉 그들의 악한 상태에 있게 되면, 그들은 거짓을 제외하면 더 이상 진리를 말할 수 없습니다. 그 영은 그 때 그 자신의 악 이외는 아무것도 아니고, 또 거짓은 악에서 나오기 때문에, 악으로 말미암아 진리를 말한다는 것은 어부성설(語不成說)이기 때문입니다. (천계와 지옥 551항)

악령들은 그들 자신의 악의 화신(化身)이다

천계의 빛에서 보면 지옥에 있는 모든 영들은 그들의 악의 화신(化身·the form of their evil)으로 보입니다. 그 이유는 거기의 모두는 자신의 악의 화신이기 때문입니다. 각자가 가지고 있는 내면적인 것이나 외면적인 것은 한 몸(一體)처럼 행동하고, 또 내면적인 것은 외면적인 것 안에 즉 얼굴·몸·언어·행동에 자신을 가시적(可視的)으로 나타내기 때문입니다. 따라서 그들의 됨됨이(性稟)는 그들을 보는 순간 인지(認知)됩니다. 일반적으로 그들은 다른 사람들을 멸시하고, 자기를 존경하지 않는 사람들을 협박하는 유형을 취하고 있습니다. 그리고 그들은 각양각색의 증오(憎惡)와 복수심의 유형을 취합니다. 그들의 내면적인 것에서 비롯된 야만적이고 잔학한 심성이 이런 유형을 통해서 나옵니다. 그러나 누군가가 그들을 칭찬하거나, 존경하고, 또 우러르기라도 한다면, 그 기쁨으로 말미암아, 찌프렸던 그들의 얼굴은 금새 해사해지고, 즐거운 모습을 드러냅니다. 그들이 드러내는 모습이나 유형을 몇 마디 말로 기술한다는 것은 전혀 불가능합니다. 왜냐하면 그것들이 닮은 것은 하나도 없기 때문입니다. 다만 비슷한 악 안에 있는 영들끼리, 따라서 같은 지옥의 사회에 있는 영들 끼리에는 일반적인 공통점이 있는데, 마치 한 가계(家系)에 속한 식구들끼리에서와 같이, 그 공통점에서 보면, 거기에 있는 영들의 각자 얼굴은 서로 닮은 점을 가지고 있었습니다. 대체적으로 그들의 얼굴은 험악하고, 생기가 없으며, 마치 죽은 시체와 같았습니다. 그들 중에 어떤 영은 검은 얼굴이었고, 어떤 영의 얼굴은 타고 있는 모닥불 모습이었고, 어떤 영의 얼굴은 여드름, 혹, 사마귀 같은 것이 더덕더덕 붙은 추한 꼴이었습니다. 대부분의 경우 사람 얼굴처럼 보이는 것은 없었고, 대신 털투성이의 괴물 같았습니다. 그들의 말투는 노여움이나 증오 또는 복수심에서 나오는 듯하였습니다. 왜냐하면 그들이 하는 말은 그의 거짓에서 나오고, 또 그의 목소리는 그의 악에서 비롯되기 때문입니다. 한마디로 그들의 모습은 바로 그들 자신의 지옥의 꼬락서니 그것이었습니다.

지옥 자체의 모습을 볼 수 있는 기회는 허락되지 않았습니다. 다만 들은 것인데, 천계가 하나의 복합체로서의 보편적 천계가 한 사람의 형체이듯이, 하나의 복합체로서의 보편적 지옥 또한 하나의 악마이기 때문에, 지옥은 하나의 악마의 모습으로 나타날 수 있다는 것입니다. 그러나 나는 다만 각각의 지옥 즉 지옥의 각각의 사회가 어떤 모습을 하고 있는지는 때에 따라서 가끔 볼 수 있었습니다. 왜냐하면 지옥의 문이라고 할 수 있는 입구에 일반적으로 거기에 있는 이들의 모습을 상징하는 하나의 괴물이 통상적으로 나타났기 때문입니다. 그 때 거기에 있는 악령의 광포(狂暴)가 무섭고 잔혹한 모양으로 나타났는데, 그것은 등골이 서늘할 정도여서 필설로 표현할 수 없겠습니다. 여기서 알아두어야 할 것은, 이러한 모습은 천계의 빛 안에 있는 악령의 모습이지, 자기들끼리 있을 때는 그들은 사람의 모습으로 나타난다는 것입니다. 천사들 앞에서와 같이, 그들의 추한 몰골이 자기들끼리는 보이지 않는 것은 주님의 자비 때문입니다. 그러나 자기들끼리 보이는 사람의 형상은 허상(虛像)입니다. 왜냐하면 천계의 빛이 조금이라도 비추어지면 그들의 사람의 모습은 즉시, 앞에서 말한 괴물의 형체로, 변합니다. 그 형체야말로 그들 자신의 내면적 성품입니다. 왜냐하면 천계의 빛 안에서는 모든 것들이 그 본래의 모습으로 나타나오기 때문입니다. 그러므로 그들은 천계의 빛(lux)를 피하여, 자신들을 자신들의 빛(lumen) 속으로 쑤셔박습니다. 그 빛의 밝음은 타고 있는 모닥불에서 나오는 빛이나 또는 유황이 탈 때 나오는 빛의 밝음 같았습니다. 그러나 이 빛은, 천계로부터 빛이 조금이라도 그 곳에 새어들어오면, 암흑으로 변합니다. 이런 이유 때문에, 지옥은 암흑이나 어둠 속에 있다고 말하는 것입니다. 성경말씀의 그 흑암이나 어둠은 지옥에 있는 악에서 비롯된 거짓을 뜻합니다.

지옥에 있는 영들의 모습이 괴물의 형체라는 설명에서 볼 때, 다시 말하면 앞에서 언급한 것과 같이, 지옥의 영들은 모두가 다른 사람을 경멸하는 형체요, 자기를 칭찬하고 존경하지 않는 사람을 협박하는 형체요, 또 자기 편이 되지 않으면 그를 미워하고 복수하는 형체라는 설명에서 볼 때, 명확한 것은, 일반적으로 그들은 모두 자아애나 세간애에 속한 형체들이라는 것이고, 또한 그들의 독특한 형체인 악들은 이들 두 사랑—자아애와 세간애—에서 비롯된 그것들의 근원에 온다는 것입니다. (천계와 지옥 553·554)

자아애의 특성(特性)

자아애와 세간애가 그렇게 사악하고 악마적인 이유나, 또 이같은 사랑에 빠져 있는 사람들이 이와 같은 기괴한 모습으로 보이는 이유를 처음에는 나는 이상하게 생각하였습니다. 왜냐하면 이 세상에서는 자아애에 대하여 생각하는 일이 거의 없고, 소위 오만(傲慢)으로 보이는 외견상의 기고만장한 마음만을 고작 생각하고, 또 그것에만 눈을 돌리고, 그것만이 사랑이라고 생각하기 때문입니다. 더욱이 이 세상에서 자아애는 생명의 불꽃으로 믿고, 그리고 그것에 의하여 사람은 직무 수행에 분발하고, 다른 사람에게 유용한 일을 할 수 있다고 철석 같이 믿고 있으며, 더구나 사람이 자아애 가운데서 영예나 명성을 보지 못한다면 그의 마음은 아주 굼뜨고, 생기가 없을 것입니다. 어떤 이들은, 다른 사람이나 다른 사람의 마음으로부터 축복받고, 칭찬받는 것을 제외한다면, 어느 누구가 유익하고, 쓸모 있고, 고귀한 행동을 하겠습니까? 라고 말합니다. 이러한 일은, 모두가 영예나 명성을 애지중지하는, 결론적으로 자아를 애지중지하는 열정이 원인이다는 것을 제외한다면, 그 어디에서 오겠습니까? 라고 말합니다. 그러므로 본질적으로 자아애가 지옥에서 통치하는 사랑이고, 그 사랑이 사람 안에서 지옥을 만들어 낸다는 것을 이 세상에는 알려져 있지 않습니다. 자아애는 자기 자신만 잘 되기를 바라는 사람의 욕구 안에 있기 때문에, 자기 자신을 위하는 것이 아니라면, 어느 누구에게도, 심지어 교회나, 국가나, 인류 사회에 대해서, 선을 행하지 않습니다. 오직 그것은 자기 자신의 명성이나 영예나 광영을 위해서만 그들에게 선을 행합니다. 다른 이들에게 행한 선행에 이같은 것들이 보이지 않는다면, 그는, 마음 속에서, 그것이 나와 무슨 상관이야? 왜 내가 그 일을 해야 하지? 그것이 나에게 무슨 이득이 있지? 라고 말하면서, 따라서 그는 그것을 간과(看過)해 버립니다. 그러므로 알 수 있는 것은 자아애에 몰입(沒入)되어 있는 사람은 누구나 자기 외에는, 교회는 물론 자기 나라, 사회 심지어 그 어떤 선용까지도, 사랑하지 않습니다. 그의 쾌락은 오로지 자아애에 속한 쾌락입니다. 그 이유는 그의 사랑에서 비롯된 기쁨은 그 사람의 생명을 이루고, 그의 생명은 자아의 진수(眞髓)이기 때문입니다. 자아의 생명은 사람의 고유속성(固有屬性·proprium)에서 비롯되고, 그리고 사람의 고유속성은, 그 본질에서 본다면, 악 이외에 아무것도 아니기 때문입니다. 자기 자신만을 애지중지 하는 사람은 자기 자신에게 귀속(歸屬)되는 것을, 구체적으로 말하면, 자기 자녀, 자기 손자들이고, 일반적으로 말하면 자기와 행동을 같이 하고, 자기가 자기에게 귀속된 것들이라고 일컫는 모두를 가리킵니다. 이들을 사랑한다는 것은 역시 자기 자신을 사랑하는 것입니다. 왜냐하면 그 사람은 그들을 자기 자신으로 생각하는데, 말하자면 자기 자신을 그들로 간주하기 때문입니다. 그 사람이 자기 자신이라고 여기는 사람들 중에는 자신을 존경하는 사람, 자기를 칭찬해 주는 사람, 자기를 섬기는 사람들이 되겠습니다. (천계와 지옥 555 · 556항)

사실 자아애의 본성은 이렇습니다. 즉 그 맨 인줄(禁줄·rein)이 늦추어지면 즉 법률이나 형벌의 두려움, 또는 명성·영예·소득·고용·생명 상의 손실에 대한 두려움 따위가 되는 외적인 속박이 없어지면, 전 세계 뿐만 아니라 전 천계, 심지어 신령존재까지 다스리겠다는 욕망까지, 자아애는 끝간데 없이 돌진해 나갑니다. 그것은 경계도 한계도 없습니다. 자아애에 몰입해 있는 사람 안에는 이러한 집념이 감추어져 있습니다. 앞에서 말한 속박은 이 세상에서는 제동장치가 되어 있어서 나타나지 않았을 뿐입니다. 그러므로 권력가나 국왕 같은 자들에게 제동이나 속박이 없다면, 그들은 물밀 듯이 근접한 나라들을 침략하고, 그것이 잘 되어 가기만 한다면, 그대로 손을 뻗쳐서 권력과 광영을 쫓아 멈출 줄을 모르게 되는 경우를 세상이 모두 알고 있습니다. 그것은 현대의 바벨론주의 자들을 보아서도 더욱 잘 알 수 있습니다. 그들은 자기의 패권(覇權)을 천계에까지 확장하여, 종국에는 주님께서 가지고 계신 신령권세(神靈權勢)를 자기의 것으로 만들려는 그 욕망은 끝간 데가 없습니다. (천계와 지옥 559항)

지옥의 불과 이를 가는 소리

지옥의 불 즉 지옥의 사랑도, 천계의 불 즉 천계의 사랑과 같이, 같은 근원에서 비롯됩니다. 다시 말하면 천계의 태양 즉 주님에게서 비롯됩니다. 그럼에도 불구하고 그것을 받는 자들에 의하여 지옥적인 것으로 바꾸어집니다. 왜냐하면 영계에서 오는 입류는 그것을 받는 수용에 따라서, 즉 그것이 입류하는 형체에 따라서 각양각색으로 바뀌기 때문입니다. 그것은 마치 이 세상의 태양에서 오는 빛과 별이 각양각색인 것과 다르지 않습니다. 이 세상의 태양에서 오는 별은 수목과 화초에 흘러들어서, 그것에 생기를 주고, 향기로운 냄새를 풍기게 합니다. 그러나 꼭 같은 별이 배설물이나 시체에 흘러들면, 그것을 부패하게 하고 또 그것에서 악취를 나게 합니다. 이와 같이 꼭 같은 태양에서 오는 빛도 어떤 경우에는 아름다운 색채를 주지만, 어떤 때는 추하고, 혐오스러운 색을 나게 합니다. 사랑인 천계의 태양에서 오는 별과 빛도 그와 같아서, 천계의 별 즉 사랑이 선한 사람이나 영들 또는 천사들이 가지고 있는 선 안에 흘러들면, 그 선에게 완숙(完熟)함을 주지만, 악한 자가 가지고 있는 악에 흘러들면 그와 반대의 결과를 낳습니다. 왜냐하면 그것들의 악은 그것을 질식시키고, 그것을 더럽히기 때문입니다. 천계의 빛도 이와 꼭 같습니다. 그 빛이 선에 속한 진리에 입류하면 그것은 총명이나 지혜를 낳지만, 이에 반하여 그것이 악에 속한 거짓에 흘러들면 거기에서 그것은 수 종류의 광란이나 환영(幻影)으로 바꾸어 집니다. 따라서 어디서나 그 결과는 수용에 일치하여 일어납니다.

지옥의 불은 자아애와 세간애이기 때문에, 그러므로 지옥의 불은 이들 사랑에서 비롯된 모든 정욕(情欲)이기도 합니다. 정욕은 사랑의 계속적 상태이기 때문에 사람이 어떤 것을 사랑하면, 그는 계속해서 그것을 열망합니다. 기쁨의 경우도 이와 꼭 같습니다. 왜냐하면 사람이 무엇을 사랑하면 즉 무엇을 열망하면, 그가 그것을 차지하게 될 때, 기쁨을 만끽(滿喫)합니다. 이에 반하여 마음 속의 기쁨이 아니면 그 어떤 근원에서 비롯되었어도 그 기쁨은 그 사람에게 교감(交感)되지 않습니다. 그러므로 지옥의 불은, 그들의 원천인 이들 두 사랑에서 솟아나온 정욕이고, 쾌락입니다. (천계와 지옥 569·570항)

지옥의 불이 자아애에서 비롯된 악을 행하는 모든 정욕을 뜻하기 때문에, 그러므로 그 불은 지옥에 있는 것과 같은 고통을 의미합니다. 왜냐하면 자아애에서 비롯된 정욕은, 자기 자신을 칭찬하고, 존경하며, 섬기지 않는 자들을 해치려는 하나의 욕망이기 때문입니다. 거기에서 생겨진 분노에 비례하여, 그리고 그 분노에서 비롯된 증오나 복수심은 그것 만큼 그들을 해치려는 그들의 격정(激情)을 야기시키는 하나의 정욕을 가리킵니다. 이런 욕망이 각자각자 안에, 또는 한 사회 안에 가득하였을 경우, 거기에 있는 그들이 외적인 억제들, 즉 법률에 대한 두려움, 명성이나 영예, 또는 소득이나 생명의 실추나 손실에 대한 공포들 따위에서 풀려나게 되면, 거기에 있는 모두는 자기 자신 속에 있는 악으로부터 뛰쳐나와, 다른 사람들에게 저돌적으로 내달려가서, 그가 할 수 있는 한, 그들을 자기 자신의 지배 하에 굴복시키고, 종속시킬 것입니다. 그리고 자기에게 복종하지 않는 자들에게 가해하는 것으로 쾌락을 만끽할 것입니다. 이 쾌락은 아주 포악한 통치에서 비롯된 것에 아주 밀접하게 연결되어 있고, 그 만큼 그들은 같은 계도에 존재합니다. 왜냐하면 다른 사람을 해치는 것에서 만끽하는 쾌락은 선천적으로 증오·질투·미움·복수 따위에 내재해 있는데,

그런 것들은, 위에서 설명한 것과 같이, 자아애에 속한 악들입니다. 지옥은 모두 이런 사회들입니다. 거기에 있는 사람은 모두, 그의 마음 속으로부터 다른 사람에게 미움과 증오 따위를 자행합니다. 그리고 할 수만 있으면 미움과 증오로 말미암아 온갖 만행(蠻行)을 자행합니다. 이들 만행이나 그 만행에서 야기된 고통이 바로 지옥의 그 불이 뜻하는 내용입니다. 왜냐하면 그것들은 모두가 정욕이 생산한 결과이기 때문입니다. (천계와 지옥 573항)

지옥에서 "이(齒)를 간다"는 것은, 지옥에 있는 그들 사이에 일어나는 부단한 불만이요, 거짓끼리의 다툼이요, 거짓 안에 있는 무리들끼리의 갈등을 가리킵니다. 따라서 거짓 안에 있는 사람들은 상대를 경멸하고, 적의(敵意)와 조소(嘲笑), 우롱과 모독으로 똘똘뭉쳐 있고, 다른 사람을 해치려는 온갖 가해방법을 창안해 냅니다. 왜냐하면 그런 사람은 누구나 자기의 거짓말을 지키기 위해서 싸우면서, 그것을 진리라고 주장하기 때문입니다. 이런 다툼이나 투론은 지옥 밖에서는 이를 가는 소리처럼 들립니다. 그리고, 천계로부터 진리가 거기에 입류하면 그런 다툼이나 투론은 실제로 이를 가는 소리로 바뀝니다. 이런 종류의 지옥에는, 신령존재는 부인하면서, 자연(自然)을 신(神)으로 시인하는 사람들이 있는데, 이와 같은 시인이나 부인(否認)으로 자기 자신을 다짐하고 고집하는 사람들은 보다 깊은 심연(深淵)의 지옥 안에 있습니다. 그들은 천계에서 비롯된 빛에 속한 것은 아무것도 받을 수 없기 때문에, 그러므로 내적으로는 자신 안에서 아무것도 볼 수 없기 때문에, 그들은, 거의가 관능적이고, 감관적인 영들이기 때문에, 눈으로 보고, 손으로 만져지는 것 이외에는, 그 어떤 것도 믿으려고 하지 않습니다. 따라서 모든 감관에 속한 허구(虛構)가 그들에게는 참된 진리들입니다. 이런 이유로 해서 그들은 다투고, 투론을 일삼는 것입니다. 이것이 바로, 그들의 다툼이나 투론이 이를 가는 소리처럼 들리는 이유요, 원인입니다. 왜냐하면 영계에서는 거짓이 예외 없이 삐걱삐걱 소리를 내고, 또 "이"(齒)가 본질적으로 궁극적인 것에 대응하고, 또 사람 안에 있는 감관적이고, 관능적인 것들인 궁극적인 것에 대응하기 때문입니다. 지옥에 이를 가는 소리가 있다는 것은 마태복음서 8장 12절, 13장 42절과 50절, 22장 13절, 24장 51절에서 읽을 수 있습니다. (천계와 지옥 575항)

지옥의 영들의 난삽한 사악(邪惡)과 가증한 간계(奸計)

천사들에게 지혜나 총명이 있는 것과 꼭 같이, 지옥의 영들에게는 사악함과 간계(奸計)가 있습니다. 육체를 입고 사는 동안에는, 사람의 영 안에 있는 악은, 법률이나 또는 이해 득실이나 명예에 대한 애착, 또는 그것들을 상실한다는 두려움으로 인한 모든 사람에게 강요하는 구속들 하에 있습니다. 그러므로 그 영에 속한 악은 밖으로 나오지도 않았고, 본질적으로 그것이 무엇인지 드러내 보이지도 않았습니다. 뿐만 아니라, 사람의 영 안에 있는 악은, 그 때, 외견상으로 정직·성실·정의 또는 진리나 선의 정동으로 겉꾸밈 되어 가려져 있는데, 그것들은 이런 부류의 사람들이 세상적인 목적을 위해서 그럴싸 하게 하는 말로 위장된 것들입니다. 이런 외관 아래 그 실체가 은폐되어 애매한 채로 남아 있기 때문에, 그 사람은 자신의 영 안에 이렇게 악한 악의와 간계가 있으며, 죽은 후에 그것이 자신의 영의 참 모습이기 때문에, 그 영이 자기 자신이나 그의 본성으로 변하였을 때, 자기 자신이 악마가 된다는 따위는 생각 조차 하지 못했습니다. 그리고 그 때에 이르면 이런 종류의 악이 명확하게 모습을 드러낸다는 것도 전혀 믿을 수 없었습니다. 그 때 자신의 악은 통겨져 나오는데 그것들 중에는 말로 표현할 수 없는 것이, 수도 없이, 그 모습을 드러냅니다. 내가 수많은 경험을 통해서, 그것이 어떤 것인지를 깨닫고 알게 하기 위해서, 수많은 체험이 나에게 허락되었습니다. 그러므로 나는 영으로는 영계에 있지만 동시에 육으로는 자연계에 있는 것이 주님에 의해 주어졌습니다. 이것으로 내가 확증할 수 있는 것은, 그들의 사악함이 너무나도 크기 때문에, 그것에 관해서 천 분의 일도 거의 기술할 수 없다는 것입니다. 그리고 주님께서 사람을 지켜 주시지 않는다면 사람은 지옥으로부터 피해 나올 수 없다는 것도 확증할 수 있습니다.

가장 악한 자들은, 자아애로 말미암아 악들 안에 있고, 동시에 내면적으로 거짓으로 위장, 안 그런 척 행동하는 사람들입니다. 왜냐하면 속임수(詐欺)는 어떤 다른 악들 보다 더 깊게 사상이나 의도 속에 파고들어 독을 주입(注入)하여, 사람의 영적 생명을 파괴하기 때문입니다.

이런 영들은, 대부분 뒤에 있는 지옥에 있으며, 악귀(惡鬼·genii)들이라고 부릅니다. 그들은 거기에 자신들이 남에 눈에 띄지 않게 하는 짓에 스릴을 느끼고, 유령들처럼 다른 영들의 주변을 배회하면서 그들 속에 악을 몰래 주입합니다. 그 악은 마치 살무사의 독처럼 전신으로 퍼져 나갑니다. 이들은 다른 영들 보다 더 큰 고통을 받습니다. 그러나 속이는 자가 아니고, 악한 간계로 그리 심하게 채워져 있지는 않지만, 그래도 자아애에서 파생된 악들 안에 있는 영들도 역시 뒤에 있는 지옥에 있게 되는데, 그리 깊지 않은 지옥에 있습니다. 그러나 세간애에서 비롯된 악들 안에 있는 영들은 앞에 있는 지옥에 있으며, 악령들이라고 불리워집니다. 그들은 자아애에서 비롯된 악 안에 있는 악귀들처럼 증오나 복수심 안에 있지는 않습니다. 결론적으로 그리 심한 사악함이나 교활함은 가지고 있지 않으므로, 그들의 지옥은 비교적 덜 포악합니다. (천계와 지옥 577·578항)
지옥의 영들의 사악함의 성질이 어떤지는 그들이 활용하는 극악무도한 수법을 보면 잘 알 수 있습니다. 그 수법은 너무나 많기 때문에 그것들을 일일이 나열한다면 한 권이 아니라 수 권의 책이 될 것입니다. 그 수법에 관해서도 이 세상에는 거의 알려지지 않았습니다. 첫째는, 대응을 악용하는 수법의 부류가 있습니다. 둘째는, 신령질서에 있는 궁극적인 것을 악용하는 것입니다. 셋째는, 사상이나 정동의 교류와 입류에 관계되는 것인데, 자신들의 몸을 그리로 돌리기도 하고, 지긋이 노려보기도 하고, 자기 이외의 다른 영을 꼬두겨서 그들 자신들에게서부터 다른 영들을 떠나가게 하고, 또는 다른 영들을 파견해서 그 유혹을 감행하기도 합니다. 넷째는, 환상을 써서 조작하는 것입니다. 다섯째는, 자기 자신은 먼 거리에 떨어져 있으면서, 자기 자신을 투사(投射)하여 즉 몸이 있는 장소가 아닌 떨어진 장소에서 자신을 임재시키는 방식입니다. 여섯째는, 위장하고, 설득하고, 속이는 것입니다. 악한 사람의 영은 육체를 떠난 후에, 스스로 좋아서 이런 수법을 씁니다. 왜냐하면 그런 것들이 그 악 안에 선천적으로 있는 본성이고, 또 그것 안에 그렇게 있기 때문입니다. 지옥에서는 이런 간계에 의하여 서로 고통을 줍니다. 위장과 설득과 거짓말에 의해서 자극을 받은 영들을 제외하면, 이들 수법 즉 간계에 속한 모든 것들은 이 세상에 잘 알려지지 않았기 때문에, 나는 여기서 더 이상 상세하게 설명하지는 않겠습니다. 그것은 그것이 극악무도하기 때문만이 아니라, 이해하기 무척 힘든 사안이기 때문입니다. (천계와 지옥 580항)

지옥의 고통과 영벌(永罰)

"누구든지, 밤에도 낮에도 휴식을 얻지 못할 것이다"(묵시록 14 : 11)는 말씀은 악들이나 거짓들에 의한 내습(來襲)이나, 떼지어 남에게 해를 끼치는 것을 뜻합니다. 왜냐하면 지옥에 있는 사람들은 그들의 욕정(欲情・love)으로 갇혀 있다가도, 이따끔 그들은 그들의 욕정을 폭발시키기 때문에, 그들은 영벌을 받습니다. 그 이유는 그들의 욕정은 여러 모양의 미움・복수심・증오이고, 또한 악을 자행하는 정욕들을 가리키기 때문입니다. 그들에게 있어서 그런 미움・복수심・증오・정욕 같은 것들은 너무나도 즐거운 것이기 때문에, 그들은 그들의 삶의 진정한 쾌락이라고 부를 수 있기 때문입니다. 그러므로 그런 것들로 말미암아 억제되고 갇혀 있다는 것은 곧 그들에게는 고통 그 자체입니다. 왜냐하면 누구든지 자신이 자기의 주도애(主導愛・the ruling love) 안에 있을 때, 그는 그의 마음의 기쁨 가운데 있기 때문입니다. 그러므로, 다른 한편으로는, 그가 그것으로 말미암아 억압 상태에 있다면, 그는 자신의 마음에 속한 심한 고통에 빠져 있다는 것이기 때문입니다. 이것이 지옥의 일반적인 고통입니다. 이것에서부터 헤아릴 수 없는 수많은 여타의 고통이 야기합니다. (묵시록해설 890항)
지옥적인 고통은, 어떤 이들이 상상하는 것과 같이, 양심을 쥐어뜯는 듯한 아픔이 아닙니다. 왜냐하면 지옥에 있는 자들은 양심을 가지고 있지 않으며, 그러므로 그들은 그런 고통은 받을 수 없기 때문입니다. 양심을 가진 사람들은 축복받은 사람 가운데 있습니다. (천계비의 965항)
주님 사랑하고, 이웃 사랑한 기쁨과 행복으로 천계는 이루어지며, 또 주님과 이웃을 미워하는 증오로 지옥은 이루어집니다. (천계비의 693항)
고통은 그들이 악을 저질렀다는 비참함에서 생겨나는 것이 아니고, 오히려 그들이 악을 마음대로 행할 수 없다는 사실에서 생기는 것입니다. 왜냐하면 그와 같이 악을 마음대로 저지르는 것이 그들의 삶의 쾌락이기 때문입니다. 그 이유는, 그들이 지옥에서 다른 사람에게 악을 행할 때, 그들은 그들이 악을 행한 사람들에 의하여 응징(膺懲)을 받고, 또 고통을 받기 때문입니다. 그들은 특별히 통치의 정욕에서부터 서로서로 악을 행하고, 또 이런 목적 때문에 다른 사람을 굴복시키겠다는 정욕 때문에 서로서로 악을 행합니다. 그런 짓은 만약 그들이 상대에게 자기 자신을 굴복시키는 것으로 고통을 받지 않으면, 천 가지의 응징이나 고통의 방법들을 통하여 그 일은 행해집니다. 그러나 그들이 거기서 노리는 통치는 부단히 이어지는 흥망성쇠(興亡盛衰)의 부침(浮沈)에 있습니다. 이와 같이 다른 사람에게 응징도 하고, 고통을 주는 그들은 또한 반대로 다른 사람에 의하여 응징도 받고, 고통도 받는 그들의 처지의 뒤바뀜에 있습니다. 이러한 반복되는 욕정은 종국에는 영벌의 두려움 때문에 없어질 때까지 계속됩니다. (천계비의 8232항)

지옥은 주님에 의하여 설시된 그것 자체의 형태와 질서를 가지며, 그것들은 그들 자신의 생명이 존재하는 그들의 정욕과 미망(迷妄)에 의하여 범위가 주어지고 또 이루어집니다. 이러한 삶이 영적 죽음이기 때문에 그것은 지독한 고통으로 바뀌는데, 그 고통은 너무나 가혹한 것이어서 그것들을 필설로 표현할 수 없겠습니다. 왜냐하면 그들의 삶의 가장 큰 쾌락은 다른 사람들을 벌주고, 고통주고, 학대하는 그들의 능력 안에 존재하기 때문입니다. 그들이 교활한 간계(奸計)나 술책에 의하여 이런 짓을 행한다는 것은 이 세상에서는 전적으로 모르는 것이지만, 그것들이 저 세상에서 말할 수 없이 심한 고통을 유발한다는 것을 그들은 잘 알고 있습니다. 그것은 마치 육신을 입고 있을 때, 지독한 미망의 공포나 전율 또는 그와 비슷한 심한 고통을 일으키는 것과 같습니다. 이런 일은 비슷한 수많은 방법에 의하여 이루어집니다. 악마적 패거리들은, 만약 그들이 끝없는 아픔과 고통을 증진, 확대시킬 수 있다면, 그런 짓거리를 행하는 것에서 매우 큰 쾌락과 희열을 만끽할 것입니다. 그럼에도 불구하고 그들이 만족할 수 없으면, 그들은 영원히 계속 반복하면서 그들의 욕정을 불사를 것입니다. 그러나 주님께서는 그들의 이같은 노력을 도말(塗抹)하여, 그같은 고통과 아픔을 덜어주고, 완화시켜 주십니다.

이러한 일이, 일반적이든 개별적이든, 악 스스로가 자기 자신을 벌한다는 저 세상에 있는 모든 것들의 평형상태입니다. 그러므로 악에서 악한 징벌이 있고, 거짓은 거짓 안에 있는 그에게 되돌아옵니다. 따라서 각자는 자기 자신에게 징벌과 고통을 자초(自招)하며, 그들은, 고통을 입히는 악마적 패거리들에게, 즉시 몰려갑니다. (천계비의 695·696항)

저 세상에서 악한 사람은, 일반적이든 개별적이든, 그들의 악이 극상에 이를 때까지, 징벌을 받지 않습니다. 왜냐하면 이같은 것은 저 세상에서 악이 자신을 벌한다는, 다시 말하면 악한 사람들은 그들 자신의 징벌에 돌진하는 평형상태(平衡狀態)이기 때문입니다. 그렇지만 그 때가 악이 극상에 이른 때입니다. 모든 악은, 비록 각각의 차이는 있지만, 자체의 한계를 갖는데, 그 한계를 넘어서 초과한다는 것은 허용되지 않습니다. 악한 영이 그 한계를 넘어서 초과할 때 그는 자기 자신을 형벌 속에 거꾸로 쑤셔 박습니다. (천계비의 1857항)

지옥에서의 형벌의 효용과 효과

주님께서는 결코 그 누구도 지옥으로 보내는 일을 하시지 않을 뿐만 아니라, 오히려 누구든 지옥에서부터 구출해 내십니다. 그런데 하물며 주님께서 사람에게 고통을 불러 일으키실 수 있겠습니까! 그러나 악령이 사람 자신 속으로 돌진하여 들어왔기 때문에, 주님께서는 모든 징벌이나 고통을 좋게, 또는 유용하게 바꾸어 주십니다. 주님의 나라는 목적(目的)과 선용(善用)의 나라이기 때문에, 선용의 목적이 없이 어떤 형벌이 존재한다는 것은 결코 있을 수 없습니다. 그러나 지옥적인 패거리들이 이루어 놓을 수 있는 선용들은 가장 악한 선용이기 때문에 지옥의 영들이 이같은 선용 안에 있게 되면, 그들은 그같은 고통에 있는 것이 아니라, 그 선용은 즉시 소멸되고, 그들은 지옥으로 투옥됩니다. (천계비의 696항)

지옥에서의 고통은 악을 억제하고 통제하는 가장 좋은 방법이기 때문에 주님께서는 그 고통을 허용하십니다. 악을 억제하고, 진압하시고, 지옥의 폭도들을 꼼짝 달싹 못하게 하기 위해서는 형벌에 대한 공포심을 이용할 수밖에 없습니다. 그렇습니다. 별 묘책이 없습니다. 왜냐하면 형벌의 공포나 고통이 없다면 악은 더욱 더 광포해져서 온 천지(天地)에 만연되었을 것입니다. 이것은 마치 이 지상에서 국가가 법률이나 형벌이 없이 다스렸을 경우와 같습니다. (천계와 지옥 581항)

사람이 이 세상에 사는 동안, 만약 그가 자유의지를 선택할 수 있는 상태나 또는 개혁될 수 있는 상태에 계속해서 보존되지 않는다면 그는 악으로부터의 모든 것들을 단념하였을 것입니다. 저 세상에서 악한 사람의 상태는, 그의 외면적인 것에서는 아니지만 그의 내면적인 것에서 본다면 그는 더 이상 말하자면 형벌의 두려움에 의한 개과천선(改過遷善)될 수 없는 그런 상태입니다. 그것은, 그가 자유선택에 의한 것이 아니고, 강제나 억압에 의하여 그가 악을 행하겠다는 정욕이 단념될 때까지 아주 빈번하게 영벌의 두려움은 주어집니다. 그 정욕은, 앞에서 설명한 것과 같이, 공포나 두려움에 의하여 멈추어지는데, 즉 그것은 그것들에 의하여 억제 되는데, 그것들이 바로 외적인 개과천선의 수단들입니다. (천계비의 6977항)

지옥의 외모(外貌)와 위치 그리고 종류

지옥은 닫혀져 있는 곳이기 때문에 보이지 않습니다. 다만 문(門)이라고 불리우는 입구가 있으며, 같은 종류의 영이 그 곳에 들어올 때 그 문은 열리게 되어 있습니다. 지옥으로 통하는 문은 모두 영들의 세계에서는 열리지만 천계에서는 열리지 않습니다.

지옥은 산·언덕·돌산 아래에, 또는 평지나 골짜기 아래 어디든지 존재합니다. 산·언덕·돌산 따위 아래 있는 지옥의 경우, 그 입구 즉 문은 보기에 동굴이나 바위가 갈라진 틈과 같은 모양을 하고 있으며, 또 넓게 활짝 열려져 있지만 대개 볼품이 없고, 안을 들여다 보면, 이곳이나 저곳이나 모두 어두웁고, 연기에 그을려 있습니다. 다만 거기에 있는 영들에게는 모닥불에서 나오는 것 같은 밝기(光度)를 하고 있습니다. 그 광도는 그들의 눈에 알맞습니다. 그 까닭은 그들이 이 세상에서 살 때, 신령진리를 부인한 결과 때문에 암흑 안에 있었고, 거짓을 옳다고 한 결과로 그같은 거짓의 밝음 안에 있었기 때문입니다. 그러므로 그들의 시각은 그런 꼴로 만들어지고 말았습니다. 따라서 그들에게는 천계의 빛은 암흑이므로, 자기의 동굴 밖으로 나오면 그들은 아무것도 보지 못합니다.

평지나 골짜기 아래에 있는 지옥의 경우, 그 입구 즉 문은 시각적으로 여러 모양으로 나타나 보입니다. 어떤 것은 동굴이나 빈 굴과 비슷하고, 어떤 것은 큰 바위가 갈라진 틈이나 절벽의 모양을 하고 있습니다. 또 어떤 것은 늪지와 비슷하고, 어떤 것은 물이 고여 있는 것과도 같은 모양입니다. 그런데, 이것도 저것도 모두 감추어져 있으며 영들의 세계로부터 악령이 거기에 들어오는 때 이외에는 문이 닫혀져 있어서 그 안이 전혀 보이지 않습니다. 그 입구가 열려지게 되면, 불이 나서 불길이 공중으로 치솟는 것과 같이, 연기가 뒤섞인 불꽃을 내뿜든가, 아니면 연기가 없는 화염이 치솟습니다. 그것은 또 불이 타고 있는 화구(火口)에서 나오는 매연 같기도 하고, 안개나 짙은 구름 같기도 합니다. 내가 들은 바에 의하면, 지옥의 영들은 자기들에게 알맞은 분위기나 또는 사는 쾌락을 거기에서 얻기 때문에, 이런 것들을 보지 못하고 또 이상한 것으로 전혀 느끼지 않는다는 것입니다. 이런 이유는, 이상 말한 것들이 그들이 처해 있는 악이나 거짓에 대응되고 있기 때문입니다. 다시 말하면, "불"은 증오나 복수심에 대응되고, "연기나 매연"은 악에서 비롯된 거짓에 대응되고, "불꽃"은 자아애에 속한 악에 대응되고, "안개나 짙은 구름"은 거기에서 비롯된 거짓에 대응되기 때문입니다.

지옥의 내부가 어떤 성질을 하고 있지는 알 수 있도록, 지옥을 들여다 볼 수 있는 기회가 나에게 주어진 적이 있었습니다. 영들이나 천사는 주님의 뜻이 허락되어지면, 위에서 아래에 있는 것들을 내려다 보고, 장애물이 없이 그것들의 성품을 검사할 수 있기 때문입니다. 나도 그런 식으로 지옥의 내부를 볼 수 있는 기회가 주어졌습니다. 어떤 지옥은 돌산에 있는 동굴처럼 보였는데, 그것은 안쪽으로 계속 뻗쳐 있으며, 어떤 곳에서는 비스듬하게, 어떤 곳에서는 수직으로 밑바닥 깊은 곳으로 향해 있었습니다. 어떤 지옥은, 숲 속의 야수들의 서식지처럼, 정글이나 동굴의 모습을 하고 있었습니다. 어떤 지옥은 광산의 갱(坑) 내에 있는 공지(空地)나 통로와 같았고, 그 곳에서 더 아래로 곧장 통하는 동굴도 있었습니다. 지옥은 대체로 삼겹(三層)으로 되어 있었습니다. 상층의 지옥은 내부가 짙은 암흑 가운데 있었습니다. 그 까닭은 악에 속한 거짓 안에 있는 사람들이 살고 있기 때문입니다. 아래층 지옥은 불타고 있는듯 보였는데, 그것은 악 자체 안에 있는 사람들이 살고 있기 때문입니다. 왜냐하면 "암흑"은 악에 속한 거짓에 대응하고, "불"은 악 그 자체에 대응하기 때문입니다. 그 까닭은, 내면적으로 악으로 말미암아 행동한 사람들은 보다 깊은 지옥에 있고, 외면적으로 꼭 같은 악을 행하였어도, 악에 속한 거짓으로 말미암아 행동한 사람들은 더 깊은 지옥 안에 있기 때문입니다. 어떤 지옥은 화재가 있은 뒤의 집들이나 도시들 같이 폐허의 모습으로 보였는데, 지옥의 영들은 그 폐허 속에서 몸을 숨기고, 살고 있습니다. 중간의 지옥에는 조잡한 오두막이 보이는가 하면, 여기 저기 도로와 광장으로 구획이 지어진 거리 모양을 하고 있는 곳도 있습니다. 집안에는 지옥의 영들이 살고 있어서, 끊임 없이 말다툼을 하고, 서로 미워하고 있었고, 때려 부수고, 서로 물어 뜯기도 하였습니다. 길거리와 광장에는 도둑과 날치기들이 횡행하는가 하면, 또 어떤 지옥은 더러운 유곽(遊廓)들 뿐이었습니다. 그 곳은 불결한 것이란 것은 모두, 오물이라는 것도 모두 넘쳐 있었습니다. 또 어둑한 정글 같은 지옥에서 악령들이 짐승처럼 웅크리고 있었습니다. 거기에는 지하 동굴도 있어서, 쫓겨 온 자들이 숨어 있었습니다. 사막도 있지만, 그것은 불모지입니다. 여기 저기에 울퉁불퉁한 바위가 있고, 그 안에는 동굴이 있는가 하면, 작은 통나무집도 있었습니다. 이러한 사막에는 지옥의 극악함을 체험하고, 도망 온 무리들이 있었습니다. 그들은, 이 세상에 있을 때, 음모(陰謀)에 관해서는 출중했고, 악하고 교활한데 뛰어난 자들인데, 결국에는 여기서의 삶이 그들을 맞는 마지막 운명이었습니다. (천계와 지옥 583-586항)

지옥은 수도 없이 많은데, 일반적이든 개별적이든, 특질적이든, 악의 등차에 따라서, 지옥은 어떤 것에 아주 비슷하기도 하고, 또는 딴판이기도 합니다. 지옥 아래에도 마찬가지로 지옥이 있습니다. 위의 지옥과 아래 지옥 사이에는 전출해 가는 사람들을 통해서 교류하기도 하고, 영기(靈氣)의 발산을 통해서 보다 많은 사람들과 교류하기도 하는데, 그 교류도 동류의 악끼리의 친밀도나 서로 다른 악끼리의 친근성에 의해서 행해집니다. 내가 안 것은, 지옥도 각양각색의 산과 언덕, 그리고 돌산 아래에 있기도 하고, 또 여러 가지 평지와 골짜기 아래에 있기도 하고, 또 길이와 너비 그리고 깊이를 가지고 있으며, 무수하게 존재한다는 것입니다. 한마디로 말하면, 온 천계와 온 영들의 세계 아래를 파내려가면, 거기에 지옥이 펼쳐져 있다는 것입니다. (천계와 지옥 588항)

천계와 지옥의 평형(平衡)

지옥도 천계와 마찬가지로 여러 사회로 나뉘어져 있고, 또 천계와 같이 많은 사회로 나뉘어져 있습니다. 왜냐하면 천계는 지옥에 있는 사회와 정반대가 되는 사회를 가지고 있기 때문입니다. 이러한 것은 바로 그들 사이의 평형(平衡) 때문입니다. 그러나 선이나 진리들이 천계의 사회들을 구분하는 것처럼 악들과 그것에서 파생된 거짓들이 지옥에 있는 사회들을 구분합니다. 각각의 선에 상반되는 악이 있고, 각각의 진리에 반대되는 거짓이 있다는 것은, 아무것도 그와 반대되는 관계 없이 존재하는 것은 없다는 사실에서, 잘 알 수 있을 것입니다. 그리고 또 대립을 통해서 사물의 질과 정도, 그리고 이것에서부터 지각과 감관작용 전체가 파생된다는 것도 알 수 있겠습니다. 따라서 천계의 온 사회는 지옥의 사회에 대립하는 극(極)을 가지고, 그 극들 사이에 평형이 있도록 주님께서 계속해서 배려하고 계십니다. (천계와 지옥 541항)

천계와 지옥 사이의 평형은, 천계 또는 지옥에 들어오는 사람들의 수의 증감에 따라 좌우됩니다. 그 숫자는 매일 기천에 이릅니다. 그러나 그 사실을 잘 알고, 저울에 달아서 평형을 유지하는 것은 어떤 천사가 할 수 있는 일이 아니고, 오직 주님만이 하실 수 있는 일입니다. 그 까닭은 주님에게서 비롯된 신령존재는 무소부재(無所不在)하셔서, 어디서 이 평형이 흔들리는지를 모든 곳에서 보시고 계시기 때문입니다. 천사들은 다만 자기들 앞에서 일어나는 일들을 보는 것이 최대의 일이고, 자기에게 속한 사회가 어떻게 되어가는지 조차 지각하지 못합니다.

천계나 지옥에 있는 모든 것들이 어떻게 정리 정돈되고 있는지, 또 개별적으로나 전체적으로나, 모두 평형에 의하여 다스려진다는 것은 천계와 지옥에 관해서 설명하고 증명한 내용들에서 확실해졌으리라고 생각됩니다. 다시 말하면, 천계의 전체 사회는 선과 그 종류에 따라서 정연하게 구분되어 있고, 지옥의 전체 사회도 악과 그 종류에 따라 구분되어 있다는 것과, 또 천계의 각 사회 아래에는 그것에 대칭하는 지옥의 사회가 대응에 의하여 존재하고 있으며, 그 대칭되는 것이 대응관계에 있기 때문에 평형이 생겨진다는 것입니다. 그러므로 주님께서는 천계 사회 아래에 있는 지옥 사회가 우세해지지 않도록 계속해서 배려하시고 계십니다. 이것이 조금이라도 우세한 쪽으로 기울기 시작하면 각양의 방법으로 억제하시고 올바른 평형으로 환원시키십니다. (천계와 지옥 593·594항)

지옥적인 자유

나는 이 세상에서 천계와 교회에 속한 진리들을 내동댕이쳤으며, 또 내적으로 마귀였던 악령들이 하는 말을 들은 적이 있습니다. 어릴 때부터 모든 사람에게 있는, 무엇을 알고자 하는 정동이, 모든 사랑을 둘러싸고 있는 불꽃 같은 광영으로 그들은 내적으로 천사였던 선한 영들이 하는 것과 꼭 같이 천사적인 지혜의 비의(秘義)를 명확하게 지각하였습니다. 극악무도(極惡無道)한 사악한 영도 이같은 비의에 따라서 뜻할 수도 있고, 또 행동할 수도 있지만, 그러나 그렇게 하기를 원하지 않는다고 그들은 공언하였습니다. 만일 그들이 악을 죄로 알고 끊기만 하면, 그 비의를 도모할 수 있을 것이라는 말을 들었을 때, 그들은, 그렇게 행할 수도 있었으나 그것을 원치 않았다고 말하였습니다. 이상에서 볼 때 알 수 있는 것은, 사악한 사람도 선한 사람과 꼭 같이 자유라고 일컫는 기능를 가지고 있다는 것입니다. 누구나 자기 자신을 살펴보면 그것이 사실이라는 것도 알 수 있을 것입니다. (신령사랑과 신령지혜 266항)

악령들은 그들이 그 세계에 당도할 수 있는 곳 보다 매우 깊은 곳에 처넣는 것으로 감금된다

이 세상에서 악 안에서 산 사람들은 사후 더 이상 개혁할 수 있는 능력은 없습니다. 그리고 그 사람이 천계의 어떤 사회와 교류를 가지면 안 되기 때문에 모든 진리나 선은 그 사람에게서 제거됩니다. 그러므로 그 사람은 악과 거짓 안에 머물러 있습니다. 그리고 그 악이나 거짓은, 그가 이 세상에서 자신의 것으로 터득한 그것들을 수용하는 능력에 따라서, 거기에서는 증대합니다. 그럼에도 불구하고 그 사람은 터득한 한계를 넘는 일은 허락되지 않습니다. (천계비의 6977항)
한번은 어떤 영이, 그가 삶 가운데서 터득한 실상에 의하여 소유한 것들 넘어로 돌진하였는데, 아니 돌진하려고 무척 애를 썼는데, 다시 말하면 보다 더 큰 악 속으로 돌진하려고 하였는데, 그가 저 세상에서 실상에 의하여 더 악한 것을 취하지 못하게 하기 위하여 그는 즉시 영벌을 받는다는 것을 나는 알게 되었습니다. (영계일기 4055항)
만약 악령들이, 이 세상에서 그들의 삶에 의하여 범한 것 이상으로 어떤 악을 행한다면, 처벌자가 즉시 나타나, 그 한계를 넘는 정도에 꼭 맞게, 그들에게 벌을 내립니다. 왜냐하면 저 세상에는 하나의 철칙이 있는데, 그것은, 누구나 이 세상에서 저지른 것 이상으로 더 나빠질 수 없다는 것입니다. 벌 받는 사람들은, 그 악이 그들이 저질렀던 것 이상이라는 것을 처벌자들이 어떻게 아는지, 전혀 알지 못합니다. 그러나 그들에게 알려진 것은, 저 세상의 엄연한 질서는 악 자체가 그 자신 안에 영벌을 가지고 있다는 것입니다. 그러므로 행동으로 저지른 악은 영벌에 속한 악과 전적으로 결합되어 있다는 것입니다. 다시 말하면 악에 대한 형벌은 악 자체 안에 있다는 것입니다. 그러므로 포상이 또한 즉시 따른다는 것은 질서에 일치하는 것입니다. 따라서 악령이 영들의 세계에서 악을 저지를 때도 그와 같습니다. 그러나 자신이 처해 있는 지옥에서는 그들이 이 세상에서 실제적으로 저지른 악에 따라서 한 악이 다른 악을 벌합니다. 왜냐하면 이 악은 그들이 그들과 더불어 저 세상으로 가지고 왔기 때문입니다. (천계비의 6559항)

지옥의 치명적인 영기(靈氣)

나는 악에서 비롯되는 거짓의 영기(靈氣 · the sphere of falsity)가 지옥에서부터 침투하는 것을 자주 보았습니다. 그 영기는, 무엇인가 할 수 없기 때문에 일어나는 분노나 격정으로 뒤범벅된 것이 모든 선과 진리를 궤멸시키려는, 부단한 애씀과 같습니다. 이같은 애씀은 특히 주님의 신성를 궤멸하고, 몰살시키려는 것을 가리킵니다. 이같은 이유는, 모든 선과 진리가 모두 주님에게서 오기 때문입니다. 그러나 천계에서 오는 주님의 모든 선과 진리에 의하여 지옥에서 올라오는 그 영기까지도 억제된다는 것을 나는 깨달았습니다. 그러므로 평형이 존재하는 것입니다. 천계에서 비롯된 영기는, 비록 그것이 천계에 있는 천사에게서 오는 것처럼 보이지만, 오직 주님에게서만 온다는 것이 지각되었습니다. 그 영기가 천사에게서가 아니고, 오직 주님에게서 비롯된다고 지각된 이유는, 천계에 있는 모든 천사는 자신에게서 비롯된 선이나 진리는 아무것도 없고, 그 모든 것은 주님에게서 온다는 것을 시인하기 때문입니다.

영계에서는 선에서 비롯된 진리가 모든 능력의 근원이고, 악에서 비롯된 거짓은 아무런 힘이 없습니다. 그 이유는 천계에 계신 신령존재 자체가 신령선이시고, 또 신령진리이시며, 또 모든 능력은 신령존재에게서부터 나오기 때문입니다. 그러므로 천계에는 모든 능력이 존재하지만, 지옥에

는 아무런 능력이 없다고 하겠습니다. (천계와 지옥 538·539항)

제34강

최후심판

최후심판이란 무엇인가?

최후심판(最後審判·the last judgment)은 교회의 마지막 때를 뜻합니다. 그리고 개인에게 있어서는 인생의 마지막 때를 뜻합니다. 교회의 마지막 때에 관하여 살펴보면 이렇습니다. 즉, 대홍수 이전의 태고교회(太古敎會·아담교회·the Most Ancient Church)의 마지막 때가 있었는데, 그 때 그들의 후손들은 모두 멸망하였습니다. 그들의 멸망은 대홍수에 의해 기술되었습니다. 대홍수 이후의 고대교회(古代敎會·노아교회·the Ancient Church)의 최후심판은, 그 교회에 속한 사람들이 거의가 우상숭배자가 되었고, 그들 또한 모두 흩어졌을 때 있었습니다. 야곱의 후손 가운데 계승된 표징적 교회(表徵的敎會·이스라엘 교회·the Representative Church)의 최후심판은, 열 지파들이 모두 포로에 끌려가고, 또 여러 나라에 흩어졌던 때와 그리고 주님의 강림 뒤, 유대 민족이 가나안 땅에서 추방되어, 전 세계로 뿔뿔이 흩어진 때에 있었습니다. "기독교회"라고 호칭되는 이 교회의 최후심판은 사도 요한에 의하여 묵시록에서 "새 하늘과 새 땅"(the new heaven and the new earth)이 뜻하는 것입니다. (천계비의 2118항)

선한 사람이든 악한 사람이든, 누구나 죽으면 즉시 심판을 받습니다. 그가 죽어서 영계에 들어가면, 거기서 그는 영원히 삽니다. 왜냐하면 사람은 그 때, 천계든 지옥이든, 배정받기 때문입니다. 천계에 배정된 사람은, 그 뒤 어떤 천계적 사회에 들어가서, 그 사회와 결합합니다. 그리고 지옥에 배정된 사람은, 그뒤 어떤 지옥적 사회에 들어가서, 그 사회와 결합합니다. 그러나 그들이 거기에 들어가기 전, 특별히 선한 사람은 이 세상에서 육신으로 말미암아 그들에게 밀착된 악들을 씻기 위한, 그리고 악한 사람은, 교육이나 종교로 말미암아 외형적이기는 하지만 그들에게 밀착된 선을 떼어 놓기 위한 준비하는 일정기간이 있습니다. 그러한 사실은 마태복음서의 주님의 말씀과 일치합니다. 마태복음서에—.

> 가진 사람에게는 더 주어서 넘치게 하고, 없는 사람에게는 있는 것마저 빼앗을 것이다.
> (마태 13 : 12 ; 25 : 29)

이와 같은 유예(猶豫 · delay)는 수많은 종류의 정동들이 질서 안에 놓여지고, 그리고 그것들이 주도애(主導愛)에 종속되는 효과가 있습니다. 그러므로 영적 사람(靈人 · the man-spirit)은 온전히 그 자신의 사랑과 같습니다. 그럼에도 불구하고, 선한 사람이든 악한 사람이든, 그들의 대부분은 최후심판까지 유보(留保)됩니다. 그렇지만 악한 사람의 경우는 이 세상에서 관습으로 말미암아 외견상의 도덕적인 삶을 산 사람들이 유보되고, 또 선한 사람의 경우는 지식의 결여(缺如)로 말미암아, 또는 종교로 말미암아 거짓으로 더럽혀진 사람들만 유보됩니다. 적정 시간이 경과된 뒤, 선한 사람은 천계로 올리워지고, 악한 사람은 지옥으로 떨어지기 때문에, 나머지 사람들은 그들과 분리됩니다. 이러한 일은 최후심판 전에 일어납니다. (묵시록해설 413항)

최후심판은 이 세상의 파멸을 초래하지 않는다

성경말씀의 영적인 뜻을 터득하지 못한 사람들은, 최후심판의 날에 눈에 보이는 이 세상에 있는 만유(萬有)가 깡그리 파괴될 것이다는 것 이외에는 아무것도 이해하지 못합니다. 왜냐하면 그 때 하늘과 땅은 없어질 것이고, 하나님은 새로운 하늘과 새로운 땅을 창조할 것이라고 언급되었기 때문입니다. 그들은 또한, 그렇게 언급되었다는 사실에 의하여, 그 때까지 죽었던 모든 사람은 무덤에서 다시 살아날 것이고, 선한 사람은 악한 사람과 구별될 것이다는 등등의 요지에 의하여 그들 스스로 확신을 가지고 있습니다. 그러나 이와 같은 것은 성경말씀의 문작적인 뜻(文字意 · the literal sense of the Word)으로 언급된 것입니다. 성경말씀의 문자적인 뜻은 자연적인 뜻인 동시에, 궁극적인 신령질서에서 보면, 전체적인 것이든 개별적인 것이든, 성경말씀에 있는 것들은 모두, 그것들 안에 영적인 뜻(靈意・內的 意・the spiritual sense of the Word)을 가지고 있기 때문입니다. 이런 이유 때문에 성경말씀을 오직 문자적인 뜻에 의하여 이해하는 사람은, 실제적으로 기독교계에 있는 경우와 같이, 성언(聖言)에서 확증되었다고 하는 이단사설(異端邪說・heresy)을 수도 없이 창안하고, 다양한 도그마(dogma)에 빠지게 됩니다. 그렇지만, 지금까지는 그 누구도, 전체적이든 개별적이든, 성경말씀 안에는 영적인 뜻이 있다는 것을 모르며, 또 영적인 뜻이 무엇인지를 모르기 때문에, 그러므로 최후심판에 관해서 이같은 견해에 몰입된 사람들은 용서받을 수 있을 것입니다. 그리고 그들은, 가시적 하늘이나 우리가 살고 있는 지구가 멸망될 것이 아니라는 것 뿐만 아니라, 그것들이 영원히 존속될 것이라는 것을 점차 알게 될 것입니다. 그리고 "새 하늘과 새 땅"이 바로 그 하늘과 그 땅에 있을 새로운 교회를 뜻한다는 것도 알게 될 것입니다. 그것은 천계들 안에 있는 교회에 관한 언급입니다. 왜냐하면 지상에 교회가 있는 것과 꼭 같이, 천계에도 교회가 있기 때문입니다. 거기에도 성언이 존재하고, 지상의 것과 거의 비슷한 말씀의 증언(證言・preaching)과 신령한 예배가 있기 때문입니다. 그러나 이 세상의 것들과는 차이가 있는데, 거기의 모든 것들은 모두가 보다 완전한 상태 안에 있기 때문입니다. 왜냐하면 거기의 그것들은 자연계에 존재하지 않고, 영계에 존재하기 때문입니다. 또 거기에는 있는 사람은 이 세상에 있는 사람들과 같이, 자연적인 사람이 아니고, 모두가 영적인 사람이기 때문입니다. 하늘과 땅의 멸망에 관해서 언급한 성경말씀의 귀절들은 아래와 같습니다.

> 눈을 들어 하늘을 쳐다보아라.
> 그리고 땅을 내려다보아라.
> 하늘은 연기처럼 사라지고,
> 땅은 옷처럼 해어지며,
> 거기에 사는 사람들도 하루살이 같이 죽을 것이다.
> 그러나 내 구원은 영원하며,

내 공의는 꺾이지 않을 것이다.
(이사야 51 : 6)
내가 새 하늘과 새 땅을 창조할 것이니,
이전 것들은
기억되거나 마음에 떠오르거나
하지 않을 것이다.
(이사야 65 : 17)
내가 지을 새 하늘과 새 땅이
내 앞에 있듯이….
(이사야 66 : 22)
하늘의 별들은, 무화과나무가 거센 바람에 흔들려서 설익은 열매가 떨어지듯이, 떨어졌습니다. 하늘은 두루마리가 말리듯이 사라지고, 제 자리에 그대로 남아 있는 산이나 섬은 하나도 없었습니다.
(묵시록 6 : 13, 14)
나는 크고 흰 보좌와 그 위에 앉으신 분을 보았습니다. 땅과 하늘이 그 앞에서 사라지고, 그 자리마저 찾아볼 수 없었습니다.
(묵시록 20 : 11)
나는 새 하늘과 새 땅을 보았습니다. 이전의 하늘과 이전의 땅이 사라지고 바다도 없어졌습니다.
(묵시록 21 : 1)

이 인용귀절에서 "새 하늘"은 가시적 하늘을 뜻하지 않고, 온 인류가 모이는 천계 자체를 뜻합니다. 왜냐하면 천계는 모든 인류로부터 형성되기 때문에, 그 인류는 기독교회의 시초부터 살아온 사람들입니다. 그러나 거기에 모인 사람들은 천사는 아니고 다만 여러 종파에 속한 영들일 뿐입니다. *
이 천계를 가리켜 소멸할 "이전 하늘"(the first heaven)이라고 하였습니다. 밝은 이성으로 생각하는 사람들은 누구나 깨달을 수 있는데, 즉 그것은 별들이 찬란히 빛나는 저 창공(蒼空)이나 창조물인 광대한 창공을 뜻하지 않고, 그것은 영적인 뜻으로 "천사들이나 영들이 있는 천계를"가리킨다는 것입니다.

---

* 저자는, 영들을 '영들의 세계'인 중간 상태에 있는 자들을 늘 뜻한다. (역자 주)

"새 땅"이 뜻하는 것은 지상에 있을 새로운 교회를 뜻한다는 것이 지금까지는 알려지지 않았습니다. 왜냐하면 성경말씀에서 "땅"을 모든 사람은 이 지구의 땅으로 이해하였지만, 그럼에도 불구하고, 그 때 그것은 교회를 뜻하기 때문입니다. 자연적인 뜻 즉 성경말씀의 문자적인 뜻으로는 땅은 이 지구를 가리킵니다. 그러나 성경말씀의 영적인 뜻으로는 그것은 교회를 가리킵니다. 그 이유는, 그 영적인 뜻 안에 있는 사람들 즉 천사들과 같은 영적인 사람들은, 성경말씀에서 땅이 거명되면, 이 지구의 땅덩어리로 이해하지 않고, 오히려 거기에 사는 사람이나 또는 그들의 신령한 예배로 이해합니다. 이상에서부터 땅이 교회를 뜻한다는 것이 명확해졌습니다. 나는 성경말씀에서 몇 귀절을 부연하겠는데, 이 귀절들에서 "땅"이 교회를 뜻한다는 것을 어느 정도 깨달을 수 있겠습니다.

하늘의 홍수 문들이 열리고,
땅의 기초가 흔들린다.
땅덩이가 여지없이 부스러지며,
땅이 아주 갈라지고,
땅이 몹시 흔들린다.
땅이 술 취한 사람처럼 몹시 비틀거린다.
폭풍 속의 오두막처럼 흔들린다.
(이사야 24 : 18-20)
"내가 사람들의
수를 순금보다 희귀하게 만들고,
오빌의 금보다도 드물게 만들겠다.
하늘이 진동하고 땅이 흔들리게 하겠다."
만군의 주께서 진노하시는 날에
이 일이 이루어질 것이다.
(이사야 13 : 12, 13)
전진할 때에는 땅이 진동하고
온 하늘이 흔들린다.
해와 달이 어두워지고,
별들이 빛을 잃는다.
(요엘 2 : 10)
땅이 꿈틀거리고, 흔들리며,

산의 뿌리가 떨면서 뒤틀렸다.
(시편 18 : 7, 8)

그 외에도 여러 귀절들이 있습니다.
성경말씀에서 "창조한다"는 말씀은 "만든다"(form), "이룬다"(establish), "중생한다"(regenerate)는 것을 뜻합니다. 그러므로 "새 하늘과 새 땅을 창조한다"는 말씀은 천계와 지상에 새로운 교회의 설시를 뜻하는데, 이러한 내용은 아래의 성경귀절에서 잘 알 수 있습니다.

아직 창조되지 않은 백성이,
그것을 읽고 주를 찬양하도록 하여라.
(시편 102 : 18)
주께서 주의 영을 불어넣으시면,
그들이 다시 창조됩니다.
주께서는 땅의 모습을
다시 새롭게 하십니다.
(시편 104 : 30)
야곱아,
너를 창조하신 주께서 말씀하신다.
이스라엘아,
너를 지으신 주께서 말씀하신다.
"내가 너를 속량하였으니,
두려워하지 말아라.
내가 너를 지명하여 불렀으니,
너는 나의 것이다.
나의 이름을 부르는 나의 백성,
나에게 영광을 돌린다고 창조한 사람들,
내가 빚어 만든 사람들을 모두 오게 하여라."
(이사야 43 : 1, 7)

이 밖에도 여러 곳이 있습니다. 그러므로 "사람의 새 창조"는 그의 바로 잡음(改革・reformation)을 가리킵니다. 왜냐하면 그 사람이 새로 만들어졌기 때문입니다. 즉 자연적인 사람에서 영적인 사람으로 만들어졌기 때문입

니다. 그러므로 새로운 창조물은 개혁된 사람을 뜻합니다. (최후심판 1-4항)

지구와 인류는 영원히 존속된다

그들 자신의 가르침(信條)에 따라서 최후심판에 관해서 이해하려는 사람들은 하늘이나 지상에 있는 것들은 모두 그 때에 소멸될 것이며, 그리고 그것들이 있었던 곳에 새 하늘과 새 땅이 있을 것이라고 믿는데, 그 가르침에 의한 당연한 귀결은 인류의 세대나 후손의 계속적인 출생은 결코 있을 수 없을 것이라는 것입니다. 왜냐하면 그들은 모든 것들이 그 때 그렇게 이루어지며, 또 사람들은 종전과는 전혀 다른 상태에 있을 것이라고 믿기 때문입니다. 그러나 앞서 보았듯이, 최후심판의 날은 이 세상의 파멸을 뜻하는 것이 아니기 때문에 인류는 그대로 존속할 것이고, 또 그들의 후손도 계속 출생할 것입니다.

인류의 출생이 영원히 이어질 것이다는 것은 여러 관점에서 명백한 사실입니다. 이것에 관한 간략한 내용은 아래와 같습니다.

I. 인류는 천계를 구성하는 터전이다.
II. 인류는 천계의 온상(溫床 · the seminary of heaven)이다.
III. 천사들을 위한 천계의 범위는 매우 광대하기 때문에 영원히 채워질 수 없다.
IV. 아직까지 천계를 구성하는 그들은 극소수이다.
V. 천계의 완성은 그들의 숫자에 따라서 증가된다.
VI. 모든 신령한 일은 무한(無限)과 영원(永遠)에 관계된다.

사람이 가장 마지막으로 창조되었기 때문에, 그리고 마지막으로 창조된 것은 선행(先行)하는 모든 것들의 기초이기 때문에, 인류가 천계를 구성하는 터전(基礎)입니다. 창조는 지고한 존재자(至尊者 · the Highest)나 극내적인 존재자(至尊者 · the Inmost)에서 시작되었는데, 그 이유는 신령존재에게서 비롯되었기 때문입니다. 다시 말하면 신령존재께서는 궁극적인 것 또는 가장 외적인 것에까지 나왔고, 그래서 최초의 것은 존재하게 이르렀습니다. 창조에 속한 궁극적인 것은 자연계이고, 또한 그것 위에 있는 모든 것과 더불어 물과 뭍으로 된 지구(水陸)를 가리킵니다. 이런 모든 것들이 창조된 뒤에, 사람은 창조되었습니다. 그리고 그 사람에게 모든 것들은,

처음부터 끝까지, 신령질서로 말미암아 모여졌습니다. 그 질서에 속한 최초의 계도 안에 있는 만유(萬有)가 그의 지심한 곳에 모여졌고, 또 가장 마지막적인 것 안에 있는 것들은 그 사람의 궁극적인 것 안에 모여졌습니다. 그러므로 사람은, 그 형성의 측면에서 보면, 신령질서로 만들어졌습니다. 이런 사실에서 알 수 있는 것은 사람 안에 또는 사람과 더불어 존재하는 모든 것(萬有)은 천계와 자연계 양자로 말미암아 존재한다는 것입니다. 다시 말하면 천계로부터는 사람의 마음에 속한 것들이, 그리고 자연계로부터는 그의 육체에 속한 것들이 비롯되었습니다. 왜냐하면 천계에 속한 모든 것들은 사람의 사상이나 정동 속에 흘러들고(入流), 이러한 것들은 그 사람의 영(靈)에 의한 받아들임(受容)에 따라서 처리, 정리되고, 또 자연계에 속한 것들은 사람의 감관(感官)과 기쁨(喜悅) 속에 입류하고, 이러한 것들은 그의 육체 안의 수용에 따라서 처리, 정리되기 때문입니다. 그럼에도 불구하고 자연계에 속한 것들은 그 사람의 영 안에 있는 사상이나 정동에 일치하는 것에 따라서 적절하게 처리, 정리 정돈됩니다. 여기에 나타나는 외현적인 것은, 천사적 천계와 인류 사이의 연결은 전자는 후자로부터 비롯되는 그런 것이고, 또 인류가 없는 천사적 천계는 마치 기초가 없는 집(家屋)과 같은 그런 것이라고 하겠습니다. 왜냐하면 천계는 그것 안에서 종결(終結)되고, 또 그것 위에 세워지기 때문입니다. 이러한 사실은 개별적으로는 한 사람 자신과 꼭 같아서, 사람의 사상이나 의지(意志)에 속한 영적인 것들은 그의 감관이나 행동에 속한 자연적인 것들 속에 흘러들고, 그리고 영적인 것들은 거기에서 종결되고, 존재합니다. 만약 사람이 이런 것들 안에서 기쁘지 않다면, 또는 이와 같은 한계나 궁극적인 것이 없다면, 그의 영혼에 속한 사상이나 정동에 관계되는 그의 영적인 것들은, 마치 아무런 종결이 없거나, 아니면 기초가 없는 누각(樓閣)과 같이, 모두 산산이 흩어질 것입니다. 이와 꼭 같이, 사람이 자연계를 떠나 영계에 이르면, 이같은 일은 사람이 죽을 때 일어나는데, 그 때 그 사람은 하나의 영으로 존재하기 때문에, 그 사람은 더 이상 그 자신의 기초 위에 존재할 수 없고, 오히려 온 인류가 존재하는 공통적인 기초 위에 존재하게 됩니다. 천계의 비의(秘義)를 알지 못하는 사람은 사람이 없어도 천사가 존재하고, 또 천사 없이도 사람이 살 수 있다고 믿을 것입니다. 그러나 나는 나의 수많은 천계에 관한 체험으로부터, 그리고 천사들과의 수많은 대화에 의거하여, 단언할 수 있는 사실은, 사람이 없으면 천사도, 영도 결코 존재할 수 없으며, 사람 또한 천사나 영이 없이 결코 존재할 수 없다는 것과 이들 사이에는 상호적이고 보완적인 결합이 있을 수밖에 없다는 것입니다. 이러한 내용에서 먼저 이해할 수 있는 것은, 인류와 천사적 천계가 하나(一體)를 이룬다는 것이고, 그것들은 상호 존재하고 각자 각자로부터 상호 교번으로 이루어진다는 것, 따라서 전자는 후자에게서 떼어놓을 수 없다는 것입니다. (최후심판 6-9항)

천사적 천계는 우주 안에 있는 모든 창조된 것들을 위하여 존재한다는 것입니다. 왜냐하면 천사적 천계는 창조된 인류를 위한 목적이고, 또 인류는 가시적 하늘이나 그것 안에 존재하는 여러 지구들을 위한 목적이기 때문입니다. 그러므로 신령한 일 즉 천사적 천계는, 궁극적으로는 무한성과 영원성에 관계되는 것이고, 따라서 끝없는 증식으로 이어집니다. 왜냐하면 신령존재 그분이 바로 거기에 계시고, 사시기 때문입니다. 이상에서 볼 때, 역시 명확한 사실은, 인류는 결코 소멸되지 않고 영원히 존속된다는 것입니다. 왜냐하면, 만약에 인류가 소멸된다면, 신령존재께서 하시는 신령한 일은 어떤 계수에 의하여 한정되는 것이고, 따라서 무한성에 대한 그것의 관계까지도 사라질 것이기 때문입니다. (최후심판 13항)

최후심판은 어디에서 일어나는가?

심판이, 악이 가장 극도에 달했을 때, 또는 성경말씀에 표현된 것과 같이, 악이 종말에 이르렀을 때, 또는 죄가 절정에 이르렀을 때, 일어난다고 언급되어 있습니다. 이 경우는 이렇습니다. 모든 악은 그것이 갈 수 있는 만큼의 한계를 지니고 있습니다. 그러나 악이 그 한계를 넘으면, 그 범죄는 악에 속한 영벌 속으로 치닫습니다. 이같은 일은, 개별적으로나 일반적으로, 모두 다 그러합니다. 악에 속한 영벌을 그 때 심판이라고 부르는 것입니다. (천계비의 1311항)

최후심판은 교회의 마지막 때에 일어나는데, 이 교회의 마지막 때는, 거기에 인애가 없기 때문에, 따라서 거기에 믿음이 전혀 없는 때입니다. 그 주된 이유는, 그 때에는 천계와 지옥 사이에 있는 평형(平衡·equilibrium)이 소멸되기 시작하고, 그 일과 더불어 사람의 자유(自由)가 깨어지기 시작하기 때문입니다. 그리고 사람의 자유가 소멸되면, 사람은 구원을 받을 수 없기 때문입니다. 왜냐하면 그 때 사람은 천계로 인도하는 자유 안에 전혀 있을 수 없고, 오히려 그것이 없어지면 지옥으로 떨어지는 자유가 생겨지기 때문입니다. 그 이유는 자유의지가 없으면 사람은 바로잡음(改革·reform)이 있을 수 없고, 그리고 모든 인간의 자유의지는 천계와 지옥 사이에 존재하는 평형에서 비롯되기 때문입니다.

천계와 지옥 사이의 평형이 교회의 마지막 때에 소멸된다는 것은, 천계와 지옥이 인류에게서 비롯된다는 사실에서, 그리고 천계에 오르는 사람은 극소수이고, 대부분이 지옥에 떨어질 때, 한쪽의 악이 다른쪽의 선에 비하여 훨씬 증대한다는 사실에서 잘 알 수 있습니다. 왜냐하면 지옥이 증대하는 것에 비례하여 악이 극성을 부리기 때문입니다. 그리고 모든 악은 지옥으로 말미암아 사람에게서 생겨나오고, 모든 선은 천계로 말미암아 사람에게서 생겨나옵니다. 그러므로 교회의 마지막 때에 악은 선 이상으로 증대하기 때문에, 그 때 모든 교회는 주님에 의하여 심판을 받습니다. 악은 선에서부터 분리되고, 만유(萬有)는 질서에 순응(順應)하고, 새로운 천계는 지상의 새로운 교회와 더불어 새롭게 설시됩니다. 따라서 평형(平衡)도 그 때에 회복됩니다. 이것이 이른바 "최후심판"이라고 일컫는 내용입니다. (최후심판 33·34항)

개별적으로는 모두의 최후심판은 그 사람의 사후 즉시 있습니다. 왜냐하면 그 때 그 사람은 저 세상에 옮기워지는데, 그 곳에서 그 사람이 육신을 입고 살았던 그 삶을 이어받을 때 그는 영생이냐 또는 죽음이냐가 판명되기 때문입니다. (천계비의 1850항)

최후심판은 필히 영계(靈界)에서 있어야 한다

최후심판은 모두가 모이는 곳에서 일어나야만 하는데, 그러므로 최후심판은 이 지구 상에서가 아니고, 영계에서 있어야만 합니다. 더욱이 자연적인 사람으로 심판받는 사람은 아무도 없습니다. 따라서 자연계에 살고 있는 한 그 누구도 심판받지 않습니다. 왜냐하면 그 때 사람은 자연적인 몸 안에 있기 때문입니다. 그러나 사람은 영적인 몸 안에 있을 때 심판을 받습니다. 그러므로 사람은 영계에 있을 때 심판을 받습니다. 왜냐하면 그 때 사람은 영적인 몸 안에 있기 때문입니다. 더욱이 영적인 몸이 된 사람은, 사랑과 믿음에 관해서도 그와 꼭 같이 실제적으로 나타납니다. 왜냐하면 영계에서 모두는, 얼굴이나 몸 뿐만 아니라 심지어 언어나 행동에서도, 진정한 그의 사랑의 닮은꼴이기 때문입니다. 따라서 밝히 알 수 있는 사실은, 모두의 성품(性稟·quality)은 잘 알려지고, 그들의 즉시적인 분리는 주님께서 기뻐하시는 바입니다. (최후심판 28·30항)

나는 여기에다 천계비의(天界秘義)를 부연하겠는데, 그것들은 《천계와 지옥》(Heaven and Hell)이라는 나의 저서에서 설명되었으므로, 따라서 그 내용 전부를 기술하지는 않겠습니다. 사람은 누구나 사후 영계의 어떤 사회에 배속(配屬)됩니다. 그러나 그 사람의 영은 그 첫째 상태에 있을 때 그것에 대해서 전혀 무지합니다. 왜냐하면 그 때 그 사람은 외적인 것 안에는 있지만, 내적인 것 안에는 있지 못하기 때문입니다. 그 사람이 이런 상태에 있으면, 그의 마음의 바람은, 그가 어디엔가 고정될 때까지 그는 여기 저기를 왔다 갔다 하게 됩니다. 그럼에도 불구하고 실제적으로는 그는 그의 사랑이 있는 곳에 머무르게 됩니다. 그것이 바로 유사한 사랑 안에 있는 사람들끼리 이루어진 한 사회에 있다는 것입니다. 영이 이러한 상태에 있는 동안, 그 때 그는 다른 여러 곳에서도 나타나 보이는데, 그런 상태에 있는 영은, 모두가 마치 육신을 입고 있는 것처럼 나타나 보입니다. 그러나 이것은 다만 외현(外現)일 뿐입니다. 그는, 얼마 안 있어서, 주님에 의하여 자신의 주도애(主導愛·the ruling love)에 인도되는데, 그는 그 즉시 다른 사람의 눈에서 살아지고, 그 자신이 배속되어 있는 사회에 있는 자기 자신과 유사한 존재들 가운데 있게 됩니다. 이같은 특징만이 영계에 존재한다는 것은, 그 원인을 전혀 알지 못하는 사람들에게는, 이상할 뿐입니다. 이와 같이 영들이 이합집산(離合集散)이 되면, 즉시 그들은 심판을 받게 되는데, 각자는 그 자신의 적소(適所)에 있게 되어, 선한 사람은, 천계에 있는 한 사회 안에 있는 동류(同類)의 사람들 가운데 있게 되고, 악한 사람도 역시 지옥에 있는 한 사회 안에 있는 동류(同類)의 사람들 가운데 있게 됩니다. 이러한 사실에서 볼 때 명백한 사실은 최후심판은 영계 이외의 그 어떤 곳에서는 결코 있지 않다는 것입니다. 왜냐하면 첫째는 모든 사람은 그 자신의 삶과 유사한 곳에 있게 되고, 둘째는 그 자신의 삶과 비슷한 동류의 사람들과 함께 있기 때문입니다. 따라서 영계에서는 각자는 그 자신의 것과 함께 있습니다. 그러나 자연계에서는 이와는 전혀 다릅니다. 자연계에서는 선한 사람이나 악한 사람이 함께 살아갑니다. 그리고 전자는 후자의 성품을 알지 못하며, 또한 그들은 생명의 진수(眞髓)에 따라서 서로 서로 분리되지도 않습니다. 사실 육신을 입은 사람은 그 누구도, 천계든 지옥이든, 존재할 수 없습니다. 그러므로 사람이 그것들의 적재적소(適材適所)에 보내지기 위하여 사람은 누구나 자연적인 몸을 벗어야만 하고, 그리고 그것을 벗은 뒤, 영적인 몸으로 심판을 받습니다. 그러므로 앞서 언급한 것은 영적인 사람이 받는 심판이지 자연적인 사람이 받는 심판은 아니라는 것입니다. (최후심판 32항)

첫 번째 기독교회의 최후심판은 이미 단행되었다

직접 내 눈으로 최후심판이 단행되었다는 것을 볼 수 있는 기회가 나에게 있었습니다. 그리고 나는 내 눈으로 직접 악한 사람들이 지옥으로 떨어지고, 선한 사람들은 천계로 올리워지는 것도 보았습니다. 따라서 만유(萬有)는 질서정연하게 되었고, 또 선과 악 사이에 있는 평형(平衡), 또는 천계와 지옥 사이에 있는 평형 역시 그것에 의하여 회복되었습니다. 나는 처음 시작부터 최후심판이 완전히 끝날 때까지 직접 눈으로 볼 수 있었고, 또 바빌론이 어떻게 멸망되는지도(묵시록 18장) 잘 볼 수 있었습니다. 그리고 "용"이 뜻하는 사람들이 어떻게 아비소스에 떨어지는지도 목도하였고, 또 새로운 천계가 어떻게 이루어지고, "새로운 예루살렘"이 뜻하는 새로운 교회가 천계에서 어떻게 설시되는지도 목도하였습니다. 이런 일이, 내가 그런 사실들에 대하여 입증하게 하기 위하여 내 눈으로 직접 볼 수 있게 한 주님의 은총이었습니다. 이 최후심판은 1757년 초에 시작되어, 그해 말경에 완료되었습니다.

그러나 주지하여야 할 것은, 최후심판이 그 전에 산 사람들이 아니고 주님 시대부터 그 때까지 산 사람들 위에 단행되었다는 것입니다. 왜냐하면 최후심판은 이 땅 위에서 일어나기 전에 두 번 있었습니다. 이들의 두 심판에 관해서 설명하면, 그 하나는 성경말씀에서 "홍수"에 의하여 기술되었고, 다른 하나는 주님께서 이 세상에 계실 때 주님 자신에 의하여 이루어졌습니다. 이러한 사실은 주님께서 하신 말씀이 잘 말씀해주고 있습니다.

지금은 이 세상이 심판받을 때이다. 이제는 이 세상의 통치자가 쫓겨날 것이다.
(요한 12 : 31)

또 다른 곳에서는—.

내가 이렇게 말한 것은 너희로 하여금 내 안에서 평화를 얻게 하려는 것이다. 너희는 세상에서 시련을 당할 것이다. 그러나 용기를 내어라. 내가 세상을 이겼다.
(요한 16 : 33)

또 이사야서의 말씀에서는—.

에돔에서 오시는 이분은 누구신가?
붉게 물든 옷을 입고 보스라에서 오시는
이분은 누구신가?
화려한 옷차림으로
권세 당당하게 걸어오시는 이분은
누구신가?
그는 바로 나다.
의를 말하는 자요,
구원의 권능을 가진 자다.
어찌하여 네 옷이 붉으며,
어찌하여 포도주 틀을 밟는 사람의
옷과 같으냐?
나는 혼자서
포도주 틀을 밟듯이 민족들을 짓밟았다.
민족들 가운데서
나를 도와 함께 일한 자가 아무도 없었다.
내가 분내어 민족을 짓밟았고,
내가 격하여 그들을 짓밟았다.
그들의 피가 내 옷에 튀어,

내 옷이 온통 피로 물들었다.…
주께서 이르시기를
"그들은 나의 백성이며,
그들은 나를 속이지 않는 자녀들이다."
하셨습니다. 그런 다음에,
그들의 구원자가 되어 주셨습니다.
(이사야 63 : 1-8)

그 외에도 여러 곳의 말씀이 있습니다. (최후심판 45·46항)

처음 하늘과 그 하늘의 종식

묵시록에 언급되기를—.

나는 크고 흰 보좌와 그 위에 앉으신 분을 보았습니다. 땅과 하늘이 그 앞에서 사라지고, 그 자리마저 찾아볼 수 없었습니다.
(묵시록 20 : 11)

뒤이어 언급된 말씀은—.

나는 새 하늘과 새 땅을 보았습니다. 이전의 하늘과 이전의 땅이 사라지고, 바다도 없어졌습니다.
(묵시록 21 : 1)

"처음 하늘과 처음 땅"(=이전의 하늘과 이전의 땅)이 뜻하는 것을 설명하기에 앞서, 먼저 주지하여야 할 것이 있는데, 그것은 "처음 하늘"은 이 세상 창조 이래 지금까지 천사들이 된 그 사람들에 의하여 이루어진 천계를 뜻하는 것이 아니라는 것입니다. 왜냐하면 천계는 변함없이, 영원히 존속하는 것이기 때문입니다. 그 이유는 천계에 들어간 사람은 모두 주님의 보호 하에 있고, 또 주님에 의하여 한번 영접된 사람은 주님에게서부터 결코 끌어내려질 수 없기 때문입니다. 그러나 "처음 하늘"(=이전 하늘)은 천사들이 된 그들 이외의 사람들로 구성된 천계를 가리킵니다. 왜냐하면 그들의 대부분은 천사가 될 수 없었기 때문입니다.
이 하늘은, 언급된 것과 같이, "사라질 것"입니다. 이 하늘은 바위와 산들 위에 있는 사회를 형성하고, 또 자연계에서와 같은 희열 속에 있는 사람들이기 때문에 "하늘"이라고 부르지만, 그럼에도 불구하고, 그들은 아직까지 영적인 것 안에는 있지 않습니다. 왜냐하면 이 세상에서 영계에 들어온 사람들 대부분은 그들 자신이 천계에 있다고 믿기 때문입니다. 즉 그들은 높은 곳에 있고, 또 천국적인 기쁨을 향유하며, 또 이 세상에 있을 때와 꼭 같은 기쁨을 만끽하고 있기 때문입니다. 그래서 "하늘"이라고 하였지만 그러나 "처음 하늘은 사라질 것"입니다.
더 주지하여야 할 것이 있는데, "처음"(=이전)이라고 불리운 이 하늘은 주님께서 세상에 강림하시기 전에 살았던 사람들로 구성된 것이 아니고, 주님의 강림 이후 살았던 사람들로 구성되었다는 것입니다. 왜냐하면, 앞에서 설명한 바와 같이, 최후심판은 모든 교회의 마지막 때에 단행되었고, 그 때 "처음"(=이전) 하늘은 종식되었고, 새로운 하늘이 형성되었기 때문입니다. (최후심판 65-67항)
"처음 하늘"은 최후심판이 단행될 사람들로 이루어졌습니다. 왜냐하면 최후심판은 지옥에 있는 사람이나 천계에 있는 사람들이나, 영들의 세계에 있는 사람들에게는 단행되지 않았고 또 그 때까지 이 세상에 살고 있는 사람들에게도 단행되지 않았기 때문입니다. 그러나 다만 자신들이 커다란 산 위나, 바위 같은 데 있으므로 천계에 속한다고 여기는 사람들에게 행하여졌는데, 이들이 바로 주님께서 왼쪽에 세웠던 "염소"라고 일컫는, 마태복음서 24장 32절과 33절, 그리고 뒤이어지는 귀절에 나타나는 사람들입니다. 명확히 알아야 할 사실은, "처음 하늘"은, 기독교가 아닌, 마호메트 교도나 이방인들로 이루어지는데, 그들이 있는 곳에서 그들은 자신들에게는 이같은 천계를 이룬다는 것입니다. 그들의 성품은 몇 마디 말로 설명할 수 있겠습니다. 그들은 이 세상에서 살 때 내적으로는 거룩하게 살지 않고, 오히려 외적으로 거룩하게 살았습니다. 그들은 또 신령한 율법 때문에서 아니고, 시민법이나 도덕률 때문에 의롭고, 신실되게 살았습니다. 그러므로 그들은 외적 또는 자연적일 뿐, 내적 또는 영적인 사람은 아닙니다. 그들은 역시 교회의 가르침(敎理) 안에 있었고, 또 그것들을 가르칠 능력은 있었지만, 그러나 그들의 삶은 그 가르침과 일치하지 않았고, 또 그들은, 직업적인 것을 위해서 또는 필요에 의해서 행하였을 뿐, 선용을 목적으로 행하지는 않았습니다. 주님 강림 이후 살았던 이들과 유사한 도처에서 모인 모든 사람들로 "처음 하늘"은 이루어졌습니다. 그러므로 이 하늘은 그런 세상과 같고, 또 이 세상에 있었던 그런 교회와 같습니다. 그들 가운데는 선 그 자체 때문에 선을 행하는 것이 아니고, 그들은 법의 두려움이나 명성, 명예 또는 재산의 손실의 두려움 때문에 선을 행합니다. 그들은 하나님을 경외(敬畏)하는 것 때문에 선을 행하는 것이 아니고, 오히려 사람이나 그밖의 이유에서 선을 행하였고, 따라서 그들은 양심을 가지고 있지 않았습니다. "처음 하늘"에는 개혁교도(改革敎徒)에 속한 사람들이 주류를 이루었는데, 그들은 사람은 믿음만으로(by faith alone) 구원을 받는다는 신앙으로 살았고, 인애가 뜻하는 믿음의 삶을 살지 않았으며, 또 사람들에게 보이는 것만을 애지중지한 사람입니다. 이런 영들 가운데는, 그들이 서로 합치면, 그만큼 내면적인 것들이 닫혀져서, 그들은 나타나 보이지 않습니다. 그러나 최후심판이 임박할 때, 닫혀졌던 것들이 열려지는데, 그 때 그들은 내면적으로 온갖 종류의 거짓들과 악들로 사로잡혀 있다는 것을 깨닫게 됩니다. 그리고 그들은 자신들이 신령존재에 반대되는 것에 빠져 있고, 또 실제적으로 지옥에 빠져 있다는 것을 발견하게 됩니다. 왜냐하면 사후 누구나 자기와 유사한 끼리끼리 즉시 합쳐지기 때문에, 선한 사람은 천계에서 그들의 동류끼리, 악한 사람은 지옥에서 그들의 동류끼리 합치게 됩니다. 그럼에도 불구하고 내면적인 것들이 열려지기 전까지는 그들은 자신의 동류들에게 가지 않습니다. 그들은 외적인 것들에서 서로 유사한 동류들끼리 이룬 사회에서 한 동안은 살 수 있습니다. 그러나 주지하여야 할 것은, 내면적으로 선한 사람, 그러므로 영적으로 선한 사람은 악한 사람들에게서 격리되어 천계에 오른다는 것이고, 또 내적인 것과 꼭같이 외면적으로 악한 사람들은 선한 사람에게서 격리, 지옥에 보내진다는 것입니다. 이러한 일은 주님 강림 이후부터 마지막 때까지, 즉 최후심판 때까지 줄곧 계속되었습니다.

위에서 기술한 성품의 사람들은, "처음 하늘"을 이루는 사회들을 그들 자신들 가운데 이루기 위하여, 남는다는 것도 주지하여야 하겠습니다.

이와 같은 사회들이나 하늘을 관대하게 묵인하는데는 여러가지 이유들이 있습니다. 그 주된 이유는, 그들의 외적인 거룩함이나 외적인 진실이나 정의에 의하여 그들이 가장 외적인 천계나 또 아직 천계에 오르지 못하고 영들의 세계(the world of spirits)에 머무르고 있는 단순히 선한 영들과 더불어 결합되기 때문입니다. 왜냐하면 영계에는 하나의 의사소통(意思疏通)이 있어서, 그것에 의하여 유사한 동류들끼리의 결합이 있기 때문에, 가장 외적인 천계나 영들의 세계에 있는 단순한 선한 사람들은 내면적으로 악하지 않으면, 거의가 외적인 것에 의존하기 때문입니다. 그러므로 만약 이러한 영들이 정해진 기간(appointed time) 전에 우격다짐으로 그들에게서 옮기워진다면, 천계는 낮은 부분에서 고통을 겪게 될 것입니다. 그리고 아직까지는 높은 하늘은 낮은 하늘을 기초로 해서 지탱되기 때문입니다. 이런 이유들 때문에, 마지막까지 이런 영들은 관대하게 묵인되는 것입니다. 주님께서는 아래의 말씀에서 이렇게 가르치십니다.

> 주인의 종들이 와서, 그에게 말하였다. "주인 어른, 어른께서 밭에 좋은 씨를 뿌리지 않으셨습니까? 그런데 가라지가 어디에서 생겼습니까?" 주인이 종들에게 말하기를 "원수가 그렇게 하였구나" 하였다. 종들이 주인에게 말하기를 "그러면 우리가 가서, 그것들을 뽑아 버릴까요?" 하였다. 그러나 주인은 이렇게 대답하였다. "아니다. 가라지를 뽑다가 그것과 함께 밀까지 뽑으면 어떻게 하겠느냐? 거둘 때가 될 때까지 둘 다 함께 자라게 내버려 두어라. 거둘 때에, 내가 일꾼에게, 먼저 가라지를 뽑아 단으로 묶어서 불태워 버리고, 밀은 내 곳간에 거두어들이라고 하겠다."
> 예수께서 이렇게 말씀하셨습니다. "좋은 씨를 뿌리는 이는 인자요, 밭은 세상이다. 좋은 씨는 그 나라의 자녀들이요, 가라지는 악한 자의 자녀들이다. …… 가라지를 모아다가 불에 태워 버리는 것 같이, 세상 끝 날에도 그렇게 할 것이다."
> (마태 13 : 27-30, 37-40)

(최후심판 69 · 70항)

양들과 잠자는 성인들과 제단 아래 있는 영들이 뜻하는 사람들에 관하여

양들에 속한 구원에 관한 것입니다. 최후심판이 단행된 뒤, 천계에는 기쁨이, 영계들의 세계에는 광명이 충만하였습니다. 이같은 것은 심판이 있기 전에는 있지 않았습니다. 용이 쫓겨난 뒤의 천계의 기쁨이 어떤 것인지 묵시록에 기술되었습니다(묵시록 12 : 10-12). 영들의 세계에 광명이 있었는데, 그것은 지옥적 사회들은, 땅을 어두웁게 하는 구름 같은 것이 중간에 끼어 있기 때문입니다. 그 때에 세상에 있는 사람들에게는 이와 유사한 빛이 있었는데, 이것에서부터 사람들에게는 새로운 빛이 왔습니다.

나는 그 때 밑(ex inferis)에서부터 매우 많은 수의 천사적 영들이 살아나(rising) 천계에 오르는 것을 보았습니다. 그들은 바로 "양들"의 무리에 속한 사람들이었는데, 암흑기간 동안 "용의 추종주의자들"에게서 오는 악한 영기에 해를 입지 않기 위해서 주님에 의하여 보호되었던 것인데, 그렇게 하지 않으면 그들의 인애(仁愛)는 질식되었을 것입니다. 성경말씀에서 그들에 의하여 뜻하는 자들을, 하나는 "무덤에서 올라온 자"이고(마태 27 : 52, 53), 또 다른 하나는 "예수의 증거 때문에 죽임을 당한 영들"입니다(묵시록 6 : 9 ; 20 : 4). 이들은 보호되고, 돌보아졌는데, 이들이 바로 "첫째 부활에 속한 사람들"입니다 (묵시록 20 : 5, 6). (최후심판 속편 30 · 31항)

성경말씀에서 주님의 계율에 따라서 살았고, 또 주님의 신성(神性)을 시인하는, 따라서 주님에게서 비롯된 인애의 삶을 산 사람들은 주님에 의하여 최후심판까지 천계 아래에 보호되고, 지옥의 내습(來襲)으로부터 보호되는데, 최후심판이 단행되었기 때문에 그들은 그들의 처소에서 소생(蘇生)되어, 천계로 올리워졌습니다. 그들이 그 전에 소생되지 않은 이유는, 그 심판 전에는 지옥은 그 세력을 떨치고, 또 지옥이 더 힘과 능력이 있기 때문입니다. 그러나 심판 뒤에는 천계가 세력을 떨치고, 그 때 거기에는 천계에게 더 힘과 능력이 있기 때문입니다. 최후심판에 의하여 천계나 지옥에 있는 것들 모두가 질서를 회복하였습니다. 그러므로 만약 그들이 그 전에 천계에 올리워졌다면, 그들은, 천계를 이기는 지옥이 떨쳐대는 힘에 대항할 능력이 없었을 것입니다. 나는 그들이 천계에 올리워지는 것을 목도하였습니다. 왜냐하면 그들의 전 모임(phalanx)이 소생하여, 주님에 의하여 보호되었던 낮은 땅(the lower earth)에서부터 천계로 올리워져서, 천계의 사회들로 옮기워지는 것을 내가 직접 보았기 때문입니다. 이러한 일은 최후심판이 단행된 뒤에 일어났는데, 이 내용에 관해서는 나의 작은 저서에서 다루었습니다. 이와 꼭 같은 일이, 주님께서 이 세상에 계실 때 주님에 의하여 단행된 앞서의 심판 뒤에도, 일어났습니다. 역시 그 때의 내용에 관해서도 그 책에 언급하였습니다. 이 비의(秘義)는 전에 인애의 삶을 산 사람들의 부활(復活·resurrection)이 뜻하는 내용입니다. 또 그것은 요한복음서에 기술된 말씀의 뜻이기도 합니다. 즉—.

> 지금은 이 세상이 심판받을 때이다. 이제는 이 세상의 통치자가 쫓겨날 것이다. 내가 땅에서 들려 올라갈 때에, 나는 모든 사람을 나에게로 끌어올 것이다.
> (요한 12:31, 32)

그리고 그 비의는 주님께서 크게 외치신 선포(宣布)가 뜻하는 내용이기도 합니다. 마태복음서에—.

> 무덤이 열리고, 잠자던 많은 성도의 몸이 살아났다. 그리고 그들은, 예수께서 부활하신 뒤에, 무덤에서 나와 거룩한 도성에 들어가, 많은 사람에게 나타났다.
> (마태 27:52, 53)

(묵시록해설 899항)

> 나는 제단 아래에서, 하나님의 말씀 때문에, 또 그들이 말한 증언 때문에, 죽임을 당한 사람들의 영혼을 보았습니다.
> (묵시록 6:9)

이 말씀은, 주님말씀(聖言)의 진리에 일치하는 그들의 삶과, 또 그들이 주님의 신령인성(神靈人性·the Lord's Divine Humanity)을 시인하는 것 때문에 악한 사람들로부터 미움받고, 곤욕을 치루고, 옳다고 인정받지 못하는 사람들을 뜻하고, 또 타락의 길로 빠지지 않도록 주님에 의하여 인도되는 사람들을 뜻합니다. "제단 아래"(under the altar)라는 말씀은 그들이 주님에 의하여 보호되었던 낮은 땅(the lower earth)을 뜻하고, "제단(祭壇)"은 사랑에 속한 선에서 비롯된 주님예배(the worship of the Lord)을 뜻합니다. "죽임을 당한 사람들의 영혼"이라는 말씀은, 여기서 순교자(殉敎者)를 뜻하지 않고, 오히려 영들의 세계에 있는 악한 영들에 의하여 미움받고, 곤욕을 치루며, 또 옳다고 인정받지 못하는 영들을 뜻하는데, 그들은 "용의 추종자들이나 이단사설(異端邪說)을 주창하는 사람들"의 유혹을 받은 사람들을 뜻합니다. "하나님의 말씀 때문에, 그들이 말한 증언 때문에" 라는 말씀은, 주님의 성언에 속한 진리에 일치하는 삶과, 또 주님의 신령인성을 시인(是認)하는 것 때문이다는 뜻을 가리킵니다. 천계에서의 증언(證言)은 주님의 신령인성을 시인한 사람들 외에는 그 누구에게도 주어지지 않습니다. 왜냐하면 주님께서 증언하시는 분이시고, 또 주님께서는 천사들에게 증언하도록 허락하시는 분이시기 때문입니다. 그래서 묵시록은—.

> 이러지 말아라. 나도 예수의 증언을 간직하고 있는 네 형제자매들 가운데 하나요, 너와 같은 종이다. 경배는 하나님께 드려라. 예수의 증언은 곧 예언의 영이다. (묵시록 19 : 10)

라고 기술하였습니다. 그들이 "제단 아래에 있었기" 때문에 명백한 사실은, 그들이 주님의 보호와 인도 아래에 있었다는 것입니다. 왜냐하면 인애의 삶을 산 사람들은 그들이 사악한 사람들에 의하여 해를 입지 않게 하기 위하여 모두 주님에 의하여 보호받고, 인도되기 때문입니다. 그리고 최후심판이 있은 뒤, 사악한 무리들이 모두 옮기워지면, 그들은 보호받던 곳에서 풀려나, 천계로 올리워집니다. 나는 최후심판이 있은 뒤, 낮은 땅에서 자유스럽게 되어 천계로 옮기워지는 사람들을 자주 자주 목격하였습니다. (묵시록계현 325항)

최후심판 이후, 그 결과로 인한 이 세상과 교회의 상태

천계와 지상 사이에, 또는 주님과 교회 사이에, 영들의 집단 때문에 최후심판 전에는 이들 사이의 교류는 많은 장애를 받았습니다. 모든 조요(照耀 · enlightenment)는 천계를 통하여 주님에게서 사람에게 오고, 또 심오한 방법에 의하여 사람들 속으로 들어옵니다. 그런데 천계와 이 세상 사이에, 또는 주님과 교회 사이에, 어떤 부류의 영들의 집단(集團)이 있는 한, 사람은 주님으로부터 조요를 받을 수 없습니다. 그것은 마치 태양의 햇살이 검은 구름에 의하여 차단(遮斷)되는 것과 같이, 또 태양의 구름에 가려 어둡게 되거나 또는 태양 빛이 달이 가로막아 차단되는 것과 같습니다. 그러므로 주님에 의해서 어떤 계시가 주어지지 않는다면, 그 어떤 것도 이해할 수 없으며, 또한 만약에 이해될 수 없다면, 어떤 것도 받을 수 없을 것입니다. 그리고 만약에 어떤 것을 받는다고 해도 그것은 그뒤 질식되고 말 것입니다. 따라서 중간에 끼어든 무리가 최후심판에 의해서 제거되기 때문에 명백한 사실은, 천계와 세상, 또는 주님과 교회 사이에, 교류가 회복되었다는 것입니다.
따라서 최후심판이 있기 전이 아니라, 단행된 이후 새로운 교회(the New Church)를 위한 계시가 있었습니다. 왜냐하면 최후심판에 의하여 그 교류가 회복되었고, 사람은 밝은 빛을 받을 수 있고, 또 개혁될 수 있기 때문입니다. 즉, 사람은 성언의 신령진리를 이해할 수 있고, 또 이해할 수 있을 때, 사람은 그 진리를 영접할 수 있으며, 또 그 진리를 영접하였을 때, 사람은 그 진리를 보존할 수 있었습니다. 왜냐하면 장애물(障碍物)이 제거되었기 때문입니다. 그러므로 "이전의 하늘과 이전의 땅이 살아진 뒤"에 요한 사도는 다음과 같이 말하였습니다.

> 나는 새 하늘과 새 땅을 보았습니다. 이전의 하늘과 이전의 땅이 사라지고, 바다도 없어졌습니다. 나는 또, 거룩한 도시 새 예루살렘이 남편을 위하여 단장한 신부와 같이 차리고, 하나님께로부터 하늘에서 내려오는 것을 보았습니다.……그 때에 보좌에 앉으신 분이 말씀하셨습니다. "보아라, 내가 모든 것을 새롭게 한다." 또 말씀하셨습니다. "기록하여라. 이 말은 신실하고 참되다."
> (묵시록 21 : 1, 2, 5)

(최후심판 속편 11 · 12항)
최후심판 이후 이 세상의 상태는 지금까지의 것과 대체적으로 유사하였습니다. 왜냐하면 영계에서 일어난 큰 변화는 외적인 형태에 관한 한, 자연계 안에서는 그 어떤 변화도 생기지 않기 때문입니다. 그러므로 그 뒤에도 이 세상에는 종전과 꼭 같은 시민적인 일들이 있을 것입니다. 즉 이 세상에는 종전과 같이, 평화조약이나 전쟁, 일반적이든 개별적이든, 사회에 속한 다른 사건들도 있을 것입니다. 주님께서는 이렇게 말씀하셨습니다.

> 너희는 여기저기서 전쟁이 일어난 소식과 전쟁이 일어나리라는 소문을 들을 것이다. 너희는 당황하지 않도록 주의하여라. 이런 일이 반드시 일어나야 한다. 그러나 아직 끝은 아니다. 민족이 민족을 거슬러 일어나고, 나라가 나라를 거슬

러 일어날 것이며, 곳곳에 기근과 지진이 있을 것이다.
(마태 24 : 6, 7)

이 말씀은 자연계에서 있을 사건들을 뜻하는 것이 아니고, 그 자연적인 것들에 대응되는 영계에 있을 일들을 뜻합니다. 왜냐하면 예언서에 나오는 말씀은 이 땅 위에 있는 나라들을 언급한 것이 아니고, 또 민족이나 그들의 전쟁이나 기근·질병·지진에 관한 것을 언급한 것이 아니라, 이것들에 대응하는 영계에 있는 사단(事端)들을 뜻하기 때문입니다. 이러한 것들이 어떤 것인지는 천계비의(天界秘義·Arcana Celestia)에서 설명되었습니다. 어쨌든, 교회의 상태에 관해서 살펴보면, 그 교회는 지금 이후부터는 과거와는 같지 않은 상태입니다. 사실, 그 교회는 외모에 관해서는 예전과 유사한 것 같지만, 내적인 형태에서는 과거와 전혀 다른 교회일 것입니다. 외적인 겉모양으로는, 종전과 같이, 분열된 교회들이 존재할 것이고, 또 그들의 가르침(敎理)도 종전과 꼭 같은 것을 가르칠 것입니다. 그리고 동일한 종교들이 이방인들 가운데 존재할 것입니다. 그러나 그 이후 교회에 속한 사람들은 믿음에 속한 문제들에 관해서 보다 자유스럽게 생각하는 상태에 있을 것이고, 따라서 천계와 관계되는 영적인 사안들에 관해서도 매우 자유롭게 생각하는 상태 안에 있을 것입니다. 왜냐하면 영적인 자유의지가 회복되었기 때문입니다. 그 이유는 천계와 지옥 안에 있는 모든 것들이 질서정연하게 되었고, 신령한 것에 속한 모든 사상이든, 또는 신령한 것에 반대되는 모든 사상이든, 모두 그것들에게서 비롯되기 때문입니다. 천계에서 비롯되는 모든 사상은 신령한 것들과 조화를 이루고, 지옥에서 비롯되는 모든 사상은 신령한 것과 반대되는 다툼이 있습니다. 그럼에도 불구하고 사람은 자기 자신의 상태 변화에 관해서 면밀히 살피지 않습니다. 그 이유인즉슨, 사람은 그것에 관해서 곰곰히 생각하지 않기 때문입니다. 그리고 또 사람은 영적 자유의지나 영적 입류에 관해서 전혀 알지 못하기 때문입니다. 뿐만 아니라, 사람이 사후에 그가 천계에 존재한다는 것도 깨닫지 못하기 때문입니다. 영적 자유의지가 사람에게 회복되었기 때문에, 성경말씀(聖言)의 영적인 뜻도 지금은 모두 열려져 있습니다. 그리고 영적인 뜻에 의하여 내면적 신령진리도 계시되었기 때문입니다. 왜냐하면 이전 상태의 사람은 그 뜻을 이해하지 못하였으며, 비록 그것을 이해한 사람은 아마도 그 진리를 모독하였을 것이기 때문입니다. 나는 최후심판 이후 교회의 상태에 관해서 천사들과 수없이 많은 대화를 나누었습니다. 그들은, 한결 같이, 어떤 일이 일어날 것인지에 관해서는 전혀 알지 못한다고 말하였습니다. 왜냐하면 앞으로 일어날 일에 관한 정보는 주님에게만 속한 것이기 때문입니다. 그러나 그들은, 교회에 속한 사람들의 종전과 같은, 노예나 사로잡힘은 사라질 것이며, 지금은 자유의지의 회복에 의하여, 사람은 그가 원하기만 한다면, 내적 진리를 월등히 지각할 수 있습니다. 그럼에도 불구하고 기독교회에 속한 사람들은 실낱 같은 소망을 가지고 있지만, 그러나 기독교계로부터 멀리 떨어져 있는 민족의 대부분은, 따라서 사악한 무리들로부터 옮기워진 민족은 영적 빛을 받을 수 있는 민족이고, 천적-영적 사람이 될 수 있는 민족이라고 말하였습니다. 그리고 천사들은, 내면적 신령진리들이 오늘날 그런 민족에게 계시되었고, 그리고 또한 그 민족은 영적 믿음으로 즉, 마음과 삶 가운데서 그 계시를 받을 것이고, 또 그들은 주님만을 예배할 것이라고 말하였습니다. (최후심판 73·74항)

제35강

우주 안의 지구들

수많은 지구들이 존재한다

저 세상에서 알려진 사실은, 우주 안에는 많은 지구들(earths)이 있고, 거기에도 사람들이 살고 있으며, 영계에는 거기에서 온 영이나 천사도 있다는 것입니다. 왜냐하면, 저 세상에서는 진리를 사랑하고, 그 진리를 실천하는 선용을 갈망하는 사람은 누구나 다른 지구에서 온 영들과 대화하는 것이 허락되고 있기 때문입니다. 그것에 의해서 세계가 다종다양하다는 것이 납득이 가겠고, 인류도 오직 하나의 지구로부터가 아니라, 무수한 지구들에서 비롯되었다는 것도 확실히 알 수 있겠습니다. 나는, 우리 지구에서 온 영들과 이 사실에 관해서 여러 번 이야기를 나누었는데, 그 내용은 다음과 같습니다. 총명한 사람이라면 종래 가지고 있던 많은 지식에 의해서, 수많은 지구들이 있고, 그 곳에는 사람이 살고 있다는 것을 알고 있을 것입니다. 왜냐하면 이성(理性)으로 쉽게 결론을 내릴 수 있는 것인데, 크기로는 우리의 지구의 몇 배가 되는 행성(行星)도 있으며, 어떤 것들은 다만 태양 둘레를 빙빙 돌면서 하나의 지구에 빈약한 빛을 보내기 위한 목적으로 창조된 속이 텅빈 무인(無人)의 돌덩어리가 아니라, 그 이상 굉장한 선용을 위해서 만들어졌을 것이라는 것을 알 수 있기 때문입니다. 모든 사람이 믿고 있는 것처럼, 신령존재께서 우주를 만드신 것은 인류가 거기에 살고, 또 거기에서 천계로 갈 수 있게 하기 위한 것 이외의 다른 목적이 없다는 것을 믿는 사람이면, 인류가 천계의 온상(溫床)이기 때문에, 지구가 있으면 거기에는 반드시 사람들이 있을 수밖에 없다는 것을 믿지 않을 수 없을 것입니다. 이 태양계의 테두리 안에 육안으로 보이는 행성이 모두 지구들인 것은 다음의 사실에서 명백하게 깨달을 것입니다. 결국 태양의 빛을 반사시키고 있는 이상, 우리의 지구와 같은 물질로 된 물체이며, 천체 망원경으로 바라 보아도 붉은 불길을 발하는 별이 아니라, 막연하고 다양하게 변화하는 토지처럼 보인다는 것입니다. 또 우리의 지구와 같이, 태양 주위를 황도대(黃道帶)를 따라 운행하고, 연수를 찍고, 춘하추동의 계절을 만들어 내고 있습니다. 또 우리의 지구와 같이, 지축(地軸)을 중심으로 회전하면서, 그 결과로 하루가 결정되고, 조석주야(朝夕晝夜)라는 하루의 시간대도 만들고 있습니다. 어떤 행성에서는 위성(衛星)이라고 부르는 달(月) 또한 우리의 지구의 달처럼 자기가 속하는 천체를 주기적으로 돌고 있습니다. 태양에서 가장 멀리 떨어져 있는 토성(土星)에는 빛을 내며 반짝이는 대규모의 띠가 있어서, 반사광(反射光)이라고 하지만, 많은 양의 빛을 토성을 향해 되쏘고 있습니다. 이상의 사실들을 잘 알고, 이성으로 생각한다면, 이 천체들이 무용의 물체라고 말할 수 있는 사람은 아무도 없을 것입니다. 더욱이 나는, 또 영들과 가진 대화에서, 우주에는 한 개 이상의 여러 지구들이 있다고 사람들이 믿어도 좋을 것이라고 말하였습니다. 그 이유는 별들이 반짝이는 창공은 광대무변(廣大無邊)하고, 거기에는 무수한 별들이 있으며, 그 별 하나 하나가, 각각 크나큰 차이는 있지만, 자기 위치와 자기 세계에서 우리의 태양과 닮은 태양이 되고 있기 때문입니다. 순리대로 생각해 보면, 결국 광대무변한 우주의 총체도 창조의 최종목적에 이르기 위한 수단일 뿐이다는 결론을 도출할 수 있겠습니다. 그리고 그 목적이라는 것은 신령존재께서 천사와 인간이 함께 살 주님의 나라(王國)이다는 것입니다. 왜냐하면 눈에 보이는 우주는 무수한 별들로 되어 있는 창공이지만, 그 별들은 모두 태양이고, 그것도 인간이 살 수 있는 지구가 존재해 가기 위한 수단에 지나지 않기 때문입니다. 그리고 그 인간으로 말미암아 천계의 왕국은 존재하기 때문입니다. 이런 목적의 수단으로써 광대무변한 우주가 존재한다고 한다면 그것이 오로지 하나의 지구의 인류만을 위한 것이 아니라는 것은 이성이 있는 사람이면 무엇인가 머리에 떠오르는 것이 있을 것입니다. 무한하신 신령존재에게 있어서 주민이 가득 살고 있는 지구가 몇 천 있다고 해도, 또 몇 만이 있다고 해도, 그리 대단한 일은 아닐 것입니다. (천계와 지옥 417항)

다른 지구 사람들과의 대화의 허용

주님의 신령자비에 의하여 나의 영에 속한 내면적인 것들이 열렸기 때문에, 그리고 그것에 의하여 나는 우리의 지구 가까이 있는 지구의 영들이나 천사들 뿐만 아니라 다른 지구에 가까이 있는 지구의 그들과도 대화할 수 있는 것이 나에게 허락되었습니다. 그리고 또한 나는, 다른 지구들이 있는지 없는지, 그리고 그 지구들은 어떠한 것인지, 또 거기에 살고 있는 주민들의 성품은 어떠한지를 알고자 너무나 갈망하였기 때문에, 그러므로 주님의 자비로 다른 지구들에서 온 영들이나 천사들과 더불어 자리를 같이 하고, 또 그들과 대화하는 것이 나에게 허락되었습니다. 이같은 일은 어떤 이들과는 하루 종일, 어떤 이들과는 일주 동안, 어떤 이들과는 몇 달 동안 같이 있으면서 대화를 하였습니다. 나는 그들로부터 그들이 살다 온 지구나 그 주변의 지구들에 관해서, 그리고 그들 주민들에 속한 생활들, 관습들, 예배에 관해서, 그리고 설명한 가치가 있는 여타의 다른 사안(事案)에 관해서 많은 정보를 알게 하기 위하여, 주님께서 그들과의 대화를 허락하셨습니다. 이런 방법으로 여러 가지 것들을 나로 하여금 알게 하기 위하여 그것이 허락되었던 것과 같이, 내가 보고 들은 것들을 기술하는 일도 허락되었습니다. (우주 안의 지구들 1항)

그같은 영적 교제의 가능성과 그것이 어떻게 이루어지나?

내가 본 것은 나의 육신적인 눈으로 본 것이 아니고, 나의 영의 눈으로 본 것입니다. 왜냐하면, 주님께서 그것을 허락하시면 어떤 영이든 지구에 있는 것들을 모두 볼 수 있기 때문입니다.

많은 사람들이 사람이 그의 영안(靈眼)으로 아주 멀리 떨어져 있는 지구에 있는 것들을 본다는 것이 가능한 것인지 불가능한 것인지에 대해서 의심한다는 것을 나는 잘 알고 있기 때문에, 나는 그 일이 어떻게 일어나는지를 설명하겠습니다. 저 세상에서의 거리는 우리 지구의 거리와 같지 않습니다. 저 세상에서의 거리는 모두의 내면적 상태와 꼭 일치(一致)합니다. 비슷한 상태에 있는 자들은 모두가 같은 사회에 있고, 또 같은 장소에 있습니다. 거기에서의 공존(共存 · presence)은 상태의 유사성(類似性)에서 비롯되고, 그리고 모든 떨어짐(疎遠·distance)은 상태의 상이성(相異性·dissimilarity)에서 비롯됩니다. 여기에서 알 수 있는 것은, 내가 주님에 의하여, 어떤 지구의 영들이나 그곳의 주민의 유사한 상태에 들어가면 나는 그 지구에 가까이 있을 수 있고, 따라서 그들과 같이 있기 때문에, 그 때 나는 그들과 더불어 대화하였습니다. 하나의 영이, 다시 말하면 영이라는 면에서 보면 꼭 같은 사람인데, 지구에 있는 사물들을 볼 수 있다는 사실에 관해서, 그것이 어떠한지를 설명하겠습니다. 영들이든 천사들이든, 그들 자신의 시각으로는 이 세상에 존재하는 것은 어떤 것도 볼 수 없습니다. 왜냐하면 그들에게 이 세상의 빛 즉 태양에 속한 빛은 칠흑 같은 흑암이기 때문입니다. 그것은 마치 육안(肉眼)으로는 사람이 저 세상에 있는 어떤 것도 볼 수 없는 것과 같은데, 그 이유는, 육안의 시각에 대해서 천계의 빛은 칠흑 같은 흑암이기 때문입니다. 그럼에도 불구하고, 주님께서 허락하시면, 영들이나 천사들도, 사람의 눈을 통해서 이 세상에 있는 것들을 볼 수 있습니다. 그러나 이같은 일은, 주님께서 영들이나 천사들과 대화하고, 또 그들과 함께 있게 허락하신 사람들이 받는 주님에 의한 은총입니다. 내 눈을 통해서 내가 하는 것과 꼭 같이 이 세상에 있는 것들을 보는 것이 그들에게 허락되었고, 또 나와 더불어 대화하는 사람들의 말을 들을 수 있는 것이 나에게 허락되었습니다. 때로는 어떤 이들은 그가 이 세상에 살 적에 아주 잘 아는 친구들을 나를 통해서 보는 일이 있었는데, 그들은 이 일에 매우 놀랐습니다. (우주 안의 지구들 134·135항)

수성(水星)에 관하여

몇몇 영들이 내게 왔는데, 천계로부터 일러진 것은, 그들은 태양에 제일 가까운 지구에서 왔는데, 우리의 지구에서는 수성(水星·mercury)이라는 이름으로 알려졌다는 것입니다. 그들이 내게 이르자 곧 그들은 내 기억에서부터 내가 알고 있는 것들을 조사하였습니다. 영들은 이같은 일을 아주 재치있게 처리하였습니다. 왜냐하면 그들이 사람에게 접근하면 그들은 사람의 기억에서, 그것이 내포하고 있는 개별적인 것들을 볼 수 있기 때문입니다. 여러 가지 것들에 관해서, 특히 내가 있었던 도시들이나 장소에 관해서 그들이 조사하는 동안, 내가 깨달은 것은, 그들은 성전이나 궁궐 또는 가옥이나 거리에 관해서 어떤 것을 알려고 하는 의도는 전혀 없고, 오히려 이런 장소에서 행해진 것들에 관해서 내가 알고 있는 사실에 관해서만 관심을 가지고 있다는 것입니다. 그것들은 바로 거기의 정치형태에 관한 것들이고, 그리고 주민들의 성품이나 그리고 이같은 성질에 속한 것들에 관한 것입니다. 왜냐하면 이러한 것들은 사람의 기억 속에 있는 장소와 밀접한 관계를 가지고 있기 때문입니다. 그러므로 장소들이 회상될 때 이러한 것들 역시 동시에 생각에 떠오르기 때문입니다. 나는 그들의 이러한 특성(特性)에 매우 놀랐는데, 그래서 나는 그들에게, 왜 그들이 장소들의 웅장함 따위에는 관심이 없고, 그들과 밀접한 관계를 가지고 있는 것들이나 상황에만 관심을 두는지를 물었습니다. 그들은, 물질적이고, 관능적이고, 땅의 것들을 검증하는 일에서 기쁨을 가질 수 없고 다만 실존(實存)하는 것(real thing)을 관찰하고, 검증하는 데서 기쁨을 가지기 때문이라고 대답하였습니다. 이러한 사실은, 그 지구 즉 수성의 영들은 최대인간(最大人間·the Greatest Man) 안에 있는 물질적이고 땅의 것들에서 완전히 떠난 것들의 기억에 관심을 갖는다는 경험에 의하여 입증되었습니다.

그 지구의 주민들의 삶에 관해서 나에게 일러졌습니다. 바꾸어 말하면 그들은 땅에 속한 것(陸生的)이나 물질적인 것에 관해서는 전혀 관심이 없고, 오로지 거기의 조례(條例), 법률이나 정부형태에 관해서만 관심을 가지고 있으며, 또한 헤아릴 수 없이 많은 천계에 속한 것들에 관심을 가지고 있었습니다. 그리고 더 자세히 내가 알게 된 사실은, 수성 사람들의 대부분은 영들과 대화를 하고, 또 그들은 그것에 의하여 영적인 것들이나 사후 생명의 상태에 관한 많은 지식을 가지고 있다는 것입니다. 이로 인하여 그들은 관능적이고 육생적(陸生的)인 것들에 대한 경멸감을 가지고 있다는 것입니다. 왜냐하면 사후에도 죽지 않고 계속 산다는 확신이나 신앙을 가지고 있는 그들은 천계적인 것들에 관해서 관심을 두기 때문입니다. 그 이유는, 천계적인 것들은 영원하고, 또 행복한 것이기 때문에 그것들에 관해서는 관심이 있지만, 세상적인 것들에 관해서는 생활에 필요한 정도만큼만 관심을 가지기 때문입니다. (우주 안의 지구들 11·12항)

수성의 영들은 다른 지구의 영들에 비하여, 이 태양계 안에 있는 것들이나 별들 세계의 지구들 안에 있는 것들에 관해서 뛰어난 지식을 가지고 있는데, 그들은 한번 터득한 것은 무엇이든지 잘 간직하고 있어서, 비슷한 것이 일어날 때마다 그들은 간직한 것들을 잘 회상합니다. (우주 안의 지구들 14항)

그들은, 그것이 물질적이다는 이유 때문에, 소리내어 말하는 것을 싫어합니다. 그러므로 내가 그들과 더불어 대화할 때면, 중간 영(中間靈 · intermediate spirits) 없이 나는 일종의 생동적인 사상에 의하여 대화할 수 있었습니다. 그들의 사물에 관한 기억은 순수한 물질적인 형상에 속한 기억이 아니기 때문에, 그들의 기억은 그 사상에 아주 근사한 대상물을 가져다 줍니다. 왜냐하면, 상상(想像 · imagination) 이상의 사상(思想)은 물질적인 것들에서 완전히 관념화한 그것의 대상물을 요구하기 때문입니다. 그러나 그것이 비록 그렇다고 하더라도, 아직까지 수성의 영들은 판단의 기능에 의하여 거의 분별하지는 못하였습니다. 왜냐하면 그들은 판단에서 얻는 사안(事案)이나 지식에서 도출(導出)한 결론 따위에서는 기쁨을 향유하지 않기 때문입니다. 사실 그들에게 기쁨을 주는 것은 꾸밈없는 적나라한 지식입니다. (우주 안의 지구들 17항)

수성의 영들은 우리 지구의 영들과는 전적으로 달랐습니다. 왜냐하면 우리 지구의 영들은 비물질적인 것들에는 전혀 관심을 두지 않고, 오히려 물질적인 세상적이고, 관능적이며 또 육생(陸生)적인 것들에 관심을 두기 때문입니다. 이런 이유 때문에 수성의 영들은 우리 지구의 영들과 더불어 살 수 없었습니다. 그러므로 그들이 우리 지구의 영들을 만나는 곳이면 어디서든지 그들은 멀리 도망쳤습니다. 왜냐하면 이들 각자들에게서 발산되는 영기(靈氣)는 완전히 서로 정반대이기 때문입니다. 수성의 영들은, 그들이 겉껍데기를 보는 것을 원치 않고, 그 겉껍데기가 까발겨진 것 즉 그 내면적인 것을 보기를 원한다고 습관처럼 말하였습니다. (우주 안의 지구들 20항)

내가, 성경말씀의 속뜻에 의하여 성언을 풀이, 그것을 저술하고 있을 때, 내 곁에 있었던 수성의 영들은 내가 저술한 내용을 이해하고서, 그들은, 내가 저술한 내용들이 매우 조잡(粗雜)하고 또 대부분의 것들이 물질적인 것 처럼 보인다고 말하였습니다. 이에 대하여 나는, 우리의 지구의 사람들에게는 내가 저술한 내용들이 적절하게 보이며, 또 대부분의 것들은 그들이 깨달을 수 없을 정도의 높은 내용들이라고 대답하였습니다. (우주 안

의 지구들 27항)
나는 그들에게, 인쇄술을 가지고 있는지를 물었습니다. 이 물음에 그들은, 인쇄술은 가지고 있지 않지만, 그럼에도 불구하고 그들은, 우리 지구가 인쇄된 종이를 가지고 있다는 것을 알고 있다고 대답하였습니다. 그들은 더 이상 말하기를 원치 않았지만, 그러나 나는, 그들이 우리들이 가지고 있는 지식이 우리의 이해에 있지 않고 우리의 책들 안에 있다고 생각한다는 것을 눈치챘는데, 따라서 우리들의 책이 우리 자신들 보다 더 많은 것을 알고 있다는 식으로 비꼬아 말한다는 것도 눈치챘습니다. 하지만 실제적으로 그 경우가 어떠한지를 그들은 잘 알게 되었습니다. (우주 안에 지구들 28항)
나는, 수성에 사는 사람들이, 얼굴 생김새나 풍채에 관해서 우리의 지구에 사는 사람들과 비슷한지, 몹시 알고 싶었습니다. 그 때 내 목전에 우리의 지구에 사는 여인과 꼭 닮은 여인이 나타났습니다. 그녀는 아름다운 용모였지만, 우리의 지구의 여인들 보다는 덜 아름다웠습니다. 그녀의 몸매는 매우 가냘프지만, 그녀의 신장(身長)은 우리 지구의 여인들과 꼭 같았습니다. 그녀는 머리에 얇은 천으로 된 모자를 썼는데, 꾸밈은 없었지만 그럼에도 불구하고 매우 우아했습니다. 남자도 나타났는데, 그 남자는 우리 지구의 남자에 비하여 신체적으로는 더 가냘퍼 보였습니다. 그 사람은, 몸에 꼭 맞는 감색 옷을 입었는데, 그것은 구긴 데가 전혀 없었습니다. 내게 일러진 것은, 이런 것들이 모두 그 지구 사람들의 신체의 외모이고, 또 옷차림이다는 것입니다. 그 뒤에는 그들의 황소와 암소들이 보여졌는데, 사실 그것들은 우리 지구의 것들과 별로 차이가 없었지만, 다만 그것들은 좀 외소하였는데, 어느 정도는 수사슴과 암사슴에 더 가까웠습니다.
그들에게 태양계의 태양에 관해서, 그 태양이 그들의 지구에서 어떻게 보이는지를 물었습니다. 그들은, 그것은 다른 지구들에서 볼 때에 비하면 보다 크게 나타난다고, 확언했습니다. 그들은, 태양의 다른 지구의 영들의 개념에서 이 사실을 알았다고 부연하였습니다. 그들은 더 부연하기를, 그들은, 너무 뜨겁지도 않고, 또 너무 차갑지도 않은 중간정도의 온도를 좋아한다고도 말하였습니다. 그러자 나는 그들에게 말할 기회를 얻었습니다. 그래서 나는, 그들의 지구는 다른 지구에 비하여 태양에 더 가까이 있기 때문에, 그들이 열에 많이 노출되지 않게 그들에게 배려한 주님의 섭리라고 말하였습니다. 왜냐하면 열은 태양에 가까이 있다는 것에서 높은 것이 아니고, 기후가 더운 곳에서도 높은 산 위에서는 추운 것처럼, 대기의 고도(高度)와 밀도(密度)로 말미암아 열이 많이, 또는 적게 일어나기 때문입니다. 따라서 열은 태양광선이 직선으로 쪼이느냐, 사선(斜線)으로 쪼이느냐에 따라서 다양하게 바뀌기 때문입니다. 그것은 마치 동일한 지역이라고 해도 겨울이나 여름 계절이 있는 것에서 잘 알 수 있습니다.
(우주 안의 지구들 44·45항)

금성(金星)에 관하여

금성(金星)에는 정반대의 성품을 지닌 두 종류의 사람들이 있습니다. 첫째 그룹의 사람들은 성품이 온순하고, 인정이 많지만, 둘째 그룹의 사람들은 야만스럽고, 야수 같은 성품입니다. 온순하고 인정이 많은 성품의 사람들은 우리 쪽에서 보이지 않는 그 지구의 뒤쪽에 나타나고, 야만스럽고, 야수 같은 성품의 사람들은 우리 쪽에서 보이는 쪽에 나타납니다. 그럼에도 불구하고 우리들이 이해하여야 할 것은 그들이 그들의 삶의 상태에 일치하여 나타난다는 것입니다. 왜냐하면 영계에서는 생명의 상태가 공간(空間)이나 거리의 외현(外現)을 결정하기 때문입니다.

그 지구의 이면(裏面)에 보이는 온순하고 인정이 많은 사람들 몇몇이 나에게 다가와서, 내 머리 위에 나타나 보였는데, 그들은 여러 종류의 주제에 관해서 나와 이야기를 나누었습니다. 그들이 이야기한 것들 중에서, 그들이 그 지구에 살 때 그들은 우리 주님을 오직 그들의 하나님으로 시인하였고, 그리고 지금은 더욱 더 그분을 그렇게 시인한다고 하였습니다. 그들은 또한, 그들의 지구에서 그분을 보았고, 또 어떻게 그들이 그분을 보았는지도 말로 표현할 수 있다고 장담하였습니다.

그러나 나는 보이는 쪽에서 온 야만스럽고 거의 야수적인 성품의 영들과는 이야기를 나누지 못하였습니다. 나는 다만 천사들에 의하여, 그들의 성품에 관해서, 그리고 어떤 근원에서 그들의 성품이 야수 같은지에 관해서 알게 되었습니다. 사실 그들은 약탈에서 매우 큰 쾌락을 만끽하고, 특히 약탈품을 먹는 일에서 더 많은 쾌락을 만끽합니다. 그들이 그들의 약탈품을 먹는 것을 생각할 때의 그들의 쾌락이 나에게 알려졌는데, 그것은 매우 강렬한 것으로 지각되었습니다.
그리고 또한 내게 일러진 것은, 이들 주민들이 대부분 거인(巨人)이었다는 것과 또 우리 지구의 사람들은 그들의 배꼽 정도에 미칠 것이라는 것 등입니다. 더욱이 그들은, 천계나 영원한 삶에 관해서 알려고 하지 않을 정도로 멍청하지만, 그러나 그들의 나라나 그들의 가축에 관계되는 것들에만 관심을 둔다는 것도 나에게 알려졌습니다. (우주 안의 지구들 106-108항)

우리 지구의 달에 관하여

어떤 영들이 내 머리 위에 나타났습니다. 그러자 그들에게서부터 우레 같은 큰 소리가 들려왔습니다. 왜냐하면 그들의 음성들은 번개가 있은 뒤 구름에서 들려오는 우레 소리 같이 굉음(轟音)을 내기 때문입니다. 나는 처음에는 그런 굉음소리를 내는 기술을 가진 영들의 큰 무리에서 오는 것으로 짐작했습니다. 내 곁에 있던 매우 소박한 영들은 그들을 비웃고 있었지만, 나는 매우 놀랐습니다. 그런데 그들이 비웃는 이유가 즉시 드러났습니다. 그 이유란 바로 우레 같은 굉음을 낸 영들은 많지 않고 오히려 극소수였으며, 또한 어린 아이들 같이 외소(矮小) 하였기 때문이고, 또한 이런 일이 있기 전에도 그들은 이런 굉음으로 그들을 해치려고 했으나, 그럼에도 불구하고, 아무런 해코지를 할 수 없기 때문입니다. 그들의 성품을 내게 알리기 위해서 그들 가운데 몇몇이 그들이 우레 소리를 내던 높은 곳에서 내려왔습니다. 내가 놀란 것은 하나가 다른 하나를 등에 업었는데, 이들이 내게 다가왔습니다. 그들의 얼굴은 아주 못생긴 것은 아니지만, 다른 영들의 얼굴에 비하면 약간 긴 편이었습니다. 신장은 일곱 살 난 어린 아이와 비슷하였지만, 매우 강건하였습니다. 이와 같이 그들은 난쟁이들이었습니다. 천사들에게서 내게 일러진 것은, 그들은 우리 지구의 달에서 왔다는 것입니다. 다른 영에 업혀온 자가 나에게 다가 와서, 내 오른쪽 팔꿈치에 달라붙어서, 나에게 하는 말이, 어디서든지 그들은 이런 굉음으로 우레 소리를 내듯 소리지르며 말한다고 했습니다. 그리고 또한 그런 굉음소리를 내는 것으로 그들을 해치려는 영들에게 겁을 주기도 하고, 어떤 영들을 도망치게도 한다고 했습니다. 그리고 이런 짓을 행하는 것으로 그들은 자기들이 가고자 하는 곳에는 언제나 안전하게 간다고도 말하였습니다. 이런 굉음이 그들이 내는 소리라는 것을 나로 하여금 확실하게 알게 하기 위해서 그 영은 나에게서 떠나 다른 영들에게 갔는데, 완전히 시야에서 벗어나지 않았지만, 아까와 꼭 같은 우레 소리를 냈습니다. 그리고 더욱이 그들은, 이같은 그들의 굉음은, 트림하듯, 하복부에서 낸다는 것을 보여 주었습니다. 이런 사실들에서 깨달을 수 있는 것은, 달에 사는 사람들은, 다른 지구에 사는 사람들과 같이, 폐장에 의하여 말하지 않고, 오히려 하복부로 말미암아 말한다는 것이고, 따라서 하복부에 모으는 공기의 양(量)에서 소리를 내어 말한다는 것입니다. 그같은 이유는, 달이 다른 지구들과 비슷한 대기(大氣)에 둘러싸여 있지 않기 때문입니다.

달에 사람이 살고 있다는 것은 영들이나 천사들이 잘 아는 사실입니다. 그리고 마찬가지로 목성이나 주위를 도는 달들 즉 위성(衛星)들에도 주민들이 있다는 것도 그들에게는 주지의 사실입니다. 이들 위성에서 온 영들을 보지도 못하고 또 그들과 이야기한 적도 없는 이들도, 그럼에도 불구하고, 거기에 사람이 살고 있다는 것을 전혀 의심하지 않습니다. 왜냐하면 그것들이 지구와 꼭 같은 별들이고, 지구가 있는 곳에는 언제나 사람들이 있기 때문입니다. 그런 이유는, 사람이 바로 지구가 창조된 목적이고, 또 목적이 없이 대창조주(大創造主 · the Great Creator)에 의하여 창조된 것은 아무것도 없기 때문입니다. (우주 안의 지구들 111 · 112항)

화성(火星)에 관하여

화성(火星)에서 온 영들은 태양계의 다른 지구에서 온 영들 중에서 가장 선한 영들입니다. 왜냐하면, 그들은 거의 대부분, 우리의 지구에 있었던 태고교회(太古敎會 · the Most Ancient Church)에 속했던 사람과 다르지 않은, 천적인 사람들이기 때문입니다. (우주 안의 지구들 85항)

화성 주민들이 사용하는 언어가 우리의 지구의 주민들의 언어와 아주 다르다는 것을 알 수 있는 기회가 나에게 주어졌습니다. 그들의 언어는 소리를 내는 언어가 아니고, 거의 말소리가 없는(tacit) 언어였는데, 그렇지만서도 비교적 짧은 통로를 통해서 내면적인 청각이나 시각에 흘러들었습니다. 그같은 이유는 그 언어가 관념 면에서 더 완벽하고 충분하기 때문이고, 따라서 영들이나 천사들의 언어에 비교적 유사하기 때문입니다. 그들에게 있어서 언어에 속한 정동은 그들의 안면에 나타나고, 그 언어에 속한 사상은 그들의 눈에 나타납니다. 왜냐하면 그들에게서 사상과 언어, 또는 정동과 얼굴은, 단일체(單─體)처럼 조화스럽게 작용하기 때문입니다. 그들은, 이것을 생각하면서 저 것을 말하거나, 이것을 원하면서 저 것을 얼굴에 드러내는 것을 아주 나쁜 것으로 여기기 때문입니다. 그들은 위선(僞善)이라는 것은 전혀 알지 못합니다. 그리고 또한 남을 속이는 위장(僞裝)이나 사기(詐欺) 따위도 역시 그들은 전혀 알지 못합니다. (우주 안의 지구들 87항)

천사적 영들이 그들의 지구의 주민들의 생활에 관해서 나에게 말해 주었습니다. 그들이 나에게 일러준 것에 따르면, 그들은 국가들 하에 있지 않고, 아주 서로 다른 크고 작은 사회들 안에 살며, 그리고 그들은, 거기서 마음에 맞는 사람들끼리 결합하여서 산다는 것입니다. 그리고 그들은 용모나 언어에 의하여 서로 마음이 맞는지 아는지를 즉시 알며, 또 그들은 거의 틀림 없이 잘못 판단하지 않는다고 하였습니다. 그래서 그들은 곧 친구가 된다고 하였습니다. 그들은 더욱이, 그들의 사귐이 매우 즐겁다고 말하였습니다. 그리고 또 그들은, 그들의 사회에서 일어나는 일에 관하여 서로 대화하며, 특히 천계에서 일어나는 일들에 관해서 이야기를 나눈다고 말하였습니다. 왜냐하면 그들의 대부분은 천계의 천사들과 공개된 대화를 가지기 때문이라고 말하였습니다. 그들의 사회에서 어떤 사람들이 잘못되게 생각하기 시작하고, 또 그런 생각에 의하여 악을 작심(作心)하면, 그들은, 그들의 동료들에게서 분리되어, 동료들을 자신들에게서 떠나게 하여, 그런 결과 그들은, 다른 동료들이 더 이상 돌보는 일이 없기 때문에, 어디나 곳곳에 암초들이 즐비한 사회 밖에서 아주 극악의 비참한 삶에 빠집니다. 어떤 사회에서는 여러 가지 방법에 의하여, 이들로 하여금 개과천선(改過遷善)시키기 위하여 무진 애를 쓰지만, 그러나 만약 이런 애씀이 헛된 일이 되면, 그들은 자기들 스스로 자기들 동료들을 떠나 버립니다. 따라서 그들은 지배욕(支配欲·the lust of dominion)이나 재물욕(財物欲·the lust of gain)들이 자신들 속에 슬그머니 기어들지 않도록 늘 조심하여야 합니다. 다시 말하면, 지배욕 때문에 어느 누구도 그 어떤 사회를 자기에게 예속시키려고 하지 않도록, 그리고 그런 뒤에는 수많은 다른 것들을 자기 자신에게 복종시키려고 하지 않도록, 그리고 또한 어느 누구도 재물욕 때문에 다른 이들의 소유물 중에서 어떤 것들을 탈취하지 않도록 늘 그들은 조심하고 스스로 관찰하여야 합니다. 거기에 사는 모두들은 자기 자신의 것들로 만족하게 살고, 또 자신의 분깃에 맞는 명예로 만족하게 삽니다. 그것이 바로 그들이 올바르다고 생각하기 때문이고, 또 스스로 자신의 이웃을 사랑하는 사람이라고 여기기 때문입니다. 악을 생각하고 마음 속으로 악을 작심하는 사람들이 쫓겨나지 않는다면, 그리고 자아애와 세간애에 속한 잠식(蠶食)이 제일 먼저 신중하면서도 엄격하게 때려부수지(check) 않는다면, 이와 같은 기쁨이나 평온은 완전히 소멸될 것입니다.

그 지구의 주민들의 신령예배에 관해서도 그들은 나에게 일러 주었는데, 그들은 우리 주님만을 시인하고 예배한다고 하였는데, 그들은, 주님은 유일하신 하나님이시고, 또 그분께서 천계와 우주를 다스리시며, 또 모든 선은 그분에게서 온다는 것과, 그리고 그분은 그들을 인도하시고, 감독하시며, 또한 그분께서 가끔 지상에 그들 가운데 나타나신다 등의 말을 하였습니다. 그래서 나는 그들에게 우리 지구의 그리스도인들도, 우리 주님께서 천지(天地・heaven and earth)를, 마태복음서의 말씀과 같이, 다스리신다는 것을 알고 있다고 말하였습니다. 즉 마태복음서에—.

　　나는 하늘과 땅의 모든 권세를 받았다.
　　(마태 28 : 18)

그리고 우리 지구의 그리스도인들은 화성에서 온 사람들과 꼭 같이 믿지 않는다는 것도 부연하였습니다. (우주 안의 지구들 90・91항)
화성의 주민 한 사람이 나에게 나타났습니다. 그는 실제로 주민이 아니고, 그 주민과 비슷한 사람입니다. 그의 용모는 우리 지구의 사람과 비슷하였습니다. 그러나 얼굴의 아래 부분은 검었습니다. 그것은 수염 때문에 검게 보인 것이 아닙니다. 왜냐하면 그 사람은 전혀 수염이 없었고, 수염이 있을 자리에 있는 검은색 때문입니다. 이 검은색은 양쪽 귀 밑에까지 뻗쳐 있었습니다. 그리고 얼굴의 윗부분은, 아주 완전히 백색(白色)이 아닌 우리 지구의 주민과 비슷한 황갈색(黃褐色・tawny)이었습니다. 그들은,

그들의 지구의 주민들은 나무 열매들이나 채소들을 먹고 사는데, 특히 땅에서 나는 둥근 열매를 먹고 산다고 말하였습니다. 그리고 또한 그들은 어떤 나무 껍질의 섬유로 짠 옷을 입는데, 그 옷들은 꿰매기도 하고, 또는 수액(樹液·gum)으로 붙이기도 한 것들이라고 말하였습니다. 그들은 또한 나에게, 어떤 액체로 불(火)을 어떻게 만드는지를 알고, 또 그 불로 저녁이나 밤 사이를 밝힌다고 말하였습니다. (우주 안의 지구들 93항)

목성(木星)에 관하여

나는 다른 행성에서 온 영들이나 천사들과 교제하는 것 보다 목성에서 온 영들이나 천사들과 더 오래 교제하는 것이 주어졌습니다. 그러므로 나는 목성 주민의 삶의 상태나 주민들에 관해서 많은 내용을 말할 수 있습니다. 이들 영들이 목성에서 왔다는 사실은 여러 여건에서 나로서는 명확하며, 또 천계로부터 그것이 선언되기도 하였습니다.
목성 즉 그 행성 자체는 천사들이나 영들에게 실제적으로 나타나 보이지는 않습니다. 왜냐하면 영계의 주민들에게 물질적인 지구는 보여지지 않고 오히려 거기에서 온 영들이나 천사들에게만 보여지기 때문입니다. 모든 지구들의 영들은 그들 자신의 지구에 가까이 있습니다. 그 이유는 그들은 그 지구의 주민들에게서 왔기 때문입니다. (왜냐하면 모든 사람은 사후 모두 하나의 영이 되기 때문입니다.) 그러므로 그들은 유사한 성품을 지녔고, 또 그 주민들과 같이 있을 수 있고, 그리고 그들을 도울 수 있습니다. 그들이 내게 알려준 것은, 그들이 살았던 그 지구의 영역에는, 그 지구가 유지될 만큼 인구가 많았다는 것과, 토양은 기름지었고, 모든 것들이 다 넉넉하게 풍부하였다는 것과, 그리고 주민들은 생활필수품 이외의 것은 아무것도 원치 않았으며, 그리고 쓸모가 없는 것은 필요한 것이 아니라고 여겼다는 것과, 또한 그것들이 주민의 인구가 매우 많은 이유라는 것 등입니다. 그들은, 그들의 가장 큰 관심은 그들의 자녀들의 교육이었고, 또 그들은 자녀들을 극진히 사랑하였다고 말하였습니다.
그들은 더 부연해서, 그 주민들은 민족·부족·가문 등으로 구별된다는 것과, 그들은 모두 자신들의 친족끼리 모여 살고, 또 그들의 혼인은 그들 친척끼리의 혼례라는 것도 말하였습니다. 어느 누구도 다른 사람의 물건을 탐내는 일은 없고, 다른 사람의 소유를 탐하는 마음도 없고, 부정한 방법으로 다른 사람의 소유를 갈취하는 일은 더욱 없으며, 하물며 강폭한 방법에 의해서 그것들을 탈취하는 일이 어찌 있을 수 있겠습니까? 이런 짓거리를 그들은 인간 본성에 역행하는 범죄로 생각하고, 그것을 소름끼치는 짓으로 여깁니다. 내가 그들에게, 우리 지구에는 수많은 전쟁이 있고, 약탈(掠奪)이 있고, 살인(殺人)이 있다는 것을 말하려고 하자, 그들은 돌아서 버리고, 들으려고도 하지 않았습니다.

목성의 영들과의 긴 교제를 통해서 내게 명확한 사실은, 그들이 다른 많은 지구의 영들에 비하여 매우 고매한 인품을 지녔다는 것입니다. 그들이 내게 왔을 때 나에 대한 그들의 점잖은 교제의 시도나, 그들의 나와의 생활, 그리고 그 때 그들의 입류 등은 말로 표현할 수 없을 정도로 점잖았고, 친절하였습니다. 저 세상에서 모든 영들의 성품은 그의 정동에 속한 교류인 입류(入流·influx)에 의하여 그 자체가 나타나고, 선한 인품은 점잖고, 친절한 행동에 의하여 그 자체가 드러납니다. 점잖음에 의해서는 그 안에는 남을 해치지 않을까 하는 걱정이 있고, 친절함에 의해서는 그 안에 선한 일을 하는 것을 사랑하기 때문입니다. 나는, 목성의 영들에게서 비롯되는 입류의 점잖음이나 친절함과 우리 지구의 선한 영들에서 비롯되는 그 입류의 그것들과 차이를 분명히 구분할 수 있었습니다. (우주 안의 지구들 46-50항)

목성의 주민들이 가지고 있는 얼굴이 어떤 모습인지 내게 입증되었습니다. 그 곳의 주민 자체가 직접 나에게 나타나 보여진 것은 아니고, 다만 그들의 지구에 살았을 때 그들이 하고 있었던 얼굴 모양과 비슷한 얼굴을 가진 영들이 나에게 나타나 보여졌습니다. 이런 입증이 있기 전에 그들의 천사들 중 하나가 밝은 구름 뒤에 나타나는데, 누군가가 이 일을 허락한 것입니다. 그런데 그 때 두 얼굴이 보였습니다. 그들은 우리 지구의 사람들의 얼굴과 비슷하였는데, 얼굴은 희고, 예뻤습니다. 그 얼굴에서는 진실함과 고상함이 역력하였습니다.

그들은 얼굴이 결코 몸체가 아니라고 주장하였는데, 그 이유는, 그들은 얼굴에 의해서 그들의 사상들을 보고, 듣고, 말하고, 또 표현하기 때문입니다. 다시 말하면 그들은 얼굴을 통해서 자신의 마음 속을 드러내 보여 주기 때문입니다. 그러므로 그들은 모양에 있어서 마음과 얼굴은 꼭 같다는 관념을 가지고 있습니다.
 이런 이유로 해서, 그 지구의 주민들은 자주 얼굴을 씻고, 깨끗하게 가꾸고, 그리고 또한 태양의 열에 그을리지 않도록 자신들의 얼굴을 아주 예쁘게 보호합니다. 그들은, 나무의 외피나 내피로 만든 얇은 남빛의 가리개(covering)를 머리에 썼는데, 그것으로 그들은 얼굴을 가리었습니다. 그들은 내 눈을 통해서 우리의 지구의 사람들의 얼굴을 보았는데, 그것에 관해서, 그들은 지구의 사람들의 얼굴은 아름답지 않다고 말하였고, 또 그들이 가지고 있는 아름다움은 겉피부에 있는 것이지, 그 내부에서 비롯된 섬유질 안에 있는 것이 아니라고도 말하였습니다. 그들은, 어떤 사람의 얼굴은 사마귀나 여드름 따위로 보기 흉하게 된 것에, 또 다른 사람의 경우도 얼굴 모양새가 흉칙하다는데 매우 놀라웠다고 말하였습니다. 그들은, 이런 모습의 얼굴은 자기들 가운데는 결코 있지 않다고 말하였습니다. 그럼에도 불구하고 그들에게 즐거움을 줄 만한 얼굴도 몇몇은 있었다고 말하였습니다. 다른 말로 하면, 몇몇의 얼굴은 명랑하였고, 또 미소를 잃지 않았으며, 그리고 그런 얼굴은 입술 주위에 약간 도톰한 양각(陽刻)이 있었습니다.
 그들이 입술 주위에 있는 도톰한 양각을 가진 얼굴에서 즐거움을 갖는 이유는, 그들이 하는 말(speaking)은 주로 그들의 얼굴에 의하여 이루어지기 때문입니다. 특히 입술 주위의 부위에 의하여 그들의 말이 행해지기 때문입니다. 그리고 또한 그들은 결코 속임수를 쓰지 않기 때문에, 즉 그들은 생각한 것 이외의 것을 결코 말하지 않기 때문입니다. 그러므로 얼굴은 억압되지 않고, 아주 자유스럽게 그 표현이 나오기 때문입니다. 그러나 어릴 적부터 가식(假飾)을 배운 사람들은 이와는 달랐습니다. 그들의 얼굴은, 가식에 의하여, 생각하는 것들 중 그 어떤 것도 사실 그대로 드러내지 않게 하려고 속에서부터 찡그립니다. 그리고 그 어떤 생각도 밖으로 나타내지 않지만, 그러나 심술궂은 사람들이 하는 것처럼, 때로는 감추고, 때로는 표현하는 짓에 만반의 준비를 갖추고 있습니다. 이러한 것이 진실이다는 것은 입술의 섬유질이나 입술 주위의 섬유질의 실험에서 입증됩니다. 왜냐하면 거기에는 몇 겹의 섬유질이 복합체(複合體)로, 또는 꼬여 있기 때문인데, 그것들은 마음 속의 생각들을 표현하기 위한 것이지, 결코 그것들이 무엇을 씹거나 낱말들에 의하여 말을 하기 위한 목적으로 창조된 것은 아니기 때문입니다.
　사상들이 어떻게 얼굴에 의하여 표현되는지가 나에게 적나라하게 보여졌습니다. 사랑에 속한 정동(情動·affection)들은 얼굴의 표정과 또 그것의 변화에 의하여 나타내 집니다. 그리고 사상들은, 얼굴에 있는 내면적인 형체에 관한 한, 그 표정이나 그 변화 안에 있는 다양함에 의하여 들어나집니다. 그러나 그것들에 관해서 더 이상 상세하게 기술할 수는 없겠습니다. 목성의 주민들 역시 낱말을 소리 내는 언어(音聲言語·language of spoken words)는 가지고 있는데, 우리들의 것처럼 소리가 큰 것은 아닙니다. 한 언어는 다른 언어를 보조하는 것에 불과합니다. 음성적 언어(vocal speech)의 생명력은 표정의 언어(表情言語·language of the countenance)에 의하여 고취됩니다. 천사들이 내게 일러준 것은, 모든 지구 위에 있는 언어의 그 첫째는 얼굴에 의한 표현이었는데, 이것은 두 기관 즉 얼굴에 있는 입술과 눈에서 비롯된 것이다는 사실입니다. 첫 번째 언어가 이런 종류의 것이다는 이유는, 얼굴이 사람의 사상이나, 뜻하는 것들을 적극적으로 표현하기 위하여 창조되었다는 것입니다. 그러므로 얼굴은 마음의 닮은꼴이요, 지표(指標·index)라고 부릅니다. 또 다른 이유는, 태고시대 즉 가장 초기에는 진실은 언제나 밖으로 드러났기 때문에, 사람은 그의 마음에서부터 밖으로 비추어지는 것을 원하지 않는 것은 그 어떤 생각이나 바람도 가질 수 없었기 때문입니다. 마음에서 비롯된 정동들이나, 그것에서 파생된 생각들도, 이와 같이 삶에, 그것도 충분하게, 드러내어질 수밖에 없었습니다. 따라서 그것들은, 마치 수많은 것들이 하나의 형체 안에 모여 있는 것과 같이, 실제적으로 눈에 가시적으로 드러나 보여졌습니다. 그러므로 이 언어 즉 표정의 언어는, 시각이 청각에 비하여 월등한 것처럼, 즉 장관의 경치를 보는 것이 그것에 관해서 말로 표현하는 것 보다 뛰어난 것처럼, 음성언어 보다 매우 월등히 뛰어납니다. 그리고 그들은, 이런 식의 대화는 태고시대의 사람들이 천사들과 나누었던 의사소통과 일치한다는 것을 부연 설명하였고, 또 얼굴이 말할 때 즉 얼굴에 의한 마음이 말할 때의 천사적 언어는, 사람에게 있어서는 가장 외적인 자연적 형체 안에 있지만, 그러나 낱말에 의해서 입으로 말할 때는 그렇지 않다고도 하였습니다. 여기서 누구나 이해할 수 있는 것은, 태고시대 사람들에게는, 음성언어의 표현이 막힘 없이 즉시 이루어질 수 없기 때문에, 낱말의 언어는 존재할 수 없었고, 오히려 어떤 사물에 적용되는 언어가 창안될 수밖에 없었다는 사실이고, 그것도 역시 시간의 경과와 더불어 생겨질 수밖에 없었다는 것입니다. 사람에게 진실과 의로움이 남아서 계속되는 동안, 이런 언어 역시 계속 지속되었습니다. 그러나 사람의 마음이 이것을 생각하면서 저것을 말하기 시작하자—사람이 자기의 이웃이 아니라, 자기 자신을 사랑하기 시작할 때 그런 짓거리는 행해지는데—즉시 음성언어는 증대하기 시작하였고, 이에 반하여 얼굴의 언어는 점차 사그라들고, 오히려 남을 속이는 것이 되고 말았습니다. 그렇게 되자 얼굴의 내면적 형체도 바뀌었고, 또 얼굴 자체도 찌프리게 되고, 경색(梗塞)되었으며, 거의 생명력을 잃은 쭉정이 같이 되기 시작하였습니다. 그렇게 되는 동안 외적인 모습은 자아애의 불꽃이 이글이글 타오르게 되었는데, 그 불꽃이 마치 살아 있는 것처럼 사람들의 눈에 비치었습니다. 왜냐하면 외적인 것들 하에 있는 생명력의 결여(缺如)는 사람의 눈에 나타나지 않고, 오히려 그것은 천사들의 눈에만 나타나기 때문입니다. 그 이유는 천사들은 내면적인 것들을 직시할 수 있기 때문입니다. 이것을 생각하면서 저것을 말하는 사람들의 얼굴은 이런 모습입니다. 왜냐하면 오늘날 영특함이라고 일컫는 가식(假飾)·모방(模倣)·교활(狡猾)·사기(詐欺) 따위가 그런 얼굴을 유발하기 때문입니다.

나는 그 지구에서 온 영들에 의해서 거기의 생활에 관계되는 여러 가지 사실들에 관해서, 말하자면 그들의 걷는 방법, 그들의 먹거리, 그들의 주거 따위에 관한 여러 가지 사실들을 더 많이 알게 되었습니다. 그들의 걷는 방법에 관해서 보면, 그들은 우리 지구나 다른 지구의 주민들과 같이, 곧추서서 걷지(直立步行) 않고, 그렇다고 짐승들이 하는 것처럼 땅에 기지도 않고, 오히려 그들은 수영하는 사람들처럼 양 손의 도움으로 앞으로 나가는데, 발로는 반복해서, 반쯤 일으켜 세웁니다. 그리고 세 번째 걸음에서는 얼굴은 한쪽 옆과 뒤쪽으로 돌리고, 동시에 몸은 약간 구부립니다. 이런 일을 그들은 매우 서둘러서 행하는데, 그 이유는 그들은 정면으로 대하지 않고 다른 사람을 본다는 것은 꼴사나운 일로 여기기 때문입니다. 그들이 이와 같이 걸으면서, 그들은, 우리들이 하는 것처럼, 즉 우리들이 걸을 때 아래도 보고, 위도 보는 것처럼, 언제나 얼굴을 위로 향해서 들어올립니다. 그들은 얼굴을 아래로 숙이고, 땅을 내려다 보는 일을 하지 않습니다. 이같은 이유는, 그들은 그런 사람을 저주받는 사람이라고 일컫기 때문입니다. 그들 중에서 가장 이기적이고, 열등한 사람들이 이런 짓을 행합니다. 그들 가운데서 만약 누군가가, 관습대로, 얼굴을 위로 향하지 않고 걷는다면, 그 사람은 그들의 사회에서 추방됩니다. 그들은 앉을 때에도, 우리 지구의 사람들과 같이 하는데, 그들은 몸의 상체는 곧추세우지만, 언제나 그들은 다리를 꼬고서 앉는 가부좌(跏趺坐) 자세입니다. 그들은, 걸을 때는 물론, 앉을 때에도, 언제나 등을 보이지 않고, 정면을 보이려고 무척 조심을 합니다. 사실 그들은, 그들의 얼굴에는 마음이 그대로 투영(透映) 된다고 믿기 때문에, 서로 정면(正面)으로 대하려고 합니다. 왜냐하면 그들에게 있어서 얼굴은 마음과 전혀 다르지 않을 뿐만 아니라, 다를 수도 없기 때문입니다. 그들에게 있어서 얼굴은 마음을 그대로 드러내 보입니다. 따라서 그들은, 서로 마주 대하였을 때, 감추는 것이 전혀 없이, 자신의 성품을 백일하(百日下)에 드러냅니다. 특히 우정(友情)이 진실된 것인지, 아니면 억지에 의한 것인지를 잘 압니다. 이런 일들이 그들의 영들에 의하여 내게 일러졌고, 또 천사들에 의하여 확증되었습니다. 그러므로 그 영들은 다른 사람들처럼 곧추 서서 걷는 것이 아니라, 거의 수영하는 사람들처럼, 그들의 양손의 도움을 받아서, 번갈아 주위를 보면서 걷는 것을 보았습니다.

기후가 따뜻한 지역에 사는 사람들은, 아랫도리를 가리는 것 말고는 벗고 다녔는데, 그들은 또한 벌거 벗고 다니는 것을 부끄러워하지 않았습니다. 왜냐하면 그들의 심성은 정숙(貞淑)하였고, 또 자신의 배우자 외에는 그 누구에게도 애정을 가지지 않으며, 또 음행을 혐오(嫌惡)하기 때문입니다. 그들은, 우리 지구의 영들이, 그들이 그런 식으로 걷고, 또 그런 식으로 벗고 산다는 것을 들었을 때, 하늘나라적인 삶에 관해서는 전혀 생각하지 않고, 음란스러운 것을 생각하고, 또 이런 음란스러운 것들만 추론한다는 것에 매우 놀라워했습니다. 그들은, 그와 같은 일은, 그들의 관능적이고 육생적인 모든 것들이 하늘나라적인 것들 보다 더 관심이 쏠린다는 하나의 증표(證票)라고 말하였고, 또 그같은 꼴사나운 것들이 그들의 마음을 송두리채 사로잡은 꼴이라고도 했습니다. 우리 지구의 영들에게 일러준 사실은, 벌거벗음(裸身)이 정숙이나 이노센스 상태에서 산 사람들에게는 결코 부끄러움이나 추문(醜聞)이 될 수 없지만 오히려 음란스럽고, 방탕한

삶을 산 사람들에게는 수치요, 추문이라는 것입니다. (우주 안의 지구들 52-56항)

그들은 긴 식사시간 갖기를 즐깁니다. 그것은 먹는 일에 대한 기쁨이 아니고, 그 식사시간에 갖는 담화의 즐거움 때문입니다. 그들이 식사를 할 때에 그들은, 의자나 벤취 또는 잔디 둔덕이나 잔디밭에 앉지 않고 어떤 나무의 잎 위에 앉습니다. 그들은 그 나뭇잎에 관해서는 말하려고 하지 않았는데, 내가 수차 곰곰히 생각하고, 최종적으로 그 잎의 이름을 무화과나무 잎이라고 했을 때 그들은 인정하였습니다. 더욱이 그들은 미각(味覺)을 돋구기 위하여 음식을 준비하지 않고, 주로 건강의 관점에서 준비한다고 말하였습니다. 그들은 건강에 좋은 먹거리가 그들에게는 감칠맛이 난다고 확언하였습니다. 이 주제에 관해서 영들 사이에 토의가 있었습니다. 결론은 건강에 좋은 먹거리가 사람들에게 좋을 것이다는 것입니다. 왜냐하면 사람은, 건강한 몸 속에 건전한 마음이 깃든다는 생각을 마음 속에 가지고 있기 때문입니다. 구미(口味)가 모든 것을 지배하는 사람들과는 아주 다릅니다. 즉 구미에 의한 섭생(攝生)은 몸을 병들게 하고, 종국에는 내적으로 쇠약하게, 결과적으로 마음 또한 그렇게 된다는 것입니다. 왜냐하면 구미에 의한 섭생이 의존하는 것과 같이 그것을 수용하는 육체적인 부분의 내면적 상태와 일치하기 때문입니다. 미친짓(狂氣)은 삶의 기쁨을 사치(奢侈)나 쾌락에 두는 것입니다. 사상과 판단에 속하는 사안에 대한 굼뜸이나 미련함은 이런 일에서 오는 것이고, 그대신 육신적이고 세상적인 것과 관계되는 일에는 매우 민첩함이 그런 일에서 오는 것입니다. 그런 일로 말미암아 사람은 금수(禽獸)와 비슷하게 되고, 이런 사람이 금수에 비교된다는 것은 온당치 않은 것이 아니라고 주장되었습니다.

그들의 주택에 관해서 나에게 보여졌습니다. 그들의 주택은 나무로 지었고, 낮았습니다. 내부는 청색의 나무 껍질로 둘렀고, 벽과 천정은, 하늘을 본따서, 말하자면 작은 별들이 박혀 있었습니다. 왜냐하면, 그들은 천사들이 사는 곳이 별들이라고 믿기 때문에, 그들은 자기의 집 내부에 가시적 하늘의 별들을 생생하게 나타내는 것을 무척 좋아하기 때문입니다. 그들은 또한 윗부분은 둥글고, 폭이 넓은 천막들을 가지고 있는데, 이것에도 마찬가지로 푸른 바탕에 작은 별들이 그려져 있었습니다. 그들은 태양 별에 그들의 얼굴이 타지 않게 하기 위하여, 한낮에는 여기에 들어와 쉽니다. 그들은 그들의 이같은 천막을 짓는 일이나, 깨끗이 간수하는 일에 무척 관심을 둡니다. 여기에서 그들은 식사를 합니다.

목성의 영들이 그들의 지구의 말(馬)들을 보여 주었는데, 그 말들은, 비록 강하고 컷지만, 나에게는 보통 것에 비하여 작게 보였습니다. 왜냐하면 목성의 영들이 가지고 있는 그 곳의 말에 대한 관념 때문이었습니다. 그들은 목성에도 말이 있는데, 그것들은 매우 크다고 말하였습니다. 그럼에도 불구하고 그 말들은, 야생적이어서, 숲에 있는데, 주민들이 그것들을 보면, 실제로 해를 주는 것은 아니지만, 겁을 먹는다고 말하였습니다. 또 그들은 말에 대한 공포는 선천적으로 타고난 것이라고도 부연하였습니다. (우주 안의 지구들 58-60항)

목성의 주민들은 지혜가 삶 속에서 일어나는 모든 것들에 관해서 좋고, 바르게 생각하는데 있다고 생각합니다. 그들은 이같은 지혜를 어려서부터 그들의 부모에게서 터득하였고, 따라서 그 지혜는 그들의 후손에게 계속해서 전수됩니다. 그리고 그것은 그들의 선조들에게서 그러하였기 때문에, 지혜는 지혜에 속한 사랑으로 말미암아 증대합니다. 그들은 우리의 지구에서 계발(啓發)된 학문에 관해서는 아무것도 알지 못하였고, 또 알려고 하지도 않았습니다. 그들은 우리의 학문을 망령 같은 그림자라고 불렀고, 또 태양을 가로막는 구름에 비교하였습니다. 우리 지구의 학문에 대한 이같은 생각을 그들은, 자신들의 학문 때문에 스스로 지혜롭다고 그들에게 뽑낸 우리의 지구에서 온 몇몇의 영들에게서 가지게 되었습니다. 그렇게 뽑낸 우리 지구에서 온 영들은, 지혜는 오직 기억에 속한 것들에 존재한다고 여겼기 때문입니다. 예를 들며, 언어에서는 특히 히브리어, 헬라어, 라틴어이고, 문학계나 비평학에서의 괄목할만한 것들, 적나라한 경험적 발견물들, 특히 철학적인 용어들, 그리고 이런 유의 여러 것들이 되겠습니다. 그들은 이러한 것들을 지혜에 대한 수단으로 사용하지 않았고, 오히려 지혜는 그런 것들 안에 존재한다고 생각하였습니다. (우주 안의 지구들 62항)

그들의 신령예배에 관해서 보면, 그 예배의 주요 특징은, 그들은 지존자(至尊者·Supreme)로서 우리 주님을 시인하고, 또 그분은 천지(天地)를 통치하시는 분이시며, 그분을 그들은 한 분이신 유일한 주님으로 부른다는 것 등입니다. 그들은 육신을 입고 사는 일생 동안, 그분을 시인하고, 예배하기 때문에, 그들은 사후 그분을 찾고, 또 그분을 발견합니다. 그분이 바로 우리 주님과 꼭 같은 존재이십니다. 그들에게 오직 우리 주님만이 사람이다(the only Lord is a Man)라는 것을 아는지 물었습니다. 그들은, 그들의 세계에서 그분만이 사람이시다는 것을 수많은 사람에게 보여주었기 때문에, 그들 모두는, 그분만이 사람이시다(He is a Man)라는 것을 안다고 대답하였습니다.

그리고 그들은, 그분께서 진리에 관해서 그들을 가르쳐주시고, 주님께서 그들을 보호해 주시고, 또 선으로 말미암아 그분을 예배하는 자에게 영원한 생명을 주신다는 것도, 모두 알고 있다고 대답하였습니다. 그들은 또한, 그분에게서부터 그들이 어떻게 살아야 하고, 또 그들이 어떻게 믿어야 하는지가 그들에게 계시되었으며, 계시된 내용은 부모에게서 자녀들에게 전수되었다는 것과 또 이런 식의 가르침은 모든 가족들에게 널리 뻗쳐 나갔고, 또한 한 조상에서부터 승계된 온 민족에게도 이와 같이, 그 가르침이 널리 퍼져났다는 사실도 부연하였습니다. 그리고 그들은 마치 마음에 각인(刻印)된 가르침을 가지고 있는 것과 꼭 같이, 그들에게 그것은 아주 명료하다는 것도 그들은 부연하였습니다. 왜냐하면, 그들은, 사람 안에 있는 천계의 생명에 관해서 다른 사람에 의하여 언급되면 그것이 진실인지 아닌지를, 자기들 스스로 즉시 지각하고 시인한다는 사실에서 결론을 도출하기 때문입니다. 그들은, 자신들의 주님이 우리의 지구에 사람(a Man)으로 태어나셨다는 것은 알지 못합니다. 그들은, 그것을 안다는 것에 대해서는 전혀 관심조차 없고, 다만 그분이 사람(a Man)이시고, 또 우주를 다스리신다는 것에만 관심이 있다고 말하였습니다. 내가 그들에게, 우리 지구에서는 그분을 "예수 그리스도"라고 호칭된다는 것과, "그리스도"는 기름부은 자, 왕을 뜻하고, "예수"는 구세주를 뜻한다고 말하자, 그들은 그분을 왕으로 예배하지 않는데, 그 이유는 임금은 세상적인 것들을 풍기지만, 그러나 그들은 구세주로서 그분을 예배하기 때문이라고 말하였습니다. (우주 안의 지구들 65항)

그들은, 그들에게는 유별나게 거룩한 날은 없고, 매일 아침의 여명과 해지는 저녁에 그들은 그들의 천막에서 한 분 주님에게 신령예배를 드린다는 것과 그리고 그 예배 뒤에는 찬양하는 노래를 부른다고 말하였습니다.

(우주 안의 지구들 69항)
그런 일이 있을 뒤 나는 천사들과 우리 지구에 있는 놀랄만한 것들에 관해서 이야기를 나누었는데, 특히 인쇄술과 말씀(聖言), 그리고 성언에서 비롯된 교회에 속한 여러 가르침에 관한 것이었습니다. 나는 그들에게, 성언이나 교회의 가르침은 널리 보급되었고, 또 따라서 가르쳐지고 있다는 것을 말하였습니다. 그들은, 저술하고 인쇄하는 것에 의하여 그런 것들이 대중적이 될 수 있다는 것에, 매우 놀라워했습니다. (우주 안의 지구들 81항)

그들은, 혼인한 배우자, 자녀들 또는 부모를 남겨 두어야 한다는 이유 외에는 죽음을 거기서는 두려워하지 않습니다. 왜냐하면 그들은, 그들이 죽은 뒤에도 산다는 것과, 그들이 천계에 가기 때문에 삶을 떠나지 않는다는 것을 잘 숙지(熟知)하고 있기 때문입니다. 그러므로 그들은 죽음을 죽는다고 말하지 않고, 하늘농사(being heaven-made)라고 부릅니다. 진정한 혼인애 가운데 살았고, 또 부모의 소임을 충실히 하는 부모들처럼 그들의 자녀들을 잘 양육한 그 지구의 사람들은 병으로 죽지 않고, 잠자는 것처럼, 고요하게 그 세상에서 천계로 옮겨집니다. 그 지구에서의 대부분의 인간 수명은, 우리 지구의 햇수에 따르면 삼십(30)세입니다. 그들이 그렇게 짧은 나이에 죽는 것은, 거기의 사람의 숫자가 그 지구가 유지될 수 있을 정도 이상으로 늘지 않게 하는 것이 주님의 섭리이기 때문입니다. 그리고 그들이 그들의 평균수명에 이르면, 그 수명에 이르지 못한 사람들처럼 영들이나 천사들의 안내를 그들 스스로 거부하지 않기 때문입니다. 그러므로 영들이나 천사들은 적정 인생을 산 사람들에게는 접근하지 않습니다. 또한 그들은 우리의 지구의 사람들 보다는 매우 빠르게 성숙합니다. 꽃다운 초기의 청년기에 그들은 혼인을 합니다. 그리고 그들의 기쁨은 자신의 배우자를 사랑하는 것이고, 또 자녀를 극진히 돌보는 것입니다. 그들은, 이외의 기쁨을 상대적인 외적인 기쁨이라고 여깁니다. (우주 안의 지구들 84항)

토성(土星)에 관하여

토성에서 온 영들과 대화하는 것이 나에게 주어져서, 나는 그것에 의해 다른 이들과 비교해서 그들의 성품을 터득하였습니다. 그들은 모두 정직하고, 고상하였으며, 그리고 그들 스스로 작다고 여겼기 때문에, 그들은 저 세상에서 작게 나타나 보입니다. 그들은 예배드릴 때 매우 겸손하였습니다. 왜냐하면 예배 드릴 때에는, 그들은 자신들이 아무것도 아니라고 여기기 때문입니다. 그들은 우리 주님에게 예배하였고 그분을 유일하신 한 분 하나님으로 시인합니다. 또한 주님께서 천사적인 형체로, 따라서 사람(a Man)의 모습으로 그들에게 모습을 나타내십니다. 그리고 그분의 얼굴에서 신령스러운 빛이 나오고, 그것은 그들의 마음을 감동시킵니다. 그 지구의 주민들은, 어떤 연령에 이르면, 영들과 대화를 갖는데, 그들은 그 영들에게서 주님에 관해서, 그리고 그들이 어떻게 예배해야 하는지, 또 어떻게 인생을 살아야 하는지를 배웁니다. 누군가가 토성에서 온 영들을 나쁜 길에 빠지도록 유혹하려고 하면, 또 주님을 믿는 신앙에서부터 그들은 끌어내리려고 하면, 다시 말하면 주님을 향한 겸비(謙卑)에서 또는 바른 삶에서부터 못된 길로 가도록 유혹하고 끌어내리려고 하면, 그들은 죽고 싶다고 말합니다. (우주 안의 지구들 98항)

그들은, 그들의 지구에는 주님을 매우 큰 밤의 빛(the nocturnal light)이라고 부르는 사람들이 몇몇 있다는 것과, 그러나 그들은 나머지 사람들에게서 분리되고, 또 나머지 사람들은 그들을 용서하지 않는다고도 말하였습니다. 이 밤의 빛은 멀리 떨어져서, 그 지구를 두르고 있는 커다란 띠(belt)와 토성의 위성들이라고 부르는 달(月)들에게서 옵니다. (우주 안의 지구들 100항)

나는 또 그 지구의 영들에게서 그 곳 주민들의 공동체들이나 기타 다른 사안에 관해서 더 많은 것을 알았습니다. 그들은, 그들의 가문 별로 따로따로 떨어져 살며, 또 각각의 가족도 가족끼리 서로 서로 떨어져 산다고 말하였고, 또 가족은 부부와 자녀들로 이루어진다는 것과, 이들 자녀들은 혼인을 하면 부모의 집에서 분리, 따로 살게 되며, 부모는 그들을 더 이상 돌보지 않는다고 말하였습니다. 그러므로 그 지구에서 온 영들은 둘씩 둘씩 쌍으로 나타납니다. 그들은 먹거리나 입성에 대해서는 별로 걱정을 하지 않습니다. 그들은 땅에서 나는 열매인 콩류로 생활해 가고, 그들은 가벼운 옷을 입으며, 추위를 막기 위해서는 두터운 덮개(covering)나 외투를 두릅니다. 그리고 그 지구에 있는 사람은 모두 사후(死後) 죽지 않고 산다는 것을 알고 있으며, 그렇기 때문에 그들은 삶에 필요한 정도 이상은 그들의 육신에 대해서 중하게 여기지 않습니다. 그들이 말하는 삶에 필요한 정도란 생명은 죽지 않고 존재하여 주님을 섬기는 것입니다. 이런 이유로 해서 그들은 시체를 매장하지 않고, 숲에서 취한 나무가지로 그것들을 덮어서 밖에 버려둡니다. (우주 안의 지구들 103항)

우리의 지구에서 보면 그 행성의 수평선 위에 생기는 큰 고리(=띠)나 또 그것의 다양한 장면에 관해서 질문을 받자, 그들은 그것은 그들에게는 하나의 고리처럼 보이지 않고, 다만 하늘에서 여러 방향으로 빛나는 눈 같은 어떤 흰 물체로 보인다고 대답하였습니다. (우주 안의 지구들 104항)

다른 태양계의 지구들에 관하여

천계의 비의(秘義)를 알지 못하는 사람들은, 사람은 아주 멀리 떨어진 지구들을 볼 수 있고, 또 감관적인 경험에 의하여 그것들의 어떤 가치를 부여 할 수 있다는 것을 믿을 수 없습니다. 그러나 사람이 필히 주지하여야 할 사실은, 자연계 안에 존재하는 공간(空間·space)과 거리(距離·distance), 결과적인 진전(進展·progression)은, 그것들의 근원이나 제일원인(第一原因·first cause)에서 보면, 내면적인 것들의 상태의 변화들이다는 것입니다. 그리고 천사나 영들에게 있어서는 그것들이 그와 같은 변화에 따라서 나타난다는 것이고, 또한 그러므로 천사들이나 영들은, 이런 변화에 의하여, 한 곳에서 다른 곳으로, 또는 한 지구에서 다른 지구로, 심지어 우주의 가장 변방에 있는 지구들에까지, 분명하게 옮기워질 수 있다는 사실입니다. 그러므로 사람도 그의 영에 관한 한, 육신은 어떤 장소에 머물러 있지만, 그와 같이 옮기워질 수 있습니다, 이런 일이 나에게 일어났습니다. 주님의 신령자비에 의하여, 내가 영으로서 영들과 함께, 그리고 동시에 사람으로서 사람들과 함께 있는 것이, 나에게 허락되었기 때문입니다.

내가 지금 별들의 천계에 있는 지구들에 관해서 설명하려는 내용이 사실이라는 것은 실제적인 경험적 확증에서 비롯되었습니다.

이것에서부터, 나는, 나의 몸은 이 땅에 머물러 있으면서 나의 영으로는 무슨 방법으로 그렇게 먼 곳에 옮기워졌는지를 입증할 것입니다. (우주 안의 지구들 125·126항)

내가 분명히 잠에서 깨어났을 때 주님에게서 온 천사들에 의하여, 나는 영의 상태로, 우주에 있는 어떤 지구에 인도되었고, 그 지구에서 온 몇몇 영들과 동행하게 되었습니다. 우리들의 행보는 오른쪽을 향하여, 두 시간 가량 계속되었습니다. 우리의 태양계의 변방에 가까이 이르자 처음에는 희끄므레한 짙은 구름이 보였고, 그 뒤에는 커다란 틈새에서 올라오는 화염(火焰)이 보였습니다.

그 "틈새"는 별들의 세상인 다른 세계와 우리의 태양계를 갈라 놓는 커다란 구멍이었습니다. 그 "화염"은 상당히 먼 거리에서 보였습니다. 나는 그 가운데를 통과하였습니다. 그 때 거기에는 큰 틈새 즉 커다란 구멍 아래에 수많은 군중이 보였는데, 그들은 모두가 영들이었습니다. 왜냐하면 모든 영들은 사람의 모습으로 나타나고, 또한 실제적인 사람들이기 때문입니다. 나는 그들이 서로 말하는 것을 들었습니다. 그러나 나에게는 그들이 어디에서 왔으며, 성품이 어떤지는 알려지지 않았습니다. 어쨌든 그들 중의 하나가 나에게, 그들은 허가 없이 이 세상에서 우주에 있는 다른 세상에 가지 못하도록 지키는 파수꾼들이라고 말했습니다. 그것이 사실이라는 것은 정말로 확증되었습니다. 왜냐하면 같이 있던 영들 중에 어떤 영들이, 통과 할 수 있는 허가 없이, 이 큰 구멍에 이르자, 그들은 죽는다고 아주 크게 고래고래 소리지르기 시작했습니다. 왜냐하면 그들은 죽음의 고통에서 날뛰는 사람과 같았기 때문입니다. 그러므로 그 영들은 그 구멍 한 쪽에서 멈추었습니다. 그리고 그들은 더 이상 앞으로 갈 수 없었습니다. 왜냐하면 그 구멍에서 화염이 치솟았고, 그들을 짓눌렀고, 그리고 그 화염은 그들을 괴롭혔기 때문입니다.

이 큰 틈새를 통해서 옮겨진 뒤, 나는 드디어 내가 멈추어야 할 어떤 곳에 이르렀습니다. 그 때 위로부터 어떤 영들이 나타났는데, 내가 그들과 대화하는 것이 허락되었습니다. 그들의 언어나 또는 어떤 사물을 설명하고 이해하는 그들의 특별한 자세에서, 내가 명확히 깨달은 것은, 그들이 모두 다른 지구에서 왔다는 사실입니다. 왜냐하면 그들은 우리 태양계의 영들과는 전적으로 달랐기 때문입니다. 그들도 또한 내가 아주 먼 곳에서 왔다는 사실을 나의 대화에서 알아챘습니다.

다양한 주제에 관하여 한 동안 대화를 가진 뒤에, 나는 그들이 예배하는 신(神)은 어떤 분이냐고 물었습니다. 그들은 대답하기를 그들은 어떤 한 천사에게 예배하는데, 그 천사는 하나의 신령한 사람(a Divine man)으로 그들에게 나타나는데, 그 이유는 그분이 찬란한 빛으로 빛나기 때문이라는 것과, 그리고 그분은 그들이 무엇을 행하여야 할 것인지를 그들에게 가르치고, 또 그것들을 깨닫게 하여 준다고 하였습니다. 그들은 더 말을 하였는데, 그들은 가장 높으신 하나님(至尊者·the Most High God)은 천사적 천계의 태양으로 존재하신다는 것과, 그리고 그분은 그의 천사들에게는 나타나시지만 그들에게는 나타나시지 않는다는 것과, 그분은 그들이 감히 예배하기에는 너무나 위대하시다는 등이었습니다. 그들이 예배한 천사는 천사적 사회의 천사였는데, 주님께서는 그 천사가 그들을 돌보고, 또 의롭고 바른 길을 그들에게 가르치게 하였던 것입니다. (우주 안의 지구들 128-130항)

그들의 지구에 빛을 비추는 그들의 태양계의 태양에 관해서 질문을 받자, 그들은, 그것은 불꽃의 외현(外現)을 가지고 있다고 대답하였습니다. 그래서 내가 우리 지구의 태양의 크기를 설명하였더니, 그들은 자기의 태양이 약간 작다고 대답하였습니다. 왜냐하면 그들의 태양은 우리들의 시각에는 하나의 별이기 때문이고, 또한 천사들이 나에게 그것은 보다 더 작은 별들 중의 하나라고 일러주었기 때문입니다. 그들은, 별들의 천계가 그들의 천계에서 역시 보인다고 말하였고, 또 서쪽에 다른 것들 보다 좀 큰 하나의 별이 그들에게 보이는데, 그것이 우리 지구의 태양이라고 천계로부터 공언되었다고 말하였습니다.

이런 일이 있은 뒤, 나의 시각이 열렸고, 그러므로 나는 어느 정도 그들의 지구를 살펴볼 수 있었습니다. 거기에는 넓은 푸른 초원이 있었고, 신록의 우거진 숲에는 나무숲도 있었고, 또 털이 몽실몽실한 양들로 보였습니다. 그런 뒤 나는 몇 명의 주민들을 보았는데, 그들은 유럽의 소작인(小作人)과 꼭 같은 옷을 입는 중류층의 사람들이었습니다. 나는 또 그의 아내와 같이 있는 한 남자도 보았습니다. 그 부인은 아름다운 모습이었고, 또 우아한 풍채를 지녔습니다. 그 남편도 그와 비슷하였습니다. 그러나 내가 지적하고자 하는 것은, 그 남자는 매우 큰 마차를 가졌고, 겉보기에 아주 거만한 태도를 하였지만, 그의 부인의 태도는 아주 겸손하다는 것입니다. 천사들이 나에게 일러준 것은, 그런 태도가 그 지구의 관습이라고 하였습니다. 그리고 그럼에도 불구하고 이러한 태도를 지닌 사람들은 다른 사람에게서 많은 사랑을 받는데, 왜냐하면 그들은, 겉보기에는 그렇지만, 선하기 때문이라고 일러주었습니다. 또 나에게 일러진 것은, 그들은 한 아내 이상의 부인을 두는 것이 허락되지 않는다는 것입니다. 왜냐하면 그것은 법에 어긋나기 때문입니다. 내가 본 부인은, 앞이 아주 넓은 옷을 입었는데, 그녀는 그 뒤에 자신을 숨길 수 있었습니다. 그녀의 옷이 그렇게 만들어졌기 때문에, 그녀는 자신의 팔을 그 속에 집어 넣을 수 있었고, 또 그 옷 안으로 자신을 감쌀 수도 있었습니다. 그녀는 또한 그런 모습으로 걸어다녔습니다. 아래 부분은 접어 올릴 수 있었으어, 몸에 맞게 접어 올렸을 때, 그것은 스토마커(stomacher)와 아주 꼭 같이 보였습니다. 이러한 의상은 우리 지구의 여인들이 입는 것과 같았습니다. 그러나 꼭 같은 겉옷이 남자에게도 입혀졌습니다. 남자도 그 부인한테서 그것을 취한 것 같이 보였는데, 그는 그것을 등에 걸쳤고, 아래 부분을 느슨하게 풀어 놓았는데, 그것은 토가(toga)와 비슷하게 그의 발까지 늘어트렸습니다. 이런 식으로 옷을 입고 다녔습니다.

내가 그 지구에서 본 것은 나의 육안(肉眼)으로 본 것이 아니고, 나의 영안(靈眼)으로 본 것입니다. 왜냐하면 하나의 영은, 주님께서 허락하여 주시면, 어느 지구에 있는 것이라도 볼 수 있기 때문입니다. (우주 안의 지구들 133 · 134항)

우리 태양계 밖의 제이의 지구에 관하여

그 뒤, 나는 지금 언급한 지구에 비하여 아주 멀리 떨어져 있는 우주의 한 지구에 주님에 의하여 인도되었습니다. 그 지구가 아주 멀리 떨어져 있다는 것은, 내가 영의 상태로 거기에 인도되는데 이틀이나 걸렸다는 사실에서 잘 알 수 있습니다. 이 지구는 왼쪽을 향해 있었는데, 이에 반하여 전자는 오른쪽을 향해 있었습니다. 영계에서의 멀리 떨어짐(遠隔)은 장소의 거리에서 기인되지 않고, 위에서 언급한 것과 같이, 상태의 차이에서 생겨집니다. 그러므로 거기까지의 나의 진전의 길이에서 내가 추측할 수 있는 것은, 그들의 내면적인 상태 즉 정동과 그것에서 파생된 사상이 우리 지구의 영들의 내면적 상태와 매우 차이가 있다는 것입니다. 나는 내면적인 것들의 상태의 변화에 의하여 영의 상태로 거기까지 옮기워졌기 때문에, 내가 거기에 도착하기 전, 계속적인 상태의 변화를 관찰하는 것이 내게 허락되었습니다. 이런 일은 내가 깨어 있는 동안에 일어났습니다.
내가 거기에 도착하였을 때 그 지구는 보이지 않고 다만 그 지구에서 온 영들만 볼 수 있었습니다. 이들 영들은 내 머리 위의 아주 높은 곳에 있었고, 그로 인하여 그들은, 내가 거기에 가까이 가기 때문에, 나를 지켜보고 있었습니다. 그들이 서 있는 곳에서 그들은, 내가 그들의 지구에서 오지 않고, 오히려 아주 멀리 떨어진 다른 지구에서 왔다는 것도 지켜보고 있었습니다. 그러므로 그들은 여러 다양한 주제에 관한 질문을 가지고 나에게 말을 걸었습니다. 이 질문들에 대하여 나는 대답하게 되었습니다. 내가 대답한 것들 중에는, 내가 속해 있는 지구와 그 지구가 어떤 것인지에 관한 내용들이었습니다. 그리고 그 때 나는 그들에게 우리의 태양계 안에 있는 다른 지구들에 관해서도 말해 주었고, 또 동시에 수성(水星)의 영들에 관해서도 말하였습니다. 나는, 수성의 영들이 여러 종류의 사안에 관한 지식을 얻기 위하여 많은 지구들을 찾아 다닌다는 것도 말해 주었습니다. 이런 말을 듣고서 그들도 거기에서 온 영들을 본적이 있다고 말하였습니다. (우주 안의 지구들 138·139항)
그들이 예배하는 신(神·God)에 관해서 질문을 받자, 그들은 가시적(可視的) 하나님과 비가시적(非可視的) 하나님을 예배하며, 가시적 하나님은 사람의 형체(the Human Form)로 존재하시고, 비가시적 하나님은 어떤 형체도 아닌 존재로 계신다고 대답하였습니다. 그들과의 대화에서, 그리고 내게 소통된 것과 같이, 그들의 사상에 속한 그들의 하나님 개념에서 명확히 찾을 수 있는 것은, 가시적 하나님은 우리 주님 자신을 가리킨다는 것이고, 그들 또한 그분을 주님이라고 불렀습니다. (우주 안의 지구들 141항)
높은 곳에 있는 것으로 보이는 영들에게, 그들이 그들의 지구에 있는 통치자나 임금의 다스림 아래서 사는지 물었습니다. 이 질문에 그들은 다스린다는 것이 무엇인지 알지 못한다고 대답하였습니다. 그리고 그들은 민족·씨족·가족들끼리 나뉘어서 산다고도 대답하였습니다. 그렇다면 그들의 안보(安保) 상태는 어떠하였는지를 그들에게 물었습니다. 그들은, 어느 가족이든지 어떤 관점에서도 다른 가족을 부러워하거나 시샘하는 일이 결코 없기 때문에, 즉 한 가정의 정당한 권리에 속한 그 어떤 것도 빼앗기를 결코 원치 않기 때문에, 그들은 모두가 안전하고 무사하다고 대답하였습니다. 그들은 이런 질문을 받고서, 매우 분개하였는데, 이유인즉슨 이런 질문이 적대행위(敵對行爲)나 또는 도둑들에 대한 어떤 보호가 있어야 한다는 것을 암시하는 것으로 생각하였기 때문입니다. 그들은, 우리들 스스로 안전하고 평온하게 살아가는데 음식이나 의복 이외에 필요한 것이 무엇이 또 있습니까? 라고 되물었습니다.

그들은 그들의 지구와 그 곳에서 생산되는 산물에 관해서도 자세하게 질문을 받았습니다. 그들은, 거기에는 푸른 초장(草場)이 있고, 꽃으로 가득한 정원, 과수로 우거진 숲, 고기 반 물 반의 호수들이 있는가 하면, 금 날개를 지닌 푸른 색의 새들과 크고 작은 수종의 짐승들이 있다고 대답하였습니다. 그들이 말한 작은 짐승 가운데에는 우리 지구의 낙타 같이 등이 툭 튀어나온 짐승도 있었습니다. 그렇지만 그들은 짐승의 고기는 먹지 않고, 물고기의 살과 나무의 열매나 땅에서 난 콩류를 먹는다고 대답하였습니다. 더욱이 그들은 그들이 지은 집에서는 살지 않고, 오히려 숲에서 사는데 비나 햇볕을 막고 가리기 위하여 잎이 무성한 나뭇가지로 가리개(covering)를 만든다고 말하였습니다.

우리의 지구에서 보면 별처럼 보이는 그들의 태양에 관한 질문을 받자, 그들은, 그것은 불꽃의 외현(外現)을 하고 있으며, 또 그것은 눈으로 보이기에는 사람의 머리 보다 더 크지 않다고 대답하였습니다. 천사가 나에게 한 말은, 그들의 태양인 그 별은 작은 별들 가운데 있고, 적도(赤道)에서 멀지 않다고 했습니다.

그들의 지구에서 사람으로 사는 동안 그들이 지녔던 성품과 꼭 같은 몇몇 영들이 그들 가운데서 보였습니다. 그들은 우리 지구의 사람들과 전혀 다르지 않은 얼굴을 가지고 있었는데, 다만 그들의 눈과 코가 작은 것만 예외였습니다.

나에게 보인 이같은 모습은 어쩐지 기형 같이 보였는데, 그들은 그들의 작은 눈과 작은 코는 그들의 아름다움의 특징 때문이라고 말하였습니다. 여인이 보였는데, 그 여인은 여러 색깔의 장미꽃으로 장식한 긴 옷(gown)을 입었습니다. 나는, 그 지구의 의류에 쓰이는 재료들이 어디에서 공급받는지를 물었습니다. 그들은, 그들이 실을 자아서 뽑을 수 있는 물질을 어떤 식물에서 채취하고, 그런 다음에, 그들은 점도(粘度)를 높이기 위하여 끈적끈적한 액체에 그 실을 적신 다음에 즉시 두겹 세겹으로 그 실을 꼬아서 만든다고 대답하였습니다. 그런 뒤에 식물의 수액으로 옷감(織物)을 물드린다고 하였습니다. 그들은 그 실(纖維)을 어떻게 만드는지를 나에게 보여주었습니다. 그들은 몸을 반쯤 제치고, 의자에 앉아서, 발가락에 그 실을 거는 식으로 하여 그 실을 감습니다. 감은 뒤에는 그것을 앞으로 팽팽하게 끌어당기고, 그런 다음에는 손으로 천을 짭니다(織造).

그들은 또 나에게, 그 지구에는 한 남편은 오직 한 아내를 두며, 그들은 열에서 열 다섯의 자녀를 낳는다고 말하였습니다. (우주 안의 지구들 143-147항) *

---

* 우리의 태양계 밖의 다른 지구들에 관심이 있는 독자들은 저자의 소책자 《우주 안의 지구들》을 참조하십시오. 이 책은 <한국 스베덴보리 재단>에서 출판(김 요안 옮김) 하였다. (역사 주)

제36강

그 밖의 주제(主題)들

계속적인 명상과 계속적인 주님의 임재(臨在)

계속적인 명상(冥想)이 어떠한 것인지를 깨달을 수 있었는데, 그것은 사람에게 선천(先天)적인 것이 아니고, 오히려 어렸을 때부터의 습관에 의하여 길들여지는 후천(後天)적인 것이어서, 그러므로 종국에 그것은 마치 자연스러운 것처럼 된다는 것을 알았습니다. 예를 들면, 내가 앞에서 지적했던 것과 같이, 사람들이 길을 걸을 때 직면하게 되는 모든 것들이나, 그의 신체나 수족(手足)이나 또는 걸음거리에 관해서 생각해 보면, 사람은 습관에 의하여 그 모든 것에 길들여져서 생각 없이 행하게 되는 것과 같습니다. 왜냐하면 사람이 그것에 관해서 배운 적이 없다면, 발로 걷는 방법을 알지 못하였을 것이기 때문입니다. 사람에게는 한번 후천적으로 익힌 것이지만, 그럼에도 불구하고 길들여진 것과 같은 것들이 많이 있습니다. 모국어든 외국어든, 사람들이 쓰는 언어가 그러하고, 그리고 비록 사전(事前)의 훈련의 결과이기는 하지만, 사람은 관습으로 인하여, 그것에 관해서 생각하지 않는 동안에도 그 언어의 뜻은 사용하는 낱말에 흘러들게 됩니다. 마찬가지로 악기를 연습하는 사람의 경우도 이와 같은 경우입니다. 인체에 속한 모든 외적인 것들도 이와 같이 모두 길들여지는데, 근육은 아주 놀랍게도 길들여지고, 그리고 또한 시각이나 청각 역시 후천적으로 훈련에 의하여 길들여집니다. 사람이 말을 할 때, 시각도 현존하는데, 이와 마찬가지로 청각도 역시 여러 가지 방법으로 현존합니다. 특히 고위의 사람과 대화를 하는 경우, 그의 행동에 속한 모든 개별적인 것들 안에도 존경의 감정을 가지게 되는데, 이것 역시 후천적으로 터득한 것입니다. 이미 알고 있듯이 중생한 사람의 경우도 마찬가지입니다. 이와 같이 양심에 속한 것들에 관해서 살펴보면, 비록 그 사람이 그것에 관해서 알지 못한다고 해도, 양심적인 것은 그 사람의 생각이나 행동에 속한 모든 개별적인 것 안에 현존합니다. 경건한 사람의 경우, 모든 것 안에는 그의 경건이 내재해 있습니다. 그리고 순종하는 사람의 경우에는 모든 것 안에 그의 순종이 내재해 있고, 자애로운 사람의 경우에는 모든 것 안에 그의 자애(慈愛)가 내재해 있고, 금실이 좋은 부부의 경우에는 혼인애가 모든 것 안에 내재해 있습니다. 이러한 모든 경우에는 지배적인 원칙이, 비록 사람이 그것에 관해서 알지 못한다고 해도, 모든 개별적인 미세한 것 안에까지 변함없이 현존한다는 것입니다. 주님의 현존은 천적 천사들에게도 마찬가지입니다. 비록 그들이 그것을 알지 못하지만 그럼에도 불구하고 주님의 현존은 계속해서 존재합니다. 그러므로 부단히 주님에 관해서 생각하여야 한다고 언급할 때, 그것이 뜻하는 것이 바로 내가 기술한 내용인 것입니다. 즉 사람이 그 주제에 관해서 끊임없이, 그리고 의식적으로 계속해서 생각한다는 것이 아니라, 처음에 행해진 것은 결국에는 무의식적으로 몸에 배어, 습관으로 계속된다는 것입니다. (영계일기 4226항)

양심(良心 · conscience)

사람의 진정한 영적 생명은 참된 양심 안에 거주합니다. 왜냐하면 거기에 그의 인애와 결합한 그의 믿음이 존재하기 때문입니다. 그러므로 양심으로부터 행동한다는 것은 양심을 가지고 있는 그들에게 있어서는 그들의 영적 생명으로부터 행동한다는 것이며, 그리고 양심에 거슬러 행동한다는 것은 그들에게 있어서는 그들의 영적 생명에 거슬러 행동한다는 것입니다. 그러므로 그들이 양심에 따라서 행동한다면, 그들은 평온과 내적인 행복을 얻고, 반대로 그들이 양심에 거슬러 행동한다면, 그들은 불안과 고통 안에 있다고 하겠습니다. 이 고통을 양심의 가책(苛責 · remorse of conscience)이라고 부릅니다.

사람은 선한 양심(conscience of what is good)과 바른 양심(conscience of what is just)을 가지고 있습니다. 선한 양심이란 속사람의 양심이고, 바른 양심이란 겉사람의 양심입니다. 선한 양심은 믿음에 속한 가르침(戒律)에 따라 내적인 정동으로부터 행동하는 데 있지만, 바른 양심은 시민법적·도덕적인 가르침(戒律)에 따라 외적인 정동으로부터 행동하는 데 있습니다. 선한 양심을 가지고 있는 사람은 또한 바른 양심을 가질 수 있지만, 그러나 바른 양심만 가지고 있는 사람은 선한 양심을 받을 수 있는 능력 안에 있습니다. 그리고 그들은, 그들이 가르침을 받으면, 선한 양심을 가질 수 있습니다.

이웃을 향한 인애 안에 있는 사람들의 양심은, 진리에 속한 믿음에 의해 양심이 형성되었기 때문에, 그것은 진리에 속한 양심이지만, 그러나 주님 사랑 안에 있는 사람들의 양심은, 그것이 진리에 속한 사랑에 의해 형성되었기 때문에, 선한 양심입니다. 이러한 사람들의 양심은 매우 높은 양심이며, 이 양심을 선에서 비롯된 진리의 지각(知覺·perception)이라고 부릅니다. 진리에 속한 양심을 가지고 있는 사람은 주님의 영적 왕국에 속하여 있지만, 진리의 지각이라고 부르는 매우 높은 양심을 가진 사람들은 주님의 천적 왕국에 속하여 있습니다. (새 예루살렘과 그 천적 교리 133-135항)

사람의 다양화된 양심에 대한 주님의 호의(好意)

사람에게는, 신령진리를 뜻하는, 순수한 총명적 진리는 전혀 존재하지 않습니다. 그럼에도 불구하고 사람에게 있는 믿음에 속한 진리들은 다만 진리의 외현(外現)들인데, 감관에 속한 것들이 그것들에 결합되고, 그리고 그것들에 자아애와 세간애에서 비롯된 정욕에 속한 거짓들이 결합될 뿐입니다. 이러한 것이 사람들이 가지고 있는 진리의 실상입니다. 이러한 부류의 진리들이 얼마나 불순(不純)한 것인지는, 이같은 것들이 그런 것들에 연결되어 있다는 사실에서 잘 알 수 있습니다.

그럼에도 불구하고, 주님께서는 이들 불순한 진리들 안에서 사람과 결합하십니다.

왜냐하면 주님께서는 이노센스(innocence)와 인애로 이들 진리에 생명을 불어 넣고 또 생명력을 주시는데, 그것에 의하여 양심이 형성되기 때문입니다. 양심에 속한 진리들은 각양하고 다양한데, 즉 그것들은 각 개인의 종교와 일치합니다. 이들 진리들이 만약에 믿음에 속한 선에 반대되지 않는다면, 주님께서는, 사람이 그런 것들로 물들었고, 또 그것들을 거룩한 것으로 여기기 때문에, 그것들을 해치지 않을 것입니다. 주님께서는 어느 누구도 파멸시키시지 않고 오히려 누구나 굽어살펴 인도하시고, 그들과 결합하신다는 내용은, 진리들이 믿음에 속한 순수한 진리에 접근하는 것에 비례하여 보다 더 바르게 된다는 양심을 부여받은 사람들이 몸 담고 있는 그 교회 안에 있는 모든 종류의 가르침이 있다는 사실에서 잘 알 수 있습니다. (천계비의 2053항)

삶에 속한 기쁨

내면적 정동으로 말미암아 존재하고, 생존하지 않는 기쁨은 육체 안에서는 결코 존재할 수 없는 기쁨입니다. 그럼에도 불구하고 그것의 선용과 목적이 담겨 있는 내면적인 것으로 말미암아 존재하고, 생존하지 않는 내면적 기쁨은 결코 존재하지 않습니다.

가장 극내적인 것에서부터 질서 정연하게 비롯된 이런 내면적인 것들은, 사람이 육신을 입고 사는 동안은, 사람은 이런 것들을 지각할 수 없습니다. 그리고 대부분의 사람들은 그런 것들이 존재한다는 것도 거의 알 수 없는데, 하물며 기쁨이 거기에서 비롯되었다는 것을 어떻게 알겠습니까. 질서 정연하게 내면적인 것에서 비롯된 것이 아니고서는 외적인 것들 안에는 아무것도 존재하지 않기 때문에, 기쁨들이란 다만 궁극적인 결과일 뿐입니다.

이러한 사실은 시각이나 시각의 기쁨 등을 깊이 연구하는 사람들에게는 누구나 다 잘 알 수 있습니다. 만약에 눈에 내면적인 시각(interior vision)이 없다면, 눈은 결코 볼 수 없습니다. 눈의 시각은 내적 시각(an inner sight)에 존재합니다. 그러므로 육신이 죽은 뒤에도, 사람은 육신을 입고 살았을 때와 꼭 같이, 아니, 그 보다 더 잘 볼 수 있습니다. 사실은 세속적이고, 관능적인 대상물에 속한 시각이 아니고, 오히려 저 세상에 존재하는 것들을 볼 수 있는 시각이 있습니다. 육신을 입고 살 때, 장님이었던 사람들도 저 세상에서는 예리한 시력을 가진 사람과 꼭 같이 볼 수 있습니다. 이런 이유 때문에 사람이 잠들었을 때 그 사람은 깨어 있을 때와 똑 같이 명료하게 꿈 속에서 모든 것들을 볼 수 있는 것입니다. 나는 이 세상에서 어떤 것들을 보는 것보다 아주 명료하게 저 세상에서 내적 시각에 의해서 사물을 볼 수 있는 기회를 여러 번 가졌습니다. 이런 고찰에서 볼 때 명확한 사실은, 외적 시각(the external vision)은 내면적인 시각 안에 존재하며, 그리고 이 내면적 시각에 의해서 보다 더 내면적인 것들을 볼 수 있다는 것입니다. 이것은 또한 또다른 우리의 감관과 그것의 기쁨의 경우에서도 꼭 같습니다.

저 세상에서 행복하게 살기를 원하는 사람은 누구나 육체나 육체에 속한 감관의 기쁨 가운데 살면 안 된다고 생각합니다. 그러나 이런 부류의 사람들이 이 땅에서 당연히 단절하고, 포기하여야 할 것은 영적 또는 천적 삶에서부터 그 자신을 빼앗아가고, 또 그런 삶에 가까이 가지 못하게 하는 것은 관능적이고, 세속적인 것들이라는 것입니다. 그러나 그렇게 생각하는 사람들, 따라서 이 세상에 사는 동안 자신들을 자의적으로 비참한 고통에 복종시키는 사람들은, 진정한 기쁨의 경우가 어떤 것인지에 관해서 제대로 깨달을 수 없습니다. 그러므로 육체적이고 감관적인 기쁨을 즐기는 것을 전적으로 어느 누구나 다 금할 필요는 없습니다. 그 기쁨이란 바로 토지나 재물 소유의 기쁨, 행정부의 고위직이나 서훈(敍勳·honor)의 기쁨, 부부애의 기쁨, 자녀사랑의 기쁨, 우정과 사회적인 친교의 기쁨, 듣는 것 특히 성악이나 음악의 감미로움에서 오는 기쁨, 시각 또는 미(美)에서 오는 기쁨 등으로, 이런 것들은 헤아릴 수 없이 많습니다. 그 외에도 의상(衣裳)·좋은 가구·멋진 정원이나 이와 유사한 것들도 기쁨을 주는데, 이런 것들은 맵시(form)와 색깔의 조화에서 오는 기쁨입니다. 또 기쁨에는 그윽한 향기에서 오는 후각에 속한 기쁨과, 맛있는 음식을 먹고, 마시는 데서 오는 미각에 속한 기쁨과 또는 촉각에 속한 기쁨 등도 있습니다.

이러한 것들은, 앞에서 설명한 것과 같이, 내면적인 정동에서 비롯된 가장 외적이고 또 관능적인 기쁨들입니다.

살아 있는 내면적 정동들은 선과 진리에서 그들의 기쁨을 모두 끌어냅니다. 그리고 선과 진리는 인애와 믿음에서 그들의 기쁨을 또한 이끌어냅니다. 이 경우에 인애와 믿음은 그들의 기쁨을 주님에게서, 따라서 인애와 믿음은 그들의 기쁨을 생명 자체에서 이끌어 옵니다. 그러므로 생명에서 비롯된 정동이나 기쁨은 살아 있습니다. 순수한 기쁨은 이 근원을 가지고 있기 때문에, 그것들은 어느 누구에게도 거부되지 않습니다. 사실, 그것들은 이 근원에서 비롯되었기 때문에, 이런 기쁨은 이 근원에서 비롯되지 않는 기쁨에 비하면, 끝없이 월등하게 뛰어납니다. 그리고 이 근원에서 비롯되지 않은 기쁨은, 앞의 것과 비교하면, 불결한 기쁨입니다. 예를 들면, 부부애의 기쁨은, 참된 혼인애이라는 근원에서 비롯된 기쁨이면, 이런 근원에서 비롯되지 않은 기쁨에 비하면 측량할 수 없을 만큼 월등합니다. 그리고 이 참된 혼인애 안에 있는 사람은 그 안에 있는 정도에 비례하여, 천계적 기쁨과 행복 안에 있습니다. 왜냐하면 그것은 천국에서 내려온 것이기 때문입니다. 이러한 사실을 태고교회의 사람들은 잘 알고 시인하였습니다. 음란한 자들이 즐기는 음란에서 비롯된 쾌락은 참된 혼인애 안에 있는 사람들에게는 말도 안 되는 기쁨이기 때문에, 그들은 그런 것에 관해서 생각만 하여도 그들은 소름이 끼치었습니다. 이상에서 볼 때 음란에 속한 쾌락은 생명의 근원, 즉 주님에게서 비롯되지 않은 기쁨이라는 것을 잘 알 수 있습니다.

위에 설명한 기쁨들은 어느 누구에게서도 거부되지 않는다는 것, 아니, 거부하는 것에 비례하여, 그것들이 참된 근원에서 비롯될 때 그들은 진정으로 기쁘다는 것 등은 이 세상에서 권력과 높은 지위나 재물을 가지고, 또 육체와 감관에 속한 끝없는 기쁨을 가지고 산 수많은 사람들이 천국의 축복과 행복 속에 있는 사람들 가운데 있고, 또 그들과 같이 하는 내면적 기쁨과 기쁨이 살아 있다는 사실에서 잘 알 수 있습니다. 그 이유는 그들은 주님을 믿는 믿음에 속한 인애의 선과 믿음에 속한 진리 안에 있는 그것들의 근원을 가지고 있기 때문입니다. 그들은 그들의 모든 기쁨을 주님을 믿는 믿음과 인애에서 비롯된 것으로 생각하기 때문에 그들은 그들의 목적인 선용에서 비롯된 것으로 그것을 생각합니다. 선용 자체는 그들에게는 가장 큰 기쁨으로 이것에서 그들의 쾌락에 속한 기쁨은 오는 것입니다. (천계비의 994 · 995항)

자연주의(自然主義)

오늘날 교회는 자연주의에 의하여 거의 압도당하고 있기 때문에, 교회는 사람이 참된 것이 무엇인지를 볼 수 있게 하는 합리적인 생각(rational consideration)에 의하여 송두리채 흔들리고 있습니다. 모든 자연주의는 신령한 것은 자연 고유의 것 즉 물질(物質・matter)・공간(空間・space)・시간(時間・time)과 일치한다고 생각하는 것에서 생겨났습니다. 이런 것들에 밀착된 마음이나, 또는 이해되지 않는 것은 무엇이든 믿으려고 하지 않는 마음은, 자신의 이해를 청맹과니로 만들 수밖에 없으며, 그리고 마음이 푹 빠져 있는 짙은 암흑으로 말미암아 마음은 신령섭리가 존재한다는 것을 부인하고, 따라서 비록 종교가 이런 것들은 자연 위에 존재하는 것과 같이 자연 안에 존재한다고 가르쳐도 신령전능(神靈全能・the Divine omnipotence)・신령편재(神靈遍在・the Divine omnipresence)・신령전지(神靈全知・the Divine omniscience) 따위는 모두 부인합니다. 그럼에도 불구하고, 이런 것들은, 공간개념이나 시간개념이 그의 사상에 속한 개념들에서 옮기워지는 일이 없으면, 이해를 통하여 이해될 수 없습니다. 왜냐하면 공간개념이나 시간개념은 어떤 방법으로든 사상에 속한 개념들 속에 자리잡고 있기 때문이고, 그리고 그런 개념들이 제거되지 않으면 사람은, 자연이 모든 것이고, 만유(萬有)는 자연에게서 비롯되었으며, 결과적으로 자연에 속한 내적인 것이 하나님이라고 부르며, 그밖의 모든 것은 단순한 공상에 지나지 않는다는 것 이상의 것을 전혀 생각할 수 없기 때문입니다. 나는, 이런 부류의 사람들이, 시간이나 공간이 존재하지 않는 곳에 어떤 것이 존재할 수 있다는 사실이나, 또는 신령존재는 공간이나 시간 밖에(without) 존재하며, 또 영적인 것들은 그런 것들 안에 즉 시・공간 안에 존재하지 않고, 오히려 그것들의 외현(外現) 안에 존재한다는 등의 사실들을 들으면, 매우 놀랍고, 이상하게 생각할 것이다는 것을 잘 알고 있습니다. 그럼에도 불구하고, 신령한 영적인 것들은 존재했고, 존재하는 모든 것들의 본질 자체(本質自體)입니다. 그리고 이런 영적인 존재를 무시한 자연적인 것들은 마치 영혼이 없는 육체와 같은 시체(屍體)에 지나지 않습니다.

자연에서 비롯된 사람들에 의하여 자연주의자가 된 사람들은, 모두 다 죽은 뒤에도 그런 부류의 사람으로 계속 남으며, 그가 영계에서 보는 모든 것들을 그것들이 모두 자연계의 것들과 꼭 닮았기 때문에, 그들은 자연적인 것들로 단정해 버립니다. 하지만 그런 유의 사람들은, 영계에 있는 것들이 비록 겉모양(外現)은 자연적인 것 같지만, 자연적인 것이 아니라는 사실을 천사들에 의하여 가르침을 받고, 깨우치게 됩니다. 그리고 그들이 확신을 가지는 것만큼 그것들이 사실이라는 것도 확증합니다. 그럼에도 불구하고 그들은 즉시 뒤로 퇴각하여, 그들이 이 세상에서 했던 것처럼, 자연을 숭배하고, 종국에는 천사들로부터 자기 자신들을 격리시키고, 지옥으로 빠지게 되며, 그들은 거기에서 영원히 나오지 못하게 됩니다. 그 이유는, 비록 그들이 사람으로 태어났기 때문에, 생각하고, 말하는 능력을 가지고 있다고 해도, 그들의 영혼은 짐승과 같이 자연적일 뿐, 영적이 아니기 때문입니다. 그러므로 오늘날 지옥은, 종전에 비하여, 그런 부류의 사람들로 가득찼기 때문에, 무엇보다 중요한 사실은, 자연에서 비롯된 자연주의의 짙은 암흑이 사람의 이해를 완전히 사로잡고, 또 그것으로 가득차 있기 때문에, 영적인 것에서 비롯된 합리적인 빛에 의하여 그것들이 제거되어야만 한다는 것입니다. (묵시록해설 122항)

인간 언어의 근원(根源)

그것의 처음 근원에서 보면, 사람의 언어는 사람이 언어에 의하여 표현하기를 원하는 목적일 뿐입니다. 이 목적은 그의 사랑입니다. 왜냐하면 사람이 사랑하는 것은 그가 하나의 목적으로 여기기 때문입니다. 이 사랑으로 말미암아 사람의 생각은 종국에 언어에 입류합니다. 깊이 생각하는 사람은 이것이 사실이라는 것을 알 수 있고 또 깨달을 수 있습니다. 이같은 목적이 언어의 첫째 본질(本質·principle)이다는 것은 모든 총명 안에는 목적이 있고, 목적이 없으면 총명이 결코 존재할 수 없다는 공통적인 규칙(規則·the common rule)에서 잘 알 수 있습니다. 그리고 생각은, 처음 본질에서 입류된 두 번째 본질이다는 것 역시 자명(自明)합니다. 왜냐하면 어느 누구도 생각 없이 말할 수 없고, 또한 목적이 없이 생각할 수 없기 때문입니다. 낱말의 언어(the language of words)는 여기에서 비롯된다는 것, 그리고 이것이 궁극적인 것이며, 이것을 정당하게 언어라고 일컫는다 것 등은 잘 알 수 있겠습니다. 이것이 사실이기 때문에, 다른 사람의 언어에 예의 주의를 하는 사람은 그의 주의를 언어에 쓰여진 낱말의 표현에 두지 않고, 오히려 그 사람이 말한 그의 생각에 속해 있는 표현들의 뜻에 주의를 기우립니다. 그리고 현명한 사람은, 그 사람이 의도하고, 사량하는 생각에서부터 그렇게 말한 목적에 예의 주시합니다. 이들 세 본질들은 사람의 언어에서 표현되는데, 낱말의 언어는 궁극적인 국면으로서 그 본질에 대하여 수고할 뿐입니다. (천계비의 9407항)

태양계의 연속적인 네 대기층

태양에서부터 네 가지 자연적 영기가 생성됩니다. 대기가 청각의 원인이 된다는 것은 주지의 일입니다. 공기에서 분리된 순수한 대기(大氣·atmosphere)는 모든 대상물로부터 되쏘는 빛의 반사에 의하여 시각을 생산하고, 또는 대상물들을 보게 하는 원인이 되게 합니다. 그것들이 일컬어지는 것처럼, 이 대기가 물질적인 개념들이나 또는 환상적인 생각들이나 공상 등을 나타내든 아니든, 대기가 자연적인 마음에 매우 깊이 침투한다는 것은 아직까지는 확실하지 않습니다. 그러나 여러 연구에서부터 그것이 있을 법하다는 것을 보여주고 있습니다. 그런 경우에 이것이 자연적인 마음 안에서 통치하는 첫 번째 대기가 될 것입니다. 매우 순순한 에텔(a still purer ether)인 또다른 대기는, 특수적인 것들 안에 있는 자석(磁石·magnet) 뿐만 아니라 전지구 주위의 자석까지도 다스리는 자석의 힘(磁力·the magnetic forces)을 생성합니다. 그러나 그 한계에 대해서 상세히 기술할 필요는 없겠습니다. 그것은 그 세계의 극(極·pole)에 따라서 전체 지구의 상황을 생성하고, 그리고 자석의 수준(水準·elevation)이나 성질에 관하여 알 수 있는 수많은 것들을 생성합니다. 자연적인 마음 안에서 이 영기(靈氣·sphere)는 추론들을 생성하는 것으로 보입니다. 어쨌든 그 안에서 그 추론들이 살아 있고, 또 그것들이 지각하기 위해서는 영적인 본질은 필히 시각에서처럼 또는 다른 감관들 안에 현존해야만 합니다. 가장 순수한 에텔적 영기(the purest ethereal sphere)는 꼭 같은 마음에 속한 추리(推理)에 관하여 나타내고, 또는 활동적인 온 세상 안에 있는 보편적 영기를 가리킵니다. 따라서 그 마음을 자연적인 마음이라고 부르고, 그리고 그것이 정도를 벗어났을 때 그 마음의 내면적인 활동을 추론이라고 부르고, 그러나 그것이 질서에 일치할 때 그것들을 단순히 이성이라고 부르고, 이 이성은 영적인 입류(spiritual influx)에서 비롯된 또는 영적 입류 때문에 사상에 속한 하나의 부류입니다. 이런 영기들은 태양에서 비롯되어 생성되고, 그래서 태양의 영기라고 부르며, 결과적으로 자연적이라고 부릅니다. 어쨌든 내면적인 마음 안에는 자연적인 것은 아무것도 존재하지 않으며, 그러나 존재하는 모든 것은 영적입니다. 그리고 지심한 마음 안에는 천적인 것만 존재합니다. (영계일기 222항)

악으로부터의 구출을 위한 기도

사람은, 창조 이래 악은 지옥에서 오고, 선은 주님에게서 온다는 것을 아는 상태 안에 있고, 그리고 마치 그런 것들이 자기 자신에게서 비롯된 것처럼 그 사람 자신 안에서 이런 것들을 깨닫는 상태 안에 있습니다. 그리고 사람이 그와 같이 지각하였을 때, 악을 지옥으로 내동댕이 치고, 그리고 주님에게서 선이 온다는 확신으로 선을 받아들일 수 있는 상태에 있습니다. 사람이 이 두 가지 일을 행할 때, 그는 자기 자신에게 악을 끌어들이지 않으며, 그가 행한 선에 대하여 자기 공로(功勞)를 주장하지 않습니다. 그러나 나는, 이런 사실을 깨닫지 못하는 사람이 부지기 수라는 것과, 그리고 그런 사실을 깨닫고, 이해하려고 하지 않는 사람도 부지기 수라는 것도 잘 알고 있습니다. 그러면서도 그들은 이렇게 간구합니다. "주님, 계속해서 변함없이 저희들과 같이 하시고, 당신의 얼굴을 들어 굽어 살피시옵시고, 주님께서 저희들을 가르치시고, 빛을 비추어 주시고, 바른 길로 인도하여 주시옵소서. 그리고 저희 자신 때문에는 선이라도 행하지 말게 하시고, 주님께서 저희들에게 살아갈 수 있도록 은혜를 베풀어 주시옵소서. 만약 주님께서 저희들을 인도하여 주시지 않으면 악마들이 저희들을 끌고 갈 것이고, 그리고 뱀이 독을 불어넣듯이, 증오·복수·교활·사기 같은 온갖 악을 저희에게 불어넣을 것을 잘 알고 있기 때문에, 악마가 저희들을 끌고 가 악에 빠지지 말게 하옵시고, 저희들 심령 속에 온갖 악을 불어넣지 말게 하옵소서. 악마는 지금도 저희를 꼬드기고, 계속해서 죄를 들쑤시우고 있아 오며, 악마는 어디서나 저희들의 마음에서 하나님으로부터 떠나게 하고, 악마는 심령 속에 들어와, 자리잡고 살려고 하고 있으며, 우리의 영혼을 지옥으로 쳐넣으려고 하고 있습니다. 오! 주님! 우리를 구원하여 주옵소서." (묵시록해설 1148항)

교회는 완전히 황폐화 되기 전에는 어느 민족에게서도 새로 설시될 수 없다

제2대 고대교회는 내적인 예배로 말미암아 타락하고, 더럽게 되었기 때문에, 종국에 그 교회는 데라의 가문에서는 우상숭배적인 교회로 전락하였습니다. 그러한 일은, 마치 교회들이 보통 그러하듯이, 내적인 것에서부터 외적인 것으로 변질, 바뀌어 버렸는데, 종국에는 예배의 내적인 것은 기억에서 조차 소멸되어 버렸습니다.

"하란"(창세기 11 : 28)은 내적인 우상숭배적 예배를 뜻하고, "그의 아버지 데라"는 일반적으로 우상숭배적 예배를 뜻합니다. "하란은 그의 아버지 데라보다 먼저 죽었다"는 말씀은, 내적인 예배는 기억에서 조차도 완전히 소멸되고, 그리고 완전히 우상숭배적인 예배로 전락해 버렸다는 것을 뜻합니다.

내적인 예배가 기억에서 조차 완전히 소멸되고, 전혀 거기에는 가치가 없게 되었다는 사실에 관해서 살펴보면, 그 경우는 이러합니다. 그 교회가 황폐화 되었기 때문에, 그 교회의 내적 예배 안에 악하고 거짓된 것 이외의 것은 전혀 남아 있지 않을 때까지, 어느 민족 가운데서도 새로운 교회가 생성될 수 없습니다. 그 교회의 내적 예배 안에 악이 남아 있는 한, 내적 예배를 이루는 선이나 참된 것들은 훼방을 당합니다. 왜냐하면 악이나 거짓이 현존하는 한, 선과 진리는 열납(悅納)될 수 없기 때문입니다. 이러한 사실은, 그들이 이단사설(異端邪說) 가운데 태어났고, 그들이 완전히 설득당한 거짓 종지(宗旨)로 자신들을 확증하고 있고, 또 거의 있을 수 없기는 하지만, 만약에 그들의 이단사설에 반대되는 진리들을 영접한다면 그들에게 매우 심한 고통이 엄습한다는 사실에서 잘 알 수 있습니다. 그럼에도 불구하고 믿음에 속한 진리가 무엇인지 모르지만, 그러나 다만 단순히 인애 가운데 사는 이방인들로서는 경우가 매우 다릅니다. 이것이 바로 주님의 교회가 유대 민족에게서 보존될 수 없고, 믿음의 지식을 전혀 소유하지 못한 이방 민족에게서 보존될 수 있었던 이유입니다. 전자는 그들의 이단사설에 의하여 완전히 암흑에 빠졌고, 따라서 진리의 빛을 멸절시켰습니다. 그러나 이방인들은 전혀 그렇지가 않았습니다. 왜냐하면 그들은 믿음에 속한 진리가 무엇인지 전혀 알지 못하였고, 또 그들은, 그들이 어두웁게 될 수도, 또는 진리를 멸절시킬 수 없다는 것 조차도 몰랐기 때문입니다.
새로운 교회가 설시되어야 하기 때문에, 따라서 이들은 이방인들 같이 외적 우상숭배자들이지만, 소멸된 선에 속한 지식과 또 믿음에 속한 진리의 지식이 함께 하는 존재로써, 즉 선과 진리가 그들과 더불어 활착(活着)될 수 있게 하기 위하여, 선택되었습니다. 데라와 아브람에 관해서는 즉 그들의 성품에 관하여, 다시 말하면 그들은 다른 잡신(雜神·other gods)을 섬겼고, 또 주님(=여호와)에 관한 지식은 전무(全無)하였고, 따라서 믿음에 속한 선과 진리가 무엇인지도 전혀 알지 못하였습니다. 따라서 그들은 진리의 씨앗(the seed of truth)을 수용하기에는 아직 지식들을 가지고 있는 시리아에 있는 다른 누구 보다도 매우 적합하였습니다. 몇몇 사람들이 그들과 더불어 남아 있었다는 것은 시리아에서 온 발람에게서 잘 알 수 있는데, 그는 여호와를 예배하였을 뿐만 아니라, 희생제물도 드렸고, 또 동시에 예언자였습니다. (천계비의 1356·1365·1366항)

사람 안에 있는 모든 것과 천계의 모든 것의 대응에 기초한 그것들의 유기적 기능

전 천계(全天界)는 최대인간(最大人間·a Grand Man·Maximus Homo)입니다. 그리고 천계를 최대인간이라고 부르는 이유는, 최대인간이 주님의 신령인간(神靈人間·the Lord's Divine Human)에 대응하기 때문입니다. 왜냐하면 주님만이 오직 사람(the only Man)이시기 때문입니다. 천사나 영 또는 지상의 사람도 그들이 주님에게서부터 소유하는 것에 꼭 비례하여 사람들이기 때문입니다. 일반적이든 특수적이든, 인간 육체 안에 있는 모든 것들은 최대인간에게 있는 것들에 아주 꼭 같이 대응합니다. 말하자면 거기에 있는 수많은 사회들에 대응합니다. 왜냐하면 사람의 육체 안에는 사지와 기관들이 있고, 그리고 이것들이 부분들 또는 부분들의 부분들로 이루어지듯이, 주님의 천계 역시 보다 작은 천계들(lesser heavens)로 나뉘어지고, 이들 천계들 또한 아주 더 작은 천계들로 나뉘어지고, 그리고 이들 천계 또한 매우 작은 천계들로 분류되고, 그리고 종국에는 그들 중의 하나가 가장 큰 천계에 대응하는 하나의 작은 천계를 가리키는 천사들로 분류되기 때문입니다. 이들 천계들은 서로서로 명확히 분별됩니다. 그리고 각각의 하나하나는 자기 자신이 속해 있는 일반적인 천계들과 구별되고, 그리고 일반적인 천계는, 최대인간이 가리키는 가장 큰 총체적인 천계와 구별됩니다.

그럼에도 불구하고 대응에 관하여 살펴보면, 그 경우는 이렇습니다. 사실 언급된 천계들은 실제적인 인간육체에 속한 유기적인 형체들에 대응합니다. 그러므로 이들 사회들이나 천사들은 두뇌의 영역에, 심장의 영역에, 눈의 영역에 또는 기타의 영역에 속한다고 말할 수 있고, 그것들은 주로 내장이나 기관의 기능에 대응한다고 말할 수 있겠습니다. 그 경우는 기관이나 내장 자체에 속한 것과 같은데, 그 안에 있는 기능은 그들의 유기적인 형체와 한 몸을 이룹니다. 왜냐하면 형체들에 의한 것 즉 실체에 의한 것을 제외하고 기능에 관하여 상상한다는 것은 불가능하기 때문입니다. 그 이유는 실체들은 그것들에 의하여 형성되는 주체이기 때문입니다. 예를 들어 보겠습니다. 눈의 기능은 눈 밖의 시각을 생각할 수 없고, 폐장의 호흡기능은 폐장 없이 상상할 수 없습니다. 눈은, 그것으로 말미암아 또는 그것에 의하여 시각이 생성되는 유기적 형체이고, 폐장은 그것으로 말미암아 또는 그것에 의하여 호흡이 이루어지는 유기적 형체입니다. 다른 기관의 경우도 그러합니다. 그러므로 기능은 주로 천계적 사회에 대응하는 그 어떤 것입니다. 그러나 그 사회들이 그 기능들에 대응하기 때문에, 그것들은 또한 그 유기적 형체에 대응합니다. 왜냐하면 전자는 후자에게서 분리될 수도, 또 나뉘어질 수도 없기 때문입니다. 여러분들이 기능에 관해서 언급하든 혹은 그것에 의하여, 또는 그것으로 인한 기능을 가리키는 유기적 형체에 관하여 말하든, 그것은 매 한가지입니다. 그러므로 여기서 얻는 결론은, 대응이 기능과 같기 때문에, 대응은 기관이나 사지(四肢) 또는 내장과 같다고 하겠습니다. 그러므로 그 기능이 수행되면, 그 기관 역시 작동합니다. 사실 이러한 경우는, 사람이 행하는 개별적인 것이든 전체적인 것이든, 모든 것들 안에 존재합니다. 사람이 이것 혹은 저것을 하려고 하면, 또는 사람이 이런 식으로 혹은 저런 식으로 그것에 관하여 생각하면, 그 때 그 기관들은 서로 동의하여 적절하게 움직입니다. 다시 말하면 그것들은 기능 즉 선용의 목적에 일치하여 활동합니다. 왜냐하면 형체 안에서 다스리는 것은 선용이기 때문입니다. 그러므로 또한 명백한 것은, 선용은 인체의 유기적 기관들이 현존하기 전에, 존재한다는 것입니다. 그리고 선용은 그것들을 낳기도 하고, 선용에 그것들을 적응시키기도 하지만, 그 반대는 일어나지 않는다는 것도 명백합니다. 그러나 형체들이 생성되면, 또는 기관들이 선용에 적응되면, 선용은 그 기관으로 인하여 생성됩니다. 그리고 그 때 그것은, 마치 형체나 혹은 기관이 선용에 선재(先在)하는 것처럼 보이지만, 그럼에도 불구하고 그것은 그렇지가 않습니다. 왜냐하면 선용은 주님에게서부터 입류하기 때문입니다. 그리고 선용은 질서에 따라서, 그리고 주님에 의하여 천계에 설시된 형체에 따라서 천계를 통하여 입류하기 때문입니다. 다시 말하면 선용은 대응에 일치하여 입류하기 때문입니다. 그러므로 존재 안에 있게 되고, 따라서 사람은 존재하고 존속할 수 있습니다. 이상에서 볼 때 재차 확실한 것은, 천계에서 비롯된 사람은, 사람의 개별적인 부분이나 전체적인 부분에 관해서 보면, 천계에 대응한다는 것입니다. (천계비의 4219·4222·4223항)

교회는 개개인과 꼭 같이 생명의 단계를 경과한다

교회는 주님의 안전에서는 한 사람으로 나타나 보입니다. 그리고 한 개인이 유아기로부터 청년기에로, 그것에서 장년기에로, 종국에 노년기에로 가고, 그 후에 죽으면 그가 다시 소생하는 것과 같이, 교회는 그의 시대들을 통과하여야만 합니다. 그래서 주님께서는―.

> 밀알 하나가 땅에 떨어져서 죽지 않으면, 한 알 그대로 있고, 죽으면 열매를 많이 맺는다.
> (요한 12 : 24)

라고 말씀하셨습니다.
(순정기독교 762항)

사람의 마음이 바로 그 사람 자신이다

왜냐하면 사람의 형체의 주된 구조, 다시 말하면 개별적인 것이나 또는 그것에서 비롯된 모든 것들로서의 인간 형체의 주된 구조는 계속적으로 뇌에서 비롯되는 제일원리에서부터 신경을 통하여 이루어지기 때문입니다. 사람이 사후 들어가는 것도 바로 이 형체입니다. 그 때의 사람을 영(靈) 또는 천사라고 부르는데, 그 사람은 모든 면에서 완전한 한 사람입니다. 그러나 그 사람은 영적인 사람입니다. 이 세상에서 보태지고, 덧붙여진 물질적 형체는 그 자체라는 완전한 인간의 형체가 아니고, 다만 영체 덕분에 인간형체일 뿐입니다. 거기에서 보태지고, 덧붙여지는 것은 사람으로 하여금 자연계에서 선용을 성취하기 위해서입니다. (신령사랑과 신령지혜 388항)

《부 록》

임마누엘 스베덴보리 약전(略傳)

존·비걸로우 지음
이 재 구 옮김

* 이 글은 교본에 실린 것을 완역한 것이다.

□ 옮긴이 약력

이 재 구 : 성균관 대학교 영문학과를 졸업하고, 하버드 대학교 신학대학원에서 the Master of Divinity 학위를 취득, 동시에 Swedenborg School of Religion 졸업. 미국 새교회 목사 임직을 받았다. 미국에서 The Wayfarers Chapel(남가주)·Church of the New Jerusalem(필라델피아)·Good Shepherd Community Church(시카고 북부교외)·Church of the Good Shepherd(카나다, 온타리오) 등에서 담임목사를 역임하였다.

≪부록≫ E. 스베덴보리 약전(略傳) ◆ 1199

프로로그

임마누엘 스베덴보리(Emanuel Swedenborg)의 가르침이 인간 사회에 끼치는 영향이 꾸준히 증가하고 있는 현상은 어떤 면에서는 전례가 없는 일이다. <미국 스베덴보리 출판 협회>는 그의 저서를 출판하고, 대중화하기 위한 목적으로 조직되었으며 1/4세기 동안 유지되어 왔다. 이 협회는 미국의 다른 기관들과 함께 1,200이상의 도서관들에게 스베덴보리의 저서를 공급해 왔으며, 그 외에 대략 4만권을 배포시켰다. 스베덴보리의 가르침을 열성적으로 따르는 유너릭(Mr. Iungerich) 씨의 후한 주선으로 방대한 the True Christian Religion(순정기독교·純正基督敎) 18,000권과 Apocalypse Revealed(묵시록계현·默示錄啓顯) 12,000권이 교파를 불문하고, 원하는 목회자들에게 무료로 공급되었다. <미국 새교회 문서 협회>(the American New Church Tract and Publication Society)는 Heaven and Hell (천계와 지옥) 15,500권을 목회자들에게 무료로 보급해왔다. 또 이 협회는 "새로운 교회"의 교리를 대중화하는 형식으로 30,000 내지 40,000의 책자들을 매년 배포해왔다. 1810년에 세워진 <영국 스베덴보리 협회>(the British and Foreign Swedenborg Society)는 대학·공공기관·목회자 등등에게 그의 저서를 7,000 내지 8,000권을 기증했으며 그 외에 수년 동안에 걸쳐 5,000 내지 7,000권을 매년 판매해왔다. 영국의 이 협회의 년 판매량은 40,000 내지 50,000권이다.

외국에서도 비슷한 정도로 <새로운 교회> 문서의 요구가 현저하게 늘고 있다. 그의 저서 일부, 혹은 전부가 라틴어·쌘스크리트─힌두어·불어·스웨덴어·독일어·아이슬랜드어·이태리어·노르웨이어·러시아어 그리고 웰쉬어로 출판되어서, 매년 세계 모든 곳에서 새로운 독자들이 읽을 수 있도록 번역이 되어 나오고 있다. 최근에는 스베덴보리의 저서가 일반 출판사를 통하여 수요를 채우게 되었다. 세계 최대의 출판사들 중 하나(J. B. Lippincott & Co. of Philadelphia)가 일반 시장을 위하여 우수한 장정으로 그의 저서를 번역, 출판하고 있다. 그리고 이 출판사가 일반 대중에게 제공하는 와런(Mr. Warren) 씨의 저서가 바로 이 출판사의 사업 결과이며,

스베덴보리의 가르침에 대하여 날로 증가하고 있는 대중의 관심을 증명해 주고 있다. 와런 씨의 이 저서는 그분의 가르침(敎理)에 관한 개요(槪要·Compendium)를 충분히 잘 제공하고 있다.

"종교는 그 자체와 그것의 신성한 책들을 널리 퍼트리지 않으면 죽는다"는 역사적인 명제가 있다. 그 반대의 경우가 진실이라면, 스베덴보리의 이름과 관련을 맺고 있는 기독교계 보다 더 많은 활력을 나타내는 교회는 없다고 하겠다.

이 저명한 스웨덴 사람이 자기의 신학 저서를 출판하기 시작한지 한 세기가 넘었다(저자가 이 책을 저술한 것이 1875년이기 때문. 역자 주). 그는 이 책들을 모두 라틴어로 저술, 자기 비용으로 제한된 숫자를 출판했으며, 맨 처음에는 자기의 이름 없이 익명으로 출판했다. 대부분의 책들은 공공도서관과 관심있는 친구들에게 기증되었다. 그가 살아 있는 동안에는 자기 저서에 대한 대중의 관심을 일으키기 위한 노력은 없었다. 그 당시의 언론 기관들은 그러한 책들이 있었다는 사실을 거의 몰랐던 것 같다. 그러나, 조용히, 꾸준히 책을 읽는 독자들이 생기고, 교리를 받아드리는 개종자(改宗者)들이 증가하여, 지금은 어디든지 그분의 추종자들이 있으며, 그의 저서가 모든 문명된 사람의 언어로 출판되고 있으며, 모든 기독교계의 강단에서의 가르침에 활력소가 되고 있다. 종교 교육과 성서해설의 비교적 근대 체계가 이와 같이 활력있게 성장했다는 것은 여러 면으로 보아 전례가 없는 일이다. 영감을 받지 않은 가르침을 전파하고, 해설하기 위해서 조직되고 운영되는 단체들을 지적하기는 힘들다. 스베덴보리가 자기 저서를 일반 대중에게 제시한 뒤로, 지금까지 지극히 짧은 시간이지만, 그 동안 그의 가르침을 전파한다는 것은 무척 힘든 일이 아니었다. 예수 그리스도의 사도들 이래로 모든 사상의 창시자들 중에서 이와 같은 존경을 받는 분을 나는 기억할 수가 없다.

스베덴보리가 교파를 설립하려 하지 않았다는 사실을 두고 볼 때 이러한 활력은 더욱 예외적이고 특이한 것이다. 그의 가르침의 건실성(健實性)에 대해서 어떠한 결론을 내리든지 간에, 그가 세상에서 인생의 가장 중요한 문제를 탐구 연구하는데 크게 이바지한 아주 희귀한 선각자들 중에 속한다는 것만은 분명하다. 그리고 그로부터 많은 것을 배워야 하고, 또 그의 놀라운 신비스러운 가르침에 아무도 무관심할 수 없는 선각자라는 것만은 분명하다.

스베덴보리 생애의 제1기(1688-1710)

임마누엘 스베덴보리는 스웨덴의 스톡홀름에서 1688년 1월 29일에 태어나고, 1772년 3월 29일에 그 당시로는 흔치 않았던 84세라는 연세에 작고하였다. 그의 생애는 분명하게 세 기간으로 나누어진다.
제1기는, 유년시대와 학업시절이며, 이 기간은 1710년에 이른다.
제2기는, 1710년부터 1742년까지의 과학탐구 기간이다.
제3기는, 1742년부터 소천(召天)하는 1772년까지의 영감(靈感)의 기간이다.
스베덴보리는 광산업으로 성공하여 부유하게 된 가정에 태어났다. 그는 Jasper Swedberg의 셋째 아들이었는데, 그 아버지는 다음과 같은 일을 수행한 분이었다.
1688년 궁정(宮廷) 목사 : 1690년 우잉게커의 학부장 겸 목사
1692년 웁살대학교의 교수, 1694년 웁살 성당의 사제장
1696년 미국, 런던 그리고 폴투갈 주재 스웨덴 교회 감독
1702년 스카라의 주교. 그의 아버지는 임마누엘이 태어났을 때 궁정 목사였으며, 그의 두려움 없고 솔직하고 진실된 사도적인 품행으로 찰스 왕 11세의 신임을 전적으로 받았다.
그는 1,200명의 남자들로 구성된 연대를 교리문답을 훈련시키는 것으로 궁정 목사의 임무를 시작했다. 그는 그가 남겨놓은 자서전 원고에 이렇게 적고 있다. "이러한 방법에 그들은 익숙치 않아서 내가 오는 것을 보면, 그들은 적군 앞에서 보다 더 떨었다. 그러나 내가 성경에 있는 이야기들을 조용히 들려주기 시작했을 때, 그들은 아주 좋아해서 그들이 떠나야 할 때가 되었어도 떠나기 싫어 했다. 그래서 그 부대와 새로 들어온 부대원들 사이에 끼어, 나는 그들의 군화 밑에 짓밟힐 번 했다. 장교들도 앉아 들었는데, 그 일에 도움이 되는 의견을 주기도 하였다. 그 연대가 연례 소집으로 모였을 때 나는 그들에게 다음 해에는 글을 읽을 수 있는 자들 각자각자에게 《교리문답집》을 주겠노라고 말하고, 읽을 수 있는 군인들의 수를 세고, 그들의 이름을 적었는데 300명이었다. 그 다음 해에 나는 600명이 읽을 수 있다는 것을 알았다. 내 약속을 지키기 위해서 나

는 600동전(copper dollars)을 지불해야만 했다. 나는 왕에게 가서 그 비용에 대해서 말씀드렸더니 왕은 화폐가 가득 든 주머니를 즉시 꺼내더니 돈을 세지 않고 나에게 한 주먹을 쥐어 주셨다."
부친 Swedberg는 기회를 잡기 위해서 아첨하는 자도 아니고 또 부(富)와 권세의 사람들을 이렇게 다루고, 또 천당에 가기 위해서 가난하고 미약한 자들을 저렇게 다루지 않았다. 그는 엄하게 규율을 준수시키는 자였고, 안식일 지키는 것을 주장했고, 자기의 임무를 무뚝뚝하고 정직하게 수행했다. 그래서 그는 종교의 규제를 싫어하는 사람들에게는 귀찮은 존재였으나 왕에게는 기뻐하는 자가 되었다. "그렇습니다, 폐하여! 적이 없는 주님의 종은 그렇게 많이 쓸 데가 없습니다." 또 한번은, 왕이 그가 한 일에 고마워서, "좋아하는 것을 말해 보오. 내가 그것을 줄 것이오" 하고 말했다.
그는 이런 말을 적고 있다. "나는 내가 말하고 행동하는 모든 것에 진지(眞摯)하고 조심했다. 나 자신을 위해서는 한 푼도 요구하지 않고, 칭찬할 만한 사람들에 대해서는 자유롭게 왕에게 진언했으며, 왕은 항상 나의 제안을 들어주었다. 나는 또 학교, 대학들을 위해서, 그리고 종교 서적 배포(配布)를 위해서 호소했다. 급여를 받는 공석의 자리 하나를 누구에게 주어야 할까 왕이 나에게 물으면, 나는 그 자리에 가장 알맞는 사람의 이름을 천거했고, 그러면 그 사람이 꼭 그 자리에 배치 되었다. 그래서 많은 사람들이 놀라워하였고, 원인을 모르면서 넉넉한 급여를 받게 되어 즐거워하였다. 내가 매일 왕과 더욱 더 자유로이 접촉할 수 있음을 알고, 나는 전심으로 하나님께 내가 내 기회를 자만스럽게 여기거나, 잘못 사용하지 않도록, 하나님의 섬김과 광영을 위해서 나를 깨끗하게 하시고, 변덕스럽고 험담과 등 뒤에서 사람 잡는 곳이 궁정이란 것을 명심하면서 나의 임무를 완수할 수 있도록 도와 주시기를 기도했다. 게다가 나는 나 자신에게 이 두 가지 규율을 세웠다 : 첫째로, 정치나 세상 일에는 내가 아무런 관계가 없으니 전혀 참견하지 않는다. 둘째로, 누구에게 대해서든지 그가 비록 내 최악의 적이거나 박해자라 할지라도, 절대로 나쁘게 말하지 않는다."
미국 펜실바니아에 있는 그의 감독 관할 지역에서 일을 하고 있는 목사들이 보낸 보고서들로 만들어진 조그마한 출판물이 나왔다. 제목은 ≪밝아지는 미국≫(America Illuminata, written and published in 1732 by her bishop, Dr. Jasper Swedberg, Skara)이었고, 그 번역이 ≪보스턴 새교회 잡지≫(the New Church Magazine of Boston)에 1873년 9월부터 1874년까지, 연재되었다.

그 감독은 자기의 모든 임무를 원만하게 완수하면서 82세까지 살았다. 그의 첫째 부인—그는 두 번 결혼 했다—이 임마누엘의 모친이었으며 이름은 쎄라 베엠(Sarah Behm)이었고 팰포스의 많은 광산의 소유자요 왕립 광산 관리청의 임원인 앨버트 베엠의 딸이었다. 부친과 모친 양쪽 집안이 그 당시 사회에서 차지하고 있는 지위를 보아, 그들의 자녀들이 스웨덴에서 가장 좋은 교육을 받았을 것이라는 것은 쉽게 추측할 수 있겠다. 스베덴보리에 대해서는, 삼손과 마찬가지로, 그가 그의 어머니의 모태에서부터 특별한 임무를 띈 수행자의 사명을 받고 태어났다고 말할 수 있겠다. 그가 생애의 마지막에 가까웠을 때 바이어 박사(Dr. Beyer)에게 쓴 편지 중 하나에 이와 같은 말이 있다.

"네 살 때부터 열 살 때까지 저는 항상 하나님, 구원, 그리고 인간의 영적인 병에 대한 생각에 골돌했습니다. 몇번 저는 저의 아버지와 어머니에게 사실들을 보여드렸더니 그분들은 천사들이 저를 통해서 말하는 것이 아닌가 생각하셨습니다. 여섯 살 때부터 열두 살 때까지 저는 신앙에 대해서 목회자들과 이야기하는 것을 즐겼습니다. 저는 이렇게 말하고는 했습니다. 즉, '신앙의 생명은 사랑이며, 생명을 주는 것은 이웃을 위한 사랑이며, 하나님은 신앙을 누구에게나 주신다. 그러나 그러한 사랑을 실천하는 자만이 참된 신앙을 받는다. 그 당시 나는 하나님이 창조주요, 자연의 보존자요, 그가 인간에게 이해력(=깨달음)과 선한 성품을 주신다.' 등등의 신앙 외에 다른 신앙은 몰랐습니다. 저는 그 때 하나님 아버지께서 그의 아들의 의(義)를 회개하지 않고 개혁하지 않은 자들이라도 누구에게나 하나님이 선택하시면 그것을 주신다는 박학다식(博學多識)의 신앙(the learned faith)은 전혀 몰랐습니다. 제가 만약 그러한 신앙에 관해서 들었다면, 저는 그것을 지금과 마찬가지로 이해를 못했을 것입니다."

그의 학교시절에 대해서는 그가 웁살라 대학교를 졸업했다는 것과 그의 남은 생애를 받쳐 할 연구에 우수한 준비를 갖추었다는 것 외에는 별로 알려진 것이 없다. 그는 1709년에 쎄네카와 퍼블리우스 싸이러스 미무스에서 선택한 문장들(a Selection of Sentence from Seneca and Publius Syrus Mimus)에 ≪우정(友情)과 다른 미덕들에 대하여≫ 자기의 논평을 첨가하여 발표함으로써 자기 자신을 세상에 소개하였다.

스베덴보리 생애의 제2기(1710-1742)

그의 생애의 둘째번 기간은 자연 과학의 연구와 실제적 응용의 기간이라고 할 수 있겠다. 그는 그의 특출한 수학과 기계 공학의 재능으로 인하여 젊은 왕 찰스 12세(the young king Charles XII)의 호감을 얻었고, 왕립 광산 관리청의 임원이 되었고, 작위(爵位)를 받아 스웨덴 국회의 상원의 자리를 얻게 되었다.

대학교를 떠나 자기의 학문을 완성시키기 위하여 영국에 몇 달 체류하기 위하여 준비하고 있는 동안, 스베덴보리는 매부 벤젤리우스에게 보낸 편지에 자기 마음은 수학 연구에 기울고 있다고 말했다. "······그리고 이제 유학의 길에 오르면 나는 지금까지 수학에서 발견된 것, 그리고 발견될 것들을 점차적으로 수집할 계획을 하고 있습니다." 또는 거의 같은 말이 되겠지만, "과거 1, 2세기 동안의 수학에서의 진보를 측정할 계획입니다. 이 수집은 수학의 모든 부문들을 포함할 것이며, 나의 여행 중 나에게 가장 유용할 것으로 믿습니다."

그가 21세가 되었을 때, 그는 영국에 가서 1년에 200불 미만으로 그가 흥미를 가지고 있는 연구를 진행했으며, 천문학과 수학에 응용하였고, 과학의 권위자로 여겨지는 학자들 주위에 자주 드나들면서 그들과 교제했다. 런던에 도착하자마자 그는 벤젤리우스에게 편지를 내면서 "저는 매일 뉴톤을 연구하며, 그를 매우 보고 싶으며, 그가 하는 말을 듣고 싶습니다" 라고 적고 있다. 아이적 뉴톤(Issac Newton) 경은 이 때 70세였고 왕궁 협회(the Royal Society)의 회장이었고, 한스 슬로운(Hans Sloane) 경이 서기였다. 그는 편지에서 "저는 수학공부를 위하여 한 무더기의 책들을 구했으며, 과학 공부에 도움이 될 기구도 몇 개 샀습니다. 비용을 청산하고 난 다음에 공기 펌프를 살 만큼 돈이 남기를 바라고 있습니다"라고 적고 있다.

그는 다음해 4월에 다시 편지를 왕립 도서관 관원인 벤젤리우스에게 보내면서 이와 같이 말했다. "도서관을 위해서 좋은 공기 펌프를 원하지 않으세요? 모든 부속품이 다 들어 있고, 왕궁협회 회원들에 의해서 개량된 것입니다. 제가 곧 그것에 관한 책들과 값, 그리고 그것에 속한 목록을 보내드리겠습니다. 여기는 러시아인들이 많아 그들은 러시아에 세 개를 보냈습니다. 그들은 대부분이 수학과 항해학술을 공부하며 그들의 지도자가 여기 와서 보여준 이러한 종목들에 관한 굉장한 관심을 가지고 있습니다. 러시아 왕도 80파운드를 주고 에드먼드 핼리로부터 무엇에도 비교할 수 없는 망원경을 샀는데, 이것은 핼리가 성 헬레나(ST. Helena)에서 남쪽 별들을 발견하는데에, 그리고 1683, 1684년 그리고 그 뒤로 달과 유성들을 매우 잘 관찰하는데에 사용하였던 것입니다."

"저는 매일 이 도시에 있는 최고의 수학자를 방문합니다. 저는 영국에서 최고의 천문학자로 존경받는 플램스티드(Flamsteed)와 시간을 보냈습니다. 그는 파리 천문대와 함께 관찰을 하고 있으며, 이 관찰이 달의 움직임과 움직이지 않는 다른 별에 접근하는 것에 관한 정확한 이론을 제공할 것이며, 그 이론의 도움으로 바다에서 정확한 경도(經度)를 찾을 수 있을 것입니다. 그는 달의 움직임이 아직도 정확히 판정되지 않았으며, 이론적인 달 일람표가 아직도 불완전하여, 지난 18년 11일 동안에 발견된 오차(誤差)가 아직도 일어나고 있다고 말합니다."

스베덴보리가 나중에 신학자가 되고, 신학을 가르치는 선생이 되는데, 그가 일찍이 치중했던 수학과 과학 공부가 그의 신학에 영향을 끼쳤을 것이 틀림 없다. 그러니, 그와 동시대(同時代)인 특출한 불란서 사람 하나가 전대(前代)의 인기있고 유명한 신학자 두 명이 수학에 대해서 내린 판단에 관한 한 관찰을 읽어보면 유익할 것이다.

달랑베르(D'Alembert)는 그의 "보쑤에의 찬사(讚辭)"(Eloge of Bosuet)에서 이렇게 말한다

"모든 세속적인 학문들 중에서 그 젊은 성직자(보쑤에를 말함-역자 주)는 수학을 소홀히 할 권리를 가지고 있다고 믿었다. 수학을 경멸해서가 아니라, 그러한 지식이 종교에 아무런 이익이 되지 않을 것 같이 보였기 때문이었을 것이다. 이러한 추방으로부터 우리가 호소를 한다면 우리는 동시에 판사요 소송당사자 노릇을 한다는 비판을 받을지도 모른다. 그러나 우리들이 개인의 이해타산을 떠나서 다음과 같은 관찰은 할 수 있어야 하

겠다. 즉, 성장하고 있는 그 신학자는 자기가 생각하는 것처럼 신학자에게 아무 소용이 없는 것이 아닌 과학(여기서는 수학을 말함—역자 주)을 충분한 정당성과 정보를 가지고 다루지 않았다는 것이다. 이 과학은 사실상 진리에 무관심한 자들을 고쳐주는 것에는 적합하지 않으나, 좋은 성품의 소유자들이 더 중요하고 고귀한 명상의 주제를 다루는데 필요한 공정함을 강화하는 데는 적합한 과학이다. 증명할 수 있는 것에 대해서는 증거를 포착하는 것이 이 논증의 관례이다. 이러한 논증의 관례는 논증이 아닌 것을 논증이라 부르지 말라고 가르치며, 인간의 좁은 지식 안에서 황혼으로부터 대낮의 빛을 분리하고, 어둠으로부터 황혼을 분리하는 한계를 분간하여 알아차리도록 가르쳐 준다. 이러한 사실을 보쑤에는 모르고 있는가?"

"또, 보쑤에와는 여러 면에서 다른 페닐롱(Fenelon)은 수학을 더 혹독하게 다루었다고 우리는 용기있게 선언을 해야 하지 않을까? 그는 한 젊은 이에게 글을 쓰면서 그 사람 속의 은혜의 정신을 말살해 버릴 기하학(幾何學)의 악마의 꾀임에 혹하여 넘어 가지 말라고 지시했다. 보쑤에는 이 과학의 메마르고 매정한 사색이 신학에는 소용이 없다고 비난했고, 젊고 고상한 페닐롱은 그것이 신비적인 사고(思考)에는 독약이라고 했다. 페닐롱은 이러한 신비적 사고에는 그리 강하지 못하였고, 오히려 약한 자였다. 그러나 이러한 것이 캠브레이 대주교(the Archbishop of Cambray)가 보는 눈에 기하학이 범한 죄라면 기하학의 유죄를 선포하기는 어렵다." 스베덴보리가 수학을 덜하고 보쑤에가 더 하였더라면 그들의 종교의 스승으로써의 의견과 영향이 어느 정도 변동하였을까 하는 질문에는 의견 차이가 많이 있을 것이다.

그러나 자연 과학의 문제를 수학의 도가니에 집어 넣어 검사하는 습관을 가진 자가 그러한 습관에 의해서 형성된 마음이 만족할만 하도록 내린 결론이라면 신뢰성이 높다고 볼 수 있을 것이다.

이 둘째 기간의 그의 노력의 성과는 77가지의 뚜렷한 저서에 보관 되어 있는데, 그 중 스웨덴어로 쓰여진 20가지를 빼놓고는 모두가 라틴어로 쓰여져 있다. 그 전부의 반 정도가 원고로 아직은 남아 있으며, 이들 대부분의 요점들이 큰 저서들에 포함이 되어 인쇄되었다. 스베덴보리가 발전시킨 응용 과학은, 전부가 아니라면 거의 대부분이, 그의 동대의 사람들을 앞서 인도했다는 사실을 부인할 사람은 없을 것이나, 그의 과학 저술은 그가 마지막 30년을 바쳐 수행할 보다 더 높은 임무를 위한 준비기간이었다는 점에서, 현대 독자들에게 흥미가 있을 것이다. 그의 과학 저술의 제목들만 보아도 현대의 학자들은 끔찍해 한다. 스베덴보리의 열성과 탐색(探索)의 범위의 증거가 거기에 잘 나타나 있기 때문이다. 또한 그의 저술의 제목들은 꿈꾸는 자들 중 가장 터무니 없는 자로 세상의 눈에 보이는 이 사람이 또한 가장 실질적이며 가장 창의력 있는 철학자였다는 것을 보여 주고 있다. 그는 스웨덴에 처음으로 미분학(微分學)과 적분학(積分學)을 소개한 사람이었다. 현재 넓게 사용되고 있는 공기가 밀폐된 현대 난로의 특허가 제소되었으나, 법정에서 다루어지지 않고 있는데, 이 이유는 그 난로의 원리가 한 세기 전에 그에 의해서 발견되었기 때문이다. 그의 "화학과 물리학의 실례(實例)"는 나중에 돌튼(Dalton)에 의해서 전개될 원자이론의 씨를 포함하고 있다. 불란서 화학자 뒤마(Dumas)는 현대 결정학(結晶學・crystallography)의 창시자가 스베덴보리라고 말하고 있다. 프랭클린(Franklin)의 유명한 실현이 있기 19년 전에 스베덴보리는 번개와 전기의 실체를 추리해 냈다. 그는 30년 앞서 유성(流星)과 유성의 움직임이 태양으로부터 온다는 것을 발견하여 불란서 천문학자 라플라쓰(Laplace)를 앞질러 논하였다. 그의 가설은 근본적으로 라플라쓰의 것과 다르나, 드 플라토(De Plateau)의 중력(重力)으로부터 떨어져 나온 회전의 액체 실험에 의해서 설명되었다. 그는 또한 두뇌가 살아나는 과정을 발견했다. 그리고 두뇌가 심장의 축소와 팽창과 관련을 맺고 있다는 것과, 출생 후에는 허파의 숨쉬는 것과 관련이 있다는 것, 그리고 허파에 의해서 신체 전체의 작동이 시작된다는 것을 발견했다.

현재 작용(作用)과 반작용(反作用)이 똑 같고 동시이며 반대라는 것은 잘 알려진 물리학의 법칙이다. 웨스트 포인트에 있는 미국 육군사관학교의 바틀레트 교수(Prof. Bartlett)는 거의 25년 전에 단 하나의 공식으로 표시된 위의 법칙을 사용했다. 그 법칙으로부터 그 교수는 물질에 임하는 에너지의 작용의 결과를 유도해 냈다. 그는 말한다(1856년 그 법칙을 언급하면서).

"그 공식은 일반적으로 <에너지 보존 법칙>(the law of the conservation of energy)이라고 불리우는 것을 간단하게 분석적으로 표현한 것 외에는 아무것도 아닙니다. 이 법칙이 과학의 거의 모든 부문(部門)들을 혁명시켰는데, 그 때는 그 법칙이 그리 많이 전개(展開)되지 않았거나 받아지지 않았습니다. 이 법칙이 제일 처음으로 소개되었을 뿐만 아니라 아직도 모든 현상들이 그 하나의 법칙의 결과로 설명되는 분석기계학에 관한 유일한 논문이라고 믿어지고 있습니다."
도덕적인 힘에 응용될 때의 작용과 반작용의 법칙이 한 세기 이상 전에 스베덴보리에 의해서 진술되어서, 우리들은 두 세계를 다스리고 있는 그 법칙의 보편성과 단순성의 뚜렷한 예를 보게 된다. 그 후반에 들어가서 스베덴보리를 따르는 자들은 이 법칙이 바로 의지의 자유를 주장하는 결정적인 결론의 기본이 된다고 보고 있다.
그의 당시에 자연 과학의 어느 부문에서든지 우월한 자리에 올라선 모든 사람들 중 여러 응용 과학 부문에서 스베덴보리 보다 더 흥미있고 유익한 사람을 지적하기는 어렵다. 그러나 스베덴보리 생애의 그런 면을 뒤에 오는 페이지에서 세밀하게 다루려는 것은 아니다. 그의 문서 활동과 과학 저술의 제목만을 나열하는 것으로 우리는 만족해야 할 것이다. 그래서 좀 더 세밀하게 조사를 한다면 그의 모든 저술의 현저한 공통점은 처음부터 끝까지 그가 연구하고 쓴 것이 힘의 궁극적인 원천(the ultimate or final source of power)을 찾으려는데 있다는 것을 입증하게 된다. 즉 그 힘을 그는 철학자로서, 국가의 관리로서, 그의 청년시대로부터 계속하여 인류의 봉사에 기울였던 것이다.
여기서 우리는 그의 업적의 비범한 폭을 보여 주기 위해서 그의 학문저서의 목록을 출판된 순위에 따라 연대순으로 나열하겠다. (1243쪽 ≪자료1≫ 참조)
그의 당대의 어느 누구 보다도 더 이와 같이 많은 종류의 연구를 완전히 유능한 증거에 의해서 다룰 수 있는 능력은 그의 전기(傳記) 작가들로부터 인정을 받았어야 했지만, 그러나 받지 못했던 것은 그의 마음과 인격의 우수한 질에 달렸다고 말할 수 있겠다. 인류에게 유익이 될 수 있는 지식이라면 어떤 종류의 것이든지, 그는 천하게 보지 않고 숙달했거나 숙달할 기회를 소홀히 하지 않았다. 영국에 있는 동안 그는 최고의 수학자와 천문학자들을 방문했을 뿐만 아니라, 그의 편지들 중 하나에서는 이렇게 말했다.

"제가 여기 체류하는 동안 저는 손으로 책 만드는 기술을 배웠는데, 이는 우리들 중에 책 제조자가 있기 때문이었지요. 저는 책 두 권을 가죽으로 제조하여 제 기술을 입증하였습니다."
다음달 3월 6일 그는 책 제조 기술 외에 또 다른 기술을 터득했다. "저는 여기 더 이상 머무르고 싶지 않습니다. 대부분의 시간을 낭비하고 있기 때문입니다. 그러나 저는 음악연주에 진전을 보아, 몇 번이나 풍금 연주자를 대신할 수 있었습니다."
스베덴보리는 무엇이든지 창조적, 기술, 쓸모 있는 것을 보여주는 것이라면 그것의 비밀을 통달하고 싶어하는 "엄청난 의욕"을 가졌다. 그후 런던으로부터 편지를 쓰면서 그는 이렇게 적고 있다.
"저는 또 제 숙소를 유용한 목적을 위해서 자주 이동합니다. 맨 처음에는 시계 제조자의 집에 묵다가 지금은 수학 기구 제조자의 집에 머물고 있습니다. 그들로부터 저는 나중에 저에게 유익할 기술을 배웁니다. 저는 최근에 그저 하고 싶어서 업살(Upsal)의 위도를 찾는 몇 개의 일람표를 계산해 보았습니다. 그리고 1712년과 1721년 사이에 있을 일식(日蝕)과 월식(月蝕)도 계산해 보았습니다. 필요하다면 발표할 수 있습니다. 천문학에서의 일식과 월식, 그리고 태양과 지구와 달의 일연의 위치 밖의 달의 이동(移動)을 계산하고, 새로운 관찰에 일치하도록 그 일람표를 정정하기 위해서는 제가 할 일이 많이 있습니다."
왕립 도서관을 위해서 구해달라고 부탁받은 지구의(地球儀)에 대해서 매부에게 1712년에 편지를 쓰면서 스베덴보리는 이렇게 말했다.
"지구의(地球儀·globe)를 만드는 데 쓰여지는 종이를 구하기는 거의 불가능합니다. 복사(複寫) 할까봐 그러는 것이지요. 또 지구의에 이미 붙여 놓은 것은 굉장히 비쌉니다. 그래서 저는 제 자신의 손으로 두어 개 만들어 볼까 생각 중입니다. 스웨덴에서 사용하는 한 자의 12분의 10정도의 보통 크기가 될 것입니다. 완성되면 제가 스웨덴으로 둘을 보내고 도표와 판도 보낼 것입니다. 제가 도착한 뒤에 저는 아마 더 좋게 만들어 볼 수 있지 않을까 싶습니다. 제가 벌써 조각법의 기술을 완전히 터득해서 그런 것을 만들 수 있으리라 생각합니다. 제 기술의 견본을 제 아버님께 보내드리는 편지에 동봉합니다. 제 발명품들 중의 일부를 보여주고 있는 이 견본은 제 손으로 만든 첫 번의 것입니다. 동시에 저는 놋쇠 기구를 만드는 기술을 집 주인 한테 많이 배워서 제 자신이 사용할 것들을 제가 만들었습니다. 제가 스웨덴에 있다면, 지구의를 만드는 데 필요한 부속품들을 다른 사람에게 의존해서 만들 필요가 없을 것입니다.
제게 친절히 보내주신 암실 상자(camera obscura)로 저는 벌써 제가 만족할 정도로 원근 투시도(遠近透視圖) 그리는 것을 배웠습니다. 교회 건물, 집 등등에 연습했습니다. 제가 팔룬(Fahlun)이나 다른 곳에서 들어올리는 기계(lifting machine)들 가운데 있다면, 제가 이 자그마한 기구를 이용하여 어느 누구에 못지 않게 그 기계들을 그릴 수 있겠습니다."
여기에 철학적으로 가장 높은 차원에까지 올라가 뛰어나게 성공하도록 완전히 구비를 갖춘 자가 5, 6년 짧은 시일에 일곱 가지의 상공업 기술을 실제적으로 터득했다는 것이다. 그 일곱 가지는 책 제조와 음악, 그리고 시계, 가구, 그리고 수학기구의 제조, 조각기술, 그리고 원근 투시도이다. 플라토(Plato) 시대나 지금이나 신사에게는 탐낼만한 것들이 전연 아니었다. 이런 편지들을 썼던 비교적 초년기의 스베덴보리는 아마도 무의식 중에 이 세상에서 혹은 어느 곳에서든지 삶의 참된 행복은 타인의 복리를 증진시키는 노력으로부터 온다는 위대한 원칙을 터득, 실천하고 있었던 것 같다. 이 원칙을 그는 그 후에 계율과 행동으로 살아 독특한 결과를 보여주었던 것이다.
그가 동과 철을 녹히는 과정을 이론적으로, 실용적으로 자세히 설명한 ≪Opera Philosophica et Mineralia≫(철학과 광물학에 관한 저서라는 뜻·역자 주)를 출판했을 때 그런 사업에 종사하는 사람들은 그가 그 비결을 대중에 폭로했다고 힐난하였다. 편지 하나에 이런 비난에 대하여 이야기하면서 그는 이와 같이 적고 있다. "지식을 자기네들만을 위해서 간직하고 비밀의 소유자요 보호자로 이름나기를 좋아하는 자들이 있습니다. 이런 사람들은 일반 대중들을 위해서는 모든 것을 아까워하며, 학문과 과학에 이익이 될 발견이 발표되면 이런 사람들은 찌프린 얼굴로 그것을 쳐다보며, 그 발견자를 비밀을 폭로하는 수다쟁이로 비난합니다. 왜 비밀을 대중으로부터 감추어야 합니까? 왜 문명화된 시대로부터 감추어야 합니까? 알아서 좋을 것이라면 세상의 공동 시장에 무슨 수단으로든지 내어 놓아야 할 것입니다. 이렇게 되지 않으면 우리들은 시간이 흐름에 따라 더 지혜로워지지도 않고 더 행복해지지도 않을 것입니다."

그의 젊은 시절에 나타난 이와 같은 성품과 생애의 방향이 그로 하여금 국민 주권이 가장 일찍이 계몽된 지지자들 중의 하나가 되게 하였다. 그와 그의 아버지의 공공봉사로 그의 가문이 1718년에 작위(爵位)를 받고 이름을 스베덴보리(Swedenborg)라 칭하게 되었다. 이로 인하여 그는 스웨덴 국회의 상원에 진출하게 되었고, 거기서 그는 그가 철학자로 유명해진 것 못지 않게 정치가로서 역량을 발휘했다. 그는 스웨덴을 위해서 왕이 자주 바뀌는 번덕스러움과 무제한의 권력을 제한하는 헌법 정부를 지지하는 자들 중의 하나가 되었다. 그는 몇 년 전에 햄든(Hampden)과 러쓸(Russell)이 그것으로 인하여 순교 당한 노선을 용감하게 지켰는데, 이것은 18세기의 어느 입법부에서든지 지지하려면 대단한 용기와 지혜와 덕이 필요했던 것이다. 그 노선이라는 것은 즉 정부는 다스림을 받는 자들들을 위하여 조직되어야 하고, 운영되어야 하며, 어느 인간도 절대적인 권력을 소유하는데 합당치 않다는 주장이다. 그는 국회에 제출한 진정서에 이와 같이 말했다. "아무도 자기의 생명과 재산을 어느 한 개인의 절대적인 권력에 줄 권한이 없다. 오직 하나님만이 주인이시고, 우리들은 이 세상에서 그의 청지기일 뿐이다……나는 대중의 복리(福利)가 뒤로 밀쳐 버려지고, 개인의 이익이 올라 설 때에 무슨 일이 일어날까 생각하면 몸이 떨린다. 나는 절대적 권력을 소유한 스웨덴 왕과 우상과의 차이를 알 수 없다. 왜냐하면 모두가 이 왕이나 우상에게 심령을 바쳐 따르게 되며 그의 뜻에 복종하고 그가 하는 말을 경배하기 때문이다."

청년 시절, 스베덴보리는 무제한의 권력을 가진 왕이 그의 나라를 벼랑길로 몰고가는 불행을 목격했다. 즉, 18년 동안의 전쟁으로 인한 고통과 참상, 값비싼 승리와 피묻은 패배, 몰살 당한 육군, 파산된 국가 재정, 질병과 기근 등등이었다. 항상 왕의 호의를 받았지만, 스베덴보리는 입법인으로서의 임무를 받는 날부터 왕의 권력과 특권을 국민의 감시와 주관, 그들의 대표자들 밑에 두기 위해서 자기의 노력을 늦추지 않았다. 1756년에는 그와 그의 동료들이 성공적으로 일을 해서 왕이 추밀원 위원회(the Privy Executive Council)에서 통과된 법안에 서명하는 것을 왕이 거절했다. 스베덴보리는 그 위원회로부터 그 법안에 왕의 서명을 받도록 권한을 위임 받은 입법인들 중의 한 사람이 되었다.

유럽 대륙을 여행하던 중 1736년에 로테르담에 머무르면서 그는 홀란드의 공화국 제도를 칭찬하는 기록을 썼다. 즉, 그는 "절대적인 제국 보다 더 하나님의 눈에 즐거운 시민의 자유, 종교의 자유를 보장하는 정부"를 보았던 것이다. 그는 부연해서 말했다. "공화국에서는 지나친 존경을 어느 한 사람에게 보이지 않는다. 다만 제일 높은 자나 제일 낮은 자나 자신을 왕이나 황제와 동등하게 여긴다……그들이 숭배하는 존재는 오직 하나님 뿐이다. 인간이 아니고 하나님만이 숭배를 받는 곳에 하나님께서 받아주시는 나라가 있는 것이다……그들은 수치와 두려움 아래서 자기들을 낮추지 않고 항상 견고하고 건전한 마음을 보전하며, 자유로운 정신과 올곧은 태도로 모든 것을 홀로 다스리시는 하나님께 그들 자신들과 그들의 관심사를 바친다. 절대적 정부 아래에서는 상태가 아주 다르다. 사람들은 겉꾸미고, 남을 속이는 데에 익숙해졌고, 마음 속의 생각과 말이 다르고, 오랜 동안 거짓과 가짜에 몸이 베어, 심지어는 예배를 드릴 때도 이것을 말하고 저것을 생각하며, 허위와 아첨으로 하나님을 속이려고 한다." 이것은 홀란드와 스위스를 제외하고는 유럽 전체가 절대적 왕의 통치 하에 있었던 때에 사용한 강력한 언어였다.

또, 모든 나라들이 빚을 진 돈 보다 값싼 돈으로 빚을 갚으려고 애쓰는 시대에 스베덴보리는 정화지불(正貨支拂)과 건전한 화폐와 공공 계약의 정직한 유지를 열렬히 지지했다. 스베덴보리가 상원에 있을 때 수년 동안 스베덴보리의 수상(首相)으로 있었던 백작 A. J. 본 홉켄(the Count A. J. Von Höpken)은 친구에게 편지를 쓰면서 스베덴보리에 관해서 이렇게 적고 있다.

"그는 항상 건전한 판단력의 소유자였습니다. 그는 모든 것을 선명하게 보았으며, 다루고 있는 주제에 대하여 자기 의사 표현을 잘 했습니다. 1761년도 국회에서 재정 문제에 대해서 가장 충실하고 잘 쓰여진 진정서는 그가 쓴 것들이었습니다."

이러한 재정 문제에 관해서 스베덴보리가 쓴 두 세 편 진정서들이 남아 있는데 그 중의 하나는 다음과 같은 문단으로 결론을 맺는다.

"어느 나라가 돈이 아니고 돈의 대용품인 지폐로 존재하면, 그 나라는 그러한 예를 찾아볼 수 없는 나라이다."

스베덴보리는 또 국회에서 음주를 저지하기 위해서 진지하게 일하였다. 그의 어느 책표지 안쪽에 그는 다음과 같이 썼다. "과다한 음주가 스웨덴 사람들을 망칠 것이다." 그는 국회에서 술의 소비와 주조(酒造)로 인한 곡식의 허비를 축소시키기 위한 몇 개의 법안을 건의했다. 술 중독자의 수를 줄이기 위해서 그는 국회로 보내는 진정서에서 다음과 같이 건의했다. "시내의 모든 술집들은 빵집과 같이 운영되어야 한다. 즉 사람들이 술집의 방에 들어와 앉지 않고, 밖에서 창문을 통해서 위스키나 브랜디를 사도록 하는 것이다."

국회에서 채택이 된 또 다른 제안은 위스키의 주조를 제한하고, 주조할 수 있는 권리를 나누어 맡겨줌으로써 값을 올리는 것이다. 그는 그의 국회에의 진정서에서 이와 같이 말했다. "만약 위스키 주조를 각 도시나 지역의 최고의 입찰자들에게 배분하면 나라를 위해서 상당한 수입이 들어올 것이며, 곡식의 소비가 줄어들런지도 모른다. 즉, 위스키의 소비를 완전히 없애버릴 수 없다면 말이다. 물론 그럴 수 있다면야 그렇게도 해로운 음료로부터 들어오는 수입보다도 나라의 복지와 도덕을 위해 더욱 더 좋은 것이지만 말이다."

스베덴보리 생애의 제3기 (1743-1772)

그의 마지막 과학 저서가 출판되기 전에 그는 그의 남어지 일생 연구의 방향과 성격을 변동시키는 아주 특이하면서 유일하다고 할 정도의 경험을 하게 되었다. 이 경험이 무엇이었나 하는 것은 그의 자신의 말이 가장 잘 묘사하고 있다. 그의 82세 되던 해 마지막 쯤에서 간단한 자서전에 이와 같이 적고 있다.

"그러나 내가 지금까지 진술한 모든 것을 나는 비교적 중요치 않다고 여긴다. 왜냐하면 주님에 의해서 성스러운 일에 불리움을 받은 것(召命)이 그 모든 것들을 초월하기 때문이다. 1743년에 주님께서 내 앞에 자비롭게 나타나셔서 영계로 나의 눈을 여시고, 영들과 천사들과 대화를 나눌 수 있도록 하셨다. 그리고 나는 그러한 상태에서 지금까지 지내오고 있다. 그 때부터 나는 천계와 지옥, 사후의 인간의 상태, 하나님께 대한 진실된 예배, 말씀의 영적 의미, 그리고 구원과 지혜에 도움이 되는 많은 중요한 것들에 대해서 내게 보여주셨거나 나타내 주신 여러 가지 비밀들을 인쇄해서 출판하기 시작했다."

그가 이와 같이 쓴 같은 해에 스웨덴의 한 감독은 그의 저서 ≪혼인애≫ (*De Amore Conjugiali*)를 압수하라는 명령을 내렸다. 스베덴보리는 이 건에 대해서 왕에게 진정서를 내면서 여러 가지 호소를 했는데 그 중에서 그는 기독교가 들어 온 이후 스웨덴에서는 전례 없는 취급을 받았다고 말했다. 이 호소에서 그는 그의 영감에 대해서 더 자세한 설명를 첨언하였다.

"저는 겸손히 다음과 같은 진술을 올립니다. 즉, 우리 구주께서 자기 자신을 제 앞에 나타내시면서 제가 한 것, 그리고 해야 할 것을 명령하셨습니다. 그리고 제가 천사들과 영들과 교제하도록 허락하셨다는 것을 저는 전 기독교계 앞에 선언했습니다. 영국·폴란드·독일·덴마크·불란서·스페인에 알렸으며, 여러 번 이 나라에서도 궁정에서, 그리고 특별히 왕의 가족들과 다섯 분의 상원 의원들, 그리고 다른 분들이 참석한 가운데 함께 식사하면서 제 임무에 관해서 대화를 나누었습니다. 그 뒤로 저는 이것을 많은 상원 의원들에게 알렸습니다. 그리고 이들 가운데 배작 테씬(Count Tessin), 백작 본디(Count Bonde), 백작 홉켄(Count Höpken)은 저의 진실됨을 인정하였고, 밝게 열린 지각의 신사 백작 홉켄은 아직도 계속해서 믿고 있습니다. 그리고 국내, 국외의 많은 사람들, 그리고 왕들과 왕자들에게도 알렸습니다. 소식에 의하면, 사법 장관은 이 모든 것이 허위라고 선포했습니다. 그가 자기는 이러한 일이 이해가 안 된다고 말한다면, 저는 그의 말을 부인할 수 없습니다. 제가 저의 눈과 말을 그의 머리 속에 집어 넣을 수도 없고, 천사들과 영들로 하여금 그와 이야기하라고 할 수도 없고, 기적이 일어나지도 않으니 말씀입니다. 그러나 그가 전에는 전혀 계시되지 않은 것들, 또 실지로 계시를 통해서만 그리고 영계에 있는 자들과 교제함으로써만 발견할 수 있는 것들이 기록된 제 저서를 신중히 읽을 때 그의 이성이 그로 하여금 깨닫게 할 것입니다. 이성이 이것을 깨닫고 인정하도록 하기 위해서 저는 왕께서 저의 저서 ≪혼인애≫ (*De Amore Conjugiali*)에 있는 이야기, 314-316페이지에 있는 제목에 대해서 기록된 것을 보아주시기 바랍니다. 그러신 뒤에 아직도 의심이 있으시다면 저는 가장 엄중한 맹서 아래 이 모든 것이 진실이고 티끌 만큼도 오류가 없으며 우리 주님께서 저로 하여금 이러한 경험을 가지도록 허락하신다는 것을 증거할 준비가 되어 있습니다. 그것은 저 자신을 위해서가 아니라 모든 기독교인의 영원한 복지에 대한 주님의 관심을 위해서 입니다. 이러한 사실들을 이해하기 어렵다고 말할 수는 있겠지만 거짓이라고 말하는 것은 잘못입니다."

1771년 헤쎄-다암스타트(Hesse-Darmstadt)의 영주에게 보낸 편지에서 스베덴보리는 이 새 계시를 전하는 길로써 자기가 선택된 이유를 설명하였다.

"귀하의 정중한 편지에서 제가 어떻게 해서 천사들과 영들과 의사 소통을 하고, 또 이러한 것을 한 사람이 다른 사람에게 넘겨 줄 수 있는지 없는지 물으셨습니다. 제가 다음과 같이 답변해 드리겠습니다.

'우리 주님께서는 다시 이 세상에 오셔서 새로운 교회를 세우시겠다고 예고하셨습니다. 그는 이것을 묵시록 21장과 22장에서 그리고 복음서들 중 여러 곳에서 예언하셨습니다. 그러나 그가 직접 사람으로 이 세상에 다시 오실 수 없으니까, 그가 한 사람을 사용하여 그 일을 성취하실 수 밖에 없었습니다. 이 사람은 자기의 이해(理解·understanding) 속에 그 새로운 교회의 교리를 받을 뿐만 아니라, 인쇄를 통해서 그 교리를 출판해야 합니다. 주님께서 저를 어린 시절부터 준비하셨고, 그분의 종 저에게 친히 나타내시고 이 일을 하도록 저를 보내셨습니다. 이것이 1743년에 있었고 그 뒤로 그 어르신은 제 영의 눈을 열어 저로 하여금 천국과 그 곳의 많은 놀라운 것들과 또 지옥을 보게 하셨고, 천사들과 영들과 이야기하도록 하셨고, 또 이렇게 계속 27년간 허락해 주셨습니다. 이러한 일이 제게 일어난 이유는 제가 앞서 말씀드린 그 교회를 위해서 였습니다. 그 교회의 교리(敎理·doctrine)가 저의 저서에 담겨 있습니다. 영들과 천사들과 대화하는 은총은 한 사람으로부터 다른 사람에게 넘겨 줄 수는 없습니다. 주님께서 친히 그 한 사람의 영의 눈을 열어 주신 저의 경우와 마찬가지입니다. 때때로 한 영이 한 사람과 의사 소통을 하도록 허락이 되지만, 그 사람이 그 영과 직접 말을 하도록 되지는 않습니다.'"

그의 임무에 대한 그의 합당성은 무엇보다도 그의 호흡 기능의 특이하면서도 이상한 능력이 더 만족스럽게 설명을 해준다. 우리가 아는 한 스베덴보리가 자기가 소유하고 있다고 말한 외부의 호흡 기능이 아닌 내부 의식 기능을 전에 다른 어느 사람이 소유하고 있었던 일은 없었다. 그의 "영적 시력이 열린"(the opening of his spiritual vision) 뒤로 습관적으로 쓴 영적 체험의 일기에서 스베덴보리는 다음과 같이 기술하고 있다.
"나는 또 그들의 언어의 성격에 대해서 그들과 이야기했다. 그것을 이해하도록 하기 위해서 그들은 호흡의 특이함을 내게 보여줬다. 나는 그들의 믿음의 상태에 따라 계속적으로 그들의 허파의 호흡이 달라진다고 들었다. 나는 이런 것을 전에는 몰랐다. 그러나 이해하고 믿을 수 있었다. 왜냐하면 나의 호흡이 주님에 의해서 형성되어서 상당한 시간 동안 나는 외부의 공기의 도움 없이 내부로 숨을 쉬었는데, 그러면서도 외부의 감각은 계속 예민했다. 이러한 기능은 인간이 소유할 수 없으며 주님에 의해서 기적적으로밖에 형성되지 않는다고 나는 들었다. 나는 또 듣기를 내가 영들과 함께 하며 그들과 말하도록 하기 위해서 나의 호흡이 내가 모르는 사이에 그렇게 인도함을 받았다는 것이다……나는 어린시절 아침 저녁에 기도할 때에 처음으로 이렇게 호흡하는 것에 습관을 가지게 되었다. 그리고 그 뒤 때때로 내가 허파와 심장과의 조화에 대해서 탐구하고 있을 때도 그랬다. 나는 항상 거의 느낄 수 없는 아주 잠잠한 호흡이 있음을 관찰했다. 그리고는 뒤에 그 사실에 대해서 생각하고 글을 썼다. 이와 같이 나는 어린 아이 때부터 그와 같은 호흡을 알게 되었고, 그 뒤로 수년 동안 계속되었다. 그 뒤로 내가 영들과 대화하도록 하늘이 내게 열렸을 때 나는 한 시간 이상 숨을 거의 쉬지 않았는데, 내가 생각할 수 있을 정도만 숨을 쉬었다. 이와 같이 주님께서 나를 내부 호흡으로 인도하셨다."

스베덴보리가 주장하는 것처럼, 만약 외부의 공기의 도움 없이 한 동안 내부로 호흡하는 것이 주님에 의해서 형성된 자들만이 소유할 수 있는 것이라면(스베덴보리는 자기는 모르며 오직 기적이라고 했다), 인간 과학의 범주 안에는 납득하기 어려운 것이다. 그러나 스베덴보리의 전기를 감동 깊게 쓰고 그의 중요한 과학 서적을 번역한 영국의 특출한 의사 윌킨슨 박사(Dr. Wilkinson)도 이것에 대해서 아주 흥미있고 인상적인 생각을 했다. 다음 몇 부분은 그의 글에서 발췌한 것이다.

"우리는 우리가 숨쉬기 때문에 그대로 존재한다. 내부의 사고(思考)는 내부의 호흡을 가지고 있으며, 더욱 더 순수한 영적 사고는 물질과 거의 섞여지지 않은 영적 호흡을 가지고 있다. 죽음은 호흡이 없다. 외부의 대기(大氣)를 완전히 호흡한다는 것은 감각과 근육의 힘을 완전히 향유하는 가운데 살고 있다는 것과 동일한 것이다.
반면에, 혼수상태나 죽음의 상태는 사고의 내부 호흡의 계속됨 혹은 영혼의 감각이며, 이 때에 육체의 호흡은 취소되는 것이다. 속에 이런 것이 있을 수 있는 사람들만이 이 세상에 살면서 저 세상의 사람들과 사건들과 의식적(意識的)으로 관계를 맺는다. 동면(冬眠) 또는 다른 현상들이 이러한 관찰의 타당성을 말해 주고 있다. 그런고로 생각이든 명상이든 묵상이든 황홀상태이든 우리의 내부 생명의 역량은 호흡의 역량에 달려 있다는 우리의 주장은 공통적인 경험이 뒷받침해 주고 있다.
호흡을 뛰어 넘는 비슷한 힘, 즉 호흡 없이 살아서 생각하는 힘―왜냐하면 공기를 올려 마시는 동시에 마음을 끌어내리고, 또 그렇게 함으로 인간이 동시에 영적이며 물질적인 존재가 되도록 하는 것이 육체의 호흡이다―그 힘이 스베덴보리 외에 다른 많은 영시자(靈視者)들의 재능의 기반이 되어주는 것이다.
힌두교의 수행자들이 비슷한 상태에 들어갈 수 있다는 것은 잘 알려져 있다. 그리고 오늘날 최면(催眠) 현상은 이러한 고대의 상태와 영원한 법칙을 과학적인 방법으로 우리들에게 많은 것을 가르쳐 준다. 당신을 이 세상으로 이끄는 것들을 제거하거나 중단시켜 보아라. 그러면 영이 가볍게 그 다른 세상으로 떠올라 온다. 그러나 스베덴보리가 보고한 그의 상태와 현대의 예에는 한가지 다른 점이 있다. 현대의 예는 인공적이고 외부의 노력으로 일으킨 것이지만, 스베덴보리의 경우는 자연적이며 타고난 것이라 말할 수 있으며, 그의 소원과 호흡이 합해져서 나타난 것이며, 잠이 들지 않고 완전히 깨어 있는 상태이며, 황홀상태나 환상 속에서 얻으려 했던 것이 아니었다. 게다가, 현대의 예는 가끔 일어나는 것이고 스베덴보리의 경우는 중단되지 않았고, 혹은 27년간 거의 중단되지 않았던 것 같다."
"스베덴보리가 이런 깊은 영적인 것들에 대해서 얼마나 총명하였는지를 보여주기 위해서는 다만 호흡에 관한 그의 생각의 규칙적인 진전을 나타내는 그의 해부학 연구와 저서를 검토하면 된다. 그는 말하기를 '우리가 심오한 사고를 유의하여 살펴보면, 우리가 숨을 들이 쉴 때는 많은 생각들이 마치 열려 있는 문을 통해서 사색(思索)의 공간처럼 밑에서부터 급하게 몰려오는 것을 볼 수 있을 것이다. 숨을 속에 품고 있으면서 서서히 내쉴 때, 우리는 우리 생각의 대지(大旨)를 깊이 보관하면서 마치 영의 보다 높은 기능과 교통한다. 이것은 내가 내 자신을 관찰하면서 본 것과 같다. 숨을 내쉬지 않고 품고 있는 것은 영과 교통하는 것과 같으며 숨을 들이 쉬는 것은 육체와 교통하는 것과 같다."
"이것은 사실 너무나 혼한 일이기 때문에 우리들은 거의 생각 조차도 안한다. 자연 생활에 너무나 가까워서 그 원리를 지식 안에 담기에는 너무 한 것 같다. 그렇게 깊이 들어가지 않더라도, 우리는 몸의 작용의 섬세함에 대해서 언급해 볼 수 있다. 인간의 동물성에 대조해서 무한한 섬세함에서 나오는 예술은 서로 대응하는 무호흡과 내쉬는 숨을 요한다. 청진기로 가슴 속의 낮은 소리를 듣거나 입과 귀로 윈거리 소리를 듣는 것처럼, 가장 섬세하고 귀에 가장 적게 거슬리는 소리를 듣기 위해서는 숨을 멈추어야 한다. 보통의 귀가 죽고 다시 살아나야 이러한 정교함을 들을 수 있는 것이다.
빨리 날아가는 혹은 아주 작은 물건을 겨누기 위해서는 무호흡의 시간과 침착한 행동이 필요하다. 멈춘 허파가 뛰는 심장을 안정시키는 압력을 주어야 한다. 시계의 정묘한 기계를 조정하는 것은 자기 자신 속의 중앙 용수철의 무동요(無動搖)를 요한다. 마음과 마찬가지로 눈으로 보고 관찰하는 것도 빛을 복사(輻射)하는 태도로 가만히 있는 것을 요한다. 부정적인 예를 들자면, 아이들의 첫 번 동작과 시도가 성공하지 못하는 것을 본다. 너무나 빠르고 혼동되는 호흡이 원인이다. 생(生)이 아직 그 게임을 하기 위해서 대기의 공간을 정하지 않았고, 그 장면 자체가 본성에 맞지 않는 욕망과 생각을 가지고 움직거리기 때문이다. 간단히 말해서, 모든 언행이 위에 말한 상태를 요하며, 일반적인 진리는 모든 사람들이 자기의 호흡을 훈련시키는 것을 자신의 업무로 여겨야 한다는 것이다. 육체적인 힘, 마음의 힘, 심지어는 지혜까지도 모두 우리의 호흡에 의지하고 있다. 스베덴보리의 경우는 다만 특출한 공기처럼 느끼고 원하지만 감지(感知)하지 않는다는 사실을 극적으로 보여 줄 뿐이다."
윌킨슨 박사(Dr. Wilkinson)와 같은 예민하고 성공한 생리학자가 스베덴보리의 주장에 표시한 존경심인데, 이러한 존경이 나로 하여금 한가지 언급을 하도록 용기를 주고 있다. 이 언급은 즉 스베덴보리가 말한 외부 호흡기관을 습관이나 직업상 가장 활발히 사용하는 사람들은 대개 영적인 힘에 의한 연구와 명상에 가장 덜 치우친다는 것이다.
스베덴보리는 자기의 자연과학 연구가 자기를 성스러운 임무를 위하여 준비시키는 매개(媒介)들 중의 하나였다고 믿었다.
그는 다음과 같이 기술하고 있다. "내 삶의 행동이 무엇을 포함하고 있는지를 나는 그 일들이 일어날 때에는 분간할 수 없었다. 그러나 하나님의 신령자비에 의해서 나는 몇몇 혹은 조목 조목들에 관하여 알게 되었다. 즉 나는 신령섭리가 나의 삶의 행동을 젊었을 때부터 주관하셨고, 나의 행동을 인도하여 자연적 사물의 지식에 의하여 내가 총명의 지경에 이르러 하나님의 신령 자비에 의해서 그의 말씀 속에 숨겨진 것들을 여는 도구로서 섬길 수 있게 되었다는 것을 깨달았다. 지금까지 밝게 나타나지 않았던 이런 것들이 이제는 명백하게 되었다."
"왜 주님께서는 당신이 긴 목록으로 나열한 비밀들을 목회자에게 계시하시지 않고 평신도인 당신에게 하셨습니까?"라는 질문을 받자, 그는 다음과 같이 대답하였다.
"이것은 이 임무를 위하여 저를 어렸을 때부터 준비하신 주님께서 기꺼이 결정하신 일입니다. 그러나 제가 당신에게 질문을 하겠습니다. 주님께서 세상에 계실 때 왜 법률가나 성직자나 신부나 랍비들을 선택하시지 않으시고 어부들을 제자로 부르셨습니까? 이걸 잘 생각해보시고, 당신의 결론을 잘 내리십시오. 그러면 당신은 그 이유를 발견할 것입니다."
그가 영계와 직접 교통하고 있었다고 말했던 때부터, 스베덴보리는 자연과학 연구를 저버리고 그의 생애의 나머지 삼십년을 그가 주님으로 직접 받았다고 믿는 진리를 기록하고, 정리하고, 출판하는데 받쳤다. 그는 그러한 진리를 전파하는 것이 바로 묵시록(묵시록 21장)에 예언한 새로운 교회의 도래(到來)를 표시한다고 이해했다. 광산 관리청 임원으로서의 임무가 그의 새로운 소명(召命)의 일과 서로 맞지 않는 것을 알고, 그는 왕에게 그 임무로부터 풀어줄 것을 신청했다. 바로 그 때에 고문관 버건스티어너(Bergenstierna)가 작고하여, 광산관리청에서는 만장일치로 임원 스베덴보리를 그 자리에 추천했었다. 왕에게 보낸 편지에서 그는 다른 사람을 선임하고 자기를 그 자리에서 완전히 풀어 달라고 호소를 했다. 그리고 그는 계속해서 다른 한가지를 요청을 하였다.
"저는 왕립 광산관리청의 임원으로 삼십년 있었으며, 자비(自費)로 외국

여행을 하면서 광산이나 다른 곳들을 방문하였고, 우리 나라를 위해서 몇 가지 저서를 저술하였습니다. 저는 국가적으로부터 최소한의 대가도 요청 하지 않았습니다. 반대로 저는 이러한 일에 아무런 지장 없이 전념하기 위해서 저는 제 봉급의 반을 포기했습니다. 그것은 동전 액수로 지난 십 일년 동안 20,000릭스 달러(rix-dollas)가 됩니다. 저는 그래서 왕께서 제 요청을 용납해주시고, 제가 지금까지 해온 것처럼 계속 제 봉급의 반을 받도록 허락해주시기를 바랍니다. 이유는 제가 30년 이상 임원으로 일했 으며, 저는 왕께서 저에게 호의를 거절하신 일이 없었음을 잘 알고 있기 때문입니다.

그런고로 저는 왕께서 저에게 아무런 더 높은 직책을 주시지 마시고 저를 내보내시기를 겸손히 당부드립니다. 그리고 한걸음 더 나아가서 제가 제 봉급의 반을 받으면서 외국에 가서 제가 현재 하고 있는 중요한 일을 끝마치도록 허락해 주시기를 빕니다.

1747년 6월 2일, 스톡호름"

왕은 어명을 통하여 스베덴보리에게 가장 호의적인 조건으로 그 두 요청을 받아드렸다. 왕은 "우리는 그가 우리와 우리의 나라를 위해서 지금까지 충성으로 일한 것처럼 본국에서 계속 일했으면 좋겠으나, 우리는 그가 써서 출판한 다른 저서가 나라의 유익과 명예에 이바지한 것 못지 않게 그가 현재 하는 일이 인류의 복지에 이바지할 것을 잘 알기 때문에, 그의 청함에 가이 반대할 수 없음이라……그의 오랜 동안의 충성된 봉사에 만족함을 표시하는 것으로, 우리는 그가 남은 일생동안 임원으로써의 봉급의 반을 지급할 것을 허락한다" 라고 하였다.

이리하여 스베덴보리는 경제적으로 독립하게 되었고, 완전히 자기 시간의 주인이 되었다. 이러한 상태야 말로 많은 인류의 유익에 절대적 요소였으며 최상의 인간 업적에 빼놓을 수 없는 것이었다. 자기 자신만을 위해서 자기의 최선을 다하는 자는 가장 큰 일을 할 수가 없다는 것을 잘 보여 주는 사건이다.

틀림없이 섭리에 의해서 사람의 마음은 초자연적인 것에 대한 자칭 혹은 어떤 종류인든지 간에 독점적인 지식을 지혜롭게 믿지 않도록 되어 있다. 이런 불신임이 많은 불합리하고 해로운 것들로부터 우리들을 보호한다. 그러나 이런 불신임은, 만약 함부로 사용하면, 그것이 우리들을 보호하려는 그런 해로운 것들 보다도 더 심한 오류에 우리를 이끌게 된다. 무모한 회의(懷疑)는 무모한 믿음 만큼이나 잘못 인도한다. 스베덴보리가 자기가 고백했고 또 그렇게 믿은 그 고귀한 임무에 실지로 부름(召命)을 받았는지 안받았는지는 여기서 논의할 기회가 없는 질문이다. 그러나 이러한 주장은 쉽게 추정하기에 불가능할 것 같아서, 거부할 것이 아니라고 말하는 것이 정당할 것이다.

왜 한 사람은 명예의 그릇이 되고 다른 한 사람은 불명예의 그릇이 되는가 하는 질문은 성 그레고리(ST. Gregory)의 말에서 찾아볼 수 있다. "자기의 약점으로 인하여 하나님의 역사(役事·act)의 이유를 깨닫지 못하는 사람은 자기가 깨닫지 못하는 이유를 깨닫지 못한다."

불신임과 비난과 박해를 스베덴보리 보다 덜 받은 신령진리의 사자(使者)가 있었을까? 모세, 선지자들, 그리스도, 그리고 그의 사도들은 그들의 가르침이 사회의 평온을 위협한다고 해서 사회의 적으로 취급을 받았다. 신령진리는 일반 사람에게 항상 평화 대신에 칼을 가져다 준다. 우리들의 영적 성장의 각 단계는 편견·열정·성스럽지 못한 성향(性向)과의 싸움에서 이긴 결과이다. 모세가 그를 따르는 자들에 의해서 그들을 광야로 굶어 죽도록 끌어간다고 비난을 받았다면, 선지자들이 돌로 쳐죽임을 당하였다면, 이상한 교를 가르친다고 바울과 베드로가 감옥에 갇히고, 그리스도가 십자가에 달렸다면, 어둠 속에서 살고 있는 사람들이 그 어둠을 몰아낼 영의 빛을 가지고 오는 계몽가를 환영할 것이라고 기대할 수 있겠는가? 반대로, 하늘에서 내려왔다는 어느 새로운 계시가 빨리 기분 좋게 대중의 인기로 받아들여진다면 그것은 아마도 가짜일 것이라는 증명일 것이다. 또 인류에게 내려올 하늘의 빛이 스베덴보리 탄생 이전에 다 내려왔다고 믿을 이유가 그러한 하늘의 빛이 사도들의 탄생 전에 다 내려왔다고 믿을 이유보다 더 크지는 않을 것이다. 하나님께서는 그의 자손들의 필요에 따라서 계시를 주셨고 또 계속 계시를 주실 것이라는 것이 기독교의 신앙이다. "사도 시대의 교회 교부들", 바너버(Barnabas)·클레먼트(Clement)·허머스(Hermas)(이들 저서가 400여년 동안 정전(正典)으로 높임을 받았으며 교회에서 정전 성서와 함께 읽혔다)는 예언, 환상, 기적적인 은사가 사도 시대를 뒤이어 계속했다는 것을 그들의 증거와 경험으로 인정했다. 그후 터툴리언(Tertullian)과 오리겐(Origen)도 같은 사실을 인증했고,

유세비어스(Eusebius)·시프리언(Cyprian)·랙탠셔스(Lactanius)도 비상한 신의 현시(顯示)가 그들의 시대에도 드물지 않았다고 말했다. 시프리언은 이점에 대해서 상당히 표현적이었는데, 하나님을 찬양하면서 자기 자신과 성역자들과 많은 사람들에 대해서 이와 같이 말했다. "우리들을 위한 하나님의 단련은 밤낮으로 쉬지 않으신다. 우리들의 잘못을 고치시고 책망하신다. 밤 뿐만 아니라 낮에도 환상으로 우리 가운데 순진한 어린 아이들도 성령으로 충만하고 황홀 상태에서 주님께서 권고하시고 훈계하시는 것을 보고 듣고 말한다."(로마서 16장)

"환상이 없는 곳에서는 사람들이 망한다"고 현자(賢者)는 말한다. 그런고로 요엘서에는 주님의 성령이 후에는 모든 육체에 내릴 것이라는 약속이 있다. "너의 아들들과 딸들이 예언을 할 것이며, 노인들이 꿈을 꿀 것이며, 젊은 이들은 환상을 볼 것이다. 그리고 그 날에는 내가 남종들이나 여종들에게 나의 성령을 부어줄 것이다." 요셉이 "나 같은 사람이 하늘의 뜻을 알아낼 수 있다는 것을 모르셨나요?"라고 그의 체면을 잃은 형제들에게 말했을 때, 그는 무슨 다른 의미로 말했을까? 혹은 자기 자신을 위해서 무엇을 주장한 것일까?

저자 스베덴보리의 개인 인격에 관한 아무런 증명도 신학의 새 체계를 무너뜨릴 수는 있어도 확립시킬 수는 없다. 그러나 우리가 다루고 있는 이 점에 대해서 다음과 같이 말하는 것은 합당하다고 보겠소. 즉, 전 세계를 통해서 광대한 목회자의 무리 중에서 "우리 주 예수 그리스도의 뜻에 의하여 교역자의 단체와 목회에 부름(召命)을 받았다"고 말 안 할 사람이 거의 없을 것이다. 이러한 언어는 어느 정도 하나의 공식적인 표현으로 추락했지만, 한 때는 그것이 그리스도 교회의 목사는 사도들과 같은 방법으로 같은 임무에 같은 음성으로 부름(召命)을 받았다는 교리의 신념을 표현했다. 스베덴보리가 주께서 문 두드리는 소리를 듣고 문을 열었는지, 그리고 그가 받았다는 계시를 실지로 받았는가 하는 질문은 스베덴보리의 증거로 결정될 것이 아니다. 왜냐하면, 그보다 더 진실된 사람이나 그 보다 더 하나님의 명예와 광영을 위하여 산 사람은 없을 것이나, 그는 역시 인간이요, 그렇기 때문에 환각(幻覺)에 빠질 수 있기 때문이다. 또 이러한 질문들이 다른 증인들에 의해서 결정될 수도 없다. 왜냐하면 이 경우의 성질로 보아 아무 증인도 없었고, 있을 수도 없었기 때문이다.

그것은 보도 내용의 성질에 의해서 결정되어야 한다. 그 보도 내용이 주장한대로 신령근원을 인정할 만큼 중요하게 보이면, 모든 면에서 모든 기독교인들이 하나님의 말씀으로 받아드리는 그 기록과 조화가 되면, 말씀을 더 알기 쉽게 하고, 말씀 속에서 전에는 모순 같이 보이든 것들을 조화시키고, 전에는 그 말씀의 가르침에 관해서 분리되었던 사람들을 연합시킨다면, 스베덴보리가 환각의 희생자요, 그가 고백했고, 믿는 주님과 천사들과의 교통이 사실은 없었다고 생각하는 것은 이치에 맞지 않는다고 말할 수 있겠다.

그가 말한 1743-5년의 영감의 시기로부터 1772년 소천하기까지 거의 삼십년 동안에 스베덴보리는 많은 분량의 글을 썼다. 바로 그 때 완성한 한 두 가지의 과학서적 외에 그는 "주님의 직접 계시"라고 그가 믿는 경지에서 쓰여지지 않은 것은 하나라도 출판된 것은 없다. 이 기간에 그가 출판한 것은 그의 신학과 성경 해석의 전 체계를 포함하여 30권을 차지한다. 와런 씨(Mr. Warren)가 수집한 목록은 이 기간에 집필한 스베덴보리의 신학 체계를 만족스럽게 보여준다(1249쪽 <자료2> 참조). 그러나 모든 책들을 다 읽어야 그의 놀라운 재능을 완전히 알 수 있고 그가 습관적으로 머무른 높은 도덕의 경지를 이해할 수 있다.

주님에 의해서 불리웠고, 주님의 천사들과 거의 삼십년 동안 교통했다는 신념은 우리가 알고 있는 한, 전례가 없는 경험이다. 그리고 그 경험의 열매는, 우리가 그것이 어떠한 원인에 근거를 두고 있다고 하든지 간에, 끊임 없이 흥미있고 유익한 연구의 대상이 된다. 다음의 제목들을 살펴보면 그의 펜의 생산력과 그의 만년에 그의 펜을 바쁘게 했던 주제(主題)들에 관해서 무엇인가 생각이 들 것이다. 이 목록은 여러 출판된 저서이며 또 아직도 원고 상태로 보존된 것들도 있으며, 이들 중 더 중요한 것들은 출판된 것들도 있다.＊

나는 스베덴보리를 다른 성경해석자들로부터 구별하는 신학의 새로운 점들을 정의하는 일을 여기서 하지 않겠다. 스베덴보리의 교리들을 개요(概要) 형식으로, 또 저자의 말 자체를 충성스럽게 옮겨서 제공해 보고자 한

＊ 1249쪽 <자료 2> 참조.

다. 신학 세계에 독특한 족적(足跡)을 남겨놓은 스베덴보리가 가르친 가르침(敎理)들은 다음과 같다 :
1. 주님・구원, 그리고 속죄의 교리 : 하나님의 단일성을 성부・성자, 그리고 성신의 신령삼일성과 사람의 이성에 맞도록 조화시킨다.
2. 사후의 생명에 관한 교리 : 지옥의 존재를 하나님의 무한한 사랑과 조화시킨다. 스베덴보리는 하나님이 자기의 무한한 사랑을 천국에 사는 자들에게처럼 지옥에 사는 자들에게도 계속해서 풍만하게 보여주신다고 말한다.
3. 성서와 대응(對應)의 교리 : 말씀의 완전한 영감・신성, 그리고 거룩함을 합리적으로 확립한다. 말씀의 겉으로 나타나는 모순과 부조화를 설명하고, 인간 이해에 납득이 가도록 하고, 그 말씀의 거룩한 구성을 입증하고, 권위를 높인다.

스베덴보리는 성경 혹은 성경의 대부분이 단지 세속의 역사나 보고서(報告書・treatise)의 구조 원리에 의해서 쓰여진 것이 아니라, 성경에 묘사된 자연적인 사물과 현상 그리고 영적 진리 사이의 대응 법칙에 따라서 쓰여졌다고 가르친다. 이 자연적인 사물과 현상은 영적 진리에 근원을 두고 그 영적 진리를 상징으로 나타낸다. 그는 모든 원인들은 영적이고, 모든 자연적 현상들은 선재(先在)하는 영적 원인의 감각적 표현, 혹은 그가 자주 말한 것처럼, "궁극적인 것들"이라고 가르쳤다. 천국에 사는 자들처럼, 그리고 한 때 이 지구에 살던 자들처럼 대응에 관해서 깨닫는 사람들은 산・강・양・늑대・전쟁・홍수・꿀・유향, 혹은 어느 자연적 사물이나 사건에 대해서 읽으면 곧 외적인 이해로 나타나는 물질적 사물이나 외부의 환경을 지각(知覺)하는 것이 아니고, 이들 물질적인 것들이 대응하는 영적 상태를 깨닫는다. 이것은 마치 우리가 명랑한 미소나 비판적인 찌푸린 얼굴을 볼 때, 우리들은 그와 같은 미소나 찌푸린 얼굴이 대응하고 상징하는 감정의 상태에 신경을 쓰는 거와 같다. 그래서 조심스럽게 관찰을 하지 않는 사람들에게도 얼굴의 어떤 표현들은 사람의 성품의 질(質)을 명백하게 표시한다는 사실이 이해가 된다. 하나는 교활하다고 우리가 말하는가 하면, 다른 하나는 솔직하고 활발하다고 말하며, 또 셋째는 자만(自慢)하고, 넷째는 잔인하고, 다섯째는 세련되었고 온화하며, 여섯째는 관능적이고 거칠다고 말한다. 이런 표현들이 관찰・솔직・자만・잔인・세련,

혹은 관능의 질을 삶을 통해서 계속 사용하고 즐김에 의해서 얼굴에 나타나게 되는 것이다.
그래서 선과 악, 진리와 거짓의 여러 계도, 농도(濃度), 종류를 상징하는 물질적 현상이나 외적 사건들 등등이 성경의 구성에 사용되었다. 이는 각 세대의 인류를 그들의 어둠의 정도에 따라 교훈이 되도록 선과 악, 진리와 거짓을 다루는 보편적인 방법이었다. 이러한 방법은 인간이 개화(開化)되고 총명해짐에 따라 이 세상과 영계에서 계속 증가하는 용량(容量)과 필요를 만족시켜 줄 수 있는 의미의 깊이와 폭을 내포(內包)하고 있었다.
스베덴보리는 "모든 자연과 그 안에 있는 개개의 것은 영적인 대응을 가지고 있으며, 인간의 육체에 있는 하나 하나 그리고 모든 것들도 마찬가지다. 그러나 지금까지 대응이 무엇인지 알려지지 않았다. 그것이 태고시대에는 아주 잘 알려져 있었는데, 그 때 살던 사람들에게는 대응에 관한 지식이 모든 지식 중의 지식이었고, 그 대응의 지식이 널리 퍼져서 그들의 모든 책들이나 저서들이 대응의 원리에 의해서 쓰여졌다. 고대 교회의 책인 욥기는 대응으로 가득 차 있다. 이집트인들의 상형문자와 고대의 이야기들은 대응 이외의 다른 것이 아니었다. 모든 고대 시대의 교회들은 영적인 것들을 표징적으로 나타내었다. 그들의 예식, 그리고 예배를 제정하는 법규가 순수한 대응으로 형성되었다. 같은 식으로, 이스라엘 백성들 가운데 있는 교회들에 관한 것들—번제·제물·소제물·제주(祭酒), 그리고 이들에 따르는 각가지 사항들—은 모두가 대응들이었다.
또, 그 성전과 그 안에 들어있는 모든 것들과 축제—무교떡 축제·성전축제·첫 열매 축제—그리고 아론의 레위 성직·그들의 거룩한 예복, 그리고 그 외의 그들의 예배와 생활에 관련된 모든 법규와 재판, 이런 것들도 대응이었다. 그래서, 신성한 것들이 이 세상에서 대응에 의해서 자체를 나타내기 때문에, 말씀은 순수한 대응에 의해서 쓰여졌다. 같은 이유로 주님께서 신령존재로부터 말씀하실 때는 대응에 의해서 말씀하셨다. 왜냐하면 신령존재로부터 나온 것은 신령존재와 대응하는 자연의 것들 속으로 내려오며, 이 자연의 것들은 천적인 것이나 영적인 것이라 불리워지는 신령한 것들을 감추기 때문이다"라고 말하였다.
스베덴보리는 다른 곳에서 이렇게 말했다. "영적인 의미 없이는 아무도 왜 하나님이 예레미야에게 잠방이를 하나 사서 허리에 걸쳐 입고, 그것을 물에 적시지 말고 아브랏 옆 바윗 틈에 감추라 하셨는지, 그 이유를 모를 것이다(예레미야 13 : 1-7). 혹은 왜 하나님이 이사야 선지에게 허리에서 굵은 베옷을 벗고, 발에서 신을 벗고, 나체로, 맨발로 3년 동안 돌아다니라고 하셨는지(이사야 20 : 2, 3) 모를 것이고, 혹은 하나님이 에스겔 선지에게 왜 날카로운 칼로 머리와 수염을 깎고, 나중에 그 털을 저울에 달아 나누어, 시내 중심에서 삼분의 일을 태우고, 삼분의 일을 칼로 치고, 삼분의 일을 바람에 뿌리고, 그 털 조금을 두루마기 단에 매어두었다가 불에 던지라고 하셨는지(에스겔 5 : 1-4), 혹은 왜 하나님이 같은 선지자에게 왼쪽 옆구리를 땅에 대고 390일 동안 누우라고, 오른쪽 옆구리를 땅에 대고 40일 동안 누웁고, 밀·보리·잠두·제비콩·조·쌀보리를 섞어 쇠똥 불에 빵을 구어서 먹고, 예루살렘을 둘러싸고 있는 축대를 세우라고 하셨는지(에스겔 4 : 1-5), 혹은 왜 하나님이 호세아 선지에게 매춘부와 혼인하라고 두 번이나 명령하셨는지(호세아 1 : 2-9 ; 3 : 2, 3), 그리고 많은 비슷한 것들도 영적인 뜻 없이는 이해할 수 없을 것이다. 게다가, 누가 영적인 뜻 없이 성전 안에 있는 법궤·하나님의 보좌·그룹·촛대·향대, 등등 모든 것들에 의해서 상징되는 것을 알 수 있겠는가? 혹은 누가 영적인 뜻 없이 아론의 성의(聖衣)·예복·두루마기·외투·법의(法衣), 우림과 둠밈·관(冠), 그리고 그외 다른 것, 등등을 이해할 수 있겠는가? 영적인 뜻 없이 누가 번제·제물·소제물·제주(祭酒)들이 상징하는 것이 무엇인지 알겠는가? 안식일과 축제에 관해서도 알겠는가? <u>사실상 이들 중 가장 작은 것도 주님·천국·교회에 대하여 무엇인가를 상징하지 않는 것은 명하시지 않았다.</u> 이 모든 예들로부터 말씀(聖言)의 모든 조목 하나 하나에 영적인 뜻이 있다는 것을 확실히 알 수 있다."

스베덴보리는 성경의 모든 책들에게 똑같은 정도의 권위를 부여하지 않는다.

"성언의 책들은 속뜻을 가지고 있다. 그렇지 않은 책들은 성언의 책이 아니다. 구약에 있는 성언의 책들은 모세의 오경·여호수아·사사기·사무엘 상하·열왕기 상하·다윗의 시편·예언서들, 즉 이사야·예레미야·애가·에스겔·다니엘·호세아·요엘·아모스·오바댜·요나·미가·나훔·하박국·스바냐·학개·스가랴·말라기, 그리고 신약에서는 마태복음·마가복음·누가복음·요한복음, 그리고 요한 묵시록이다. (천계비의 10325항)

성 바울 그리고 다른 사도들의 문서들에 관해서, 나는 ≪천계비의≫에서 그것들을 포함시키지 않았다. 이유는 그들이 단지 교리적인 문서에 지나지 않고 예언서, 다윗의 시편이나 복음서 그리고 요한 묵시록과 같이 성언의 양식(the style of the Word)으로 쓰여지지 않았기 때문이다. 성언의 양식은 일관적으로 대응이며, 그것에 의해서 천국과 직접적으로 교통을 이룬다. 그러나 이들 교리적 문서들은 아주 달라서, 천국과 교통은 있으나 오로지 간접적이다. 사도들의 문서들이 이러한 양식으로 쓰여진 이유는 기독교회가 그 때 그들을 통해서 시작되었으며, 성언에서 사용된 양식은 그와 같은 교리의 주의(主義)에 적당치 않았고, 차라리 독자들의 역량에 적응된 알기 쉽고 단순한 언어가 필요했던 것이다. 그러나 사도들의 문서들은 주님께서 복음서와 요한 묵시록에서 주장하셨던 것처럼 인애(charity)와 믿음(faith)의 교리를 주장하기 때문에 교회를 위해서는 우수한 책들이다. 이것은 이 문서들을 주의 깊게 읽는 독자들에게 명백할 것이다."(바이어 박사에게 보낸 편지 ; 천계비의 815항)

스베덴보리는 노아 홍수 이전 교회의 최상의 상태에서는 사람들은 자연에 보편적으로 존재하고 있는 대응을 직관적으로 깨달았다고 말한다. 그래서 그들의 언어는 자연의 언어, 즉 대응의 언어(the language of correspondence)였고, 그래서 천계의 것들을 나타내었다. 그러나, 시간이 흘러감에 따라 사람들은 관능에 의해서 살게 되었고, 따라서 대응을 깨닫지 못하게 되었으며, 교회의 예전들이 그들의 마음 속에서 대응적인 성격을 잃게 되었다. 예전들이 상징하는 영적인 것들과 상관 없이 그런 예전들을 지키니까, 결국 우상적인 것이 되어버렸다.

이 잃어버린 대응의 지식을 회복하기 위해서 주님으로부터 새 계시가 필요했다고 스베덴보리는 주장한다. 스베덴보리가 말하는 이유로, 그가 그를 통해서 보내질 계시의 매체로 선택되었다. 그 때가 또 세계가 대응의 지식을 받아드리고 그 지식에 의해서 유익이 될 준비가 된 가장 빠른 때였으며, 이것은 마치 사도들, 모세, 그리고 선지자들이 인류 역사의 각각 다른 시기에 그들의 각각 다른 임무를 위해서 선택된 것이나 마찬가지라고 그는 말한다. 이 점에 관한 스베덴보리의 증언은 대단히 주목할 만 하다. 적당한 경우마다 그는 그의 '신령임명'(神靈任命 · his Divine Commission)에 대해서 거듭 주장하는 것을 멈추지 않았다.

그는 1779년 ≪순정기독교≫(純正基督敎・the True Christian Religion)에서 이렇게 말한다. "나는 주님께서 그분의 종 나에게 당신을 나타내시고, 나를 이 임무를 위해 보내셨다는 것을 진실로 증언한다. 그후 그분은 나의 영의 눈을 열어 나를 영계로 들어보내시고, 나로 하여금 천계과 지옥을 보게 하시고, 또 천사와 영들과 지금도 계속 대화하도록 허락하셨다. 또 그와 같이 부르심을 받은 첫날부터 내가 말씀을 읽을 때 오로지 주님 외에는 아무 천사들로부터 그 교회의 교리에 관계되는 것을 받지 않았다."

또, ≪묵시록해설≫(Apocalypse Explained) 1183항에서는 그는 이렇게 말한다. "나는 주님으로부터 오는 것과 천사들로부터 오는 것을 분별하여 감지(感知)하게 되었으며 주님으로부터 오는 것은 써 놓았으며 천사들로부터 오는 것은 써 놓지 않았다."

그는 또 ≪새로운 교회에의 초대≫(Invitation to the New Church)에서 말한다. "내가 말한 것들은 기적이 아니고 일정한 목적을 위해서 주님이 나를 영계로 인도하셨다는 증명이다."

이것은 사기꾼의 말이 아니라, 미친 사람의 말이 아닌가 라고 생각하기 쉬울 것이다.

스베덴보리는 자기가 주님으로부터 직접 말씀의 속뜻에 대해서 새로운 빛을, 그리고 문자와 그것의 영적 의미 사이의 대응을 찾아내는 열쇠를 받았다고 주장한다. 이러한 교류 혹은 계시의 결과가 세 책에 기록되었다.

첫째로, 1749년에서 1756년 사이의 ≪천계비의≫(天界秘義・Arcana Celestia)라는 제목의 책들이 사절판의 여덟 권으로 출간되었다. 일년에 한 권 정도로 나왔으며, 창세기와 출애굽기의 주해이다. 성경 귀절 하나 하나를 놓고 그것의 영적인 뜻을 설명하였다. 스베덴보리는 히브리어 글자의 점, 획, 장식글씨, 등등에 신령적인 무엇인가를 포함하지 않은 것은 없다고 말한다. "이것은 천국으로부터 내게 보여졌으며 믿기가 어려울 것이라는 것을 나는 잘 안다" 라고 그는 말한다.

둘째로, ≪묵시록계현≫(默示錄啓顯・The Apocalypse Revealed)은 지금까지 감추어졌던 예언의 신비를 열어 보여준다.

셋째로, ≪묵시록해설≫(默示錄解說・The Apocalypse Explained)은 지금까지 감추어졌던 예언의 신비를 열어 보여준다. 전자는 요약이며 후자는 더 확장시킨 것이며 말씀의 나머지의 상당한 부분을 주해(注解)하고 있다.

1766년 9월 23일 스베덴보리는 스톡홀름에 있는 그의 친구 에팅거 (Oetinger)에게 보내는 편지에서 이렇게 말했다. "이 해에 ≪묵시록계현≫ (The Apocalypsis Revelata)가 출판되었오. 이것은 '최후심판'(最後審判· The Last Judgment)에서 이미 약속했던 것이오. 이 책에서는 내가 천사들과 대화한다는 것을 분명히 알 수 있을 것인데, 이는 묵시록의 가장 작은 점도 계시 없이는 이해가 안 되기 때문이오. 누가 새 예루살렘이 새로운 교회를 의미하고 그 교회는 표징 즉 대응에 의해서 묘사되었기 때문에, 오직 주님에 의해서만이 계시될 수 있다는 것을 이해하겠오? 또 이런 교회들이 그 계시를 받은 자에 의해서만이 세상에 알려질 수 있다는 것을 누가 이해하겠오?

나는 주님께서 친히 나에게 나타나시고, 내가 지금 하고 있는 일을 하도록 나를 보내셨고, 이 목적을 위해서 나의 영의 내면적인 것을 여셨다는 것을 엄숙히 증거하오. 내 마음의 내면적인 것을 여신 이유는 내가 영계에 있는 것들을 보고 듣도록 하기 위해서였으며 나는 지금까지 22년 동안 그렇게 하였오. 현재 증거하는 것만 가지고는 사람들을 이런 것에 대해서 납득시키기에 충분하지 못하오. 그러나 건전한 이해력을 지닌 누구 하나가 나의 저서 특별히 ≪묵시록계현≫(默示錄啓顯·The Apocalypsis Revelata)의 증거에 의해서 확신할 수도 있겠지요. 지금까지 누가 성언의 영적인 뜻에 관한 것을 알았오? 영계 혹은 천계와 지옥에 관해서? 혹은 인간의 사후의 삶에 관해서? 이러한 것들 그리고 다른 것들이 영원히 기독교인들로부터 숨겨져야만 하겠오? 이제 이것들이 처음으로 새 예루살렘인 새로운 교회를 위해서 나타내졌으며 그것에 속한 자들이 그것들을 알고, 또 믿지 않아 아직까지 모르던 자들도 이제 알게 될 것이오."

≪묵시록해설≫(默示錄解說·The Apocalypse Explained)은 아무 이유 설명 없이 묵시록 19장 10절로 끝났다. 이 저서와 ≪묵시록계현≫(The Apocalypse Revealed)은 스베덴보리의 시도가 성공하지 않았더라면, 모든 인간의 해석을 좌절시킬 성경의 한 책의 영적인 뜻의 속을 완전히 해석하는 주해서(註解書)로 간주된다. 그의 빛의 근원이 무엇이었든지 그의 주해는 확실히 내가 아는 한 가장 이해할 수 있고, 완전하고, 조화되었고, 스스로를 논증하는 저서이다. 덧붙여 말하는데, 내가 언급한 이 세 저서는 모두 라틴어 사절판 14권인데, 그 저서가 원래 주해하기 위해서 쓰여

진 성경책들 외에 성경의 다른 책들의 많은 부분을 주해하고 있다. 이 열쇠는, 스베덴보리에 의하면, 성언 전체에 숨긴 보물을 열어 놓는다. 이 열쇠가 없었다면, 그 숨겨진 말씀의 보물이 영원히는 아닐지라도 부정(不定)의 기간 동안 접근할 수 없게 되었을 것이다.

스베덴보리가 영계, 말씀의 속뜻, 그리고 성언이 쓰여진 양식에 대해서 우리에게 말을 할 권리가 어디로부터 왔는지에 관해서는 사람들 간에 여러 가지 다른 의견들이 계속하여 있을 것이다. 이것은 모세 오경, 예언서들, 복음서들, 그리고 묵시록의 저자들이 어느 근원으로부터 받았는가에 대해서 여러 가지 다른 의견들이 있을 것이라는 것과 같은 현상이다. 주님께서 인간들 사이에 걸으실 때 그가 신령존재의 권위에 의해서 말씀하신다는 주장을 사람들은 비웃었다. 그런고로 스베덴보리의 경우도 마찬가지이다. 그의 개인의 결백성, 명예, 그리고 지능으로 다루는 주제(자연과학 부문을 말함-역자 주)에 관해서는 그의 동시대의 사람들이 높이 평가하겠지만, 그의 초자연적인 것에 관한 임무에 대한 그의 주장은 오래 지지하지 않을 것이다. 그의 저서들 자체가 증명하여야 한다. 그의 성경해석 이론은 서로 완전히 조화되어서 어느 부분에 적용을 하든지 전혀 어긋남이 없어야 한다. 성경에 있는 외적인 혹은 물질적인 사물들이 어디에 있든지 그것들은 같은 영적인 뜻을 가질 뿐만 아니라, 그 뜻이 말씀 자체의 분명하고 논란의 여지가 없는 가르침과 조화하여야 한다.

스베덴보리의 가르침을 매우 열심히 연구하는 연구가들은 이러한 조화를 승인한다. 그들은 창세기나 출애굽기 혹은 묵시록 그리고 다른 곳에 기록된 대로 말씀의 문자적인 뜻과 영적인 뜻 사이의 대응이 성서의 다른 어느 부분의 사물이나 현상에도 꼭 같이 응용된다고 주장한다. 달리 말하자면, 하나님의 말씀은 두 언어, 즉 자연적인 혹은 외적인 언어와 영적인 언어 혹은 내적인 언어로 쓰여졌다고 하겠다. 기록된 자연적 또는 외적 사물 혹은 사건은 오로지 그들의 영적인 뜻 때문에 선택되었으며, 그들이 나타나는 다른 모든 경우에 그 같은 의미를 가지고 있는 것이다. "새 포도주가 포도송이 속에 있으니 터트리지 말라고 한다. 축복이 그 안에 있기 때문이다."(이사야 65 : 8).

스베덴보리는 말씀(聖言)이 담고 있는 모든 속뜻을 자기가 제공한다고 말하지 않았다. 그는 그러한 것을 생각조차 안 했다. 그는 말씀(聖言)이 무한하다고 말한다. 말씀은 인간의 언어로 표현할 수 있는 것 보다 더 심오한 진리를 포함하고 있다. 말씀은 점차적으로 열려져 모든 천국의 천사들과 한계가 있는 지능의 소유자인 인간이 영원히 도달할 수 있는 최상의 경지에까지 응용이 되며, 마치 광선이 태양에까지 올라가는 것처럼, 하나님 자신으로까지 퍼져 올라간다. 다른 말로 말하면, 말씀(聖言)은 '신령'(神靈·Divine)이라는 용어의 진실된 의미 속에 있으며, 그런고로 무한하다. 그래서 성경의 자연적 언어는 이런 숨은 것들을 포함할 수 있고, 이 세상과 천계에 있는 자들의 여러 각각의 영적 상태에 응용될 수 있는 대응의 언어야만 했다. 그런고로 스베덴보리는 성경의 최상의 권위는 그 문자 속에 거(居)하는 많은, 그러나 조화스러운 놀라운 빛 가운데서 발견할 수 있으며, 믿음이 깊고, 신앙심이 깊은 자들이 이제 알려진 대응의 지식을 통해서 계시된 것을 발견하게 된다고 말하는 것이다. 그는 또 자연이 신의 지혜의 비슷한 보물이며, 비슷하게 열려져 하나님 자신에게까지 올라가는 원인과 결과 속의 원인과 결과의 연속이 가능하게 된다고 가르친다. 그래서 하나님의 계시된 혹은 쓰여진 말씀과 자연 속의 그의 말씀은 서로 같이 그로부터 내려오고 그에게로 올라간다. 이 하나님은 가장 내적인 것 속에 계시며, 기록된 말씀과 자연 속의 말씀에 영혼을 넣어 살리시며, 막연히 퍼져 있는 영향이 아니라, 분명한 하나님의 인격적인 하나님이시다. 무한히 영광스러운 신령인간(神靈人間·Divine Man)이시며 제한된 형상으로 창조된 인간의 위대한 원형(原型)이시다.

에필로그

스베덴보리는 평균 키보다 더 컸으며 나이가 많았는데도 대단히 활동을 많이 했다. 그의 머리는 붉은 갈색이었고 눈은 갈색이 들어 있는 회색이었다. 그가 젊었을 때는 미남이었다고 생각되며, 그의 얼굴은 항상 자비로움과 부드러움으로 가득 차 있었고, 그가 작고할 때까지 아름다움의 자취를 보전하였다. 그가 81세 때에 그는 친구 하나에게 자기의 입 안에는 한 벌의 새 이가 자라고 있다고 말했다. 스베덴보리가 작고한 뒤, 그의 두개골을 조사한 특출한 조각가 플랙스먼(Flaxman)은 이렇게 말했다. "그의 머리는 석고로 만들어 그 아름다움을 보전해야 할 만큼 잘 생겼다."

스베덴보리는 혼인을 안 했다. 그를 "스웨덴의 위대한 아르키메데스"라고 불렸던 고문관 폴헤름(Polhem)과 함께 웨너(Wenner) 호(湖)의 수문을 축성할 때 그는 폴헤름의 집에 머물었다. 그러면서 그 고문관의 첫째 딸 마리아(Maria)에게 반했다. 그녀의 아버지 뿐만 아니라 왕까지도 그들이 혼인하기를 원했다. 왕은 폴헤름과 스베덴보리가 더욱 더 끊어질 수 없이 연결되어 함께 왕에게 봉사하기를 원해서였다. 그러나 마리아는 스베덴보리의 애정을 받아드리지 않았다.

그는 소식가(小食家)였다. 그가 작고하기 전 몇 년 동안은 커피 혹은 초콜렛・우유・비스케트・건포도 그리고 아몬드 외에는 다른 음식을 먹지 않았다. 그의 저녁 식사는 밀로 만든 빵을 끓인 우유에 부서뜨려 넣은 것이었다. 그는 다른 사람들과 함께 있는 자리가 아니면 포도주나 술을 마시지 않았다. 스웨덴 사람이며, 무역관의 일원이며, 스베덴보리의 친구인 크리스토퍼 스프렝거(Christopher Sprenger)는 수도원장 페르네티(Pernetty)에게 편지를 쓰면서 이렇게 말했다. "스베덴보리의 지식과 성실은 대단합니다. 그의 우정은 변함이 없고, 그는 음식과 옷에는 검소합니다. 그는 대개 우유를 탄 커피와 빵과 버터를 먹습니다. 그러나 때때로 작은 생선을 먹고, 어쩌다가 가축의 고기를 먹고, 포도주 두 잔 이상은 절대로 마시지 않습니다. 그는 명예의 자리에는 전혀 관심이 없습니다."

그는 항상 소박하게 살았다. 런던에 있을 때 숙소를 일 년에 14파운드 주고 썼다. 심부름하는 사람을 두지 않았다. 팔십이 넘었을 때 그가 돕는 사람이 필요치 않은가 하고 누가 물었을 때, 그는 "아니오, 천사 하나가 항상 제 곁에 있습니다"라고 대답했다. 그의 <영감> 이후로 저녁 일곱시에 침대에 눕고 아침 여덟시에 일어나는 것이 습관이었다. 스베덴보리와 런던에서 같은 집에 체류한 적이 있는 단순한 성격의 상점 여점원에게 스베덴보리가 많은 도움이 필요치 않으냐고 물었을 때, 그녀는 이와 같이 대답했다. "그분은 도움이 거의 필요 없어요. 하인은 그분을 위해서 할 일이 없어요. 아침에 불을 피워 줄 정도이지요. 우리들은 그 이상 그분을 위해서 해드리는 게 없어요. 낮에는 그분이 자신을 위해서 불을 피우고, 잠잘 때는 그 불이 아무런 손상을 입히지 않도록 하지요. 그분은 자신이 혼자서 옷을 입고 벗으며, 모든 것을 자신이 다 하기 때문에, 우리들은 집에 누가 있는지 없는지 모를 정도이지요. 저는 그분이 남은 일생 동안 저희들과 함께 계시면 해요. 우리 아이들이 그분을 제일 보고 싶어할 거예요. 외출했다가 들어오실 때마다 아이들에게 단 것들을 사다 주시지요. 이 아이녀석들은 이분을 저희들 부모 보다도 더 좋아하지요."
외출할 때 스베덴보리는 대개 검은 빌베트 한 벌과 주름 장식의 옷을 입으며, 그 당시의 옷차림 식에 따라 자루가 달린 이상한 칼을 차고, 금색 머리의 지팡이를 가지고 다녔다. 그는 대개 천천히 생각하며 똑똑하게 말을 했지만 빨리 말할 때는 말을 좀 더듬었다. 말년에 그는 성경 외에 아무책도 가지고 있지 않았다. 성경책들은 히브리어로 된 네 개의 각각 다른 판이었고, 네 개의 라틴어 판이었다. 그는 그의 네 히브리어 성경책들 중에서 하나를 런던에 있는 스웨덴 교회 목사에게 자기의 장례 사례비로 주었다. 험볼트(Humbolt)처럼 그는 시간과 계절에 별로 신경을 쓰지 않았고 식사와 휴식을 자연의 필요에 따라 취하였다.
목회자 토마스 하아틀리 박사(Rev. Dr. Thomas Hartley)는 이와 같이 말했다. "스베덴보리는 그의 신학 저서에 자기 이름을 붙이지 않았습니다. 그는 결코 까다롭지 않았고, 성격이 침울하지 않았으며, 그의 대화나 저서에서 열을 내는 일이 없습니다. 특히 그는 그의 저서에서 사실들을 평범한 스타일로 서술하였으며 영들과 천사들과의 교류를 이 세상의 일들과 같은 것처럼 침착하게 다루었습니다. 그는 모든 교리의 중점들을 성서의 증거에 의해서 증명하고, 항상 인애와 선한 삶을 진실된 믿음과 연결을 짓고 전체적으로 보아 내가 읽어 본 것들 중에서 누구 못지 않은 이성적인 신학자입니다."
스베덴보리의 환상은 보통의 한계에 제한을 받지 않았던 것 같다. 그가 인간의 보통 시계(視界)를 벗어난 여러 곳에서 일어난 것을 본 것들은 의심하기에는 너무나 잘 확증되었다. 그는 그의 육체의 건강이 그런 가능성을 보이기 오래 전에 자기의 이 세상에서의 삶이 끊어질 시간을 알았다. 감리교 창설자 존 웨슬리(John Wesley)가 1772년 2월 후반에 다음과 같은 편지를 스베덴보리로부터 받았다.
[그레이트 배트 스트리트, 콜드배트 피일즈, 1772년 2월 :
귀하에게 : 귀하가 저와 이야기하기를 대단히 원하신 다는 것을 저는 영계에서 알게 되었습니다. 저를 방문해 주실 수 있다면 저는 즐거이 맞나 뵙겠습니다.

귀하의 겸손한 종, 임마누엘 스베덴보리]
웨슬리는 그와 함께 곧 전도 여행에 오를 전도자들이 대부분이었던 참석자들 앞에서 자기가 스베덴보리를 맞나서 이야기하기를 간절히 원했으며, 그러나 그런 사실을 아무에게도 말한 일이 없었다고 인정했다. 웨슬리는 자기가 6개월 동안의 여행 때문에 대단히 바쁘나 그가 런던에서 돌아오면 곧 스베덴보리를 방문할 것을 기다리겠다고 답장을 썼다. 스베덴보리는 다음 달 29일에 자기는 영계로 들어가 다시 돌아오지 않기 때문에 웨슬리의 방문은 너무 늦을 것이라고 답을 썼다. 웨슬리는 전도 여행에 갔다가 10월에 돌아와서 스베덴보리가 지난 3월 29일에 이 세상을 떠났다는 것을 알게 되었다.
그전 12월에 스베덴보리는 졸도를 했는데, 그 뒤로 그는 회복을 못했다. 런던에 있는 스웨덴 교회 목사 페렐리우스(Ferelius)가 그의 아픈 기간에 그를 반복해서 방문했는데, 하루는 그에게 그가 세상을 떠날 것으로 생각하는가 물었다. 이 때 스베덴보리는 그렇다고 대답했다. 페렐리우스가 그에게 성찬을 받을 것을 제의하자 그는 동의했고 페렐리우스는 성찬 베풀 준비를 했다. 페렐리우스는 이렇게 썼다. "나는 이 때에 많은 사람들이 그가 명성을 얻기 위해서 신학 체계를 썼다고 생각하였고, 그리고 그가 그런 명성을 얻었고, 앞으로 이 세상을 떠나고 이 세상으로부터 더 얻을 것이 없으니, 이제는 세상에 진실을 발표하고 그가 잘못한 모든 것이나 또는 어느 부분을 취소하는 것이 어떠냐고 물었다.
이 말을 듣고 스베덴보리는 침대에서 반쯤 일어나서 그의 건전한 손을 가슴에 대고(다른 손은 마비되었다) 열정으로 강조하여 말했다. '목사님이 저를 이미 사실로 틀림 없이 보신 것처럼 제가 기록한 모든 것은 진실입니다. 제가 말을 더 할 수 있었으나 허락되지 않았습니다. 목사님이 영원의 세계에 들어오시면 제가 기록한 모든 것들을 보실 것이며, 우리들은 그것들에 대해서 할 말이 많을 것입니다.'"
그 목사가 그에게 성찬을 받고 싶은가 물었을 때 스베덴보리는 "감사합니다. 좋은 뜻으로 말씀하신 줄 알지만 저는 그게 필요 없습니다. 그러나 하늘에 있는 교회와 땅 위에 있는 교회와의 연결을 보여주기 위해서 저는 기꺼이 성찬을 받겠습니다"라고 말했다.
성찬을 베풀기 전에 페렐리우스는 그에게 그가 죄인임을 고백하는가 물었다. "분명히 그렇습니다. 제가 이 죄스러운 육체를 짊어지고 다니는 한 그렇습니다" 라고 스베덴보리는 대답했다.

페렐리우스는 계속해서,
"그는 겸손히 손을 모으고 자신의 부족함을 고백하고 성찬을 받았다. 그리고서는 그가 나에게 그의 위대한 저서 ≪천계비의≫(天界秘義·Arcana Celestia)를 주었다."

스베덴보리는 그가 함께 살고 있는 쉬어스미스(Shearsmiths) 가족에게 자기가 죽는 날을 말해주었다. 그들의 하인은 "그분은, 내가 휴가를 얻게 되거나 혹은 즐거운 시간을 가지기 위해서 나갈 때 좋아하는 것처럼, 자기의 임종 날에 대해서 좋아하셨어요" 라고 말했다.

그의 모든 기능은 마지막까지 활기가 있었다. 1772년 3월 29일, 일요일 오후 그는 시계가 치는 소리를 듣고 그의 침대 옆에 앉아 있던 집 여주인과 그녀의 여종에게 몇시냐 물었다. 다섯시라 말을 듣고 그는 "잘되었습니다. 감사합니다. 하나님의 축복을 받으십시오" 라고 말했다. 그리고는 조금 있다가 그는 조용히 떠났다. 그는 84세의 장수한 나이였다.

부르셀의 왕립 도서관에는 존 크리스쳔 쿠노(John Christian Cuno)의 자서전 원고 네 부가 있는데, 많은 페이지가 쿠노가 스베덴보리와 알게 되고, 교제했던 것에 관하여 쓰여져 있다. 쿠노는 군인·상인·시인이었고, 글을 많이 썼다. 그는 스베덴보리의 교리를 받아드리지 않았다. 그렇기 때문에 아마도 그가 그 스웨덴의 철학자와 마지막 가진 대화의 기록이 가외로 가치가 있지 않을까 생각되어 여기에 부기한다.

"그가 나의 집에서 나에게 관하여 보여준 관심을 나는 내가 살고 있는 한 잊지 않을 것이다. 높이 존경해야 할 이분은 마지막으로 만났을 때, 더욱 더 감동 깊게 말했고, 전에 듣던 것과는 달리 말했다. 그는 나더러 계속하여 선하게 살고, 주님을 나의 하나님으로 인정하라고 권고했다. 그리고 그는 '하나님께서 기뻐하신다면 나는 암스텔담의 당신을 한번 더 방문하겠오. 이것은 내가 그대를 사랑하기 때문이오'라고 말했다. 그래서 나는 '오, 스베덴보리 선생님, 그 일이 이 세상에서는 이루어지지 않을 것입니다. 저는 제가 오래 살 사람이 아님을 알기 때문입니다'라고 말했다. 그랬더니 그는 계속해서, '그것은 당신이 모르는 것이오. 우리들은 신의 섭리에 합당한 대로 한 기간 동안 이 세상에 머물게 됩니다. 누구나 주님과 연합되면 이 세상에 있을 동안에도 영생의 맛을 미리 보게 됩니다. 그렇게 되면 그는 이 쉽게 지나가는 생명에 대해서 더 이상 신경쓰지 않습니다. 정말입니다만, 제가 주님께서 내일 저를 부르실 것을 안다면, 저는 오늘 음악가들을 초청해서 이 세상에서 한번 더 즐거운 시간을 갖겠습니다.' 라고 말했다. 내가 그 때 느꼈던 것을 느끼기 위해서는 독자는 그 노인 양반이 제2의 아동 시절에서 한 이 말을 직접 들었어야 할 것이다. 그리고 이번에는 내가 보지 못했던 대로 그의 눈으로부터 순진하고 기뻐보였다. 나는 그의 말하는 것을 방해하지 않고 그저 놀라움에 가득찼다. 내가 그저 조용히 바라보고 있는 동안, 그는 내 책상 위에 있는 성경책을 보았다. 그는 내 마음의 상태를 쉽게 파악하면서 그 성경책을 들고 요한 1서 5장 20, 21절을 찾았다. '이것을 읽어 보시오' 라고 말하고, 그는 그 성경책을 덮었다. '그러나, 당신이 그 단어들을 잊지 않도록 하기 위해서 내가 써놓겠오' 라고 말하면서 지금 여기에 보존되어 있는 종이에 쓰기 위해서 그는 펜에 잉크로 찍었다. 그러나 제1표에서 보는 바와 같이 그의 손이 떨렸다. 나는 이것을 참고 볼 수가 없었다. 그래서 그분에게 그 귀절을 나에게 말해 달라고 부탁했다. 그리고는 내가 그 귀절을 받아 썼다. 내가 그렇게 하자 마자 그는 일어섰다. '내가 다른 친구들과 떠나야 할 때가 이제 다가오고 있오' 라고 말하면서 그는 나를 포옹하고 아주 진지하게 입맞추었다.

그가 떠나자 마자 나는 그가 내게 추천한 귀절을 읽었다. '우리가 알거니와 하나님의 아들이 오셔서 참되신 하나님을 알 수 있는 힘을 우리에게 주셨습니다. 우리들은 참되신 분, 곧 그의 아들 예수 그리스도 안에 있습니다. 이분이야 말로 참 하나님이시며 영원한 생명이십니다. 자녀들이여, 우상으로부터 멀리 하십시오.'"

전체적으로 보아 스베덴보리 당시의 그에 대한 가장 만족스러운 의견은 백작 A. J. 본 홉켄(Count A. J. Von Höpken)이 엘시노어의 세관 검사장 턱슨 장군(Gen. Tuxen)에게 보낸 편지에서 찾아볼 수 있다. 백작 본 홉켄은 오랜 동안 스웨덴의 수상이었으며, 스웨덴의 가장 뛰어난 정치가요, 저술가였다. 그는 인류의 특별한 감사를 받고 있는데 이유는 그가 박물학자 리니어스(Linnæus)—그는 결혼을 통해서 스베덴보리와 인척 관계임—와 함께 스웨덴 과학 아카데미를 설립하는데 활발히 활동했고, 제일 첫

번의 서기가 되었기 때문이다. 스베덴보리와 정부에서 오랜 관계를 맺었던 본 홉켄은 스베덴보리에 대한 문의에 관해서 1772년 5월 11일에 편지를 썼다. 홉켄은 그들의 오랜 동안의 사무적 그리고 친우적 관계를 통해서 받은 스웨덴보리에 대한 인상을 그 편지에 썼다. 나는 이러한 인상에 대한 몇 귀절 발췌된 것을 보여주는 것 보다 더 좋게 가장 주목할만한 사람들 중의 하나에 대한 개요(槪要)를 끝막음 할 수 없을 것이라 생각한다.

"우리 나라를 위해서 제게 부여된 직책이 저로 하여금 자주 어렵고 민감한 일에 대해서 제 의견을 표명하고자 합니다. 그러나 저는 귀하께서 제게 제안하신 것 보다 더 민감한 일은 기억하지 못하겠습니다. 한 사람의 느낌과 신념은 언제나 다른 사람들에게 맞지 않으며, 제게 있을 듯 하게 보이고, 명백하고, 확실하고, 논쟁이 필요 없을 듯한 것이 다른 사람에게는 어두웁고, 이해할 수 없고, 심지어는 불합리하게 보일 수 있습니다. 일부 천성, 일부 교육, 일부 직업적인 교육, 일부 편견, 일부 이미 받아진 의견을 버리는데 대한 두려움, 그리고 다른 원인들이 인간들 사이에 서로 다른 관점들을 생기게 합니다. 세속적인 일에서 그런 다른 점들을 포함하고 결정하는 것은 위험하지 않습니다. 그러나 섬세한 양심을 만족하게 해야 할 영적인 것들에 있어서는 저는 여기에 필요한 정신을 소유하지 않았고 또 지식도 지니고 있지 못하다고 고백할 수 밖에 없습니다. 제가 이 주제(主題)에 대해서 예비적으로 말씀드릴 수 있는 것은 고(故) 광산관리청 임원 스베덴보리의 개인에 대한 것입니다.

저는 그분을 42년 동안 알고 있었을 뿐만 아니라 한 동안은 그분과 매일 만났습니다. 저는 이 세상에 오래 살면서 여러 가지 일들을 하면서 사람들의 덕과 악, 약점과 장점들에 대해서 알게 될 기회가 많았지만, 저는 스베덴보리 보다 한마디로 덕이 많은 사람은 알지 못했습니다. 항상 만족해 하고, 조급해 하거나 침울하지 않고, 그의 일생 동안 그는 고귀한 사색에 잠겨 있었습니다. 그는 진실된 철학자였으며, 그러한 사람처럼 살았고, 그는 열심히 일했고, 검소하게 그리고 고귀하게 살았습니다. 그는 계속 여행했으며 그의 여행은 그가 집에서 사는 것보다 돈이 더 들지 않았습니다. 그는 가장 행복스러운 천재의 선물을 받았으며, 모든 과학의 재질을 지녀, 그가 다루었던 모든 것에 그는 빛을 발했습니다. 그는 두말할 것 없이 우리 나라에서 가장 많이 배운 사람이고, 그의 청년 시절에는 위대한 시인이었습니다. 저는 그의 라틴어 시의 얼마간의 나머지를 가지고 있는데 오비드(Ovid)가 부끄러움 없이 가지고 있을 수 있는 시들입니다. 그의 중년 시대에 그의 라틴어는 쉽고, 품위 있고 우아한 스타일이었고 그의 후년에 그가 영적인 것들에 그의 생각을 돌렸을 때는 동일하게 명확했으나 품위는 덜 하였습니다. 그는 히브리어와 희랍어에 능통했으며, 유능하고 심오한 수학자였으며, 행복한 기계사였습니다. 그의 기계에 대한 능력은 노르웨이에서 증명되었는데 그가 가장 큰 노가 달린 범선(帆船)들을 산과 바위들을 넘어 덴마크 함대가 있는 만(灣)으로 쉽고 간단한 방법으로 운송했습니다. 그는 또 자연주의 철학자였으며, 데카르트의 원리를 따른 철학자였습니다. 그는 형이상학을 퍽 싫어했는데 그는 그것이 그릇된 사고에 기초를 두었다고 생각했습니다. 형이상학은 우리의 환경을 벗어났으며 그것을 이용해서 그 단순함으로부터 신학을 유도해냈기 때문에 그런 신학은 인공적인 것이 돼 버렸고 부패해졌다고 스베덴보리는 생각했습니다.

왕립 광산 관리청 임원으로 오래 있으면서 그는 광물학을 완전히 정통(精通)했으며 그 주제에 관해서 이론과 실제로 귀중하고 정통적인 저서를 써서 1734년 라이프시크(Leipsic)에서 출판했습니다. 그가 그 직책에 머물렀더라면 그의 공로와 재능이 그로 하여금 가장 높은 직위에까지 승진할 수 있도록 했을 것입니다. 그는 마음을 늦추어 연구의 행복을 찾았습니다.

네델란드에서 그는 해부학에 정력을 기울였는데 그는 아주 특출한 발견들을 해서 그 결과를 'Acta Literaria' 라는 저서에 실려 보전했습니다. 제가 상상컨대 이 해부학과 영혼이 우리의 기이하게 생긴 몸에 미치는 영향에 관한 그의 명상이 점차적으로 그를 물질적인 것으로부터 영적인 것들로 인도하지 않았나 생각됩니다. 그는 모든 경우에 건전한 판단력을 지녔으며, 모든 것을 밝게 보았으며, 모든 주제에 관하여 자기 의사를 잘 표현했습니다. 1716년도에 국회에서 가장 견실하게 쓰여진 진정서들은 그에 의해서 제출되었습니다."

이 스웨덴 수상이 이렇게 칭찬을 한 진정서들은 스베덴보리가 국회의 뛰어나고 유익한 한 의원으로서 국회에 제출한 것들이었는데, 이 때가 바로 스베덴보리가 영적인 일을 하고 있었던 중이었다는 것은 주목할만한 것이다. 그의 큰 부피의, 그리고 아마 가장 중요한 신학 저서인 ≪천계비의≫ 와 ≪묵시록해설≫ 외에 몇 가지 작은 저서들, 모두 사절판 15권이 이미 출간된 때였다. 이 책들의 내용이 그로 하여금 계속 그의 동료들과 동대의 사람들로부터 경의를 받지 못하도록 하지는 않았다. 이러한 경의는 오로지 건전한 지력(智力)과 뛰어난 재능에만 표해진다는 것이 사실이다. 그 후에 같은 사람에게 쓴 편지에서 백작 본 홉켄은 다음과 같이 썼다.

"고 스베덴보리는 성실·덕, 그리고 경건의 표준이었으며, 동시에 제 의견으로는 이 왕국에서는 지식이 제일 많은 분입니다. 그러나 성실·덕·경건의 증명인 이러한 품성(品性)이 그로 하여금 다른 사람들처럼 오류를 범할 수 없도록 한다고 증명할 수는 없습니다. 제 판단에 확실하고, 납득이 되고, 논란할 여지가 없는 것으로 나타나는 것이 다른 사람들에게는 불투명하고, 복잡하고, 문제 거리로 나타날 수도 있습니다. 우리의 지적 기능과 교육, 환경이 아주 달라서 사람들 간에는 서로 조화가 안 될 여러 가지 다른 의견들이 생기는 것입니다. 저는 이 점에 대해서 귀하와 동의하는데, 즉 스베덴보리의 학설의 체계는 다른 체계들과 비해서 보다 더 포괄적이고 덜 복잡합니다. 이 체계는 덕이 많은 사람들과 시민들이 따르는 한편, 이 세상의 잔인한 번뇌와 그렇게도 많은 괴상한 일들을 자아내는 모든 종류의 광신(狂信)과 미신을 예방합니다. 크게 또는 적게 자유적인 형태로 모든 곳에서 활동하는 종교 상태를 볼 때, 저는 인간이 종교 속으로 헤프게 집어 넣는 것들이 거의 부패 혹은 혁명을 가져 왔다고 믿습니다. 이런 것을 볼 때, 스베덴보리의 체계는 오늘날 보다 더 전반적(全般的)이고, 보다 더 마음에 들고, 보다 더 이해가 잘 될 것입니다.……
하나님의 일은 그 구조는 간단하고 그 시간은 영원합니다. 반대로 인간이 꾸며 만드는 것은 복잡하며 오래가지 않습니다. 우리가 이 세상에서 소유하고 또 원하는 몇 가지 적은 수의 진리들은 가장 단순한 사람들이나 가장 심오한 형이상학자에게나 꼭 같이 이해가 됩니다. 신앙의 조목들과 논쟁들이 인간들을 납득시키기 보다는 더 괴롭히기만 했습니다. 기독교계 안에서 좋은 기독교인을 만들기 보다는 더 많은 종교적인 말다툼과 전쟁을 일으켰습니다."

영감을 받아 쓴 책들의 한 가지 특징을 올바르게 알아차리지 못하고는 영적 진리의 교사로서의 스베덴보리를 결론적으로 판단할 수 없다. 이 특징은 누구나 스베덴보리를 조심스럽게 고찰하는 자들에게는 깊은 인상을 준다. 이 저서는 대략 8절판 30여권으로 되어 있는데, 이 책들은 오로지 영적 주제와 추상적인 관념들을 다루고 있다. 이 책들은 한 페이지의 내용도 성경 외에는 아무런 선재(先在)하는 문서나 어느 과학이나 축적된 인간의 지식에 의존하지 않았다. 이 책들은 우리가 아는 한 인간 역사 속에서 아직까지 인간의 상상력이 모험적으로 들어가 보지 못한 영역(領域)에 관한 자세한 것들을 열어 보여준다. 이 책들은 각 페이지 마다 테스트를 주어 성경의 가르침에 맞지 않으면 노출시켜 잊어버려지도록 한다. 그러나 우리가 알고 있는 한 스베덴보리의 어느 연구자가 그러한 모순을 발견하는데 성공했다는 말은 못들었다. 어렵다거나 이해할 수가 없다는 말은 들었어도 말이다.

≪천계비의≫에서, ≪묵시록계현≫에서, 그리고 ≪묵시록해설≫에서 우리는 창세기와 출애굽기에 있는 매 낱말의 속뜻 혹은 대응적인 뜻을 발견한다. 이 낱말들의 대부분은 아니라도 많은 낱말들이 성서의 각 책 안에 다시 나타난다. 그래서 이 낱말들이 문맥과 조화되지 않는다면 그 낱말들은 스베덴보리가 주님과 그의 천사들과 교류하였다는 주장은 망상과 사기 행위로, 대응의 교리를 기만으로 증명해 버리고 말 것이다. 만약 모세 오경에서 언급된 강·산·별·말과 병거(兵車)·빵과 꿀, 그리고 수백 개의 다른 자연 사물들과 현상들이 선지서들이나 복음서들에 나타나는 이런 낱말들과 조화되지 않는다면, 그 발견은, 신약이 4세기에 몇몇 수도승들에 의해서 위조되었다는 발견이 신약의 그 부분을 교회에서 사용되지 않도록 하는 것처럼, 스베덴보리의 영적인 뜻의 책들을 공부하는 것을 중단해버릴 것이다.

미친 사람들과 심지어는 광신자(狂信者)들은 가장 견고한 사색가들 만큼이나 날카롭게 이론적으로 추리할 수 있을 것이다. 그러나 그런 경우에는 그들의 전제(前提)들 중 최소한도 하나가 항상 틀린다. 그렇지 않다면 그들은 미친 사람이나 광신자라고 불리워질 수가 없는 것이다. 내가 아는 한 아무도 스베덴보리가 성서의 어느 문장이나 낱말의 조직에 혹은 사후의 존재 상태에 대해서 보고한 것에 모순이 있음을 지적해낸 사람은 하나도 없다. 그의 가르침에 대해서 여러 가지로 말할 수 있겠으나, 확실히 그 가르침이 견고치 못한 마음의 줄거리가 없는 무더기라고는 결코 말할 수 없을 것이다.
그 사람의 회고서를 내가 앞서 인용한 쿠노는 스베덴보리의 철학을 조금은 알고 있었으나 그의 특징적인 교리에는 아무런 동감을 갖지 않았다. 이 쿠노는 그의 당대 신학자들이 스베덴보리의 이단적인 주장을 폭로하지 않는 것에 대해서 불평했다. 그는 이렇게 말했다. "자기의 사역에 대한 권위를 보여 줄 수 없는 이 새 선생은 온 세계 앞에서 아주 일부러 육체의 부활을 부인한다……그리고 온 세계가 잠잠하고 있다. 스베덴보리를 단순히 미친 사람의 경우로 보고, 그가 좋아하는 글을 써서 출판하도록 허락하는 것은 결코 좋지 않는 것 같이 보인다.
만약 무식한 사람이 있어 그의 경망(輕妄)스러움이 무식함과 정비례 되는 사람이 있었다면 그는 죽은지 꽤 많은 햇수가 지나 불미스럽게 잘 알려진 존 ch.에들만(John CH. Edelman)이었다. 이 사람은 심오한 지식과 경건의 사람 스베덴보리에 비하여 하나님의 말씀과 교회에 대하여 야생동물과 같은 모독자였는데, 허다한 학자들이 들고 일어나서 그를 논박했다. 이와 같은 어리석은 자는 그와 같은 반응을 받을 자격이 없었다. 나는 정직한 스베덴보리와 싸울 능력이 없다. 그러나 11년 전에 철저한 신학자 하나가 그의 ≪천계와 지옥≫(Heaven and Hell)을 즉시 다루었더라면, 그리고 거기에 포함된 모든 좋은 것들을 인정하고 조용히 오류를 논박했더라면, 그의 괴팍한 언행을 고치지는 못한다 하더라도 그가 자기의 저서로 세상에 물뿌리는 것을 조심하도록 했을 것이다."
바로 그 때에에 출판된 ≪새 예루살렘과 그 천적 교리≫(The New Jerusalem and Its Heavenly Doctrine)에 대해서 말하면서, 쿠노는 이 주제를 다시 끄집어 냈다. "진실로 선과 악이 여기에 섞여 있다고 말할 수 있겠다. 나는 그가 [스베덴보리] 내가 전혀 생각지 못했던 많은 것들을 말했다는 것을 고백할 의향(意向)이 있고, 아니 고백해야 한다는 강한 느낌이 있다고 말해야겠다.
과학에 통달한 학자는 아무도 스베덴보리의 과학을 의심하지 않을 것이다. 신학자가 자부심이나 게으름으로 인하여 스베덴보리의 저서를 조사하고 페스투스(Festus)와 함께 '스베덴보리도 미쳤다, 너무 많이 배운 지식이 그로 하여금 미치게 했다'고 말하려고 하지 않는 것으로 나는 만족치 못하다. 혹은 시온 성의 충성스러운 파수꾼들로 여겨지는 다른 이들이 거만하게 '스베덴보리가 말한 것들 중에서 좋은 것은 오래 된 것이고, 새로운 것은 아무런 값어치가 없는 것이다' 라고 말하는 것도 만족스럽지 못하다. 이것에 얼마간의 진리가 있을런지도 모른다고 나는 인정하지만, 만약 진리를 조사하고 보호하는 것이 자기들의 직업인 신학자들이 양심적으로 행동했다면 그들은 그렇게도 오랜 동안 침묵을 지키지 않았을 것이고 이 사람 [스베덴보리]으로 하여금 진실일 수도 있고, 아닐 수도 있는 것들을 아무 거리낌 없이 계속 쓸 수 있도록 내버려두지 않았을 것이다. 나는 스베덴보리에 대한 많은 사람들의 판단을 들어왔다. 이 사람의 인격을 아는 사람들은 그를 가엽게 여기고, 다른 이들은 그를 환상을 보는 사람(靈視者)이라고 불렀다. 그의 ≪혼인애≫(De Amore Conjugiali)를 읽는 어느 젊은 학자는 그를 소시니언(Socinian)을 따르는 사람이라고 생각했다. 나는 이 사람이 스베덴보리의 책의 페이지를 넘겨보지도 않았거나 아무 생각 없이 그저 읽어 버렸을 것이라고 믿는다. 만약 열성적인 반(反)아리우스 자(者)·Anti-Arian)와 반 소시니언 자(Anti-Socininan)가 있다면 그는 틀림 없이 임마누엘 스베덴보리였을 것이다."

쿠노의 끈기 있고 지각 있는 호소가 이제 한 세기가 지난 오늘날에도 여전히 때가 알맞고 지각 있는 호소이다. 아직까지 아무도 쿠노가 그 당시의 신학자들 더러 하라고 한 그 임무를 해낼 사람이 없었다. 그리고 새로운 교회의 성스러운 사명을 모순의 죄로 판결을 내릴 사람도 없었다. 우리는 그러한 일의 어려움이 시간의 흐름에 따라 줄어들었다고 보지 않는다.

스베덴보리가 자기의 생애를 통해서 자신의 행동을 다스려온 원칙들이 있었는데 이 원칙들이 그의 철두철미 사심(私心)이 없이 산 생애 전체를 통해서 증명되었다. 이 원칙들이 그의 원고 속에서 발견되어 아래와 같은 단순한 규율(規律)로써 표현되었음은 흥미있는 일이다.

1. 하나님의 말씀을 자주 읽고 명상한다.
2. 모든 것을 신령섭리의 뜻에 굴복시켜 바친다.
3. 모든 것에 품행(品行)을 예의 있게 지키고, 양심을 깨끗이 지킨다.
4. 내 직업의 임무와 내 직책의 의무를 충성으로 수행(遂行)하고 모든 것에 나 자신을 사회에 유용(有用)하도록 한다.

<자료 1>   스베덴보리의 문학저술과 학술저술 목록

1. Select Sentences of L. Annæus, Seneca, and Pub. Syrus Mimus, with the annotations of Erasmus, and the Greek version of Jos. Scaliger, which, with the consent of the Philosophical Society, and furnished with notes, are submitted with diffidence to public examination, by Emanuel Swedberg, Upsal, 1709, 92 pages 8vo.
2. The Swedish poem "The Rule of Youth and the Mirror of Old Age" from Ecclesiastes XII., by Dr. Jasper Swedberg, Bishiop of Scara, the best of fathers, translated into Latin verse, by his son, Emanuel Swedberg, Scara, 1709.
3. To Sophia Elisabeth Brenner, the only Muse of our age, when she edited her poems a second time. London, 1710, 2 pages 4to.
4. The Northern Muse sporting with the Deeds of Heroes and Heroines : or Fables similar to those of Ovid, under various names. By Emanuel Swedberg, Greifswalde, 1715, 112 pages 16mo.
5. The Heliconian Sport, or Miscellaneous Poems, written in various places, by Emanuel Swedberg, Scara, 1716, 16 pages 4to.
6. A Sapphic Poem in celebration of August 28, 1716, the birthday of my dearest father, Doctor Jasper Swedberg, the Right Reverend Bishop of Scara, when he was sixty-three years old, which is "the great climacteric year." Scara, 1716.
7. Dædalus Hyperboreus, or some new mathematical and physical experiments and observations, made by the Honorable Assessor Polhem and other ingenious men in Sweden, and which will be made public from time to time for the general good. Upsal, 1716-1718, six numbers, 154 pages 4to.
8. Information concerning the Tinware of Stiensund, its use and the method of tinning. Stockholm, 1717, 4 pages, 4to.
9. The Importance of establishing an Astronomical Observatory in Sweden, with a plan by which this may be carred out. 4 pages

MS. large folio, 1717.

10. On the Causes of Things, 4 pages MS. 4to, 1717.

11. A new Theory concerning the End of the Earth, MS. fragment of 38 pages, 1717.

12. On a Mode of assisting Commerce and Manufactures, MS. 6 pages, 4to, 1717.

13. A Memorial on the establishment of Saltworks in Sweden. MS. 4 pages folio, 1717.

14. The Nature of Fire and Colors, MS. 6 pages folio, 1717.

15. Algebra, edited in ten books, Upsala, 135 pages, 16mo, 1718.

16. Contributions to Geometry and Algebra. MS. 169 pages, 4to, 1718.

17. An Attempt to find the East and West Longitude by the Moon, set forth for the Judgment of the learned. Upsala, 1718, 38 pages 8 vo.

18. On the Motion and Repose of the Earth and the Planets, i. e. some arguments showing that the earth slackens its speed more than heretofore, causing winter and summer nights and days to be longer, in respect to time, than formerly. Scara, 1718, 40 pages, 16 mo.

19. Respecting the great Depths of Water, and of strong Tides in the primeval world ; proofs from Sweden. Upsala, 1719, 40pages, 16mo.

20. A Description of Swedish iron furnaces, and of the processes for smelting iron, 84 pages 4to, 1719.

21. Anatomy of our most subtle Nature, showing that our moving and our living force consists of vibrations. MS. 48 pages, 4to, 1719.

22. New Directions for discovering Metallic Veins, or some hints hitherto unknown for the discovery of mineral veins and treasures deeply hidden in the earth. MS. 14 pages 4to.

23. Information concerning Docks, Canal-locks, and Saltworks. Stockholm, 1719, 8 pages 4to.

24. Proposal for regulating our Coinage and Measures, by which our computation is facilitated and fractions are abolished. Stockholm, 1719, 8 pages 4to.
25. Concerning the Rise and Fall of Lake Wenner, and how far this is due to the flow of water into it, and the carrying off of water by streams. MS. 7 pages folio. 1720.
26. First Principles of Natural Things, deduced from experience and geometry, or *a posteriori* and *a priori*. MS. 560 pages, 4to, 1720.
27. Letter of Emanuel Swedenborg to Jacob à Melle. In Acta Literaria Sueciæ for 1721, 4 pages(192 to 196).
28. A forerunner of the First Principles of Natural Things, or of new attempts to explain Chemistry and experimental Physics geometrically. Amsterdam, 1721, 199 pages, 16mo.
29. New Observations and Discoveries respecting Iron, and Fire, and paritcularly respecting the elementary nature of fire, together with a new construction of Stoves. Amsterdam, 1721, 56 pages, 16mo. illustrated.
30. A new Method of finding the Longitudes of Places, on land and at sea, by Lunar Observations. Amsterdam, 1721, 29 pages, 8vo.
31. A new Mechanical Plan for constructing Docks and Dykes ; and a mode of discovering the powers of Vessels by the application of Mechanical Principles. Amsterdam, 1721, 21 pp. 8vo, (second edition, 1727).
32. New Rules for maintaining Heat in Rooms. In Acta Lit. Sueciæ for 1722, 3 pages.
33. Miscellaneous Observations on the things of Nature, and especially on Minerals, Fire and the Strata of Mountains. Part Ⅰ. to Ⅲ. Leipzig, 164 pages, 16mo. Part Ⅳ., Schiffbeck near Hamburg, 56 pages 16mo, 1722.
34. Fable of the Love and Metamorphosis of the Muse Urania into a man and servant of Apollo, addressed to the most illustrious and

excellent Senator, Count Maurice Wellingk, Schiffbeck near Hamburg, 1722, 8 pages, 4to.

35. An Elucidation of a Law of Hydrostatics, demonstrating the Power of the deepest Waters of the Deluge and their Action on the Rocks and other Substances at the bottom of the Sea. In Acta Lit. Sueciæ for 1722, pp. 353 to 356.

36. Frank Views on the Fall and Rise in the Value of Swedish Money. Stockholm, 1722, 20 pages, 4to.

37. The Magnet and its Qualities. MS. 299 pp. 4to. 1722.

38. On the right Treatment of Metals. MS. 1723. 1481 pages, 4to.

39. The Motion of the Elements in General. MS. 5 pages, 4to. (1724 to 1733)

40. Papers belonging to the Principia, etc. MS. 13 pages 4to. (1724 to 1733)

41. The Mechanism of the Soul and Body. MS. 16 pages 4to. (1724 to 1733).

42. A Comparison of Chiristian Wolf's Ontology and Cosmology with Swedenborg's *"Principia Rerum Naturalium."* MS. 49 pages 4to. (1724 to 1733)

43. Anatomical Observations. MS. 6 pages 4to. (1724 to 1733).

44. Journal of Travels for the Years 1733 and 1734. MS. 80 pages 4to.

45. Philosophical and Metallurgical Works. By Emanuel Swedenborg, 3 vols., Dresden and Leipzig. 1734. First vol., 452 pp. folio, 2nd vol., 386 pages, 3rd vol., 534 pages.

46. Outlines of a Philosophical Argument on the Infinite and the Final Cause of Creation, and on the Mechanism of the Operation of Soul and Body. Dresden and Leipzig, 1734, pp. 270, 8vo.

47. An Abstract of the Work entitled *Principia Rerum Naturalium*. MS. 27 pp. 4to, 1734.

48. Fragments of three Treatises on the Brain, MS. 1004 pages 4to,

1734-1738.
49. Description of my Journeys. MS. 40 pages, 4to. 1736 to 1739.
50. The Way to a Knowledge of the Soul. MS. 5 pages 4to. 1738.
51. Faith and Good Works. MS. 10 pp. 4to. 1738.
52. Economy of the Animal Kingdom. London and Amsterdam. Part I., 1740, pp. 388, 4to, Part II., 1741, pp. 194, 4to.
53. A Characteristic and Mathematical Philosophy of Universals. MS. 5 pages folio, 1740.
54. On the Bones of the Skull, and Ossification, and the Dura Mater. MS. 49 p. fol., 1740.
55. A Summary of Corpuscular Philosophy. MS. 1 pages, folio, 1740.
56. Anatomy of all the Parts of the Larger and Lesser Brains ; of the *Medulla Oblongata and Spinalis* ; together with the Diseases of the Head. MS. 636 pp. fol., 1740.
57. Introduction to a Rational Psychology, the first part of which treats of the fibre, the arachnoid tunic, and the diseases of the fibres. MS. 366 pp. 4to. 1740 and 1741.
58. On the Declination of the Magnetic Needle ; a Controversy between E. Swedenborg and Prof. A. Celsius of Upsal. Read and discussed before the Academy of Science at Stockholm in 1740 and 1749.
59. Introduction to a Rational Psychology, Part II, treating of the Doctrine of Correspondences and Representations. MS. 9 pages folio. 1741.
60. A Hieroglyphic Key to Natural and Spiritual Mysteries, by way of Representations and Correspondences. MS. 48 pages 4to. 1741.
61. Comparison of the Three Theories concerning the intercourse between the Soul and the Body. MS. 44 pages 4to. 1741.
62. The Red Blood. MS. 24 pages 4to. 1741.
63. The Animal Spirit. MS. 24 pages 4to. 1741.
64. Sensation, or Passion of the Body. MS. 11 pages 4to. 1741.

65. Origin and Propagation of the Soul. MS. 6 pages 4to. 1741.
66. Action. MS. 30 pages 4to. 1741.
67. Rational Psychology. MS. 234 pages folio. 1741 and 1742.
68. Signification of Philosophical Terms, or Ontology. MS. 21 pages folio. 1742.
69. The Anatomy of the Human Body. MS. 269 pages folio.
70. Digest of Swammerdam's Biblia Naturæ. MS. 79 pages folio. 1743.
71. The Animal Kingdom considered Anatomically, Physically and Philosophically. Hague, 1744. Part I., pp. 438. Part II., pp. 286, 4to.
72. Swedenborg's Private Diary for 1743 and 1744. MS. 101 pages, 16mo.
73. On Sense in general, its influx into the Soul, and the reaction of the latter. MS. 200 pages folio. 1744.
74. The Muscles of the Face and Abdomen. MS. pages 13 folio. 1744.
75. Physical and Optical Experiments. MS. pp. 6 folio. 1744.
76. On the Brain. MS. 43 pages folio. 1744.
77. The Animal Kingdom, considered Anatomically, etc. Part III, 169 pages 4to. London, 1745.

<자료 2>   스베덴보리(제3기 1743-1772년)의 신학저술 목록

1. The Worship and Love of God. London, 1745. Part Ⅰ. pp. 120, 4to. Part Ⅱ. pp. 24, 4to.
2. The Worship and Love of God. Part Ⅲ. 9 pp. 4to, printed in proof-sheets and in MS., 1745.
3. The History of Creation as related by Moses. MS. 25 pp. 1745.
4. The Messiah about to come into the World, and the Kingdom of God. MS. pp. 32. 1745.
5. Explanation of the Historical Word of the Old Testament. MS. 3 vol. pp. 169 fol. 1745-6.
6. Biblical Index to the Historical Books of the Old Testament. MS. pp. 581, 1746.
7. Explanation of Isaiah and Jeremiah. MS. 107 pp. folio, 1746-7.
8. Notes on Jeremiah and the Book of Lamentations. MS. on the margin of his Latin Bible. 1746-7.
9. Biblical Index to Isaiah and a portion of Jeremiah and Genesis. MS. 1746-7.
10. Memorabilia, Part I. MS. 1747.
11. Fragments of Notes on Genesis and Exodus. MS. 1747.
12. Fragments of Notes on the Prophets. MS. 1747.
13. Names of Men, Countries, Kingdoms and Towns in the Sacred Scriptures. MS. 245 pp. folio. 1746-8.
14. Biblical Index to the Prophetical Books of the Old Testament, the Psalms, Job, the Apocalypse ; and likewise to Exodus, Leviticus, Numbers, and Deuteronomy. MS. 636 pp. folio large. 1747-7.
15. Biblical Index of the New Testament. MS. pp. 435, large oblong folio. 1747-8.
16. Memorabilia, Part Ⅱ. MS. 516 pp. oblong folio. 1547-8.
17. The Heavenly Mysteries which are in the Sacred Scriptures or

the Word of the Lord disclosed ; here, those which are in *Genesis*, together with Wonderful Things which have been seen in the World of Spirits, and in the Heaven of Angels. London, 1747 to 1753, 5 vols. 2761 pp. 4to.

18. The Heavenly Mysteries, etc. ; here those which are in *exodus*, together with, etc. 3 vols, 1796 pp. 4to. London. 1747-58.

19. Memorabilia, Part Ⅲ. MS. 1748-50. In the printed copy it fills 372 pages 8vo.

20. Memorabilia Part Ⅳ. MS. 134 pp. 16mo. 1750-51.

21. Index to the Adversaria and the Memorabilia, Part Ⅰ. to Ⅳ. MS. 988 pp. folio, 1748-51.

22. Memorabilia, Part Ⅴ. MS. 602 pp. 8vo. 1752 to 1765.

23. Index to the Memorabilia, Part Ⅲ-Ⅳ. MS. 100 pp. folio. 1752-65.

24. Index to the Words, Names and Things in the *Arcana Cælestia*. MS. 1749 to 1756.

25. Heaven and its Wonders and Hell ; from Things heard and seen. London, 1758, 272 pp. 4to.

26. The White Horse mentioned in Revelations ⅩⅨ ; and afterwards, the Word and its spiritual or internal Sense from the *Arcana Cælestia*. London, 1748, 1748, 23 pp. 4to.

27. The New Jerusalem and its Heavenly Doctrine ; from things heard out of Heaven ; with an Introduction on the New Heaven, and the New Earth. London, 1758, 155 pp. 4to.

28. The Earths in our Solar System, which are called Planets, and the Earths in the Starry Heavens ; their Inhabitants, and also the Spirits and Angels from there ; from Things heard and seen. London, 1758, 72 pp. 4to.

29. The Last Judgment, and the Destruction of Babylon, showing that what was foreteld in the Book of Revelation has been fulfilled at the present day ; from Things heard and seen. London, 1758, 55

pp. 4to.
30. The Apocalypse explained according to its spiritual sense, wherein are revealed the Mysteries therein foretold, which have hitherto been unknown. MS. 1992. pp. 4 vols, 4to.
31. On the Athanasian Creed. MS. 42 pp. 8vo. 1759.
32. The Lord. MS. 42 pp. 8vo. 1759.
33. A Summary Exposition of the internal sense of the Prophetical Books and the Psalms of the Old Testament ; to which are added some things respecting the Historical parts of the Word. MS. oblong folio, 125 pp. 8vo. 1759-60.
33a. Papers prepared for the Swedish Diet. MS. 100 pp. folio, 1760.
34. The Last Judgment. MS. 160 pp. oblong folio. 1760.
35. The Spiritual World. MS. 30 pp. oblong folio. 1760.
36. The Sacred Scriptures or Word of the Lord, from experience. MS. 42 pp. 8vo. 1761.
37. On the Precepts of the Decalogue. MS. 6 pp. 8vo. 1761.
38. Observations on Faith. MS. 2 pp. oblong folio. 1761.
39. The Doctrine of the New Jerusalem respecting the Lord. Amsterdam, 1763, 64 pp. 4to.
40. The Doctrine of the New Jerusalem respecting the Sacred Scripture. Amsterdam, 1763, 54 pp. 4to.
41. The Doctrine of Life for the New Jerusalem, from the precepts of the Decalogue. Amsterdam, 1763, 36 pp. 4to.
42. The Doctrine of the New Jerusalem respecting Faith. Amsterdam, 1763, 23 pp. 4to.
43. Continuation of the Treatise on the Last Judgment and the Spiritual Word. Amsterdam, 1763, 258 pp. 4to.
44. Description of the Mode in which marble slabs are inlaid for tables and other ornaments. In "Transactions of the Royal Academy of Sciences," April-June, 1763. vol. XXIV. pp. 107-113.
45. The Divine Love. MS. 22 pp. oblong folio. 1762-63.

46. The Divine Wisdom. MS. 46 pp. oblong folil. 1763.
47. Angelic Wisdom respecting the Divine Love and Divine Wisdom. Amsterdam, 1763, 151 pp. 4to.
48. Angelic Wisdom respecting the Divine Providence. Amsterdam, 1764, 214 pp. 4to.
49. Doctrine of Charity. MS. 49 pp. large folio. 1764.
50. The Apocalypse Revealed, wherein are disclosed the Mysteries there foretold, which have hitherto remained concealed. Amsterdam, 1766, 629 pp. 4to.
51. New Method of finding the Longitude of Places on Land and at Sea. Amsterdam. 1766. 8 pp. 4to.
52. On the Horse, and Hieroglyphics. MS. 1766.
53. Index of Words, Names and Things contained in the Apocalypse Revealed. MS. 75 pp. 4to. 1766.
54. Five Memorabilia. MS. 13 pp. folio. 1766.
55. Conversation with Angels. MS. 3 pp. folio. 1766.
56. First work on Conjugial Love. MS. 1766-7.
57. Memorabilia on Marriage. MS. 13 pp. large folio. 1766.
58. The Wise Delights of Conjugial Love ; after which follow the Insane Pleasures of Scortatory Love. Amsterdam, 1768, pp. 328, 4to.
59. The Natural and Spiritual Sense of the Word. MS. 1768.
60. Justification and Good Works : Conversations with Calvin, etc. MS. 1768.
61. Outlines of the Doctrine of the New Church. MS. 1768.
62. A brief Exposition of the Doctrine of the New Church which is meant by the New Jerusalem in the Apocalypse. Amsterdam, 1769, 4to.
63. The Intercourse between the Soul and the Body, which is supposed to take place either by physical influx or by spiritual influx or by preëstablished harmony. London, 1769.
64. Answer to a Letter written by a Friend. London, 1769, 3 pp.

4to.

65. Nine Questions concerning the Trinity, etc., proposed by Thomas Hartley to Emanuel Swedenborg ; with his Answers. MS. 6 pp. 4to. 1769.

66. The Canons or entire Thelology of the New Church. MS. 45 pp. folio. 1769.

67. Corroborating Passages from the Old and New Testaments, collected and briefly explained. MS. 39 pp. folio. 1769.

68. The True Christian Religion, containing the Universal Theology of the New Church which was predicted by the Lord in Daniel VII. 13-14, and in the Apocalypse XXI, 1, 2 ; by Emanuel Swedenborg, Servant of the Lord Jesus Christ. Amsterdam, 1771. 541 pp. 4to.

69. Materials for the True Christian Religion. MS. 23 pp. folio. 1770.

70. Ecclesiastical History of the New Church. MS. 1 pp. folio. 1771.

71. A Summary of the Coronis or Appendix to the True Christian Religion ; containing an Account of the four Churches on this Earth since the Creation of the World, and of their periods and consummations. Likewise an account of the New Church about to succeed these Four, which will be a truly Christian Church. MS. 1771.

72. The Consummation of the Age, the Lord's Second Coming, and the New Church ; to which is added an Invitation to that Church addressed to the whole Christian World. MS. 15 pp. folio. 1771.

스베덴보리 신학총서 개요

색　인

색 인 ◆ 1257

ㄱ

가나안(Canaan)
영적인 뜻 227·614 ; 거기에 있는 고대로부터 내려온 표징적인 것들 595 ; 태고시대로부터 거기에 교회가 있었다 608·616·617.

가난함(貧者·the poor)
천계의 빈자 1089·1090 ; 가난함의 영적인 뜻 1089.

간음(姦淫·姦通·adultery)
영적인 뜻 351 ; 천적인 뜻 354·839.

간접적인 가르침(mediately taught)
사람은 천계로부터 직접적으로 가르침을 받지 않고 간접적으로 가르침을 받는다 848.

간통자(姦通者·姦夫·淫亂者·adulterer)
그들의 장래 상태 356.

강림(降臨·advent)
초임 전의 천계의 상태 275.

개념(槪念·conception)
영적 개념과 자연적 개념의 차이 6.

개혁(改革·바로잡음·reformation)
480 ; 무엇으로 이루어지나 475·476·800·802·856 ; 이해의 탓이다 479 ; 개혁의 증표 481 ; 단순한 진리의 지식에 의하여 개혁될 수 있다고 말할 수 없다 480.

개혁교회의 본질(two essential of doctrine in the Reformed church)
삼신이주(三神二主)의 신관과 믿음만으로 구원 받는다는 교리 671 ; 그 두 본질은 거짓이고, 교회를 황폐하게 만든다 671 ; 용들이 표징한다 671.

거룩한 도시(Holy city)

거룩한 도시의 환상과 그 도시의 뜻 649 ; 이 도시와 성전에 관한 영계체험 666.

거룩한 책(聖經·聖書·Sacred Scriptures)
성언(聖言) 참조.

거리(距離·distance)
영계의 거리는 선과 진리에 속한 것이고, 그것들과 유사하고 닮았다 6 ; 천계의 거리는 외현일 뿐이다 1044 ; 그것들의 근원 안에 있는 거리는 상태의 변화이다 1021·1174.

거인(巨人·giant)
거인의 표의 258.

거짓들(fasities)
거짓 안에 있던 사람들도 천계에 있다 389 ; 악한 삶으로 확증한 거짓을 근절하기는 어렵다 406 ; 악 안에 있다 413 ; 거짓의 근절은 성직자에게서 먼저 있어야 한다 648.

검정말(黑馬·black horse)
그 대응 189.

겉옷(法衣·raiment)
그 대응 321 ; 주님의 겉옷의 영적인 뜻 1048.

계도(階度·degree)
신령진리는 여섯 계도가 있고, 성경말씀의 문자는 가장 낮은 계도이다 196 ; 불연속 계도와 연속적 계도 887 ; 계도에 속한 지식은 모든 것들의 원인을 여는 열쇠 887-892 ; 불연속 계도에 속한 단계적 질서와 동시적 질서 893 ; 마음에 속한 세 불연속 계도 893 ; 각각 안에는 의지와 이해가 있다 895 ; 영적 계도는 삶의 악 안에 있는 사람에게는 닫혀 있다 900 ; 사람(人間·man) 참조.

계시(啓示·revelation)
그 정의 233 ; 태고사람의 직접적인 계시

202 ; 오늘날의 계시는 성경말씀을 통해서 주어진다 549 ; 최후심판 이후 새로운 교회를 위한 계시가 있는 이유 1146·1148·1150.

계율(戒律·誡命·commandment)
두 돌판과 모세가 그것을 깸 289 ; 돌판의 뜻 289·290 ; 시내 산에서 선포된 이유 335 ; 그것의 자연적·영적·천적 뜻 337 ; 한 계명을 어기면 전 계명을 어김 369 ; 구원받는 믿음은 계율에 일치하는 삶 425 ; 성언의 첫 열매 437 ; 모든 종교가 가지고 있는 계율 848.

계절(季節·Seasons)
4계절의 영적인 뜻 1042.

고대교회(古代敎會·Ancient church)
고대교회는 영적 교회였다 264 ; 노아가 뜻함 560·562 ; 고대교회의 성품 561 ; 고대교회의 사람들과 천계와의 교통은 외적이다 561 ; 고대교회는 표징적 교회였다 562·591 ; 믿음에 속한 교리적인 것들에 관한 한 서로 다른 교회들로 이루어짐 562 ; 표징과 표의의 교회 562 ; 고대교회 사람들은 믿음에 속한 교리만 중시하였다 563 ; 고대교회의 예배 564 ; 고대교회의 교리들 565 ; 고대교회의 저술양식 565 ; 고대교회의 쇠퇴 567 ; 고대교회의 세 종류 567 ; 두번째 고대교회 568 ; 고대교회와 기독교와의 비교 619.

고대교회의 교리(古代敎會 敎理·doctrines of Ancient church)
565.

곰(Bear)
곰은 성언의 자연적 뜻에 속한 힘(能力) 301 ; 곰이 아이들을 죽인 영의 300 ; 42라는 숫자는 모독·모욕을 뜻함 301.

공간(空間·space)
하나님은 공간 안에 계시지 않는다 5 ; 영계에 있는 외현적인 공간 6·1039 ; 영계에는 공간이 없다 962 ; 공간과 거리는 상태의 변화이다 1044·1174.

광물계(鑛物界·mineral kingdom)
그 대응 25.

교리(敎理·doctrine)
성경말씀의 문자적인 뜻에서 비롯됨 210 ; 성언(聖言)은 오직 교리에 의해서만 이해됨 219 ; 교리에 속한 첫째되는 원칙은 주님사랑과 이웃사랑이다 412 ; 교리는 교회와 일치한다 541·650 ; 성언의 영적인 뜻에서 비롯되었기 때문에, 새로운 교회의 교리는 천계에서 비롯되었다 681 ; 참된 교리는 성경말씀의 속뜻이다 681.

교육(敎育·instruction)
사후 선에 관한 교육 971 ; 이 세상과 천계의 교육의 차이 972 ; 영계에 있는 표징에 의한 교육 973.

교회(敎會·church)
주님 강림 전후의 교회 상태 74 ; 하나님 시인이 교회의 으뜸이다 131 ; 주님과 교회와의 혼인이 성경말씀의 모든 것 안에 내재함 204 ; 사람으로서의 교회 228 ; 인애가 교회의 제일원칙 376 ; 교회는 우리의 이웃이다 430 ; 보편인 교회 539 ; 성경말씀이 없는 사람에게도 교회는 있었다 539 ; 특정교회 그리고 보편적 교회와의 관계 540 ; 교회 밖에 있는 이들의 정황 540 ; 교회도 성경말씀도 존재하지 않으면 천계와의 결합은 있을 수 없다 541 ; 특정교회가 있는 곳 542 ; 누구가 특정교회를 형성 하나? 542 ; 교회와 종교는 다르다 543 ; 이방인들에 있었던 선과 진리는 교회를 이루지 못하였다 544 ; 교회존재의 당위성(當爲性) 544 ; 창조 이래 교회는 존재하였다 544 ; 천계적 교회는 지상의 교회 밖에서는 존재할 수 없다 545 ; 교회가 종말에 이르면 새로운 교회가 언제나 설시되었다 545·1191 ; 일반적으로 지상에 존재했던 네 종류의 교회 547 ; 느브갓네살 임금의 꿈은 네 교회를 표징 547 ; 교회의 역사와 그 성격의 요약 547-550 ; 주님의 신부 또는 아내로 호칭 669.

구약(舊約 · old testament)
구약에 있는 모든 것들은 영적인 것과 천적인 것들을 뜻하고, 내포한다 223.

구원과 구속(救援과 救贖 · salvation and redemption)
하나님의 인간에 속한 특별한 속성 137 ; 인간의 구원과 구속을 위한 신령섭리의 역사는 계속적이고, 점진적이다 866 · 872.

군중(群衆 · multitude)
군중을 먹인 영적인 뜻 328.

궁극적인 것(窮極的 · ultimates)
주님께서 만유를 궁극적인 것에 의하여 다스린다 127.

귀(耳 · ear)
송곳으로 귀를 뚫음 284 ; 그 대응 284 · 287 · 288 ; 순종을 뜻함 1071.

그룹(Cherubim)
그 영의 198.

금(金 · gold)
금의 대응 548 ; 황금시대 548 · 557 · 745.

금그릇 · 은그릇(vessels of gold and silver)
영적인 뜻 332.

금성(金星 · venus)
1158.

금수(禽獸 · brutes)
이해의 외현을 가리킴 910-912 ; 사람과의 차이 490 · 830 · 910-912.

긍정적 원칙
그 내용 411 ; 신령한 것을 깨닫는다 411.

기근(飢饉 · famine)
이집트에 있었던 7년 기근의 대응 494.

기도와 예배(新禱와 禮拜 · prayer and worship)
310 ; 그것의 대응 310 ; 기도는 정동의 발현(發現) 312 ; 주님의 기도 317 ; 스베덴보리가 제안한 기도의 내용 744.

기독교회(基督敎會 · Christian church)
주님 예수 그리스도의 신성이 부인되면 이 교회는 사멸한다 529 ; 두 시기가 있고, 크게 세 교회로 나뉘어졌다 547 ; 기독교회의 쇠퇴의 주된 이유와 부수적인 이유 621 ; 유럽 세계에 즉시 설시되지 않은 이유 621 · 681 ; 오늘의 기독교회의 상태 623 · 853 ; 첫번의 종말 627 ; 최후심판 이후의 기독교회의 상태 1147.

기름(油 · oil)
그 대응 391 · 428 · 741.

기쁨(喜悅 · delights)
영혼의 기쁨과 육체의 쾌락 440 ; 하나님에게서 비롯된 생명의 입류는 그것과 더불어 기쁨과 즐거움을 가져온다 917 ; 사후 신령 진리를 사랑한 사람들의 기쁨 981-984 · 1076.

기억(記憶 · memory)
기억지로 믿음의 신비를 정사(精査)할 수 없다 407 ; 어린시절 기억지의 역할 417 ; 사후 사람을 심판하는 내적인 책이다 242 ; 합리적인 사람에게 시중든다 418 ; 동물의 반추적인 위에 비유된다 838 ; 사람은 두 기억을 소유 942 ; 내적인 기억으로 말미암아 사람과 대화하는 것이 금지된 이유 1004 ; 영들은 어떻게 기억을 검색하나 1155.

기적(奇蹟 · 異蹟 · miracle)
그 뜻 306 ; 외적 예배 안에 있는 사람에게 있다 306 ; 기적은 신앙을 억압한다 306 ; 오늘날 기적이 일어나지 않는 이유 306 · 875 ; 신앙생활에 도움이 되지 않음 307 ;

기적을 행하는 세 가지 목적 403 ; 주님께서 고향에서 기적을 행하시지 않은 이유 404 ; 기적 같은 강제적인 방법으로 개혁될 수 없다 456 ; 누구도 기적이나 이사로 개혁되지 않는데, 그 이유 457 · 810 ; 유대 사람에게 기적이 행해진 이유 812 ; 주님의 강림과 시인 뒤에 기적이 소멸된 이유 812.

꿈(dream)
환상 참조.

ㄴ

나무(木 · tree)
영적인 뜻 44 ; 지식의 나무 44 ; 생명나무의 영적인 뜻 658 ; 사람을 뜻함 661 · 732 ; 접목(接木)의 영적인 뜻 866 ; 나무의 성장에 대응하는 사람의 삶 873 ; "나무가 그렇게 쓸어진다"는 말의 뜻 948.

나선운동(spiral motion)
마음의 나선 운동 899 ; 천계를 향한다 899.

나타남(go forth)
그 뜻 76.

낙타(camel)
영적인 뜻 1090.

남은백성(남은그루터기 · remains)
남은그루터기가 무엇인가 255 · 263 · 264 · 489 · 490 · 492 · 494 ; 노아는 남은 백성을 뜻함 494 ; 중생은 이것에 의하여 이루어진다 490 ; 사람의 전 생애를 통하여 이루어진다 490 ; 성경에 거명되었을 때의 영적인 뜻 490 · 495 ; 남은 백성이나 남은그루터기는 모두 같은 뜻이다 496.

남자와 여자(男子와 女子)
이 둘의 근본적인 차이 733 · 737 · 773.

남쪽(南 · south)

남녘에 사는 사람 420 ; 영적인 뜻 970 · 1040.

내적인 것(the internal)
그 정의 99 · 929 ; 성경말씀의 내적인 뜻 220 ;

넉넉함(plenty)
이집트에 머문 7년의 영적인 뜻 493.

네피림(Nephilim)
그 영의 258.

노아(Noah)
노아교회를 뜻함 567.

노인(늙은이 · age)
천계에서는 회춘으로 돌아간다 752 · 1097.

눈(目 · eye)
진리에 속한 이해 322 ; 오른쪽, 왼쪽 눈의 대응 1031 ; 총명에 대응 1071 ; 눈의 시각은 내적인 시각으로 존재한다 1184.

눈물(落淚 · tears)
영적인 뜻 321.

느브갓네살(Nebuchadnezzar)
그의 꿈의 표의 547 · 683.

니케아 신경(信經 · Nicene Creed)
528.

ㄷ

다섯(5 · five)
다섯의 대응 324 · 325 · 326 ; 남은백성을 뜻함 326.

다툼(戰爭 · combat)
다툼은 순수하지 않은 진리에서 비롯된다 505 ; 그 영의 628.

색 인 ◆ 1261

달(月·moon)
해와 달 참조 ; 그 영의 629·1030·1033 ; 여자의 발 아래 있는 달은 지상의 교회를 뜻함 669 ; 우리 지구의 달과 그 주민들 1159.

달란트(talent)
달란트 비유 327·830 ; 한 달란트의 뜻 327.

당나귀(ass)
들나귀의 영의 271·273·295 ; 발람의 나귀가 말함 295 ; 그 뜻 296.

대머리(baldhead)
그 표징 301.

대응(對應·correspondence)
성경말씀은 대응에 의하여 기술 179 ; 고대에서는 대응을 이해 182 ; 대응의 지식을 잃음(喪失) 182 ; 대응의 뜻 182·1193 ; 대응은 은유(隱喩)나 비유(譬喩)가 아니다 286 ; 천계나 지옥에 있는 모든 것들은 정동의 대응이고, 정욕의 대응이다 937 ; 성례전의 대응 705 ; 사람 안에 있는 것은 천계의 모든 것에 대응한다 1192 ; 신체 기관의 대응들 1193 ; 선용은 대응에 따라 입류한다 1194 ; 사람은 천계에 대응한다 1194.

데라(Terah)
데라의 집안은 우상숭배자였다 574·575·1191 ; 샤다이를 예배함 576.

도둑질(竊盜·stealing)
영적인 뜻 360.

독단교리(獨斷敎理·dogma)
주님의 공로의 전가라는 가르침 534.

돌봄(care)
내일의 돌봄의 뜻 879.

동(銅·brass)
그 영의 549 ; 동시대 548.

동기(動機·motives)
저 세상에서 외적인 동기는 제거된다 464.

동물(動物·animal)
그 영의 292·598.

동물계(動物界·animal kingdom)
그 대응 25.

동산(東山·정원 garden)
그 영의 420·732·873·1035.

동쪽(東方·east)
동녘에 사는 사람들 420 ; 성전을 동향에 두는 관습의 근원 1033 ; 동쪽의 영적인 뜻 553·592·1040.

둘(2·two)
그 영의 324.

등(lamp)
그 영의 391·741.

땅(地球·물·earth)
땅의 영적인 뜻 615·632·1132 ; 지구는 멸망하지 않는다 1129·1134 ; 이 땅의 멸망의 영적인 뜻 1132 ; 새 땅의 영적인 뜻 1132 ; 이 땅과 인류는 영원히 존속된다 1134 ; 이것들이 존속하는 이유들 1134-1136 ; 우리 지구의 달 1159 ; 물질적인 지구는 영계의 거주자에게는 보이지 않는다 1163 ; 주님께서 보여주셨을 때는 예외이고, 어떻게 이루어지나 1013·1177 ; 모든 지구의 영들은 그들 자신의 지구에 가깝다 1163.

ㄹ

레위 사람(Levi)
영적인 뜻 379.

루우벤(Reuben)
영적인 뜻 379.

루터(Luther)
하나님의 천사에 의하여 믿음만의 교리를 정립하는 것에 경고되었다 389.

르바임(Rephaim)
영적인 뜻 259 · 260

ㅁ

마리아(Mary)
주님은 그녀를 어머니로 시인하지 않는다 87.

마술(魔術 · magic)
그것에 관하여 297 · 298 · 299 · 300 ; 요술과 같은 내용 300 ; 백일몽에 대응 300 ; 대응이 마술로 변하였다 548 · 568.

마음(mind)
그 사람의 사랑이고 생명이다 313 ; 그리고 그의 기도와 일치한다 313 ; 마음의 긍정적인 상태와 부정적인 상태 411 ; 이해와 의지가 일체처럼 행동할 때 한 마음이라고 한다 736 ; 마음에 속한 불연속 세 계도 893 · 894 ; 합리적인 마음과 자연적인 마음 897 · 898 ; 악이나 거짓은 자연적인 마음의 계도 안에 있다 899 ; 자연적인 마음과 영적인 마음에 속한 작용과 반작용 899 ; 마음은 두 사랑을 소유하는데, 하나는 의지의 사랑이고, 다른 하나는 이해의 사랑이다 918 ; 사람의 마음이 그 사람이다 1194.

마지막 상태(final state)
마지막 상태의 영적인 뜻(묵시록 22 : 11) 949.

마호메트 교도(Mahomedans)
그들의 천계 696 · 853 ; 이 종교가 생성된 이유 852.

만나(Manna)
영적인 뜻 879.

말(言語 · speech)
사람의 언어의 근원 1188 ; 언어 참조.

말(馬 · horse)
백 · 적 · 흑 · 청황색 말의 대응(묵시록6장) 189 ; 백마의 영의 690.

머리(head)
영적인 뜻 502 · 663 · 673 · 1018..

모독(冒瀆 · profanation)
모독의 죄악 241 ; 모독의 상태에 있는 사람의 상태 245-250 ; 다양한 모독의 종류와 그 계도 246-250 ; 모독의 결과들 251 ; 모독에 의하여 뒤섞인 개념은 계속 남는다 251 ; 사람이 악 안에 있는 동안 진리는 기억에 남을 수 있지만, 모독되지는 않는다 837.

모세(Moses)
모세가 돌판을 깨었다는 뜻 289 ; 모세도 하나님을 알지 못하였다 581 ; 그에 의하여 희생제사가 다시 명령되었다 582 ; 모세는 역사서의 말씀을 뜻함 319.

모음(母音 · vowel)
영적인 뜻 333 ; 천사들은 정동을 표현한다 1065.

목성(木星 · jupiter)
1163 ; 그 주민의 성품 1163-1172.

무신론자(無神論者 · atheists)
사후 그들의 저지 153.

무지(無知 · ignorance)
사람이 무지 안에 있는 이유 478 ; 무지의 상태에서는 누구도 개혁될 수 없다 819.

무지개(rainbow)
영적인 뜻 269.

묵시록(默示錄 · Apocalypse)

색 인 ◆ 1263

224.

문(門・door・gate)
문의 대응 285・286・331・657 ; 주님께서 들어오시기 위하여 사람이 열어야 할 사람 안에 있는 문 836.

물질(物質・matter)
물질의 근원 30.

믿음(信仰・faith)
정의 370 ; 믿음에 관한 천사의 개념 371 ; 믿음의 본질 372 ; 믿음의 진리가 시간적으로는 으뜸이지만, 목적으로는 인애가 으뜸이다 374 ; 믿음의 진리가 의도하고, 행동하기까지는 결코 믿음이 아니다 375 ; 믿음은 인애에 속한 선으로 말미암아 존재한다 375 ; 죄이기 때문에 악을 멀리 하는 것에 비례하여 믿음은 존재한다 377 ; 외견상 믿음은 교회의 첫째 원칙이다 378 ; 인애로부터 믿음은 어떻게 형성되나 381 ; 역사적인 믿음 382 ; 오직 믿음만으로라는 말의 뜻 382・384 ; 믿음만의 교리에 의한 가르침을 받은 사람들을 다스리는 주님의 섭리 387 ; 총명적인 믿음 393 ; 종지(宗旨)적인 믿음 395 ; 구원하는 믿음은 예수 그리스도를 믿는 믿음이다. 그 이유 400 ; 맹목적인 믿음 401 ; 주님께서 질병을 치유한 믿음의 본성 403 ; 기적적인 믿음 403 ; 믿음은 사람과 같이 하는 주님의 현존의 원인이다 404 ; 믿음의 신비는 아는 것으로 탐색할 수 없다 407 ; 믿음은 인애의 형체 422 ; 인애에 속한 믿음 541 ; 인애 없는 믿음은 죽은 믿음 422 ; 믿음에 속한 진리 483 ; 기적으로 생긴 믿음은 진정한 믿음이 아니고, 다만 종지(宗旨)일 뿐이다 811 ; 믿음・인애・선행은 분리될 수 없는 세 요소 424.

ㅂ

바늘(針・needle)
바늘 귀의 영의 1090.

바다・못(waters)
영계에 있는 바다나 못 29・265.

바빌론(=바벨・Babylon)
바벨(Babel) 112 ; 그 대응 249・300・332・568・1106・1113.

바보(idiot)
사후의 상태 966・981.

반석(磐石・stone・rock)
그 대응 522 ; 영적인 뜻 655・674・684・709.

발(足・feet)
발의 표의 502.

발람(Ballam)
그의 나귀가 말함 295 ; 여호와를 섬김 571・1192.

발효(醱酵・fermentation)
그 뜻 309.

밧모 섬(Patmos)
밧모 섬에서 요한에게 묵시가 주어진 이유 227.

방주(方舟)
아라랏 산의 방주 168.

뱀(serpent)
영적인 뜻 323.

베드로(Peter)
베드로의 영적인 표징 319・379 ; 베드로에게 말씀하신(요한 13 : 9, 10) 주님의 말씀의 영적인 뜻 502.

벨사살(Belshazzar)
그의 앞에 보여진 손으로 쓴 글자의 뜻 332.

별(星・star)
영적인 뜻 183・190・592・670・1029・1033・1035 ; 별들이 떨어진다는 말의 영의 630.

별(熱・heat of the sun)
그 대응 15・420・1029・1033・1035 ; 천계의 별과 빛 421・1034. 지옥의 별과 빛 그리고 천계의 별과 빛 463.

보상(補償・反對給付・recompense)
다른 사람을 행복하게 할 목적으로 선을 행하는 사람에게 주어진다 441 ; 보상을 목적으로 선을 행한다면, 행복은 소멸된다 442 ; 천계의 기쁨은 보상이 아니다 522.

보석(寶石・jewels)
그 대응 331・653.

보편적인 것(universals)
지옥과 천계의 보편성 951.

본질(本質・esse)
사랑이 생명의 본질이다 905.

부모(父母・parent)
저 세상에서 부모와 자녀의 상봉 783・954・963.

부자(富者・the rich)
천계에 있는 부자 1088 ; 부자의 영적인 뜻 1088・1089.

부정적 원칙
411 ; 신령한 것을 깨닫지 못한다 411 ; 성경말씀의 영적인 것을 부인한다 414.

부활(復活・resurrection)
그 뜻 102 ; 누구나 사후 즉시 부활한다 954 ; 사람이 어떻게 부활하나 957-961.

북쪽(北・north)
영적인 뜻 1040.

불(불꽃・fire)
불의 대응 11・28・1029・1031・1122.

불연속계도(不連續階度・discrete degree)
887・889 ; 계도 참조.

붉은 말(赤馬・red horse)
말(馬) 참조.

비중생자(非重生者・unregenerate)
중생자와의 차이 513.

빛(光・밝음・light)
빛의 대응 319・420 ; 태양이 창조되기 전에 빛이 창조되었다고 언급한 이유 379 ; 영적 빛의 근원 398 ; 빛의 두 종류 664 ; 그 대응 1029.

빵(bread)
573 ; 일용할 양식 참조.

ㅅ

사고(事故・accident)
나쁜 사고는 지옥에서 비롯된다 357・878.

사도(使徒・apostle)
열 두 사도는 주님과 주님의 계율에 일치하는 삶의 교리를 뜻함 654 ; 사도승계권의 오류 722 ; 저서들의 성격 221.

사도교회(使徒敎會・Apostolic church)
주님을 믿는 믿음과 회개를 설파 621 ; 칭의의 교리를 알지 못하였다 529.

사도신경(使徒信經・the creed)
530.

사람(人間・man)
하나님은 사람(Man)이시다 4・11・1034 ; 하나님이 사람이시기 때문에 천사나 영들도 사람이다 4・11・1034 ; 사람은 하나님의 형상과 닮음 안에 창조되었다 4·11·1034 ; 아브람이나 다른 사람에 의하여 하나님은 사람으로 보이셨다 4·11·1034 ; 사람은 영계와 자연계에 동시에 존재하도록 창조되었다 36 ; 사람은 생명이 아니고, 생명을 담는 수용그릇이다 36·95·916 ; 사람은 생명의 기관 36·95·916 ; 속사람과 겉사람 37·929·949 ; 사람 안에 있는 주님의 거주지 37 ; 짐승과 사람은 어떻게 분별되나 37·39·910 ; 사람의 생명 39 ; 사람의 원초적인 상태 41 ; 사람의 타락 43 ; 타락에 의하여 하나님의 형상은 사람 안에서 실제적으로 멸망되지 않았다 46 ; 사후 즉시 사람의 상태 104 ; 사람은 천사 또는 악령의 다스림 하에 있다 111 ; 천적인 사람 449 ; 사람의 임종까지 진리와 선 안에 있는 것에 비례하여 진리와 선에 들어간다 253·840 ; 사람의 합리성 272 ; 사람의 대응 331 ; 선용이 그의 정동과 직업이 아니면 건전한 마음의 소유자가 아니다 439·441 ; 사람이 자유를 가지지 않으면 개혁(바로잡음)될 수 없다 455 ; 어떻게 자유 안에 있나 461·462 ; 사람의 최고의 자유는 자기 자신의 억압 안에 있다 464 ; 주님께서는 사람을 사상이 아니라 정동에 의하여 인도하신다 472 ; 중생 이전의 사람의 본성 475 ; 악의 경향성 477 ; 무지 가운데 출생된 이유 478 ; 두 천사와 두 악령이 사람과 같이 한다 284·481·922 ; 중생하는 동안 천사들에 의하여 주님께서는 사람을 다스리신다 487·922 ; 총명을 뜻함 612 ; 사람은 가장 작은 형태의 천계이다 791 ; 주님에 의하여 인도되기를 바라는 사람의 의도는 천계에 있는 어떤 장소를 위한 준비이다 792 ; 사람이 생각에 따라서 자유로 말미암아 행동한 것은 무엇이나 그대로 남는다 517 ; 주님과 사람의 결합은 자유와 합리성을 통하여 이루어진다 803 ; 사람이 죄이기 때문에 악을 밀리하는 것에 비례하여 주님께서는 그 사람을 정화하신다 805 ; 사람은 자신의 마음의 내면적인 상태에 관해서 전혀 알지 못한다 807·863 ; 사람은 주님께서 사람의 마음의 모든 것 안에서 어떻게 활동하시는지를 알지 못한다 807 ; 사람은 자신의 생각은 알지만 자신의 정동은 알지 못한다 827 ; 사람은 생각이 아니라 정동에 의하여 주님에게 인도된다 864 ; 사람은 영혼·마음·육체로 되어 있다 884 ; 사람의 지심한 것 안에 있는 천적인 것은 이해의 영역 위에 존재한다 895 ; 사람 안에는 순수한 이지적 진리는 전혀 없다 897 ; 사람은, 이 세상에서 열려 있는 계도에 따라서 저 세상에서 완전해 진다 901 ; 사람은 두 종류의 기억을 가지고 있다 942 ; 사후 사람의 언어 943 ; 사후 그의 의지의 측면에서 사람인 그 사람은 영원히 남는다 946 ; 선한 사람은 영원히 완전해진다 947 ; 사람이 사후 더 이상 개혁될 수 없는 이유 947 ; 영들의 세계에서 사람의 계속적인 세 상태 961 ; 사후 영들의 세계에서의 첫째 상태 962 ; 그 둘째 상태 965 ; 그 셋째 상태 970 ; 이 상태에서의 사람의 교육 971 ; 사람과 천사나 영들과의 무의식적인 제휴 984-988 ; 사람과 같이 하는 영들은 사람의 정동에 따라서 변한다 986 ; 주님으로 말미암아 천사는 그들이 사람과 같이 한다는 것을 안다 987 ; 한 사람에게 두 천사 또는 두 영들이 같이 하는 이유 988 ; 사람을 위한 주님의 계속적인 돌보심 992 ; 주님은 사람의 자유를 통하여 그를 다스린다 993 ; 주님께서는, 특히 수면 중에, 사람을 지키신다 997 ; 주님은 사람을 어떻게 가르치나 1006 ; 사람은 자신에 대해서 어떻게 천계를 닫나 1014 ; 사람의 모든 것들은 천계와 대응한다 1025-1028 ; 사람의 내적 또는 외적 형태에 관한 한, 천계의 형상이다 1028.

사람의 아들(人子·the son of man)
그 뜻 128·152·155·631·632.

사랑(愛·愛欲·love)
하나님은 사랑 자체시다 11 ; 신령사랑은 불과 같다 11 ; 신령사랑의 본성 13 ; 악한 사람은 어떻게 사랑을 받나 15 ; 사랑은 영적인 불꽃 27 ; 사랑의 지배애가 그의 생명이다 39·523 ; 신령사랑은 신령선과 꼭같다 63 ; 원수를 사랑하라는 말씀의 뜻 309·450 ; 천계의 본질 421 ; 주님사랑과 이웃사랑은 서로 구분된다 449 ; 사랑은 모든 조화와 질서의 터전이다 450 ; 자아애와 상호애는 서로 반대이다 452 ; 지혜의 근원은 사랑이다 421 ; 사랑·생명·행위는 한 몸이다 448 ; 사랑은 지혜의 전부이다 421 ; 사랑은 결코 잠들지 않는다 995.

사랑과 지혜(love and wisdom)
사랑과 지혜는 하나님의 본질이다 8·11 ; 신령사랑과 신령지혜는 실체와 형체이다 8·11 ; 우주의 만유는 신령사랑과 신령지혜로 창조되었다 25 ; 사랑과 지혜는 질서의 근원이다 41 ; 사랑·지혜·선용은 분리될 수 없는 세 요소 424.

사사들(士師·judges)
사사 왕국의 뜻 603.

사제(司祭·priest)
사제의 정의 716 ; 사제의 표징 595·605·709·720.

사제직(司祭職·priesthood)
사제직과 천계에 있는 천적 통치형태 707 ; 땅 위의 것과 같다 715 ; 신령한 것은 사제를 통해서 이 세상에 존재한다 717 ; 주님의 표징 720 ; 표징적 예전에 의한 사제의 임명 720 ; 사제의 은총과 직무 721 ; 사제직 승계권은 지배욕에서 날조된 것 722.

산(山·mountain)
그 대응 182·266·268·319·591.

살인(殺人·murder)
영적인 뜻 349.

삶의 여정
407.

상형문자(象形文字·hieroglyphics)
이집트 상형문자의 특성 298·587·851.

삼일성(三一性·三位一體·trinity)
무엇으로 이루어지나 155 ; 삼일성은 주님 안에서 완전하다 156 ; 창조 전에 하나님의 삼일성은 존재하지 않았다 158·159.

새들(birds)
그 표의 598.

새로운 기독교회(New christian church)
640 ; 묵시록에 예언됨 640 ; 이 교회의 원초적인 교리 640 ; 새 예루살렘은 이 교회를 뜻한다 640 ; 극소수의 사람들에게 처음으로 설시됨 678 ; 모든 교회의 면류관이요, 영원히 존속됨 682 ; 처음에는 이 교회도 외적이었다 691

천계에 있는 새로운 교회의 실상
719·720..

새로운 교회의 본질
670·682

새 예루살렘(New Jerusalem)
거룩한 도시 참조 ; 주님의 아내와 신부 665 ; 새로운 교회를 뜻한다 613·640·641·650·680·689 ; 성언에 의하여 주님과 결합된 교회 666 ; 그 대응 188 ; 교회 참조.

색깔(色彩·colour)
그 대응 289.

생각(思想·thought)
생각은 본질적이다 10 ; 생각은 겉사람에게 속한다 38 ; 생각의 근원은 지혜에 속한 사랑의 정동에서 온다 421 ; 말은 생각에 대응한다 421 ; 생각은 빛 안에 있다 421 ; 생각이 말을 한다 421 ; 내적인 것과 외적인 것이 있다 439 ; 정동에서 비롯된 것을 제외하면 생각은 아무것도 없다 421·827·864 ; 기쁨이 생각을 다스린다 828 ; 모든 생각은 주님에게서 입류하는데, 이것이 어떻게 이루어지나 858 ; 신령섭리가 사상이 아니고 정동을 통해서 사람을 인도하는 이유 864 ; 생각과 정동은 무엇인가 907 ; 생각의 관념은 말 보다 더 완벽하다 909 ; 저 세상에서 생각은 현존한다 962·1044.

색 인 ◆ 1267

생동감 있는 별(vital heat)
그 근원 40 · 958.

생명(生命 · life)
하나님만이 생명이시다 37 · 916 · 938 ; 사람은 그 생명의 수용그릇이다 37 · 916 · 938 ; 사람의 생명 39 ; 선과 진리의 결합이 생명이고, 그것으로부터 새로운 의지와 새로운 이해의 결합이 있다 314 ; 모든 사람에게서 사랑 · 생명 · 일은 하나를 이룬다 448 ; 생명은 오직 주님에게서 온다 461 · 916 · 938 ; 선하게 산다는 것은 어렵지 않다 519 ; 수도자의 삶이 중생을 뜻하지 않는다 520 · 522 ; 사람의 삶과 행위는 그의 목적에 의하여 좌우된다 523 ; 사람이 이 세상에서 습관화된 것은 사후에 변할 수 없다 537 ; 사람이나 천사는 생명의 수용그릇 790 · 916 ; 생명은 오직 하나 뿐이다 916 ; 삶의 기쁨은 악 안에서는 포기하려고 하지 않는다 1185.

생명나무의 잎(leaves of the tree of life)
특별한 뜻 660.

생명책(生命錄 · book of life)
942 · 1061 ; 그 책의 개봉 945.

샤다이(Shaddai)
시험에 관한 여호와의 이름, 그뒤 우상이 되었다 576 ; 시험에 관한 하나님을 뜻함 576 ; 위로를 뜻함 576 ; 본래의 뜻 577 ; 황폐와 시험을 뜻함 578 ; 진리의 신 또는 진리를 뜻함 578.

사람의 목적은 그의 사랑과 삶
523.

서쪽(西 · west)
영적인 뜻 1040.

선(善 · good)
선의 다양성에 따라서 천계는 정돈된다 3 ; 본질적으로 사람의 의지에서 비롯된 선은 선이 아니다 385 ; 천적이나 영적 선은 모두 주님에게서 온다 413 ; 여기에서 열등의 선은 비롯된다 413 ; 선이 이웃이다 428 ; 따라서 사랑도 이웃이다 428 ; 시민법적 · 도덕적 · 영적 선 436 ; 반대급부가 없는 선행의 기쁨 434 · 441 ; 선은 악을 분별한다 437 · 455 ; 선은 천계와 연계 461 ; 선은 인애에서 비롯된다 624 ; 보상을 목적한 선행은 상급을 받지 못한다 560 ; 선과 악은 사람 안에 공존할 수 없다 834 · 835 ; 선의 극내적인 것은 주님 자신이다 919 ; 영들의 세계에 있는 선한 사람의 셋째 상태 970 ; 자연적인 유전된 선만을 가진 사람들의 경우 980.

선용(善用 · 쏨씀이 · use)
선용에 속한 선 424 ; 인애의 부분이다 435 ; 인애의 삶은 선용의 삶 438 ; 그리고 천계의 삶이다 438 ; 사람의 정동이나 직업이 쓸모 없는 것이라면 사람은 건전한 마음의 사람이 아니다 439 ; 선용과 악용의 근원 933 ; 선용의 뜻 759 · 933 ; 천사의 선용과 이른바 악마의 선용의 차이 712 ; 선용에 속한 기쁨(喜悅) 1091.

설교자(設敎者 · preacher)
천계에 있는 설교자 709 · 1093 ; 주님께서 임명한 설교자 710 ; 설교자를 사제라고 부르지 않는다 710 · 1056.

섭리(攝理 · providence)
신령섭리는 신령사랑과 신령지혜의 통치형태이다 785 ; 주님께서 행하신 모든 것이 섭리이다 785 ; 주님의 섭리는 인류로 말미암아 천계를 이루는 목적을 갖는다 785 ; 섭리와 같이 하는 신령예견(神靈豫見) 786 ; 섭리는 모든 개별적인 것 안에 현존한다 787 ; 보편적인 섭리와 개별적인 섭리 787 ; 섭리는 무한하고 영원한 것을 우러르는 모든 것 안에 내재한다 788 · 790 ; 지옥에 관한 가장 내적인 섭리 793 ; 섭리의 법칙은 사람이 이성에 따라서 자유로부터 행동하는 것 794. 죄의 옮김에 관한 섭리의 법칙 805 ; 믿음의 문제에 대한 강압에 관한 섭리의 법칙 809 ; 볼 수도 없고, 느낄 수도 없지만 알 수 있고, 시인할 수 있다 821 ; 섭리를 믿는 사람들에게서 제거될 미래에 대하여 미리 알고자 하는 바람 824 ; 섭리는 앞에서는 알 수 없고, 뒤에서만 볼 수 있다 825 ; 신령섭리와 사람의 잔꾀 826 ; 일시적인 것에 관한 신령섭리 830 ; 진리와 선의 영접에 관한 신령섭리 834 ; 섭리의 허용의 법칙들 840 ; 신령섭리는 그들을 선으로 어떻게 의도하고 인도하나 840 ; 자연적인 사람은 신령섭리에 거슬러서 어떻게 스스로 다짐하나 841 ; 세상적인 재물과 영예에 관한 섭리의 허용 842 ; 전쟁에 관한 섭리 844 ; 여러 민족의 종교에 관한 섭리 848 ; 마호메트 종파에 관한 섭리 851 ; 기독교의 한정된 보급에 관한 섭리 853 ; 기독교의 분할과 부패에 관한 섭리 523 ; 악의 허용 856 ; 신령섭리는 악인이나 선인에게 꼭 같다 858 ; 신령섭리에 의한 악인과 선인의 개별적인 인도 860 ; 정동에 의하여 인도하고, 생각에 의하여 인도하지 않는 이유 472 · 827 · 864 ; 악에서부터 사람을 물러나게 하는 신령섭리 864 · 867 ; 운명은 궁극적인 것 안에 있는 신령섭리 878 ; 매우 신비적인 방법으로 신령섭리에 의하여 악에서부터 물러나는 일이 이루어진다 868 · 871 ; 사람의 죽음의 때에 관한 신령섭리 878 ; 섭리의 입류 안에 있는 사람들은 행복 가운데 태어난다 881.

성(性 · sex)
영 안에 있는 성은 분별된다 732 ; 성애(性愛)는 사후에도 남는다 734 ; 성애는 다수와 같이 하는 사랑 735 ; 성애는 자연적인 것 안에 있고, 불결하고, 변덕스럽고, 음란스럽고, 호색적이다 736.

성경말씀(聖書)의 문자(letter of the Word)
그 문자에 관하여 176 ; 신령진리의 6계도 중 가장 낮은 계도 196 ; 영적인 뜻과 천적인 뜻의 근본이고 터전이다 197 ; 그 안에 담겨진 진리를 보호한다 198 ; 성경의 문자 안에 신령진리의 충만함 · 거룩함 · 능력이 있다 199 ; 영적인 뜻과 자연적인 뜻은 문자 안에 있는 동시적 질서 안에 있다 200 ; 사람은 문자적인 뜻에 의하여 주님과 결합하고, 천사와 제휴한다 200 ; 교리는 성언의 문자에서 비롯되고 확증된다 209 ; 그 문자 안에 있는 진리의 외현들 210 ; 성언의 문자 안에 있는 순수한 진리는 주님에게서 비롯된 조요 안에 있는 사람에게 드러난다 214 ; 성경말씀의 속뜻 안에 영적인 것이 내재한다 682.

성경의 예언적 문체(prophetic style in the Word)
222.

성경말씀의 천적인 뜻
그 정의 179.

성도(聖徒 · 聖人 · saints)
성인의 교제 3 ; 한 분 하나님을 믿음으로 시인하고, 마음으로 예배하는 사람은 성도의 교제 안에 있다 3 ; 성도의 교제라고 호칭된 이유 3 ; 그들은 전 천계와 결합한다. 그리고 한 분 아버지의 자녀로 존재한다 3 ; 잠들어 있다는 성도의 영적인 뜻 1145.

성령(聖靈 · Holy Spirit)
성령 모독 152 · 153 · 155 · 168 · 341 ; 성령의 정의 148 · 722 · 723.

성령 모독(聖靈冒瀆 · blasphemy against the Holy Spirit)
152 · 153 · 155 · 341

성례전(聖禮典 · sacraments)
대응을 통한 성례전의 신령한 능력 705.

성막(聖幕 · tabernacle)
성막의 영적인 뜻 554 ; 성막의 축제가 제정된 이유 555 ; 세 천계를 표징 599.

성만찬(聖晩餐 · Holy Supper)
유대교회의 표징을 위하여 제정되었다 620 ; 성찬은 천계의 입문 702 ; 주님에 의하여 제정 702 ; 가장 거룩한 예배 702 ; 떡 ·

포도즙 · 먹고 마시는 것의 영적인 뜻 703 ; 성찬은 신령예배의 완성 703.

성소를 훼파하는 미운 물건(abomination of desolation)
다니엘 9 : 27 ; 121.

성언(聖言 · 말씀 · the Word)
성언은 주님이시다 634 ; 성언의 문체(文體) 175 ; 성언의 영적인 뜻 176 ; 성경말씀은 대응에 의하여 기술되었다 179 ; 천계와 사람의 결합의 방편으로 쓰여졌다 200 · 203 ; 성경말씀 안에 있는 이중적 표현 204 ; 성경말씀에서 어떻게 이단사설적인 소견이 비롯되었나 217 ; 성언의 책들은 어떤 것이 있나 220 ; 성경말씀의 상이한 네 문체들 221 · 565 ; 모든 천계에 성언이 존재한다 228 ; 역사적인 성경말씀은 특히 어린이들을 위하여 주어졌다 228 ; 어린이가 성경말씀을 읽을 때 그들의 기쁨의 원인 230 ; 사람이 경건하게 성경말씀을 읽을 때 천사들에 의한 내적인 뜻의 지각 230 · 854 ; 성언은 교리에 의하여 이해된다 542 ; 성경말씀은 각자의 능력에 적용하여야 한다 231 ; 성언에 의하여 교회 밖의 민족에게 비추는 빛 231 · 854 ; 고대의 성언은 상실하였다 237 ; 성언의 두 중요한 책 237 ; 성언을 모독하는 죄 241 ; 성언을 조롱하는 죄 247 ; 성언에 의한 교회 안에 또는 밖에 있는 사람들과의 천계의 결합 234 · 541 · 600 ; 결합의 중간매체이다 600 · 666 ; 성언에는 자연적 · 영적 · 천적인 세 가지 뜻이 있다 634 ; 성언의 문자 1040 ; 천계의 만유와 일치하는 성경말씀의 영적인 뜻 1040 ; 성언의 천적인 뜻 1149 ; 영적인 뜻이 지금은 가리워 있지 않은 이유 1147.

성육신(成肉身 · incarnation)
성육신을 위한 목적들 64-75.

성전(聖殿 · temple)
영적인 뜻 554 · 559 ; 요한이 본 거룩한 예루살렘에 성전이 없는 사실의 뜻 657 ; 높은 뜻으로 주님을 뜻함 657 ; 천계에도 성전이 있다 709.

성품(性稟 · 人格 · character)
성품의 기준 444 ; 저 세상에서는 모두가 성품이 그의 영기로부터 지각된다 976.

세계(世界 · 界 · the world)
자연계와 영계, 두 세계가 있다 26 ; 최후심판 이후 영계와 교회의 상태 1147.

세마포(細麻布 · linen)
고운 세마포의 영적인 뜻 1089.

세례와 성찬(洗濯 · 聖餐 · baptism and the Holy Supper)
유대교회의 표징의 대용 620 ; 제정된 이유 693 ; 그 표의 693 ; 주님께서 명하신 이유 694 ; 첫째 효용 695 ; 할례에 대신 제정 695 ; 천계에서의 그 효과 695 ; 영적인 효과 697 ; 둘째 효용 698 ; 셋째 효용 699 ; 유아세례의 효용 673 ; 세례는 중생을 표징한다 700.

셈(Shem)
영적인 뜻 562 · 570.

셋(3 · 三 · three)
이 숫자의 영적인 뜻 324 · 425.

소리(音聲 · sound)
소리의 상태와 형체는 폐장에서 어떻게 만들어지나 908 ; 영적인 뜻 908.

소우주(小宇宙 · microcosm)
고대사람이 사람을 소우주라고 부른 이유 33.

속량(贖良 · 救贖 · redemption)
그 뜻 531 ; 속량의 본성 106 ; 어떻게 이루어지나 111 ; 양계(兩界)에서 이루어진다 114 ; 오직 하나님의 성육신에 의하여 이루어졌다 115 ; 속량이 없었으면 사악은 양계에 있는 기독교계에 널리 만연되었을 것이다 112 ; 속량 즉 주님의 공로는 전가되지 않는다 531·532.

속죄(贖罪·atonement)
잘못된 견해 120 ; 올바른 뜻 120.

손(手·hands)
그 표의 299·502·721·1059.

수(數·number)
영적인 뜻 226·323 ; 성경의 여러 숫자의 속뜻들 324-331.

수도생활(修道生活·monkish life)
중생으로 존재하지 않는다 522.

수성(水星·mercury)
1154 ; 그 주민의 성품 1155-1157.

순환(循環·cycles)
중생은 부단한 순환을 거친다 485·486.

술취함(酩酊·drunkenness)
그 대응 302 ; 술 취한 자의 영의 304 ; 포도주가 없는 술취함(酩酊) 305.

숲(山林·grove)
그 표의 592.

쉼(安息·rest)
영원한 안식의 정의 1090.

스베덴보리(Swedenborg)
그는 모든 것들을 주님에게서 온 천사들이나 영들로부터 배웠다 637 ; 주님의 재림은 그를 방편으로 하여 이루어졌다 636 ; 왜 영계에 소개되었나 636 ; 다른 지구들의 영들과 대화하는 것이 허용되었다 1153 ; 그에 의하여 추천된 기도 1190 ;

시각(視覺)
영적 시각과 육체적 시각 415 ; 영은 시각을 가지고 있다 415.

시간(時間·time)
천계에서 시간은 상태를 뜻한다 1042.

시대(時代·ages)
황금시대 548 ; 은시대 548 ; 동시대 548 ; 철시대 549.

시편(詩篇·Psalms)
시편의 문체 223.

시험(試驗·temptation)
사람이 시험 가운데 있을 때 하나님은 그 때 현존하시고, 그를 돕는다 82 ; 시험의 효능 96·504·505·508 ; 중생은 시험 가운데 있는 싸움을 통해서 이루어진다 504·820 ; 악령에 의하여 시험은 어떻게 자극되나 505-508.

식물계(植物界·vegetable kingdom)
식물계의 대응 25.

신령본질(the Divine Essence)
그 정의 8.

신령선(神靈善·Divine Good)
신령사랑과 동일하다 63 ; 여호와가 뜻한다 63 ; 신령선은 신령진리 없이 존재할 수 없다 64 ; 선(善) 참조 ; 영화하신 몸이 신령선이다 704.

신령인간(神靈人間·Divine Human)
중재주·조정자 라고 불리움, 그 이유 5 ; 영원 전부터 계신 신령인간 51 ; 신령인간에 의하지 않고서는 무한존재를 나타낼 수 없었다 56 ; 여호와 그분이 신령인간이시다 67 ; 교회에 속한 으뜸되는 시인 131 ; 그것의 정의 134.

신령존재(神靈存在·the Divine)
나누어지지 않는 존재 3 ; 천사들과 같이 천계를 형성 3 ; 신령존재 자체는 지각되지도, 이해되지도 않는다 5 ; 어디에나 존재하지만, 그럼에도 불구하고 공간(空間) 안에 존재하지 않는다 5 ; 자연적·영적·천적 신령존재 73 ; 시험받을 수 없다 98.

신령진리(神靈眞理·Divine Truth)
하나님을 뜻한다 63 ; 신령지혜와 꼭 같다 63 ; 신령진리의 여섯 계도 196 ; 어느 누구도 이해할 수 없다 210 ; 성언의 문자 안에는 신령진리의 충만성·거룩성·능력이 있다 199 ; 천계의 빛 394 ; 사람을 인애에 인도한다 624 ; 주님에게서 직접 온다 637 ; 주님에게서 직접 입류하는 신령진리는 천사들의 이해에 상위(上位)한다 921 ; 영화하신 몸의 피가 신령진리이다 704.

신령지혜(神靈智慧·Divine Wisdom)
실체와 형체 8 ; 빛으로서의 지혜 11 ; 만유는 신령사랑과 신령지혜로 창조되었다 25 ; 신령사랑과 신령지혜는 질서의 근원 41 ; 신령지혜는 신령진리와 꼭 같다 63 ; 지혜 참조.

신성모독자의 비운(神聖冒瀆者 悲運· fate of profaners)
244.

신체부위
그 부위의 대응·표의 1027.

실로(Shiloh)
주님의 이름으로 불리운 이유 73.

심연(深淵·룸·gulf)
영적인 뜻 265·451·946·1115.

심장(心臟·heart)
그 대응 373·958·959·1025·1026.

심판(審判·judgment)
사후 사람의 내적인 기억에 의하여 시행됨 242·944 ; 모두의 최후심판은 사후 즉시 일어난다 954 ; 최후심판 참조.

십성언(十聖言·十誡命·decalogue)
계율 참조. 성경말씀의 첫째 으뜸이다 437.

십자가의 고난(passion of the cross)
그것에 의하여 광영화가 성취됨 82.

씨앗(種子·seed)
영적인 뜻 420.

ㅇ

아나킴(Anakim)
그 뜻 259.

아내(妻·wife)
남편의 형상을 자신 안에 수용한다 755 ; 남자의 고유 의무에 들어갈 수 없다 774 ; 남편의 보호 하에 있어야 한다 776 ; 영들의 세계에서의 부부의 상봉 953·963.

아담(Adam)
낱말의 뜻 551·555·729.

아라랏 산(mountain of Ararat)
그 증표 268.

아름다움(美·beauty)
사람의 아름다움의 근원 776 ; 영적인 아름다움 777.

아모리 족(Amorite)
아모리 왕의 뜻 297.

아버지(聖父·the Father)
성부에 관하여 119·155 ; 성부에 관해 형성된 개념은 전무하다 52·135.

아버지(父·father)
영적인 뜻 346·741.

아브람(Abram)
우상숭배자 574-576·579·1192.

아시아(Asia)
그 대응 226.

아타나시언 신경(信經·Athanasian Creed)
528.

악(惡·evil)
죽음을 뜻함 322 ; 사람의 악에 대한 경향이 사람이 악행을 저지르게 한다 408·505 ; 선한 사람이 구출받기 위하여 악을 허용한다 506 ; ; 회개에 의하여 의지에서 옮겨진다 436 ; 281 ; 악과 거짓은 지옥과 연계 461 ; 옮겨질 뿐 소멸되지 않는다 510·799 ; 악에 속한 정지 상태 512 ; 악을 기피하는 것이 인애의 첫 요소 435 ; 주님께서 악한 삶을 허용하는 이유 840 ; 죄로서 여겨 악을 멀리하는 사람의 상태 856 ; 악의 허용 안에 있는 주님의 섭리 856 ; 모든 악 안에는 수많은 것들이 내재한다 865 ; 악인과 같이 하는 신령섭리 867 ; 생각으로는 누구도 지옥적인 사회와 결합하지 않는다 866 ; 수천 수많은 방법으로 주님께서 사람을 악에서 물러나게 하신다 868·870 ; 악의 근원 1101·1104 ; 악은 그 자체를 벌한다 1107·1126.

악령(惡靈·evil spirit)
두 종류가 있다 988 ; 악귀와 악령 509·988·1106·1116 ; 악령은 사람을 노예로 여긴다 471 ; 두 악령이 늘 사람과 동행한다 481 ; 악령은 사람의 영혼을 파멸시키려고 한다 506·985·999 ; 악령의 형벌 967 ; 악령과 선한 영의 분리는 언제 이루어지나 987.

악에 속한 정욕(concupiscences of evil)
외적인 정욕을 제거하지 않으면 내적인 정욕으로부터 사람은 정화될 수 없다 805 ; 모든 악 안에는 수많은 정욕이 내재함 806.

악인(惡人·the wicked)
그들 자신의 자아가 스스로 선인과 분리한다 537·947·969 ; 사후 그들이 구원받지 못하는 이유 947.

안수례(按手禮·the laying on of hands)
그 뜻은 교통·승계·수용 721.

안식일(安息日·sabbath)
유대 교회의 대응 344.

알파와 오메가(Alpha and Omega)
그 뜻 333.

앗시리아의 표의
393.

애국심(愛國心·patriotism)
346·430.

야고보(James)
그 표의 319.

야곱(Jacob)
처음에는 여호와를 하나님으로 시인하지 않았다 579 ; 그의 아들들은 교회를 세우지 않았고, 그의 후손들이 가나안 땅에 들어간 뒤에 세웠다 587 ; 이스라엘 참조.

야살의 책(a book of Jasher)
고대 성언(聖言)의 책 237 ; 여호수아에 의하여 거명되었다 297.

양(羊·sheep)
천적인 것을 표징 595 ; 내 양을 먹이라는 말의 뜻 724.

양심(良心·conscience)
주님에 의하여 활착된다 38 ; 양심의 근원 47·980 ; 중생한 사람의 양심과 중생하지 못한 사람의 양심 513 ; 지옥에 있는 사람은 양심을 가지고 있지 않다 1118 ; 사람의 영적 생명은 참된 양심 안에 존재한다 1182 ; 양심에 속한 진리는 다종다기하다 1183.

어머니(母·mother)
영적인 뜻 346·741.

색 인 ◆ 1273

어린 아이들(children)
곰에 의하여 죽임을 당함 300 ; 자녀 참조 ; 저 세상에서 자녀와 부모의 상봉 783 ; 묵시록(12 : 2)의 어린 아이의 출생의 영의 670.

어린 양(lamb)
그 뜻 727 ; 내 양을 먹여라 724.

언어(言語 · language)
언어의 근원 47 · 1167 · 1188 ; 보편적 천계의 언어 979 · 1060 ; 얼굴에 의한 표현이 모든 지역의 첫째 언어이다 1166.

언어의 혼돈(confusion of tongues)
그 뜻 557.

얼굴(顔面 · face)
안면의 대응 274 · 319 · 1097 ; 얼굴과 삶은 아주 닮았다 537 ; 주님의 얼굴 662 ; 마음의 표시 1164 ; 지상의 첫번째 언어는 얼굴에 의한 표현 1166.

에녹(Enoch)
569 ; 영적인 뜻 257.

에덴(Eden)
에덴 동산 873.

에벨(=에벨 교회 · Eber)
두번째 고대교회 568 ; 표의와 표징의 예배가 재설립 됨 569 ; 히브리 교회 참조.

에브라임(Ephraim)
영적인 뜻 393.

엘로힘(Elohim)
하나님이 복수로 불리운 이유 578.

엘리사(Elisha)
영적인 뜻 301.

여자(女子 · woman)
아내로 바뀐 여자의 영적인 뜻 756 ; 남자와 여자의 총명의 차이와 성질 773.

여종(maid-servant)
이스라엘 딸들의 여종이 이방 남자에게 팔려가는 것을 금한 이유 766.

여호와(Jehovah)
신령인간 안에 있는 구세주 135 ; 신약성서에는 어디에도 그 이름이 없다 137 ; 낱말 여호와의 표의 63 ; 천사들이 여호와의 이름으로 호칭된 이유 53 ; 여호와는 지존자 또는 극내적 존재 53 ; 주님 여호와로부터 천계를 통하여 비롯되었기 때문에 성언은 영적이다 176 ; 여호와의 분노의 뜻 278 · 279 · 280 ; 여호와 전쟁기는 고대 성언의 책이다 237 ; 요베와 꼭 같은 낱말 241 ; 여호와의 후회의 뜻 261 ; 여호와는 율법으로 나타남 335 ; 여호와는 주님 예수 그리스도이다 339 ; 데라 · 아브라함 · 그의 후손들은 여호와를 어떻게 숭배하였나? 575-585 ; 여호와 예배는 이집트에서 잃어버렸다 580 ; 주님께서 여호와에게 기도한 이유 97 ; 여호와에 관해서 가르치는 말씀의 뜻 1017.

연옥(煉獄 · purgatory)
지부(致富)와 영혼들을 지배할 목적으로 지어낸 이야기다 1014.

열매(果實 · fruits)
성경말씀의 열매의 뜻 658 · 661 · 732 · 873.

열매(種子 · 씨 · seed)
영적인 뜻 420 · 553 · 612 · 661 · 873.

영(靈 · spirit)
천사적 영 422 ; 영들의 종류 444 ; 그 분별 기준 445 ; 악령은 악과 거짓을 자극한다 299 ; 영은 모두가 한 번은 사람이었다 707 · 792 · 939 ; 영과의 대화와 언어 978 ; 사람의 정동에 따라서 변한다 986 ; 영들과 의식적인 교류의 위험성 997-1001 ; 영은 그 사람의 기억으로부터 말한다 1001 ; 사람은 영과의 교류에 의하여 교화되지 않는다 1004 ; 영으로 존재한다는 말의 뜻 1009 ; 영은 어떻게 이 세상을 볼 수 있나 1013 ; 모든 지구의 영들은 그들의 지구에 가깝다 1163 ; 입류에 의하여 영의 성품을 드러낸다 1164.

영감(靈感 · inspiration)
236 · 972.

영계(靈界 · spiritual world)
자연계에서와 같이 영계에서도 공간으로 나타나 보인다 6 ; 영계의 만유(萬有)는 사람 안에 있는 모든 것들과 대응한다 26 ; 영적인 것들은 사랑에서 비롯된다 27 ; 영계는 천계·영들의 세계·지옥계로 이루어진다 458 · 934 ; 영계의 무한성(無限性) 939 ; 영계에 사는 주민에게는 가시적인 물질적인 지구는 존재하지 않는다 1163.

영기(靈氣 · sphere)
사람의 성품을 나타낸다 448 ; 그 뜻 978 ; 영기로부터 다른 사람의 성품이 지각된다 976.

영들의 세계(the world of spirits)
주님의 초림 시의 그 세계의 상태 112 ; 이 세계의 성품 113 ; 천계와 지옥의 중간 세계이다 952 ; 사후 사람은 제일 먼저 여기에 옮겨진다 952 ; 여기에 머무는 체류기간은 서로 다르다 953 · 1014.

영벌(永罰 · punishment)
영벌 속에 빠지는 신앙 388 ; 고통이나 영벌에 의하여 사람이 개혁되지 않는 이유 814.

영원한 세계(eternal world)
천계·영들의 세계·지옥 참조.

영적 왕국(靈的 王國 · spiritual kingdom)
그것의 대응 1025 ; 주님의 영적 왕국의 통치형태 1053.

영혼(靈魂 · soul)
육신 안에서의 영혼의 비밀스러운 활동 871 ; 영혼에 관한 만연된 무지 883 ; 그 정의 884 ; 그 근원 887 ; 영혼과 몸의 참된 입류 즉 교류 896 · 916 ; 영적인 실체이다 896 · 916.

영화(榮化 · glorification)
그 뜻 81 ; 십자가의 고난으로 이루어짐 82 ; 광영화의 과정 85 ; 주님은 인성을 신성으로 바꾸지 않고, 인성을 벗고, 신성을 입으셨다 85 ; 이 세상에 계실 때 주님의 겸비의 상태와 광영의 상태 97 ; 사람의 중생의 형상 101.

예루살렘(Jerusalem)
예루살렘의 왕의 표의 297 ; 새로운 교회를 뜻함 613 · 640 · 641.

예배(禮拜 · worship)
진정한 예배 314 ; 기적은 외적 예배 안에만 있는 사람에게 일어난다 306 ; 예배와 기도 310 ; 예배의 기본요소는 인애에 속한 삶 312 ; 겸비의 상태가 예배의 본질이다 313 ; 주님께서 요구하시는 이유 316 ; 태고교회의 예배 552 · 554 ; 예배의 거룩한 원칙 552 ; 고대교회의 예배 564 ; 천계에도 예배와 예배당이 있다 707 · 709 ; 그 모양과 구조 713.

예수(Jesus)
하나님에게서 발출되었다고 언급하는 이유 76 ; 이름 예수 그리스도의 내적인 뜻 529 · 314 ; 하나님으로서 예수 그리스도의 시인이 그리스도교회의 존재의 필수다 529.

예언자(豫言者 · prophets)
예언자의 계시의 본성 234 ; 예언자의 시각 415.

예정(豫定 · predestination)
전가(轉嫁)참조 ; 모두가 천계에 가도록 예정되었다 871.

오메가(Omega)
영적인 뜻 333.

왕(王·king)
그 대응 281·596.

외적인 호흡(external respiration)
호흡 참조.

요한(John)
그 표의 319·379.

욥(Job)
고대 성언의 책 180.

용(龍·dragon)
그 대응 323·666·673 ; 붉은 용의 영의 670 ; 관련 성경귀절들 671-673.

우림과 둠밈(Urim and Thummim)
영적인 뜻 289·654.

우상숭배(偶像崇拜·idolatry)
그 근원 181·571·852 ; 히브리 교회에 계승 569·571·575 ; 우상숭배의 원칙과 그 정의(천계비의 4825항 참조).

우주(宇宙·universe)
하나님에 의하여 창조되지 않은 것은 전무하다 24 ; 우주의 만유는 하나님의 신령사랑과 지혜에 의하여 창조되었다 24 ; 우주는 하나님-사람(God-Man)의 표징 33 ; 우주의 만유는 사람을 표징한다 33 ; 창조의 궁극적인 것 35 ; 주님께서 다스린다 552.

운명(運命·宿命·fate)
876.

울음(weeping)
영적인 뜻 322.

웃음(laughter)
그 뜻 273.

원수 사랑
309.

위선자(僞善者·hypocrite)
그들의 운명 249.

유대교회(Jewish church)
이스라엘 교회 참조

유대 나라
주님의 천적 왕국을 표징 604.

유대 민족(Judah)
유다 집의 종자의 뜻 612 ; 거룩한 백성이라고 불리운 이유 611 ; 유대 자손의 포로의 뜻 614.

유대 사람의 예전(禮典·rituals)
고대교회 이전에 존재하였다 585 ; 우상적인 것으로 변질됨 592.

유아(乳兒·젖먹이·infancy)
주님은 사람을 그의 유아기 초기부터 천계로 인도하신다 490 ; 자녀 사랑의 근원 779 ; 주님으로 말미암아 유아 때 이노센스의 영기가 입류 780 ; 유아의 자연적 사랑과 영적 사랑의 차이 781 ; 유아의 이노센스의 퇴거 784 ; 유아는 자아를 가지지 않는다 1072 ; 유아의 입류는 극내적 천계에서 비롯된다 1073 ; 천계의 유아들 1081-1087 ; 유아로 죽으면 주님께서 그들을 영접한다 1081·1098 ; 유아의 부활 1082 ; 주님께서는 어떻게 유아의 관념에 입류하시나 1083 ; 유아기에 죽은 사람과 장년기에 죽은 사람의 차이 1086.

유아기(乳兒期·childhood)
유아기에 받아드린 지식 147·489.

유전악(遺傳惡·hereditary evil)
특성과 그 계도 49 ; 주님의 유전악 77 ; 새로운 의지를 받지 못하는 이유 467·저 세상에서 유전악 때문에 영벌을 받는 사람은 아무도 없다 1086.

유해한 것(有害 · noxious)
유해 동 · 식 · 광물의 근원 933.

율법(律法 · law)
주님께서 이루신 율법의 뜻 122 ; 사람은 성취할 수 없다 369.

은(銀 · silver)
영적인 뜻 327 · 548 ; 은시대 548.

음악(音樂 · music)
음악과 노래의 즐거움은 내적 정동에서 비롯된 외적인 정동이다 1185 ; 악기를 연주하는 능력을 어떻게 터득하나 1181.

의지(意志 · will)
그 사람 자신이다 376 ; 의지는 본원적이고, 이해는 이차적이다 482 ; 이해 참조 ; 의지의 이중성 436 ; 무엇이 새로운 의지를 이루는가? 466 · 948 ; 새로운 의지를 받지 못하는 이유 467 · 820.

이교(異敎 · 分派 · schisms)
생성된 이유 622

이단사설(異端邪說 · heresy)
어떻게 해서 성언에서 비롯되나 217 · 856 ; 그 근원 622 ; 이단사실을 확증한 죄 248.

이방인(異邦人 · gentiles)
교회를 궤멸시키지 않는다 543 ; 이방인의 뜻 543 ; 이방인 가운데 있는 선과 진리는 교회를 이루지 못한다 544 ; 새로운 교회가 이들에게서 설시된다 689 ; 교회가 이방 민족에게 보존된 이유 1191 ; 이방인의 천계 696 ; 저 세상에 있는 이방인 1079 · 1089.

이삭(Issac)
이삭의 표의 274 ; 다신(多神) 안에 있는 이삭의 신앙 578 · 581.

이성(理性 · reason)
이성의 모든 원칙들은 하나님은 한 분이시다는 개념 안에서 결합한다 2 ; 이성의 능력은 사람의 것이 아니고, 사람 안에 있는 하나님의 것이다 2 ; 이성의 능력에 의하여 사람은 거기에 있든가, 또는 천계에서 비롯된 빛을 갈망한다 2 ; 이성은 어떻게 해서 불건전하게 되는가 3.

이스라엘(Israel)
이스라엘 12,000명의 뜻 325 ; 그 표의 393 ; 이름으로만 여호와를 예배하였다 579 ; 이집트에서 이스라엘 사람은 여호와의 이름과 예배를 잃었다 579 ; 이스라엘 자손이 처음으로 교회를 설시한 때 587 ; 이스라엘 집의 종자의 뜻 612.

이스라엘 교회(Israelitish church)
시작의 때 589 ; 이 교회의 마지막 때에 주님은 강림하셨다 547 ; 표징적 교회이다 589 ; 그 성격 590 ; 천계와 지상에 있는 교회의 모든 표징적인 것들 595 ; 성언을 모독하는 위화로 멸망되었다 589.

이스라엘 나라
주님의 영적 왕국을 표징 604.

이스마엘(Ishmael)
그의 표의 271.

이웃(neighbour)
이웃사랑과 주님사랑이 교리의 으뜸 원칙이다 412 ; 누구가 이웃인가 427 · 719 ; 선 · 사랑 · 진리가 이웃이다 428 ; 동네 · 사회 · 나라 · 교회 · 주님나라가 이웃이다 430 ; 선의 성품에 따라서 이웃이다 433 ; 신실과 정의가 이웃이다 434 ; 이웃관계의 등차(等次) 429 ; 이웃사랑과 주님사랑의 차이 449 ; 주님은 사람이 자기 이웃을 사랑하는 것에 일치하여 그 사람과 현존한다 443 · 451.

이집트(Egypt)
이집트의 개구리 280 ; 이스라엘 민족이 이집트에 거주한 햇수의 외현적인 모순 282 ; 변질된 교회의 지식을 뜻함 588 ; 이집트의 영적인 뜻 307 ; 이스라엘 자손이 노예 상태로 구속된 이유 594. 이집트 사람의 것의 약탈 277.

이집트의 개구리(frog of Egypt)
그 표의 280.

이해(理解 · understanding)
악과 거짓이 무엇인지 가르친다 480 · 819 ;
천성적으로 사람은 이해를 갖는다 482.

이해의 세 계도(three degrees of understanding)
393 · 895.

인간의 타락(fall of man)
그 성질 43 ; 그 타락에 의한 내적 지각의 상실 44 ; 점진적, 계속적인 타락 48.

인식(認識 · 앎 · cognition)
그 정의 482 ; 지식과의 차이 482.

인애(仁愛 · charity)
인애에 속한 믿음 안에 있는 사람의 성품 271 · 302 ; 진리를 행하는 것 371 ; 목적적으로 으뜸이다 374 ; 교회에 속한 첫째 원칙 378 ; 오늘의 대부분은 인애가 무엇인지 모르고 있다 410 ; 사려분별력에 결합되어야 한다 432 ; 그 정의 433 ; 인애에 속한 두 요소 435 · 436 ; 인애에 속한 기쁨은 성취한 선용의 중요성과 일치한다 439 ; 선행이 없으면 인애는 무가치하다 424 · 441 ; 사랑에 속한 내적 축복 443 ; 천사들은 인애의 형체로 나타난다 444 ; 사람이 인애를 실천할 때 그의 정동은 증기처럼 그의 주위에 나타난다 444 · 447 · 448 ; 사람과 같이 하는 주님의 임재는 인애에 일치한다 443 · 451 ; 인애는 양심의 한 원칙 482 ; 인애의 삶은 세상과의 은거(隱居)에서는 존재할 수 없다 523 ; 인애에 속한 믿음의 정의 542 ; 인애 즉 믿음에 속한 삶이 교회를 세운다 542 ; 이웃을 향한 인애의 삶은 천계로 인도한다 1088.

일(業績 · 행위 · works)
행위 · 사랑 · 생명은 모든 사람 안에서 하

색 인 ◆ 1277

나이다 446 ; 성경말씀에서 행위의 뜻 719.

일곱(七 · seven)
영적인 뜻 325 · 326 · 673 ; 7년 흉년의 영적인 뜻 494.

일부다처주의(一夫多妻主義 · polygamy)
유대 민족에게 허용된 이유 291.

일용양식(日用糧食 · daily bread)
영적인 뜻 879-881.

입류(入流 · influx)
자연적 입류와 영적 입류 315 ; 영계에서 자연계에 입류한다 315 · 485 ; 영적인 입류 395 · 485 · 914 · 915 ; 물질적 입류는 없다 395 · 418 ; 영체에서 육체의 입류만 있다. 그 역(逆)은 없다 415 ; 주님에게서 오는 선과 진리의 입류 461 ; 입류의 결과들 515 ; 천계로부터의 직접 입류는 없고, 간접 입류만 있다 855 ; 참된 입류란 896 ; 주님께서 어떻게 입류를 통하여 통제하나? 918 ; 주님에게서 비롯된 천계를 통한 직 · 간접 입류 918 ; 직 · 간접 입류의 실증 921 ; 일반적 입류와 특수적 입류 922 ; 천계에의 입류는 계속적 질서 안에 있다 923 ; 사람에의 입류는 마음의 불연속 계도에 일치한다 924 ; 의지와 이해에의 입류, 그리고 그것을 통한 인체의 입류 926 ; 눈의 시각에 의한 예증 928 ; 자연계에의 입류 931 ; 지옥에서 비롯된 입류가 악한 것들을 생성한다 933-937 ; 모든 입류는 내면적인 것에서 비롯된다 1012 ; 입류는 수용에 따라서 다양하다 1113.

잎(leave)
그 영 661 · 873.

ㅈ

자기 검토(自己檢討 · self-examination)
자기 검토의 필요성 435.

자녀(子女 · offspring)
천계에는 자식낳이는 없다 741 ; 영들의 세계에서 부모와의 상봉 783 · 954 · 963.

자색(紫色 · purple)
영적인 뜻 1089.

자아 · 고유속성(自我 · 固有屬性 · proprium)
그 정의 465 ; 사람의 고유속성의 본성 475 · 476 ; 주님의 자아의 본성 476 ; 사람의 자아의 근원 476 ; 천계적 자아 514 ; 악은 사람의 고유속성에서 비롯된다 858 ; 자아는 어떻게 천사의 상태의 변화를 일으키나 1041.

자아애(自我愛 · self-love)
사회와 인류를 궤멸시킨다 454 ; 그 뜻 854 ; 자아애와 세간애는 단계적으로 제거될 수 있다 837 ; 자아애 안에 있는 사람은 짙은 구름에 싸여 있다 1071 ; 자아애의 성질 1102 · 1111 ; 자아애는 끝이 없다 1113.

자연(自然 · nature)
맹목적 믿음은 자연을 하나님으로 믿는다 401 ; 자연 안에 있는 만유(萬有)는 중생을 표징한다 503 ; 자연계에의 입류 931.

자연계(自然界 · natural world)
자연계 안에 대기 · 물 · 지구들이 있다 29 ; 영계에서 비롯되는 계속적인 자연계의 입류 932.

자연주의(自然主義 · naturalism)
어떻게 생성되었나 401 · 622 · 1186.

자유(自由 · freedom)
자기 억제가 가장 높은 자유 464 · 820 ; 선하고 참된 것은 자유 안에서 잉태된다 467 ; 천계적 자유와 지옥적 자유 467 · 1124 ; 지옥적 자유는 노예적인 것 468 ; 주님께서 사람을 자유 안에 있게 한다 469 ; 자유의 정의 470 ; 진정한 자유는 중생과 같이 온다 516 ; 자유에 속한 삶 517 ; 자연적 · 합리적 · 영적 자유와 그 뜻 795 ; 주님께서는 사람의 자유를 신성하게, 준법적으로 수호한다 804 ; 주님과 사람의 결합은 자유와 합리성을 통하여 이루어진다 804 ; 사람이 이성에 따라서 자유로 말미암아 행동하는 것이 신령섭리이다 804 ; 주님은 어떻게 자유 안에서 사람을 인도하나 863 · 875.

자유(自由 · liberty)
영적인 자유 1149 ; 자유(freedom)참조.

자유의지(自由意志 · free-will)
사람이 자유의지를 필히 가져야 하는 이유 455 ; 자유의지의 정의 457 ; 영적 평형상태를 뜻한다 459 ; 사람은 어떻게 그 안에 있나 458 ; 창조물에는 자유의지와 유사한 것이 있다 459 ; 사람은 주님에게서만 그것을 소유 461 ; 자유의지가 사람에게 부여된 목적 461.

자음(子音 · consonants)
천사들은 생각의 개념을 자음에 의하여 표현한다 1065.

재림(再臨 · second advent)
그 뜻 632 ; 사람으로 오시지 않고, 말씀으로 오신다 633 ; 주님께서 친히 나타나시지 않으셨다. 그 이유 631 ; 어떻게 성취하셨나 638.

재물(財物 · wealth)
영적인 것과의 관계 833 ; 재물의 취득은 중생적인 삶과 모순되지 않는다 1087.

전가(轉嫁 · imputation)
전가의 일반적인 가르침 525 ; 전가 교리의 근원 527 ; 사도 교회에는 알려지지 않았다 529 ; 전가의 불가능성 531 ; 전가의 참된 가르침 533.

전쟁(戰爭 · 싸움 · war)
영적인 뜻 628 · 846 · 847 ; 전쟁에 관한 섭리의 허용 844.

색 인 ◆ 1279

젊은이(靑年 · youth)
이 세상에서 순결한 혼인애를 간직한 사람은 천계에서 청년으로 회춘한다 984.

정동(精動 · affection)
실질적이고 본질적이다 10 ; 정동이 그 사람의 생명 312 · 864 ; 정동은 별 안에 있다 421 ; 따라서 깊이 생각하지 않는다 421 ; 음성은 정동에 대응 421 ; 외적인 마음은 정동·사상·지각으로 이루어진다 789 ; 사람이 생각이 아니고 정동에 의하여 주님에게 인도되는 이유 827 · 864 ; 사상을 낳는다 827 · 864.

제단(祭壇 · altar)
그 뜻 572 ; 제단 아래 있는 영혼들의 영적인 뜻 1146 · 1147.

제자(弟子 · disciples)
주님께서 제자들에게 기식(氣息)한 이유 151 ; 어부들이 제자로 선택된 이유 308.

종(下人 · servant)
그 대응 287.

종교(宗敎 · religion)
교회는 하나이지만 종교는 서로 다르다 543 ; 종교는 고대 성언에서부터 온 지구상에 퍼져나갔다 848.

죄(罪 · sin)
죄를 고백한다는 것은 자기 자신 안에 있는 악을 보고 시인한다는 것 473 ; 죄의 용서의 뜻 475.

주님(主 · the Lord)
성육신 전에는 지상에서는 천사로 나타났다 53 ; 주님의 유전악 77 ; 자기 자신의 능력으로 인성을 신성으로 완성하였다 79 ; 이 세상에서의 그분의 삶은 계속적인 시험과 그 승리였다 88 ; 주님의 삶은 인류에 대한 사랑이었다 89 ; 천사에 의한 시험 90 ; 주님의 시험이 복음서에 기자들에 의하여 언급된 이유 92 ; 주님의 시험의 효용 95 ; 주님께서 세상에 계실 때 겸비와 광영의 두 상태를 겪으셨다 97 ; 주님께서 여호와께 기도한 이유 97 ; 주님과 사람의 결합은 어떻게 이루어지나? 100 ; 세상에 계실 때 지옥을 정복하셨다 106 ; 사람 뿐만 아니라 천사까지 구속하셨다 112 ; 율법의 완성의 뜻 123 ; 주님은 궁극적인 것에 의하여 만유를 다스린다 127 ; 주님의 여러 이름들 129 ; 주님의 올바른 개념의 실제적인 효용 131 ; 하나님께서 성경말씀의 개별적인 것 위에 빛을 쏟으시는 분으로써의 주님에 관한 인식 134 ; 신약에는 여호와 대신에 주님만 거명된 이유 137 ; 주님에 관한 새로운 교회의 교리가 전에는 잘 알려지지 않는 이유 142 ; 주님께서 이 땅에 탄생한 이유 143 ; 주님과 교회의 혼인은 성경말씀의 모든 것 안에 내재한다 204 ; 주님의 후회하심 261 ; 주님은 성언이시다 634 · 687 ; 주님의 분노의 뜻 278 · 279 · 280 ; 주님의 겉옷을 나누는 것의 뜻 319 ; 주님의 옷은 신령진리를 뜻함 320 ; 주님의 속옷과 겉옷의 뜻 321 ; 겉옷을 넷으로 나눈 뜻 321 ; 높은 뜻으로 우리의 이웃이다 427 · 434 ; 인애에 따라서 사람에게 임재한다 443 · 451 ; 주님의 임재의 표징과 그 뜻 603 ; 주님께서 세례받으신 이유 694 ; 주님의 재림·강림 참조 ; 주님의 광영화 참조 ; 장래의 모든 것이 그분에게서 주어짐 793 ; 주님의 계속적인 임재 704 · 1181 ; 사람을 위하여 악과 지옥을 대항하여 싸우신다 477 · 534.

주님의 분노(anger of the Lord)
211 ; 278 · 279 · 280.

주님의 임재(臨在 · presence of the Lord)
이웃사랑에 따라서 사람과 같이 한다 443 · 451.

중간상태(中間狀態 · intermediate state)
영들의 세계(the world of spirits) 참조.

중생(重生 · 거듭남 · regeneration)

중생을 위한 이유 96 ; 어떻게 이루어지나 96·800 ; 육체에서가 아니고 영으로 지각된다 101 ; 창조에 의하여 드러나졌다 255 ; 오직 수년간의 경과로 이루어진다 498 ; 중생하기 전의 사람의 성품 476 ; 무엇으로 이루어지나 475·476 ; 의지에 속한다 479 ; 중생의 과정 479·481 ; 중생의 여섯 상태 483 ; 계속적인 순환 과정을 통해서 진전한다 483 ; 중생의 순환과정은 사람의 생명의 순환과정과 하나이다 485 ; 중생하기 위하여 사람에게는 의지에서 분리된 이해가 주어졌다 486 ; 중생 중에 있을 때 주님께서는 천사의 방법을 통하여 사람을 다스리신다 487 ; 영원 전부터 예견하시고, 섭리하신다 489 ; 중생은 이 세상에서 시작되고 영원히 계속된다 489 ; 중생은 남은그루터기(remains)를 통하여 이루어진다 489 ; 일시에 이루어지지 않는다 497 ; 누구나 중생될 수 있지만 서로 다르게 이루어진다 498 ; 중생하기 위해서 자연적인 것은 전적으로 정복되어야 한다 500 ; 감관적인 사람은 중생되어야만 한다 501·502 ; 자연 안에 있는 만유는 중생을 표징한다 503·504 ; 중생은 시험 안에 있는 싸움에 의하여 이루어진다 504 ; 중생은 본연의 진리가 아닌 교리에 의해서도 이루어진다 505 ; 악은 중생으로 소멸되는 것이 아니고, 변방으로 쫓겨날 뿐이다 510·799 ; 중생자와 비중생자의 차이 513 ; 현대 교회는 중생에 관해서 무지(無知)하다 517 ; 중생은 참된 자유를 가져 온다 516 ; 중생은 전 생애를 통하여 계속된다 518·866 ; 중생의 신비는 천사들까지도 알 수 없다 517 ; 수도승적인 삶에 중생이 존재하지 않는다 522 ; 중생은 악을 죄로 알고 끊고, 선을 행하는 것으로 이루어진다 704.

중량과 저울(weight and balance)
영적인 뜻 332.

중보(仲保·mediation)
참된 뜻 120.

중보자(仲保者·mediator)

신령인간이 중재자로 불리운 이유 5.

중재(仲裁·intercession)
중재에 관하여 120.

증오(憎惡·미움·hatred)
지옥의 불꽃 348.

지각(知覺·깨달음·perception)
타락에 의한 내적 지각의 상실 44 ; 보편적 천계의 지각 555 ; 지각과 양심의 차이 560 ; 진리의 지각과 진리의 앎(知識)의 차이 898. 지각은 본질적이다 10.

지구들(earths)
영계에 있는 지구들 29 ; 우주 안에 있는 지구들 1099·1151 ; 그들을 방문하는 것이 스베덴보리에게 허락되었다. 그 방법과 이유 1153 ; 다른 태양계의 지구들 1174·1177.

지복(至福·blessedness)
사랑과 인애에 속한 지복 441·443·467.

지식(知識·knowledge)
지식의 터득의 효용 417 ; 천사들의 지식 1066. 지식과 앎은 다르다 482.

지옥(地獄·hell)
주님의 지옥과의 투쟁 106 ; 지옥적인 애욕 412 ; 지옥적인 삶 445 ; 지옥의 정부 452 ; 노예적 자유가 사람을 지옥으로 인도한다 468 ; 간음에서 비롯된다 731 ; 지옥의 이름들 936 ; 지옥의 영원성 945 ; 어떤 사람은 사후 즉시 지옥으로 떨어진다 953·961 ; 악령에 의하여 사람은 지옥과 결합한다 985 ; 지옥을 위해서 태어난 사람은 아무도 없다 1078 ; 지옥의 근원 1102 ; 주님께서는 지옥도 다스리신다 1105 ; 주님께서 어느 누구도 지옥으로 보내지 않고 다만 그 사람 영이 자신을 지옥으로 보낸다 1107 ; 사람 안에 있는 악이 바로 그 사람 안에 있는 지옥이다 1108 ; 지옥 안에 있는 모두는 모두 거짓과 악 안에 존재한다 1108 ; 사악한 사람은 자기 자신을 지옥에 내동댕이친다 1108 ; 지옥에 있는 모든 영

색 인 ◆ 1281

들은 자기 자신이 악의 형체로 나타나 보인다 1110 ; 지옥의 불꽃·이를 간다는 말씀의 영적인 뜻 1113-1115 ; 지옥에 있는 악령의 사악함 1116·1117 ; 지옥의 고통과 영벌 1118·1119 ; 지옥은 양심의 독침이 아니다 1118 ; 지옥의 영벌의 효용과 결과 1119·1120 ; 지옥의 외현·정황·다수 1121 ; 지옥과 천계의 평형 1123.

지옥의 불(infernal fire)
지옥불의 영적인 뜻 1114·1115 ; 지옥의 영들의 심각한 사악함 1116·1117 ; 지옥의 영들의 자유 1125.

지혜(智慧·wisdom)
지혜는 사랑과 더불어 신령 본질이다 8 ; 천계의 실재 421 ; 이에 대한 진전 과정 481 ; 지혜와 총명 760 ; 지혜는 사랑에서 비롯된다 421·905 ; 천사들의 지혜 1067-1072.

지혜의 전당(the temple of wisdom)
423 ; 거기에 있는 사람들 423.

진리(眞理·truth)
그것을 행하는 것에 의하여 마음에 뿌리를 내린다 381 ; 순간적으로 습득되는 진리는 전무하다 397 ; 모두가 볼 수 있다 399 ; 총명적 진리와 합리적 진리의 차이 417·896 ; 이해가 터득한 정보를 진리라고 한다 479 ; 진리의 이해는 오직 주님에게서만 온다 801·897 ; 성경말씀의 문자 안에 있는 진리의 외현 210.

진리의 외현(外現·appearance of truth)
성경말씀의 문자의는 진리의 외현 210·219 ; 이단사설의 근원이다 217.

진주(眞珠·pearl)
그 대응 331·656.

질병의 대응
403 ; 영적 질병의 치유 403 ; 제자들이 질병을 고치지 못한 이유 404.

질서(秩序·order)
질서의 근원 787 ; 연속적 질서와 동시적 질서 199 ; 질서의 목적은 구원 299 ; 하나님은 질서의 법칙에 따라서 살기를 원한다 462 ; 내적인 질서와 외적인 질서의 필요성 691 ; 질서는 통치자가 없이는 존속될 수 없다 707 ; 질서의 오용·남용이 마술이다 299 ; 입류 참조.

짐승
천적인 것들을 표징 598 ; 정동에 속한 선 612 ; 금수·동물 참조.

창조(創造·creation)
신령사랑의 활동은 창조 안에 있다 15 ; 하나님—사람(神—人·God-man) 안에 있는 신령사랑과 지혜에서 비롯됨 24 ; 창조 안에 있은 하나님의 목적 31 ; 창조는 형상 안에 있는 사람을 표징 33 ; 창조의 날들 255 ; 창조의 영적인 뜻 1133.

처녀(處女·virgin)
열 처녀의 비유 391·740.

천계(天界·하늘나라·heaven)
선의 다양성에 따라서 수많은 사회로 정리 정돈 3 ; 사람 이외의 개념을 제외하면 천계의 모든 것들 안에 하나님의 개념은 존재하지 않는다 4 ; 형체로는 사람이다 4·890 ; 천사들과 같이 신령존재는 천계를 형성한다 4 ; 세 천계가 있다 197·979 ; 주님 강림 이전의 천계의 상태 275 ; 천계의 본질은 사랑이다 421 ; 천계의 실재는 지혜이다 421 ; 천계에 속한 행복 441·443· 745 ; 천계적 삶 445 ; 새 하늘의 뜻 615· 1131·1142·새로운 천계의 형성 188 ; 천계에 있는 종교적 정부 707 ; 천계에 있는 사제직 707 ; 천계는 선용을 담는 수용그릇 712 ; 주님 안전에 있는 보편적 천계는 한 사람이다 540·890·1023 ; 천계적 사회는 지상적 사회에 대응한다 718 ; 천계의 수많은 사회는 마치 사람 안에 있는 조직·내장·수족과 같다 791·849 ; 천계의 영원성 945 ; 사후 어떤 사람은 즉시 천계에 오른다 953·959·961·971 ; 천계에 있는 가옥의 아름다움 982 ; 사람은 선한 영에 의하여 천계와 결합하고, 참된 질서 안에서 천계와 제휴하기 때문에, 그는 천계에 존재하고 있는 것들을 알게 된다 984·1014·1019 ; 천계는 두 왕국으로 나뉜다 604·1016 ; 세 천계가 있고, 그 각각의 특성 598·744·1018·1025 ; 주님께서는 모든 천계들과 어떻게 결합하시나 1019 ; 주님 강림 전에는 세 천계가 있지 않았다 1020 ; 천계에 있는 전쟁의 영적인 뜻 1021 ; 각각의 천계에는 수많은 사회가 존재한다 1021 ; 유사한 선 안에 있는 사람은 서로를 안다 1022 ; 선은 천계 안에 모든 것들과 제휴한다 1024 ; 천계에 있는 보다 큰 사회들은 수많은 사회로 형성한다 1024 ; 보편적 천계는 사람의 형체이다 1023-1025 ; 천계의 모든 것들은 사람의 모든 것과 대응한다 1025-1028 ; 천계의 모든 것들은 지상의 모든 것들에 대응 1028 ; 천계에 있는 해와 달 1030·1033 ; 천계에서의 주님의 외현 1031 ; 천계의 별과 빛 1034 ; 천계의 네 방위 1036 ; 전 천계는 주님을 향한다 1037 ; 천계의 상태의 변화 1040 ; 천계에는 밤이 없다 1041 ; 다만 여명에 일치하는 상태만 있다 1041 ; 천계의 공간과 거리는 다만 외현일 뿐이다 1043 ; 천계에 있는 표징과 외현 1045 ; 천계의 건축 1051·1093 ; 천계의 주거 1093 ; 천계의 정부형태 1052 ; 천계의 신령예배 1055·1056 ; 선용은 천계에 있는 모두의 기쁨이다 1054 ; 천계에 있는 교리들 1057 ; 천계에 있는 언어 1060 ; 천계에 있는 서적들 1063 ; 보편적 천계는 유기적이다 1066 ; 모든 선들의 공통체 1068 ; 천계의 평화 1075 ; 천계의 가장 극내적인 둘은 하나는 이노센스이고, 또 하나는 평화이다 1075 ; 교회 밖에 있는 사람들의 천계 안에서의 상태 1077-1081 ; 천계에 있는 젖 먹이들 1081 ; 모두는 천계를 목적으로 출생하였다 1081 ; 천계의 부자와 빈자

1089 ; 천계의 즐거움과 행복 1095-1097 ; 천계에서 노인은 청춘으로 회춘 1097 ; 천계의 광대성(廣大性) 1098 ; 새 하늘의 영적인 뜻 1131 ; 천사적 천계는 창조된 인류가 목적이다 1136 ; 소멸된 처음 하늘 1141-1144 ; 옛 하늘과 그것의 소멸 1142·1143 ; 처음 하늘의 영적인 뜻 1142·1143.

천계의 건축술
708·1051·1094.

천계의 즐거움과 행복
441·443·1068·1095-1097.

천막(天幕·會幕·tent)
영적인 뜻 554 ; 아브라함의 천막 668.

천사(天使·angel)
하나님에 관한 그들의 개념 4·51·131 ; 두 종류가 있다 989 ; 현존의 확대 21 ; 천사의 고유속성 91 ; 주님께서 성취한 구속의 대업이 없다면 천사들이 완전한 상태에 존재할 수 없는 이유 113 ; 성경말씀의 문자적인 뜻을 읽을 때 천사는 사람과 교류한다 202·230 ; 지각으로 말미암아 계시를 받는다 233 ; 그들이 갈망하는 것은 무엇이냐 얻는다 310 ; 천사에 속한 대응 331 ; 천사의 믿음에 속한 개념 371 ; 인애의 형체로 나타난다 444 ; 사람을 어떻게 평가하냐 469·470 ; 사람과 같이 하는 두 방법 481 ; 사람은 천사에 의하여 다스려진다 487·922 ; 천사들의 지혜는 중생에 속한 그들의 지식에 존재한다 517 ; 모두가 사람이었다 707·792·940 ; 사자(死者)와 같이 하는 천적 천사 960 ; 천사들의 의상 973·1047 ; 천사들의 언어 979·1002·1060 ; 사람과의 제휴 992 ; 수호천사 991 ; 천사들의 직무 991 ; 사람들을 보호하는 방법 993 ; 어린 아이와 같이 하는 선한 영과 천사들 994 ; 천적 왕국과 영적 왕국의 천사들의 차이 1016·1017 ; 주님은 어떻게 천사들을 인도하시고, 또 그들을 자유 안에 있게 하나 1024 ; 천사들은 그

들의 얼굴을 태양이신 주님에게 향하는
이유 1038·1039 ; 천사들의 옷의 대응들
1047·1049 ; 천사들의 주거의 아름다움
과 다양성 1050·1051 ; 천사들의 능력
1057-1059 ; 천계의 천사들의 언어
1060-1063 ; 천사들의 저술 1063 ; 천사들
의 지식 1066 ; 믿음에 관해서 말하지 않
는 이유 1070 ; 천사는 자아애를 가지고
있지 않다 1071 ; 천사의 이노센스
1072-1075 ; 천사들의 직무 1091-1093 ;
천사의 고귀함 981.

천사들의 고용
1091-1093.

천사의 능력(power of the angels)
1057-1059.

천사의 이노센스(innocence of angel)
무지에 속한 이노센스 1073 ; 순수 이노센
스는? 1073 ; 이노센스를 가지지 않으면 누
구도 천계에 들어갈 수 없다 1074.

천사적 천계(angelic heaven)
인류와의 상호 공존 1134-1136.

천적인 것(天的인것·the celestial)
천적 왕국과 사람에 속한 것들과의 대응
1026 ; 주님의 천적 왕국의 통치 형태
1052.

철(鐵·iron)
그 대응 549 ; 철 시대 549.

철자(綴字·alphabet)
그것에 관하여 191·333.

청각(聽覺·들음·hearing)
그 표의 1026 ; 감관 참조.

청황색 말(pale horse)
말(馬) 참조.

촉각(觸覺·touch)

영적인 뜻 780.

총명(聰明·intelligence),
사람이 뜻함 612 ; 총명의 자만심이 위험
998.

최후심판(最後審判·last judgment)
이 세상의 멸망을 뜻하지 않는다 627·
1128 ; 옛 교회의 멸망을 뜻함 689 ; 최후심
판의 뜻 627·1128·1136·1137 ; 최후심판
이 일어나는 때 1136 ; 영계에서 일어난다
1137 ; 처음 기독교회의 심판은 이미 단행
되었다 1139-1141 ; 모든 교회의 마지막 때
에 일어난다 1142 ; 최후심판에 의하여 질
서가 회복되었다 1139·1145 ; 심판이 있은
뒤 그것으로 인한 이 세상과 교회의 상태
1148 ; 이 심판 뒤에 새로운 교회를 위한
계시가 있은 이유 1148.

출생(出生·births)
영적인 뜻 567·677 ; 자연적 출생과 영적
출생의 대응 487 ; 천계의 출산 741.

측량(測量·measures)
그 뜻 332.

친구(親舊·friend)
영들의 세계에서 서로 만난다 963.

친척관계(親戚關係·relationship)
영적인 뜻 432 ; 자연적인 친척관계는 사후
소멸된다 432.

침실·내실(內室·chamber)
그 대응 281.

ㅌ

태고교회(太古敎會·Most Ancient church)
이 교회의 타락의 원인 43 ; 태고교회의 사
람이 말하는 방법들 202 ; 태고교회의 저술
양식 221 ; 태고교회 사람들은 지각으로부
터 계시를 받음 233·552 ; 태고교회는 천

적이다 449 ; 이 교회의 일반적인 신조들 552 ; 태고교회는 신령존재에서 비롯된 지상의 모든 교회들 보다 으뜸이다 551 ; 이 교회 사람들의 상태는 천적 천사의 상태와 같다 552 ; 태고교회의 성언 552 ; 태고교회의 예배 552 ; 성막에서 예배한 태고교회의 사람들 554 ; 서로 상이한 여러 종류의 교회들 555 ; 태고교회 사람들의 위계와 부(富) 557.

태고시대 사람의 먹거리
558.

태고시대 사람들의 위계(位階 · dignity among the Most Ancient men)
557.

태양(太陽 · 해 · sun)
신령 영기(靈氣)는 태양을 통해서 활동한다 15 ; 영적 태양과 자연적 태양, 두 태양이 있다 27 ; 자연적인 태양의 본성 27 ; 여호수아의 명령에 의하여 태양이 멈춤 296 ; 태양의 대응 319 · 629 · 653 · 860 · 1030 ; 주님이 계시는 영적인 태양에서 비롯된 영적인 원칙 931 ; 천계의 태양 1030 ; 천계에서 주님은 천사들에게 태양으로 나타난다 1030.

태양계(太陽界 · solar systems)
다른 태양계의 지구들 1174.

토성(土星 · saturn)
그 곳의 주민 1172 ; 토성의 띠 1173 · 1174.

ㅍ

평온(平溫 · quiescence)
악에 속한 일시적인 평온 상태 512.

평형(平衡 · equilibrium)
저울에 비유된 영적인 평형 458 ; 어떻게 사람은 평형 상태에 있나 985 · 1103 · 1119 ; 천계와 지옥 사이의 평형 1123 ; 사람의 자유 의지는 천계와 지옥 사이의 평형에서 온다 1137.

평화(平和 · peace)
천계의 평화 1075 ; 평화의 근원 1075 ; 내적 평화와 외적 평화의 차이 1076 ; 선용의 기쁨은 영원한 평화 안에 있도록 천사들은 지킨다 1090 ; 천계의 평화는 이 땅에서는 여명과 같다 1077.

포도주(wine)
영적인 뜻 428 · 705.

표징(表徵 · representations)
표징의 뜻 596 · 1045 ; 표징하는 사람의 인격에 의존하는 것은 아무 것도 없다 595 ; 천계에 있는 표징 595 · 600 · 1045.

표징적 교회(表徵的 敎會 · representative church)
200 · 596 ; 표징적 교회와 교회의 표징과의 차이 591 ; 표징적 교회는 내적인 것들이 잃어버리기 전에는 설시될 수 없다 593 ; 표징적 교회는 어떤 교회인가 595 · 599 ; 유대 민족이 표징하는 이유 605 · 606.

ㅎ

하나님(神 ; God)
올바른 하나님의 개념의 중요성 1 ; 하나님의 개념 · 종교에 속한 모든 것들 안에 있는 가장 내적인 존재 · 올바른 하나님의 개념 위에 천계도 교회도 세원진다 1 ; 사후 사람의 상태는 그가 확증한 하나님의 개념에 의존한다 1 ; 하나님의 부인은 지옥을 형성한다 1 ; 믿음과 심령으로 한 분 하나님을 시인하고 예배하는 사람은 성도의 교계 안에 있다 3 ; 하나님은 사람 자체(Very Man)이시다 4 · 1034 ; 천사들은 하나님을 사람으로만 생각한다 4 ; 아브람이나 다른 사람도 하나님을 사람으로 보았다 4 ; 하나님은 공간 안에 존재하지 않는다 5 ; 하나님에 관한 근본적인 생각은, 어디에나 있지만, 그럼에도 불구하고 공간 안에 존재하지 않는다 6 ; 하나님은 사랑 자체요, 생명 자체시다 11 ; 하나님은 완전한 사람(Man)이시다 11 ; 하나님은 비창조적 존재 12 ; 하나님의 사랑은 천계와 지옥에까지 미친다 13 ; 하나님은 축복 자체시다 14 ; 하나님의 무한성·무변성·영원성 16 ; 하나님의 전능성 17 ; 무한한 능력의 증거 18 ; 하나님의 전지(全知) 19 ; 하나님의 편재(遍在) 21 ; 그분에게서 우주는 창조되었다 25 ; 우주 창조 안에 있는 하나님의 목적 31·32 ; 하나님의 형상은 인간의 타락으로 사람 안에서 실제로 멸망되었다 46 ; 성육신 이전에는 지상에서는 천사로 나타나셨다 53 ; 여호와 하나님으로서의 하나님의 표의 64 ; 하나님의 본질 63 ; 하나님이 실로(Shiloh)라고 불리운 이유 73 ; 사람이 시험을 이겼을 때 하나님은 가장 내적으로 사람과 결합한다 82 ; 하나님의 성육신으로 속량은 이루어졌다 115 ; 하나님은 분노하시지 않는다 117 ; 성부(聖父·the Father) 참조 ; 하나님을 시인하는 것이 교회에 속한 것의 으뜸이다 131 ; 형체를 빼면 하나님은 믿을 수 없다 143 ; 하나님 이름의 영적인 뜻 246.

하나님의 아들(the Son of God)
사도시대의 교회에서는 영원 전부터 계신 하나님의 아들은 시인되지 않았다 530.

하나님의 집(the house of God)
천적 왕국의 성전 709 ; 목재로 건축 709.

하늘 구름(the clouds of heaven)
문자적인 뜻으로서의 성언을 뜻함 633 ; 광영과 권능은 영적인 뜻을 뜻함 633.

학문(學文·科學·science)
지식 참조 ; 학문을 사랑한 사람과 신령존재를 시인한 사람의 사후 기쁨에 관하여 982.

할례(割禮·circumcision)
할례를 대신하여 세례가 제정됨 695.

함(Ham)
그 표징 270·568.

행복(幸福·happiness)
천계적 행복 441·443.

허파(肺臟·lungs)
그 대응 373·1025·1026.

호흡(呼吸·respiration)
1026 ; 내적 호흡 45 ; 외적 호흡의 근원 47.

혼인(婚姻·結合·marriage)
주님과 교회의 혼인은 성경말씀의 모든 것 안에 내재한다 203·355 ; 선과 진리의 결합 321 ; 천계적 혼인 352 ; 순결한 혼인 356 ; 혼인의 본성과 그 근원 729 ; 천계의 묘판 731 ; 혼인의 거룩함 731 ; 천계의 혼인 736 ; 천계에 있는 혼인에 관한 주님의 말씀과 그것에 관한 이해 738·741 ; 천계에서는 자식낳이가 없는 혼인이 있다 741 ; 천계에 있는 혼례식 742 ; 혼인한 배우자의 사후 상태 748 ; 참된 혼인은 영원한 혼인을 동경한다 750 ; 참된 혼인은 영원히 완전해진다 751 ; 혼인은 다른 형체의 영혼과 마음을 유발한다 754 ; 혼인의 초기의 사랑은 참된 혼인애를 본뜬다 758 ; 참된 혼인애는 천계적 혼인에서 온다 763 ; 지배욕은 혼인의 축복을 파괴한다 765 ; 재혼에 관하여 771 ; 아내는 남편의 인도 아래 있어야 한다 776 ; 혼인애가 나타나지 않는 사랑 안에도 혼인은 존재한다 771 ; 혼인애 참조 ; 순결한 사랑 안에 산 사람들의 축복 984 ; 저 세상에서 그들은 모든 아름다움 안에 있다 984.

혼인애(婚姻愛·魂姻愛·結合愛·conjugial love)
선과 진리의 혼인이 혼인애의 근원 777 ; 천계적 행복이다 439 ; 혼인애의 근원 729 ; 혼인애는 천계의 형체 732 ; 사후에 남는다 734 ; 천계의 혼인한 한 쌍 744 ; 참된 혼인애 안에 있는 사람들은 스스로 참된 혼인을 느낀다 753 ; 혼인애는 모든 기쁨의 보고(寶庫)이다 757 ; 지혜와 총명은 혼인애에 비례한다 760 ; 수용을 위한 자격 761 ; 주님에게서 혼인애를 받는 사람을 제외하면 누구도 참된 혼인애 안에 있을 수 없다 763 ; 혼인애에 대한 장애물 764 ; 지배욕은 전적으로 혼인애를 소멸시킨다 765 ; 혼인애와 종교적인 양립의 차이 765 ; 이방인과 혼인이 금지된 이유 766 ; 오늘날 참된 혼인애는 거의 알려지지 않았다 768 ; 혼인애와 유사한 외형들 769 ; 일부일처의 혼인의 결합은 인간적인 삶의 보석이다 770 ; 혼인애는 단계적으로 종교와 동행한다 771 ; 외모로는 혼인애를 현재 가졌는지, 또는 과거에 가졌었는지 알 수 없다 771 ; 천사의 아름다움은 혼인애에서 비롯되었다 776·778 ; 순수한 혼인애는 천계의 형상 777 ; 혼인애의 정동과 사상 ; 천계에서는 밝은 대기가 뜻한다 778 ; 유아 사랑은 혼인애에서 비롯되었다 779.

혼례(婚禮·nuptial)
성직자가 집전하여야 한다 724 ; 천계의 혼례 713 ; 영적인 혼례 740·1075.

홍수(洪水·flood)
홍수의 영적인 뜻 263.

화성(火星·Mars)
1160 ; 그 곳의 주민들 1161.

화해(和解·propitiation)
화해의 뜻 120.

확증(確證·다짐·confirmation)
405.

환상(幻想·vision)
환상에 의하여 개혁되는 사람은 아무도 없다 813 ; 환상과 꿈 1006 ; 순수한 환상의 본성 1006 ; 예언자의 환상의 성질 1007 ; 환상과 꿈의 차이 1008 ; 꿈의 세 종류 1008 ; 두 종류의 환상의 성질 1009 ; 환상의 상태와 주님에게서 비롯된 직접적 계시의 차이 1011.

회개(悔改·뉘우침·repentance)
주님의 뉘우침의 뜻 261 ; 믿음의 계율에 따라서 새로운 삶을 사는 것 473 ; 뉘우침은 자유 안에서 행해져야만 한다 474 ; 뉘우침 즉 회개는 삶으로 이루어진다 474 ; 회개의 세례 700 ; 와병중의 회개는 없다 819.

휘장이 갈라짐
그 영적인 뜻 620.

혼들림(剝脫·荒廢·vastation)
영들의 세계에서 황폐는 어떻게, 왜 일어나나 971·973.

희생제사(犧牲祭祀·sacrifices)
명명된 이유 293·294 ; 태고교회는 이 제사를 알지 못하였다 570 ; 유대 민족의 영적인 뜻 291 ; 그 근원 569·570 ; 처음에는 여호와에게 봉헌되었고, 그 뒤에 우상적이 되었다 570 ; 가인과 아벨의 제사와 노아의 제사는 역사적이 아니다 570 ; 태고시대 사람들에게는 알려지지 않았다 570 ; 모세 이전에 있었다 582 ; 그에 의하여 다시 세워짐 582·586 ; 내적인 제물을 뜻함 585.

히브리 민족(Hebrews)
그 기원 569·570·571 ; 시리아에서 유래되었다 571.

히브리 교회(Hebrew church)
그 근원 569 ; 에벨에 의하여 시작되었다 570 ; 예배의 내적 근본을 인애에 두었다 570 ; 희생제사를 드린 모두에게 적용됨 574 ; 그들의 희생제물 때문에 고대교회에 속한 몇몇 사람들에 의하여 황폐해졌다 574 ; 이 교회는 우상숭배자로 타락하였다 573 ; 교회 참조.

H
H자의 대응 334.

스베덴보리 신학총서에서 발췌한 인용문

색 인

천계비의

항수	쪽수
1·2	224
6-13	256
14	51
50	987
66	223
126-128	44
129	409
149	476
200	48
210	476
231·232	44
233	408
266	776
301	252
313	48
414	555
468	497
470·471	569
483	556
502	556
505	556
519	257
521	258
549	1097
556	451
561	493
581	260
586-588	263
597	552
607	46
608	47
637	545
640	561
657	896
660	497
660-662	265
693	1118
695·696	1119
696	1120
756·757	266
765	561
773	562
784	562
794-797	267
850-855	268
878	722
880	925
892	517
895	557
904	451
905	471
920	553·565
959	997
965	1118
969	941
977	514
978	38
994·995	1186
997	439
1002	559
1042	269
1050	490
1072	305
1079·1080	271
1093	280

1106・1107	974	1767	230
1238	569	1776	231
1241	569	1820	510
1311	1136	1823	598
1317	524	1834	623
1327	568	1838	211
1342	573	1850	690・1137
1343	575	1857	1108・1120
1345-1355	574	1874	211
1356	575	1880	1014
1356・1365・1366	1192	1882・1885	1011
1361	597	1886・1887	236
1382	17	1902	478
1443	896	1904	897
1487	418	1904・1914	897
1495	926	1906	492
1496	417	1909	445
1504・1505	978	1919	788
1521	1036	1925	55
1555	482	1937	467
1573	79	1949-1951	273
1594	453	1954	929
1603	81	1966・1970・1971	1007
1607	127	1975・1976	1009
1618	313	1983	996
1626・1627	1047	1990	56
1637・1638	1003	1992	578
1641・1642	980	1992・1356	576
1647	1062	1999	101
1663	90	2023	450
1680	445	2033	82
1690	90	2034	66
1717	506	2041	513
1740	506	2045	454
1756	567	2049	544

2051	242	2921	141
2053	897 · 1184	2930	884
2057	454	2979	485
2071 · 2072 · 2216	275	2982	372
2118	1128	2986	689
2124	623	3004	130
2180	570	3049	63
2196	214	3061	70
2216	275	3207	214
2327	314	3212	102
2357	253	3214	1047
2383	308	3263	540
2397	75	3310	544
2406	477	3318	82 · 97
2469-2476	945	3353	629
2535	311	3362	211
2538	411	3398	252
2568	412	3419	564
2588	417	3428	410
2590	1080	3473 · 3474	254
2649	80	3479	616
2694	787	3480	590
2722	565	3484	916
2728	730	3486-3489	626
2735	778	3539	487
2742	770	3570	487
2747	357	3573	919
2750	358	3665	230
2803	64	3667	576
2853	541	3670	721
2872 · 2873	468	3686	617
2886	461	3720	709
2888	462	3854	787
2890-2892	471	3880	776
2896	552	4031	457

4060	630·633	5199	777
4208	580	5264	785
4219·4222·4223	1194	5291	329
4281	597	5301	897
4288	593	5321	56
4289	595	5337	77
4290	610	5342	484
4293	606	5354	516
4295	92	5377	1029
4311	603	5398	518
4317	50	5470	481
4430	587	5508	875
4447	559	5628·3667	576
4449	586	5651	501
4454	48·551	5660	515
4489	620	5662	1077
4527	956	5702	573
4564	511	5725	267
4601	253	5773	505
4659	887·913	5846	917
4663	426	5850	922
4680	568·570·571	5854	994
4720	691	5857	994
4741	406	5862·5863	988
4772	620	5893	488
4874	587	5977·5978	989
4899	542	5983	990
4904	620	5985	991
5036	509	5992	992
5078	106	5998	580
5110	69	6003	578
5121	234	6053	884
5122	484	6054	886
5145	899	6208	981
5150	897·919	6212	235

6240	898		6993	157
6292	721		6997	279
6323	931		7004	922
6326	906		7051	607
6333	229		7055	235
6371	70		7097	588
6373	73		7211	52
6388	443		7233	220
6392	442		7270	924
6408	444		7290	308
6472	918		7296・7297	300
6478	443		7298	398
6482	788		7342	948
6487	876		7439	608
6491	794		7442	503
6493	878		7499	64
6559	1126		7541	947
6574	507		7884	314
6598	399		7973	331
6599	909		7985	283
6600	1013		8054	1021
6611	507		8148	396
6619	318		8232	1119
6637	543		8301	611
6692	298		8387-8304	475
6716	80		8403	505
6720	53		8443	196
6765	505		8455	1077
6807	879		8478	882
6822	724		8550	50
6846	570		8588	606
6877	575		8705	5・122
6914	278		8717	834
6945	52		8765	387
6977	1121・1125		8770	604

8780	387		10,355	550
8788	591		10,370	131
8823	284		10,396	611
8864	317		10,400	219
8904	353		10,453	291
8989-8991	289		10,500	618
8998	767		10,535	610
9025	682		10,579	52
9192	393		10,603	292
9224	376		10,632	438
9229	701		10,606	438
9256	407		10,776	833
9315	68		10,780-10,798	717
9336	498		10,799	722

묵시록 해설

9350-9360	147
9365-9368	397
9407	1189
9414	438
9424	682
9457	600
9856 · 9587	469
9683	921
9809	720
9937	95
9989	720
10,023	721
10,042	294
10,048	489
10,057	486
10,143	314
10,152	112
10,287	242
10,299	316
10,325	220
10,330	217

41	128
64	321
79	722
114	133
136	63
140	296
151	134
183	150
200	135
229	380
232	383
233	388
325	313
328	132
391	572
401	297
403	691
413	1129
429 · 430	325

431	289	960		342
433	615	962·963		343
475	701	965		345
482	727	972·973		361
484	323	977-979		364
556	309	981		355
569	418	983		730
575	1008	985		732
585	477	988		732
590	298	995		763
665	547	998		761
670	621	1000		281·752
689	17	1001		777
695	311	1003		358
710	130	1005		356
714	323	1009		359
726	19	1013		350
732	681	1017		350
764	681	1019		365
778	154	1064		247
781	301	1087		70
786	386	1124		12
815	221·405	1126		12
816	203·219	1144		1103
822	447	1145		861
828	1048	1146		12
831	710	1148		1190
842	449	1159		825
846	395	1173		1006
852	130	1173·1174		863
889	977	1175		472·865
890	1118	1182		998
899	1146	1183		637
939	437	1191		300·1095·708
948	690	1220		1188

묵시록계현

2	224
4	226
10 · 11	227
17	382
29 · 38	334
34	227
38	
39-41	227
55	721
110	544
224	400
263	627
313	333
325	1147
346	916
466	73
486	707
533	546 · 669 · 707
534 · 535	670
537	673
538	674
539	674
540	675
541	676
542	677
543	678
544	678
545	678
546	679
547	680
612	689
623	438
776	697
784	1015
802	722
813	690
839	318
854	717
866	1014
876	648 · 707
881	666
886	649
896	651
905	652
908	381
912	653
914	399
915	656
916	657
918	658
923	543
926	669
933	660
936	662
938	663
940	665
945	1011
948	951
951	310

순정기독교

4	622
8	885
11 · 12	23
15	4
27	16
35	28
43 · 44	15

55	692	201·202		181
56	18	202		42
60·61	21	204·205		183
64	22	206·207		185
65	41	210		197
81	142	212		198
82·83	62	214		200
85	63	229·230		210
88	64	231		215
102	88	245		541
109	74	282·283		337
115	106	289		337
116	110	291-295		339
119	114	297-299		341
120	115	301-303		344
121	113	305-307		348
124	117	309-311		349
126	83	313·314		351
128	84	314·315		354
135	118	317·319		360
138	121·148	321·323		365
139	148	326·327		367
140	151	329·330		369
146	723	336		375
157	1009	339		403
158	154	377		742
163·165	173	386·387		425
166	155	399		39
167	156	401		36
169	155	415		726
172	160	418		429
188	172	422		726
189-191	175	446-449		976
192·193	177	470		37
194	178	471		12

475	459	721		702
478	459	722		703
490	1102	727		705
499	461	728		704
500	457	729		696
504	37 · 463	748 · 750 · 751		714
508	720	760		547 · 589
510	704	762		1194
523	369	774		639
571	479	776 · 777		635
580	500	779 · 780		636
587	480 · 704	782		646
589	480	784		648
628	526	786		56 · 589
631	527	787-789		688
632	529	832		696
636 · 637	530			
639	531			

순정기독교 부록

640	531
70	688

천계와 지옥

641	533			
642	533			
661	712 · 951	2		134
668	694	20		1016
677	695	21		1016
678	696	23		1017
680	697	25		1018
681	699	27		1018
684	694 · 699	29-31		1019
685	700	35		1019
687	504	37		1020
688	697	38		888
689	698	39		39
690	701	41-46		1022
691	698	50		1023
692	41	59		1023

62-65	1025	255・256	1004
71・72	1100	258	1064
81	1025	260-262	1066
95・97	1027	265・266	1068
99	1028	268-272	1072
101	71	277・278	1074
112	1030	281	1075
116-119	1033	285	1075
121	1034	286	1076
134-136	1035	288	1076
141-144	1038	290	1076
148-150	1040	292・293	985
155	1041	295	986
158	1042	306	1080
163-166	1043	308	541
173	1045	311	940
175・176	1046	318・319	1079
178	1048	321	1080
180-182	1050	325	1081
183-186	1051	328	539
191-195	1045	329-332	1083
213-215	1053	333-337	1084
217-219	1054	338・339	1085
221-223	709・1056	341・342	1086
225	709	345	1087
225-227	1057	357・358	1088
226	710	360	1088
228-231	1060	364・365	1090
234-238	1062	366-370	738
241	1063	376・377	764
243	1062	378	766
246	1001	379・380	765
248	1002	382	741
249	999	383	738
254	235	387-389	1091

388·389·393	709	543·544	1107
391-393	1093	545	1107
402	1095	547	1108
413	1096	551	1109
414	1097	553·554	1111
415-417	1099	555·556	1112
417	1152	559	1113
419	1099	569·570	1114
421·422	953	573	1115
425-427	954	575	1115
438	697	577·578	1117
445-450	961	579	990
464	420	580	1117
480	947	581	1120
486	982	583-586	1123
489	984	588	1123
491	962	593·594	1124
493-498	965	598	456
502	966		
504	966		

신령사랑과 신령지혜

1	40
7-9	7
11	4
13	2
23	3
27	3
29·30	8
40-43	11
52	26
71·72	7
83	26
97	1034
129·130	1039
146	151
153	27

505	967
507	967
509	968
510	969
511	970
512·513	971
515-517	973
519	973
527	947
528	519
531	338
533·534	522
535	523
538·539	1127
541	1124

				신 령 섭 리	
157	28				
170·171	32		1		785
174-176	30		25		310
184-186	890		27		786
190·191	891		56-59		791
194·195	892		65		791
205	893		67-69		793
220	721		71-73		797
233·234	73		74·76		798
236-238	894		78·79		800
239	895		82·85		800
254	901		87·88		802
261	900		87·89·90		803
263	900		92		804
266	1125		96		804
267	405		97		805
270	899		100		805
283	25		111		806
303	31		119·120		808
305	31		122		702
319-323	34		124 [4]		809
321·322	942		129-132		813
329	31		134·135		814
335	317		136·137		815
336	933		138-144		820
338·339	935		145		821
340	932		148		821
341-343	937		174		829
344	932		175·176		823
368	905		178·179		824
373	903		187		826
379	41		191·197-199		829
387	938		202		793
388	1195		210		830
427·428	372				

212	877	36		946
215	558	37·38		735
220	833	41		740
226-230	246	42		748
231	247·251	44		741
232·233	840	47		749
233	253	48		736
234	840	49		749
237·238·240	842	52		742
250	844	58		758
251	848	59		769
254	850	60		777
255	853	65		758
256	854	68·69		760
258	389	71		762
259	856	72		763
263	641	80		359
279	512·909	88		731
281·282	858	101		885
287	858	156		729
292	860	175		776
296	871	178		753
312	776	192		754
322-331	872	193		756
328	46	200		752
332	874	206		887
334	902	207		1090
		211		761

혼 인 애

1	715	216		751
19·20	744	218		774
21	725	222		779
21·23·24	714	229		767
26	715	266		712
32·33	734	308		725
		315		885

316	767	98		1173
318	772	100		1173
320	768 · 773	103 · 104		1174
321	773	106-108		1159
353	757	111 · 122		1160
393	779	125 · 126		1174
395 · 396	781	128 · 130		1176
396	722	133 · 134		1177
398	784	134 · 135		1154
405 · 406	784	138 · 139		1178
444	1105	141		1178
531	771	143-147		1180
532	224			

우주 안의 지구들

묵시록해설 부록
- 신령사랑 -

1	1153
11 · 12	1155
14	1156
17	1156

15 441

묵시록해설 부록
- 신령지혜 -

20	1156
27	157
28	1157

XI. 3	724
XI. 4	719
XI. 5	726

성경에 관한 교리

44 · 45	1158
46-50	1164
50	516
52-56	1169
58 · 60	1170
62	1170
65	1171
69	1172
81	1172
85	1160
87	1161
90 · 91	1162
93	1163

6 · 7	179
8	180
9	187
12 · 13	191
15 · 16	196
51	214
62-64	202
70	228

72	228
73	228
78	542
80·81	204
84-87	209
91·92	218
97	199
102·103	240
104	541
104-106	232
108	233
110	233
112	178
113	233
117	241

성서에 관한 교리
- 유 고 집 -

13	1006

주님에 관한 교리

8	123
11	125
18	117·535
22	129
34	137
35	85·98·103
61	143

생활에 관한 교리

39	724
44·45	377

인애에 관한 교리

7·8	435
10·12	435
13	436
14	437
15	438
21	432
26	433
37	444
65·66·69-72	718
86	725
101	724

믿음에 관한 교리

1·4-6	371
18·19	373
30	374
31	374
32	381

새 예루살렘과 그 천적 교 리

1	188
5	617
7	681·708
84-88	428
91-96	431
100-105	435
133-135	1183
202-208	694
210-214	703
239	946
242	540
243	542

244	540
296	131
311-319	717
318	724
319	722

새로운 교회에 속한 교리의 개략적 주해

40	1
96·97	682
110	538

최후심판

1-4	1134
6-9	1136
9	35
13	1136
27	940
28·30	1138
32	1139
33·34	1137
37·38	624
45·46	1141
65-67	1142
69-70	1144
73-74	1150

최후심판 속편

11·12	1148
30·31	1145

영혼과 육체의 교류

1·2	915
5	27
7	918·927

8	916
12	927
13	917
14	904
15	912
16	895

새로운 교회에 속한 경전

35·37	159

영계일기

222	1190
224	878
1201	781
1216	309
4046	450
1235-1238	957
1622	1000
2860·2861	1001
1625	1066
4055	1125
1647	63
제7편 권2.2	710
4226	1182
4904	727
4408	753
4175	778
5002·5003	879

스베덴보리에 관한 자료

61쪽	446
208쪽	691

짧은 영계 일기

4617 ··· 910
4645 · 4646 ······································· 949

바이어 박사에게 보낸 서신

··· 981

새로운 교회에의 초대

29 · 38 · 44 · 52 ······························· 638
59 ··· 706
70 ··· 688

새로운 교회의 종규(宗規)

29쪽 ·· 721 · 722

순정기독교 증보

26 · 29 ·· 723

출판에 드리는 말씀

스베덴보리 선생님께서는 자신의 신학서적들 특히 그의 교의학(敎義學)인 ≪순정기독교≫(純正基督敎·the True Christian Religion)의 발간 목적(目的)과 그 의의(意義)를 그 책에서 이렇게 기술하고 있습니다.

"주님께서는, 앞에서 설명한 것과 같이, 본인 스스로 직접 밝히 드러내실 수 없으나, 그럼에도 불구하고, 주님께서 강림하시고, 또 새 예루살렘이라는 새로운 교회를 세우실 것이라는 것을 예언하셨기 때문에, 아래에서는 이 일이, 사람의 이해에 그 교회의 교리를 영접하는 것 뿐만 아니라, 인쇄에 의해서 그 가르침을 공포하는 사람의 방법에 의하여 성취될 것입니다. 주님께서 그분의 종인 나에게 자신을 친히 밝히 드러내셨고, 이 임무를 위해 나를 보내셨다는 것과, 또 그런 뒤에는 주님께서 나의 영안을 열으시고, 그렇게 해서 나를 영계(靈界·the spiritual world)에 들어가게 하시고, 천계와 지옥을 두루 살펴보게 하셨고, 또 천사들이나 영들과 같이 대화하게 하셨고, 이러한 일은 지금도 수년에 걸쳐 계속해서 행해지고 있다는 것들을 나는 사실대로 증언합니다. 그리고 마찬가지로 증언하는 것은, 내가 그 소명(召命·calling)을 받은 첫날부터, 천사들로부터는 그 교회에 속한 교리에 관계되는 것은 아무것도 받지 않고, 내가 성경말씀을 읽는 가운데, 오직 주님께서만 그런 것들을 받았다는 것도 사실대로 증언합니다."
(순정기독교 779항 ; 본서 636쪽 참조)

≪묵시록해설≫(Apocalypse Explained) 1183항에서는 그분은 이렇게 적고 있습니다.

"나는 주님으로부터 오는 것과 천사들로부터 오는 것을 분별하여 감지(感知)하게 되었으며, 주님으로부터 오는 것은 써 놓았으나, 천사들로부터 오는 것은 써 놓지 않았다."

그분이 기술한 내용은 그간 우리들이 발간한 목적이고 의의라고 하겠습니다. 우리나라 교계에 그분의 서적이 소개된 시기를 명확히 알 수 없지만 대략 1900년도 초기로 잡고 있는데, 이런 관점에서 본다면 거의 80, 90년의 세월이 지나갔다고 하겠습니다. 물론 이 때에 소개된 책들도 어떤 것들인

지 명확히 알 수 없습니다. 지금 우리가 추측하고 있는 것으로는 ≪신령
사랑과 신령지혜≫(神愛神智)와 ≪천계와 지옥≫, 그리고 ≪새 예루살렘과
그 천적 교리≫ 등 몇몇의 책이라고 추측됩니다.
그 뒤 몇몇 분들(이 모세 목사·정인보 목사)이 미국 <새교회 신학교>에
유학을 다녀온 뒤, 그의 서적이나 가르침들이 본격적으로 소개되었다고
보는 것이 정론(正論)이라고 하겠습니다. 정인보 목사께서는 작고하시기
전까지 그분의 서적들—천국과 지옥(Heaven and Hell)·섭리론(Divine
Providence)·요한 묵시록 풀이(默示錄啓顯·Apocalypse Revealed)·사대교리
(Four Doctrine)·하나님의 사랑과 하나님의 지혜(Divine Love and Divine
Wisdom)—을 번역 출판하였습니다.

1994년에는 <예수교회 제일예배당>에서 <도서출판·예수인>을 설립,
그분의 서적들을 본격적으로 출간하게 되었습니다. 사족(蛇足)이기는 하
지만, 그간 <예수인>에서 출간된 그분의 서적들을 열거하면 아래와 같
습니다.

≪창세기 1·2·3장≫(1993년·다산글방·이영근 역)을 필두로 ≪순정기독교
상·하≫(1995년)·≪최후심판과 말세≫(1995년)·천계비의 1-6권 즉 ≪아
담교회·노아교회 [1]·[2]·표징적 교회 [1]·[2]·[3] ≫(1996년~
2000년)(이 책들은 천계비의(天界秘義) 시리즈로 창세기 19장까지의 내용이 되겠
음)·≪천계와 지옥(상·하)≫(1998년)·≪신령사랑과 신령지혜≫(1999년)·
≪혼인애≫(2000년)·≪새로운 교회 새로운 말씀≫(2001년) 등이 있고, 그
분의 서적에서 항목별로 편집한 John C. Ager 박사의 ≪생명의 길≫
(1995년)과 ≪백마론≫(윤숙현 목사 역)이 있습니다. 근자 다른 곳에서 ≪우주
안의 지구들≫(2002년·김요한 역)이 출간되었습니다. 물론 이밖에도 제가
견문이 좁아서 알지 못하는 것들도 여럿 있을 것으로 생각됩니다. (이 책
1310쪽 참조)

그러나 우리의 현실은 여러 가지 여건상 그분의 방대한 서책을 짧은 기
간 내에 전부를 번역하여, 출판한다는 일은 솔직히 불가능한 실정입니다.
그럼에도 불구하고 뜻 있는 강호제현(江湖諸賢)들의 성원에 힘입어, 우선
그분의 사상과 신학을 소개하여야 하겠다는 일념으로 미흡하지만 본서를
번역, 출판하게 되었습니다.

본래 이 책의 원명(原名)은 ≪Compendium of Swedenborg's Theological

Writings≫(1875년, Samuel M. Warren 엮음)인데, 번역의 교본(敎本)은 1879년 미국 필라델피아의 J. B. Lippincott and Company가 발간한 것입니다. 그 뒤의 기록에 의하면 1979년까지 10번에 걸쳐 이 책은 거듭 미국에서 발행되었습니다.

이 책에 수록된 그분의 약전(略傳)은 그분이 생존했을 때(그분은 1772년 소천)에 가장 가까운 것으로 생각되어, 그것을 완역하였습니다. 특히 본서에 수록된 ≪E. 스베덴보리의 약전≫(略傳)은 저의 선배이시고, 동역자인 이재구 목사님께서 바쁘신 가운데 완역하여 주셨습니다. 이 자리를 빌어 목사님의 노고에 재삼 감사의 말씀을 드립니다.

본서의 번역, 출판에 간절히 소망하는 것은, 넓게는 한국교계에 새로운 각성이 있기를 바라는 것이고, 좁게는 외롭지만 돈독(敦篤)한 신앙생활을 위해 애쓰고 수고하시는 신앙의 동지 제현에게 작지만 보탬이 되기를 주님의 이름으로 기원합니다.

본서의 출판을 위해 격려해 주신 이경삼 목사·김형기 목사·정동선 목사·김영민 목사, 그리고 자료 수집에 적극 협조해 주신 윤숙현 목사, 또한 출판비에 큰 도움을 준 박종용 목사와 이름 밝히기를 사양하시는 어느 권사님에게 감사의 말씀을 드립니다. 또한 옆에서 온갖 궂은일을 감수하고, 도와주고, 격려해 준 내자(內子)에게 특히 고마운 마음을 금할 길 없습니다.

다시 한번 이 책 출판에 도움을 아끼시지 않은 ≪예수교회≫ 동지 여러분들에게 감사의 말씀을 드리고, 특히 한국 교계에 본서가 조금이나마 도움이 되기를 간절히 소망합니다.

2002년 8월 15일

<예수교회 제일예배당> 강단 아래에서

이 영근 드림

본서에 인용된 스베덴보리의 대표적인 책명들

책명/영문 약자	책명/한글	비 고
Arcana Celestia(AC)	천계비의(天界秘義)	• 1749-1756에 출판된 창세기와 출애굽기의 주석으로 영문 표준판으로 총 12권. • 번역으로는 아담교회・노아교회・표징적 교회의 이름으로 창세기 19장까지 번역됨. (이영근 역)
Apocalypse Explained(AE)	묵시록해설 (默示錄解說)	• 1757-1759에 집필, 그의 생전에는 출판되지 않았는데, 영문 표준 판으로 6권에 달하는 묵시록영해서(19장 10절까지)이다.
Apocalypse Revealed(AR)	묵시록계현 (默示錄啓顯)	• 1766에 출간한 묵시록영해로 영문 표준판으로 2권. • 《요한계시록풀이》(정인보 역)가 있음.
Athanasian Creed(Ath. CR)	아타나시우스 신조	• 1759년 <신령삼일성・神靈三一性>에 관한 것.
Brief Exposition of the Doctrine of the New Jerusalem(BE)	새로운 교회의 교리 간략적 주해	• 1769 출간
Canon, or Entire Theology of the New Church(Canons)	새로운 교회에 관한 경전	• 1769 출간
Doctrine of Charity(CH)	인애에 관한 교리	• 1766출간
Conjugial Love(CL)	혼인애	• 1768출간 • 번역본 있음(이영근 역)
Continuation Concerning the Last Judgment(CLJ)	최후심판 속편	• 1763 출간 • 번역본 있음(이영근 역)
Coronis, or Appendix to True Christian Religion(COR)	순정기독교 부록	• 1771 출간
Divine Love and Divine Wisdom(DLW)	신령사랑과 신령지혜	• 1763 출간 • 《하나님의 사랑과 하나님의 지혜》 (정인보 역) 《신령사랑과 신령지혜》 (이모세・이영근 역)
Divine Providence(DP)	신령섭리	• 1764 출간 • 정인보 역 있음.
Divine Wisdom, Appended to AE	묵시록해설 부록 지혜편	• 1763 출간

영문명	한글명	비고
Earths in the Universe(EU)	우주 안의 지구들	• 1758년 출간 • 김우현 역과 김요안 번역본이 있다.
Doctrine of Faith(F)	믿음에 관한 교리	• 1763년 출간 • 번역본 있음 (정인보 역, 김은경 역)
The New Jerusalem and Its Heavenly Doctrine(HD)	새 예루살렘과 그 천적 교리	• 1758년 출간 • 《새로운 교회·새로운 말씀》으로 번역 되었음. (이영근·최준호 역)
Heaven and Hell(HH)	천계와 지옥	• 1758년 출간 • 《천국과 지옥》명으로 강홍수 역과 정인보 역이 있고, • 《천계와 지옥》명으로 <도서출판 예수인>의 편집위원회 번역이 있음.
Invitation to the New Church(INC)	새로운 교회에의 초대	• 1771 출간
Intercourse(or Influx) between the Soul and the Body(INF)	영혼과 육체의 교류	• 1769년 출간
Doctrine of the Lord(L)	주님에 관한 교리	• 1763년 출간 • 번역본 있음(정인보 역)
Doctrine of Life(Life)	삶에 관한 교리	• 1763년 출간 • 번역본 있음 (정인보 역)
Last Judgment(LJ)	최후심판	• 《최후심판과 말세》명으로 번역본 있음(이영근 역)
Spiritual Diary(SD)	영계일기	• 1747-1765까지의 읽기와 비망록
Doctrine of the Sacred Scripture(SS)	성경에 관한 교리	• 1763년 출간 • 번역본 있음 (정인보 역)
True Christian Religion (TCR)	순정기독교	• 1771년 출간한 스베덴보리의 교의학 • 《순정기독교》 명의 번역본 있음(이모세·이영근 역)
The White Horse(WH)	백마론	• 1758년 출간 • 번역본 있음 (윤숙현 역)

□ **옮긴이 약력**

이 영 근 서강대학교 경상대학 경제학과, 중앙대학교 사회개발 대학원 사회복지학과, 한국 새교회 신학원에서 공부하였으며, 예수교회 목사로 임직한 이후 예수교회 공의회 의장을 역임하였고, 한국 IBM(주) 업무관리부장, 월간 「비지네스」 편집장, 월간 「산업훈련」 편집장을 역임하였다. 현재 예수교회 제일예배당 담임목사이고, 「예수+교회」 발행인 겸 편집인, 도서출판 <예수인> 대표이다.

역서로는 스베덴보리 지음 <창세기 1·2·3장 영해>(1993), <순정기독교 상·하>(공역·1995), <최후심판과 말세>(1995), 우스터 지음 <마태복음 영해>(1994), 스베덴보리 지음 <천계비의 1권 아담교회·2권 노아교회 [1]·3권 노아교회 [2]·4권 표징적 교회 [1]·5권 표징적 교회 [2]·6권 표징적 교회 [3]과 <천계와 지옥>(上·下)(공역·1998)·<신령사랑과 신령지혜>(공역·1999)·<혼인애>(2000)·<새로운 교회 새로운 말씀>(공역·2001)이 있고, 저서로는 <이대로가면 기독교 또 망한다>(2001)가 있다.

스베덴보리 신학총서 개요 (하)

2002년 8월 20일 인쇄
2002년 8월 31일 발행
지 은 이   E. 스베덴보리
엮 은 이   사무엘 M. 와렌
옮 긴 이   이 영 근
펴 낸 이   이 영 근
펴 낸 곳   예 수 인
  　1994년 12월 28일 등록 제11-101호
  　⊕ 157-014 · 서울 강서구 화곡4동 488-49
  　연락처 · 예수교회 제일예배당 · 서울 강서구 화곡4동 488-49
  　전화 · 0505-516-8731 · 2649-8771 · 2644-2188

  　ISBN 89-88992-07-5 04230 (전2권)
  　ISBN 89-88992-06-7 04230

  대금 송금 · 국민은행 848-21-0070-108(이영근)
  　　　　　　우리은행 143-095057-12-008(이영근)

값 45,000원